P.A.U.L. D.

Lehrerband

8

Herausgegeben von: Johannes Diekhans
Michael Fuchs

Erarbeitet von: Markus Apel
Thomas Bartoldus
Johannes Diekhans
Michael Fuchs
Sandra Greiff-Lüchow
Dietrich Herrmann
Martin Pohl
Frank Radke
Siegfried G. Rojahn
Luzia Schünemann
Timotheus Schwake
Achim Sigge
Martin Zurwehme

Schöningh

Bildquellenverzeichnis

AFF/Anne Frank Stichting, Amsterdam: S. 157; akg-images: S. 338, S. 341; © Maria Austria/MAI: S. 164; Nach: Hermann Bausinger: Deutsch für Deutsche: Dialekte, Sprachbarrieren, Sondersprachen, Frankfurt/M. 1972, S. 35: S. 323 (u.); © David Bergmann: S. 321; bpk: S. 295; bpk/Kupferstichkabinett, SMB / Jörg P. Anders: S. 293; Directmedia Publishing: S. 228; Dominique Ecken/Keystone: S. 268 (o.); GILDE GmbH: S. 275; Foto: Andreas Götte: S. 254; Institut für Demoskopie Allensbach, IfD Archiv 7040: S. 245; Werner König: dtv-Atlas Deutsche Sprache. Gestaltung der Karten von Hans-Joachim Paul © 1978 Deutscher Taschenbuch Verlag, München: S. 323 (o.); Root Leeb: S. 31; © Daniel Matzenbacher: S. 190; © mediaculture-online: S. 336, S. 337; Mester/CCC,www.c5.net: S. 108; © Stefanie Peters/GEO: S. 40; © picture-alliance/dpa: S. 41, S. 42, S. 251, S. 268 (u.), S. 269; Günter Schlottmann/Verlagsarchiv Schöningh: S. 318; aus: Gerhard Schoenberner: Der gelbe Stern. Die Judenverfolgung in Europa. Überarbeitete Neuauflage, Gütersloh, Bertelsmann 1978: S. 167; ullstein bild: S. 168; ullstein bild - Granger Collection: S. 320; Jupp Wolter, CCC, www.c5.net: S. 203; weitere: Verlagsarchiv Schöningh.

Sollte trotz aller Bemühungen um korrekte Urheberangaben ein Irrtum unterlaufen sein, bitten wir darum, sich mit dem Verlag in Verbindung zu setzen, damit wir eventuell notwendige Korrekturen vornehmen können.

www.schoeningh-schulbuch.de
Schöningh Verlag, Jühenplatz 1–3, 33098 Paderborn

Druck 6 5 4 / Jahr 2016 15 14
Die letzte Zahl bezeichnet das Jahr dieses Druckes.

Umschlaggestaltung: Yvonne Junge-Illies, Berlin
Druck und Bindung: westermann druck GmbH, Braunschweig

ISBN 978-3-14-028016-7

Inhaltsverzeichnis

Statt eines Vorworts – P.A.U.L. *D.* von A – Z 9

Rafik Schami – orientalischer Geschichtenerzähler und Brückenbauer zwischen den Welten 12

Vorüberlegungen zur Einheit 12

Didaktische Aufbereitung der Unterkapitel 14

Eine Hand voller Sterne – Der Sohn eines Bäckers aus Damaskus erzählt 14
Zwischen zwei Welten – Einwanderer erzählen 21
Arbeitsblatt 1: Miriam Fritsch: Rezension von Rafik Schamis Roman „Eine Hand voller Sterne" 31
Arbeitsblatt 2: Eva Felka: Rezension von Rafik Schamis Roman „Erzähler der Nacht" 32
Arbeitsblatt 3: Rezension von Rafik Schamis Roman „Der ehrliche Lügner" 33
Arbeitsblatt 4: Rezension von Rafik Schamis Geschichtensammelband „Die Sehnsucht fährt schwarz" 34
Arbeitsblatt 5: Rezensionen zu vier Büchern von Rafik Schami 35
Arbeitsblatt 6: Annika Ernst: Rafik Schami 36
Arbeitsblatt 7: Rafik Schami: Eine Hand voller Sterne (Der Streit) – Charakterisierung des Ich-Erzählers 37
Arbeitsblatt 8: Rafik Schami: Eine Hand voller Sterne (Der Plan) – Die Entwicklung des Konflikts zwischen dem Ich-Erzähler und seinem Vater 38
Arbeitsblatt 9: Frank Radke: Syrien – Geschichte und politische Situation (Zusammenfassung) 39
Arbeitsblatt 10: Peter Carstens: Israel – Wann kommt endlich Frieden? 40
Arbeitsblatt 11: Naher Osten – Wer kämpft hier eigentlich gegen wen? 42

Leistungsüberprüfung – Selbstevaluation – Klassenarbeit 43

Stimmungen – In Gedichten sich selbst aussprechen 44

Vorüberlegungen zur Einheit 44

Didaktische Aufbereitung der Unterkapitel 44

„Ich will nicht sein, so wie ihr mich wollt" – Den eigenen Weg suchen 45
Ich und die Natur: Bäume – Gedichte beschreiben und deuten 53
Arbeitsblatt 1: Ein verwürfeltes Gedicht wiederherstellen 66
Arbeitsblatt 2: Das lyrische Ich eines Liedtextes charakterisieren und ihm einen fiktiven Brief schreiben 67
Arbeitsblatt 3: Einen Vergleich erklären – Ludwig Uhland: Einkehr 68
Arbeitsblatt 4: Einen Prosatext in ein Gedicht umschreiben 69
Arbeitsblatt 5: Ein Gedicht nach bestimmten Aspekten untersuchen 70
Arbeitsblatt 6: Ein Gedicht analysieren (1) 71
Arbeitsblatt 7: Ein Gedicht analysieren (2) 72
Arbeitsblatt 8: Ein Gedicht analysieren (3) 73

Leistungsüberprüfung – Selbstevaluation – Klassenarbeit 74

Von Grenzsituationen und ungewöhnlichen Ereignissen – Kurzgeschichte und Novelle 75

Vorüberlegungen zur Einheit 75

Didaktische Aufbereitung der Unterkapitel 76

Menschen in Grenzsituationen – Kurzgeschichten 76
Von einem ungewöhnlichen Ereignis 82
Arbeitsblatt 1: Inhaltliche Fragen zu einer Kurzgeschichte beantworten 84
Arbeitsblatt 2: Eine Kurzgeschichte mithilfe von Fragen untersuchen 85
Arbeitsblatt 3: Die Inhaltsangabe zu einer Kurzgeschichte überarbeiten 89
Arbeitsblatt 4: Eine Kurzgeschichte beschreiben und deuten 90

Leistungsüberprüfung – Selbstevaluation – Klassenarbeit 93

Das Lernen lernen: Referate vorbereiten, halten und beurteilen – Wolfgang Borchert und seine Zeit 94

Vorüberlegungen zur Einheit 94

Didaktische Aufbereitung der Unterkapitel 94

1. Die Vorbereitung eines Referats 94
2. Die Präsentation 97
3. Ein Referat beurteilen 99

Ein guter Lehrer/eine gute Lehrerin: Was ist das? – Informieren, argumentieren, erörtern 101

Vorüberlegungen zur Einheit 101

Didaktische Aufbereitung der Unterkapitel 102

1. Ein guter Lehrer/eine gute Lehrerin: Wer oder was ist das? – Einen Sachverhalt klären 102
2. Argumentieren statt behaupten 104
3. Übungen zum Argumentieren 106

Arbeitsblatt 1: Eine Karikatur analysieren (1) 107
Arbeitsblatt 2: Eine Karikatur analysieren (2) 108
Arbeitsblatt 3: Methode: Fishbowl-Diskussion 109
Arbeitsblatt 4: Argumentieren: „Das Handy in der Schule verbieten? Auf gar keinen Fall ...!“ 110
Arbeitsblatt 5: Einen Leserbrief verfassen 111
Arbeitsblatt 6: Die Antwort auf einen Leserbrief untersuchen (1) 112
Arbeitsblatt 7: Die Antwort auf einen Leserbrief untersuchen (2) 113
Arbeitsblatt 8: Einen Leserbrief untersuchen (1) 114
Arbeitsblatt 9: Einen Leserbrief untersuchen (2) 115

Leistungsüberprüfung – Selbstevaluation – Klassenarbeit 116

Richtig zu schreiben kann man lernen 117

Vorüberlegungen zur Einheit 117

Didaktische Aufbereitung der Unterkapitel 117

1. Fehlerschwerpunkte erkennen 117
2. Rechtschreibprobleme durch einfache Verfahren lösen 118
3. Auf die Bedeutung achten 119
4. Auf die Wortart achten 121
5. Nicht für alles gibt es Regeln – Ausnahmen 124
6. Von Atmosphäre bis Zylinder – Fremdwörter 125
7. Die Silbentrennung 128

Arbeitsblatt 1: Auf die Bedeutung kommt es an 129

Leistungsüberprüfung – Selbstevaluation – Klassenarbeit 130

„Liebste Kitty ..." – Anne Frank 131

Vorüberlegungen zur Einheit 131

Didaktische Aufbereitung der Unterkapitel 133

„... dass ich ein Bündelchen Widerspruch bin" – Das Mädchen Anne Frank 133
„... das Elend für uns Juden begann." – Leben unter deutscher Besatzung 139
„... ich litt (und leide) an Stimmungen" – Die Tochter Anne Frank 147
„Ich will fortleben auch nach meinem Tod." – Das Anne Frank Haus und die Tagebücher 155
Arbeitsblatt 1: Lexikonartikel über Leben und Werk Anne Franks 157
Arbeitsblatt 2: Methode – Ein Buch vorstellen 159
Arbeitsblatt 3: Tagebucheintrag Anne Franks vom 8. Juli 1942 160
Arbeitsblatt 4: Eine zusammenfassende Übersicht zu einem Sachtext anfertigen 161
Arbeitsblatt 5: Den Stichwortzettel zu einem Kurzvortrag untersuchen und beurteilen 162
Arbeitsblatt 6: Die Entwicklung von Annes Einstellung in Bezug auf das Tagebuchschreiben 163
Arbeitsblatt 7: Anne Franks Beschreibung des Verstecks im Hinterhaus 164
Arbeitsblatt 8: Personenkonstellation zur Situation im Hinterhaus 165
Arbeitsblatt 9: Die Beziehung zwischen Anne und ihrer Mutter 166
Arbeitsblatt 10: Mirjam Pressler: Verhaftung und Deportation 167
Arbeitsblatt 11: Fragen zum Inhalt des Sachtextes „Die Geschichte der Tagebücher" von Dorothea Waldherr und Ute Hiddemann 169

Leistungsüberprüfung – Selbstevaluation – Klassenarbeit 170

„Wer wagt es ..." – Schillers Balladen 171

Vorüberlegungen zur Einheit 171

Didaktische Aufbereitung der Unterkapitel 171

„Friedrich Schiller aus der Gruft geholt?!" – Annäherung an einen Autor 171
„Wer wagt es ..."?! – Schillers Balladen 173
Arbeitsblatt 1: Einen Sachtext analysieren 185
Arbeitsblatt 2: Eine Inhaltsangabe zu Friedrich Schillers Ballade „Die Bürgschaft" überarbeiten 186
Arbeitsblatt 3: Eine Ballade untersuchen 187
Arbeitsblatt 4: Friedrich Schiller charakterisieren 190

Leistungsüberprüfung – Selbstevaluation – Klassenarbeit 191

Wirklich, möglich, nur gedacht, gewünscht ... – Der Modus einer Aussage 192

Vorüberlegungen zur Einheit 192

Didaktische Aufbereitung der Unterkapitel 192

1. Wäre es so, dann ... 192
2. Vom Dürfen, Sollen, Müssen ... – Modalverben 196
3. Paul meint, ein Junge habe ... – Die indirekte Rede 198
4. Texte zum Üben 201

Arbeitsblatt 1: Eine Karikatur und ein Gedicht beschreiben und deuten 203
Arbeitsblatt 2: Ein Gedicht beschreiben und deuten und in eine moderne Fassung bringen 204
Arbeitsblatt 3: Modalverben 205
Arbeitsblatt 4: Fehlerhafte Konjunktivformen korrigieren 206
Arbeitsblatt 5: Direkte Rede – indirekte Rede (1) 208
Arbeitsblatt 6: Direkte Rede – indirekte Rede (2) 209
Arbeitsblatt 7: Direkte Rede – indirekte Rede (3) 210

Leistungsüberprüfung – Selbstevaluation – Klassenarbeit 212

Gutenberg und die Folgen 213

Vorüberlegungen zur Einheit 213

Didaktische Aufbereitung der Unterkapitel 214

Gutenbergs Erfindung am Beginn einer neuen Zeit 214
Gutenberg in der Epoche der Renaissance 217
Bücher vom Mittelalter bis heute 219
Gutenberg – „Mann des Jahrtausends“ 220
Arbeitsblatt 1: Einen Sachtext gegliedert beschreiben 222
Arbeitsblatt 2: Einen Sachtext und einen literarischen Text inhaltlich und sprachlich vergleichen 224
Arbeitsblatt 3: Die Argumentation eines Sachtextes untersuchen 226
Arbeitsblatt 4: Einen Zeitungstext mit einem anderen Sachtext vergleichen 228
Arbeitsblatt 5: Einen Sachtext untersuchen 230

Leistungsüberprüfung – Selbstevaluation – Klassenarbeit 231

„Dahinter steckt ein kluger Kopf“ – Zeitungsleser wissen mehr 232

Vorüberlegungen zur Einheit 232

Didaktische Aufbereitung der Unterkapitel 233

1. Der Aufbau einer Tageszeitung 233
2. Die Entstehung einer Nachricht im Lokalteil einer Tageszeitung 235
3. Der Zeitungsbericht 236
4. Nachrichten aus aller Welt – Nachrichtenagenturen melden 238
5. Und so berichtet die Boulevardpresse 239
6. Nachgefragt – ein Interview führen 240
7. Als Reporter unterwegs – eine Reportage verfassen 241
8. Meine Meinung – ein Ereignis kommentieren 243

Arbeitsblatt 1: Eine Grafik untersuchen 245
Arbeitsblatt 2: Vom Ereignis zur Nachricht 246
Arbeitsblatt 3: Einen Polizei-Pressebericht in eine Zeitungsnachricht umformen 248

Arbeitsblatt 4: Einen Zeitungsbericht untersuchen 249
Arbeitsblatt 5: Einen Bericht einer Boulevardzeitung untersuchen 251
Arbeitsblatt 6: Ein Interview untersuchen 252
Arbeitsblatt 7: Eine Reportage untersuchen 254
Arbeitsblatt 8: Meinungsbildende Texte untersuchen (1) 256
Arbeitsblatt 9: Meinungsbildende Texte untersuchen (2) 257
Arbeitsblatt 10: Eine Fernsehkritik untersuchen 258

Leistungsüberprüfung – Selbstevaluation – Klassenarbeit 259

Das Lernen lernen – Sachtexte zusammenfassen 260

Vorüberlegungen zur Einheit 260

Didaktische Aufbereitung der Unterkapitel 260

1. Die inhaltliche Zusammenfassung eines Sachtextes 260
2. Die Aufgaben von Textabschnitten erfassen 264
3. Hier kannst du üben 265

Arbeitsblatt 1: „Immer mehr Jobsuchende, immer weniger Stellen“ 268

Leistungsüberprüfung – Selbstevaluation – Klassenarbeit 270

Was will ich werden? – Auf der Suche nach einem Praktikumsplatz 271

Vorüberlegungen zur Einheit 271

Didaktische Aufbereitung der Unterkapitel 272

1. Was interessiert mich? – Was kann ich? 272
2. Werbung in eigener Sache – Bewerbungsschreiben, Lebenslauf und Vorstellungsgespräch 273

Arbeitsblatt 1: Sich um eine Ausbildungsstelle bewerben 275
Arbeitsblatt 2: Ein Bewerbungsschreiben überarbeiten 276
Arbeitsblatt 3: Einen Lebenslauf überarbeiten 277

Leistungsüberprüfung – Selbstevaluation – Klassenarbeit 278

Der Sturz des Ikarus – Ein literarisches Motiv 279

Vorüberlegungen zur Einheit 279

Didaktische Aufbereitung der Unterkapitel 280

Ikarus – ein Held? 280
Der Sturz des Ikarus im Bild 284
Projektideen 287
Arbeitsblatt 1: Ein Gedicht zum Motiv „Der Sturz des Ikarus“ untersuchen 288
Arbeitsblatt 2: Einen Liedtext zum Motiv „Der Sturz des Ikarus“ untersuchen 289
Arbeitsblatt 3: Einen Sachtext bearbeiten 290
Arbeitsblatt 4: Einen Text zu einem Gemälde bearbeiten 292
Arbeitsblatt 5: Ein Bild beschreiben 293
Arbeitsblatt 6: Die Kommentierung eines Gemäldes untersuchen 294
Arbeitsblatt 7: Einen Holzschnitt zum Motiv „Der Sturz des Ikarus“ beschreiben 295

Leistungsüberprüfung – Selbstevaluation – Klassenarbeit 296

Die deutsche Sprache und ihre europäischen Verwandten – Aus Sprachvergleichen lernen 297

Vorüberlegungen zur Einheit 297

Didaktische Aufbereitung der Unterkapitel 299

1. Die indoeuropäische Sprachfamilie und die deutsche Sprache 299
2. Wörter haben eine Geschichte: Wortverwandtschaften und Bedeutungsunterschiede erklären 301
3. Die Sprachen in der Sprache – Dialekte des Deutschen 306
4. Andere Sprachen, andere Satzbaumuster – Unterschiede kennen und berücksichtigen 308

Arbeitsblatt 1: Der Einfluss des Lateinischen auf die deutsche Sprache 315
Arbeitsblatt 2: Wichtige Perioden der Wortentlehnung im Deutschen 317
Arbeitsblatt 3: „Handy" – ein Anglizismus? 318
Arbeitsblatt 4: Deutsche Sprache, schwerer Satzbau? 320
Arbeitsblatt 5: Deutsch-englische Sprachbeziehungen 321
Arbeitsblatt 6: Standardsprache und Dialekt 323

Leistungsüberprüfung – Selbstevaluation – Klassenarbeit 324

„Kopfkino" – Hörspiele untersuchen, verstehen, produzieren 325

Vorüberlegungen zur Einheit 325

Didaktische Aufbereitung der Unterkapitel 327

1. Was ein Hörspiel alles bewirken kann: das Beispiel „Krieg der Welten" (1938) nach H. G. Wells 327
2. Wie ein Hörspiel entsteht – ein Blick hinter die Kulissen 332
3. Eine Ballade in ein Hörspiel verwandeln: „Die Bürgschaft" von Friedrich Schiller 334

Arbeitsblatt 1: Die Produktion eines Hörspiels 336
Arbeitsblatt 2: Eine Ballade in ein Hörspiel verwandeln (1) – Textarbeit 338
Arbeitsblatt 3: Eine Ballade in ein Hörspiel verwandeln (2) – Umsetzung 341
Arbeitsblatt 4: Ein Theaterstück zu einem Hörspieltext umarbeiten (Kopiervorlage) 343
Arbeitsblatt 5: Aus einer Mindmap einen Sachtext erstellen 344

Leistungsüberprüfung – Selbstevaluation – Klassenarbeit 345

Üben, wiederholen und mehr ... 346

Vorüberlegungen zur Einheit 346

Didaktische Aufbereitung der Unterkapitel 346

1. Zuhören und Informationen verarbeiten 346
2. Wortarten 348
3. Aktiv und Passiv 351
4. Satzglieder 353
5. Keine Nebensache – Nebensätze 354
6. s-Laute 361
7. Lang ausgesprochene Vokale 363
8. Nominalisierungen/Substantivierungen 368
9. Zusammen- und Getrenntschreibung 370
10. Das Komma 374

Statt eines Vorworts – P.A.U.L. *D.* von A–Z

Auftaktseite Die einzelnen Einheiten beginnen fast ausnahmslos mit einer Doppelseite, die neben Illustrationen und Arbeitsaufträgen auch einen Einstiegstext enthält, der unmittelbar an die Schülerinnen und Schüler gerichtet ist. Dieser Einstiegstext informiert über die thematischen Schwerpunkte, die zu erwerbenden Kompetenzen und das Ziel der Arbeit. Auf diesem Weg soll die Motivation der Lernenden geweckt und eine didaktisch gewünschte Transparenz geschaffen werden. Die Aufträge knüpfen an die Schülererfahrungen an und leiten unmittelbar in den Erarbeitungsprozess ein, indem z. B. auf das abgedruckte Bildmaterial Bezug genommen wird.

Arbeitsaufträge Die den Texten zugeordneten Arbeitsfragen spiegeln den konkreten didaktischen Prozess innerhalb einer Stunde wider. Sie bieten die Möglichkeit, selbst initiierte Lernprozesse zu gestalten, und erleichtern der Lehrerin und dem Lehrer die Vorbereitung. Ein deutliches Gewicht liegt dabei auf textanalytischen Zugriffsweisen, darüber hinaus werden immer wieder handlungs- und produktionsorientierte Aufträge angeboten, die den Verstehensprozess initiieren, begleiten und absichern sollen.

Arbeitsheft Zu jedem Schülerband gehört ein Arbeitsheft mit ausführlichem Übungs- und Differenzierungsmaterial. Zugunsten der Übungsdichte sind die Arbeitshefte zurückhaltend illustriert. Sie enthalten ein eingelegtes Lösungsheft zur individuellen Kontrolle.

Bebilderung – grafische Gestaltung Dem Buch liegt eine ruhige, ästhetische Seitengestaltung zugrunde. Die Abbildungen sind so ausgewählt worden, dass sie die Vorstellungsbildung der Lernenden nicht behindern. Zahlreiche Abbildungen werden mithilfe der Arbeitsaufträge funktionalisiert und so in den Lernprozess integriert, dass sie zum Verstehen beitragen. Dort, wo es angemessen erscheint, werden auch Originalbebilderungen aus Primärtexten übernommen.

CD-ROM Zum Lehrwerk gehört eine CD-ROM mit dem Titel „Salto“. Darauf finden sich zahlreiche Übungen zu unterschiedlichen Bereichen des Faches Deutsch. Neben Aufgaben zum Lesen und Schreiben bildet außerdem das Thema „Arbeit am PC“ einen Schwerpunkt. Die diesem Kommentarband beigelegte CD-ROM enthält alle Arbeitsblätter in einem Format, das eine individuelle Gestaltung und damit auch eine problemlose Anpassung an die jeweilige Lerngruppe und die gewünschte Lernsituation ermöglicht.

Inhaltsverzeichnis Das Inhaltsverzeichnis des Schülerbandes besitzt eine Doppelstruktur. Links finden die Schülerinnen und Schüler jeweils die thematische Ausrichtung der Einheiten mit den entsprechenden Unterkapiteln. Rechts sind die Kompetenzen aufgelistet, die im Verlaufe des Erarbeitungsprozesses erworben werden können. Fett gedruckte Formulierungen verweisen auf solche Kompetenzen, die in besonderer Weise akzentuiert werden.

Lehrerkommentar Der Lehrerkommentar führt zunächst in die Einheiten ein und nennt noch einmal dezidiert die Kompetenzen, die jeweils vermittelt werden. Daran schließen sich die didaktische Aufbereitung der Unterkapitel mit entsprechenden Lösungen der Aufgaben und Tafelbilder an. Es folgen in der Regel kopierfähige Arbeitsblätter, und den Abschluss bilden Vorschläge zur Leistungsüberprüfung und Selbstevaluation.

Leuchtturm

Farblich unterlegte Kästen, die mit dem Symbol „Leuchtturm" versehen sind, bündeln erworbenes Wissen aus den unterschiedlichen Aufgabenbereichen des Faches Deutsch in systematischer Weise.

Medien

Insgesamt kommt ein weiter Medienbegriff zum Tragen. Das Leitmedium des Faches Deutsch – das Buch – wird ausführlich thematisiert. Gleichzeitig lernen die Schülerinnen und Schüler mit modernen Medien wie dem Internet umzugehen und dieses kritisch und qualifizierend zur Recherche einzusetzen.

Methoden/ Methodenkästen

Die Schülerbände legen ein besonderes Gewicht auf die Vermittlung methodischer Kompetenzen, die in besonderer Weise das selbstständige, individuelle Lernen ermöglichen. Pro Band wird mindestens eine Einheit angeboten, die sich unmittelbar mit dem Thema „Das Lernen lernen" beschäftigt und vielfältige Kompetenzen auf unterschiedlichen Gebieten vermittelt. Darüber hinaus sind zahlreiche Methodenkästen – farblich hervorgehoben und durch ein Symbol (Werkzeugkiste) gekennzeichnet – abgedruckt, die unterschiedliche Ausrichtungen haben. In den Methodenkästen werden z. B. Umgehensweisen mit Medien und Sachtexten thematisiert, textanalytische Zugriffsweisen beschrieben, Hilfen zur Textproduktion und Überarbeitung gegeben und vieles mehr.

Projekte

Innerhalb der Bände werden keine ausgearbeiteten Projekte vorgestellt, welche die Lehrpersonen und die Lerngruppen sehr stark festlegen würden. Vielmehr enden stattdessen zahlreiche Einheiten mit Projektideen, die im Wesentlichen von den Schülerinnen und Schülern selbstständig umgesetzt werden können.

Rechtschreibung

Jeder Schülerband enthält eine ausgewiesene Einheit, in der den Schülerinnen und Schülern Lösungsstrategien im Bereich der Rechtschreibung vermittelt werden. Darüber hinaus werden ausgewählte Rechtschreibprobleme gesondert thematisiert. Die Auswahl der Übungen orientiert sich dabei an unterschiedlichen Strategien und Lernertypen. Der Umfang der Übungen ermöglicht zudem eine Differenzierung und Individualisierung innerhalb des Lern- und Übungsprozesses.

Reflexion über Sprache

In besonders systematischer Weise werden grammatische Phänomene vermittelt, wobei immer wieder deutlich Möglichkeiten des entdeckenden Lernens eröffnet werden. Der Bereich „Reflexion über Sprache" wird darüber hinaus im Sinne einer integrativen Didaktik dort mit anderen Aufgabenbereichen des Faches Deutsch verknüpft, wo dieses funktional ist und dem Anspruch nach systematischem Lernen nicht im Wege steht. Zahlreiche Übungen helfen, das Gelernte zu sichern.

Sachtexte

Neben den literarischen Texten stellen Sachtexte einen deutlichen Schwerpunkt in der Textauswahl dar. Auch in der Auseinandersetzung mit ihnen wird dezidiert das Leseverstehen der Schülerinnen und Schüler geschult, indem unterschiedliche Methoden im Umgang mit diesen Texten erlernt werden. Mindestens eine Einheit pro Band hat den Umgang mit Sachtexten explizit zum Thema. Dabei werden auch diskontinuierliche Texte einbezogen.

Spiralcurriculum

Die Schülerbände sind in der Gesamtheit so konzipiert, dass bestimmte Curriculumelemente immer wieder aufgegriffen und erweitert werden. Jeder Band enthält

- eine Lyrikeinheit mit Schwerpunkten in den Bereichen methodischer Zugänge und des Sprechens,
- eine Einheit, in der ein Autor oder eine Autorin vorgestellt wird,
- eine Einheit zum Thema „Theater",
- eine oder mehrere Einheiten, in denen explizit Textarten erarbeitet werden,
- eine Einheit, in der Zugänge zu Sachtexten vermittelt werden,
- eine Einheit zum Bereich „Miteinander sprechen/argumentieren",
- eine Einheit zum Thema „Das Lernen lernen",
- eine Methodeneinheit zur Rechtschreibung.

Textauswahl

Die Schülerbände enthalten zum einen ein umfassendes Repertoire traditioneller, bewährter Texte. Darüber hinaus sind auch zahlreiche moderne Texte aufgenommen worden, die unmittelbar dem Leseverhalten und -interesse der Schülerinnen und Schüler entstammen. Die abgedruckten und didaktisierten Auszüge aus Jugendbüchern sollen zum Lesen motivieren. Darüber hinaus werden immer wieder weitergehende Lesehinweise gegeben, die zum thematischen Kontext passen. Die Einheiten sind z. T. thematisch ausgerichtet, immer wieder werden jedoch auch unmittelbar Textarten in den Mittelpunkt gerückt, um ein fachspezifisches Wissen zu vermitteln.

Rafik Schami – orientalischer Geschichtenerzähler und Brückenbauer zwischen den Welten (S. 14–31)

Vorüberlegungen zur Einheit

Der Bestsellerautor Rafik Schami gilt als einer der prominentesten und bedeutendsten Vertreter der deutschsprachigen Migrantenliteratur. Er wurde 1946 als Mitglied der christlichen Minderheit in der Hauptstadt Syriens Damaskus geboren. Als Chemiestudent gab er in der Altstadt von Damaskus von 1965–1970 die Wandzeitung „Al-Muntalek" mit heraus. Diese Zeitung kritisierte die ungerechten gesellschaftlichen Verhältnisse in Syrien und das herrschende Regime. 1971 floh Rafik Schami dann in die Bundesrepublik Deutschland, um sich der Verhaftung und drohender Folter in Syrien zu entziehen. Hier schlug er sich mit Gelegenheitsarbeiten in Restaurants, Kaufhäusern und auf Baustellen durch. Er studierte weiter Chemie und beendete dieses Studium 1979 mit der Promotion. 1971 begann er, Beiträge für Anthologien und Zeitschriften in arabischer Sprache zu verfassen, die er dann selbst ins Deutsche übersetzte. Direkt auf Deutsch schreibt Schami seit 1977. Als freier Schriftsteller arbeitet er seit 1982. Er veröffentlichte neben Reden, Kolumnen und Tagebuchaufzeichnungen vor allem Erzählungen (z. B. „Die Sehnsucht fährt schwarz") und Romane für Jugendliche (z. B. „Eine Hand voller Sterne") und für Erwachsene (z. B. „Die dunkle Seite der Liebe"). Für sein Werk wurde Rafik Schami mit vielen Literaturpreisen ausgezeichnet (z. B. 1993: Adelbert-von-Chamisso-Preis; 2003: Wellheimer Literaturpreis; 2007: Nelly-Sachs-Preis der Stadt Dortmund u. v. a.).
In seinen Romanen und Erzählungen schreibt Rafik Schami über Fremdheits- und Exilerfahrungen. Erinnerungen an das Damaskus seiner Kindheit, Außenseitertum, die Forderung nach Toleranz gegenüber Fremden und Minderheiten oder den Nah-Ost-Konflikt. Diese Themen behandelt der Autor ohne moralischen Zeigefinger, sondern phantasievoll, anekdotenhaft, humoristisch und arabesk im Stile und in der Tradition der orientalischen Geschichtenerzähler.
In dem ersten Teilkapitel (S. 16–23) lernen die Schüler den ersten Bestseller Schamis, den 1987 erschienen Jugendroman „Eine Hand voller Sterne", kennen. Im Mittelpunkt steht dabei der Generationskonflikt in einer traditionellen Bäckerfamilie in Damaskus. Der Vater will den begabten Ich-Erzähler gegen dessen Willen zwingen, die Bäckerei zu übernehmen. Im Zusammenhang mit dem Roman beschäftigen sich die Schüler mit den problematischen politischen Verhältnissen in Syrien und damit, wie diese in dem Roman verarbeitet werden. Methodisch wird anhand der Hauptfiguren die Figurencharakterisierung geübt.
Im zweiten Teilkapitel (S. 24–31) steht im Mittelpunkt, wie Rafik Schami die Fremdheitserfahrungen der orientalischen Auswanderer mit der westlichen Kultur verarbeitet. Die dazu gewählten Ausschnitte aus Schamis Roman „Der Erzähler der Nacht" ermöglichen den Schülern einen fremden und humorvollen Blick auf die eigene westliche Kultur und ihre Unterschiede zur orientalischen. Dies wird vertieft durch ein Interview mit Rafik Schami, in dem er über seine Erfahrungen in Deutschland berichtet und er die Forderung, dass Ausländer sich den Deutschen anpassen müssten, in humorvoller Weise infrage stellt.

Die Einheit wird mit einigen Projektvorschlägen abgeschlossen (S. 31), die den Schülerinnen und Schülern eine umfassendere Auseinandersetzung mit dem Autor Rafik Schami und seinem Werk oder mit den Schicksalen und Erfahrungen von Migranten ermöglichen.

Zentrale Kompetenzen, die in dieser Einheit geschult werden, sind:

- Ergebnisse von Textuntersuchungen darstellen und präsentieren
- produktive Formen auf Texte anwenden und zum Ausdruck des eigenen Textverständnisses nutzen
- grundlegende Lesetechniken und -strategien anwenden
- Informationen aus Texten zielgerichtet entnehmen und dabei entsprechende Methoden anwenden (z. B. Texte gliedern, Teilüberschriften finden, Texte zusammenfassen ...)
- zentrale Textinhalte erschließen und Intentionen und Wirkungen von Texten erkennen
- sprachliche Gestaltungsmittel in ihren Wirkungszusammenhängen erkennen
- Zusammenhänge zwischen Texten, historischen Kontexten und Leben des Autors herstellen
- eigene Deutungen von Texten entwickeln, am Text belegen und sich mit anderen darüber verständigen
- analytische Methoden anwenden (z. B. Texte untersuchen, vergleichen, kommentieren)
- literarische Figuren charakterisieren
- sich argumentativ mit Sachverhalten auseinandersetzen

Zum Einstieg machen sich die Schülerinnen und Schüler ein erstes Bild vom Autor und seinem Werk, indem sie die Buchvignetten und die Zeitungsausschnitte auf S. 14 – 15 beschreiben. Dann können die Eindrücke der Schüler darüber, was typisch für den Autor und seine Bücher ist, in Form eines Ideensterns festgehalten werden.
Als Nächstes kann in einem Brainstorming gesammelt werden, was die Schüler mit dem Begriff Orient verbinden. Diese Vorstellungen können dann später damit verglichen werden, was die Schüler in den Auszügen aus dem Roman „Eine Hand voller Sterne" über das Leben in Syrien erfahren.
Der Einstieg kann dadurch vertieft werden, dass die Schüler sich gegenseitig Rezensionen der abgebildeten Romane vorstellen. Dazu erarbeiten sie in Gruppen arbeitsteilig mithilfe der Arbeitsblätter 1 – 4, S. 31 – 34 jeweils eine Rezension. Die Ergebnisse dieser Erarbeitung sollten die Schüler in der jeweiligen Spalte des Arbeitsblattes 5, S. 35 in Stichworten sichern. In einem zweiten Schritt werden die Gruppen neu gebildet, indem sich mindestens vier Schüler mit verschiedenen Rezensionen zusammenfinden. In diesen Gruppen stellen sich die Schüler die in den ersten Gruppen erarbeiteten Rezensionen gegenseitig vor. Die Ergebnisse dieser Vorstellungsrunde werden gesichert, indem die Schüler das Arbeitsblatt 5 vervollständigen. Im anschließenden Klassengespräch können sich die Schüler darüber austauschen, welche der vorgestellten Bücher sie aus welchen Gründen interessant bzw. nicht interessant finden.
Um die erste Annäherung an den Autor abzuschließen, erhalten die Schülerinnen und Schüler einen Lexikonartikel über Rafik Schami (s. Arbeitsblatt 6, S. 36). Sie entnehmen dem Moderationstext im Schülerband auf S. 14 und dem Lexikonsartikel die wichtigsten Informationen und erstellen einen tabellarischen Lebenslauf des Autors. Als Hinführung zum folgenden Teilkapitel können die Schüler die im Lexikonartikel gegebenen Angaben zum Inhalt des Jugendbuchs „Eine Hand voller Sterne" herausarbeiten.

Didaktische Aufbereitung der Unterkapitel

Eine Hand voller Sterne – Der Sohn eines Bäckers aus Damaskus erzählt (S. 16–23)

Der Jugendroman ist in Form eines Tagebuches geschrieben. Der Leser begleitet den 14-jährigen Ich-Erzähler, den Sohn eines Bäckers, dreieinhalb Jahre lang dabei, wie er in den 70er-/80er-Jahren in der Altstadt von Damaskus aufwächst und seine Bestimmung, Journalist zu werden, verwirklicht. Dabei scheint der Plan, Journalist zu werden, anfangs aussichtslos zu sein, weil der Vater seinen Sohn zwingen will, wie er Bäcker zu werden und in der familieneigenen Bäckerei zu arbeiten. Gegen den Willen des Vaters wird der Junge von seinem Lehrer, der an das schriftstellerische Talent des Jungen glaubt und es fördert, und seinem Onkel Salim, dem im positiven Sinne „verrückten" Geschichtenerzähler der Familie, unterstützt. Salim überredet den Jungen auch, als der Vater ihn von der Schule nehmen will, nicht einfach wegzulaufen, sondern bei seiner Familie zu bleiben. Einen weiteren Mentor findet der Ich-Erzähler in dem Journalisten Habib, der zwar für eine Regierungszeitung arbeitet, aber kritisch gegen das Militärregime eingestellt ist. Durch die Beziehung zu Habib wächst der Wunsch des Bäckerjungen, als Journalist gegen Folter, Unterdrückung und Verfolgung zu kämpfen. Zuerst wird sein Vater bei einer willkürlichen Verhaftungswelle von der Geheimpolizei verhaftet und gefoltert. Einige Zeit später geschieht dasselbe wegen eines kritischen Artikels mit Habib. Danach will Habib nur noch als Übersetzer arbeiten. Der Bäckerjunge überredet ihn aber, mit ihm, einigen seiner Schulfreunde und Nadja – der ersten große Liebe des Ich-Erzählers und Tochter eines Geheimdienstlers – zusammen eine Untergrundzeitung zu gründen. Habib lässt sich überreden, den Jugendlichen zu helfen. Sie bilden eine Untergrundgruppe, die die „Sockenzeitung" herstellt. Die Zeitung nennen sie so, weil sie ihre kritischen Berichte über die Missstände in Syrien vertreiben, indem sie sie in Socken verstecken, die sie auf dem Basar, in Restaurants oder in Cafés verkaufen. Die „Sockenzeitung" wird ein großer Erfolg. Es wird sogar im Ausland darüber berichtet. Dementsprechend wird die Untergrundgruppe von den staatlichen Stellen verfolgt. Nach der fünften Ausgabe wird Habib von der Geheimpolizei gefangengenommen. Am Ende weiß der Leser nicht, ob Habib die Gefangenschaft überstehen und wann er freigelassen wird. Die Jugendlichen beschließen aber, die Sockenzeitung weiter herauszugeben, um – wie es im letzten Satz des Romans heißt – den „Militärs [zu] zeigen, wie viele Habibs dieser gefangene Journalist zur Welt gebracht hat."

Der Streit **(S. 17–18)**
Die Textauszüge stammen aus dem ersten Fünftel des Jugendbuches. Die Schülerinnen und Schüler erhalten ein Bild von den Lebensumständen des Ich-Erzählers. Im Mittelpunkt steht der Generationskonflikt mit dem Vater. Der traditionell orientierte Vater hält es für selbstverständlich, dass sein Sohn nicht weiter zur Schule geht, sondern wie er als Bäcker arbeitet (vgl. Z. 120–122). Als sein Vater eine weitere Arbeitskraft braucht, will er seinen Jungen von der Schule nehmen, damit dieser seine Pflicht gegenüber der Familie in der Bäckerei erfüllt: „[...] wozu [hat] er schließlich einen Jungen in die Welt gesetzt [...], wenn dieser ihm nicht hilft." (Z. 134 f.) Der intellektuell begabte und schulisch erfolgreiche Sohn hasst die eintönige Plackerei als Bäcker und „will nicht lebendig in einer Bäckerei begraben sein" (Z. 125 f.). Er möchte stattdessen als Journalist im Namen der „Wahrheit" (Z. 60) gegen die Missstände und die Willkür der Regierung in Syrien etwas tun. Der Bäckerjunge will im Gegensatz zu seinem Vater mehr von der Welt sehen als die Bäckerei. Er will als Journalist „reisen und schreiben" (Z. 126). Deshalb schwört er bei Gott, dass

er gegen den Willen des Vaters „niemals Bäcker werde, Nie!!“ (Z. 130) Auf der Seite des Ich-Erzählers stehen bei diesem Streit die Mutter und sein fünfundsiebzigjähriger Onkel Salim, der früher Kutscher gewesen ist und die „besten Geschichten von Räubern, Königen und Feen“ (Z. 24–27) erzählt. Die Mutter ist „stolz“ (Z. 85) auf die Leistungen ihres Jungen in der Schule und versucht, den Vater zu beeinflussen, den Jungen auf der Schule zu lassen (vgl. Z. 117–119). Salim hat als Erster im Ich-Erzähler den Wunsch geweckt, Journalist zu werden (Z. 51–64). Als der Vater den Jungen später zwingen will, in der Bäckerei zu arbeiten, mischt er sich ein. Offensichtlich, um den Jungen vor dem Vater in Schutz zu nehmen (vgl. Z. 138f.).

Aufgabe 1
S. 18

Die Schülerinnen und Schüler tauschen sich über ihre ersten Leseeindrücke aus. Dann erfolgt eine genaue Untersuchung der Textauszüge, bei der sie alles zusammentragen, was sie über den Ich-Erzähler erfahren. Die Ergebnisse können gesichert werden, indem die Schüler Arbeitsblatt 7, S. 37 ausfüllen.
Folgendes sollten die Schüler am Text über den Ich-Erzähler herausarbeiten:

äußere Lebensumstände: Der Ich- Erzähler ...
- ist 14 Jahre alt und der Sohn eines Bäckers.
- lebt in Syrien im „Ostteil der Stadt Damaskus“ (Z. 7).
- wohnt in einem typischen orientalischen Lehmhaus mit Innerhof (vgl. Z. 11–15).
- verbringt viel Zeit mit seinen Freunden auf der „Straße“ (Z. 16).
- besitzt „drei Freunde“ (Z. 22), Onkel Salim/Mahmud/Josef.
- soll nach dem Willen seines Vaters Bäcker werden (vgl. Z. 122).
- ist der „Klassenbeste“ (Z. 71).
- ...

Verhalten, Eigenschaften und Einstellungen: Der Ich-Erzähler ...
- fände es „schön, wenn [er] Journalist werden könnte“ (Z. 64–65).
- möchte als Journalist der „Regierung mit ihrer Armee und der Polizei Angst“ (Z. 54–55) machen, indem er die „Wahrheit“ (Z. 60) ans Licht bringt, die die Mächtigen „verstecken“ (Z. 61).
- stellt sich vor, dass er als Journalist reist und schreibt (vgl. Z. 126–127) und ein freies und gefährliches (vgl. 62–63) Leben führt.
- ist gut in der Schule. Er ist ehrgeizig und stolz darauf, dass er der „Klassenbeste“ ist (Z. 71), obwohl er nur „der Sohn [eines] Bäckers“ (Z. 80–81) ist.
- hasst die Arbeit in der Bäckerei (vgl. Z. 114–115 und 124–125).
- besitzt große Willensstärke. Er nimmt sich vor, sich nicht dem Willen seines Vater zu beugen, „koste es, was es wolle“ (Z. 137).
- ...

Beziehung zu anderen Figuren:
- **Mahmud** und **Josef** sind in seinem Alter und die besten Freunde des Ich-Erzählers (vgl. Z. 23–24).
- Sein **Onkel Salim** ist 75 Jahre alt; auch er zählt zu den besten Freunden des Bäckerjungen. Der Junge bewundert Salim für seine Fähigkeit, Geschichten zu erzählen (vgl. Z. 25–28), und sein Wissen darüber, „was in der Welt passiert“ (Z. 36–37). Salim weckt im Ich-Erzähler den Wunsch, Journalist zu werden (vgl. Z. 51–65), und nimmt ihn gegen den starrsinnigen Vater in Schutz (vgl. Z. 138–139).
- Die **Mutter** ist im Gegensatz zum Vater „stolz“ (Z. 85) auf die Leistungen ihres Sohnes. Sie versteht den Kummer ihres Sohnes über den Vater und versucht indirekt, den Vater umzustimmen (vgl. 116–119).

- Der **Vater** interessiert sich nur für das Geschäft (vgl. Z. 96–97). Er will, dass sein Sohn wie er Bäcker wird. Dabei ist er gegenüber seinem Sohn gefühlskalt. Es interessiert ihn nicht, was dieser eigentlich will. Die Schule lehnt er ab (vgl. Z. 103–104). Er hält das Interesse seines Sohnes an der Schule für lebensferne Tagträumerei (vgl. Z. 109–110 u. Z. 121–122). Insgesamt versteht er nicht, was in seinem Sohn vorgeht, und verhält sich ihm gegenüber hart und tyrannisch.

Aufgabe 2
S. 18

Vertiefend wird der Streit zwischen dem Vater und Sohn beurteilt. Dabei ist darauf zu achten, dass der Vater nicht einfach einseitig verurteilt werden sollte. Ohne die Bäckerei könnte die Familie nicht überleben. Deshalb ist sie dem Vater so wichtig. Aus der Sicht des Vaters hat er seinem Sohn eine sichere Zukunft aufgebaut.
Im Gegensatz zum Vater denkt der Sohn idealistisch und individualistisch. Das sichere Einkommen durch die Bäckerei und die Familientradition sind für ihn gegenüber der Möglichkeit, als Journalist etwas an den gesellschaftlichen Verhältnissen zu ändern und sich selbst zu verwirklichen, unwichtig. Nachdem die jeweiligen Gründe der beiden Kontrahenten gegenübergestellt worden sind, können die Schüler zusammenfassend beurteilen, worin sich die Haltungen des Vaters und des Sohnes grundsätzlich unterscheiden. Die Ergebnisse dieses Unterrichtsgesprächs über den Konflikt könnten in folgendem Tafelbild festgehalten werden:

Tafelbild

Rafik Schami: Eine Hand voller Sterne – Der Streit des Ich-Erzählers mit dem Vater über seine Zukunft

Gründe des Vaters:

Der Vater …

- *braucht Hilfe in der Bäckerei (vgl. Z. 98–102).*
- *hält es für die Pflicht des Sohnes, dass er ihm hilft (vgl. Z. 134–135).*
- *denkt, dass die Schule seinem Jungen nicht hilft, später ein Auskommen zu haben (vgl. Z. 121–122).*
- *ist überzeugt, dass er seinem Jungen eine gute Zukunft bietet (vgl. Z. 109–110).*
- *hält es für wichtiger, dass der Junge von der Arbeit als Bäcker leben kann, als dass er etwas weiß bzw. über eine gute Bildung verfügt.*
- *soll die Familientradition, Bäcker zu werden, fortführen.*
- *…*

Für den Vater sind materielle Dinge wichtig und er glaubt, dass die Tradition das Leben bestimmen sollte.

Gründe des Sohnes:

Der Sohn …

- *will nicht nur für „die Kunden und [das] Geld“ (Z. 97) leben.*
- *möchte ganz anders als sein Vater leben, z. B. nicht körperlich, sondern geistig arbeiten und reisen (vgl. Z. 125–127).*
- *möchte als Journalist etwas an den Missständen in der Welt ändern (vgl. Z. 51–64).*
- *empfindet ein Leben als Bäcker als sinnlos (vgl. Z. 125–126).*
- *hält Bildung für wertvoller als eine Handwerksausbildung.*
- *…*

Für den Sohn sind ideelle Dinge wichtig. Er will sich selbst verwirklichen und sich dem Zwang der Tradition verweigern.

Aufgabe 3
S. 18

Die Schreibaufträge verlangen, den vorher analysierten Konflikt produktionsorientiert auszugestalten. Die Schüler besprechen ihre Texte dahingehend, inwieweit sie inhaltlich dem zu Aufgabe 2 Erarbeiteten entsprechen und die Standpunkte der Figuren passend erfassen. Ein weiterer möglicher Schreibauftrag wäre:

- Was könnten der Vater und Onkel Salim in der Nacht, in der der Ich-Erzähler schwört, niemals Bäcker zu werden, besprochen haben? Entwerft ein Gespräch zwischen dem Onkel und dem Vater. Ihr könnt diese Szene auch einüben und vorspielen.

Der Plan **(S. 19–20)**

In den Textauszügen wird erzählt, wie der Konflikt um den Schulbesuch des Sohnes weitergeht. Der Vater lässt den Jungen erst einmal nach dem Ende der Ferien zur Schule gehen. Anscheinend hat er eingelenkt. Schnell wird aber deutlich, dass er sich hinter dem Rücken seines Sohnes an die Schule gewandt hat, um ihn in naher Zukunft von der Schule zu nehmen. Der Lehrer Katib wendet sich an den Vater, um ihn umzustimmen. Es kommt zum Streit zwischen den beiden, der damit endet, dass der Vater den Lehrer aus der Bäckerei wirft. Auch die Mutter und Onkel Salim können den Vater nicht umstimmen. Der Ich-Erzähler ist wütend, verzweifelt und hat „jetzt jeden Tag Krach“ (Z. 85) mit seinem Vater. Er beschließt, seine Familie und Damaskus zu verlassen und nach Aleppo zu fliehen. Die Textauszüge geben nicht mehr wieder, dass der Ich-Erzähler seine Flucht dann doch nicht realisiert. Nach einem Gespräch mit seinem Onkel Salim entschließt er sich, weiter in Damaskus bei seiner Familie zu bleiben.

Nach der Bearbeitung der Tagebuchauszüge auf den Seiten 17–18 sollten die Schüler erst einmal im Sinne eines antizipierenden Lesens mögliche Entwicklungen des Konfliktes entwickeln. Danach lesen sie die Textauszüge auf den Seiten 19–20. Nach einem kurzen Austausch darüber, inwieweit sich ihre Erwartungen erfüllt bzw. nicht erfüllt haben, untersuchen sie dann die Textauszüge näher.

Aufgabe 4
S. 20

In einem ersten Schritt verschaffen sich die Schüler einen Überblick über den Konflikt. Dies kann mithilfe des Arbeitsblatts 8, S. 38 geschehen oder die Schüler entwickeln eine entsprechende Gliederung in ihrem Heft. Ein möglicher Überblick könnte wie folgt aussehen und in sprachlich reduzierter Form (vgl. den Fettdruck) an der Tafel festgehalten werden:

Tafelbild

Die Entwicklung des Streites

1. Phase: ***Ferienschluss und weiterer Besuch der Schule (Z. 1–5)***
Der Ich-Erzähler darf wieder zur Schule gehen. Der Vater scheint sein Verbot vergessen zu haben. Das Verhältnis zwischen beiden ist angespannt.

2. Phase: ***Der Verrat des Vaters (Z. 28–32)***
Der Vater hat den Sohn betrogen und „hingehalten“ (Z. 31–32). Hinter dem Rücken des Sohnes meldet er sich bei der Schule und teilt ihr mit, dass er plane, den Sohn von der Schule zu nehmen. Der Sohn fühlt sich verraten und ist tief enttäuscht von seinem Vater.

3. Phase: ***Herr Katib scheitert (Z. 33–62)***
Der Lehrer kommt in die Bäckerei, um den Vater umzustimmen. Dieser bleibt bei seiner Entscheidung, verhält sich grob gegenüber Herrn Katib und wirft den Lehrer hinaus. Der Ich-Erzähler schämt sich für das Verhalten des Vaters (vgl. Z. 43–44), wagt aber nicht, entsetzt und eingeschüchtert durch den Vater, offen zu sagen, was er denkt (vgl. Z. 49–51). Er ist verzweifelt und traurig: „Ich fing […] an zu heulen.“ (Z. 50–51)

4. Phase: ***Der Vater versucht, seinen Sohn zu überzeugen und zu bestechen (Z. 63–76)***
Der Sohn redet nicht mehr mit seinem Vater. Deshalb versucht dieser, dem Ich-Erzähler sein Verhalten zu erklären. Er sagt, dass der Junge als Bäcker viel Geld verdienen könne (vgl. Z. 67–73). Auch ihn habe man „einfach in die Bäckerei gesteckt“ (Z. 67), berichtet der Vater, und es sei ihm schwergefallen, die Schule aufzugeben. Aber es sei halt das Familien – „Schicksal“ (Z. 74), Bäcker zu werden, wenn man als Sohn eines Bäckers geboren werde. Der Sohn lässt sich aber nicht beschwichtigen und reagiert trotzig: „Ich will nicht!!!“ (Z. 75)

5. Phase: ***Onkel Salim und die Mutter scheitern (Z. 83–90)***
Onkel Salim und die Mutter reden mit dem Vater, aber er lässt sich nicht umstimmen. Die Situation spitzt sich zu. Der Sohn hat „Jetzt jeden Tag Krach mit [seinem Vater]“ (Z. 85). Als der Junge droht, dass er „abhauen werde“ (Z. 86–87), nimmt der Vater dies nicht ernst (vgl. Z. 88–89).

6. Phase: ***Der Entschluss (Z. 97–113)***

Der Ich-Erzähler erträgt die Situation mit dem Vater nicht mehr: „Ich muss hier raus, sonst gehe ich kaputt“ (Z. 95–96) und „Nichts mehr hält mich hier“ (Z. 112–113). Enttäuscht beschließt er, nach Aleppo zu fliehen – „weit weg von der Hand meines Vaters und den Tränen meiner Mutter“ (Z. 98–99) –, um dort eine neues Leben zu beginnen.

Aufgabe 5
S. 20

Die Schülerinnen und Schüler untersuchen die Auseinandersetzung zwischen dem Vater des Ich-Erzählers und dem Lehrer, Herrn Katib. Dazu suchen sie Textstellen heraus, die die Haltung der beiden in Bezug auf den Schulbesuch des Bäckerjungen verdeutlichen. Diese stellen sie in Form einer Tabelle gegenüber und fassen dann ihre Deutung des Konflikts und die Haltungen der beiden Kontrahenten in Form eines Resümees zusammen. Eine von den Schülern entwickelte Darstellung ihrer Textuntersuchung und -deutung könnte so aussehen:

Tafelbild

Rafik Schami: Eine Hand voller Sterne – Der Streit des Vaters mit dem Lehrer Herrn Katib

Der Lehrer Herr Katib …	***Der Vater des Ich-Erzählers …***
– *„besucht“ (Z. 33) den Vater, um dem Ich-Erzähler zu helfen.* – *hält dem Vater vor, dass er einen „Fehler“ (Z. 34) mache, wenn er seinen Sohn „aus der Schule“ (Z. 35) nehme.* – *appelliert an das Gewissen des Vaters, dass es „die Pflicht der Eltern“ (Z. 52) sei, ihren Kindern eine möglichst gute Bildung und die Förderung ihrer Begabungen zu ermöglichen.*	– *ignoriert den Lehrer zunächst und missachtet seine Autorität (vgl. Z. 35–36).* – *besteht darauf, dass es den Lehrer „nichts angehe“ (Z. 41), was er mit seinem Sohn mache.* – *behauptet, dass seinen Sohn „die Schule nicht mehr interessiere“ (Z. 48).* – *beruft sich darauf, dass die Schulpflicht „nur bis zur 5. Klasse“ (Z. 54 f.) gelte und er dieser nachgekommen sei.* – *wird während des Streits „stocksauer“ (Z. 59) und wirft den Lehrer einfach aus der Bäckerei.*
Der Lehrer will unbedingt, dass der Ich-Erzähler eine höhere Bildung erhält. Gegenüber dem Vater ist er aber ohnmächtig.	*Der Vater ist gegen den weiteren Schulbesuch. Er begründet seine Entscheidung nicht, sondern beruft sich ausschließlich auf seine Macht als Vater.*

Frank Radke: Syrien – Geschichte und politische Situation (S. 21–22)

Rafik Schami spielt in seinem Jugendroman oft auf viele politische Missstände in Syrien an – wie z. B. Willkür und Gewalt der Regierung und der Armee, Unterdrückung der Meinungsfreiheit oder Kriegstreiberei. In dem Sachtext erhalten die Schülerinnen und Schüler einen Überblick über die politische Situation und die Geschichte Syriens. Auf dieser Grundlage können sie dann untersuchen, welche politischen und gesellschaftlichen Zustände in dem Jugendbuch mit welcher Absicht verarbeitet werden. Als Hinführung zu dem Text sollten sich die Schüler zunächst anhand einer Weltkarte oder eines Globusses die geografische Lage Syriens vergegenwärtigen.

Aufgabe 1
S. 22

Die Schülerinnen und Schüler gehen so vor, wie es in dem Methodenkasten auf S. 154 beschrieben wird. Sie überfliegen den Text, nehmen die Überschrift und die Abbildung zur Kenntnis und tauschen sich darüber aus, worum es in dem Text gehen könnte.

Dann gliedern sie den Text, finden passende Überschriften für die einzelnen Sinnabschnitte und arbeiten die wichtigsten Informationen mithilfe entsprechender Markierungen heraus. Zur Sicherung des Textinhaltes fertigen sie eine stichwortartige Zusammenfassung an. Dabei können sie mit dem Arbeitsblatt 9, S. 39 arbeiten. Eine mögliche Zusammenfassung könnte folgendermaßen aussehen:

Radke, Frank: Syrien – Geschichte und politische Situation

Geschichte Syriens bis 1963 (Z. 1–33)
- Ausbreitung des historischen „Großsyriens“: Taurusgebirge/Sinai-Halbinsel/Mittelmeer/arabische Wüsten = heute: Jordanien, Irak und Saudi-Arabien
- Zeit der römischen Herrschaft: Ausbreitung des Christentums (Saulus-Paulus)
- 7. Jahrhundert: Gründung des Islams durch den Propheten Mohammed/Prägung Syriens durch die islamische Religion/Durchsetzung der arabischen Sprache/Christen bilden arabisch sprechende Minderheit
- Anfang des 20. Jahrhunderts: Aufteilung der Region durch die Europäer nach dem Sieg über die Türken/Syrien wird französische Kolonie (1916)/Unabhängigkeit Syriens (1946)/häufige Putsche und Machtwechsel

Geschichte Syriens von 1963–1999 (Z. 33–61)
- 1963 – Baath-Partei übernimmt die Macht: Unterdrückung der Bevölkerung durch Miltär- und Geheimpolizei/keine Presse- und Meinungsfreiheit/keine freien demokratischen Wahlen
- 1970 – Präsident Hafez Al Assad übernimmt durch einen Putsch die Macht: Machterhalt mit Gewalt/wiederholte Wiederwahl bei „Scheinwahlen“
- 1999 – Tod des Baath Präsidenten Hafez Al Assad: Wahl seines Sohne Bashar Al Assad zum Staatsoberhaupt per Volksentscheid/Enttäuschung der Hoffnung vieler Oppositioneller auf demokratische und freiheitliche Verhältnisse in Syrien

Beteiligung Syriens an verschiedenen Kriegen (Z. 62–75)
- 1967 – israelisch-arabischer Sechstagekrieg: Verlust der Golanhöhen an Israel/bis heute kein Friedensabkommen zwischen Israel und Syrien
- 1973 – gemeinsam mit Ägypten Angriff auf Israel: Beginn des 4. israelisch-arabischen Krieges
- 1976 – Beteiligung am Bürgerkrieg im Libanon
- 1980–88 – Parteinahme für den Iran im iranisch-irakischen Golfkrieg
- 1991 – Parteinahme für die Amerikaner gegen den Irak im 2. Golfkrieg

Situation Syriens seit 1999 (Z. 76–85)
- Wirtschaftliche und soziale Probleme, da alles Geld in den teuren Militär- und Sicherheitsapparat fließt
- Gegensatz zwischen der verarmenden und unterdrückten Bevölkerung und den privilegierten Anhängern des Baath-Regimes

Aufgabe 2
S. 22

Die Schülerinnen und Schüler suchen aus den Jugendbuchauszügen die Textstellen heraus, die auf die gesellschaftlichen und politischen Zustände in Syrien eingehen. Sie beziehen sie auf die in dem Sachtext gegebenen Informationen. Dass diese Zustände kritisiert werden sollen, lässt sich anhand des Verhaltens der Figuren erkennen: Über Onkel Salim wird erzählt, dass er den Versprechen der neuen Regierung nicht glaubt, weil er zu oft erlebt hat, dass eine neue Regierung, die durch einen Putsch an die Macht gekommen ist, die alte beschuldigt hat, sich aber sonst nichts in Syrien geändert hat. Der Vater sieht keinen Sinn in dem Krieg, den die neue Regierung propagiert. Er hasst die Kriegstreiberei und hat Angst davor, dass sie wieder in einen neuen Krieg mündet. Der Ich-Erzähler berichtet lakonisch über den Putsch, dass es dieses Jahr schon der zweite sei. Auch hier wird deutlich, dass nur die Machthaber wechseln, während sich an der Unterdrückung und dem Elend der Bevölkerung nichts verändert. Die Ergebnisse dieser Textarbeit und -deutung können in folgendem Tafelbild zusammengefasst werden:

Tafelbild

Rafik Schami: Eine Hand voller Sterne – Darstellung der politischen und historischen Zustände in Syrien

Darstellung der Zustände in dem Roman:	***Bezüge zum realen Syrien:***
– *Onkel Salim sagt, dass ein Journalist klug und mutig sei (S. 17, Z. 52 ff.) und alle Regierungen Angst vor der Wahrheit haben.* – *Der Ich-Erzähler berichtet über den Putsch wie über etwas Alltägliches (S. 19, Z. 6 ff.).* – *Onkel Salim glaubt den Versprechungen der neuen Regierungen nicht mehr (S. 19, Z. 17 ff.).* – *Der Vater hat Angst davor, dass die neue Regierung einen Krieg beginnt (S. 19, Z. 23).* – *…*	– *Unterdrückung der Presse- und Meinungsfreiheit in Syrien/Gewalt der Regierung gegenüber der Bevölkerung durch Militär und Geheimpolizei* – *ständige Putsche nach der Unabhängigkeit Syriens/instabile Machtverhältnisse/fehlende Demokratie* – *fehlende Demokratie mit freien Wahlen/alle Präsidenten haben ihre Macht mit Gewalt gesichert* – *Beteiligung des Baath-Regimes an verschiedenen Kriegen gegen Israel und den Iran* – *…*

Aussage-/Wirkungsabsichten:

→ *Die Zustände in Syrien werden kritisiert.*
→ *Sie werden so dargestellt, dass der Leser sie als Missstände verurteilt.*
→ *…*

Aufgabe 3
S. 22

Die Schülerinnen und Schüler erhalten hier Anregungen, wie sie sich zu den bisher angesprochenen Kontexten des Jugendbuchs (Syrien, Nah-Ost-Konflikt, Biographie des Autors) weitere Informationen besorgen können. Sie wählen ein Thema aus, das sie besonders interessiert, recherchieren und arbeiten dazu in Kleingruppen und präsentieren ihre Ergebnisse der Klasse. Nach der Verteilung der Themen wird vor der Recherche gemeinsam der Methodenkasten auf S. 134 erarbeitet, damit die Schüler wissen, wie sie vorgehen können, um ihre Ergebnisse angemessen zu präsentieren.
Alternativ können auch einige Schüler mithilfe der Arbeitsblätter 10, S. 40–41 und 11, S. 42 die Klasse über den Nah-Ost-Konflikt informieren.

Aufgabe 4
S. 22

Die Charakterisierung kann vorbereitet werden, indem der Methodenkasten auf S. 23 gemeinsam gelesen wird. Zu den einzelnen Punkten der Charakterisierung können dann mündlich Stichworte gesammelt oder es kann eine Mindmap angelegt werden. Die Schüler verfassen auf dieser Grundlage und im Rückgriff auf die vorherige Arbeit an den Jugendbuchauszügen eine schriftliche Charakterisierung des Ich-Erzählers. Diese Aufgabe kann auch zur Leistungsüberprüfung gestellt werden. In diesem Fall sollte vorher eine Charakterisierung einer der anderen Figuren verschriftlicht und besprochen werden.

Aufgaben 5 und 6
S. 22–23

Die Schüler stellen die abgebildeten Bücher Rafik Schamis vor. Hilfen, wie sie bei einer Buchvorstellung vorgehen können, erhalten die Schüler in dem Schülerband P.A.U.L. *D.*7 auf S. 95. Die Informationen können den Schülern auch mithilfe des Arbeitsblatt 2 zu der „Anne Frank“-Einheit zur Verfügung gestellt werden (s. S. 159).

Zwischen zwei Welten – Einwanderer erzählen (S. 24–31)

In diesem Kapitel geht es um Texte, in denen die westliche Kultur aus der Perspektive eines orientalischen Einwanderers beschrieben wird. Rafik Schami erzählt augenzwinkernd und ironisch, wie er selbst oder andere Auswanderer die Unterschiede zwischen den orientalischen und den westlichen bzw. deutschen Lebensgewohnheiten erleben. Dabei werden beide Seiten kritisch gesehen und ihre Eingefahrenheiten humoristisch dargestellt. Z. B. werden der Glaube vieler Syrier, dass in Amerika das Geld auf der Straße liege, oder die Forderung vieler Deutschen, dass die Fremden sich anpassen müssten, ironisch und humorvoll hinterfragt.

Tumas zweites Leben **(S. 24–26)**

Die Auszüge stammen aus Rafik Schamis Roman „Erzähler der Nacht". Die Rahmenhandlung besteht darin, dass „der beste Geschichtenerzähler von Damaskus", der Kutscher Salim, auf einmal verstummt. Um Salim von seiner Stummheit zu erlösen, müssen ihm seine sieben Freunde jeweils in einer Nacht eine Geschichte erzählen. Die Geschichten der Freunde, die sie in sieben aufeinander folgenden Nächten erzählen, bilden den eigentlichen Inhalt des Romans. In der dritten Nacht erzählt Tuma, der lange Zeit in Amerika gelebt hat, Salim und seinen Freunden seine Lebensgeschichte.
Tuma beginnt, indem er einleitend allgemein über das Leben der Emigranten berichtet und für sich persönlich bilanziert, was ihm das Leben in der Fremde gebracht hat. Ehrlich erzählt er seinen Freunden, dass das Leben als Emigrant ein ständiger Kampf um das Überleben gewesen sei: „Ein Fluch, sage ich euch" (Z. 12–13). Nachdem er in seine syrische Heimat zurückgekehrt ist, leidet er darunter, dass die Syrier glauben, in Amerika könne jeder problemlos reich werden. Es „schmerzt" (Z. 27) ihn die „Verachtung" (Z. 28) der Leute, die meinen, er sei nur zurückgekehrt, weil er in Amerika versagt habe. In Tumas Augen liegt diese Haltung darin begründet, dass diejenigen, die nicht ausgewandert seien, keine realistische Vorstellung von dem Leben in Amerika hätten. Sie glaubten nur, was sie sich wünschten. Wenn ihnen jemand die Wahrheit erzähle, sagten sie, „das stimmt nicht" (Z. 23), und hielten denjenigen für einen „Idiot[en]" (Z. 24).
Tuma ist zurückgekehrt, weil im Alter die „Sehnsucht" (Z. 32) nach seiner Heimatstadt gewachsen ist. Er hat den Menschen zeigen wollen, dass er „als Mensch stärker [ist] als Krieg, Hunger und Meer" (Z. 33). Allerdings interessieren sich die Menschen in seiner Heimat nur dafür, warum er nicht reich geworden ist, und nicht dafür, was „die Fremde [ihm] gebracht" hat. Darauf geht Tuma dann ein. Er erzählt seinen Freunden, was ihm die Fremde „gegeben und genommen" (Z. 42–43) habe. Vor allem sei er durch das neue Leben mutig geworden, früher sei er ein „Angsthase" (Z. 48) gewesen. Auch habe er gelernt, ohne den Schutz der „Sippe" (Z. 55) allein auf sich gestellt und frei zu leben. Am prägendsten ist die Erfahrung in der Fremde für Tuma gewesen, sich nicht ausdrücken zu können. Auch nachdem er Englisch gelernt hatte, habe er nur die „Zunge eines Kindes" (Z. 114–115) gehabt. Die kulturellen Unterschiede haben dazu geführt, dass die Menschen in Amerika nicht erfahren haben, was Tuma als Menschen ausmacht, weshalb er sich von ihnen nicht verstanden fühlte. Er hat auch die Erfahrung gemacht, dass das Nichtwissen der Amerikaner über die orientalische Welt dazu geführt habe, dass, „was auch immer [er] erzählte, die Einheimischen dort [...] es für ein Ammenmärchen [hielten]" (Z. 119–121). Sie haben darauf bestanden, dass sich Tuma als der Fremde anpassen sollte (vgl. Z. 126–127), haben sich aber nicht wirklich für ihn und seine Heimat interessiert. Vielmehr haben sie ihn durch die Brille ihrer Vorurteile bewertet. So ist der syrische Christ Tuma in den Augen der meisten Amerikaner ein muslimischer Türke gewesen. Auf Tumas Richtigstellungen hat er von den meisten die bornierte Antwort erhalten: „Es ist egal, alles sind Türken [...]" (Z. 125).

Aufgabe 1
S. 26

Die Schülerinnen und Schüler suchen Textstellen heraus, die zeigen, was es für Tuma bedeutet, Fremder in einem fremden Land zu sein, und erläutern sie. Die Ergebnisse der Textarbeit können in folgendem Tafelbild zusammengefasst werden:

Tafelbild

Tuma zweites Leben – Seine Erfahrungen als Fremder in einem fremden Land

Tuma …
- *muss hart um sein Überleben kämpfen (vgl. Z. 11–13).*
- *verliert seine Angst und gewinnt einen ihm „bis dahin fremden Mut" (Z. 53).*
- *lernt, ohne den Schutz der „Sippe" (Z. 55) zu leben.*
- *ist oft „einsam" (Z. 58), lernt aber auch „für sich allein" (Z. 57) und „frei" (Z. 59) zu leben und „etwas Neues zu wagen" (Z. 59).*
- *lebt mit „Leuten aus allen Ländern" (Z. 77) zusammen.*
- *erfährt, dass alle Emigranten das gleiche Schicksal haben (vgl. Z. 80–82).*
- *fühlt sich stumm, weil er Englisch nicht beherrscht, und leidet darunter (vgl. Z. 89–95).*
- *die Amerikaner bleiben ihm fremd, auch als Tuma Englisch spricht (vgl. Z. 104–110).*
- *stößt auf Desinteresse und Vorurteile (vgl. Z. 119–133).*
- *…*

Aufgabe 2
S. 26

Die Schüler erläutern und deuten die Aussage Tumas, dass die Stummheit in der Fremde schlimmer sei als die angeborene. Sie stellen heraus, dass mit der „Stummheit in der Fremde" folgende Aspekte gemeint sind:
- die Nichtbeherrschung der Sprache
- die Schwierigkeit, sich in einer Fremdsprache so auszudrücken wie in der Muttersprache
- der Wegfall kultureller Gemeinsamkeiten als Grundlage einer gemeinsamen Kommunikation
- ein gegenseitiges Nichtverstehen und Fremdbleiben, das aufgrund der verschiedenen Lebensgewohnheiten, Einstellungen und Wertmaßstäbe besteht
- …

Aufgabe 3
S. 26

- Die Sprechweise Tumas ist durch die Übernahme englischer Idiome geprägt. Diese Phänomene weisen die Schüler durch entsprechende Textstellen nach. Dabei können sie auf folgende Textstellen verweisen:
  „well" (Z. 3 und 85); „you know" (Z. 7); „shit" (Z. 34); „okay" (Z. 45)
- Viele Sprachbilder Tumas zeigen hingegen, dass er aus dem Orient kommt und dort aufgewachsen und beheimatet ist. Folgende Sprachbilder können die Schüler in diesem Zusammenhang benennen, erläutern und deuten:
  - „von Bord des Schiffes ging ich als Löwe in die neue Welt" (Z. 48–49): Tuma beschreibt hier, wie er durch den Verlust der Heimat mutiger geworden ist.
  - „Von nun an war jede Bedrohung nicht mehr als das Gackern einer Henne" (Z. 50–52): Der Vergleich zeigt, dass Tuma nach dem Verlust von „Eltern und Heimat" (Z. 50) alle anderen Gefahren als gering ansieht.
  - „In Latakia lebten wir wie die Bienen" (Z. 53–54): Hier verdeutlicht der Vergleich, dass in Syrien nicht der Einzelne zählt, sondern das Eingebundensein des Einzelnen in seine Sippe. Der Einzelne gilt, wie die einzelne Biene, nichts, während die Sippe, wie der Schwarm im Leben einer Biene, zugleich Schutz, höchstes Ziel und Lebensorientierung darstellt.
  - „In Amerika leben die Leute wie Gazellen, jeder für sich allein, auch wenn sie zusammengehen" (Z. 56–58): Dieser Vergleich kontrastiert das Leben in Syrien und in Amerika. In Syrien leben die Menschen wie die Bienen eingebunden in die Gemeinschaft des Schwarms bzw. der Sippen. Dagegen leben die Menschen in

Amerika in der Perspektive des Erzählers wie die Gazellen: Der Einzelne bleibt immer auf sich gestellt, auch wenn er sich wie die Gazellen zu einer Gemeinschaft zusammenschließt.

- „Dort nimmt einer allein ein Boot ... Hier musst du ... mit ins Boot nehmen, wenn du den Fluss zum neuen Ufer überqueren willst“ (Z. 59–65): Auch die Bootsmetapher zeigt die unterschiedliche Lebensweise in den beiden Kulturen. In Amerika ist der Einzelne allein, aber frei, „etwas Neues zu wagen“ (Z. 59). Er muss es nur wagen. Dagegen binden in Syrien die verwandtschaftlichen Beziehungen den Einzelnen. Entscheidungen und die Gestaltung des eigenen Lebensweges sind nur im Rahmen dessen möglich, was die Sippe zulässt.
- „Worte sind unsichtbare Juwelen, die nur die sehen, denen sie entzogen wurden“ (Z. 90–92): Mit dieser Metapher weist Tuma darauf hin, dass sich manche im Alltag nicht bewusst sind, wie wertvoll es ist, sich in der Muttersprache ausdrücken zu können und sie mit anderen zu teilen.
- „Ich bin mit dem Herzen eines Löwen und der Geduld eines Kamels in die Fremde gegangen, doch Mut und Geduld halfen mir nicht gegen mein Stummsein.“ (Z. 110–114): Tuma erzählt hier in Bildern davon, dass er sich von den anfänglichen Schwierigkeiten, sich mit den Amerikanern zu verständigen, nicht hat abschrecken lassen, sondern sein Bestes getan hat, um sich mit ihnen zu verständigen. Allerdings haben all sein Mut und seine Geduld nicht geholfen, die Fremdheit zwischen ihnen zu überwinden.
- „Die Fremde schenkte mir die Zunge eines Kindes“ (Z. 114–115): Die Metapher verdeutlicht noch einmal, dass Tuma es in seiner neuen Heimat niemals geschafft hat, sich so auszudrücken, wie er es sich gewünscht hat. Was immer er erzählt hat, immer haben ihm wie einem Kind die Möglichkeiten gefehlt, das zu sagen, was er zu sagen gewollt hat, oder so zu reden, dass seine Gesprächspartner ihn wirklich verstanden haben.
- „Da wäre Aladins Wunderlampe für sie leichter zu schlucken“ (Z. 132–133): Tuma beschreibt hier die Unmöglichkeit, die Vorurteile der Amerikaner zu überwinden. Der Erklärung, dass jemand „Araber und Christ zugleich“ (Z. 132) sein kann, würden sie aufgrund ihrer Vorurteile und Klischees in Bezug auf die arabische Welt nicht glauben.
- ...

Nach dem Zusammentragen der sprachlichen Bilder, derer sich Tuma bedient, fassen die Schüler zusammen, woran der Leser erkennt, dass diese Bilder aus dem Orient stammen. Als Bildspender dienen die Natur (z. B. Löwen, Gazellen, Kamele) und Kultur des Orients (z. B. Fährboote, Juwelenhandel, Märchen).
Abschließend beurteilen die Schülerinnen und Schüler, inwiefern sie Tumas positive Einstellung zu seinem Leben in der Fremde teilen können. Hat Tumas Auswanderung aus ihrer Sicht mehr Vor- oder Nachteile für diesen mit sich gebracht?
Weiter können die Schüler darüber diskutieren, ob sie sich selbst ein Leben in der Fremde vorstellen könnten, welche Erwartungen sie daran knüpfen und inwieweit diese den von Tuma erzählten entsprechen. Ein möglicher Schreibauftrag wäre in diesem Zusammenhang:

- „Verfasse einen persönlichen Brief an Tuma. Schreibe ihm, was du über seine Erfahrungen und sein Leben in der Fremde denkst. Teile ihm auch mit, ob du dir vorstellen könntest, in der Fremde zu leben, und welche Erwartungen du an ein solches Leben hast.“

Tumas unglaubliche Geschichten (S. 26–29)

Im zweiten Teil seiner Erinnerungen erzählt Tuma auf anekdotenhafte Weise von den Unterschieden der orientalischen und westlichen Kultur. Tuma berichtet, wie er versucht habe, in Amerika beim Einkaufen so zu handeln, wie er es von den Basaren in Damaskus her kannte. Bald habe er eingesehen, dass das Handeln in Amerika vergeblich sei, und habe „es aufgegeben" (Z. 80–81). Danach unterhält er sich mit den Freunden über andere Sitten der Amerikaner, die gänzlich verschieden von den orientalischen sind, z. B. über das Feiern des Geburtstages, den Umgang mit dem Tod oder die Behandlung von Haustieren. Die Reaktionen der Freunde zeigen, dass die Andersartigkeit der amerikanischen Lebensweise ihnen derart unverständlich bleibt, dass sie Tumas Berichte als „Märchen" (Z. 89) und „Lügen" (Z. 150) abtun und sich weigern, ihnen Glauben zu schenken. Die Freunde empören sich so sehr über die vermeintliche Unverschämtheit Tumas, sie mit den für sie unglaublichen Berichten über die Amerikaner zum Besten zu halten, dass Tuma mit seinem Grundsatz, „nur die Wahrheit" (S. 24, Z. 16) über seine Erlebnisse in Amerika zu erzählen, bricht. Um seine Freunde nicht noch mehr aufzubringen, lügt er angesichts der Unverbesserlichkeit seiner Bekannten auf die Fragen, ob die Amerikaner auch Friseure und Friedhöfe für ihre Hunde hätten: „‚Nein, nein', log Tuma müde und verzweifelt" (Z. 186).

Humoristisch und ohne moralischen Zeigefinger werden in diesen Romanauszügen die Probleme von Emigranten in der westlichen Kultur und das Problem, dass man aufgrund der kulturellen Prägungen die eigenen Wertvorstellungen und Verhaltensweisen für „normal" hält, dargelegt. Tuma kann anfangs nicht begreifen, dass man, ohne zu feilschen, ein Geschäft abschließt. Deshalb macht er sich in den Augen der Verkäuferin lächerlich, obwohl er sich in seinen Augen richtig verhält. Er muss erst lernen, dieses Verhalten abzulegen.

Diese Episode zeigt, dass jeder Verhaltensweisen und Wertvorstellungen mitbringt, die in einem anderen kulturellen Kontext deplatziert und lächerlich wirken können. Sie wirbt indirekt um Verständnis für ein derartiges Agieren von Fremden. So ist das harsche Verhalten der Verkäuferin wohl durchaus als Negativbeispiel zu sehen. Schüler können sicher ähnliche Situationen (z. B. anhand von Begrüßungskonventionen o. Ä.) für sich entwickeln, in denen es ihnen wie Tuma ergehen könnte.

Weiter enthalten die Auszüge einen Appell an den Leser, gegenüber der Andersartigkeit der Kulturen offen zu sein und sie zu akzeptieren. Tuma vermag weder den Amerikanern das arabische Leben noch seinen syrischen Freunden das amerikanische näherzubringen (vgl. Z. 122–125). Unverbesserlich, engstirnig und selbstbezogen reagieren beide. Sie glauben Tuma einfach nicht, weil sie ihre eigenen Maßstäbe an das Fremde anlegen. Die anderen Sitten werden jeweils als falsch, verrückt oder unglaubwürdig abgelehnt, wobei die Geltung der eigenen Lebenspraxis als selbstverständlich vorausgesetzt wird. Die Unverbesserlichkeit der Zuhörer Tumas (vgl. Z. 122) ist zugleich ein Aufruf an den Leser, diese im Umgang mit fremden Kulturen in Richtung von Toleranz und Interesse zu überwinden.

Aufgabe 4
S. 29

Ein erster Austausch über die Eindrücke der Schülerinnen und Schüler kann über die Frage angeregt werden, ob sich Tuma nach ihrer Meinung bei dem Versuch, die Jacke zu kaufen, lächerlich gemacht habe. Anschließend arbeiten die Schüler am Text die Unterschiede zwischen der arabisch-orientalischen und der amerikanisch-westlichen Kultur heraus, von denen Tuma erzählt. In einer tabellarischen Übersicht halten sie diese Unterschiede fest. Eine solche Übersicht könnte folgendermaßen aussehen:

Tafelbild

Rafik Schami: Tumas unglaubliche Geschichten – Die Unterschiede zwischen orientalischer und westlicher Kultur

Die Amerikaner …

- *gehen in „Shop[s]" (Z. 13) einkaufen und „handeln" (Z. 23) nicht.*
- *schmücken „ihre Friedhöfe" (Z. 85), halten sie sauber und gehen dort „spazieren" (Z. 87).*
- *„tun so, als würde der Tod ihnen nichts ausmachen (vgl. Z. 118–120).*
- *finden ihren „Birthday wichtiger als Ostern" (Z. 135–136).*
- *behandeln ihre Hunde oft „besser als den Menschen" (Z. 146–148). Sie haben über „zwanzig Sorten" (Z. 172) Hundefutter, „Friseur[e]" (Z. 174) für Hunde und „Hundefriedh[öfe]" (Z. 184).*
- *…*

Die Araber …

- *kaufen im „Basar" (Z. 22) ein, indem sie um die Waren feilschen.*
- *halten Friedhöfe für „Ort[e] der Vernichtung" (Z. 108), lassen sie wie die Toten „verfallen" (Z. 110) und meiden sie.*
- *wollen „den Tod lieber heute als morgen vergessen" (Z. 116).*
- *essen „Feigen" (Z. 127), reiten „Kamele" (Z. 126), haben „Kaffeehauserzähler" (Z. 140) und „Dampfb[äder]" (Z. 141).*
- *feiern „tagelang Hochzeit […] und [beweinen] noch länger ihre Toten" (Z. 128–129).*
- *feiern keine Geburtstage (vgl. Z. 129).*
- *würden nie in einem Haus feiern, in dem jemand „gerade gestorben ist" (Z. 138).*
- *…*

Aufgabe 5
S. 29

Bevor die Schülerinnen und Schüler einen Schreibauftrag wählen, wird die Szene in dem Kaufhaus genauer betrachtet. Die Schüler beschreiben das Verhalten, die Einstellungen und Motive der beiden Figuren. Insbesondere die **einzelnen Stufen des Feilschens** (Frage nach dem Preis/erstes Angebot/Erhöhungen des Angebotes/Versprechen der Stammkundschaft/letzte Erhöhung des Angebots/Drohung, den Händler zu wechseln/desinteressiertes Weggehen) und die jeweiligen **Reaktionen der Verkäuferin** (erstaunter Verweis auf den Preis/Unverständnis gegenüber dem ersten Angebot/Annahme der Schwerhörigkeit des Kunden/Verweis auf das Preisetikett/Schreiben des Preises auf ein Packpapier/genervter Hinweis, dass sie nur ihren Job mache/Ziehenlassen des Kunden) werden dabei herausgearbeitet. Als Problem der Kommunikation wird benannt, dass beide aufgrund ihrer kulturellen Prägung von ganz unterschiedlichen Vorstellungen ausgehen, was ein Einkauf bedeutet und wie er abzulaufen hat. Für die Verkäuferin bedeutet dies, ihren Job zu machen und einen unpersönlichen Austausch von Waren gegen Geld. Der Orientale Tuma verbindet damit „Leben" (Z. 33), „Gespräch" (Z. 33) und die Freude am Verhandeln – dem Spiel von „Geben und Nehmen!" (Z. 34). In diesem Zusammenhang können die Schüler die Frage erörtern, welche Vor- und Nachteile die beiden Ein- und Verkaufsmethoden jeweils haben. Abschließend wählen sie einen der Schreibaufträge und bearbeiten ihn.

Aufgabe 6
S. 29

Die Schüler beschreiben die Reaktionen der Zuhörer und die Entwicklung des Gesprächverlaufs. Die Zuhörer Tumas zeigen deutlich, dass sie seinen Berichten keinen Glauben schenken. Am Ende sind sie wütend, dass Tuma darauf besteht, er erzähle die Wahrheit. Angesichts der Engstirnigkeit und des Ärgers seiner Bekannten über seine in ihren Augen unglaublichen Geschichten lenkt Tuma am Ende ein und belügt sie, um seine Ruhe zu haben. Auf folgende Aspekte des Gesprächverlaufs und -verhaltens der Zuhörer können die Schüler eingehen:

- Anfänglich „empör[en]" (Z. 12) sich Tumas Freunde nur über die Geschäfte der Amerikaner und sind „erstaunt" (Z. 22).
- Aber schon „die Augen […] Salims bezichtigen [Tuma] der Lüge" (Z. 24–25), als er erzählt, dass die Amerikaner nicht feilschen.

- Der Bericht Tumas über den Umgang der Amerikaner mit den Friedhöfen führt dazu, dass die Freunde Tuma unterstellen, er belüge sie schamlos. Bei dem Wort Friedhof „fleh[en]" (Z. 94) sie, dass Gott Schaden von ihnen abwende. Über die Berichte Tumas sind sie „empört" (Z. 90), „schüttel[n] den Kopf" (Z. 91), „stöhn[en]" (Z. 106) oder „zürnen" (Z. 109). Sie sind empört darüber, dass Tuma mit einem solchen Tabuthema wie dem Umgang mit dem Tod Späße treibt und es benutzt, um ihnen „Märchen" (Z. 89) aufzutischen.
- Die Stimmung schlägt währenddessen derart um, dass der Minister, der weiß, dass Tuma Recht hat, diesen nicht unterstützt, sondern ihn angesichts der Empörung und des Ärgers über dessen Berichte lieber „dem Zorn der Herrenrunde" (Z. 97–98) überlässt.
- Nach den Berichten über die Behandlung der Hunde in Amerika greifen die Zuhörer Tuma an. Er solle aufhören, sie auf den Arm zu nehmen (vgl. Z. 150–152). Sie machen sich lustig über Tuma, indem sie ihn mit eigenen – vermeintlichen – „Märchen" über die Haltung von Hunden in Amerika konfrontieren. Um Tuma lächerlich zu machen, fragen sie ihn, ob es Hunderestaurants, -friseure und -friedhöfe in Amerika gebe.
- Da Tuma bemerkt, dass er nur den Zorn, die Empörung und den Unglauben seiner Bekannten vergrößert, wenn er bei der Wahrheit bleibt, entschließt er sich, „müde und verzweifelt" (Z. 186) zu lügen.

Aufgabe 7
S. 29

An einzelnen Stellen untersuchen die Schüler und Schülerinnen, wie der Autor hier Komik erzeugt. Sie entsteht größtenteils durch das Unverständnis der orientalischen Zuhörer auf das dem westlichen Leser als „normal" geltende Verhalten. Im Einzelnen können die Schüler dabei auf folgende Stellen eingehen:

- Das fehlende Feilschen in den amerikanischen Geschäften wird von Isam empört kommentiert: „Wenn sie nicht handeln, was tun sie dann, Fliegen klatschen?" (Z. 11–12). Dies wirkt komisch, weil die modernen Einkaufscenter in Amerika mit den orientalischen Kleinhändlerbasaren gleichgesetzt werden.
- Das Verhalten Tumas bei dem Versuch, die Jacke zu kaufen, wirkt ebenfalls komisch. Sein in Syrien angemessenes Verhalten wirkt in dem Kontext eines modernen westlichen Kaufhauses lächerlich.
- Die Reaktionen der Zuhörer auf die Berichte über die amerikanischen Friedhöfe wirken aufgrund der für den westlichen Leser erst nicht nachvollziehbaren Empörung und des übertriebenen Entsetzens komisch. Das, was der westliche Leser als selbstverständlich kennt, ist in den Augen von Tumas Zuhörern das Verhalten von „Verrückte[n]" (Z. 114).
- Mit einem ähnlichen Gegensatz wird dann im Folgenden Komik erzeugt. Tuma erzählt, dass die Amerikaner ihm nicht glauben wollten, dass in Syrien die Menschen auf Kamelen ritten, Feigen äßen, Kaffeehauserzähler und Dampfbäder hätten. Diese Aufzählung evoziert beim Leser die Vorstellung einer hinter der modernen Zivilisation zurückgebliebenen Gesellschaft. Ali dreht den Spieß aber einfach um und fragt, ob die Amerikaner die „Barbaren" (Z. 142) – also die zivilisatorisch Zurückgebliebenen – seien, wenn sie dies alles nicht kennen würden.
- Ebenfalls komisch sind die Sticheleien, mit denen sich die Zuhörer über Tumas Berichte in Bezug auf den Umgang der Amerikaner mit ihren Hunden lustig machen. Sie selber meinen, Tuma mithilfe von skurrilen und irrsinnigen Übertreibungen lächerlich zu machen. Dabei entspricht jedoch das, was sie als völlige Verrücktheiten, z. B. die Existenz von Friseuren und Friedhöfen für Hunde, Tuma entgegenhalten, den Gegebenheiten in Amerika. Dieses Verhalten der Zuhörer zeigt natürlich zugleich auf komische Art und Weise Absurditäten in Bezug auf den Umgang mit Haustieren in der westlichen Kultur auf.

- Am Ende wirkt aufgrund der Übertreibung der Vergleich der Situation Tumas mit der von „Moses, Jesus und Mohammed“ (Z. 187–188) komisch. Der Engstirnigkeit seiner Zuhörer wären auch die drei Religionsstifter nicht gewachsen gewesen. Solche „Weggenossen“ (Z. 188) wie Tumas Zuhörer hätten sie nie für ihre neuen Lehren gewinnen können. Sie wären wie Tuma gescheitert.
- ...

Aufgabe 8
S. 29

In kleinen Gruppen formulieren die Schüler abschließend thesenartig mögliche Textintentionen, stellen ihre Ergebnisse der Klasse vor und erläutern sie. Als mögliche Textintentionen könnten genannt werden:
- dem Leser bewusst machen, dass die Normalität der eigenen Wertvorstellungen und des eigenen Verhaltens relativ ist.
- Appell an den Leser, gegenüber fremden Kulturen interessiert und offen zu sein.
- die Darstellung, wie fremd die westliche Kultur für die arabische Welt ist.
- die Kritik an der Unverbesserlichkeit vieler Menschen, die eigene Kultur für die höherwertige zu halten und andere als minderwertig anzusehen.
- ...

Aufgabe 9
S. 29

Die Romanhandlung besteht aus der Rahmenhandlung um das Verstummen des Kutschers Salim und den Geschichten, die Salims Freunde in sieben aufeinander folgenden Nächten erzählen, um Salim von seiner Stummheit zu erlösen. Deshalb können bis zu acht Schülerinnen und Schüler die Romanvorstellung gemeinsam übernehmen (siehe auch Aufgaben 5 und 6, S. 22–23).

Rafik Schami: Erfahrungen eines zugereisten Orientalen (S. 29–30)
In glossenhafter Form geht Rafik Schami in diesem Zeitungsartikel auf verschiedene Erfahrungen ein, die er als orientalischer Emigrant in Deutschland gemacht hat. Zuerst nimmt er ironisch-humorvoll zu der Forderung vieler Deutscher Stellung, dass sich die Fremden in Deutschland anpassen müssten. Diese Forderung sei „Humbug“ (Z. 4) und zum „[T]otlachen“ (Z. 11). Sie scheitere schlicht daran, dass man unter globalen Verhältnissen nicht bestimmen könne, was „denn deutsch an den Deutschen“ (Z. 17) bzw. ihrem „Lebensstil“ (Z. 18) sei.
Im zweiten Abschnitt (Z. 30–50) legt Schami dar, welches Bild er aufgrund eigener Vorurteile von den Deutschen besitzt. Dabei greift er auf gängige Klischees zurück, z. B. die Deutschen seien belehrend, larmoyant oder in Bezug auf die Pflichterfüllung übereifrig. Diese Kritik mildert er am Ende ironisch ab. Er wisse selbst, relativiert er seine vorherigen Urteile, dies sei nicht die Wahrheit, sondern es handele sich nur um Vorurteile. Aber so fragt er rhetorisch, wie könne „ein armseliger Ausländer“ (Z. 52) die Frage beantworten, was deutsch sei, wenn „selbst der geniale Nietzsche“ (Z. 53) dies nicht konnte.
Im Folgenden berichtet Schami darüber, wie sich sein Verhalten in Deutschland verändert habe. Er bringe bei Einladungen dem Gastgeber etwas mit, was in Arabien eine Beleidigung wäre (vgl. Z. 54–59). Weiter richte er sich nach „den Abfahrtzeiten der Züge“ (Z. 60) und halte seine „Termine“ (Z. 61) pünktlich ein. Nach dreißig Jahren könne er auch beim „Leichenschmaus“ (Z. 62) lachen, was in seiner Heimat undenkbar wäre. Am Ende geht er darauf ein, dass er auch nach dreißig Jahren noch das Handeln vermisse, und erklärt die Bedeutung des Handelns für den Orientalen. Es sei ein „Vergnügen, das vielen Deutschen fremd“ (Z. 69–70) sei. Handeln sei für den Orientalen das Ausüben verschiedener Künste“ (Z. 71) wie z. B. „Sprechen, Schauspielern [oder] Rhetorik“ (Z. 71–72). Der wirtschaftliche Erfolg schwebt dabei zwar über dem Handeln als „Belohnung“ (Z. 74), bleibt aber gegenüber dem Handeln selbst zweitrangig.

Aufgabe 10
S. 29

Die Schüler sammeln in einem Brainstorming möglichst viele Dinge und Eigenschaften, die für sie typisch deutsch sind. Diese Vorstellungen können dann später mit dem verglichen werden, was Rafik Schami in seiner Glosse als typisch deutsch bezeichnet. Als Hinführung zu dem Zeitungsartikel können die Schüler darüber diskutieren, ob jemand aus dem Orient wohl die gleichen oder andere Dinge und Eigenschaften für typisch deutsch halten würde. Die Schülerinnen und Schüler lesen dann den Zeitungsartikel Schamis mit dem Auftrag herauszufinden, was Rafik Schami für typisch deutsch hält. Anschließend erfolgt ein erster Austausch über den Textinhalt.

Aufgabe 1
S. 30

Die Gliederung wird gemeinsam erarbeitet. Aufgrund der Schwere des Textes können den Schülern die Anzahl der Sinnabschnitte oder die Überschriften der einzelnen Sinnabschnitte vorgegeben werden. Sie ergänzen dann anhand des Textes in Partnerarbeit passende Überschriften oder die Zeilenangaben. Die vollständige Gliederung könnte so aussehen:

Tafelbild

Rafik Schami: Erfahrungen eines zugereisten Orientalen – Gliederung des Zeitungsartikels

Z. 1–29:	*Auseinandersetzung und Ablehnung der Forderung vieler Deutscher nach Anpassung der Fremden*
Z. 30–53:	*Rafik Schamis eigene Vorstellungen bzw. Vorurteile über das, was typisch deutsch ist*
Z. 54–65:	*Prägungen und Verhaltensveränderungen Rafik Schamis durch das Leben in Deutschland*
Z. 66–75:	*Sehnsucht Schamis nach dem Handeln und die Bedeutung des Handelns für einen Orientalen*

Zu den weiteren in der Aufgabe genannten Punkten können die Schüler den Text arbeitsteilig untersuchen und sich ihre Ergebnisse gegenseitig vorstellen. Dabei können der dritte und vierte Punkt von einer Gruppe bearbeitet werden. Die Kleingruppen visualisieren ihre Untersuchungsergebnisse in Form von Tafel-/Folienbildern oder Plakaten. Hilfestellung für die Erarbeitung und Präsentation der Ergebnisse in Form eines Kurzvortrages erhalten die Schüler in dem Methodenkasten auf S. 134. Zu folgenden Ergebnisse könnten die einzelnen Gruppen kommen:

Tafelbild

Rafik Schami: Erfahrungen eines zugereisten Orientalen – Kritik und Ablehnung der Forderung vieler Deutscher nach Anpassung der Fremden

Gründe für die Ablehnung der Forderung, die Fremden müssten sich anpassen:

- *Vollständige Anpassung ist nur in einfachen Gesellschaften wie Wüsten- oder Urwaldstämmen möglich (vgl. Z. 5–6).*
- *Für die deutsche Gesellschaft fehlt aber eine „klare Vorstellung" (Z. 8) der Deutschen darüber, was „der Fremde leisten muss, um als einer der ihren zu gelten" (Z. 9–11).*
- *Es ist unklar, was „deutsch an den Deutschen" (Z. 17) sein soll.*
- *Lebensstil, Essgewohnheiten, Bücher, Musik, Filme u. v. m. übernehmen die Deutschen von anderen, z. B. Fast-Food-Restaurants (vgl. 18–23).*
- *Wenn überhaupt, stammen nur „30 Prozent" (Z. 25) davon, was die Deutschen tun, „noch von ihnen" (Z. 25).*
- *...*

⇓

Rafik Schamis Fazit

Man dürfte höchstens von den Fremden fordern, dass sie „30 Prozent dessen, was wir tun und lassen, befolgen." (Z. 27–28)

→ *Ironie: Schami fordert statt Anpassung, dass jeder Fremde größtenteils so leben sollte, wie er es für richtig halte.*

Die Forderung nach Anpassung ist „Humbug" (Z. 4) und zum „[T]otlachen" (Z. 11).

→ *Ironisierung der übertriebenen und unbegründeten Anpassungsforderung vieler Deutscher an die Ausländer*

Tafelbild

Rafik Schami: Erfahrungen eines zugereisten Orientalen – Was ist typisch deutsch?

1. Rafik Schamis Bild von den Deutschen und seine Kritik an ihnen

Die Deutschen ...

- *sind ehrgeizig/erfolgreich (Z. 41: „beste Schüler").*
- *sind belehrend (Z. 42: „schlimmste Oberlehrer").*
- *sind skurril/ein bisschen verrückt (Z. 43–44: „Er liegt am liebsten am Strand, um brauner als die Pakistanis zu werden").*
- *sind spießig (Z. 43–44: „in Kleinigkeiten [...] heldenhaft kompromisslos").*
- *besitzen einen engen Horizont (Z. 44–45: „bei allen großen Dingen verliert er [...] den Überblick").*
- *sind leichtgläubig (Z. 46: „man kann ihn leicht verkohlen"), sind autoritätsgläubig und feige (Z. 47–48: „leistet [...] Gehorsam im Voraus und Widerstand im Nachhinein").*
- *sind wehleidig/fühlen sich abgelehnt (Z. 48–49: „Er jammert über alle, die die Deutschen hassen").*
- *mögen sich selber nicht (Z. 49–50: „die größten Deutschhasser sind die Deutschen selbst").*

2. Rafik Schami mildert aber seine harte Kritik ab, um die Sympathie des Lesers nicht zu verlieren

Er stellt aber immer wieder heraus, dass das, was er sagt, auch nicht stimmen könne, weil ...

- *man über das „Volk, in dem man lebt" (Z. 31–32) keine „genauere[n] Angaben" (Z. 31) machen könne.*
- *er „hier mitten unter den Deutschen" (Z. 34–35) nicht in der Lage sei, eine „vernünftige Definition für den Deutschen" (Z. 38–39) zu finden. Er könne deshalb nur auf seine „Vorurteile" (Z. 40) zurückgreifen.*
- *die Frage so schwer sei, dass selbst „geniale" (Z. 53) Philosophen sie nicht beantworten konnten. „[...] wie soll [– er –] ein armseliger Ausländer wissen, was deutsch ist" (Z. 51–52)?*

Tafelbild

Rafik Schami: Erfahrungen eines zugereisten Orientalen – Erfahrungen der Prägung durch das Leben in Deutschland

- ***In einigen Punkten hat Rafik Schami während seiner „[d]reißig Jahre[n] in Deutschland" (Z. 54) das Verhalten der Deutschen übernommen.***

Rafik Schami …

- *bringt bei einer Einladung ein Gastgeschenk mit, was in „Arabien undenkbar […] wäre" (Z. 59).*
- *ist pünktlich geworden (vgl. Z. 61–62).*
- *verhält sich bei Beerdigungen wie die Deutschen (Z. 61–63: „lache […] beim Leichenschmaus, statt […] laut zu weinen").*
- *isst Eis im Winter, was für die Araber „völlig verrückt" (Z. 65) sei.*

- ***Aber auch „nach dreißig Jahren" (Z. 66) vermisst er „das Handeln" (Z. 67).***

Gründe für die Sehnsucht Rafik Schamis nach dem Handeln:

- *Handel ist für die Orientalen nicht nur notwendig, sondern sie verbinden damit ein den Deutschen fremdes „Vergnügen" (Z. 69).*
- *Es ist für sie eine Kunst aus „Sprechen, Schauspielern, Rhetorik, Kräfte messen und […] immer wieder aus einer Sackgasse eine Kreuzung zu zaubern" (Z. 71–73).*
- *Die „Belohnung" (Z. 74) bzw. die Motivation für diese Anstrengungen ist der Reiz, einen „wirtschaftliche[n] Vorteil" (Z. 74–75) erzielen zu können.*

Aufgabe 2
S. 31

Im Klassengespräch äußern die Schülerinnen und Schüler ihre Meinung zu den Äußerungen Schamis. Dabei können sie einzelne Ansichten des Autors wie z. B. die Ablehnung der Forderung nach Anpassung oder das Bild der Deutschen von sich weisen bzw. kontrovers diskutieren. Anschließend legen sie ihre Meinung zu den Ansichten Schamis in Form eines Leserbriefs begründet dar. Dabei beachten sie die Hinweise in dem Methodenkasten auf S. 238. Diese Aufgabe kann auch zur Leistungsüberprüfung gestellt werden.

Miriam Fritsch: Rezension von Rafik Schamis Roman „Eine Hand voller Sterne“

„Eine Hand voller Sterne“ zeigt die Lebenswelt eines 14-jährigen Bäckerjungen aus Damaskus (Syrien). Über zwei Jahre lang berichtet der Junge in seinem Tagebuch von seinen Erlebnissen und Gedanken. Sein Vater möchte, dass er mit in der Bäckerei arbeitet, doch der Junge würde viel lieber in die Schule gehen, und sein Traum ist es, eines Tages Journalist zu werden, was in Syrien kein ungefährlicher Beruf ist. Er erzählt von der Schule, seinen Freunden, seiner Familie und auch von Nadia, die er liebt. Obwohl viel Armut und Ungerechtigkeit in Damaskus existiert, gibt es auch viele schöne Momente in dem Leben des Bäckerjungen. Einer dieser Augenblicke ist der Tag, an dem sein Gedicht in einem schönen Gedichtband veröffentlicht wird, was er u. a. einem engagierten Lehrer zu verdanken hat.

Der Leser erfährt in dem Buch viel über das Leben eines normalen Kindes in Syrien, einem Land, in dem vieles anders ist als in Deutschland, in dem Kinder und Jugendliche aber auch ähnliche Träume haben wie die Kinder hier.

Zu Beginn des Buches erscheint einem die Erzählung ein wenig langweilig, doch schon nach kurzer Zeit findet man Interesse am Leben des pfiffigen Bäckerjungen, und man verfolgt gespannt seine Erlebnisse und hofft mit ihm, dass seine Träume wahr werden. Die Erlebnisse und somit auch die Tagebucheinträge werden zum Ende des Buches hin immer spannender, denn zunehmend geht es nicht nur um kleine Erfahrungen in der Schule oder in der Familie, sondern auch um Leben und Tod.

Das Buch „Eine Hand voller Sterne“ ist in einer einfachen, aber dennoch schönen Sprache geschrieben, sodass sich das Buch gut lesen lässt. Sicherlich erscheint es einem manchmal so, dass die Sätze für Tagebucheinträge eines 14-Jährigen sehr ausformuliert sind (so kommt u. a. auch wörtliche Rede vor), aber dennoch spiegeln sie immer die Sichtweise eines Teenagers wider.

Insgesamt ist dieses Buch von Rafik Schami, der selbst in Damaskus geboren wurde, ein sehr schönes Buch für Kinder ab ca. 12 Jahren. Zum Vorlesen eignet es sich jedoch weniger gut, da es durch Einträge, die teilweise kaum länger als ein Satz sind, sehr zerstückelt wirken würde.

„Eine Hand voller Sterne“ war auf der Auswahlliste des Deutschen Jugendliteraturpreises 1988. [...]

(www.roterdorn.de; 03.11.2007)

Untersuche die Rezension. Achte dabei auf folgende Punkte:

- Was sagt die Autorin zum Inhalt des Romans?
- Welche Wertungen nimmt sie vor und wie begründet sie ihre Urteile?
- Verfasse eine eigene Bewertung der dir bekannten Textauszüge.

Eva Felka: Rezension von Rafik Schamis Roman „Erzähler der Nacht“

Im Buch „Erzähler der Nacht“ von Rafik Schami geht es um Salim, einen ehemaligen Kutscher und ausgezeichneten Geschichtenerzähler, der plötzlich auf mysteriöse Weise verstummt.
Salims Geschichte spielt in Damaskus. Dort war er Kutscher. Wohlgemerkt: WAR. Denn er hat sich zur Ruhe gesetzt und erzählt jetzt wie vorher wunderschöne Geschichten, die er auf seinen Fahrten von A nach B und zurück gesammelt hat. Doch eines Morgens im August 1959 ist er fast verstummt. Mit achtzehn Worten erklärt er seinen Freunden, was letzte Nacht passiert ist: Eine Fee sei ihm erschienen, die sagte, sie sei seine Helferin beim Erzählen gewesen. Wenn er sich bei seinen Geschichten so verschachtelt habe, dass er selbst nicht mehr herausfand, sei sie ihm zu Hilfe geeilt. Doch nun sei sie alt und könne ihm nicht mehr helfen. Er müsse sich eine neue, junge Fee suchen, die seinen Erzählungen problemlos folgen könne. Doch die bekäme er nur, wenn er vorher innerhalb von drei Monaten sieben einzigartige Geschenke erhielte. „Was denn für Geschenke?“, fragte Salim. Doch das habe der Elfenkönig selbst ihr nicht verraten, das müsse er schon selbst herausfinden. Und er solle vorsichtig sein mit seinen Worten, denn jetzt habe er nur noch einundzwanzig. „Noch einundzwanzig Worte?“ „Achtzehn!“ Und sie verschwand.
Diese Schilderung packt er so gut wie möglich in siebzehn Worte, denn in der Nacht hat er ein weiteres vergeudet. Als er noch hinzusetzen will, dass er selbst nicht so ganz daran glaube, bringt er keine Silbe, keinen Schrei, keinen Laut mehr hervor.
Seine Freunde fangen an zu rätseln, was die sieben Geschenke sein könnten. Ali, der Schlosser, ist sich sicher, dass damit nur sieben Einladungen gemeint sein können. Doch der Versuch schlägt fehl. Auch Junis' Vorschlag, Salim sieben Weine kosten zu lassen, stellt sich als falsch heraus. Musa, der Friseur, glaubt zu wissen, dass der stumme Erzähler sieben Parfümsorten riechen müsse, siebenmal an jeder Flasche. Doch auch das funktioniert nicht. Sieben Hosen und Hemden vermögen ihn genauso wenig zu heilen wie der Gang zu sieben Beamten. Tuma, der „Emigrant“, hat schließlich die rettende Idee. Dem Witwer müssen sieben Geschichten erzählt werden, dann kann er wieder sprechen.
Doch es bleibt nicht allzu viel Zeit. Die drei Monate sind fast um. Jeden Abend hören sich die Männer eine Geschichte an, die einer von ihnen erzählt. Am letzten Tag vor dem Ende der drei Monate schließlich ist Ali an der Reihe. Doch die Runde wartet lange auf ihn. Als nur noch vier Stunden bleiben, erscheint der Schlosser endlich – mit seiner Frau, die die siebte Geschichte erzählen soll. Aber die anderen sind gegen diese Variante und ein heftiger und langer Streit entbrennt.
Und die Zeit wird immer knapper ...
[...]
Ich finde, dass „Erzähler der Nacht“ ein sehr schönes Buch ist. Beim Lesen fühlte ich mich wie in einem orientalischen Märchen, auch wenn ich manches Mal aus dieser Welt herausgerissen wurde durch Jahreszahlen, Ventilatoren oder Transistorradios. Es wurde vor allem dadurch interessant, dass sich die Geschichten der Freunde ineinander verstrickten. Einzelheiten der einen Erzählung waren der Kern der nächsten und so bildete sich ein richtiger Geschichtenkranz. Auch sehr gut gemacht war, dass es in dem Buch nicht nur um die Erzählungen selber, sondern auch um die Erzählkunst an sich ging. Viele Nebenbemerkungen helfen, sich ein Bild davon zu machen, wie man am besten eine Geschichte beginnt, sich merkt, ausformuliert. Alles in allem ist „Erzähler der Nacht“ ein wunderschönes Märchen, das auch gut für Jugendliche und Erwachsene geeignet ist. Ich würde es in jedem Fall weiterempfehlen, besonders an Leute, die gerne fantasiereiche Geschichten und Romane lesen.

(www.home.arcor.de/tauchermuschel/buchliste78/erzähler.htm; 03.11.2007)

Untersuche die Rezension. Achte dabei auf folgende Punkte:
- Was sagt die Autorin zum Inhalt des Romans?
- Welche Wertungen nimmt sie vor und wie begründet sie ihre Urteile?

Rezension von Rafik Schamis Roman „Der ehrliche Lügner"

Sadik, der Geschichtenerzähler, braucht 1001 Lüge, um der Wahrheit näherzukommen. In der Erinnerung mischen sich seine Geschichten mit dem Leben der alten Stadt Morgana. Und er erinnert sich an den Circus India, der mit seinen Tieren eines Tages nach Morgana kam und wegen des Bürgerkriegs für lange Zeit bleiben musste. Ohne den Circus hätte Sadik die Geschichten vielleicht nie erzählt. Oder war es seine Liebe zu Mala, der Seiltänzerin, die ihn zum Erzähler machte?

Der Anfang des Buches:

„Ich heiße Sadik, aber nicht einmal das ist sicher. Denn bereits das erste Wort, das ich sprach, war gelogen. Ich war damals nicht einmal sechs Monate alt. An jenem Tag kam mein Vater von der Arbeit und beachtete mich nicht. Das ärgerte mich. Stunden später bückte er sich zu mir herunter. Ich dachte mit geschlossenen Augen über meine Zukunft nach. Mein Vater merkte nichts davon und fragte mich laut, ob ich noch lebe. Ich kochte vor Wut, und da ich wusste, dass mein Vater nichts mehr hasste, als mit meiner Mutter verwechselt zu werden, streckte ich ihm meine Ärmchen entgegen und nannte ihn ‚Mama'. Das war meine erste Lüge, und sie wirkte.

‚Aus deinem Sohn wird nichts!', sagte er zornig zu meiner Mutter. Er irrte sich gewaltig. In meinem langen Leben habe ich viel gesehen und erlebt, Ruhm und Wissen erworben, Elend und Qualen durchlitten. Und wenn wieder einmal der Todesengel kommt und mich fragt, ob ich bereit sei, dann werde ich diesmal, anders als in der Vergangenheit, ja sagen, weil ich in einem einzigen Aufenthalt auf der Erde ein so erfülltes Leben genossen habe, dass es für zehn Menschen reicht."

Rahmenerzählung: Der alte Sadik besucht eine Zirkusvorstellung und glaubt, in der Seiltänzerin seine große Liebe Mala zu erkennen. Doch bevor er sich Sicherheit verschaffen kann, ist der Zirkus bereits weitergezogen. Während er auf Nachrichten aus dem neuen Quartier wartet, erinnert er sich an seine Jugendzeit, als er in Malas Zirkus Abend für Abend als Geschichtenerzähler auftrat, und er erzählt alle seine alten Geschichten nochmal für den Leser.

Sadik wird in der fiktiven arabischen Stadt Morgana (!) geboren und lebt dort. Während ein indischer Zirkus dort Station macht, bricht der Bürgerkrieg aus, und die Zirkusleute dürfen die Stadt nicht verlassen. In den langen Wochen ihres unfreiwilligen Aufenthalts gehen die Vorstellungen weiter, und Sadik gehört bald zu den Attraktionen des allabendlichen Programms. Er erzählt und erzählt. Von seinen 100 Verwandten, seinen Nachbarn, seinen Freunden – Erfundenes, Tatsächliches, Erlogenes: Vom alltäglichen Freud und Leid des Miteinanderlebens, vom Pech, vom Glück, von aberwitzigen und merkwürdigen Ereignissen. Für jeden, von dem er erzählt, bringt er ein Tier, das denjenigen symbolisiert, mit in die Vorstellung. Die einzelnen Geschichten sind z. T. miteinander verschachtelt; er erzählt Geschichten, wie und wem er Geschichten erzählt; die Personen einzelner Geschichten tauchen in anderen wieder auf usw.

Ein völlig chaotisches, kunterbuntes Buch, ironisch, nachdenklich, skurril. Wenn ich längere Zeit am Stück gelesen habe, schwirrte mir der Kopf, auch angesichts der Vielzahl der Personen (die man sich weder merken kann noch merken muss).

Ein modernes „Tausendundeine Nacht". Wer Bücher mit orientalischem Flair und Märchen mag, wird an diesem Buch seine helle Freude haben. Über das Ende war ich zunächst etwas enttäuscht, aber inzwischen denke ich: Es ist gut so, denn was Wahrheit ist und was Lüge, will man eigentlich gar nicht wissen.

(Marie)

(http://www.buechertreff.de/erzaehlungen/46001-rafik-schami-ehrliche-luegner/)

Untersuche die Rezension. Achte dabei auf folgende Punkte:

- Was sagt die Autorin zum Inhalt des Romans?
- Welche Wertung nimmt sie vor und wie begründet sie ihr Urteil?

Rezension von Rafik Schamis Geschichtensammelband „Die Sehnsucht fährt schwarz"

Rafik Schamis Biografie ist interessant und macht seine Bücher verständlicher: Er wurde 1946 in Damaskus geboren, wurde neben vielen anderen Jobs auch Journalist und siedelte 1971 in die Bundesrepublik über. Nach Arbeiten auf Baustellen und in Fabriken studierte er Chemie, promovierte und ist seit 1982 freier Schriftsteller.
Aus seinem Leben schwingt viel in den Büchern mit. Hier fließen in den Geschichten seine Jugenderinnerungen, Mystisches, Märchen und Selbsterlebtes zusammen.
[...]
Das Buch, das ich vorstellen möchte, heißt „Die Sehnsucht fährt schwarz" und fällt aus dem bisherigen Rahmen. Statt Märchenhaftem trägt Rafik Schami die Geschichten von „Ausländern" vor, also Gastarbeitern aus allen möglichen Ländern, die in Deutschland leben. Jeder von ihnen hat seine Geschichte zu erzählen, von schönen Dingen und von Heimweh und Diskriminierung, von ihrer Resignation oder auch von ihrer Verschmitztheit im Umgang mit den fremdartigen Deutschen.
In einer Geschichte erfährt Jesus, wieder auf die Erde zurückgekehrt, dass es schwierig ist, in den Formularen der Ausländerbehörde klar seine Herkunft anzugeben. An anderer Stelle erkennt er, dass sich seit zweitausend Jahren nichts geändert hat.
In der Geschichte „Die gepanzerte Haut" fragt ein Türke einen Deutschen: „Reden Sie immer so miserables Deutsch?", nachdem er von ihm mehr gestikulierend als sprechend gefragt wurde.
Oft spürt man den Witz neben der Traurigkeit in den Geschichten. Mal kann man lachen über das Buch, und oft staunte ich über den Zynismus, der nur ganz nebenbei plötzlich erscheint und gleich darauf wieder verschwunden ist. Verstehen kann das Buch jeder. Die Sprache ist leicht und abwechslungsreich.
Rafik Schami klagt nicht an, er zeigt auch keine „Betroffenheit". Aber er berichtet, lässt die fiktiven Personen für ein paar Seiten aus ihrem Leben erzählen und selber darüber reflektieren, zeigt die Hoffnungslosigkeit und die Resignation, aber auch die Freude am Leben der Leute im fremden Land.
Es ist – wie schon geschrieben – ein Buch, das aus dem Rahmen fällt. Zum gemütlichen Vorlesen am Feuer eignet es sich eigentlich nicht, dazu sind die Geschichten zu viel „Stachel". Sie enden offen und hinterlassen bei mir einen nachdenklichen Geschmack. [...]

(mingi, Stamm Exodus)
(Bund der Pfadfinderinnen und Pfadfinder, München, 05.05.1993)

Untersuche die Rezension. Achte dabei auf folgende Punkte:
- Was sagt der Autor zum Inhalt des Romans?
- Welche Wertungen nimmt er vor und wie begründet er seine Urteile?

Rezensionen zu vier Büchern von Rafik Schami

Titel des Buches	Information zum Inhalt	Beurteilung des Rezensenten
„Eine Hand voller Sterne“		
„Erzähler der Nacht“		
„Der ehrliche Lügner“		
„Die Sehnsucht fährt schwarz“		

1. Haltet in Stichworten in der entsprechenden Spalte eure Ergebnisse der Untersuchung der Rezensionen fest.

2. Stellt euch eure Ergebnisse gegenseitig vor. Haltet jetzt in Stichworten fest, was die Mitglieder der anderen Gruppen euch über die übrigen drei Rezensionen vorstellen.

Annika Ernst: Rafik Schami

Rafik Schami
geb. 1946 in Damaskus (Syrien)

Leben
Die Erfahrung, einer Minderheit anzugehören, hat *Schami* von frühester Kindheit geprägt. Denn der Autor wurde als Kind christlicher Eltern in einem überwiegend islamischen Land geboren. Seine Mutter stammt aus einem christlich-aramäischen Dorf und sprach die Minderheitensprache Aramäisch, während in Syrien überwiegend Arabisch oder Französisch gesprochen wurde. Diese Erfahrungen des Außenseitertums sollten künftig auch für *Schamis* literarische Arbeit von Bedeutung sein. So war *Schami* von 1966 bis 1969 in Damaskus Mitherausgeber und Autor einer kritischen Wandzeitung, die schließlich verboten wurde. 1971 kam *Schami* in die Bundesrepublik Deutschland. Er arbeitete auf Baustellen und in Fabriken als Gastarbeiter, bis er ein Chemiestudium begann, das er 1979 mit der Promotion abschloss. Anschließend arbeitete *Schami* in der Chemie-Industrie. Seit 1982 ist er freier Schriftsteller.

Leben und Werk
Schon im Alter von 19 Jahren schreibt *Schami* erste Märchen. Nachdem er sich in der Bundesrepublik für das Leben als Schriftsteller entschieden hat, gründet er in den Achtzigerjahren eine Literaturgruppe („Südwind") und einen interkulturellen Literatur- und Kunstverein („PoLiKunst").
Seine Bücher und Texte verfasst der Autor zunächst auf Arabisch, um sie dann selbst ins Deutsche zu übersetzen. Seit 1977 schreibt *Schami* direkt auf Deutsch. Damit gehört *Schami* zu den ersten Migrantenautoren (Autoren, die in ein fremdes Land gezogen sind) in Deutschland, die in den Siebzigerjahren beginnen, das literarische Erbe und die Kultur ihres Herkunftslandes mit ihren Erfahrungen in der Fremde zu verschmelzen und für deutschsprachige Leser zu verarbeiten. So engagiert sich *Schami* mit seinen Werken für Völkerverständigung und interkulturelle Literatur.
Das Werk *Rafik Schamis* ist geprägt von einem märchenhaften, teils fantastischen, stets aber fantasievollen und oft schlitzohrigen Stil. *Schami* schreibt Erzählungen und Romane für Kinder, Jugendliche und Erwachsene. Seine Werke setzen sich zum einen mit der Problematik des Fremdseins auseinander, vermitteln aber zugleich Kultur, Politik und persönliche Erlebnisse aus der syrischen Heimat des Autors. So bietet *Schami* in dem Erzählband „Der Fliegenmelker" (1985) märchenhafte, reale oder fantastische Geschichten aus seiner Kindheit. Ebenfalls um die Freude an farbigen, lustigen und verdrehten Geschichten und den Spaß am Erzählen geht es in dem Roman „Erzähler der Nacht" (1989). Mit der politischen Situation Syriens befasst sich *Schami* in seinem Jugendbuch „Eine Hand voller Sterne" (1987). Hier beschreibt ein Bäckersohn in seinen Tagebuchaufzeichnungen sein Leben in Damaskus. Zwei Menschen stehen für ihn im Mittelpunkt: der Geschichtenerzähler Salim und der politische Journalist Habib. Habib schreibt für eine Untergrundzeitung, die sich gegen das Militärregime wendet. Der Junge beginnt, begeistert von dem Engagement Habibs, mit seinen Freunden heimlich die Untergrundzeitung zu verbreiten. Doch schließlich wird Habib verhaftet.
Für seine Bücher erhielt *Schami* zahlreiche Preise, darunter den Züricher Jugendbuchpreis „La vache qui lit", den „Preis der Leseratten" des ZDF und den Adelbert-von-Chamisso-Preis. Mehrere Titel standen auf der Auswahlliste zum Deutschen Jugendliteraturpreis.

(Aus: Jörg Knobloch/Steffen Peltsch (Hg.): Lexikon Deutscher Kinder- und Jugendliteratur. Autorenportraits und literarische Begriffe, Stark Verlag, Freising 1998, S. 129–130)

1. Erstelle mithilfe des Lexikonartikels eine tabellarische Übersicht über das Leben des Schriftstellers Rafik Schami.

2. Fasse mit eigenen Worten zusammen, was das Besondere am Schreiben Rafik Schamis ist.

Rafik Schami: Eine Hand voller Sterne (Der Streit) – Charakterisierung des Ich-Erzählers

Äußere Lebensumstände	Verhalten, Eigenschaften und Einstellungen	Beziehung zu anderen Figuren

Halte in Stichworten fest, was der Leser in den Romanauszügen über den Ich-Erzähler erfährt.

Rafik Schami: Eine Hand voller Sterne (Der Plan) – Die Entwicklung des Konflikts zwischen dem Ich-Erzähler und seinem Vater

1. Phase (Z. –Z.) __________ __________	
2. Phase (Z. –Z.) __________ __________	
3. Phase (Z. –Z.) __________ __________	
4. Phase (Z. –Z.) __________ __________	
5. Phase (Z. –Z.) __________ __________	
6. Phase (Z. –Z.) __________ __________	

1. Die Entwicklung des Konflikts lässt sich sinnvoll in sechs Phasen einteilen. Ergänze in der linken Spalte die Zeilenangaben für die jeweilige Phase und finde eine passende Überschrift.

2. Halte in der rechten Spalte in Stichworten fest, was sich in den einzelnen Phasen ereignet und wie der Sohn die Situation jeweils erlebt.

Frank Radke: Syrien – Geschichte und politische Situation (Zusammenfassung)

Geschichte Syriens bis 1963 (Z. 1–33)
Geschichte Syriens von 1963–1999 (Z. 33–61)
Beteiligung Syriens an verschiedenen Kriegen (Z. 62–75)
Situation Syriens seit 1999 (Z. 76–85)

Halte in Stichworten die Informationen fest, die du in den jeweiligen Sinnabschnitten in dem Text zur Geschichte und politischen Situation Syriens erhältst.

Peter Carstens: Israel – Wann kommt endlich Frieden?

9. Mai 2003 – Der Krieg im Irak ist zu Ende, die Zukunft des Landes noch ungewiss. Wenige Hundert Kilometer westlich, am Mittelmeer, gibt es noch einen bewaffneten Konflikt, der schon viel älter ist: den Streit zwischen Juden und Arabern um Land und Macht.
Am 1. Mai war in der palästinensischen Stadt Gaza am östlichen Mittelmeer für ein paar Stunden Krieg: Unterstützt von Panzern und Hubschraubern drangen israelische Soldaten in die Stadt ein und lieferten sich mit bewaffneten Bewohnern ein Gefecht. 15 Tote gab es und mindestens 60 Verletzte. Immer wieder gibt es in Israel Gewalt. Warum?

Ein künstlicher Staat

Auf dem Gebiet des heutigen Israel siedelten schon lange Juden und Araber nebeneinander. Aber nicht immer friedlich. Als sich zu Beginn des letzten Jahrhunderts immer mehr Juden in der Region ansiedelten, verschärften sich die Spannungen: Die Palästinenser, wie die arabischen Bewohner Israels genannt werden, wollten sich durch die Juden nicht verdrängen lassen.

Die UNO will Frieden stiften

Die UNO, die schon damals eine wichtige Rolle spielte, hatte erkannt, dass ein friedliches Zusammenleben der beiden Volksgruppen auf Dauer nicht möglich sein würde. Also sollte das Land, das früher Palästina hieß, in einen arabischen und einen jüdischen Staat geteilt werden. Die Grenzen hierfür legte sie im Jahr 1947 fest. Allerdings gab es nun Dörfer und Städte mit rein palästinensischer Bevölkerung, die nach dem Plan der UNO zu Israel gehören sollten. Die Palästinenser lehnten den Plan ab. Im folgenden Jahr wurde der Staat Israel offiziell ins Leben gerufen.

Der Nahostkonflikt beginnt

Noch im selben Jahr gab es Krieg zwischen Israel auf der einen und den arabischen Nachbarn, vor allem Jordanien und Ägypten, auf der anderen Seite. Auch der Irak kämpfte damals gegen Israel. Das Ergebnis: Das Staatsgebiet Israels war um einiges größer als von der UNO vorgesehen. Es folgten Jahre der Unsicherheit und der Feindseligkeit zwischen Juden und Arabern. Das war der Anfang des sogenannten Nahostkonflikts, der noch heute nicht gelöst ist.

Protest der UNO

Fast 20 Jahre später, 1967, griff Israel die Nachbarn Ägypten, Jordanien und Syrien an und besetzte palästinensische Gebiete: das Westjordanland an der Grenze zu Jordanien und den Gazastreifen, ein kleines Stück Land an der Grenze zu Ägypten. Dagegen protestierte die UNO mit einer Resolution: Die Israelis sollten sich aus den unrechtmäßig besetzten Gebieten zurückziehen und alle Kampfhandlungen einstellen.

Israel und die palästinensischen Gebiete

Siedlungspolitik

Um sich die besetzten Gebiete weiter anzueignen, wendete die israelische Regierung ein besonderes Mittel an: Sie schickte jüdische Siedler in die Gebiete, um dort den jüdischen Bevölkerungsanteil zu erhöhen. Die neu gegründeten Dörfer waren so gelegen, dass die palästinensischen Siedlungsgebiete in immer kleinere Inseln zerfallen mussten. Einen palästinensischen Staat wollten die Israelis auf keinen Fall zulassen.

Widerstand der Palästinenser

Auf der anderen Seite wurde der Ruf nach einem palästinensischen Staat immer lauter. Aber erst 1988 beschloss der Nationalrat der Palästinenser die Gründung eines eigenen Staates.

Die PLO

Die wichtigste politische Organisation der Palästinenser ist die PLO, die „Palästinensische Befreiungsorganisation" (englisch: „Palestine Liberation Organization"). Ihr Anführer war bis vor Kurzem Jassir Arafat. Die PLO forderte, wie ihr Name schon sagt, die „Befreiung" ganz Palästinas.

Ein kleiner Schritt

Israel hatte sich immer geweigert, die Palästinenser als politische Gesprächspartner ernst zu nehmen. Erst 1993 erkannten sich die PLO und Israel gegenseitig an. Sie unterzeichneten eine Vereinbarung, nach der sich das israelische Militär aus den Städten der besetzten Gebiete zurückziehen sollte. Die Palästinenser sollten dann in diesen Gebieten eine Übergangsregierung bilden.

Gewalt als Mittel der Politik

Manchen Palästinensern sind alle Mittel recht, um die israelische Regierung und die Bevölkerung einzuschüchtern. Sie haben sich in Terrororganisationen zusammengeschlossen und verüben Anschläge auf israelische Bürger. Die Organisation „Hamas" zum Beispiel war auch für einen Selbstmordanschlag der Hafenstadt Tel Aviv verantwortlich. Ein palästinensischer Terrorist sprengte sich selbst und drei Israelis in die Luft. 55 Menschen wurden verletzt. Vermutlich war die israelische Militäraktion in der Stadt Gaza eine „Antwort" auf dieses Attentat.

Ohne Frieden keine Lösung

Die USA, die UNO, die Europäische Union und Russland bemühen sich jetzt um den Frieden im Nahen Osten. Bis 2005 wollen sie einen palästinensischen Staat schaffen. Dazu bringen sie den israelischen Ministerpräsidenten Ariel Scharon und den neuen palästinensischen Ministerpräsidenten, Mahmud Abbas, ins Gespräch. Um seine friedlichen Absichten zu unterstreichen, hat Abbas schon erklärt, dass die palästinensischen Terrorgruppen die Waffen abgeben müssen. Denn der Nahostkonflikt kann nur auf friedlichem Weg gelöst werden.

(www.geolino.de; Februar 2006)

Mit Steinschleudern beschießen Palästinenser israelische Soldaten.

Entnimm dem Text die wichtigsten Informationen und bereite mit ihrer Hilfe einen Kurzvortrag über den Nahostkonflikt vor.

Naher Osten – Wer kämpft hier eigentlich gegen wen?

18. Juni 2006 – Das größte politische Problem im Nahen Osten sind die Extremisten und Fanatiker. Diesen Menschen ist jedes Mittel recht, um ihre politischen Interessen durchzusetzen. Es gibt sie auf arabischer Seite genauso wie auf der israelischen.

Das Übel sind die Extremisten

„Hamas“, „Al-Fatah“ und „Hisbollah“ heißen die Extremisten-Gruppen der Araber. Sie stehen im politischen Wettbewerb miteinander. Jede einzelne Gruppe hat in der Bevölkerung viele Anhänger. Die Extremisten haben ungezählte Anschläge in Israel durchgeführt. Viele unschuldige Menschen wurden bei Bombenanschlägen, Selbstmordattentaten und Terrorüberfällen getötet.

Hitzköpfe regieren die Palästinenser

Bei der letzten Wahl in den autonomen (= selbstverwalteten) Palästinenser-Gebieten (Januar 2006) errang die „Hamas“ die meisten Stimmen. Ihre Anführer bilden seither die neue Regierung und verdrängten die „Fatah“ von der Macht. Ein schlechtes Signal für Israel. Die „Fatah“-Gruppe war wenigstens zum Dialog mit Israel bereit. Doch die „Hamas“ hat nur ein Ziel: die völlige Vernichtung des Judenstaates.

Strenggläubige und Siedler mögen keine Araber

Auf der israelischen Seite lehnen vor allem strenggläubige (= „orthodoxe“) Juden Verhandlungen mit den Arabern ab. Aber auch die meisten jüdischen Siedler sind dagegen. Zehntausende von ihnen mussten ihre Höfe aufgeben, weil die israelische Regierung das Land an die Palästinenser zurückgegeben hat.

Wer zur Ruhe aufruft, wird nicht gehört

Es wird deutlich, dass die verhandlungsbereiten Politiker auf beiden Seiten ein gemeinsames Problem haben: Große Teile ihrer Bevölkerung wollen überhaupt keinen Frieden im Nahen Osten. Das erklärt auch, warum es jetzt so schnell zu so heftigen Kämpfen gekommen ist: Auf beiden Seiten hat sich Wut aufgestaut, die nun losbricht.

Im Hintergrund mischen fremde Mächte mit

Noch verwirrender wird die Lage, wenn man sich die Nachbarländer Palästinas anschaut, also jenes Landstrichs, den sich Juden und Palästinenser teilen. Da gibt es im Norden den Libanon. Im Süden dieses Landes hat die „Hisbollah“ die Macht. Hierbei handelt es sich um bewaffnete radikale Muslime. Sie haben den jüngsten Konflikt ausgelöst, indem sie auf israelischem Territorium Soldaten entführt und andere ermordet haben.

Syrien und Iran schicken die Palästinenser voran

Finanziert und mit Waffen versorgt wird die „Hisbollah“ von Syrien und dem Iran. Syrien wiederum möchte am liebsten den Libanon besetzen, weil der früher einmal zu Syrien gehört hat. Und der Iran nutzt den aktuellen Konflikt, um seine politische Macht im Nahen Osten auszubauen. Deshalb wird in den Nachrichten zurzeit oft von einem „Stellvertreterkrieg“ gesprochen. Das bedeutet, dass mächtige arabische Länder das kleine Volk der Palästinenser und religiöse Fanatiker wie die muslimische „Hisbollah“ dazu benutzen, um Israel zu schädigen, ohne dabei selbst zur Waffe zu greifen.

(www.geolino.de; 18.06.2006)

Anhänger der Hamas-Regierung schwenken die Flagge von Palästina.

Entnimm dem Text die wichtigsten Informationen und bereite mit ihrer Hilfe einen Kurzvortrag über den Nahostkonflikt vor.

Leistungsüberprüfung – Selbstevaluation – Klassenarbeit

1. Eine Hand voller Sterne – Der Sohn eines Bäckers aus Damaskus erzählt

- Verfasse eine Charakterisierung des Bäckerjungen.
- Verfasse eine Charakterisierung des Vaters des Ich-Erzählers.
- Stell dir vor, der Bäckerjunge schriebe seiner Freundin Nadia einen Abschiedsbrief, bevor er Damaskus verlässt. Schreibe einen möglichen Brief. Erkläre dabei, welche Gründe den Bäckerjungen zu seiner Flucht veranlasst haben.

2. Zwischen zwei Welten – Einwanderer erzählen

- Stell dir vor, einer der Freunde Salims berichtete in seinem Tagebuch über die unglaublichen Geschichten, die der Emigrant Tuma erzählt hat. Verfasse einen möglichen Tagebucheintrag. Mache dabei deutlich, wie der Tagebuchschreiber die Amerikaner sieht und was er von Tumas Erzählungen hält.
- Rafik Schami schreibt: „Aber ich kann mich nur totlachen, wenn ich die Forderung nach Anpassung der Deutschen höre."
  Erkläre, wie diese Aussage Schamis zu verstehen ist und welche Gründe er für seine Auffassung anführt. Nimm anschließend Stellung zu der Äußerung.
- Schreibe einen Leserbrief zu dem Zeitungsartikel „Erfahrungen eines zugereisten Orientalen" von Rafik Schami.

3. Miriam Fritsch: Rezension von Rafik Schamis Roman „Eine Hand voller Sterne"
(s. Arbeitsblatt 1, S. 31)

Stimmungen – In Gedichten sich selbst aussprechen (S. 32–55)

Vorüberlegungen zur Einheit

„Ich“ ist eines der am häufigsten in Gedichten verwendeten Wörtern: Seit Jahrhunderten gilt Lyrik als „subjektivste“ der drei traditionellen literarischen Gattungen und daher als Medium der Selbstdarstellung. Im ersten Teil dieser Unterrichtseinheit (S. 34–42) für jugendliche Achtklässler, die sich noch in der Entwicklung befinden und meist noch keine in sich gefestigten Persönlichkeiten sind, kommt in den ausgewählten Gedichten und Songs neben diesem Aspekt der Selbstaussprache eine fragende, noch suchende Grundhaltung hinzu. Immer wieder geht es darum, den „eigenen Weg“ zu suchen, sich in Auseinandersetzung mit der Umwelt über die eigenen Wünsche und Vorstellungen klar zu werden. Dabei werden in den verschiedenen Texten Themen aufgegriffen, die für Jugendliche dieser Altersstufe relevant sind (vgl. u., S. 44–53).
Im zweiten Teil der Unterrichtsreihe geht es dann spezieller um das Verhältnis des lyrischen Ichs zur Natur, insbesondere zu Bäumen. Nachdem in das erste Unterkapitel moderne Autoren (Jandl, Kunert, Enzensberger) und mehrere recht aktuelle Songs aufgenommen wurden, um den Jugendlichen einen einfachen, altersangemessenen Zugang zur Beschäftigung mit Lyrik zu ermöglichen, werden hier mehr traditionelle Texte angeboten (Uhland, Eichendorff, Mörike), wobei die Gedichte weitgehend chronologisch angeordnet sind (vgl. u., S. 53–65).
In methodischer Hinsicht wechseln textanalytische mit produktionsorientierten und kreativen Aufgabenstellungen ab. Das Verfassen einer ausführlichen schriftlichen Gedichtanalyse, wie es häufig von den Schülern in Klassenarbeiten gefordert wird, wird im Laufe der gesamten Unterrichtsreihe schrittweise eingeführt und immer wieder geübt (sprachliche Bilder untersuchen, S. 42; Versmaß und Reimschema bestimmen, S. 44; sprachliche Gestaltungsmittel bestimmen, S. 47; ein Gedicht beschreiben und deuten, S. 49; Textüberarbeitung, S. 51, Aufgabe 5; Randbemerkungen anbringen, S. 52, Aufgabe 3; weitere Tipps sammeln, S. 53, Aufgabe 4).

Im Einzelnen werden folgende Kompetenzen vermittelt:
- das sinnentsprechende Vortragen eines Gedichts
- das Ermitteln von Versmaß und Reimschema und die Beurteilung ihrer Wirkung
- die Untersuchung der Bildlichkeit eines Gedichts und ihrer Wirkung
- die Untersuchung der sprachlichen Gestaltungsmittel eines Gedichts und ihrer Wirkung
- das Verfassen einer schriftlichen Gedichtanalyse
- die Überarbeitung einer schriftlichen Gedichtanalyse
- der Vergleich von Gedichten nach vorgegebenen oder selbst gewählten Kriterien
- die eigene Textproduktion nach bestimmten inhaltlichen und/oder formalen Vorgaben

Didaktische Aufbereitung der Unterkapitel

Aufgabe 1
S. 32

Die linke Hälfte der Auftaktdoppelseite bezieht sich auf den ersten Teil des Kapitels („Den eigenen Weg suchen“), die rechte Hälfte auf den zweiten Teil („Ich und die Natur: Bäume“). Die Abbildung zeigt einen Jugendlichen, der sich selbst nachdenklich und offenbar ziemlich kritisch im Spiegel betrachtet (zum Spiegel als Symbol der Selbsterkenntnis vgl. den Song von Christina Stürmer auf S. 41). Seine Gedanken könnten um sein Aussehen, aber auch insgesamt um sein Auftreten, sein Selbstverständnis, seine Beziehung zu anderen Menschen, im weitesten Sinne um seine Lebensgestaltung kreisen. Diese grüblerische Beschäftigung mit sich selbst, die häufig mit dem Bedürfnis, „sich selbst auszusprechen“, verbunden ist, dürfte den meisten Schülern dieser Altersstufe vertraut sein.

Aufgabe 3 bis 5
S. 33

Monets Gemälde „Bäume in Blüte“ wirkt frühlingshaft-heiter, auch etwas träumerisch. Diese Stimmung wird erzeugt durch die hellen Farben, das typisch impressionistische Spiel des Lichts und die verschwimmenden Konturen. Hier zeigt sich die uneingeschränkte Bewunderung, die der Künstler für die Natur empfindet, deren Schönheiten er durch die Wiedergabe seiner Eindrücke auch dem Betrachter vermitteln möchte.
Rousseaus „Urwald mit Affen“ zählt zu den „Dschungel-Bildern“ des Malers, der Frankreich nie verlassen hat. Daher geben diese Bilder lediglich seine Vorstellung vom Urwald wieder, sind also ganz seiner Fantasie entsprungen. Das abgedruckte Bild wirkt durch die intensiven Farben und die fast ornamentalen Formen der Pflanzen bunt und exotisch, auch die Affen erwecken die Vorstellung einer fernen, abenteuerlichen Fantasiewelt.
Das Werk „Der große Wald“ des surrealistischen Künstlers Max Ernst ist nach der von ihm selbst erfundenen Zufallstechnik der „Grattage“ geschaffen. Es wirkt auf den Betrachter schon aufgrund seiner Farbgebung, des Hell-Dunkel-Kontrastes und der scharfen Konturen düster, kalt und bedrohlich. Zu sehen sind einige Objekte, die pflanzenähnliche Strukturen aufweisen und in ihrer Anordnung an teilweise umgestürzte, aneinander angelehnt Bäume erinnern, als versteckte Details lassen sich menschen- und vogelähnliche Figuren entdecken. Die schockierende Wirkung dieses Kunstwerks entspricht durchaus der Intention Max Ernsts, der die Realität nicht abbilden, sondern sie in provozierender Weise verfremden wollte, um bestehende gesellschaftliche und künstlerische Werte in Frage zu stellen.

„Ich will nicht sein, so wie ihr mich wollt“ – Den eigenen Weg suchen (S. 34–42)

Die ausgewählten Gedichte und Songs behandeln alterstypische Themen, z. B. den Konflikt mit den Erwartungen der Gesellschaft und insbesondere der Elterngeneration („My own song“, S. 34; Werbespot auf S. 35 f.), die Selbstbehauptung und Selbstverwirklichung in einer Konsum- und Medienwelt („Guten Tag“, S. 37), Unsicherheiten und Ängste („Nicht Zutreffendes streichen“, S. 39), das Abreagieren von Frustrationserlebnissen durch aggressives, gewalttätiges Verhalten („Hier kommt Alex“, S. 40) und die Auseinandersetzung mit Schönheitskult und Schlankheitswahn („Lebe lauter“, S. 41).

Ernst Jandl: My own song (mein eigenes lied) (S. 34)
„Ich will nicht sein, so wie ihr mich wollt“ – Die ersten beiden Verse des Gedichts von Jandl haben diesem Unterkapitel als Titel gedient. Sie zeigen das Streben des lyrischen Ichs nach Selbstverwirklichung und die feste Absicht, seinen eigenen Weg zu gehen. Gleichzeitig wird aber auch schon deutlich, dass dieser Prozess der Selbstfindung konflikthaft ist und eine kritische Auseinandersetzung mit den Vorstellungen und Erwartungen der Umwelt voraussetzt. Dazu gehört für Jugendliche insbesondere eine Abgrenzung von den Wünschen und Wertvorstellungen der Elterngeneration, repräsentiert vor allem durch die eigenen Eltern und Lehrer, aber auch das Finden eigener Positionen innerhalb verschiedener Bezugsgruppen von Altersgenossen wie Freunden, Mitschülern, Vereinska-

meraden oder Geschwistern. Mit gesellschaftlichen Erwartungen müssen sich Jugendliche auch auseinandersetzen, etwa hinsichtlich ihres Auftretens in der Öffentlichkeit (Kleidung, Sprache, „Benehmen“) oder bei Fragen nach eigenen Interessen und Fähigkeiten, nach schulischen Leistungen oder beruflichen Vorstellungen.
Jandls Text entspricht keineswegs den Vorstellungen, die Jugendliche meist von Gedichten haben: Reime, viele sprachliche Mittel, schwer zu verstehen, gefühlvoll bis „kitschig“. Die Wortwahl ist ausgesprochen schlicht und alltagssprachlich, der Satzbau ist einfach, auch die Gesamtstruktur ist leicht zu erkennen (zwei Strophen mit jeweils 10 Versen, von denen jeweils zwei einen Satz bilden), die Interpunktion fehlt völlig, alle Wörter sind kleingeschrieben. Durch die vielen auffälligen Wiederholungen wirkt der Text zunächst eher experimentell, fast wie eine Sprachspielerei. Den leichten Abweichungen, die sich jeweils von Verspaar zu Verspaar ergeben, liegt jedoch eine genau kalkulierte Struktur zugrunde: In der ersten Strophe werden die Hauptsätze in den ungeraden Versen jeweils um ein Wort ergänzt, sodass deren Länge bis auf acht Wörter in V. 9 ansteigt, während in den geraden Versen die Vergleichssätze („so wie ihr mich wollt“) immer unverändert bleiben. Im Gegensatz dazu sind in der zweiten Strophe die ungeraden Verse (mit Ausnahme von V. 19) immer identisch („nicht wie ihr mich wollt“), während die geraden Verse immer um ein Wort gekürzt werden, sodass sich insgesamt gesehen eine spiegelbildliche Struktur des Gedichts ergibt. Betrachtet man nun die einzelnen Variationen genauer, so stellt man auch inhaltlich bedeutsame Änderungen fest, die bei oberflächlicher Lektüre überhaupt nicht auffallen. So drückt etwa die Entwicklung von „ich will nicht sein“ (V. 1) zu „ich will nicht ihr sein“ (V. 3) auch eine inhaltliche Entwicklung aus: Während das lyrische Ich zunächst nur ankündigt, nicht den Vorstellungen der Angesprochenen („ihr“) entsprechen zu wollen (V. 1 f.), deutet es danach an, dass diese ihn ganz an sich anpassen, ihn zur völligen Identifizierung mit ihrer Gruppe zwingen wollen (V. 3 f.). Am Strophenende mündet diese Entwicklung in den Vorwurf, dass die angeredete Gruppe ihre eigenen Wünsche und Vorstellungen hinsichtlich ihrer Lebensgestaltung zwar zu verwirklichen sucht, dies aber nicht erreicht, sodass ihre Planungen utopisch bleiben („ich will nicht sein wie ihr sein wollt“, V. 9). In ähnlicher Weise ergeben sich auch in der zweiten Strophe durch die Kürzungen immer wieder leichte Änderungen der einzelnen Aussagen, die immer deutlicher auf den Wunsch nach Selbstverwirklichung und Selbstbestimmung hinauslaufen („ich will *ich* sein“, V. 18), bis schließlich das Finden einer eigenen, autonomen Identität geradezu als Grundvoraussetzung der menschlichen Existenz dargestellt wird („ich will *sein*“, V. 20).

Aufgaben 1 und 2
S. 34

Die Schüler nähern sich der Aussage des Textes über das Vortragen des Gedichts auf spielerische Weise, indem sie mit den einzelnen Versen experimentieren. Dadurch wird ihre Aufmerksamkeit fast zwangsläufig auf die einzelnen Änderungen gelenkt, über deren Sinn sie dann nachdenken. Da jeder Gedichtvortrag bereits eine Interpretation darstellt, sollten die Schüler die von ihnen gewählte Vortragsweise auch begründen, um so im Unterrichtsgespräch die Bedeutung der einzelnen Verspaare zu erschließen.
Als methodische Alternative bietet sich der Einstieg mit einer verwürfelten Fassung des Gedichts an (Arbeitsblatt 1, S. 66), da auch hier die Schüler die Wiederholungen und die inhaltlichen Abänderungen bei ihren Entscheidungen für eine rekonstruierte Textfassung berücksichtigen und daher über deren Bedeutung nachdenken müssen.

Aufgabe 3
S. 34

Die bei den ersten beiden Aufgaben entwickelten Deutungsansätze werden hier durch gezielte Fragen präzisiert. Deutlich werden sollte, dass das lyrische Ich offenbar über das Selbstbewusstsein und den Mut verfügt, seinen ganz eigenen Weg zu suchen, und dass es dafür auch bereit ist, Konflikte mit anderen Menschen auf sich zu nehmen. Genauere Vorstellungen von der Beschaffenheit dieses Weges hat das lyrische Ich aber wohl noch nicht, zunächst geht es nur um eine klare Abgrenzung von den Anforderungen der Mitmenschen. Wenn man einen jüngeren Menschen als Sprecher annimmt, dann könnten mit „ihr" vor allem die Eltern und Lehrer sowie andere Erwachsene angesprochen werden, denkbar ist aber auch eine stark verallgemeinerte Anrede an alle anderen Menschen.

Aufgabe 4
S. 34

Durch die Sprachanalyse sollte deutlich werden, dass es sich bei Jandls Text nicht bloß um eine Sprachspielerei handelt, sondern dass die auffällige Form zur Verdeutlichung des Inhalts dient. So zeigen die vielen fast staccatoartigen Wiederholungen die Dringlichkeit und Intensität des Wunsches nach Selbstverwirklichung, welcher der angesprochenen Gruppe geradezu „eingehämmert" werden soll. Die nur leichten inhaltlichen Abänderungen zeigen, dass das gesamte Denken des lyrischen Ichs immer wieder um dieses Thema mit seinen verschiedenen Aspekten kreist.

Aufgabe 5
S. 34

Das Lied wird (ebenso wie der Weg) zur Metapher für die eigene Lebensgestaltung. Für die Zweisprachigkeit des Gedichttitels sind mehrere Erklärungen möglich. Denkbar ist, dass das hinsichtlich seiner Ziele noch unsichere lyrische Ich die für sein „Lebenslied" angemessene Sprache noch nicht gefunden hat. Es könnte auch sein, dass es als eher junger Mensch die „jugendlich" und weltoffen wirkende englische Sprache benutzt, die es aber meint für die ältere Generation übersetzen zu müssen.

„Papa, wenn ich groß bin, möchte ich auch Spießer werden" (Werbespot) (S. 35–36)

Der Wunsch nach einer individuellen Gestaltung des Lebens, ganz nach den eigenen Vorstellungen, wird auch häufig für Werbezwecke instrumentalisiert, ähnlich wie der Wunsch nach Selbstdarstellung und dem Ausdruck der eigenen Persönlichkeit durch das Benutzen bestimmter Produkte wie Kleidung, Parfums oder Kosmetika.
In dem in einigen Einzelbildern abgedruckten Werbespot wird für das Abschließen eines Bausparvertrags geworben. Zu diesem Zweck wird gezielt die verbreitete Ansicht aufgegriffen, eine derartige finanzielle Absicherung sei „spießig" und damit „uncool". Diese Meinung wird dem (möglicherweise alleinerziehenden) Vater eines kleinen Mädchens in den Mund gelegt, der seine eher ungewöhnlichen Vorstellungen von einer seiner Meinung nach erfüllten und sinnvollen Lebensgestaltung offenbar verwirklicht hat: Er hat sich für das Leben eines Aussteigers am Rande der Gesellschaft entschieden und lebt in einfachsten Verhältnissen in seinem Bauwagen in einer Art Hippie-Kolonie. Da er von seinem alternativen Lebensstil überzeugt ist, lehnt er die finanziell gesicherte Existenzform eines wohlsituierten Wohnungs- oder gar Hausbesitzers selbstzufrieden und scheinbar überlegen ab. Diese Position wird jedoch widerlegt durch seine Tochter, die gerade das vom Vater belächelte „Spießertum" mit seinen Annehmlichkeiten wie einem eigenen Kinderzimmer oder einem schönen Ausblick äußerst attraktiv findet und sich daher als ersehntes Lebensziel setzt, später auch einmal „Spießer" zu werden.

Aufgaben 1 und 2
S. 36

Die Aufgaben dienen als Einstieg in die Beschäftigung mit diesem Werbespot. Beide Figuren wirken eher sympathisch (auch der Vater wirkt trotz seiner Aussteigermentalität ruhig, zärtlich und liebevoll), wobei der Zuschauer sich natürlich mit der Tochter und ihren Ansichten identifizieren soll. Beim Lesen des Dialogs und bei der Deutung der Gestik und Mimik sollten die unterschiedlichen Vorstellungen der beiden sowie die Überraschung des Vaters über den Wunsch seiner Tochter deutlich werden.

Aufgabe 3
S. 36

Die Umgebung des Bauwagens sowie die anderen kurz eingeblendeten Personen charakterisieren die Lebenswelt des Vaters und zeigen seine Ansichten von einem erfüllten Leben. Dadurch unterstreichen sie seine ablehnenden Worte über die „Spießer" und bilden gleichzeitig die vom Vater favorisierte Gegenwelt ab.

Aufgaben 4 und 5 S. 36 Da der Werbespot aus finanziellen Gründen auf eine nur kurze Zeitspanne angewiesen ist, muss mit wenigen Worten und Bildern vieles verdeutlicht werden. Durch die zeitliche Beschränkung entstehen notwendigerweise Leerstellen, die vom Rezipienten selbst in seiner Fantasie gefüllt werden müssen. So werden die Wünsche und Träume der Tochter nur in drei knappen Äußerungen artikuliert; was der Vater vom unerwarteten Wunsch seiner Tochter hält, wird lediglich durch Mimik und Gestik angedeutet. Die Schüler können durch die vorgeschlagenen inneren Monologe diese Leerstellen füllen und dadurch Gedanken und Gefühle der beiden Personen verdeutlichen.

Aufgaben 6 und 7 S. 36 Die beiden Aufgaben stellen den Werbecharakter des Spots in den Vordergrund. Bei Aufgabe 6 ist dessen Zielgruppe gefragt: Angesprochen werden sollen insbesondere junge Familien, die sich ein eigenes Haus oder eine eigene Wohnung wünschen. Hier soll besonders der Wunsch junger Familienväter gestärkt werden, Frau und Kindern ein angenehmes Leben zu bieten. Vor allem soll aber die Ansicht widerlegt werden, eine derartige Absicherung sei „spießig", indem das Bausparen als attraktive Möglichkeit für liebevolle, verantwortungsbewusste und fürsorgliche Väter dargestellt wird.
Aufgabe 7 dient der zusammenfassenden Gesamtinterpretation des Werbespots in Form eines Exposés.

Aufgabe 18 S. 36 Im Werbespot wird ebenso wie in Jandls Gedicht der Wunsch nach einer eigenen, selbstbestimmten Lebensgestaltung thematisiert, der sich jedoch nur in Auseinandersetzung mit der Umwelt, vor allem im Konflikt mit den Vorstellungen und Anforderungen der Elterngeneration verwirklichen lässt. Der Vater des Werbespots würde Jandls Text zweifellos auf seine alternative Lebensform und seine soziale Außenseiterexistenz beziehen, angesprochen wäre damit die etablierte Gesellschaft. Die Tochter hingegen würde den Text gegen ihren Vater und die von ihm repräsentierte Aussteigerwelt richten.

Wir sind Helden: Guten Tag (Die Reklamation) (S. 37)
Auch im Song der Gruppe „Wir sind Helden" geht es darum, dass das lyrische Ich sein Leben ganz nach eigenen Vorstellungen und Wünschen führen möchte, auch hier kommt es deswegen zur konflikthaften Auseinandersetzung mit der Umwelt. Im Vordergrund steht jetzt allerdings die scharfe Kritik an einer nur am Konsum orientierten und von der Werbung geschaffenen scheinhaften Glitzerwelt, die Zurückweisung einer totalen Beeinflussung der eigenen Lebensführung durch Massenmedien und Unterhaltungsindustrie. Ausdrücklich abgelehnt wird eine unkritische Anpassung an eine derartige Lebensweise („euer Leben zwickt und drückt nur dann nicht, wenn man sich bückt", Z. 11 f.), wobei der Grundton durchaus aggressiv und kämpferisch ist („Meine Stimme gegen ...", „Meine Fäuste gegen ...", „Meine Zähne gegen ..."). Im Refrain wird dann sogar das Leben selbst als bloßes Produkt dargestellt, das „im Ausverkauf" als „Sonderaktion" erworben wurde, nun aber aufgrund seiner Oberflächlichkeit und Fremdbestimmtheit abgelehnt wird. Deswegen sehnt sich das lyrische Ich zurück nach seinem früheren Leben, das offenbar weniger angepasst war und individueller gestaltet wurde. So entsteht die Forderung nach einer „Rückgabe", einem „Umtausch" des nur scheinbar attraktiven neuen Lebens, das nun „reklamiert" werden soll. Der Song thematisiert Erfahrungen, die Jugendliche heute in einer unüberschaubaren, verwirrenden Konsum- und Medienwelt machen, und fordert zum Hinterfragen und zur kritischen Auseinandersetzung mit deren Angeboten auf.

Aufgabe 1 S. 38 Natürlich bietet es sich an, mit einer Präsentation des Songs, der vielen Schülern bekannt sein dürfte, einzusteigen. Anschließend können dann Spontanreaktionen und erste Deutungsansätze zusammengetragen werden. Die Erklärung des Titels (mithilfe der Worterläuterung auf S. 37) leitet dann zur Analyse zentraler Aspekte über: Was soll umgetauscht werden? Aus welchen Gründen? Die Ergebnisse des Unterrichtsgesprächs können dann bei der nächsten Aufgabe präzisiert und systematisiert werden.

Aufgabe 2
S. 38

Die bei dieser Aufgabenstellung erarbeiteten Ergebnisse lassen sich gut an der Tafel sammeln, wobei etwa folgendes Tafelbild entstehen könnte:

Tafelbild

Wir sind Helden: Guten Tag (Die Reklamation)

kritisiert wird …	***mögliche Gründe …***
– *„Mobiltelefon" (V. 1)*	– *unpersönliche Gespräche, oft nur belangloses Geplauder* – *Handy-Wahn, Gruppenzwang (jeder muss ein Handy haben)*
– *„Nagelpflegelotion" (V. 2)*	– *übertriebener Konsum*
– *„Doktor Best" (V. 3)*	– *Schönheitskult*
– *„Epilation" (V. 4)*	– *Konzentration auf das Äußerliche, Oberflächlichkeit*
– *die „Talkshownation" (V. 15)* – *„Halleluja und Bohnen" (V. 16)* – *die „totale Television" (V. 18)*	– *Beeinflussung durch Massenmedien, vor allem das Fernsehen* – *„Berieselung" mit anspruchslosen Sendungen* – *statt wirklicher Gespräche nur oberflächlicher „Talk"*
– *die „zahme Revolution" (V. 17)*	– *kritiklose Anpassung* – *konfliktscheues Verhalten*

→ Ablehnung der oberflächlichen Konsum- und Medienwelt

Aufgaben 3 und 4
S. 38

Einen konkreten Gegenentwurf zu der kritisierten Lebensweise bietet der Songtext nicht, sondern deutet lediglich „Visionen" (V. 18) vage an. Eindeutig ist aber, dass ein selbstbestimmtes, unangepasstes Leben propagiert wird, das ganz nach den eigenen Vorstellungen gestaltet werden soll. Da diese individuell jeweils völlig unterschiedlich sein können, kann der Text auch keine konkreten Antworten vorgeben. Die Schreibaufträge fordern die Schüler auf, ihre ganz eigene Version eines erfüllten Lebens zu entwerfen.

Günter Kunert: Für mehr als mich (S. 38)

Die Suche nach dem eigenen Weg wird ebenfalls in Günter Kunerts Gedicht „Für mehr als mich" thematisiert (vgl. S. 375), wobei vor allem der soziale Aspekt, das menschliche Miteinander, betont wird. In der ersten Strophe sagt das lyrische Ich aus, dass es sich nicht mit einem Leben begnügen möchte, das lediglich auf die Befriedigung elementarer Grundbedürfnisse ausgerichtet und auf das rein Körperliche reduziert ist (Verwendung der biologisch-medizinischen Fachausdrücke „Stoffwechsel", „Blutkreislauf", „Nahrungsaufnahme", „Zellenzerfall"; V. 5 ff.). In den folgenden Strophen wird der Wunsch nach neuen Lebenserfahrungen, nach einer Erweiterung des eigenen Horizonts deutlich. Abgelehnt werden dabei sowohl die rein ichbezogene Isolation, die auch unter sozialen Aspekten als egoistisches Einzelkämpfertum gedeutet werden kann („kein Ein-Mann-Weg", V. 14), als auch die kritiklose Anpassung an die breite Masse, das „Schwimmen mit dem Strom" (V. 15 ff.). Die abschließenden Worte „Für mehr als mich", die dem Gedicht auch als Titel dienen, sind mehrdeutig: Einerseits könnte der Wunsch nach einem Herauswachsen über sich selbst und dem Heranreifen zu einer neuen Persönlichkeit gemeint sein, anderseits wird noch einmal angedeutet, dass der rechte Weg nicht die narzisstische Konzentration auf die eigene Persönlichkeit sein kann.

Aufgaben 1 und 2 S. 38

Durch die Gedichtform, in welche die Schüler den scheinbaren Prosatext wieder bringen sollen, wird der möglicherweise recht schnelle und oberflächliche Leseprozess verlangsamt, fast zwangsläufig erfolgt eine intensivere gedankliche Beschäftigung mit der Bedeutung der einzelnen Wörter. Auch durch die exponierte Stellung am Versanfang oder Versende oder sogar die Reduzierung eines Verses auf ein Einzelwort können weitere Betonungen vorgenommen werden. Die Wiederholungen (vor allem der Wörter „Ich bin ein Sucher eines Weges") verdeutlichen das noch unsichere und unentschlossene, aber doch beständige Suchen nach der individuell angemessenen Lebensgestaltung.

Aufgabe 3 S. 38

Bei der Besprechung dieser Aufgabe, bei der etwa die oben skizzierten Ergebnisse erarbeitet werden können, sollten die Schüler auch zum Nachdenken über die Frage angeregt werden, worin das vom lyrischen Ich angestrebte „Mehr" an Leben eigentlich bestehen könnte. Möglich ist auch, dass die Schüler diese Frage auf ihre eigene Lebensgestaltung beziehen und sie individuell (und eventuell anonym) beantworten.

Hans Magnus Enzensberger: Nicht Zutreffendes streichen (S. 39)

In Enzensbergers Gedicht wird eine offenbar von Unsicherheiten und Selbstzweifeln gequälte Person angesprochen, die von ihren verschiedenen Ängsten in allen ihren Äußerungen so stark beeinflusst wird, dass die verbale Kommunikation als Mittel der zwischenmenschlichen Verständigung schließlich ganz scheitert. Daher klingt die Stimme, die auch dem Ausdruck der eigenen Persönlichkeit dient, „flach", „dünn" und „blechern" (V. 1 f.). In der zweiten Strophe werden mehrere verschiedene Ängste aufgezählt, die zur Verunsicherung der angesprochenen Person führen, z. B. Angst vor bloßen Wiederholungen (V. 5), vor der kritiklosen Anpassung an die Meinung der Mehrheit (V. 6) oder vor unvorsichtigen Aussagen, die einen selbst verletzlich und angreifbar machen (V. 8). Die dritte und vierte Strophe fordern in Form einer rhetorischen Frage indirekt zu mehr Mut und Selbstvertrauen auf, da alle Ängste vor einer „falschen" Aussage letztlich zu genau dieser führten. Dabei hat sich die Angst anscheinend so stark verselbstständigt, dass bereits nicht mehr konkrete (Sprech-)Situationen gefürchtet werden, sondern schon der Zustand des Angsthabens selbst („Angst vor der Angst", V. 16). Das Gedicht wird zum Appell an die angesprochene Person – und damit auch an den Leser –, die hemmenden Ängste zu überwinden, zu sich selbst zu stehen und die eigenen Ansichten selbstbewusst zu artikulieren. Man soll entgegen allen Unsicherheiten und Selbstzweifeln den Mut aufbringen, den eigenen Weg zu gehen (vgl. Aufg. 5).

Aufgabe 1 S. 39

Die bei dieser Aufgabe erarbeiteten Ergebnisse können auch als Grundlage für die weitere Arbeit stichwortartig einander gegenübergestellt werden:

Tafelbild

Enzensberger: Nicht Zutreffendes streichen

lyrisches Ich	***angesprochene Person***
– *mitleidig, wohlwollend, hilfsbereit*	– *ängstlich, traut sich nicht, sich zu äußern*
– *selbstsicher*	– *unsicher, voller Selbstzweifel, hat den eigenen Weg noch nicht gefunden*
– *erfahren, älter (?)*	– *jung (?)*

→ *Aufforderung zu mehr Mut und Selbstbewusstsein*

Aufgabe 2 S. 39

Das Fazit des obigen Tafelbildes wird sich wohl nicht gleich aus dem ersten Unterrichtsgespräch ergeben, da die Intention des Gedichtes für Schüler möglicherweise nicht leicht zu erschließen ist. Daher können die drei verschiedenen Aussagen als Einstieg in die

Diskussion über die Gesamtdeutung des Textes genutzt werden, deren Ergebnis dann als Resümee des Tafelbildes ergänzt werden kann.

Aufgabe 3
S. 39

Der Titel „Nicht Zutreffendes streichen“ ist sicherlich gerade für Schüler nicht einfach zu erklären. Er ist von der Formulierung her der Behördensprache entnommen und wird dort beim Ausfüllen von Formularen verwendet. Im Kontext des Gedichtes wird er zur Aufforderung, diejenigen möglichen Ursachen für die Ängste der angeredeten Personen, die in V. 4–13 wie bei einem Fragebogen aufgelistet sind, auszusondern, die nicht oder nicht mehr Furcht auslösend sind. Das „Streichen“ dieser Alternativen könnte dann das Überwinden der betreffenden Ängste bedeuten und damit eine hoffnungsvolle Perspektive für die Zukunft aufzeigen. Die sprachliche Anlehnung an das emotionslose, rein funktionale Amtsdeutsch weist auf einen Bereich hin, in dem keine Rücksicht auf Ängste und Unsicherheiten genommen wird, und repräsentiert damit die (noch) als bedrohlich wahrgenommene Außenwelt.

Aufgabe 4
S. 39

Hinsichtlich der sprachlichen Gestaltung ist vor allem die zweite Strophe mit ihren vielen Anaphern des Wortes „oder“ und den teilweise parallel gebauten Versen auffällig, in der die Vielzahl der möglicherweise Angst auslösenden Faktoren in eindringlicher Weise verdeutlicht wird. Die Schlüsselwörter „Angst“ (V. 3, 15 und 16) und „etwas Falsches“ bzw. „das Falsche“ (V. 4, 17 und 18) werden ebenfalls durch die mehrfache Wiederholung hervorgehoben. Durch die direkten Anreden (V. 1, V. 14 f.) und durch die rhetorische Frage am Gedichtende (V. 14 ff.) wird der Leser miteinbezogen, der dieses Gedicht so auch auf sich selbst beziehen muss.

Die Toten Hosen: Hier kommt Alex (S. 40)

Dass die Suche nach dem eigenen Weg gerade junge, noch unsichere Menschen auch auf Abwege führen kann, thematisiert der Song der Gruppe „Die Toten Hosen“ (S. 40). In dem Song „Hier kommt Alex“ hat ein Jugendlicher den Weg der aggressiven Auflehnung gegen die Gesellschaft gewählt: Mit seiner gewalttätigen Jugendbande terrorisiert er wahllos andere Menschen, um durch deren Angst und Leiden eigene Ängste und Frustrationen zu kompensieren und „Befriedigung“ zu verspüren (3. Strophe). Durch die „Jagd“ (V. 12) auf ihre „Opfer“ (V. 21) werden aggressive pubertäre Machtfantasien ausgelebt, hinter denen der Wunsch nach dem Überwinden eigener Schwächen steht. Als weitere Ursache dieses menschenverachtenden Verhaltens wird in den ersten beiden Strophen die Frustration über den immer unverändert und nach festgelegten Vorgaben ablaufenden Alltag genannt, dessen einzigen Höhepunkt der regelmäßige Fernsehkonsum (möglicherweise ebenfalls gewaltverherrlichender Filme) darstellt. Das eigene Leben wird als unfrei, von anderen vorprogrammiert und „roboterhaft“ empfunden, weswegen es zu den gewalttätigen Ausbruchsversuchen auf „dem Kreuzzug gegen die Ordnung und die scheinbar heile Welt“ (V. 17 f.) kommt. Hier zeigt sich eine Art Sendungsbewusstsein, welches das eigene Handeln als Ausdruck höherer Ziele rechtfertigt („Kreuzzug“, V. 17; „zelebrieren“, V. 19), als „Mission“ gegen die für das eigene Leiden verantwortlich gemachte etablierte Gesellschaft.

Aufgabe 1
S. 40

Die Schüler sollten Alex’ Verhalten beschreiben und sich in diesem Zusammenhang vergegenwärtigen, dass dessen „Ziele“ lediglich destruktiver Art sind, da es offenbar nichts gibt, für das er sich einsetzt. Sein Selbstbild wird in dem Songtext nur angedeutet und ist daher recht schwer zu erschließen. Er betrachtet seine aggressive Selbstdarstellung offenbar als eine Art Auftritt, als „Show“ vor einem schockierten Publikum, worauf die Wörter „Vorhang auf“ und „Horrorschau“ (V. 14) hinweisen.

Aufgabe 2
S. 40

Die oben angesprochenen Ursachen für Alex' Verhalten können auch in einem Tafelbild zusammengefasst werden:

Tafelbild

Ursachen für Alex' Verhalten

- *fehlender Lebenssinn (V. 1)*
- *gleichförmiges, unfreies, vorprogrammiertes Leben (V. 1 f., V. 5 f.)*
- *Langeweile (V. 3 f.)*
- *übermäßiger Fernsehkonsum (V. 4)*
- *Ablehnung der nur scheinbar heilen Welt (V. 17 f.)*

→ Frustration, Aggression, Hass

Im Kontext dieser Aufgabenstellung sollen die Schüler auch die Bildhaftigkeit des Textes („roboten", V. 2; „wie ein Uhrwerk", V. 5; „wie ein Computer", V. 6) untersuchen. Da die Analyse der Metaphorik, etwa in Natur- oder Liebesgedichten, bei manchen Schülern auf Vorbehalte und Widerstände stößt, wird die Beschäftigung mit diesen sprachlichen Mitteln hier behutsam an leicht verständlichen Beispielen in einem recht schülernahen Text in die Unterrichtsreihe eingeführt. Obwohl gewisse Vorkenntnisse eigentlich vorhanden sein sollten, wird im Werkzeugkasten auf S. 42 noch einmal eine Übersicht über sprachliche Bilder gegeben, die sich aus Gründen der Einheitlichkeit eng an den Werkzeugkasten aus dem vorigen Band P.A.U.L. *D.* 7 (S. 48) anlehnt, dessen Beispiele jedoch den beiden Songtexten entnommen sind. Neu aufgenommen ist hier lediglich das Symbol.

Aufgabe 3
S. 40

Da sich viele Hörer des Songs sicherlich zumindest teilweise mit der in ihm geäußerten Gesellschaftskritik identifizieren können, sollte unbedingt herausgearbeitet werden, dass dessen gewalttätiges Verhalten keineswegs als vorbildlich oder gar nachahmenswert dargestellt wird. Die drei hier vorgeschlagenen Aussagen über die Beurteilung des brutalen Verhaltens können als Ausgangspunkt einer Diskussion dienen. Dass Alex' Verhalten durchaus kritisch gesehen wird, erkennt man etwa in der fünften und sechsten Strophe (V. 17–24), aber auch in der ironischen Darstellungsweise seiner pubertären Selbstinszenierung im Refrain (V. 13 ff., V. 25 ff.).

Aufgabe 4
S. 40

Beiden Songs gemeinsam ist die scharfe Gesellschaftskritik, die in eine Ablehnung der konventionellen Lebensform mündet und zur Auflehnung gegen die etablierte Gesellschaft führt. Während in dem Song „Guten Tag" aber für eine offenbar friedliche „Vision" eines freien, auf Selbstverwirklichung ausgerichteten Lebens geworben wird, richtet sich Alex' Unzufriedenheit hasserfüllt und wahllos gegen seine Umwelt, ohne dass irgendwelche positiven Ansätze erkennbar wären.

Christina Stürmer: Lebe lauter (S. 41)
Ähnlich wie in dem Gedicht Enzensbergers (S. 39) wird auch in dem Song „Lebe lauter" eine offenbar noch unsichere Person direkt angesprochen und dazu aufgefordert, zu sich selbst zu stehen und selbstbewusst ihren eigenen Weg zu gehen. Die Unsicherheit der wahrscheinlich weiblichen Person, die an Komplexen und Selbstzweifeln leidet (V. 11), bezieht sich hier aber vor allem auf ihr eigenes Aussehen, da sie im Spiegel als Symbol der Selbsterkenntnis (V. 1, V. 9) immer wieder feststellt, dass sie nicht dem gängigen Schönheitsideal entspricht (V. 2), das von den Medien vermittelt und von schlank gehungerten Stars und Models vorgelebt wird. Diese Fixierung auf das Aussehen wird als bloße Oberflächlichkeit kritisiert („schöner Schein", V. 20; „Schall und Rauch", „Maske", V. 23), die zudem nicht selbst gewollt ist, sondern von anderen Menschen vorgegeben wird

(„eure heile Welt“, V. 4; „ihren Vorstellungen“, V. 10; vgl. V. 12). Die angesprochene Person wird zunächst durch eine Reihe von Fragen (V. 1–4, V. 9–11) zur kritischen Auseinandersetzung mit dem eigenen Schönheitskult angeregt und dann dazu aufgefordert, ihr Leben ganz nach den eigenen Vorstellungen zu gestalten und sich bei dieser Selbstverwirklichung von der Beschränkung auf das Äußerliche zu lösen (V. 5 ff., V. 13 ff., V. 19 ff., V. 25 ff.).

Aufgabe 1 S. 42
Der Brief der angesprochenen Person müsste die Unsicherheiten und Komplexe hinsichtlich des eigenen Aussehens zum Ausdruck bringen und die Bitte um Hilfe in dieser schwierigen Situation enthalten.

Aufgabe 2 S. 42
Die Metaphern „Lebe lauter“ und „Lass uns schrei'n“ (V. 5, V. 13, V. 25) fordern dazu auf, selbstbewusst und für die Mitmenschen deutlich wahrnehmbar den eigenen Weg zu gehen, die eigenen Vorstellungen zu verwirklichen ohne Rücksicht auf die Erwartungen der Umwelt, die sich möglicherweise gestört fühlen könnte (vgl. V. 6, V. 7, V. 8, V. 10, V. 12, V. 23 f.). Die angesprochene Person soll sich von rollenklischeehaftem, angepasstem Verhalten emanzipieren und sich selbstsicher dazu bekennen, kein „braves“, leises, schüchternes Mädchen zu sein. Im Kontext des Songs geht es insbesondere darum, die von der Außenwelt ausgehenden Erwartungen an ein möglichst „perfektes“ Aussehen zurückzuweisen und trotz aller vermeintlicher Fehler mit dem eigenen Körper zufrieden zu sein („du brauchst nicht perfekt zu sein“, V. 6, vgl. V. 20 ff.).

Aufgabe 3 S. 42
Da viele Jugendliche von dem medial vermittelten Schönheitsideal beeinflusst sind und sich sogar an vermeintlichen Idealmaßen prominenter Schönheiten orientieren, sollte unbedingt auch eine eigene kritische Auseinandersetzung der Schüler mit der im Song dargestellten Thematik erfolgen.

Aufgabe 4 S. 42
Die kraftvoll-rockige musikalische Umsetzung passt gut zum Text, der ja gerade zu mehr Selbstbewusstsein auffordert. Dabei sind die einzelnen Strophen entsprechend dem Inhalt verhaltener, während sich Lautstärke und Dynamik im Refrain deutlich steigern. Besonders betont werden die Wörter „Lebe lauter“ und „schrei'n“.

Aufgabe 5 S. 42
Auch in dem Song „Guten Tag (Die Reklamation)“ wird die Fixierung auf das Aussehen kritisiert (vgl. V. 2–4), eine kritiklose Anpassung an die Erwartungen der Gesellschaft wird zurückgewiesen („euer Leben zwickt und drückt nur dann nicht, wenn man sich bückt“, V. 12 f.). In dem Text „Hier kommt Alex“ kommt ebenfalls die Unzufriedenheit mit einer immer gleichförmigen, fremdbestimmten Lebensweise zum Ausdruck (V. 1–8), obwohl hier der Schwerpunkt auf Alex' gewalttätigen Ausbruchsversuchen liegt.

Ich und die Natur: Bäume – Gedichte beschreiben und deuten (S. 43–55)

Die einzelnen Naturgedichte dieses Unterkapitels sind weitgehend chronologisch angeordnet, sodass eine Entwicklung im Verhältnis des lyrischen Ichs zur Natur deutlich wird, die von Bewunderung und enthusiastischer Verherrlichung (Uhland, Eichendorff, Mörike) über die humorvoll-ironische Kritik an der zunehmenden Distanzierung (Kästner) hin zum offenen Anprangern der immer bedrohlicher werdenden Abholzung und Umweltzerstörung (Fritz, Becker) führt.

Ludwig Uhland: Einkehr (S. 43)
Uhlands spätromantisches Gedicht „Einkehr“ drückt eine noch ungebrochene, harmonische Beziehung des Menschen zur Natur aus, die seine elementaren Lebensgrund-

bedürfnisse befriedigt, indem sie Zuflucht, Schutz und Nahrung bietet. Daher ist das Verhältnis des Menschen zur Natur sehr innig und emotional, sodass sie ihm selbst als von Gott beseeltes Lebewesen erscheint (vgl. Aufgabe 4). Diese Zusammenhänge werden in dem Gedicht am Beispiel eines Apfelbaumes verdeutlicht, der stark personifiziert und mit einem Wirtshaus (V. 9) bzw. Wirt (V. 1) verglichen wird. Das lyrische Ich empfindet das Aufsuchen des Apfelbaumes als „Einkehr" (Titel) ins Gasthaus, das ihm mit seinem Wirtshausschild, einem „goldnem Apfel" (V. 3), eingeladen habe. Die Früchte bieten zugleich Speise und Trank (V. 7), sodass auch weitere „leicht beschwingte Gäste" (V. 10) sich einfinden: verschiedene Vögel, möglicherweise auch Käfer und Insekten, die mit ihrem Gesang (V. 12) bzw. Summen und Sirren für eine heitere, gemütliche Stimmung sorgen. Als Bett (V. 13) dient dem lyrischen Ich das Gras unter dem Baum, der ihn als fürsorglicher Wirt „mit seinem kühlen Schatten" (V. 16) selbst zudeckt. Da er mit einem Schütteln seines Wipfels voll selbstloser Gastfreundlichkeit alle Dankbarkeit von sich weist (V. 17 f.), gilt ihm der fromme Segenswunsch des lyrischen Ichs (V. 19 f.), Ausdruck einer harmonischen, religiös fundierten Weltsicht, die den Menschen noch im Einklang mit der Natur sieht.

Aufgaben 1 und 2 S. 43

Der dem Gedicht zugrunde liegende Vergleich des Apfelbaums mit einem Wirtshaus kann entweder durch die Veranschaulichung in Form einer bildlichen Darstellung (Aufgabe 1) oder durch eine sprachliche Erklärung des Vergleichs mit seinen einzelnen Bestandteilen erklärt werden (wie in der obigen Analyse). Einen einfachen Einstieg in die Beschäftigung mit diesem Gedicht bietet Arbeitsblatt 3 auf S. 68.

Aufgabe 13 S. 44

Die ausnahmslos positive Beurteilung des Apfelbaums lässt sich schon durch die im Text verwendeten Adjektive wie „wundermild" (V. 1) oder „gut" (V. 5) sowie den expliziten Segenswunsch am Gedichtende (V. 19 f.) leicht erkennen. Als Eigenschaften des Apfelbaumes lassen sich auch gut an der Tafel oder auf Plakaten verschiedene Adjektive sammeln, wie z. B. „wohltätig", „menschenfreundlich", „gütig", „fürsorglich" oder „selbstlos".

Aufgaben 5 und 6 S. 44

Bei dem gleichmäßig alternierenden Versmaß (Ausnahme: V. 20) handelt es sich um einen Jambus mit abwechselnd vier Hebungen (ungerade Verse) und drei Hebungen (gerade Verse). Auch die Kadenzen der nach dem Kreuzreimschema angeordneten Versenden sind immer abwechselnd männlich (ungerade Verse) und weiblich (gerade Verse). Die ruhige Gleichmäßigkeit von Versmaß und Reimschema deutet damit ebenfalls auf die oben angesprochene idealisierende Naturauffassung vieler romantischer Dichter hin.

Joseph von Eichendorff: Abschied (S. 45)

Der Titel des 1810 entstandenen Gedichts „Abschied" führt den Leser zunächst in die Irre: Es handelt wider Erwarten nicht etwa vom Abschied zweier Personen, stattdessen verabschiedet sich das lyrische Ich von der Natur, insbesondere vom Wald, da es sich offenbar bald in die Stadt begeben wird. Das Gedicht weist eine klare und übersichtliche Struktur, ein einfaches Reimschema und ein regelmäßiges Versmaß auf: Es besteht aus vier Strophen mit je acht Versen, die mit einem deutlichen syntaktischen Einschnitt jeweils in der Versmitte als verdoppelte Volksliedstrophen gestaltet sind. Als Versmaß durchzieht ein dreihebiger Jambus das gesamte Gedicht, jeweils vier Verse sind durch ein Kreuzreimschema mit abwechselnd männlicher und weiblicher Kadenz verbunden. Diesem Befund entsprechen ein einfacher Satzbau und eine schlichte Wortwahl. Damit spiegelt die sprachliche Gestaltung des populären und liedhaften Gedichts seinen Inhalt wider, in dem das einfache, aber wahre Naturerlebnis verherrlicht wird.
Bereits die erste Strophe des Gedichts enthält den zentralen Gegensatz zwischen der Natur als Zufluchtsort des Menschen und der als feindlich empfundenen Außenwelt: Der

Wald wird in sehr schlichten Worten und wiederholten emphatischen Ausrufen gepriesen und als Ort des kontemplativen Nachdenkens über den Sinn von Freude und Leid des menschlichen Lebens charakterisiert (V. 1–4). Im scharfen Kontrast dazu steht die als hektisch empfundene Welt mit ihrer sinnentleerten Betriebsamkeit, deren scheinbarer Nutzen aber nur als bloße Illusion entlarvt wird (V. 5 f.). Als Reaktion auf diese abschreckende Darstellung der Welt „da draußen" (V. 5) erfolgt noch im gleichen Satz die metaphorisch umschriebene Bitte des lyrischen Ichs an den personifizierten Wald, ihm Schutz vor dieser Bedrohung zu gewähren (V. 7 f.). Dabei deuten lediglich die Wörter „noch einmal" (V. 7) einen zeitlichen Ablauf und damit eine bevorstehende Trennung vom Bereich des Waldes an, womit erstmalig ein Bezug zum Titel des Gedichts hergestellt wird.
Die erste Hälfte der zweiten Strophe schildert den Tagesanbruch mit dem aufsteigenden Morgennebel, den ersten Sonnenstrahlen, die sich in den Tautropfen des noch feuchten Grases brechen („Die Erde dampft und blinkt", V. 10), sowie dem „lustigen" Gesang der erwachenden Vögel (V. 11). Durch das synästhetische Aufnehmen dieser beglückenden Naturerscheinungen wird das lyrische Ich in euphorische Stimmung versetzt (V. 12). Dabei wird seine Naturbegeisterung als religiöses Erlebnis dargestellt, der symbolisch überhöhte Tagesanbruch wird in Beziehung gesetzt zur Auferstehung der im christlichen Sinne Gläubigen aus dem „trübe(n) Erdenleid" (V. 13–16). Die religiös geprägte Wortwahl dieser Textstelle weist auf den Glauben an die Allgegenwart Gottes in der von ihm geschaffenen Natur hin, sodass jede Naturerfahrung immer auch eine Erkenntnis der Offenbarung Gottes in seiner Schöpfung ist. Diese „christlich-pantheistische" Naturauffassung ist bereits in der ersten Strophe angedeutet worden („Andächt'ger Aufenthalt", V. 4). Hier hat sich nun der Blickwinkel kaum merklich geändert: Während mit dem „Du" in der ersten Strophe (V. 3) noch der vermenschlichte Wald angesprochen wurde, wird in der zweiten Strophe der implizite Leser angeredet (V. 12, V. 15), wodurch die Erfahrung des lyrischen Ichs ins Allgemeinmenschliche gewendet und somit auf jeden (gläubigen) Menschen bezogen wird.
Diese naturreligiöse Vorstellung wird in der dritten Strophe wieder aufgegriffen: Durch das Bild des „im Wald geschrieben(en) [...] Wort(es)" (V. 17–18), das vom Menschen „treu gelesen" werden muss (V. 21), wird auf metaphorischer Ebene verdeutlicht, dass die Naturerfahrung dem aufmerksamen Menschen Erkenntnisse vom richtigen Handeln und von den wahren Werten des Lebens vermittelt (V. 19 f.). Dabei wird der eigentliche Inhalt dieser verschlüsselten christlichen „Botschaft" nicht etwa dem Leser mitgeteilt, sondern allenfalls vage angedeutet durch Adjektive wie „treu" (V. 21) oder „schlicht und wahr" (V. 22), da jeder Mensch den verborgenen Sinn selbst erkennen muss.
Erst die letzte Strophe bezieht sich explizit auf eine bevorstehende Abschiedssituation, wobei nun wieder im Rückgriff auf die erste Strophe der Wald vertraulich angeredet (V. 25) und im Gegensatz dazu das betriebsame (Stadt-)Leben kritisiert wird: Auf den die Sinne blendenden und verwirrenden „buntbewegten Gassen" (V. 27) der Stadt wird das lyrische Ich nicht die Realität erfahren, sondern bloß „Des Lebens Schauspiel sehn" (V. 28), also ein unechtes Abbild der Wirklichkeit. Hier kann es nicht den in der Natur offenbarten tieferen Sinn des Daseins erkennen, sondern bloß die fassadenhafte Oberfläche einer trügerischen Scheinrealität wahrnehmen. Daher sind hier auch keine wirklichen zwischenmenschlichen Begegnungen möglich, stattdessen ist das Leben geprägt von Fremdheit (V. 26) und Einsamkeit (V. 31) inmitten von Menschen. Allein durch die Erinnerung an den Wald und damit an die pantheistisch geprägte Naturerfahrung findet das lyrische Ich nicht nur Trost, sondern macht auch die beglückende Erfahrung der „ewigen Jugend" seines Herzens (V. 29–32), in der es das unschuldig-naive Lebensgefühl seiner Kindheit bewahren kann. Durch diese Anspielung auf die Auferstehung, die deutlich Bezug nimmt auf V. 13–16, findet das Gedicht einen optimistischen Abschluss. Außerdem erhält rück-

blickend der Gedichttitel mit der Perspektive auf das jenseitige Leben nach dem Tod eine doppelte Bedeutung, da nun auch der Abschied von der irdischen Welt gemeint sein kann.

Aufgabe 1
S. 46

Deutlich werden sollte im Unterrichtsgespräch, dass sich das lyrische Ich in der Geborgenheit des Waldes befindet und sich von diesem (nicht etwa von einer Geliebten) verabschiedet, um in die Fremde (vermutlich in eine bestimmte Stadt) zu gehen. Die Stimmung ist bei der Betrachtung des Waldes ernst und feierlich, beim Gedanken an die bevorstehende Trennung etwas wehmütig und melancholisch, aber keinesfalls verzweifelt (vgl. V. 29 ff.). Als methodische Alternative können die Schüler zum Einstieg einen inneren Monolog in Form eines Tagebucheintrags schreiben, in dem sie folgende Fragen beantworten: Von wem nehme ich Abschied? In welcher Stimmung bin ich dabei? Was erwarte ich für mein künftiges Leben?

Aufgabe 2
S. 46

Viele Elemente des Gedichts von Eichendorff finden sich auch in C.D. Friedrichs Gemälde „Der Morgen" wieder: Gebirge und Täler und ein „schöner grüner Wald" (V. 2). Bei der Tageszeit handelt es sich um den Morgen, an dem „die Erde dampft und blinkt" (V. 10). Ähnlich dem lyrischen Ich ist auch der am rechten unteren Bildrand in einem kleinen Boot stehende Mensch allein, wobei die ihn umgebende Natur zwar majestätisch und erhaben, nicht aber bedrohlich oder beunruhigend wirkt. Auf die für C.D. Friedrich typische religiöse Deutungsebene weisen die vielen vertikalen Linien hin, die in Richtung des Himmels zeigen. Im Gegensatz zu Eichendorffs Gedicht beschränkt sich Friedrichs Gemälde aber auf die Darstellung der Waldeinsamkeit, der negativ gewertete Gegenbereich des geselligen Stadtlebens fehlt. Zwar ist durch die Tageszeit und die Haltung des Schiffers eine Aufbruchsituation angedeutet, von Abschiedsschmerz ist jedoch nichts zu erahnen.

Aufgaben 3 und 4
S. 46

Die Gegenüberstellung der in den beiden Aufgaben angesprochenen Bereiche könnte etwa zu folgenden Ergebnissen führen:

Tafelbild

Der Wald und die Welt

Darstellung des Waldes

- *Naturschönheit (V. 2)*
- *Ort der Besinnung, um über Freude und Leid nachzudenken (V. 3 f.)*
- *Schutz vor der Außenwelt, Geborgenheit (V. 6 f.)*
- *Gefühl der Beglückung als Reaktion auf die Naturerscheinungen bei Tagesanbruch (V. 9–12)*
- *Trost, Vergessen des „Erdenleids" (V. 13 f.)*
- *Erkenntnis des richtigen Handelns und der wahren Werte (V. 17–24)*
- *Stille, Ernsthaftigkeit, Treue, Schlichtheit, Wahrheit (V. 17–24)*
- *innere Ruhe und Festigkeit durch die Erinnerung an den Wald (V. 29–32)*

→ *Wald als Zufluchtsort, an dem der Mensch durch die Naturerfahrung den wahren Sinn des Lebens erkennt*

Darstellung der Welt

- *trügerische Außenwelt, die keinen wirklichen Gewinn ermöglicht (V. 5)*
- *Unruhe, Hektik, Geschäftigkeit (V. 6, V. 27)*
- *Fremdheit, Einsamkeit (V. 26, V. 31)*
- *prächtige äußere Fassade (V. 27)*
- *„des Lebens Schauspiel": scheinbare Realität als Abklatsch des wirklichen Lebens (V. 28)*

→ *(Stadt-)Leben als hektische und trügerische Scheinrealität, in welcher der Mensch den wahren Sinn des Lebens verfehlt*

➜ *Deutliche Kontrastierung der beiden Lebensbereiche*

Aufgabe 5
S. 46

Die ausführliche Tabelle könnte etwa folgendermaßen aussehen:

Textbefund	**sprachliches Gestaltungsmittel**	**Deutung/Wirkung**
„O Täler weit ..." (V. 1 f.)	Ausruf, Anaphern, Parallelismus, Personifikation des Waldes	Gefühlvolle Anrede an den Wald, enge Bindung des lyrischen Ichs an die Natur, Wald wirkt wie geliebtes Lebewesen.
„schöner, grüner Wald"/„die geschäft'ge Welt" (V. 1–4/V. 5 f.)	Gegensatz (Antithese)	Starker Kontrast zwischen dem hoch geschätzten Wald und der kritisierten Außenwelt.
„saust" (V. 6)	Personifikation	Außenwelt wirkt wie ein Lebewesen, wirkt hektisch und bedrohlich.
„schlag noch einmal ..." (V. 7 f.)	Personifikation, Anrede	Wald scheint belebt zu sein.
„grünes Zelt" (V. 8)	Metapher	Wald bietet Geborgenheit und Schutz vor Gefahr.
„Die Erde ..."/„Die Vögel ..." (V. 10 f.)	Parallelismus	Gleichzeitiges Erwachen der Natur und der Tiere
„Die Vögel lustig schlagen" (V. 11)	Personifikation	Vögel wirken wie menschliche Lebewesen, beseelt.
„Da sollst du ..." (V. 15 f.)	Anrede an den Wald, Personifikation	Innige Beziehung des lyrischen Ichs zum Wald, der als belebt empfunden wird
„Da steht im Wald geschrieben ..." (V. 17 ff.)	Metaphern	Wald als Ort der Erkenntnis, an dem der Mensch etwas über die wahren Werte des Lebens lernen kann.
„Hort" (V. 20)	Metapher	Wertvollster Besitz des Menschen
„Bald werd' ich dich verlassen" (V. 25)	Anrede an den Wald, Personifikation	Innige Beziehung zum belebten Wald (s. o.)
„Fremd in der Fremde" (V. 26)	Wortwiederholung	Betonung des nicht Vertrauten, der Einsamkeit
„Auf buntbewegten Gassen" (V. 27)	Antithese zur „Fremde" (V. 26)	Betonung der „Einsamkeit in der Menge"
„Des Lebens Schauspiel" (V. 28)	Metapher	Oberflächlichkeit, Äußerlichkeit, nur scheinbar sinnvolles Leben
„Des Lebens Schauspiel" (V. 28)/„deines Ernsts Gewalt" (V. 30)	Antithese zwischen erster und zweiter Hälfte der Strophe	Betonung der Gegensätzlichkeit der beiden Bereiche Stadt und Wald
„deines Ernsts Gewalt" (V. 30)	Anrede, Personifikation	Vertraute Beziehung zum Wald (s. o.)
„So wird mein Herz nicht alt" (V. 32)	Personifikation	Betonung des Herzens als wichtigstes Leben spendendes Organ des Menschen und als emotionales Zentrum

Für die Gedichtaussage bedeutsam sind außerdem die vielen positiv wertenden Adjektive wie „schön“ (V. 2), „andächtig“ (V. 4), „lustig“ (V. 11), „jung“ (V. 16), „still“ (V. 18), „ernst (V. 18), „recht“ (V. 19), „treu“ (V. 21), „schlicht und wahr“ (V. 22), denen zur Charakterisierung des Stadtlebens negative Adjektive entgegengesetzt sind: „betrogen“ (V. 5), „geschäftig“ (V. 6), „trübe“ (V. 14), „fremd“ (V. 26). Auch die für Eichendorff typischen Doppelausdrücke oder „Zwillingsformen“ finden sich häufig im Text (z. B. „dampft und blinkt“, V. 10; „vergehn, verwehen“, V. 13; „schlicht und wahr“, V. 22).
Der Lehrende muss natürlich selbst entscheiden, welche Ausführlichkeit der Sprachanalyse sinnvoll erscheint, um die Gefahr einer Demotivation oder sogar Abschreckung der Schüler zu vermeiden.
Die Übersicht auf S. 47 beschränkt sich auf einige sprachliche Gestaltungsmittel, die auch in leichter verständlichen Gedichten häufig vorkommen.

Aufgabe 6
S. 46

Ähnlich wie bei dem Gedicht Uhlands (S. 43) weisen das regelmäßige Metrum und der gleichförmige Bau der verdoppelten Volksliedstrophen auf eine harmonische Weltsicht hin, die in Entsprechung zum Inhalt den Menschen in Einklang mit der ihn umgebenden personifizierten Natur zeigt. In manchen Versen weicht allerdings die Betonung vom regelmäßigen Metrum ab, um dadurch einige bedeutsame Wörter stärker hervorzuheben (z. B. „Andächt'ger“, V. 4; „Saust“, V. 6; „Fremd“, V. 26).

Eduard Mörike: Am Walde (S. 48)

Auch in dem Sonett Mörikes wird die Einsamkeit des Waldes als Kontrast zur Oberflächlichkeit der vornehmen Gesellschaft (V. 9) gesehen. Das erste Quartett schildert die idyllische Situation, in der sich das lyrische Ich befindet: Es liegt am Waldrand im Gras, nimmt die Natureindrücke mit allen Sinnen auf und genießt die Zeitlosigkeit („lange Nachmittage“, V. 1). Die klagenden Rufe des Kuckucks erzeugen eine ruhige, harmonische, friedvolle Stimmung, die fast schon einschläfernd wirkt (V. 3 f.) Das zweite Quartett beginnt zwar mit der zusammenfassenden Feststellung „Da ist mir wohl“ (V. 5), stellt dem dann aber das gesellschaftliche Leben als „schlimmste Plage“ (V. 5) gegenüber, da es von Oberflächlichkeit und Verstellung („Fratzen“, V. 6) und dem Zwang, sich unterordnen zu müssen (V. 6), geprägt sei. Die Natur wird damit zum Zufluchtsort, an dem sich das lyrische Ich vor den Unannehmlichkeiten des geselligen Lebens in der Einsamkeit des Waldes sicher fühlen kann. Im ersten Terzett wendet sich das Sonett den Poeten zu, zu denen das lyrische Ich gehört, und wird somit zum poetologischen Gedicht. Das dichterische Schaffen in freier Natur wird als „schöne Zeitverschwendung“ gewertet (V. 10) und im Kontrast zur sinnlosen Zeitverschwendung der „feinen Leute“ (V. 9) gesehen, die aber keine Ahnung von derartigen Genüssen haben. Als Begründung für den möglichen Neid der vornehmen Gesellschaftsschicht (V. 11) wird im zweiten Terzett die Mühelosigkeit des poetischen Schaffens genannt („wie von selber“, V. 13), das durch den Naturgenuss inspiriert wird (Metapher: die Augen „weiden“, V. 14). In metaphorischer Umschreibung wird der dichterische Schaffensprozess als Flechten von Kränzen dargestellt, was einerseits auf die strenge, festgefügte Sonettform hinweist, andererseits Assoziationen an den Kranz als Zeichen der Dichterwürde weckt.
Als Versmaß liegt dem Gedicht ein regelmäßiger fünfhebiger Jambus mit weiblicher Kadenz zugrunde, das Reimschema ist ABBA ABBA CDE CDE.

Aufgaben 1 und 2
S. 48

Deutlich werden sollte in dem inneren Monolog einerseits der Genuss der friedlichen, ruhigen Stimmung in der idyllischen Natur, andererseits die verächtlichen Gedanken über die menschliche Gesellschaft. Berücksichtigt werden müsste auch, dass es sich um einen Dichter handelt, der sich durch die Naturerfahrung inspirieren lässt.

Aufgabe 3 S. 48

Es könnte in etwa folgendes Schaubild entstehen:

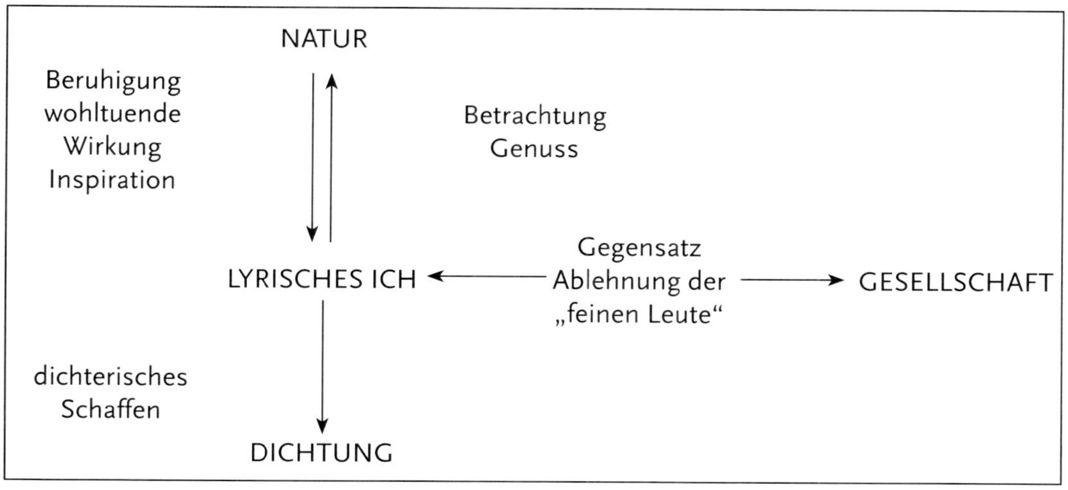

Denkbar ist auch, einen Verbindungspfeil zwischen „Natur" und „Dichtung" zu ziehen, da die Natur hier zum Gegenstand der Dichtung wird; mit gleicher Begründung ließen sich auch die „Gesellschaft" und die „Dichtung" verbinden. Da die vornehme Gesellschaft offenbar keine unmittelbare Beziehung zur Natur oder zur Dichtung hat, könnten zwischen diese Bereiche auch unterbrochene Pfeile gesetzt werden.

Aufgabe 4 S. 48

In beiden Gedichten wird die Natur als idyllischer Zufluchtsort aufgefasst und im Kontrast zur oberflächlichen menschlichen Gesellschaft gesehen. Die bei Eichendorff bedeutsamen religiösen Aspekte (Natur als Offenbarung Gottes) fehlen jedoch bei Mörike, in dessen Sonett die Natur nicht der kontemplativen Selbsterkenntnis oder der religiösen Erbauung dient, sondern eher zur Inspiration des (etwas selbstgefälligen) Dichters wird. Auch ist die Situation des lyrischen Ichs unterschiedlich: Bei Eichendorff bricht es nach längerem Aufenthalt im als Heimat empfundenen Wald in die Stadt auf, bei Mörike ist es dem scheinhaften Stadtleben lediglich für einige Stunden entflohen, um bald wieder dorthin zurückzukehren.

Aufgabe 5 S. 49

Nachdem im Laufe der Unterrichtsreihe nach und nach die sprachlichen Bilder (S. 42), Versmaß und Reimschema (S. 44) und schließlich wichtige sprachliche Gestaltungsmittel (S. 47) behandelt wurden, soll nun erstmalig die ausführliche schriftliche Gedichtanalyse geübt werden, die den Schülern häufig als Aufgabenstellung von Klassenarbeiten und Klausuren vorgelegt wird. Die Überarbeitung einer Gedichtanalyse folgt dann auf S. 51 (Aufgabe 5), das Notieren von Randbemerkungen auf S. 52 (Aufgabe 3), weitere Tipps werden auf S. 53 (Aufgabe 4) gesammelt.

Arno Holz: In welken Kronen (S. 50)

Arno Holz' Gedicht, das hier nach den ersten beiden Versen „In welken Kronen" betitelt ist, ist typisch für die Lyrik des Gedichtzyklus „Phantasus": Die das lyrische Ich umgebende Natur wird aufmerksam und unmittelbar mit allen Sinnen wahrgenommen und dann im impressionistischen „Sekundenstil" wiedergegeben, bei denen einzelne kurze Eindrücke aneinandergereiht und dadurch dem Leser vermittelt werden, der die Perspektive des lyrischen Ichs einnimmt. Auffällig ist auch die für Holz typische unkonventionelle Form mit der Anordnung der einzelnen Verse um die Mittelachse und der Auflösung von Versmaß und Reimschema (vgl. Aufgabe 3).

Aufgabe 1 S. 50

Das lyrische Ich steht auf einer Brücke „über das ... Balkengeländer gelehnt" (V. 18) und ist ganz in die Betrachtung der herbstlichen Natur versunken, die sich im Wasser eines

„stillen See[s]“ (V. 16) spiegelt. Die Stimmung ist ruhig und träumerisch („starre ... und ... träume“, V. 24), der herbstliche Verfall der Landschaft wird als schön und sogar als „Paradies“ (V. 27) empfunden.

Diese Stimmung wird hervorgerufen u. a. durch Adjektive wie „welk“ (V. 2), „purpur“ (V. 4), „müde“ (V. 14), „still“ (V. 16), „alt“, „krumm“, „morschmoosig“ (V. 18), „dunkel“ (V. 19), „einsam“ (V. 22), durch Verben wie „sich wiegen“ (V. 3), „schweben ... schwanken ... schaukeln“ (V. 5), „trägkreiseln“ (V. 6), „fallen“ (V. 7), „krächzen“ (V. 10), „träumen“ (V. 24) und durch Nomen wie „Herbst“ (V. 3), „Blätter“ (V. 4), „Nebel“ (V. 8), „Krähen“ (V. 10) und „Paradies“ (V. 27).

Als methodische Alternative kann auch Arbeitsblatt 4 (S. 69) als einfacher Einstieg in die Behandlung des Gedichts genutzt werden, das den Blick der Schüler zunächst auf die auffällige formale und syntaktische Gestaltung und deren Funktion lenkt (vgl. Aufgabe 3).

Aufgabe 2
S. 50

Das lyrische Ich beobachtet die herbstlichen Baumkronen (V. 2 f.), deren Blätter abfallen und zur Erde schweben (V. 4–7). Am Boden sieht es den aufsteigenden Nebel (V. 8 f.) und am Himmel die Zugvögel, die sich für ihren Zug nach Süden sammeln (V. 11 f.). Es nimmt außerdem den nur noch schwachen herbstlichen Sonnenschein wahr (V. 13 ff.). Von seinem Platz auf der Brücke aus sieht es im Spiegelbild des Seewassers auch die „verästelten Platanen“ (V. 20), die am Seeufer stehen. Durch das Wahrnehmen des allmählichen Verfalls könnten traurige, melancholische Empfindungen oder wehmütige Erinnerungen hervorgerufen werden. Das lyrische Ich scheint aber vielmehr das träumerische Betrachten der herbstlichen Natur zu genießen und empfindet daher ein tiefes Gefühl der Beglückung.

Aufgabe 3
S. 50

Auffällig ist schon auf den ersten Blick die um eine Mittelachse zentrierte Anordnung der Verse. Da diese meist nur aus wenigen Wörtern oder sogar aus einem betonten Einzelwort bestehen, sind sie oft sehr kurz, die wenigen Ausnahmen (V. 18, V. 20) fallen sofort ins Auge. Der ausnahmslos parataktische Satzbau enthält aneinandergereihte Aufzählungen (z. B. V. 5–7, V. 11 f., V. 16 ff.), jedoch keinerlei satzverbindende Konjunktionen oder Adverbien. Dadurch entsteht beim Leser, der alle Naturvorgänge aus der Perspektive des lyrischen Ichs wahrnimmt, der Eindruck, dass er dessen einzelne Sinneswahrnehmungen nach und nach mitvollzieht. Die Naturbeobachtungen können jeweils einzeln auf den Leser wirken, dessen Lesefluss nicht nur durch die Kürze der meisten Verse, sondern auch durch die Punkte zwischen einzelnen Satzgliedern (V. 3, V. 5, V. 11 f., V. 22 ff.) verlangsamt wird. Dadurch überträgt sich die ruhige, kontemplative Stimmung des lyrischen Ichs auch auf den Leser. Wenn der Blick allmählich auf das lyrische Ich und dessen Umgebung gelenkt wird (V. 16 ff.), wird der Satzbau zunehmend komplexer, bleibt aber parataktisch, indem der Hauptsatz durch präpositionale Lokaladverbiale (V. 16, V. 17, V. 19 f.) und Partizipialkonstruktionen („gelehnt“, V. 18; „versunken“, V. 21) erweitert und auf viele Verse verteilt wird. Schließlich scheint das gesamte Gedicht auf das letzte Wort „Paradies“ (V. 27) zuzulaufen, das als eine Art Fazit die in einen Vers komprimierte zusammenfassende Bewertung der aufgenommenen Natureindrücke darstellt.

Aufgabe 4
S. 50

Als sprachliche Bilder werden vor allem Personifizierungen verwendet, durch welche die gesamte Natur als belebt erscheint (der Herbst, V. 1–3; die Blätter, V. 4–7; der Nebel, V. 8 f.; die Zugvögel, V. 11 f.; die Sonne, V. 13–15). Anschaulich dargestellt werden die einzelnen Naturwahrnehmungen auch durch Neologismen wie „trägkreiseln“ (V. 6), „morschmoosig“ (V. 18) oder „schlangenbunt“ (V. 20).

Aufgabe 5
S. 51

Der Anfang des Schüleraufsatzes enthält keine sachlichen Fehler und weist zudem eine klare Struktur auf (Einleitung, Stimmung, Situation des lyrischen Ichs, sprachliche

Mittel). Allerdings sollte die Analyse viel ausführlicher, sorgfältiger und präziser sein. Die Beschreibung der Stimmung erfolgt in nur einem kurzen Satz lediglich durch das Adjektiv „traurig“ (Z. 3) und wird überhaupt nicht am Text belegt. Auch die Situation des lyrischen Ichs könnte ausführlicher dargestellt werden, die kurze Erwähnung der „herbstlichen Natur“ (Z. 5) bleibt ebenfalls sehr ungenau. Mehrere sprachliche Mittel werden zwar richtig benannt, unklar bleibt allerdings, in welchem inhaltlichen Zusammenhang sie stehen, und vor allem, welche Funktion für die Aussage des Gedichts sie haben. Stattdessen beschränkt sich der Text auf eine bloße Aufzählung ohne Versangaben. Bei den Neologismen (Z. 19) und den Bemerkungen zur Syntax (Z. 11 f.), zu deren Beschreibung das unpassende Adjektiv „komisch“ (Z. 12) verwendet wird, fehlen sogar die nötigen Beispiele.

Aufgabe 6
S. 51

Herbstliche Stimmung strahlt auch Otto Modersohns Bild aus. Viele in Holz' Gedicht erwähnte Details finden sich auch hier wieder: eine herbstliche Landschaft mit Bäumen (allerdings Birken statt Platanen), im Vordergrund ein kleines Gewässer (hier allerdings ein Moor anstelle eines Sees) und ein offenbar vom Herbstwind bewegter Himmel mit Zugvögeln. Durch die milde (Abend-?)Sonne wirkt auch diese Landschaft schön und verklärt, nicht etwa düster-melancholisch. Sie strahlt ebenfalls Ruhe und Beschaulichkeit aus, die menschliche Figur in der linken Bildhälfte wirkt einsam, aber nicht trostlos. Allerdings handelt es sich hier ganz offensichtlich um die weitläufige, typisch norddeutsche Heidelandschaft in der Nähe Worpswedes (mit Kuh und Reetdachhaus), während man sich die in Holz‘ Gedicht dargestellte Natur eher als herbstlichen Park vorstellen kann.

Aufgabe 7
S. 51

Einzige thematische Vorgabe für die lyrischen Eigenproduktionen der Schüler ist, dass sie ein Naturgedicht schreiben sollen. In formaler Hinsicht können sie die zentrierte Anordnung der Verse und die Aufteilung einzelner Wörter oder kurzer Wortgruppen auf verschiedene Verse imitieren. Möglich ist auch eine Nachahmung des parataktischen Satzbaus mit Aufzählungen einzelner Sinneswahrnehmungen sowie die Unterbrechung des Leseflusses durch die an bedeutsamen Stellen eingefügten Punkte.

Erich Kästner: Die Wälder schweigen (S. 52)

Kästners Gedicht thematisiert das Verhältnis der Stadtbewohner zur Natur. Das Stadtleben mit seinen Büros und Fabriken (V. 16) ist geprägt von Hektik und Lärm (V. 5), die Lebensweise der Menschen wird ganz von Nutzdenken und Gelderwerb bestimmt (V. 4). Daher wird die unberührte Natur mit ihren jahreszeitlichen Veränderungen nur indirekt und sehr distanziert wahrgenommen (durch das Medium der Zeitung, V. 2). Die städtische „Ersatznatur“ (Metaphern „Dächermeer“, „Wellen“, V. 6) kann die Bedürfnisse und Sehnsüchte der Menschen nicht befriedigen, selbst die Luft ist nicht frisch und belebend, sondern „dick“ (V. 7), trübe und undurchdringlich (Vergleich „wie aus grauem Tuch“, V. 7). Diese naturentfremdete Existenzform führt zu psychischen Schäden wie Freudlosigkeit, Melancholie oder sogar depressiven Verstimmungen (metaphorisch umschrieben: „Die Seele wird vom Pflastertreten krumm“, V. 11). „Heilung“ von diesen psychischen Erkrankungen versprechen sich die Stadtmenschen von der unberührten Natur und deren Stille (V. 10), nach der sie eine verzweifelte Sehnsucht empfinden (V. 5) und die nun in idealisierten, idyllisch verklärten Vorstellungen ihre Träume beherrschen (V. 8 ff.). Dies führt zu einer fast panikartigen, ziel- und orientierungslos wirkenden Fluchtbewegung aus der Stadt hinaus „ins Blaue“ (V. 16 f.).

Aufgabe 1, S. 52 Eine tabellarische Gegenüberstellung könnte folgendermaßen aussehen:

Tafelbild

Erich Kästner: Die Wälder schweigen

Darstellung des Stadtlebens
- *distanziertes Verhältnis zur Natur (V. 2)*
- *Zeitknappheit, Termine, Hektik (V. 4)*
- *Zwang zum Gelderwerb, Konzentration auf finanziellen Gewinn (V. 4)*
- *nur scheinbare Naturnähe, künstliche „Ersatznatur" (V. 6)*
- *stickige, undurchdringliche Luft (V. 7)*
- *seelische Schäden der Einwohner (V. 11)*
- *Büros und Fabriken (V. 16)*

Darstellung der Natur
- *Personifikationen: Natur wirkt lebendig, vermenschlicht (V. 1, V. 3, V. 12, V. 14 f., V. 18 f.)*
- *jahreszeitlicher Wechsel (V. 1, V. 3)*
- *Stille (V. 10, V. 14)*
- *Vertrautheit: Vergleich der Bäume mit „Brüdern" (V. 12) und der Gräser mit „Bekannten" (V. 18)*
- *heilsame Wirkung auf die kranken Seelen der Menschen (V. 13, V. 20), Trost (V. 15)*
- *trotz ihrer Stille haben die Wälder den Menschen etwas mitzuteilen (V. 14)*

→ Sehnsucht der Stadtmenschen nach der Natur, Fluchtgedanken (V. 5, V. 8 ff., V. 16 ff.)

Aufgabe 2 S. 52 Hier werden die bei Aufgabe 1 erarbeiteten Ergebnisse vertieft und erweitert, indem nun auch die von Kästner verwendete Metaphorik gezielt in die Untersuchung einbezogen wird. Dabei sollten die Schüler die wichtigsten Vergleiche (V. 7, V. 12, V. 18), Metaphern (V. 6, V. 11, V. 13) und vor allem Personifizierungen (V. 1, V. 3, V. 14, V. 15, V. 19) nicht nur bestimmen, sondern auch deren Bedeutung erläutern (wie in der obigen kurzen Analyse).

Aufgabe 3 S. 52 Die Aufgabe dient als Vorarbeit einer ausführlichen schriftlichen Analyse und entspricht dem zweiten im Werkzeugkasten „Ein Gedicht beschreiben und deuten" (S. 49) empfohlenen Arbeitsschritt „Anlegen eines Materialsteinbruchs". Als sprachliche Gestaltungsmittel sollten neben der bereits erarbeiteten Metaphorik etwa der Zeilenstil mit den vielen aneinandergereihten kurzen Sätzen (z. B. in der zweiten Strophe), die Parallelismen (z. B. V. 6 f., V. 8 f., V. 18 f.) und Anaphern (z. B. „Man träumt ...", V. 8/V. 9; „wo", V. 18/V. 19), die Aufzählung in V. 8 f. und die Ausrufe in V. 17 berücksichtigt werden. Durch die deutliche Kontrastierung des Stadtlebens mit der freien Natur weist das Gedicht insgesamt eine antithetische Struktur auf (deutlich z. B. in V. 6 f. als Gegensatz zu V. 8–10), auch innerhalb einzelner Verse finden sich Antithesen (z. B. in V. 14). Typisch für Kästner ist die sehr allgemeine, ironisch-distanzierte Darstellung mit der häufigen Wiederholung der unpersönlichen Bezeichnung „man".
Wenn die Schüler die Randbemerkungen auf Folie angebracht haben, können einzelne Beispiele in der ganzen Klasse besprochen werden; bei der Arbeit mit Kopien bietet sich ein Austausch in kleineren Gruppen an, innerhalb derer die Schüler sich gegenseitig Tipps geben oder Ergänzungen vorschlagen.

Aufgabe 4 S. 53 Da die bei dieser Aufgabenstellung erarbeiteten Ergebnisse allgemeine Bedeutung für die Gedichtanalyse haben, könnte eine Arbeit mit Lernplakaten sinnvoll sein. Auf jeden Fall sollten die bereits im Schülerband gegebenen Hinweise übernommen werden. Als weitere mögliche Tipps könnten die Schüler beispielsweise nennen:
- klare Gliederung
- Textdaten in der Einleitung nennen
- keine bloßen Behauptungen oder Mutmaßungen
- wichtige Stellen/Schlüsselwörter zitieren
- aber: kurze, aussagekräftige Zitate, nicht zu viel zitieren

– Beobachtungen nicht bloß aufzählen, sondern Verbindungen herstellen, Schwerpunkte setzen
– nicht zu knapp schreiben, möglichst jeden Vers berücksichtigen
– sich vorstellen, dass man für einen Leser schreibt, der das Gedicht nicht kennt; umfassend informieren
– keine langen Referate von auswendig gelerntem Wissen
– einen zusammenhängenden Text schreiben, auf Satzverbindungen achten
– auf einen „runden" Schluss achten, nicht plötzlich abbrechen

Aufgabe 5
S. 53

Auch in Eichendorffs Gedicht wird die Natur, insbesondere der Wald, idealisiert und als Zuflucht des Ruhe und innere Einkehr suchenden Menschen dargestellt. Der Tonfall des Gedichts „Abschied" ist jedoch feierlich-erhaben, während Kästners Darstellung ironisch-distanziert wirkt. In Eichendorffs Gedicht identifiziert sich der Leser mit dem lyrischen Ich und seiner Gemütsverfassung, was bei Kästner aufgrund der unpersönlichen Darstellung nicht möglich ist. Da mehr als ein Jahrhundert zwischen der Entstehung der beiden Texte liegt, ist natürlich der Charakter der negativ dargestellten Stadt völlig anders, weswegen auch jeweils andere Kritikpunkte betont werden.

Walter Helmut Fritz: Bäume (S. 53)

In dem Text von Walter Helmut Fritz wird erstmals die durch den Menschen verursachte Schädigung der Natur thematisiert. Nachdem bereits in den Gedichten von Eichendorff, Mörike und Kästner mehr oder weniger scharfe Gesellschaftskritik formuliert wurde, rückt damit nun der Aspekt der Umweltzerstörung in den Vordergrund. In dem Gedicht „Bäume" wird angeprangert, dass in einer nicht näher bestimmten Stadt mehrere alte Platanen gefällt wurden, damit der von ihnen vorher eingenommene Platz zubetoniert und als Parkplatz genutzt werden kann (V. 1–3). Dabei deutet die Namenlosigkeit der Stadt und der bewusst ungenau formulierte Titel auf die hohe Allgemeingültigkeit dieses Vorgangs hin, der eben nicht auf diesen Einzelfall beschränkt bleibt. Die Bäume werden stark personifiziert (V. 4, V. 6, V. 14) und sogar als „Freunde" bezeichnet (V. 6), sodass dem Leser der Eindruck vermittelt wird, es handele sich um das Sterben von vertrauten Menschen. Aufgrund ihres hohen Alters wird den Platanen ein umfangreiches Wissen zugeschrieben (V. 4), außerdem wird erwähnt, dass sie Vögeln als Ruheplatz dienten (V. 11 f.). Das lyrische Ich verbindet mit den Bäumen offenbar die Erinnerung an ruhige, friedliche Stunden (V. 13 f.) – möglicherweise der eigenen Kindheit –, in denen es, wahrscheinlich gemeinsam mit Freunden („wir", V. 5), die Platanen häufig aufsuchte. Da diese schönen Erinnerungen nun durch das Fällen der Bäume in Vergessenheit zu geraten drohen, scheint es nötig, sie durch das gemeinsame Gespräch immer wieder zu vergegenwärtigen (V. 7 ff.).

Aufgabe 1
S. 53

Die Schüler können hier vor allem Adjektive zur Charakterisierung der Platanen sammeln (z. B. alt, weise, friedlich, hilfsbereit). Dem „lyrischen Wir" erscheinen die Bäume als Freunde, außerdem erinnern sie an viele schöne Stunden in einer im Rückblick noch als friedvoll empfundenen Zeit.

Aufgaben 2 und 3
S. 53

Die Aussage lässt mehrere Deutungsmöglichkeiten zu: Sie kann verstanden werden als Appell, ökologische Missstände schonungslos aufzuzeigen, als eindringliche Aufforderung zu engagiertem Eintreten für den Umweltschutz. Wenn man allerdings die Verse 10 bis 14 stärker berücksichtigt, scheint eher die verbale Vergegenwärtigung der mit den Bäumen verbundenen Erinnerungen gemeint zu sein, durch die die große Bedeutung und der hohe ideelle Wert der Natur den Menschen immer wieder bewusst gemacht werden sollen. Diese beiden Schwerpunkte lassen sich auch bei den Vermutungen zur Gesamtaussage des Gedichts berücksichtigen (Aufgabe 3). Auf jeden Fall sollte bei der Besprechung im Unterricht der appellative Charakter des Textes deutlich werden.

Jürgen Becker: Natur-Gedicht (S. 54)
Jürgen Beckers kurzer, prägnanter Text deutet schon im Titel durch die Trennung der üblichen Schreibweise „Naturgedicht" in zwei Wortbestandteile an, dass in heutiger Zeit ein ungebrochenes, idyllisierendes Verhältnis zur Natur und damit zur klassisch-romantischen Lyriktradition nicht mehr möglich ist. Als einzelne Elemente der Natur werden daher auch nicht etwa Berge und Täler, Bäume und Bäche genannt, sondern „Kahlschlag, Kieshügel, Krater" (V. 2) in asyndetischer Reihung aufgezählt – ironischerweise durch das traditionelle sprachliche Mittel der Alliteration verbunden. Offenbar wurde hier ein Wald abgeholzt oder zumindest die ursprüngliche Natur zerstört, um Platz zu schaffen für eine weitere Ausdehnung der Besiedelung („in der Nähe des Hauses", V. 1). Daher macht das lyrische Ich die inzwischen zur banalen Alltäglichkeit gewordene Erfahrung „kaputter Natur" (V. 4), die es lediglich lakonisch als „nichts Neues" (V. 4) bezeichnet. Obwohl es aber durch die allgegenwärtige Umweltzerstörung ständig daran erinnert wird (V. 3), dass es immer weniger unberührte Natur und damit ungetrübten Naturgenuss gibt, befürwortet es ausdrücklich die Verdrängung dieser frustrierenden Einsicht („aber ich vergesse das gern", V. 5), da es sich trotz allem immer noch am Anblick eines einzelnen Strauches als „Restnatur" erfreuen kann (V. 6).

Aufgabe 1
S. 54

Gemeinsam ist beiden Gedichten (außer der Formulierung in ungereimter Alltagssprache) die Kritik an der um sich greifenden Umweltzerstörung, die bei Becker durch die letzten beiden Verse jedoch etwas abgemildert erscheint. In beiden Texten schreibt das lyrische Ich der Natur auch weiterhin eine große emotionale Bedeutung zu.

Aufgabe 2
S. 54

Wahrscheinlich sind Fortsetzungen des Satzes wie „dass die Natur immer mehr zerstört wird" oder „dass man etwas gegen die Umweltzerstörung tun sollte".

Aufgabe 3
S. 54

Wirklich zutreffend ist nur die letzte der vier Aussagen, die alternativen Deutungsmöglichkeiten können als Ausgangspunkt der Diskussion über die Gesamtaussage des Gedichts dienen. Dabei kann auch die Frage besprochen werden, wie die sprachliche Gestaltung (reimlose Form, Alltagssprache, prägnante Kürze, asyndetische Reihung, Ellipsen, Satzabbruch) zur Verdeutlichung des Inhalts beiträgt.

Aufgabe 4
S. 54

Der britische Künstler Andy Goldsworthy arbeitet fast ausnahmslos mit Materialien, die er in der Natur vorfindet, und zeigt dann häufig durch neue Zusammenstellung oder ungewohnte Anordnungen überraschende Perspektiven und bislang nicht beachtete Aspekte auf. Der Betrachter soll dadurch sensibilisiert werden für die Schönheiten der Natur, sie praktisch „mit anderen Augen" wahrnehmen.
Ähnlich wie sich das lyrische Ich in Beckers Gedicht über einen einzelnen Strauch freuen kann, kann der Betrachter des abgebildeten Kunstwerks den Anblick der zusammengenähten, von der Sonne beschienenen Ahornblätter mit ihrer intensiven gelben Farbe als schön genießen. Allerdings handelt es sich hier ebenfalls nicht um ursprüngliche, unberührte Natur, sondern um ein von Menschen künstlich geschaffenes Naturerlebnis.

Heinz Piontek: Bäume (S. 55)
Pionteks Gedicht zeigt, dass man trotz aller Zurückdrängung, Verschmutzung und Zerstörung der Natur auch heute noch ein emotionales Verhältnis zu Bäumen haben kann, und bildet damit den optimistischen Abschluss der Unterrichtseinheit (die Bedrohung der Natur wird lediglich in V. 4 angedeutet). In dem Gedicht spricht das lyrische Ich die personifizierten Bäume direkt an (V. 1) und vergleicht ihre Eigenschaften mit denen der Menschen

(„wie wir“, V. 5), die ebenso wie die Bäume „verwundbar“ (V. 4) seien. Im Gegensatz zu den „[r]uhig auf der dunklen Erde fußend(en)“ Bäumen (V. 2 f.) müssten die Menschen sich aber in angestrengter Bewegung „vorwärtskämpfen“ (V. 6 f.). In den folgenden Versen wird immer stärker die Bewunderung, die das lyrische Ich für die Bäume und die ihnen zugeschriebenen, positiv gewerteten Eigenschaften empfindet, deutlich („nützlich“, V. 8; „schön“, V. 9). Ihr Wert für den Menschen wird darin gesehen, dass ihm die Bäume immer wieder neue Erkenntnisse und Erfahrungen ermöglichen (V. 10 f.). In den letzten Versen werden die Bäume geradezu als vorbildhaft für die Menschen dargestellt (V. 12), indem insbesondere ihr Wachstum („In die Höhe,/in die Tiefe/und mit ausgebreiteten Armen“, V. 13–15) eine ideale menschliche Entwicklung symbolisiert (vgl. Aufgabe 3).

Aufgaben 1 und 2
S. 55

Die erste Aufgabe dient der Annäherung an das Gedicht auf einer einfachen Verständnisebene. Bei der zweiten Aufgabe sollten die den Bäumen zugeschriebenen Eigenschaften auch erläutert werden.

Aufgabe 3
S. 55

Hier geht es um eine Erklärung der symbolischen Bedeutung, die Bäume für Menschen haben können. Übertragen auf das Leben der Menschen könnte das Wachsen „in die Höhe“ (V. 13) eine fortwährende Entwicklung, eine ständige Erweiterung des eigenen Erfahrungsschatzes oder ein Streben nach ehrgeizigen Zielen bedeuten, während mit dem Wachsen „in die Tiefe“ (V. 14, vgl. V. 2 f.) das Finden eines festen Halts im Leben gemeint sein kann, das Festlegen auf Werte, Personen oder Tätigkeiten, die einem wirklich wichtig sind. Möglicherweise wird auch auf intellektuellen oder emotionalen „Tiefgang“ als Ablehnung von Kritiklosigkeit, Oberflächlichkeit und Äußerlichkeit angespielt. Die Worte „mit ausgebreiteten Armen“ bezeichnen die Aufgeschlossenheit für Neues und Ungewohntes. Die Formulierungen des Gedichts lehnen sich hier an gebräuchliche Alltagsmetaphern an wie „nach Höherem streben“, „Wurzeln schlagen“, „inneren Halt haben“ oder „jemanden mit offenen Armen empfangen“.

Ein verwürfeltes Gedicht wiederherstellen

ich will nicht sein wie ihr
so wie ihr mich wollt

nicht wie ihr mich wollt
ich will *ich* sein

nicht wie ihr mich wollt
wie ich sein will will ich sein

ich will nicht sein wie ihr sein wollt
so wie ihr mich wollt

nicht wie ihr mich wollt will ich sein
ich will *sein*

ich will nicht sein
so wie ihr mich wollt

ich will nicht ihr sein
so wie ihr mich wollt

nicht wie ihr mich wollt
wie ich bin will ich sein

nicht wie ihr mich wollt
wie *ich* will ich sein

ich will nicht sein wie ihr seid
so wie ihr mich wollt

1. Dies sind einzelne Bruchstücke eines Gedichts von Ernst Jandl. Versuche, die verschiedenen Verse wieder zu einem Gedicht zusammenzusetzen. Überlege dabei auch, ob du deinen Text in Strophen einteilen willst.
Vergleicht anschließend eure Gedichtfassungen und begründet jeweils eure Entscheidungen.

2. Finde einen passenden Titel für dein Gedicht und erkläre ihn deinen Mitschülern.

Das lyrische Ich eines Liedtextes charakterisieren und ihm einen fiktiven Brief schreiben

Christina Stürmer (geb. 1982)
Nie genug

Ich lebe den Augenblick
Ich krieg' nie genug
Frag mich nicht wie und wann
Schalt' den Sommer an
Wie schnell kann sich die Erde dreh'n
Für mich nie schnell genug
Nur zuschau'n ist undenkbar
Völlig sonnenklar

Ich lass mich nicht umdreh'n, will weiter zu weit geh'n,
Ich bleib einfach so, wie ich bin!

Ich kriege nie genug vom Leben
Ich kriege nie genug – Da geht noch mehr
Ich will alles auf einmal und nichts nur so halb
Nicht nur warten bis etwas passiert
Ich kriege nie genug vom Leben
Ich kriege nie genug – Bist du dabei
Ich will alles riskier'n, will gewinnen – nicht verlier'n
Immer mehr immer mehr immer mehr

Ich such mir mein Paradies
Wo die Sonne ewig scheint
Wie schön so ein Tag sein kann
Das Leben strahlt mich an
Manche sind viel schneller satt
Kann mir nicht passier'n
Ich denke nicht oft „vielleicht"
Ich tu es lieber gleich

Ich lass mich nicht umdreh'n, will weiter zu weit geh'n,
Ich bleib einfach so, wie ich bin!

Ich kriege nie genug vom Leben
Ich kriege nie genug – Da geht noch mehr
Ich will alles auf einmal und nichts nur so halb
Nicht nur warten bis etwas passiert
Ich kriege nie genug vom Leben
Ich kriege nie genug – Bist du dabei
Ich will alles riskier'n, will gewinnen – nicht verlier'n
Immer mehr immer mehr immer mehr

Ich möchte alles sehn
Mich ausruh'n kann ich noch bei Zeit im nächsten Leben
Kann mich oft nicht versteh'n
Doch das hält dann ... nur einen kleinen Moment an ...

(„Nie genug"
Text und Musik: Ivo Moring, Alex Geringas, Thorsten Brötzmann

1. Charakterisiere das lyrische Ich des Liedtextes. Achte darauf, deine Aussagen mit dem Text zu belegen. Kennzeichne dabei auch wichtige sprachliche Besonderheiten und erkläre ihre mögliche Bedeutung.

2. Schreibe dem lyrischen Ich einen Brief, in dem du seine Haltung dem Leben gegenüber bewertest. Achte darauf, deine Wertungen zu begründen.

Einen Vergleich erklären –
Ludwig Uhland: Einkehr

Vergleich des Apfelbaumes mit einem Wirtshaus	
Apfelbaum	Wirt (V. 1)
	Gast (V. 2)
	Wirtshausschild (V. 3)
	süße Kost (V. 7)
	frischer Schaum (V. 7)
	Gasthaus (V. 9)
	Gäste (V. 10)
	Singen der Gäste (V. 12)
	Bett (V. 13)
	Zudecken des Gastes (V. 15)
	Schuldigkeit (V. 17)
	Schütteln des Wipfels (V. 18)

1. Erkläre die Einzelheiten des Vergleichs, der Uhlands Gedicht zugrunde liegt, indem du die leeren Kästchen ausfüllst.

2. Welche Bedeutung hat der Titel des Gedichts?

Einen Prosatext in ein Gedicht umschreiben

Arno Holz (1863–1929)

In welken Kronen

In welken Kronen wiegt sich der Herbst. Purpurne Blätter schweben, schwanken, schaukeln, trägkreiseln, fallen. Nebel webt schon, Krähen krächzen. Stare sammeln sich, Drosseln ziehen, Wildgänse wandern. Noch einmal, müde, scheint die Sonne. Am stillen See, auf der kleinen Brücke, über das alte, krumme, morschmoosige Balkengeländer gelehnt, unter den dunkelen, riesigen, schlangenbunt verästelten Platanen, versunken, einsam, lange, stehe ich, starre und träume in ein gespiegeltes Paradies.

(Aus: W. Emrich/A. Holz (Hg.): Werke. Bd 2, Luchterhand Verlag, Darmstadt/Neuwied 1962)

1. Schreibe diesen Prosatext in ein Gedicht um, indem du ihn in einzelne Verse und Strophen unterteilst.

2. Vergleiche die von dir gewählte Fassung des Gedichts mit der Originalversion auf S. 50 im Schülerband. Welche Wirkung wird hier durch die Gedichtform erreicht?

Ein Gedicht nach bestimmten Aspekten untersuchen

Erich Kästner (1899 – 1974)
Der November

Ach, dieser Monat trägt den Trauerflor* ...
Der Sturm ritt johlend durch das Land der Farben.
Die Wälder weinten. Und die Farben starben.
Nun sind die Tage grau wie nie zuvor.
Und der November trägt den Trauerflor.

Der Friedhof öffnete sein dunkles Tor.
Die letzten Kränze werden feilgeboten.
Die Lebenden besuchen ihre Toten.
In der Kapelle klagt ein Männerchor.
Und der November trägt den Trauerflor.

Was man besaß, weiß man, wenn man's verlor.
Der Winter sitzt schon auf den kahlen Zweigen.
Es regnet, Freunde, und der Rest ist Schweigen.
Wer noch nicht starb, dem steht es noch bevor.
Und der November trägt den Trauerflor ...

---

[1] Trauerflor: schwarzes Stück Stoff (z. B. ein Band oder eine Schleife) zum Ausdruck der Trauer bei Todesfällen

Aus: Erich Kästner. Die 13 Monate, Adrium Verlag, Zürich 2005)

1. Um welches Thema geht es in diesem Gedicht? Verfasse einen entsprechenden Einleitungsteil für eine Analyse.

2. Beschreibe die lyrische Gestalt des Gedichts (Strophenzahl, Verszahl, Reimschema, Metrum ...).

3. Wie wird der Monat November dargestellt? Beachte auch die sprachlichen Besonderheiten und ihre Wirkung.

4. Versuche auch, die symbolische Bedeutung des Novembers zu erklären. Welchen Bezug hat er zum Leben der Menschen?

5. Fasse anschließend die Aussageabsicht des Textes zusammen.

Ein Gedicht analysieren (1)

Bertolt Brecht (1898–1956)
Der Pflaumenbaum

Im Hofe steht ein Pflaumenbaum
Der ist klein, man glaubt es kaum.
Er hat ein Gitter drum
So tritt ihn keiner um.

Der Kleine kann nicht größer wer'n.
Ja größer wer'n, das möcht er gern.
's ist keine Red davon
Er hat zu wenig Sonn.

Den Pflaumenbaum glaubt man ihm kaum
Weil er nie eine Pflaume hat
Doch er ist ein Pflaumenbaum
Man kennt es an dem Blatt.

(1933)

(Aus: Bertolt Brecht: Werke. Große kommentierte Berliner und Frankfurter Ausgabe, Band 12: Gedichte 2, © Suhrkamp Verlag, Frankfurt am Main 1988)

1. Analysiere das Gedicht von Bertolt Brecht, indem du
- einleitend den Inhalt und das Thema benennst,
- die lyrische Form beschreibst und zu erklären versuchst,
- eine genaue Beschreibung und Deutung der Einzelstrophen anfertigst,
- abschließend die mögliche Aussageabsicht zusammenfasst.

2. Das Gedicht wird den sogenannten „Kinderliedern" von Bertolt Brecht zugeordnet. Geschieht dies deiner Meinung nach zu Recht oder ist es ein Text, der eher „Erwachsenenliedern" zugerechnet werden müsste?

Ein Gedicht analysieren (2)

Joseph von Eichendorf (1788–1857)
Der frohe Wandersmann

Wem Gott will rechte Gunst erweisen,
Den schickt er in die weite Welt;
Dem will er seine Wunder weisen
In Berg und Wald und Strom und Feld.

Die Trägen, die zu Hause liegen,
Erquicket nicht das Morgenrot,
Sie wissen nur von Kinderwiegen,
Von Sorgen, Last und Not um Brot.

Die Bächlein von den Bergen springen,
Die Lerchen schwirren hoch vor Lust,
Was sollt' ich nicht mit ihnen singen
Aus voller Kehl' und frischer Brust?

Den lieben Gott lass; ich nur walten;
Der Bächlein, Lerchen, Wald und Feld
Und Erd' und Himmel will erhalten,
Hat auch mein' Sach' aufs Best' bestellt.

(1817)

(Aus: Joseph von Eichendorff: Neue Gesamtausgabe der Werke und Schriften in vier Bänden, Stuttgart 1978, zitiert nach: Hans-Heino Ewers: Romantik. Lyrik mit Materialien, Ernst Klett Verlag, Stuttgart 1984, S. 13)

1. Welches Verhältnis hat das lyrische Ich des Gedichts zur Natur? Erkläre auch, welche Gottesvorstellung deutlich wird und wie diese mit der Naturwahrnehmung zusammenhängt.

2. Stelle gegenüber, wie in dem Gedicht das Wandern und das Zuhausebleiben jeweils beurteilt werden.

3. Untersuche die sprachliche Gestaltung des Gedichts und erkläre, inwiefern die verwendeten sprachlichen Mittel zur Verdeutlichung des Inhalts beitragen.

Ein Gedicht analysieren (3)

Wilhelm Müller (1794–1827)
Der Lindenbaum

Am Brunnen vor dem Tore,
Da steht ein Lindenbaum:
Ich träumt in seinem Schatten
So manchen süßen Traum.

Ich schnitt in seine Rinde
So manches liebe Wort:
Es zog in Freud und Leide
Zu ihm mich immer fort.

Ich musst auch heute wandern
Vorbei in tiefer Nacht,
Da hab ich noch im Dunkel
Die Augen zugemacht.

Und seine Zweige rauschten,
Als riefen sie mir zu:
Komm her zu mir, Geselle,
Hier find'st du deine Ruh!

Die kalten Winde bliesen
Mir grad ins Angesicht,
Der Hut flog mir vom Kopfe,
Ich wendete mich nicht.

Nun bin ich manche Stunde
Entfernt von jenem Ort,
Und immer hör ich's rauschen:
Du fandest Ruhe dort!

(1822)

(Aus: Wilhelm Müller: Gedichte, Berlin 1906, zitiert nach: Hans-Heino Ewers: Romantik. Lyrik mit Materialien, Ernst Klett Verlag, Stuttgart 1984, S. 42 f.)

1. Gliedere zunächst das Gedicht, indem du einzelne Strophen nach inhaltlichen Gesichtspunkten zu größeren Abschnitten zusammenfasst. Begründe anschließend deine Gliederung. Gib dafür in eigenen Worten den Inhalt der einzelnen Abschnitte wieder.

2. Erkläre, welche Bedeutung der Lindenbaum für das lyrische Ich des Gedichts hat.

3. Verfasse eine schriftliche Beschreibung und Deutung des Gedichts, wobei du auch die sprachlichen Gestaltungsmittel und ihre Wirkung berücksichtigst.

Leistungsüberprüfung – Selbstevaluation – Klassenarbeit

1. **Das lyrische Ich eines Liedtextes charakterisieren und ihm einen fiktiven Brief schreiben**
   (s. Arbeitsblatt 2, S. 67)
2. **Einen Prosatext in ein Gedicht umschreiben**
   (s. Arbeitsblatt 4, S. 69)
3. **Ein Gedicht nach bestimmten Aspekten untersuchen**
   (s. Arbeitsblatt 5, S. 70)
4. **Bertolt Brecht: Der Pflaumenbaum**
   (s. Arbeitsblatt 6, S. 71)
   - Stell dir vor, dieser Pflaumenbaum wäre ein Mensch. Schreibe eine Selbstvorstellung in der Ich-Form, in der du z. B. folgende Aspekte berücksichtigst: Alter, Geschlecht, Aussehen, Eigenschaften, soziale Stellung, Lebenssituation, Beziehung zu anderen Menschen, Ängste, Wünsche und Träume.
5. **Ein Gedicht analysieren (1)**
   (s. Arbeitsblatt 6, S. 71)
6. **Ein Gedicht analysieren (2)**
   (s. Arbeitsblatt 7, S. 72)
7. **Ein Gedicht analysieren (3)**
   (s. Arbeitsblatt 8, S. 73)

Von Grenzsituationen und ungewöhnlichen Ereignissen – Kurzgeschichte und Novelle (S. 56–81)

Vorüberlegungen zur Einheit

Die unterrichtliche Auseinandersetzung mit Kurzgeschichten gehört seit langer Zeit zum Standardrepertoire des Deutschunterrichts. Kürze, Überschaubarkeit und verdichtete Gestaltung machen sie besonders geeignet für eine Behandlung in den Jahrgangsstufen 8–10. Die Auswahl der Texte für diese Einheit ist mit Autoren wie Britting, Borchert und Weisenborn eher traditionell. Das liegt auch daran, dass die Kurzgeschichte ab Mitte der 60er-Jahre etwas an Bedeutung verloren hat. Thematisches Bindeglied bei der Auswahl war – wie die Überschrift deutlich macht – die jeweilige krisenhafte Situation, in die einzelne Menschen geraten. Durch die Abgrenzung zur Novelle können die Merkmale der Kurzgeschichte besonders deutlich hervorgehoben werden.
Ziel der Unterrichtsreihe ist es, die Schülerinnen und Schüler in Ansätzen zu einer eigenständigen Analyse eines Textes zu führen. Am Anfang werden sie dabei noch stärker durch Fragen und konkrete Aufgaben geführt. Darüber hinaus sollen sie zu kreativem Schreiben angeregt werden, indem sie z. B. eine Kurzgeschichte in einen Bericht umformen, einen inneren Monolog verfassen oder eine eigene Kurzgeschichte schreiben.

Zentrale Kompetenzen, die mit dieser Einheit erworben werden, sind:
- einen Text gliedern
- Merkmale der Textart Kurzgeschichte erkennen
- Aussagen zum Text mit Zitaten belegen
- die Erzählhaltung untersuchen
- einen Textabschnitt in eine andere Erzählhaltung umschreiben
- eine Kurzgeschichte in einen Bericht umformen
- einen Textabschnitt genauer untersuchen und die Ergebnisse ausformulieren
- eine eigene Kurzgeschichte verfassen
- die Personen einer Kurzgeschichte charakterisieren
- den Höhe- und Wendepunkt einer Novelle ermitteln
- Merkmale der Textart Novelle erarbeiten
- einen inneren Monolog verfassen

Die Auftaktdoppelseite (S. 56/57) mit dem Bild von Edward Hopper soll die Schülerinnen und Schüler dafür sensibilisieren, dass in Kurzgeschichten oft von einem ungewöhnlichen, meist erschütternden Ereignis erzählt wird, das in das Leben eines Menschen einbricht. Das gezeigte Bild kann den Anstoß geben, von einem solchen Ereignis zu erzählen.

Didaktische Aufbereitung der Unterkapitel

Menschen in Grenzsituationen – Kurzgeschichten

William M. Harg: Der Retter (S. 58–59)

Die vorliegende Kurzgeschichte zeigt – wie auch die anderen Kurzgeschichten dieser Einheit – Menschen in Grenzsituationen. Hier ist es die ausweglose Situation eines Schiffbrüchigen und eines Hundes, die nach dem Untergang ihres Schiffes sechs Tage lang auf einer Planke ausharren, bis sie von der Besatzung eines Passagierdampfers gerettet werden. Erfahrungsgemäß fühlen sich die Schülerinnen und Schüler von der Geschichte stark angesprochen, da von Anfang an Spannung erzeugt wird. Die wachsende Freundschaft zwischen dem Matrosen und dem Hund, der ihm durch sein instinktiv richtiges Verhalten das Überleben ermöglicht, steht dem Erfahrungsbereich Jugendlicher außerdem sehr nahe.

Aufgabe 1
S. 59

Die Frage kann bereits eine vertiefende Diskussion auslösen. Vordergründig ist mit dem Retter der Arzt des Passagierdampfers gemeint, der den jungen Seemann auf See entdeckt und auffischen lässt (Z. 96 ff.).
Der Retter des Hundes wiederum ist der junge Seemann selbst. Der eigentliche Retter aber ist der Hund, dessen angemessenes Verhalten von Senter übernommen wird und ihm so das Überleben sichert.

Aufgabe 2
S. 60

Die Gliederung des Textes könnte folgendermaßen aussehen:

Tafelbild

William M. Harg: Der Retter – Textgliederung

I	*Z. 1–43*	*Schiffbruch und Rettung auf die Planke*
II	*Z. 44–71*	*Gemeinsames Festhalten an der Planke*
III	*Z. 72–83*	*Senters Erkenntnis, dass er den Hund braucht*
IV	*Z. 84–95*	*Verzweiflung und Ohnmacht*
V	*Z. 96–113*	*Rettung*

Das Verhältnis zwischen Senter und dem Hund ändert sich mit der wachsenden Erkenntnis des Schiffbrüchigen, dass der Hund kein Konkurrent ist, sondern ein Freund, dessen angemessenes Verhalten das Überleben sichern kann.
Zunächst wird Senters Ablehnung des Hundes deutlich (vgl. Z. 16), Entsetzen und Verzweiflung erfassen ihn, als er sieht, dass der Hund es länger aushalten kann als er (vgl. Z. 29 ff.). Wut erfüllt ihn (vgl. Z. 45) und er wird böse, als er begreift, dass der Hund länger auf der Planke würde liegen können (vgl. Z. 62 ff.). Im Verlauf des Geschehens wird aber auch immer deutlicher, dass Senter den Hund nicht entbehren kann (vgl. Z. 78), er hilft ihm schließlich sogar, indem er seine Pfoten an der Planke festbindet (vgl. Z. 81 ff.). Er hat von dem Hund gelernt, nicht an die Zukunft zu denken und sich zu entspannen. Nach der Rettung hält er den Hund in den Armen (vgl. Z. 105), seine Fürsorge für ihn scheint den Passagieren unverständlich.

Aufgabe 3
S. 60

Die Frage nach dem ungewöhnlichen Anfang lenkt das Interesse der Schülerinnen und Schüler auf das Merkmal der Offenheit. Die Kurzgeschichte beginnt unvermittelt, ohne jede Einleitung. Erst im weiteren Verlauf versteht der Leser den Zusammenhang.

Aufgabe 4
S. 60

Auch diese Aufgabe soll die Schülerinnen und Schüler mit einem typischen Merkmal der Kurzgeschichte bekannt machen: dem offenen Ende. Der Leser ist aufgefordert, sich das Ende der Geschichte selbst auszudenken bzw. die Frage des Schiffsarztes selbst zu beantworten. Dieser stellt sie überhaupt nur, weil ihm die Bedeutung des Hundes für das Überleben Senters nicht bewusst ist. Eine Antwort könnte lauten: Senter verdankt dem Hund sein Leben. Dessen instinktiv richtiges Verhalten hat den Schiffbrüchigen dazu gebracht, sich ebenso Kräfte sparend zu verhalten und geduldig auf Hilfe zu warten.

Aufgabe 5
S. 60

Die Bearbeitung der Aufgabe setzt voraus, dass die Schülerinnen und Schüler die Kriterien eines Zeitungsberichtes kennen. Hilfen dazu erhalten sie in der Einheit „‚Dahinter steckt ein kluger Kopf' – Zeitungsleser wissen mehr" (S. 218 ff.). Ein Bericht könnte etwa so lauten:

Passagierdampfer „Vermont" rettet Schiffbrüchigen
Boston (AP). Die Passagiere und die Mannschaft des Dampfers „Vermont" staunten nicht schlecht, als sie am vergangenen Montag auf einer Fahrt von Portsmouth nach Halifax einen jungen Seemann und einen Hund auf einer Planke in der See treiben sahen. Nach einer erfolgreichen Rettungsaktion stellte sich heraus, dass der Gerettete zur Besatzung des bei einem Schiffsunglück gesunkenen Schoners „Christoph" gehörte. Nach eigener Aussage war der Mann zusammen mit dem Hund sechs Tage lang auf einer Planke im Meer getrieben. Der Schiffsarzt der „Vermont" hielt die Aussage allerdings für eine Fieberfantasie, da es seiner Einschätzung nach unmöglich sei, einen so langen Zeitraum im Wasser zu überleben. Zusammen mit dem Seemann überlebte auch der Schiffshund, zu dem der Gerettete offensichtlich ein besonders enges Verhältnis hat.

Herbert Malecha: Die Probe (S. 60–62)
Die 1955 erschienene Kurzgeschichte zeigt ebenfalls die typischen Merkmale ihrer Gattung: Der Erzählhöhepunkt ist Schluss- und Wendepunkt zugleich. Damit endet die Erzählung ebenso offen wie sie beginnt. Ein besonders interessanter Untersuchungsaspekt ist die bildhafte Sprache dieser Kurzgeschichte mit ihren vielen Vergleichen und Metaphern. Die Funktion bildhaften Sprechens kann hier gut erarbeitet werden.

Aufgabe 1
S. 62

Die Informationen über Redluffs Vorgeschichte sind spärlich. Er ist ein gesuchter Verbrecher, der sich auf der Flucht befindet. Nachdem er sich drei Monate in einem „Loch" versteckt hat, traut er sich zum ersten Mal wieder auf die Straße unter Leute. Mit einem gut gefälschten Pass, der ihm eine neue Identität verleiht, begibt er sich auf die Suche nach einem Schiff.

Aufgabe 2
S. 63

Gliedert man die Kurzgeschichte nach den Handlungsorten, lassen sich vier Teile ausmachen:

Herbert Malecha: Die Probe – Textgliederung
1) Auf der Straße (Z. 1–69)
2) Im Lokal (Z. 70–147)
3) Auf der Straße (Z. 147–174)
4) Vor der Ausstellung (Z. 174–202)

Aufgabe 3
S. 63

Redluff wird zweimal auf die Probe gestellt: im Lokal und beim Betreten der Ausstellung. Auf die Probe im Lokal ist er in gewisser Weise vorbereitet, er ist wachsam und reagiert richtig. Die eigentliche Probe geschieht vor der Ausstellung. Redluff wird von positiven Gefühlen beherrscht, er ist euphorisch und unaufmerksam. Deswegen besteht er die Probe nicht.

Aufgabe 4
S. 63

Tafelbild

Redluffs Verhalten

***vor** der ersten Probe*	***nach** der ersten Probe*
„Mit zwei taumeligen Schritten …“ (Z. 3–4) *„Er fühlte sich am Ellbogen angefasst.“ (Z. 5f.)* *„Mit einer fast brüsken Bewegung machte er sich frei.“ (Z. 6f.)* *„Eine Welle von Schwäche stieg von seinen Knien auf …“ (Z. 10f.)* *„Langsam ließ das Klopfen im Halse nach.“ (Z. 16f.)* *„… er achtete darauf, dass sie ihn nicht streiften.“ (Z. 31f.)* *„Einem Platzregen von Gesichtern war er ausgesetzt …“ (Z. 32f.)* *„… dass seine Finger kalt und schweißig waren.“ (Z. 46f.)* *„Wovor hab ich denn eigentlich Angst …“ (Z. 47)* *„Ihn fror plötzlich.“ (Z. 52)*	*„Die Spannung in ihm zerbröckelte …“ (Z. 141f.)* *„Er hätte jubeln können.“ (Z. 143)* *„Draußen atmete er tief, seine Schritte schwangen weit aus, am liebsten hätte er gesungen.“ (Z. 147f.)* *„… er mitten unter ihnen. Es tat ihm wohl, wenn sie ihn streiften.“ (Z. 152ff.)* *„… sagte er und lächelte.“ (Z. 156)* *„Ihm war wie nach Sekt. Ewig hätte er so gehen können …“ (Z. 165f.)* *Er gehörte wieder dazu, er hatte den Schritt der vielen …“ (Z. 166f.)* *„Dicht hinter ihr zwängte er sich durch den Einlass.“ (Z. 176f.)*
⇓	⇓
*Redluffs Verhalten vor der ersten Probe ist gekennzeichnet durch große **Angst** und **Unsicherheit**. Ständig befürchtet er, entdeckt zu werden. Daher meidet er Blickkontakte und weicht Berührungen aus.*	*Redluffs Verhalten nach der ersten Probe ist gekennzeichnet durch **Selbstsicherheit** und **Unbeschwertheit**. Sein Gang wird frei, er lächelt andere Leute an und hat auch keine Angst mehr vor Körperkontakt.*

Aufgabe 5
S. 63

Vor der ersten Probe zeigt sich Jens Redluff ausgesprochen unsicher. Er bewegt sich mit „taumeligen Schritten“ (Z. 3f.). Offensichtlich fürchtet er jeden körperlichen Kontakt. Das sieht man z. B. in Zeile 5: „Er fühlte sich am Ellbogen angefasst“ und an dem metaphorischen Ausdruck „Einem Platzregen von Gesichtern war er ausgesetzt ...“ (Z. 32f.). Er hat panische Angst vor den Blicken der anderen, seine Finger werden „kalt und schweißig“ (Z. 46).
Nach der ersten Probe ändert sich sein Verhalten vollkommen. Das sieht man an den vielen Ausdrücken, die seine Freude zum Ausdruck bringen, wie z. B.: „Er hätte jubeln können“ (Z. 143). Achtet er zuvor noch ängstlich darauf, dass ihn niemand berührt, so macht es ihm nun nichts mehr aus, „wenn sie ihn streiften“ (Z. 153f.). Der Vergleich „Ihm war wie nach Sekt“ (Z. 165) bringt das in besonderer Weise zum Ausdruck. Zum Schluss zwängt er sich sogar durch den Einlass (Z. 176f.), woran deutlich wird, wie wohl er sich jetzt in der Menge fühlt.

Aufgabe 6
S. 63

Das dominierende Gestaltungsmittel dieses Abschnitts (wie des gesamten Textes) ist die ausgeprägte Metaphorik, die zum größten Teil aus dem Bereich des Wassers stammt.
Beispiele in diesem Abschnitt sind:
- „Eine Welle von Schwäche“ (Z. 10)
- „Platzregen von Gesichtern“ (Z. 32)
- „mitzuschwimmen in dem Strom“ (Z. 35f.)
- „ein Strom flutender Gesichter“ (Z. 43)
- „nicht eintauchen“ können (vgl.: Z. 50f.)

– „wie ein Kork auf dem Wasser" (Z. 51)
Auch in anderen Abschnitten lassen sich zahlreiche Metaphern und Vergleiche aus dem Wasserbereich finden.

Aufgaben 7 und 8 S. 64 Das Geschehen wird überwiegend aus der Perspektive Redluffs erzählt. Der Erzähler gibt nur das an den Leser weiter, was Redluff sehen kann bzw. wahrnimmt. Ausdrücke wie „Schön warm war es hier" (Z. 85 f.) oder „Gut saß es sich hier" (Z. 89) scheinen unmittelbare Gedanken Redluffs zu sein. Was Redluff nicht hören kann, bekommt auch der Leser nicht mitgeteilt (Z. 114 ff.).

Georg Britting: Brudermord im Altwasser (S. 65 – 66)
Brittings Kurzgeschichte weicht in mancherlei Hinsicht von der typischen Kurzgeschichte ab. Vor allem ihre außergewöhnliche Sprache könnte für Schülerinnen und Schüler ein Lesehemmnis darstellen. Paul Nentwig lobt an ihr vor allem die Intensität der Atmosphäre: „Es gibt wohl nur wenige Kurzgeschichten in der deutschen Literatur von einer solchen Intensität der Atmosphäre wie die vorliegende von Britting. Diese geradezu unheimliche Atmosphäre zieht den Leser, noch mehr aber den Hörer, vom ersten Satz an in ihren Bann und hält ihn bis zum letzten gefangen. Er kann sich ihr nicht entziehen." (Paul Nentwig: Die moderne Kurzgeschichte im Unterricht, Westermann Verlag, Braunschweig 1978, S. 113)

Aufgabe 1 S. 66 Im Gegensatz zu den vorhergehenden Kurzgeschichten ist der Anfang hier nicht unvermittelt. Brittings Erzählung beginnt mit einer ausführlichen Landschaftsschilderung, bevor die eigentliche Erzählung einsetzt.

Aufgabe 2 S. 66 Von der Schilderung des Schauplatzes (bis Z. 17) geht etwas Düsteres und Unheimliches aus. Erreicht wird dieser Eindruck durch den Gebrauch zahlreicher Adjektive, besonders der Farbadjektive, und durch die Schilderung des Fischkönigs mit seinen bösen Augen und dem gefräßigen Maul (vgl. Z. 9 f.). Auch der Geruchssinn wird angesprochen, indem der Erzähler auf den Geruch von Fäulnis, Kot und Tod (vgl. Z. 14 f.) hinweist. Das Ende der Einleitung klingt fast wie Ironie, wenn der Erzähler über diesen unheimlichen Ort anmerkt: „Kein besserer Ort ist zu finden für Knabenspiele als dieses gründämmerige Gebiet." (Z. 15 ff.)

Aufgabe 3 S. 66 Die drei Hofberger Buben sind wild und ungestüm. Sie raufen und schlagen sich (vgl.: Z. 25), nicht selten enden ihre Spiele mit einem blutigen Kopf, wenn sie schreiend durch Buschwerk und Graben brechen (vgl. Z. 25 ff.). Allerdings sind sie auch gleich wieder versöhnt (vgl. Z. 31 f.). Nach der unheilvollen Tat sind die beiden Brüder zunächst wie gelähmt (vgl. Z. 71). Erst nach einer gewissen Zeit erwachen sie aus ihrer Erstarrung und rennen dann atemlos nach Hause. Sprachlich wird dies durch einen langen, scheinbar nicht enden wollenden Satz zum Ausdruck gebracht (Z. 76 – 84). Die Grenzsituation besteht darin, dass die beiden sich ihrer Tat bewusst sind, aber nicht wissen, was sie nun machen sollen. In ihrer Verstörtheit (vgl. Z. 89) beschließen sie, wie immer zu Hause nichts zu sagen.

Aufgaben 4 und 5 S. 66 Die Aufgabe kann eine Diskussion über die Frage der Schuld der älteren Brüder anstoßen. Natürlich tragen sie am Tod des Jüngeren eine Schuld, doch im juristischen Sinne sind sie keine Mörder, da sie nicht mit der Absicht gehandelt haben, den Bruder zu töten. In dem Zusammenhang sollte auch über die Absicht der älteren Brüder gesprochen werden, alles zu verschweigen, denn hierin liegt ihre eigentliche Schuld. Es müsste deutlich werden, dass sie mit dieser Schuld nicht leben können und dass sie ihr Schweigen brechen müssen.

Aufgabe 6 S. 66 Der Erzähler beschreibt im ersten Abschnitt (Z. 1 – 17) den Schauplatz des Geschehens aus seiner Sicht und gibt sich am Ende auch als Erzähler zu erkennen: „Und hier geschah, was ich jetzt erzähle." (Z. 17) Auch an anderen Stellen wird das auktoriale Erzählverhalten deutlich, etwa wenn der Erzähler preisgibt, dass sie **wie immer** zu Hause nichts sagen wollen. Er scheint sie genau zu kennen; er weiß, dass sie bei dem Ereignis „tiefer als je zuvor" (Z. 38f.) in die Wildnis eingedrungen sind, und er weiß, dass der Weiher größer war, „als sie je einen gesehen hatten" (Z. 39f.). Und er mischt sich auch kommentierend ein, wenn er die älteren Brüder als „Mörder" (Z. 90) bezeichnet.

Aufgabe 7
S. 67

Eine Mindmap zur Textart Kurzgeschichte könnte die folgende Struktur haben:

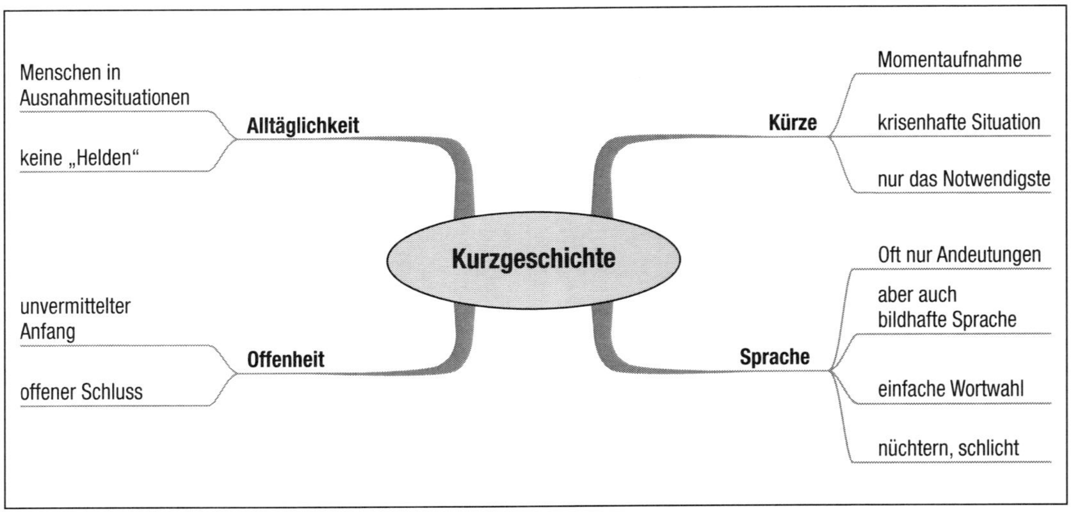

Aufgabe 8
S. 67

Die meisten der in der Zusammenfassung genannten Merkmale lassen sich relativ klar an den drei bearbeiteten Kurzgeschichten nachweisen. Die Kurzgeschichte „Brudermord im Altwasser" von Georg Britting hat allerdings nicht den für viele Kurzgeschichten typischen unvermittelten Beginn. Die Schüler können dabei lernen, dass nicht immer alle Kennzeichen auf jede Kurzgeschichte zutreffen.

Wolfgang Borchert: Nachts schlafen die Ratten doch (S. 68–70)

Borchert, typischer Vertreter der sogenannten Kahlschlag- oder Trümmerliteratur, zeigt in seinen Kurzgeschichten immer wieder Menschen, die vom Krieg seelisch zerstört wurden. Auch in dieser Erzählung zeigt er eine Welt äußerer und innerer Zerstörung am Beispiel des neunjährigen Jürgen, der die Leiche seines toten Bruders bewacht. Borchert macht aber zugleich deutlich, dass auch in scheinbar auswegloser Situation mitfühlende Anteilnahme und ein einfühlsames Gespräch helfen können, die Krise zu überwinden.

Aufgabe 1
S. 70

Die Geschichte spielt am Ende des Zweiten Weltkrieges in einer durch einen Bombenangriff zerstörten, im Text nicht namentlich genannten Stadt.

Aufgabe 2
S. 70

Der neunjährige Junge befindet sich in einer trostlosen, von Bomben zerstörten Gegend. Er sitzt in den Trümmern eines Hauses, in dem sein fünf Jahre jüngerer Bruder bei einem Bombenangriff verschüttet wurde. Nun hält er einsam Totenwache, weil er befürchtet, die Ratten könnten nachts von dem toten Bruder fressen. Ohne Hilfe ginge er an diesem Schicksalsschlag zugrunde. Das Bild auf der Seite 69 bringt die Trauer und Verlorenheit gut zum Ausdruck.

Aufgabe 3
S. 70

Jürgen ist zunächst sehr misstrauisch und reagiert abwehrend (vgl. z. B. Z. 24 und Z. 29f.). Die vorsichtigen Fragen des Mannes bauen die Angst und Ablehnung ganz allmählich ab. Der Junge schwankt zwischen seinem geweckten Interesse für die Kaninchen und seinem Entschluss, auf dem Trümmergrundstück Wache zu halten (vgl. z. B. Z. 56). Er fasst aber allmählich Vertrauen und gibt preis, warum er in den Trümmern aushält. Der Mann vermittelt ihm das Gefühl, dass er ihn ernst nimmt, und stellt die Aussage des Lehrers („Nachts schlafen die Ratten doch") als unwahr hin (vgl. Z. 100ff.). Diese Notlüge und die Aussicht, ein Kaninchen geschenkt zu bekommen, bringen den Jungen schließlich dazu, seine unsinnige Totenwache aufzugeben.

Aufgabe 4
S. 70

Vor allem im Dialog herrscht eine realitätsbezogene Umgangs-/Alltagssprache vor, die durch kurze Sätze geprägt ist. Beispiele finden sich etwa in den Zeilen 16, 26, 29, 32, 37, 44, 90, 121.

Aufgaben 5 und 6
S. 70f.

Der offene Schluss steht im Gegensatz zur düsteren Atmosphäre des Anfangs. Er vermittelt Hoffnung auf ein neues Leben. Entsprechend der im Arbeitsbuch vorgestellten „Textanalyse" des Anfangs könnte dies für den Schluss folgendermaßen aussehen:

Inhalt	Der Schluss der Kurzgeschichte schildert, wie der Mann sich von Jürgen entfernt und auf die Sonne zuläuft.
sprachliche Gestaltung	Im Gegensatz zum Anfang tauchen nun fast nur positiv besetzte Wörter auf: „Sonne", „Korb", „Kaninchenfutter". Während zu Beginn von einer „Schuttwüste" die Rede ist, heißt es nun, das Kaninchenfutter sei nur „etwas grau vom Schutt" (Z. 136f.). Auch die Verben („laufen", „hindurchscheinen", „schwenken") drücken Bewegung und Veränderung aus. Das Farbadjektiv „grün" („grünes Kaninchenfutter") signalisiert zusätzlich Hoffnung.
Deutung	Der Leser hat daher am Ende der Kurzgeschichte das Gefühl, dass es für Jürgen neue Hoffnung gibt und er von seinem sinnlosen Tun abgebracht werden kann.

Aufgabe 8
S. 71

Der innere Monolog des Mannes könnte die Notlage des Jungen noch einmal rekapitulieren und zum Ausdruck bringen, welche Gefühle der Mann für Jürgen empfindet und wie er ihm helfen will.

Aufgabe 9
S. 71

An der Kurzgeschichte von Borchert lassen sich die Merkmale, wie sie auf der Seite 67 zusammengefasst sind, gut nachweisen. Die Geschichte beschränkt sich auf einen kleinen Ausschnitt, auf eine Momentaufnahme, und zeigt eine krisenhafte Situation im Leben eines Menschen.
Sie beginnt unvermittelt und hat einen offenen Schluss, da der Leser nicht erfährt, wie es mit Jürgen weitergehen wird.
Auch das Kennzeichen der Alltäglichkeit ist erfüllt: Die handelnden Personen sind „Alltagsmenschen", die sich in einer Ausnahmesituation befinden. Die Sprache dieser Kurzgeschichte ist nüchtern und schlicht, z. T. syntaktisch stark verkürzt.

Günther Weisenborn: Zwei Männer (S. 72–74)

Auch in Weisenborns Kurzgeschichte wird ausschnitthaft von einer Krisensituation erzählt, in der sich zwei Männer bewähren und dadurch gerettet werden. Durch die gemeinsame Bedrohung gelingt es ihnen, ihre Unterschiede im sozialen Stand zu überwinden und so die Grundlage für einen Neuanfang zu legen. Die heroische Tat des Peon, der seine Treue zu seinem Herrn unter Beweis stellt und sich aufopfert, ist vielleicht nicht mehr zeitgemäß, dennoch ist es lohnend, die Haltungen und Motive der beiden Männer zu untersuchen.

Unter sprachlichen Aspekten sollte vor allem der erste Teil der Kurzgeschichte untersucht werden, in dem die Ausgeliefertheit der Menschen an die Naturgewalt geschildert wird. Das herannahende Wasser wird mit gefährlichen Tieren verglichen und einem „mystischen Ungeheuer" (Nentwig) gleichgesetzt, das von niemandem aufgehalten werden kann und Tod und Verderben bringt.

Aufgabe 10
S. 72

Die sehr komplexe Aufgabe sollte im Sinne des kooperativen Unterrichts in Gruppen bearbeitet werden. Dabei kann der Lehrer zunächst einige Aspekte aus der Liste auf Seite 71 auswählen.

Von einem ungewöhnlichen Ereignis

Giovanni Boccaccio: Falkennovelle (S. 76–80)

Boccaccios Falkennovelle stellt an die Schülerinnen und Schüler hohe Anforderungen. In der Haltung der Protagonisten, insbesondere Federigos, zeigt sich das höfische Ideal der Minne. Wenn Federigo Monna Giovanna gegenüber beteuert, kein Leid, wohl aber viel Gutes durch sie erfahren zu haben, so ist das nur damit zu erklären, dass er sein Werben um die Gunst Giovannas als „Veredelung" und Erziehung zum Guten ansieht. Da Schülerinnen und Schülern dieser Altersstufe das höfische Ideal der Minne unbekannt bzw. fremd ist, kann dieser Aspekt in die Behandlung der Novelle nur am Rande einbezogen werden.

Vom Lehrer/der Lehrerin sollte noch erläutert werden, dass Boccaccios Novelle solche Berühmtheit erlangte, dass man das in Novellen enthaltene Dingsymbol allgemein als „Falken" bezeichnet.

Aufgabe 1
S. 80

In der Regel finden die Schülerinnen und Schüler es sehr befremdlich, dass ein junger Mann so hartnäckig um die Gunst einer verheirateten Frau wirbt, zumal diese ihn beständig zurückweist. Sie verurteilen sein Verhalten oder halten Federigo für verrückt. Dass es sich dabei um eine Art mittelalterlichen Minnedienstes handelt, kann mit Schülern dieser Jahrgangsstufe natürlich noch nicht ausführlich besprochen werden. Dennoch sind einige Informationen durch die Lehrperson angebracht.

Aufgabe 2
S. 80

Federigo	Giovanna
– tapfer – hat adelige Sitten – verschwenderisch – ohne Bitterkeit – duldsam – großmütig – von ritterlichem Anstand – großzügig und großherzig	– vornehm – edel – schön und anmutig – tugendsam – taktvoll

Aufgabe 3
S. 80

Erstaunlicherweise reagiert Federigo recht gelassen. Er erträgt seine Armut, „ohne irgendeinen Menschen um Beistand zu bitten" (Z. 68 f.). Seiner Liebe zu Giovanna tut das keinerlei Abbruch. Bei der späteren Begegnung äußert er ausdrücklich, dass er sich nicht daran erinnern könne, je ein Leid durch sie erfahren zu haben (vgl. Z. 146 ff.). Ihm sei im Gegenteil nur Gutes durch sie widerfahren (vgl. Z. 148). Eine Erklärung für sein Verhalten fällt den Schülerinnen und Schülern sicher schwer. Vielleicht können sie zu der Erkenntnis gelangen, dass Federigo seine liebende Hingabe – auch wenn sie nicht erwidert worden ist – nicht als Verlust empfindet.

Aufgabe 4
S. 80

Giovanna erkennt, dass Federigo bereit ist, für sie auch seine Lebensgrundlage, den Falken, zu opfern. Diese großherzige Tat (vgl. Z. 295) und sein Großmut insgesamt überzeugen Giovanna davon, dass er sie wirklich liebt. Der großartige Charakter Federigos ist ihr wichtiger als der Reichtum eines Mannes ohne solche Charaktereigenschaften.

Aufgabe 5
S. 80

Ein fiktiver Brief müsste genau diesen Sachverhalt erklären. Giovanna müsste deutlich machen, dass für sie die Besitzlosigkeit Federigos keine Rolle spielt und dass sie durch die „Opferung“ des Falken die Aufrichtigkeit seiner Liebe erkannt hat.

Aufgabe 6
S. 81

Für Federigo bildet der Falke zunächst die Lebensgrundlage, da er mit ihm zur Jagd gehen kann. Dass er ihn dennoch für Giovanna opfert, zeigt seine große Liebe zu ihr.
Giovanna ihrerseits sieht in dem Falken zum einen das Wunschobjekt ihres Sohnes, mit dessen Hilfe er vielleicht genesen kann. Andererseits erkennt sie dann im Opfern des Tieres durch Federigo dessen edle Motive. So wird der Falke zum Sinnbild der ritterlichen Liebe. Für Giovannas Sohn ist er ein innig begehrtes Objekt. Sein Wunsch, es zu besitzen, setzt den Höhepunkt in Gang.

Aufgabe 7
S. 81

Spannung entsteht zum einen, weil der Leser allmählich ahnt, dass Federigo den Falken schlachten wird. Gewissheit erhält er ab Zeile 178: „Da fiel sein Auge auf seinen guten Falken ...“. Ohne Umschweife wird erzählt, dass Federigo ihm den Hals umdrehte und am Spieß braten ließ (vgl. Z. 184 ff.).
Spannung wird erneut aufgebaut, wenn der Leser auf die Reaktion Giovannas gespannt ist. Erwartungsgemäß tadelt sie Federigo zunächst, lobt dann aber seine Großzügigkeit (vgl. Z. 272 ff.). Damit wird schon die spätere Wende eingeleitet

Aufgabe 8
S. 81

Die vorangestellte Einleitung nimmt der Erzählung einen Teil der Spannung. Boccaccio richtet das Interesse des Lesers dadurch eher auf die Motive der handelnden Personen als auf den Ausgang der Handlung.

Aufgabe 9
S. 81

Coppo di Borghese Domenichi wird als ein vornehmer und hochgeschätzter Mann vorgestellt. Ausdrücklich werden Anstand, Tugend und vornehme Herkunft erwähnt. Er besitze ein ausgezeichnetes Gedächtnis und berichte Begebenheiten „getreulich“ (vgl. Z. 21 ff.). Durch diesen „Gewährsmann“ bekräftigt Fiammetta den Wahrheitsgehalt der Erzählung. Sie macht deutlich, dass die erzählten Ereignisse nicht ihrer Fantasie entspringen, sondern dass sie die Erzählung eines zuverlässigen Mannes wiedergibt.

Aufgabe 10
S. 81

Die meisten der hier genannten Kennzeichen treffen nicht auf die Novelle zu. Sie hat weder einen unvermittelten Anfang noch einen offenen Schluss. Auch die handelnden Personen sind keine „normalen“ Menschen, sondern adelige Personen, die sich durch besondere Charaktereigenschaften auszeichnen.
Die Sprache ist ausgesprochen kunstvoll und zum Teil schwer verständlich. Auch die Rahmenhandlung und das sogenannte Dingsymbol finden sich in der Regel nicht in Kurzgeschichten.
Gemeinsamkeiten zeigen sich im Hinblick auf die Kürze. Die Kurzgeschichten erzählen einen krisenhaften Augenblick, die Novelle erzählt ein ungewöhnliches Ereignis. Sie konzentriert sich – darin ist sie der Kurzgeschichte ähnlich – auf dieses Ereignis und führt es geradlinig zum Ende.

Inhaltliche Fragen zu einer Kurzgeschichte beantworten

Die folgenden Fragen beziehen sich auf die Kurzgeschichte „Zwei Männer“ von Günther Weisenborn (S. 72 ff.). Kreuze jeweils an, ob die Aussage richtig oder falsch ist.

	ja	nein
Der Peón hat keinen Lebensmut mehr und will sich für seinen Herrn opfern.		
Der Farmer hat bei der Überschwemmung seine Frau verloren.		
Die beiden Männer rauchen die beiden letzten Zigaretten.		
Der Paraná ist ein großer Fluss in Brasilien.		
Der Farmer und sein Peón retten sich auf das Schilfdach des Hauses.		
Der Farmer spielt mit dem Gedanken, seinen Peón vom Dach zu stoßen.		
Der Paraná fließt durch die argentinischen Teeprovinzen.		
Der Farmer befiehlt seinem Peón, ins Wasser zu springen.		
Nach der Katastrophe wollen die beiden Männer alles aufgeben.		
Der Peón wird von seinem Herrn im letzten Moment aus dem Wasser gezogen.		

Eine Kurzgeschichte mithilfe von Fragen untersuchen

1. Lies die folgende Kurzgeschichte von Erich Junge aufmerksam durch und beantworte anschließend die Fragen.

Erich Junge (geb. 1919)
Der Sieger

Vielleicht hatte er erwartet, als er uns jetzt herausfordernd der Reihe nach anblickte, dass wir über seine Niederlage in lauten Jubel ausbrechen würden? – Aber wir taten ihm den Gefallen nicht; wir hatten uns alle gut in der Gewalt, denn es war gefährlich, ihn zu reizen. Wir mochten ihn nicht, diesen Kraftprotz, der, wenn er einmal den Mund aufmachte, was höchst selten geschah, von nichts anderem sprach als von seinen Kräften, vom Expanderziehen, Gewichtheben, Ringen und Boxen. Diese Niederlage hatte er verdient, und es gab wohl keinen unter uns, der sie ihm nicht von Herzen gönnte.

Es herrschte eine Art Spannung, die jeder spürte, und die doch jeder zu ignorieren versuchte, und von der man nicht wusste, wie sie sich lösen würde; aber es war klar, dass dies hier nur der Anfang war, dazu kannten wir ihn zu genau. Wir hatten vor allem etwas Angst um Bert, der so unbeschwert glücklich war, weil er den Fünfkampf gewonnen hatte und an nichts anderes mehr denken konnte. Erst als Dr. Brenner vom unteren Ende des Platzes heraufkam (er hatte sich von dem letzten, entscheidenden Wurf Berts persönlich überzeugt), wirkten alle ein bisschen gelöster. „Großartig", sagte er, „Riedel, das haben Sie großartig gemacht", und er schüttelte Bert die Hand.

Und dann gingen wir alle hin und schüttelten ihm die Hand, klopften ihm auf die Schulter und sagten „prima" oder „fabelhaft hast du das hingekriegt, alter Junge", wie man das so sagt mit siebzehn, achtzehn. „Dannwitz", sagte Dr. Brenner, „gehen Sie hin und gratulieren Sie ihm!" Dannwitz blieb stehen und rührte sich nicht, den kräftigen, muskulösen Oberkörper nach vorn geneigt, mit unruhig hin und her pendelnden Armen stand er da und rührte sich nicht, tat keinen Schritt, und als Bert von sich aus auf ihn zuging, drehte er sich um, zeigte sein breites Kreuz und zog sich umständlich die Trainingsjacke über den Kopf. Vielleicht hatte der Lehrer es nicht bemerkt; er tat jedenfalls so, zog den Notizblock hervor und rechnete die Punkte noch einmal zusammen. Außerdem hatte er es eilig, er musste die Siegerurkunden ausschreiben, denn heute Abend war Schulfest, und da sollten sie verteilt werden.

Wir hatten geduscht und fühlten uns wunderbar erfrischt und dachten im Augenblick an nichts anderes mehr als an den kommenden Abend. Wir gingen über den sonnenbeschienenen Platz, hatten die Trainingsblusen über dem Arm, und Bert ging in der Mitte, zwischen Bruno und mir. „Wie hast du das nur gemacht?", fragte Bruno. „Es war Technik", sagte Bert, „ich habe viel geübt, und vor allem habe ich mir genau angesehen, wie es die Diskus- und Speerwerfer machen. Jeder von euch kann das ebenso gut."

„Na, na", sagte Bruno, „und Dannwitz, hast du den gesehen?" „Der ist viel stärker als ich", sagte Bert, „aber er macht es eben nur mit der rohen Kraft, wenn der noch die richtige Technik beherrschte, wäre er nicht zu schlagen." Die Straßen waren kühl und mittagsleer, aber wir gingen am Rande der Stadt entlang zum Fluss hinunter, den Weg, der von Büschen und einem hüfthohen Zaun umsäumt war und über den Ameisen und blitzende kleine Käfer liefen. Wir hatten es gar nicht bemerkt, dass er uns gefolgt war, denn wir sprachen über den Abend und über das Fest und über das Mädchen, das jeder von uns eingeladen hatte. Mit einem Mal war er plötzlich da. Sein Schatten lag breit und gefährlich vor unseren Füßen. Wir standen wie auf Kommando still. Sein Atem ging keuchend, und wir froren, als wir ihm ins Gesicht sahen. Der Weg lief hier in eine Wiese hinein, durch die ein kleines Gewässer plätschernd zum Fluss hinunterglitt. Eine Ziege lag in der Wiese, starr, wie ein weißer Fleck. Bert hatte gerade gesagt: „Sie hat mir versprochen, dass sie kommt.“ Dannwitz' Adamsapfel ging auf und nieder; sein Gesicht war schweißnass, und die Haare hingen ihm wie Fransen in die Stirn.

„Ihr seid doch drei“, sagte er kaum hörbar, „kommt, ihr seid doch drei ...“ Niemand antwortete.

Nach einer Weile sagte Bert: „Geht man, geht man nach Hause, ich will nicht, dass ihr da hineingezogen werdet.“

Er schob uns zur Seite und stellte sich mit hängenden Armen hin. „Nun fang an“, sagte er flüsternd. „Ich wehre mich nicht einmal, ich weiß, dass es keinen Zweck hat, sich zu wehren, also, fang an ...“

Die Glocken der Michaeliskirche läuteten plötzlich über den Mittag hin. Die Ziege erhob sich träge und kam langsam an den Weg heran.

Dannwitz stand da, mit geballten Fäusten und einem flackernden Licht in den Augen, das aber langsam erlosch. Sein Unterkiefer fiel herab, was seinem Gesicht einen merkwürdig hilflosen Ausdruck verlieh, seine breiten Schultern sackten zusammen, die Fäuste lösten sich, und wahrhaftig, er weinte. Wir sahen es fassungslos.

Und dann, so plötzlich, wie er gekommen war, drehte er sich auf dem Absatz herum und trabte davon mit schwankenden Schritten, wie ein großer, verwundeter Bär.

„Er hat geweint“, sagte ich zu Hause bei Tisch. „Nie hätten wir so etwas für möglich gehalten.“

„Seit wann ist er bei euch?“, fragte der Vater.

„Ich glaube, seit anderthalb Jahren, aber wir mochten ihn nicht, von Anfang an mochten wir ihn nicht, ganz besonders nicht, als er anfing, seine Kräfte auszuspielen.“

„Womit hätte er euch sonst imponieren sollen?“

„Imponieren?“

„Naja, was sonst“, sagte mein Vater. „Ihr seid doch eine Clique, nicht wahr, ihr kennt euch seit zehn und mehr Jahren. Er kam dazu, ein Fremder, einer, der neu war, ist es nicht so?“ Ich schwieg.

Es war Abend, und der Abend war mild und weich. Sie hatten bunte Lampions aufgehängt, die Musiker waren schon da, und ich freute mich auf jeden und auf alles.

Und da sah ich ihn stehen, er stand unter den Buchen, nicht vom Licht des Festplatzes getroffen, er stand da, wesenlos, wie ein Schatten, und ich erkannte nur die Konturen seines Gesichtes. Ich ging schweigend an ihm vorbei, aber mein Herz schlug mir im Halse. Hatte ich etwa Angst? Nein, Angst war es nicht, was mir die Kehle zuschnürte.

Bert rief mich an. „Die Mädchen sind da“, sagte er. Die anderen kamen hinzu, der Kreis war geschlossen. Ich blickte verstohlen zu den dunklen Buchen hin.

Ich ging fort und setzte mich an einen Tisch, über dem ein roter Mond baumelte. Ich stieß den Mond mit dem Finger an, und er schaukelte hin und her.

„Was ist?“, fragte Bert, und er setzte sich neben mich.

Ich zuckte mit den Schultern. – „Er steht da“, sagte ich nach einer Weile und wies mit dem Kopf in die Richtung der Buchen. „Du kannst seinen Schatten sehen, mehr nicht, er steht da, als ob er nicht zu uns gehörte.“ Wir schwiegen beide. Der Mond über uns schwang hin und her. „Ich würde es versuchen“, sagte ich dann, „aber ich kann es nicht, deinetwegen.“

„Was soll ich denn tun?“

„Hör zu, Bert, wir haben ihm niemals eine Chance gegeben, niemals, ich glaube, das ist es!“

„Gut“, sagte Bert und stand auf.

„Falls du es vergessen haben solltest!“, rief ich ihm nach, „er heißt Werner.“ Ich weiß nicht, was sie miteinander gesprochen haben, ich will es auch nicht wissen. Aber sie kamen zusammen zwischen den Bäumen hervor, lässig gingen sie nebeneinander, als sei es schon immer so gewesen, und ich dachte, wer von ihnen hat nun eigentlich heute gewonnen? Der Mond über mir stand still. Ich gab ihm noch einen kräftigen Schubs. Als wir zu dritt den Festplatz erreichten, begann die Musik zu spielen.

(Aus: Paul Nentwig: Die moderne Kurzgeschichte im Unterricht, Westermann, Braunschweig 1978, S. 90)

2. An welchen vier Orten spielt die Kurzgeschichte?

____

____

____

____

3. Wie heißen der Sieger des Sportwettkampfes und sein unterlegener Gegner mit Vor- und Nachnamen?

Der Sieger: ______________________________

Der Unterlegene: ______________________________

4. Beschreibe das Gefühl, das die Jungen angesichts der Niederlage von Dannwitz empfinden.

____

____

____

____

____

____

5. Beschreibe die beiden Kontrahenten mit jeweils vier Adjektiven.

Riedel	Dannwitz
______	______
______	______
______	______
______	______

6. Beschreibe kurz, wie Dannwitz sich nach seiner Niederlage fühlt.

7. Von welchem Gefühl wird Dannwitz beherrscht, als er davontrabte „mit schwankenden Schritten, wie ein großer, verwundeter Bär" (Z. 104 f.)?

8. Wodurch gelangt der Ich-Erzähler zu der Einsicht, dass man Dannwitz „niemals eine Chance gegeben" hat (Z. 148 f.)?

9. Erläutere kurz, wer mit der Überschrift „Der Sieger" gemeint ist.

Die Inhaltsangabe zu einer Kurzgeschichte überarbeiten

Zu der Kurzgeschichte „Zwei Männer“ von Günther Weisenborn hat ein Schüler die folgende Inhaltsangabe verfasst, die aber wenig gelungen ist. Überarbeite die Inhaltsangabe unter inhaltlichen und sprachlichen Gesichtspunkten.

Günther Weisenborn
Zwei Männer – Inhaltsangabe

In dem Text „Zwei Männer“ von Günther Weisenborn wird von einem Farmer und seinem Landarbeiter erzählt. Bei einer Überschwemmung ihres Landes retten sie sich auf ein schwimmendes Dach und überleben so.
Als der Fluss über die Ufer tritt, reißt er alles mit sich fort. Auch die Frau des Landarbeiters ertrinkt. Der Landarbeiter klettert daraufhin zu seinem Herrn auf ein Hausdach, um sich vor den Fluten zu retten. Das Wasser steigt aber immer weiter und das Schilfdach treibt total schnell in den Fluten. Da beschließt der Landarbeiter, seinen Herrn vom Dach zu schmeißen, denn er weiß genau, dass das Dach auf Dauer keine zwei Männer tragen kann. Doch er überlegt es sich wieder anders und springt dann selbst ins Wasser. Der Farmer zieht ihn aber wieder heraus und schimpft mit ihm. Er soll den Mut nicht verlieren. Am nächsten Morgen werden sie an Land getrieben und wollen wieder von vorne anfangen.

Eine Kurzgeschichte beschreiben und deuten

Federica de Cesco (geb. 1938)
Spaghetti für zwei

Heinz war bald vierzehn und fühlte sich sehr cool. In der Klasse und auf dem Fußballplatz hatte er das Sagen. Aber richtig schön würde das Leben erst werden, wenn er im nächsten Jahr seinen Töff bekam und den Mädchen zeigen konnte, was für ein Kerl er war. Er mochte Monika, die Blonde mit den langen Haaren aus der Parallelklasse, und ärgerte sich über seine entzündeten Pickel, die er mit schmutzigen Nägeln ausdrückte. Im Unterricht machte er gerne auf Verweigerung. Die Lehrer sollten bloß nicht auf den Gedanken kommen, dass er sich anstrengte. Mittags konnte er nicht nach Hause, weil der eine Bus zu früh, der andere zu spät abfuhr. So aß er im Selbstbedienungsrestaurant, gleich gegenüber der Schule. Aber an manchen Tagen sparte er lieber das Geld und verschlang einen Hamburger an der Stehbar. Samstags leistete er sich dann eine neue Kassette, was die Mutter natürlich nicht wissen durfte. Doch manchmal – so wie heute – hing ihm der Big Mac zum Hals heraus. Er hatte Lust auf ein richtiges Essen. Einen Kaugummi im Mund stapfte er mit seinen Cowboystiefeln die Treppe zum Restaurant hinauf. Die Reißverschlüsse seiner Lederjacke klimperten bei jedem Schritt. Im Restaurant trafen sich Arbeiter aus der nahen Möbelfabrik, Schüler und Hausfrauen mit Einkaufstaschen und kleinen Kindern, die Unmengen Cola tranken, Pommes frites verzehrten und fettige Fingerabdrücke auf den Tischen hinterließen.

Viel Geld wollte Heinz nicht ausgeben; er sparte es lieber für die nächste Kassette. „Italienische Gemüsesuppe“ stand im Menü. Warum nicht? Immer noch seinen Kaugummi mahlend, nahm Heinz ein Tablett und stellte sich an. Ein schwitzendes Fräulein schöpfte die Suppe aus einem dampfenden Topf. Heinz nickte zufrieden. Der Teller war ganz ordentlich voll. Eine Schnitte Brot dazu, und er würde bestimmt satt.

Er setzte sich an einen freien Tisch, nahm den Kaugummi aus dem Mund und klebte ihn unter den Stuhl. Da merkte er, dass er den Löffel vergessen hatte. Heinz stand auf und holte sich einen. Als er zu seinem Tisch zurückstapfte, traute er seinen Augen nicht: Ein Schwarzer saß an seinem Platz und aß seelenruhig seine Gemüsesuppe!

Heinz stand mit seinem Löffel fassungslos da, bis ihn die Wut packte. Zum Teufel mit diesen Asylbewerbern! Der kam irgendwo aus Uagadugu, wollte sich in der Schweiz breitmachen, und jetzt fiel ihm nichts Besseres ein, als ausgerechnet seine Gemüsesuppe zu verzehren! Schon möglich, dass so was den afrikanischen Sitten entsprach, aber hierzulande war das eine bodenlose Unverschämtheit! Heinz öffnete den Mund, um dem Menschen lautstark seine Meinung zu sagen, als ihm auffiel, dass die Leute ihn komisch ansahen. Heinz wurde rot. Er wollte nicht als Rassist gelten. Aber was nun? Plötzlich fasste er einen Entschluss. Er räusperte sich vernehmlich, zog einen Stuhl zurück und setzte sich dem Schwarzen gegenüber. Dieser hob den Kopf, blickte ihn kurz an und schlürfte ungestört die Suppe weiter. Heinz presste die Zähne zusammen, dass seine Kinnbacken schmerzten. Dann packte er energisch den Löffel, beugte sich über den Tisch und tauchte ihn in die Suppe. Der Schwarze hob abermals den Kopf. Sekundenlang starrten sie sich an. Heinz bemühte sich, die Augen nicht zu senken. Er führte mit leicht zitternder Hand den Löffel zum Mund und tauchte ihn zum zweiten Mal in die Suppe. Seinen vollen Löffel in der Hand, fuhr der Schwarze fort, ihn stumm zu betrachten. Dann senkte er die Augen auf seinen Teller und aß weiter. Eine Weile verging. Beide teilten sich die Suppe, ohne dass ein Wort fiel.

Heinz versuchte nachzudenken. „Vielleicht hat der Mensch kein Geld, muss schon tagelang hungern. Dann sah er die Suppe da stehen und bediente sich einfach. Schon möglich, wer weiß? Vielleicht würde ich mit leerem Magen ähnlich reagieren? Und Deutsch kann er anscheinend auch nicht, sonst würde er da nicht sitzen wie ein Klotz. Ist doch

peinlich. Ich an seiner Stelle würde mich schämen. Ob Schwarze wohl rot werden können?“ Das leichte Klirren des Löffels, den der Afrikaner in den leeren Teller legte, ließ Heinz die Augen heben. Der Schwarze hatte sich zurückgelehnt und sah ihn an. Heinz konnte seinen Blick nicht deuten. In seiner Verwirrung lehnte er sich ebenfalls zurück. Schweißtropfen perlten auf seiner Oberlippe, sein Pulli juckte, und die Lederjacke war verdammt heiß! Er versuchte, den Schwarzen abzuschätzen. „Junger Kerl. Etwas älter als ich. Vielleicht sechzehn oder sogar schon achtzehn. Normal angezogen: Jeans, Pulli, Windjacke. Sieht eigentlich nicht wie ein Obdachloser aus. Immerhin, der hat meine halbe Suppe aufgegessen und sagt nicht einmal Danke! Verdammt, ich habe noch Hunger!“
Der Schwarze stand auf. Heinz blieb der Mund offen. „Haut der tatsächlich ab? Jetzt ist aber das Maß voll! So eine Frechheit! Der soll mir wenigstens die halbe Gemüsesuppe bezahlen!“ Er wollte aufspringen und Krach schlagen. Da sah er, wie sich der Schwarze mit einem Tablett in der Hand wieder anstellte. Heinz fiel unsanft wieder auf seinen Stuhl zurück und saß da wie ein Ölgötze. „Also doch: Der Mensch hat Geld! Aber bildet der sich vielleicht ein, dass ich ihm den zweiten Gang bezahle?“ Heinz griff hastig nach seiner Schulmappe. „Bloß weg von hier, bevor er mich zur Kasse bittet! Aber nein, sicherlich nicht. Oder doch?“
Heinz ließ die Mappe los und kratzte nervös an einem Pickel. Irgendwie wollte er wissen, wie es weiterging.
Der Schwarze hatte einen Tagesteller bestellt. Jetzt stand er vor der Kasse und – wahrhaftig er bezahlte! Heinz schniefte. „Verrückt!“, dachte er. „Total gesponnen!“ Da kam der Schwarze zurück. Er trug das Tablett, auf dem ein großer Teller Spaghetti stand mit Tomatensauce, vier Reisbällchen und zwei Gabeln. Immer noch stumm, setzte er sich Heinz gegenüber, schob den Teller in die Mitte des Tisches, nahm eine Gabel und begann zu essen, wobei er Heinz ausdruckslos in die Augen schaute. Heinz‘ Wimpern flatterten. Heiliger Strohsack! Dieser Typ forderte ihn tatsächlich auf, die Spaghetti mit ihm zu teilen! Heinz brach der Schweiß aus. Was nun? Sollte er essen? Nicht essen? Seine Gedanken überstürzten sich. Wenn der Mensch doch wenigstens reden würde! „Na gut. Er aß die Hälfte meiner Suppe, jetzt esse ich die Hälfte seiner Spaghetti, dann sind wir quitt!“ Wütend und beschämt griff Heinz nach der Gabel, rollte die Spaghetti auf und steckte sie in den Mund. Schweigen. Beide verschlangen die Spaghetti. „Eigentlich nett von ihm, dass er mir eine Gabel brachte“, dachte Heinz. „Da komme ich noch zu einem guten Spaghettiessen, das ich mir heute nicht geleistet hätte. Aber was soll ich jetzt sagen? Danke? Saublöde! Einen Vorwurf machen kann ich ihm auch nicht mehr. Vielleicht hat er gar nicht gemerkt, dass er meine Suppe aß. Oder vielleicht ist es üblich in Afrika, sich das Essen zu teilen? Schmecken gut, die Spaghetti. Das Fleisch auch. Wenn ich nur nicht so schwitzen würde!“
Die Portion war sehr reichlich. Bald hatte Heinz keinen Hunger mehr. Dem Schwarzen ging es ebenso. Er legte die Gabel aufs Tablett und putzte sich mit der Papierserviette den Mund ab. Heinz räusperte sich und scharrte mit den Füßen. Der Schwarze lehnte sich zurück, schob die Daumen in die Jeanstaschen und sah ihn an. Undurchdringlich. Heinz kratzte sich unter dem Rollkragen, bis ihn die Haut schmerzte. „Heiliger Bimbam! Wenn ich nur wüsste, was er denkt!“ Verwirrt, schwitzend und erbost ließ er seine Blicke umher wandern. Plötzlich spürte er ein Kribbeln im Nacken. Ein Schauer jagte ihm über die Wirbelsäule von den Ohren bis ans Gesäß. Auf dem Nebentisch, an den sich bisher niemand gesetzt hatte, stand einsam auf dem Tablett ein Teller kalter Gemüsesuppe.
Heinz erlebte den peinlichsten Augenblick seines Lebens. Am liebsten hätte er sich in ein Mauseloch verkrochen. Es vergingen zehn volle Sekunden, bis

er es endlich wagte, dem Schwarzen ins Gesicht zu sehen. Der saß da, völlig entspannt und cooler, als Heinz es je sein würde, und wippte leicht mit dem Stuhl hin und her.

„Äh ...", stammelte Heinz, feuerrot im Gesicht. „Entschuldigen Sie bitte. Ich ..."

Er sah die Pupillen des Schwarzen aufblitzen, sah den Schalk in seinen Augen schimmern. Auf einmal warf er den Kopf zurück, brach in dröhnendes Gelächter aus. Zuerst brachte Heinz nur ein verschämtes Glucksen zustande, bis endlich der Bann gebrochen war und er aus vollem Halse in das Gelächter des Afrikaners einstimmte. Eine Weile saßen sie da, von Lachen geschüttelt. Dann stand der Schwarze auf, schlug Heinz auf die Schulter. „Ich heiße Marcel!", sagte er in bestem Deutsch. „Ich esse jeden Tag hier. Sehe ich dich morgen wieder? Um die gleiche Zeit?"

Heinz Augen tränten, sein Zwerchfell glühte, und er schnappte nach Luft. „In Ordnung!", keuchte er. „Aber dann spendiere ich die Spaghetti!"

(Aus: Federica de Cesco: Freundschaft hat viele Gesichter, Rex-Verlag, Luzern 1986)

1. Gib den Inhalt der Kurzgeschichte wieder.

2. Charakterisiere die Hauptperson Heinz. Belege deine Aussagen mit Textstellen.

3. Wo liegt deiner Meinung nach der Höhe- und Wendepunkt der Erzählung? Begründe deine Entscheidung.

4. Untersuche das Erzählverhalten. Aus wessen Sicht wird die Geschichte erzählt? Belege deine Aussagen mit Zitaten.

5. „Heiliger Bimbam! Wenn ich nur wüsste, was er denkt!" (Z. 154 f.). Gib die Gedanken Marcels in einem inneren Monolog wieder.

6. Weise an dem Text Merkmale der Kurzgeschichte nach.

Leistungsüberprüfung – Selbstevaluation – Klassenarbeit

1. **Inhaltliche Fragen zu einer Kurzgeschichte beantworten**
   (s. Arbeitsblatt 1, S. 84)

2. **Eine Kurzgeschichte mithilfe von Fragen untersuchen**
   (s. Arbeitsblatt 2, S. 85–88)

3. **Die Inhaltsangabe zu einer Kurzgeschichte überarbeiten**
   (s. Arbeitsblatt 3, S. 89)

4. **Eine Kurzgeschichte beschreiben und deuten**
   (s. Arbeitsblatt 4, S. 90–92)

5. **Ein Bild als Schreibanlass für eine eigene Kurzgeschichte verwerten**
   (s. Schülerbuch, S. 57 und 75)
   - Wähle eines der Bilder aus und verfasse eine Erzählung, die typische Merkmale einer Kurzgeschichte aufweist.
   - Beschreibe anschließend dem Leser bzw. der Leserin deiner Kurzgeschichte in einem kurzen informierenden Text, auf welche Merkmale du dich besonders konzentriert hast.

6. **Ein Ereignis zu einer Kurzgeschichte verarbeiten**
   - Verfasse zu folgendem Ereignis eine Kurzgeschichte: Zwei Menschen sitzen in einem Zug und unterhalten sich angeregt. Auf freier Strecke hält der Zug plötzlich an. Eine der Personen verlässt das Abteil, um nachzuschauen, was los ist. Nach geraumer Zeit kommt die Person zurück. Von nun an beherrscht Schweigen die Szenerie.

7. **Wolfgang Borchert: Nachts schlafen die Ratten doch – Eine Kurzgeschichte aus einer anderen Perspektive wiedergeben**
   - Erzähle die Handlung aus der Perspektive des alten Mannes.

Das Lernen lernen: Referate vorbereiten, halten und beurteilen – Wolfgang Borchert und seine Zeit (S. 82–93)

Vorüberlegungen zur Einheit

In dieser Unterrichtseinheit sollen systematisch die Kompetenzen vermittelt werden, die für das Halten eines wirklich gelungenen Referats erforderlich sind. Das Kapitel ist gegliedert in die drei Phasen Vorbereitung, Durchführung und Beurteilung eines Referats, wobei die Schüler immer wieder Tipps für die Optimierung der einzelnen Arbeitsschritte sammeln und besprechen. Außerdem sollen natürlich viele praktische Übungen durchgeführt werden. In inhaltlicher Hinsicht steht das Thema „Wolfgang Borchert als Kurzgeschichtenautor" im Mittelpunkt, zu dem ein Achtklässler namens Thimo ein Referat halten soll.

Im Einzelnen werden folgende Kompetenzen vermittelt:
- die Vorbereitung eines Referats planen und strukturieren
- verschiedene Informationsquellen gezielt nutzen
- Informationen über ein bestimmtes Thema recherchieren
- einem Sachtext zentrale Informationen entnehmen
- ein Referat gliedern
- einen stichwortgestützten Kurzvortrag vorbereiten, halten und beurteilen
- ein Thema durch verschiedene Materialien und Medien veranschaulichen
- Redeängste gezielt abbauen
- beim Vortrag die Zuhörer miteinbeziehen
- ein Referat beurteilen

Didaktische Aufbereitung der Unterkapitel

Auf der Auftaktdoppelseite werden die Schüler in das Thema „Referate halten" eingeführt, dessen Relevanz und Wichtigkeit auch begründet wird. Die Aufgabe auf S. 82 knüpft an die Vorerfahrungen der Schüler an und leitet bereits zu Schwierigkeiten und Problemen über, deren Bewältigung mithilfe der Unterrichtseinheit gelingen sollte. Das Bild auf S. 83 zeigt die vielen Schülern vertraute Situation, dass einem vortragenden Schüler alle möglichen Gedanken durch den Kopf gehen, die zu seiner Verunsicherung beitragen und dadurch zu einem wenig gelungenem Einstieg führen („Also, das wird jetzt nicht so toll ...").

1. Die Vorbereitung eines Referats (S. 84–88)

Aufgaben 1 bis 3 S. 84 f.

Die Unsicherheiten vieler Schüler beginnen schon bei der Vorbereitung eines Referats, wenn beispielsweise das Thema nicht präzise genug bestimmt ist oder nur sehr vage Vorstellungen von der benötigten Vorbereitungszeit und deren Einteilung vorhanden sind. Daher sollen die Schüler sich bei diesen Aufgaben die einzelnen Arbeitsschritte bei der Vorbereitung eines Referats klarmachen und diese in eine sinnvolle, von ihnen auch

begründete Reihenfolge bringen. Eine mögliche Lösung sieht folgendermaßen aus:
1. b – 2. d – 3. g – 4. a – 5. l – 6. f – 7. e – 8. h – 9. e
Dabei können einige Arbeitsschritte auch gegeneinander ausgetauscht werden, z. B. 1 und 2 (b und d) oder 7 und 8 (e und h). Dementsprechend könnten die Schüler bei Aufgabe 3 etwa folgendes Lernplakat erstellen:

Vorbereitung eines Referats

- Thema bestimmen, evtl. eingrenzen
- Zeitplan erstellen
- Thema in einzelne Bereiche gliedern
- Informationen beschaffen
- Notizen machen (Karteikarten)
- Informationsmaterial ordnen
- Referat gliedern
- Informationen auswählen, Unwichtiges aussortieren
- Veranschaulichung überlegen
- Medien/Materialien vorbereiten
- Ausformulieren des Textes
- Vortrag üben

Aufgaben 4 bis 6 S. 85

Da viele Schüler sich bei der Recherche von Informationen recht stark auf das Internet konzentrieren, ist es wichtig, ihnen die Vielzahl verschiedener Informationsquellen mit ihren jeweiligen Vor- und Nachteilen zu verdeutlichen. Dabei könnte etwa folgende Auflistung erarbeitet werden:

Informationsquellen

- Schülerbücherei
- Stadtbücherei
- Universitätsbibliothek
- Buchläden
- Schulbücher
- Fachbücher
- Lexika
- Kreisbildstelle
- Zeitungen
- Zeitschriften
- Fachzeitschriften
- Archive
- Museen
- Fernsehsendungen
- Videos/DVDs
- Radiosendungen
- CD-ROMs
- Internet
- Gespräche/Interviews mit Experten

Diese Zusammenstellung ist natürlich ziemlich uneinheitlich, da einerseits einzelne Informationsquellen genannt werden (z. B. Zeitungen, Lexika), andererseits diejenigen Einrichtungen, in denen diese besorgt werden können (z. B. Buchläden, Büchereien). Die Brauchbarkeit der verschiedenen Informationsquellen ist abhängig vom regionalen Angebot und vom zu bearbeitenden Thema. Für das Referat über Wolfgang Borchert und seine Zeit bieten sich neben dem Internet vor allem Schulbücher, Buchläden, Büchereien, Lexika und literaturgeschichtliche Nachschlagewerke an, außerdem könnte man in der Kreisbildstelle nach geeigneten Filmen suchen und über Buchläden oder das Internet versuchen herauszufinden, ob es eine CD-ROM zu dem Thema gibt.

Michael Fuchs: Wolfgang Borchert (S. 86–87)

Aufgaben 1 und 2 S. 87 f.

Hier sollen die Schüler in exemplarischer Weise einen Text bearbeiten, indem sie ihm gezielt die wichtigsten Informationen entnehmen, die für ein Referat über Wolfgang Borchert relevant sind. Der Umgang mit Sachtexten wurde ausführlich in P.A.U.L. *D.* 7 geübt

(S. 118–131), Hilfen bietet auch der Werkzeugkasten im vorliegenden Schülerband der 8. Klasse auf S. 154. Ein brauchbares Exzerpt könnte etwa so aussehen:

- 1921 geboren
- Interesse an Literatur und Theater
- erstes eigene Gedicht mit 15
- Abbruch der Schule; Buchhandelslehre
- heimlicher Schauspielunterricht, 1940 erfolgreiche Prüfung, erstes Engagement (Lüneburg)
- Auseinandersetzung mit NS-Regime (wegen eines Gedichts mit angeblich homosexuellen Tendenzen)
- 1940 Erkrankung an Gelbsucht
- 1941 als Soldat nach Russland
- 1942 Handverletzung, Anklage (wegen vorsätzlicher Selbstverletzung), Untersuchungshaft, Freispruch
- weitere Anklage wegen regimekritischer Briefe, Urteil: 6 Wochen verschärfte Haft mit „Frontbewährung"
- 1942 Fußerfrierungen, Gelbsucht, Fleckfieber → Heimatlazarett Elend (Harz)
- Versetzung nach Kassel/Wilhelmshöhe, Frontuntauglichkeit
- Persiflage auf Goebbels → 9 Monate Haft (Berlin-Moabit), anschließend „Frontbewährung"
- Frühjahr 1945: Gefangennahme durch Franzosen, Flucht nach Hamburg (600 km!)
- Herbst 1945 politisches Kabarett
- Krankheit, ans Bett gefesselt
- 1945–1947 Kurzgeschichten: z. B. „Nachts schlafen die Ratten doch", „Das Brot", „Die Küchenuhr"; Hörspiel/Drama: „Draußen vor der Tür"; Antikriegsmanifest: „Dann gibt es nur eins!"
- Themen: „Trümmerliteratur" (Heinrich Böll), Zerstörung zwischenmenschlicher Beziehungen durch den Krieg
- Protest gegen den Krieg, pazifistische Grundhaltung

Eine Mindmap zum Text könnte die Oberbegriffe „Leben", „literarische Werke" und „Ansichten/politische Einstellung" mit entsprechenden Unterpunkten enthalten.
Weitere Informationen müssten noch zum Inhalt der Kurzgeschichten gesammelt werden, aus denen auch Auszüge vorgestellt werden könnten. Sinnvoll wäre außerdem eine einleitende Erklärung der Textsorte „Kurzgeschichte" mit dem Hinweis auf typische Merkmale und andere bedeutende Autoren. Auch das Dritte Reich und der Zweite Weltkrieg als historischer Hintergrund, der das Leben Borcherts entscheidend beeinflusst hat, müssten wohl zumindest kurz vorgestellt werden.

Aufgaben 3 und 4 S. 88

Die von Thimo erstellte Gliederung ist weitgehend misslungen, auch wenn einzelne Entscheidungen durchaus sinnvoll erscheinen (z. B. das Vorstellen einer ausgewählten Kurzgeschichte, die Untersuchung biografischer Einflüsse auf das Werk, die Einbeziehung anderer bekannter Autoren dieser Textsorte oder die Darstellung des historischen Hintergrundes). Sinnvoll wäre eine hierarchisch strukturierte Gliederung mit Unterpunkten, statt einfach alle Aspekte auf einer Ebene nebeneinander zu stellen. Der Einstieg mit dem historischen Hintergrund ist im Falle Borcherts wohl möglich, hier ergibt sich allerdings eine Überschneidung mit dem Unterpunkt „Der Zweite Weltkrieg", zumal dieses Thema bei der Untersuchung der biografischen Einflüsse noch einmal aufgenommen werden müsste. Insgesamt gesehen ist die Reihenfolge der einzelnen Punkte wenig gelungen, so steht

z. B. die Kurzvorstellung anderer Kurzgeschichten-Autoren an unpassender Stelle. Die einzelnen Untersuchungsaspekte der Kurzgeschichte „Nachts schlafen die Ratten doch“ müssten zumindest um die Betrachtung des Inhalts (statt nur der Personen) ergänzt werden, auch ist die Analyse der Sprache erst im Anschluss an die Intention nicht besonders sinnvoll. Die Vorstellung des Dramas „Draußen vor der Tür“ kann mit Blick auf das Thema des Referats ganz entfallen.
Eine mögliche sinnvolle Gliederung sieht folgendermaßen aus:

Tafelbild

Wolfgang Borchert als Autor von Kurzgeschichten

1 Borcherts Leben
1.1 Historischer Hintergrund: Der Zweite Weltkrieg
1.2 Stationen des Lebens Borcherts
1.3 Biografische Einflüsse auf sein Werk
2 Borcherts Kurzgeschichten
2.1 Erklärung: Die Textsorte „Kurzgeschichte“
2.2 Bekannte Kurzgeschichten-Autoren
2.3 Borcherts Kurzgeschichte „Nachts schlafen die Ratten doch“
2.3.1 Inhalt
2.3.2 Atmosphäre
2.3.3 Personen/Beziehung
2.3.4 Sprache
2.3.5 Symbolik
2.3.6 Intention
2.4 Weitere Kurzgeschichten Borcherts

Aufgaben 5 und 6
S. 88

Hier können die bei Aufgabe 1 (S. 87) gesammelten Informationen in kurzer Form auf Karteikarten übertragen werden und somit als Grundlage für Kurzvorträge dienen. Diese sollen in Kleingruppen vorgestellt werden, da die Situation dort entspannter ist als bei der Präsentation vor der gesamten Klasse. Außerdem sind innerhalb einer kleineren Gruppe deren einzelne Mitglieder in höherem Maße in der Verantwortung, aufmerksam zuzuhören und ihren Mitschülern eine individuelle konstruktive Kritik als Rückmeldung zu geben.

2. Die Präsentation (S. 89–91)

Aufgabe 1
S. 89

Die Präsentation der Abbildung zu Beginn des Referats dient als Einstieg, der durch seine Anschaulichkeit die Aufmerksamkeit weckt und auch emotionale Beteiligung hervorrufen kann. Das Foto des zerstörten Straßenzuges steht in engem inhaltlichen Zusammenhang mit dem vorgegebenen Thema, sodass darauf später wieder Bezug genommen werden kann, etwa beim Vorstellen der Biografie Borcherts, bei der Erklärung des Begriffs „Trümmerliteratur“ oder bei der Besprechung der Kurzgeschichte „Nachts schlafen die Ratten doch“ („Die Schuttwüste döste“).

Aufgabe 2
S. 89

Das Lernplakat kann etwa so vervollständigt werden:

- Tabellen, Grafiken, Schaubilder, Diagramme
- Plakate, Poster
- Fotos, Zeichnungen, Gemälde
- Fotokopien, Folien
- Dias
- Filme, Videos
- Musik, Tondokumente

- Overhead-Projektor
- Videorekorder
- DVD-Player
- Beamer
- Cassettenrekorder
- CD-Player

Aufgaben 3 bis 5 S. 89

Die einzelnen Materialien und Medien können nach folgenden Kriterien bzw. anhand folgender Fragen beurteilt werden: Wie leicht sind sie verfügbar? Wie teuer ist ihre Nutzung? Wie aufwändig ist die Herstellung bzw. Vorbereitung? Wie viel Zeit erfordert ihr Einsatz im Unterricht? Wie dauerhaft ist die Präsentation? Wie gut lassen sich Inhalte des betreffenden Themas veranschaulichen?
Im traditionellen Deutschunterricht wird viel mit Fotokopien oder Tafelbildern gearbeitet, außerdem lassen sich gut Plakate und OHP-Folien nutzen. Der Systematisierung und Veranschaulichung können Tabellen und Schaubilder (z. B. Mindmaps, Spannungskurven oder Personenkonstellationen) dienen. Geeignete Filme (auf Video oder DVD) lassen sich zu vielen Themen finden, Abbildungen (Fotos, Zeichnungen, Gemälde) können vor allem den historischen, sozialgeschichtlichen oder biografischen Hintergrund veranschaulichen. Tondokumente kommen vor allem im Musikunterricht zum Einsatz, im Deutschunterricht ist ihre Verwendung in Abhängigkeit vom Thema ebenfalls möglich (z. B. Vertonungen von Gedichten, Hörbücher, Hörspiele, Aufzeichnungen von Reden).
Zu allen von den Schülern zusammengestellten Materialien und Medien lassen sich eine Vielzahl von Referatsthemen finden, die Schüler können sich an ihren jeweiligen Unterrichtserfahrungen orientieren.

Aufgabe 6 S. 90

Das Ansprechen verschiedener Sinne des Publikums ist natürlich ein guter Tipp, sinnvoll ist auch der praktische Hinweis auf die Lesbarkeit der eingesetzten Plakate und Folien. Das „Mitreißen" der Zuhörer durch eine „Mutimedia-Show" ist hingegen eher kritisch zu beurteilen, da hier leicht die Gefahr besteht, dass sowohl der Vortragende als auch das Publikum sich eher auf aufwändige Präsentationsmethoden konzentrieren als auf die zu vermittelnden Inhalte. Den Schülern sollte klar werden, dass vor jedem Medieneinsatz dessen Sinn und Nutzen im Verhältnis zum erforderlichen Aufwand sorgfältig abgewogen werden müssen, damit nicht eine möglichst spektakuläre Präsentation zum Selbstzweck wird.

Aufgabe 7 S. 90

Weitere Tipps für den Einsatz von Materialien und Medien können etwa sein:
- nur wirklich zentrale Inhalte veranschaulichen
- technische Geräte vorher bereitstellen und auf ihre Funktionstüchtigkeit überprüfen
- bei OHP, Beamer, DVD-Player etc. auf Verdunkelungsmöglichkeit achten
- evtl. geeigneten Raum reservieren
- Schaubilder möglichst nicht fertig präsentieren, sondern erst entwickeln
- auf inhaltliche Verständlichkeit achten, schwierige Begriffe erklären
- bei Tafelbildern, Folien und Plakaten verschiedene Farben einsetzen, Symbole verwenden
- ggf. auf Projektionsfläche oder Platz zum Aufhängen von Plakaten achten
- kontrollieren, ob die Sicht auch aus den hinteren Reihen gut ist
- bei Filmen, Musik und Tondokumenten vorher die geeignete Lautstärke ermitteln und einstellen
- genauen Zeitpunkt überlegen, wann Fotokopien ausgeteilt oder Gegenstände herumgereicht werden sollen

Aufgabe 8
S. 91

Die meisten der gesammelten Tipps sind durchaus sinnvoll und müssten daher mit einem oder zwei Plus-Zeichen beurteilt werden. Offenbar unsinnig ist vor allem der Vorschlag, die Zuhörer durch möglichst viele Fremdwörter zu beeindrucken. Auch das hier empfohlene Verhalten für den Fall, dass man „den roten Faden verloren" hat, ist wenig hilfreich: In dieser Situation sollte man eher im Vortrag ein kleines Stück zurückgehen und noch einmal bei einer Stelle ansetzen, an der man sich sicher fühlt, um dann im zweiten Anlauf nicht mehr aus dem Konzept zu geraten. Hinsichtlich des ersten Tipps ist es empfehlenswert, sich vorher zu überlegen, ob man auf eventuelle Nachfragen sofort oder erst jeweils am Ende der einzelnen Abschnitte eingehen möchte. Zu Beginn des Vortrags (vierter Tipp) sollten die Unterlagen natürlich bereits sorgfältig sortiert sein.

Aufgabe 9
S. 91

Weitere Tipps gegen „Lampenfieber" könnten sein:

- regelmäßig und tief atmen
- den Blickkontakt auf einige Zuhörer konzentrieren, die besonders aufmerksam und freundlich wirken
- sich immer wieder vergegenwärtigen, dass andere beim Reden vor einer Gruppe auch unsicher sind
- sich zwischendurch eine angenehme, entspannende Situation vorstellen (z. B. Lesen im Garten, Sonnen am Strand)
- sich zwischendurch auf etwas freuen, was man sich vorher als Belohnung festgesetzt hat

Aufgabe 10
S. 91

Der Referent sollte möglichst vor dem Vortrag festlegen, ob die Zuhörer stichwortartig mitschreiben oder lieber aufmerksam zuhören sollen. Im zweiten Fall sollte das Referat in einer schriftlichen Kurzfassung ausgeteilt werden. Beim Mitschreiben eines Vortrags ist es wichtig, sich vom unerfüllbaren Anspruch auf Vollständigkeit zu lösen und sich stattdessen auf das wirklich Wesentliche zu beschränken. Das stichwortartige Notieren zentraler Inhalte ist eine sehr anspruchsvolle Aufgabe, die immer wieder geübt werden muss. Äußerst hilfreich sind dabei Hervorhebungen und Systematisierungen (vgl. das Unterkapitel „Zuhören und Informationen verarbeiten" auf S. 316–321 im Schülerband).

Aufgabe 11
S. 91

Das Abfragen zentraler Begriffe oder wesentlicher Inhalte eines Referats mithilfe eines Rätsels oder Quiz' ist eine eher spielerische und daher motivierende Form der „Lernzielkontrolle", die ruhig schon zu Beginn des Vortrags angekündigt werden sollte, um die Aufmerksamkeit der Zuhörer zu erhöhen.

3. Ein Referat beurteilen (S. 92–93)

Aufgaben 1 und 2
S. 92

Thimos Auftritt ist misslungen, die reichlich überspitzte Darstellung seines Vortrags macht auf eine Vielzahl an Fehlern und Ungeschicktheiten aufmerksam:

- schlechte Vorbereitung, z. B. schlecht sortierte Unterlagen
- unnötige Entschuldigung zu Beginn, die bei den Zuhörern negative Vorerwartungen weckt
- unpassende, ungeschickte Distanzierung vom Inhalt des Referats (Ironie: „diese tolle Geschichte")
- Betonung der fehlenden eigenen Motivation („ich muss ein Referat halten"), durch die auch die Mitschüler demotiviert werden
- sehr ungenaue Zeitangaben („zur Zeit des Zweiten Weltkriegs und danach")
- störende Floskeln („ich würde jetzt erst mal ... sagen") und unnötige Zwischenbemerkungen („Ich les mal diese zwei Seiten vor")

– fehlende Quellenangaben („im Internet“)
– kritiklose Übernahme von Informationen aus dem Internet, die lediglich vorgelesen werden, keine Wiedergabe in eigenen, verständlicheren Worten
– fehlende Erläuterungen der vielen Fremdwörter und Fachausdrücke

Aus dem Aufzeigen dieser Fehler lassen sich leicht Tipps für den Vortrag eines Referats ableiten, z. B. die Verwendung von sorgfältig sortierten Unterlagen, der Verzicht auf Floskeln und Zwischenbemerkungen, das Zusammenfassen von schwer verständlichen Texten in eigenen Formulierungen etc.

Aufgabe 3
S. 92

Ein praktikabler Beurteilungsbogen könnte etwa folgendermaßen aussehen:

Beurteilungsbogen für Referate					
	–2	**–1**	**0**	**+1**	**+2**
1. War das Thema klar erkennbar und wurde es auch eingehalten?					
2. Gab es einen interessanten, inhaltlich passenden Einstieg?					
3. War das Referat klar gegliedert? Wurde diese Gliederung deutlich?					
4. Wurde genügend Wissen über das Thema vermittelt? Haben die Zuhörer etwas gelernt?					
5. Wurden wichtige Punkte hervorgehoben?					
6. Wurden Fachausdrücke erklärt?					
7. War die Sprache angemessen (keine Umgangssprache, vollständige Sätze keine Füllwörter ...)					
8. War die Sprechweise gut (frei gesprochen, laut, deutlich, verständlich, mit Pausen)?					
9. War die Körpersprache ansprechend (Blickkontakt, entspannte Körperhaltung, unterstreichende Gestik)					
10. Wurden die Inhalte gut durch Medien und Materialien veranschaulicht? War die Veranschaulichung passend, verständlich, lesbar?					
11. Hatte der Vortrag die richtige Länge?					
12. War der Schluss passend? Rundete er den Vortrag sinnvoll ab?					

Ein guter Lehrer/eine gute Lehrerin: Was ist das? – Informieren, argumentieren, erörtern (S. 94–105)

Vorüberlegungen zur Einheit

Die vorliegende Unterrichtseinheit ist in drei Teile gegliedert. Im ersten Teil erarbeiten die Schülerinnen und Schüler systematisch sinnvolle Strategien zur Klärung eines Sachverhalts. Am Beispiel der motivierenden Ausgangsfrage „Was ist ein guter Lehrer/eine gute Lehrerin?“ können die Lerner schülerorientiert ihre eigenen Vorstellungen einbringen und andere Mitschüler über diese und andere ausgewählte Sachfragen informieren.
Das in den meisten Lehrplänen für die Jahrgangsstufe 8 relevante Thema des Argumentierens und Appellierens steht im Mittelpunkt des zweiten Teils. Anhand aktueller Beispiele aus der Lebenswelt der Schülerinnen und Schüler wird diesen hier Gelegenheit gegeben, sich mit einer Streitfrage argumentativ auseinander zu setzen. Dabei sollen sie sich vor allem mit Ansichten und Problemen in Vorlagen auseinandersetzen und begründete eigene Positionen beziehen. Im dritten Teil der Einheit werden der Lerngruppe unterschiedliche Übungen zum Argumentieren angeboten, die sowohl mündlich als auch schriftlich bearbeitet werden können.

Zentrale Kompetenzen, die in dieser Einheit geschult werden, sind:
- einen Sachverhalt klären
- jemanden über einen Sachverhalt informieren
- eine Karikatur auswerten
- Sachaspekte systematisch sammeln (Ideenstern)
- einem Sachtext gezielt und unter einer bestimmten Fragestellung Informationen entnehmen
- Sachaspekte Oberbegriffen zuordnen
- in einem Streitgespräch zwischen sachlichen und personenbezogenen Beiträgen unterscheiden
- einen eigenen Standpunkt erarbeiten und argumentativ vertreten
- sich sachlich mit dem Standpunkt anderer auseinandersetzen
- den eigenen Standpunkt in einem Leserbrief vertreten

Die Schülerinnen und Schüler können mithilfe der Doppelseite 94–95 in das Thema eingeführt werden. Dabei dienen die beiden epochentypischen Fotos vor allem der Darstellung der kontextuellen Gebundenheit sozialer Institutionen wie der Schule. Keinesfalls müssen die plakativ ausgewählten Fotos zu einer Abwertung der Schulzeit um 1900 führen, was gleichzeitig mit einer Aufwertung der eigenen, heutigen Schulzeit verbunden wäre. Den Schülerinnen und Schülern ist vielmehr zuzutrauen, dass sie die historische Eingebundenheit auch ihrer eigenen Schulzeit reflektieren. Darin eingeschlossen sind durchaus kritische Reflexionen über die heutige Schulwirklichkeit, die in dem aktuellen Foto keineswegs vollständig erfasst wird, sondern eher einen Idealzustand widerspiegeln soll. Gleiches gilt für eine Betrachtung der alten Schulordnung und der Schulvereinbarung des Hardtberg-Gymnasiums. Insbesondere letztere zeichnet sich wohl vor allem durch ihren symbolischen Wert aus.

Didaktische Aufbereitung der Unterkapitel

1. Ein guter Lehrer/eine gute Lehrerin: Wer oder was ist das? – Einen Sachverhalt klären (S. 96–100)

Aufgabe 1
S. 96

Die Schülerinnen und Schüler sollten in einem ersten Schritt die Karikatur beschreiben. Der „Witz", die sogenannte Pointe, zeigt sich in der Umkehrung des eigentlich Gewollten. Geht man gemeinhin davon aus, dass der schulische Unterricht das Interesse der Schülerinnen und Schüler an einem bestimmten Gegenstand wecken sollte, so geht die Mutter hier wie selbstverständlich vom Gegenteil aus. Den Schülerinnen und Schülern wird gerade durch die Behandlung einer interessanten Sache der Spaß an eben diesem genommen. Falls die Lerngruppe noch wenig oder keinen Kontakt zur Analyse von Karikaturen hatte, kann das Arbeitsblatt 1, S. 107 in Einzelarbeit bearbeitet und anschließend gemeinsam ausgewertet werden. Für die Lehrkraft bietet sich hier die Arbeit mit einer Folie bzw. einem Overhead-Projektor an.

Aufgabe 2
S. 96

Die Schüler sollten die Aussage der Karikatur kritisch prüfen und eigene Erfahrungen in die Diskussion einbringen. Es sollte deutlich werden, dass die hier gezeigte Einstellung zur Schule übertrieben und einseitig ist, auch wenn es sicher Beispiele gibt, die eine solche Positionierung verständlich erscheinen lassen. Ein Impuls könnte sein, die Schülerinnen und Schüler nach Interessen und Hobbys zu fragen, die sie gerade erst durch den schulischen Unterricht kennen gelernt haben.

Aufgabe 3
S. 96

Eine Karikatur ist eine zeichnerische Darstellungsform, mit welcher der Karikaturist einen bestimmten Sachverhalt aus Ökonomie, Politik oder Gesellschaft in einer überspitzten Art und Weise zum Ausdruck bringt und interpretiert. Karikaturen findet man sehr häufig in Tages- oder Wochenzeitungen. Sie kommentieren häufig das politische Alltagsgeschehen. Das Arbeitsblatt 2, S. 108 kann zur Übung der Karikaturenanalyse verwendet werden.

Aufgabe 4
S. 96

Die Äußerung deckt sich mit neusten Ergebnissen der empirischen Unterrichtsforschung, wonach die Lehrerpersönlichkeit nicht nur bei der Einschätzung des Unterrichts durch die Schülerinnen und Schüler eine zentrale Rolle spielt. Auch die fachliche Qualität des Unterrichts ist maßgeblich bestimmt von sozialen Parametern auf der persönlichen Ebene, die motiviertes Lernen überhaupt erst möglich machen.

Aufgabe 5
S. 96

Gegebenenfalls sind die Schülerinnen und Schüler darauf hinzuweisen, dass sie die Namen ihrer eigenen Lehrer aus dem Spiel halten sollten. Auf diese Weise wird die Diskussion in eine sachliche Richtung gelenkt, persönliche Vorlieben sollten weniger wichtig sein. Methodisch könnten die Schüler in Kleingruppen auf Plakaten arbeiten. Sind die Gruppen gleich groß, kann die anschließende Präsentation in Form der „Galerie"-Methode vonstatten gehen. Dafür werden die Plakate an den Wänden des Klassenraums fixiert. Jede Gruppe zählt sich nun durch, z. B. von Eins bis Fünf. Nun werden die Gruppen neu gemischt: Alle Einser treffen sich vor einem ihnen zugeteilten Plakat, alle Zweier usw. Auf diese Weise steht immer nur ein Schüler vor dem Ideenstern-Plakat, der es kennt, weil er es mit erarbeitet hat. Diesem Schüler/dieser Schülerin kommt nun die Aufgabe zu, die Gruppenergebnisse kurz, z. B. in zwei Minuten, zu präsentieren. Auf ein (akustisches) Signal der Lehrperson wandert nun jede Gruppe geschlossen zum nächsten Plakat im Uhrzeigersinn. Der Vorgang wiederholt sich solange, bis alle Arbeitsergebnisse vorgestellt sind. Im Gespräch sollten nun Gemeinsamkeiten und Unterschiede diskutiert und an der Tafel festgehalten werden.

Aufgabe 6
S. 97

Aufgabe 6 fordert ein strategisches Nachdenken darüber ein, wie in Folge mit den Ergebnissen des Ideensterns systematisch weiterzuarbeiten ist. Dabei muss es um die Art und Weise der Auswertung des Ideensterns gehen. So könnten z. B. ähnliche Begriffe farblich markiert werden.

Aufgaben 7 und 8
S. 97

Ein möglicher Oberbegriff wäre „Schüleraktivität" oder „Methodenvielfalt". Aufgabe 8 fordert erstmalig ein schriftliches Ausformulieren der Gedanken zum Thema ein. Dabei sollte nicht sofort losgeschrieben werden, sondern es sollte in Gruppen vorab überlegt werden, wie man hier am besten vorgeht, also z. B. in welcher Reihenfolge bestimmte Merkmale eines guten Lehrers/einer guten Lehrerin angebracht werden sollten.

Aufgabe 9
S. 98

Die Schülerin betont den Aspekt der Gerechtigkeit. Dabei kommt sie anfangs notgedrungen auf das zentrale Problem im Schüler-Lehrer-Verhältnis zu sprechen: auf die Notengebung. Anhand eines Beispiels erläutert sie durchaus differenziert, wann schriftliche Noten gerecht bzw. ungerecht sein können. Das Beispiel wird im zweiten Absatz auf die mündliche Benotung ausgeweitet. Auch hier wird differenziert argumentiert, indem die Qualität einer mündlichen Aussage höher bewertet wird als die Menge des Gesagten. Insgesamt wird der Aspekt der Gerechtigkeit demnach in unterschiedliche Bereiche unterteilt.

Aufgaben 10 u. 11
S. 98

Die prinzipiell gelungene Vorlage der Schülerin kann nun von der Lerngruppe genutzt werden, einen anderen wichtigen Sachaspekt herauszugreifen und anhand ausgewählter, anschaulicher und schülernaher Beispiele auszuformulieren. Im Sinne der Aufgabe 11 könnten sich die Zuhörer während der Kurzinformation stichwortartig Notizen machen.

Christiane Tramitz: Ein guter Lehrer (S. 98–99)

Aufgabe 1
S. 99

Der schülernahe Textauszug nennt vor allem folgende Gesichtspunkte, die nach Ansicht der interviewten Schüler zu einem guten Lehrer gehören: Humor, Rücksichtnahme, Anschaulichkeit, Fähigkeit zuzuhören, gute Kleidung, Akzeptanz und Verständnis, Fähigkeit zur Ermunterung, Strenge.

Aufgabe 2
S. 99

Gemeint ist ein Zustand, in dem die Schüler den Lehrer in seiner Rolle akzeptieren, weil er eine fachliche und menschliche Autorität besitzt, die nicht über Strafandrohung und Hierarchie funktioniert. Auf der anderen Seite sollte der Lehrer die Schüler in ihrer individuellen Verschiedenheit wahrnehmen und diese auch berücksichtigen.

Aufgabe 3
S. 99

Die Aufgabe dient der Systematisierung der losen Merkmalssammlung des guten Lehrers zu Beginn des Kapitels. Ausgewählte Texte sollten im Anschluss vor der Klasse vorgelesen und diskutiert werden. Dabei ist grundsätzlich zuerst das Positive herauszustellen, eine Kritik schließt sich an.

Aufgabe 4
S. 100

Die Aufgabe bietet drei unterschiedliche Schreibanlässe an, die sich vom Teilthema „Ein guter Lehrer" bewusst absetzen. Vor Bearbeitung der Aufgaben a) und b) in Einzelarbeit kann gemeinsam der Werkzeugkasten auf S. 100 gelesen und besprochen werden. Neu ist hier vor allem die Anordnung der einzelnen Sachaspekte im Hauptteil, die den Schülerinnen und Schülern deutlich werden sollte. Aufgabe c) kann gut als Hausaufgabe bearbeitet werden. Interessant könnte hier eine Diskussion der möglicherweise unterschiedlichen Einschätzungen eines guten Schülers/einer guten Schülerin sein, die nach den jeweiligen Kurzvorträgen an der Tafel notiert werden könnten.

Tafelbild

Ein guter Schüler ist/sollte haben/besitzt ...

für die Lehrer ...	***für die Schülerinnen und Schüler ...***
– *interessiert,*	– *methodisch flexibel*
– *...*	– *...*

↓

Resümee: ...

Damit ist der Teilbereich des Informierens abgeschlossen. Zum Ende kann mit folgenden Tafelbildern eine Zusammenfassung geleistet werden:

Tafelbild

Was ist guter Unterricht?

Die fünf „Interessantmacher":
- *Methodenvielfalt*
- *aktive Schüler*
- *gute Arbeitsatmosphäre*
- *persönlichkeitsbildender Anspruch*
- *angemessenes fachliches Niveau*

und/oder:

Tafelbild

Was ist guter Unterricht?

Die fünf „Qualitätsverderber":
- *zu häufiger und langweiliger Frontalunterricht*
- *Methodenarmut*
- *Stoff nur um des Stoffes willen*
- *übertriebener Leistungsdruck*
- *zu schnelle Vorgehensweise*

(Vgl.: Wolfgang Mattes: Methoden für den Unterricht, Schöningh Verlag, Paderborn 2002, S. 128)

2. Argumentieren statt behaupten (S. 101 – 103)

Aufgabe 1
S. 102

Der schülerorientierte Dialog thematisiert einen ganz alltäglichen, in jeder Schule denkbaren Konflikt zwischen zwei befreundeten Schülern, Marie und Jakob. Der Lerngruppe sollte im Sinne dieser Aufgabenstellung zuerst ein etwa fünfminütiger Raum zur freien Meinungsäußerung gegeben werden. Diese Phase ist dem hohen Aufforderungscharakter des Dialogs geschuldet. Dabei sollte darauf geachtet werden, dass die Begründungen der Schüler noch nicht zu sehr in die Tiefe gehen, da eine weitergehende Beschäftigung mit den von Marie und Jakob vorgebrachten Argumenten Inhalt der nachfolgenden Aufgaben ist.

Aufgabe 2
S. 102

Die Aufgabe dient dem Zweck, die Schülerinnen und Schüler näher an die Qualität von wertenden Aussagen in Alltagssituationen heranzuführen, indem sie diese hinsichtlich ihrer Überzeugungskraft genauer betrachten. Überzeugend wirken die mit Beispielen und Begründungen versehenen Argumentationen Maries. Weniger überzeugend wirken die Aussagen Jakobs an den Stellen, wo sie über schlichte Behauptungen nicht hinauskommen (Beispiel: „Das ist einfach so").

Aufgabe 3
S. 102

Die Aufgabe kann auch gut in Partnerarbeit bearbeitet werden. Hat die Lehrkraft die Tabelle auf Folie, kann die anschließende Auswertung zentral vor der Klasse vorgenommen werden. Ein Tafelbild ist umständlicher, aber dennoch möglich.

Tafelbild

Argumentationsweise	***Schüleräußerung***	***Eigenes Beispiel***
Bloße Behauptung	*Jakob: „In dieser Situation gab es leider keinen anderen Ausweg für mich, das ist einfach so." (S. 101, Z. 13 f.)*	*„Brasilien wird wieder Fußballweltmeister, daran gibt es nichts zu rütteln."*
Bezug zu einem persönlichen Erlebnis herstellen	*Marie: „Erinnere dich mal an das Graffiti, das jemand im letzten Jahr an die Wand gesprüht hat." (S. 101, Z. 17)*	*„Seit ich einmal beim Sportunterricht zusammengebrochen bin, weil ich nüchtern war, frühstücke ich jeden Morgen ausgiebig."*
Sich auf die Meinung einer anerkannten Person berufen	*Marie: „Frau Müller hat uns damals empfohlen, dass wir uns erst zusammensetzen sollten und dass sich dann derjenige, der es gemacht hat, melden sollte. […] Das war eine gute Idee von Frau Müller." (S. 101 f., Z. 19 ff.)*	*„Dass der Treibhauseffekt katastrophale Folgen für die Menschheit haben wird, bestätigt auch Professor Mommsen von der Universität Mainz."*
Sich auf allgemein gültige Werte wie Friede oder Gerechtigkeit berufen	*Marie: „Du hättest einfach den Mut aufbringen müssen, dich zu melden. Ich finde dein Verhalten mir gegenüber einfach ungerecht." (S. 102, Z. 30 f.)*	*„Konflikte darf man nicht gewalttätig zu lösen versuchen, man sollte sie friedlich austragen."*

Ein abschließender Blick auf die Äußerungen Maries und Jakobs macht deutlich, warum Maries Aussagen als bedeutsamer eingestuft werden dürften. Den Schülerinnen und Schülern sind nun die Begrifflichkeiten der bloßen Behauptung bzw. der Argumentation geläufig. Zur Sicherung sollte der Werkzeugkasten „Argumentieren" (S. 103) abschließend gelesen und besprochen werden.

Aufgabe 4
S. 102

Die Aufgabe ermöglicht eine handlungsorientierte Umsetzung der erlernten Unterrichtsinhalte. In der Gruppe werden so weitere Argumente gesammelt und geordnet, anschließend in der Diskussion vorgetragen und durch Beispiele gestützt. In der Diskussion sollte darauf geachtet werden, dass auch auf die Argumente der anderen wertend eingegangen wird. Das Streitgespräch kann wie eine Pro- und Kontra-Diskussion geführt werden. Eine alternative Methode ist die Fishbowl-Diskussion. Mithilfe des Arbeitsblatts 3, S. 109 müsste dann bei mit der Methode unvertrauten Lerngruppen diese spezielle Form des Gesprächs vorgestellt werden. Wenn in Vorbereitung auf die Pro- und Kontra-Erörterung in der Jahrgangsstufe 9 das Argumentieren in einer Übung vertieft werden soll, kann auf das Arbeitsblatt 4, S. 110 zurückgegriffen werden. Das Arbeitsblatt thematisiert die aktuelle, nahezu jeden Schüler betreffende Frage, ob man in Schulen ein Handy-Verbot durchsetzen sollte oder nicht. Es kann als Hausaufgabe aufgegeben werden.

Weitere Themen, mit denen sich die Schülerinnen und Schüler argumentativ auseinandersetzen könnten, wären:

- Sollte in der Schule auf Noten verzichtet werden?
- Sollte das Tragen von Schuluniformen verpflichtend gemacht werden?
- Machen Hausaufgaben überhaupt Sinn?
- Rauchen erst ab 18 – eine gute Idee?

3. Übungen zum Argumentieren (S. 104–105)

Aufgabe 1
S. 104

Diese Aufgabe wird einzeln bearbeitet. Sie dient der Vertiefung des Gelernten und ermöglicht eine Bearbeitung in individuellem Tempo.

Aufgabe 2
S. 104

Das Thema des ersten Textauszuges ist die Helmpflicht für Fahrradfahrer, unabhängig von ihrem Alter. Als Beleg dient eine Statistik des ADAC. Eine denkbare Frage: Sollten Fahrradfahrer generell einen Helm tragen müssen?
Im zweiten Auszug geht es um das richtige Verhalten vor dem Sport. Eine denkbare Frage: Warum sollte man sich vor einer sportlichen Betätigung aufwärmen? Als Beleg dient hier die Bezugnahme auf ein persönliches Erlebnis.
Eine mögliche Frage zum dritten Auszug könnte lauten: Ist es sinnvoll, schon in der achten Klasse einen Tanzkurs zu besuchen? Wie im zweiten Beispiel wird hier mit dem Bezug auf ein persönliches Erlebnis bzw. das einer bekannten Person argumentiert.
Der letzte Textauszug thematisiert die Frage, ob es sinnvoll ist, sich in einem (Sport-) Verein zu engagieren. Eine denkbare Frage: Sollten junge Menschen einem Sportverein beitreten? Das Argument wird durch persönliche und beispielhafte Erlebnisse gestützt.

Aufgabe 4
S. 104

Die angebotenen Fälle aus dem Magazin der „Süddeutschen Zeitung“ entstammen zum Großteil der unmittelbaren Lebenswelt der Schülerinnen und Schüler. Dabei werden Fragen ausgesprochen, die jeden einzelnen Schüler selbst betreffen können. Alternativ zur Aufgabenstellung kann die Aufgabe auch im Verfassen eines kurzen schriftlichen Kommentars bestehen (Arbeitsblatt 5, S. 111). Die Einforderung einer Erörterung ist jedoch zu komplex und nähme wesentliche Inhalte der Jahrgangsstufe 9 vorweg. Die Arbeitsblätter 6 (S. 112) und 7 (S. 113) beinhalten die originalen Antworten Dr. Erlingers auf die Leserbriefe, die in der „Süddeutschen Zeitung“ unter der Rubrik „Die Gewissensfrage“ abgedruckt werden. Die Arbeitsblätter können an die einzelnen Gruppen während der Erarbeitungsphase ausgeteilt werden. Denkbar ist auch der Einsatz der Arbeitsblätter in einer Podiumsdiskussion (siehe S. 105, Was ihr noch machen könnt). Auf diese Weise erhalten die Gruppen mehr argumentative Grundlagen für das sich anschließende Streitgespräch. Dennoch ist darauf zu achten, dass die Schüler die Antwort Dr. Erlingers nicht unkritisch übernehmen. Daher könnte auch in einer auf die Podiumsdiskussion folgenden Reflexionsphase auf die Antwortschreiben Erlingers zurückgegriffen werden.
Die Arbeitsblätter 8 (S. 114) und 9 (S. 115) können sowohl im Unterricht als auch als Hausaufgabe eingesetzt werden. Der Erfahrung nach zeigen Schülerinnen und Schüler der Jahrgangsstufe 8 durchaus ein reges Interesse an den ihnen hier vorgelegten moralischen Fragen des Alltags.

Eine Karikatur analysieren (1)

Definition

Unter einer Karikatur versteht man eine zeichnerische Darstellungsform, mit welcher der Karikaturist einen Sachverhalt aus Politik, Wirtschaft oder Gesellschaft in einer überspitzten Art und Weise zum Ausdruck bringt und wertend interpretiert. Karikaturen finden sich sehr häufig in Tages- oder Wochenzeitungen.

Frage-Leitfaden für die Analyse von Karikaturen

1. Was stellt der Zeichner oder die Zeichnerin dar?
   → Aussage oder Thema der Karikatur
2. Wie und mit welchen Mitteln (Figuren, Objekten, Symbolen) wird das Thema dargestellt?
   → zeichnerische Elemente
3. Ist aus der Karikatur eine bestimmte Einstellung, Meinung oder Deutung des Zeichners oder der Zeichnerin erkennbar?
   → Tendenz der Karikatur
4. Wie beurteilst du die Aussage der Karikatur?
   → eigene Meinung
5. Welche Fragen ergeben sich für dich aus der Karikatur?
   → weitere Fragen

Aussage/Thema	zeichnerische Elemente	Tendenz der Karikatur	eigene Meinung	weitere Fragen

(Nach: Bundeszentrale für politische Bildung (Hg.): Methoden-Kiste, 2. Auflage, Bonn 2001, S. 5B)

1. Interpretiere mithilfe des Frage-Leitfadens die Karikatur auf S. 96 im Schülerband. Vergleiche deine Ergebnisse mit denen deiner Mitschüler. Diskutiere die Unterschiede.

2. Suche im Internet oder in einer Bücherei nach weiteren Schul- oder Lehrerkarikaturen. Stelle diese deinen Mitschülern vor und erläutere sie mithilfe des Leitfadens. Du kannst auch eine politische Karikatur aus einer Tageszeitung mitbringen.

Eine Karikatur analysieren (2)

Analysiere die Karikatur mithilfe des folgenden Analyserasters.

Aussage/Thema	zeichnerische Elemente	Tendenz der Karikatur	eigene Meinung	weitere Fragen

(Nach: Bundeszentrale für politische Bildung (Hg.): Methoden-Kiste, 2. Auflage, Bonn 2001, S. 5B)

Methode: Fishbowl-Diskussion

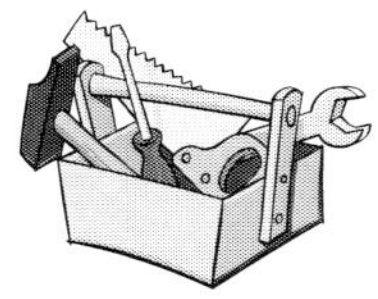

Fishbowl-Diskussion

Definition

In der Fishbowl-Methode diskutiert eine Gruppe vor oder in der Mitte des Raums miteinander, während der Rest der Klasse die Diskutierenden beobachtet und ihnen nach Beendigung Rückmeldungen über ihr Diskussionsverhalten gibt.
Innerhalb der Diskussionsgruppe kann ein Platz unbesetzt bleiben. Teilnehmer aus der Beobachtergruppe können dort Platz nehmen und einen Beitrag in die Diskussion einbringen, zum Beispiel wenn sie eine Frage an einen der Diskussionsteilnehmer richten wollen oder wenn die Diskussion innerhalb der Gruppe stockt.
Fishbowl heißt diese Übung, weil die Diskutierenden vergleichbar den Fischen in einem Aquarium beobachtet werden. Beobachter und Teilnehmer wechseln bei der Durchführung miteinander ab.

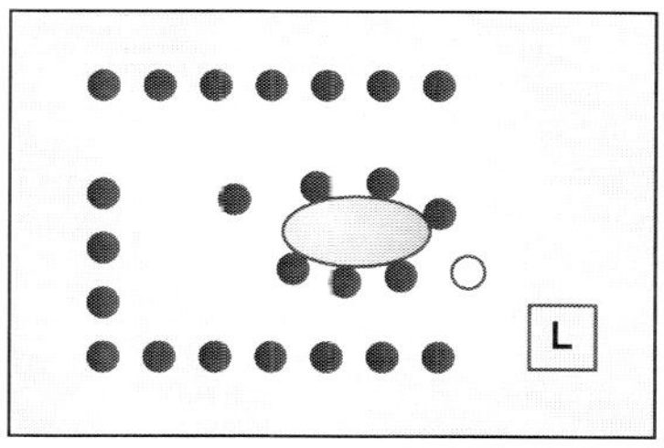

Chancen und Ziele

Bei der Fishbowl-Diskussion geht es weniger um den Inhalt als um die Art und Weise, wie die Teilnehmer miteinander diskutieren. Mit dieser Übung können die Schülerinnen und Schüler ihr Gesprächsverhalten überprüfen. Fisbowl-Übungen dienen dem Training eines angemessenen Diskussionsverhaltens. Im Anschluss daran können Regeln festgehalten werden.
Innerhalb der Diskussionsgruppe kann eine Schülerin oder ein Schüler die Gesprächsleitung übernehmen. Dabei können sie in elementare Formen der Gesprächsmoderation eingeführt werden.
Durch die gezielte Beobachtung kann die nicht aktive Gruppe lernen, wie man sich in einer Diskussion präsentieren muss, um fair, glaubwürdig und überzeugend zu wirken.
Fishbowl-Diskussionen sind gut dazu geeignet, die Beziehungen und die Atmosphäre innerhalb einer Klasse positiv zu beeinflussen.

Beobachtungsbogen

- Schauen die jeweils Sprechenden die Gesprächspartner an?
- Reden sie verständlich?
- Lassen sie andere ausreden?
- Bringen sie überzeugende Argumente vor?
- Gehen sie auf die Argumente des Vorredners ein?
- Bleiben sie beim Thema?
- Respektieren sie andere Meinungen?

Worauf du achten musst, wenn du eine Diskussion leitest ...

- Als Moderator bist du unbeteiligter Dritter.
- Du erteilst das Wort.
- Du lässt alle Meinungen zu.
- Du verbündest dich nicht mit einem der Diskutierenden.
- Du beruhigst die Runde, wenn sie zu laut wird.
- Du bevorzugst und benachteiligst niemanden.
- Du fasst die Diskussionsergebnisse zusammen.

(Aus: W. Mattes: Methoden für den Unterricht, Schöningh Verlag, Paderborn 2002, S. 54)

Argumentieren: „Das Handy in der Schule verbieten? Auf gar keinen Fall ...!“

Anne: Wir haben gerade in der SV den Antrag der Lehrer und Eltern besprochen, das Handy in der Schule zu verbieten. Die wollen verhindern, dass wir in der Schule telefonieren. Wie denkt ihr darüber?

Timo: Das Handy verbieten? Auf gar keinen Fall!

Maik: Ich brauche mein Handy, ohne mein Handy fühle ich mich nackt. Ich weiß gar nicht mehr, wie es sich ohne Handy lebt.

Mara: Naja, so schlimm wird das schon nicht sein. Ich muss zugeben, dass es mich schon nervt, wenn Katharinas Handy regelmäßig im Matheunterricht Töne von sich gibt. Da kann man sich gar nicht richtig auf den Stoff konzentrieren. Ist gerade etwas Wichtiges dran, verpasse ich es und kapiere nichts.

Timo: Das kommt doch wohl eher selten vor. Ich brauche mein Handy, um jederzeit erreichbar zu sein. Es ist ein gutes Gefühl zu wissen, dass meine Eltern und Freunde mich im Notfall immer erreichen können. Außerdem stört eine SMS, die ich im Unterricht schicke, doch nicht die anderen Schüler. Das ist dann doch mein Problem, oder?

Mara: Wenn früher etwas Schlimmes passiert ist, dann wurde man von der Sekretärin informiert, das ging auch ohne Handy. Außerdem strahlen Handys.

Sarah: Ich habe gehört, dass an manchen Schulen Gewaltvideos mit dem Handy aufgenommen und verschickt wurden. Vielleicht wollen die Lehrer diese Möglichkeit der Bloßstellung und Erpressung verhindern ...

1. Notiere, um welche zwei gegensätzlichen Standpunkte es hier geht.

a) Es ist sinnvoll, ______________________________

b) ______________________________

2. Übertrage die Tabelle in dein Heft und notiere stichwortartig, welche Argumente von den Jugendlichen genannt werden. Notiere noch weitere Argumente.

Argumente für das Handy-Verbot:	Argumente gegen das Handy-Verbot:
• Von Handys geht eine gefährliche Strahlung aus .	• ...

3. Kreuze die richtige Lösung an.

Was man beim Argumentieren tun sollte ...		... und was man besser lässt
	den Partner zu überreden versuchen	
	andere Argumente niemals anerkennen	
	seine eigene Meinung zurückhalten	
	den Partner lächerlich machen	
	eigene Argumente sachlich/ruhig äußern	
	eigene Argumente entschieden vertreten	
	Gespräch durch Albernheiten auflockern	
	eigene Argumente überzeugend begründen	

(Nach: Franz Waldherr: Aufsatz 7/8, Schöningh Verlag, Paderborn 2005, S. 98)

Einen Leserbrief verfassen

Beschildern statt Bremsen: Aus Unfällen falsche Schlüsse gezogen

Wachtberg. – Zu Ihrer Meldung „Warnbeschilderung und Kreisel für Wachtberger Höhe beschlossen“ habe ich einige Anmerkungen zu machen. Wie Sie richtig darlegen, sind in die Unfallserie auf der Landstraße zwischen Godesberg und Wachtberg vor allem junge Mofa-Fahrer verwickelt, die vor allem am Wochenende in die Stadt drängen.
Als von der Unfallserie direkt betroffene Anwohnerin kann ich über den Beschluss, einen Kreisel am Ortseingang zu bauen, nur den Kopf schütteln. Wenn als Hauptproblem weniger die steile Abfahrt von der Wachtberger Höhe als das geringe Alter der jungen Moped-Fahrer angesehen wird, so frage ich mich, warum dann nur an der Verkehrsführung herumgedoktert werden soll und nicht am eigentlichen Problem: dem Alter der Moped-Fahrer. Ich möchte betonen, dass ich als Jugendliche vor 40 Jahren selbst gerne und häufig Moped gefahren bin. Damals wie heute war es sehr einfach, die Fahrerlaubnis zu bekommen. Allerdings muss man bedenken, dass sich seither viel getan hat: Es gibt weitaus mehr Autos, das Tempo hat rasant zugenommen, der Fahrer ist viel mehr gefordert. Angesichts dieser veränderten Rahmenbedingungen frage ich mich, warum es heute wie vor 40 Jahren möglich ist, letztlich ohne Führerschein und mit lächerlichen 90 Minuten Einzelunterricht als 15-Jährige/r die Fahrerlaubnis zu erhalten. Eine echte Schulung bzw. Prüfung findet nach wie vor nicht statt.
Ich fordere daher ein Nachdenken über eine neue gesetzliche Regelung für junge Mofa-Fahrer. Weil vielen jungen Menschen heute die nötige Verantwortung und Reife für den Straßenverkehr fehlt, sollte man darüber nachdenken, Mofafahren erst mit 18 Jahren zu erlauben. Außerdem sollte es unbedingt eine intensivere Schulung bzw. richtige Prüfung geben. Jungen Menschen muss man mehr Fehler zugestehen als den Erwachsenen – aber bitte nicht im Straßenverkehr! (Elke Richter)

1. Welche Gründe gibt Frau Richter für ihre Meinung an? Welchen Gründen kannst du folgen? Welchen nicht?

2. Wie ist der Leserbrief aufgebaut? Unterteile ihn in verschiedene Abschnitte und kläre, welche Bedeutung die einzelnen Abschnitte haben. Warum hat die Verfasserin den Leserbrief so aufgebaut?

3. Antworte Frau Richter in einem eigenen Leserbrief, in dem du als Jugendlicher auf ihre kritischen Einwände antwortest und begründet Stellung nimmst. Beachte die Tipps zum Verfassen eines Leserbriefs.

Tipps zum Verfassen eines Leserbriefs

- **Bezug**: Jeder Leserbrief ist eine Art Antwort auf einen in der Zeitung erschienenen Text. Daher muss zu Beginn klar werden, auf welchen Artikel, Bericht oder – wie in diesem Fall – Leserbrief sich dein Leserbrief bezieht.
- **Aufbau**: Die *Einleitung* soll die Aufmerksamkeit des Lesers wecken. Dazu greifst du das aktuelle Ereignis auf. Nutze Formulierungen wie „In dem Artikel wird behauptet, dass …“.
  Im *Hauptteil* begründest du deine Meinung. Um den Denkprozess der Leser anzustoßen, ist es ausreichend, wenn du dich auf einen oder zwei strittige Punkte beziehst. In einem Leserbrief ist kein Platz, das Problem ausführlich zu beleuchten. Bringe daher wichtige Argumente auf den Punkt und schweife nicht zu weit aus, sonst wird der Leserbrief eventuell nicht gedruckt.
  Im *Schlussteil* kannst du eine Folgerung ziehen oder eine Forderung aufstellen.
- **Schreibziel**: Als wichtigstes inhaltliches Kriterium gilt, dass es klar sein sollte, ob du einen Standpunkt kritisierst, ihn unterstützt oder aber ergänzt. Im Leserbrief solltest du „Farbe bekennen“, eine Meinung vertreten, ohne dabei beleidigend zu werden.

Die Antwort auf einen Leserbrief untersuchen (1)

Antwort Dr. Erlingers auf den Leserbrief von Alexander M. (Berlin) (S. 105)

Auf die Gefahr hin, als weltfremd zu gelten: Die Schule dient nicht dem Noten-, sondern dem Wissenserwerb. Folglich sind eigentlich die Schüler des anderen Kurses benachteiligt. Sie lernen weniger. Insofern wäre es sogar moralisch geboten, dagegen etwas zu unternehmen, zumindest in der Theorie. In der Praxis werden eher die Noten als Ergebnis angesehen. Und dann sind sie tatsächlich schlechter dran. So empfinden Sie es und so wird es auch der andere Kurs sehen, sollte sein Nichtstun durch Ihr Zutun ein Ende finden. Auf dieser Basis betrachtet, können Sie aber Ihr Schicksal nicht verbessern, nur das der anderen angleichen, sprich verschlechtern. Ist das zugunsten der Gerechtigkeit notwendig? Man kann wohl davon ausgehen, dass die Zuteilung der Lehrer zu den Kursen letztlich zufällig war. Wenn es aber um Zufälle und nicht um strukturelle Ungerechtigkeiten geht, habe ich eine ganz persönliche Überzeugung, die recht banal klingt: Mal hat der eine Glück und mal der andere. Wenn man das eine Mal Pech hatte, ist es beim nächsten Mal umgekehrt. Wer meint, ewig vom Glück benachteiligt zu sein, sollte vielleicht seine Sichtweise aufs Leben überprüfen. Das Schicksal kann grausam und ungerecht sein, aber bei diesen kleinen täglichen Lotterien haben alle die gleichen Chancen und morgen ist wieder eine Ziehung. Und je weniger Leute versuchen, der anderen zufälliges Glück zu mindern, desto besser geht es allen.

(http://sz-magazin.sueddeutsche.de/index.php?id=gewissensfrage)

1. Fasse Dr. Erlingers Antwort mündlich zusammen.

2. Für wie überzeugend hältst du sie? Begründe.

Antwort Dr. Erlingers auf den Leserbrief von Andreas P. (München) (S. 105)

[...] Natürlich gibt es Erwägungen, die für ein allgemeines Aufstehgebot sprechen, etwa dass Senioren sich den Sitzplatz verdient haben, weil unser Wohlstand auf ihren Leistungen beruht. Andererseits wissen Sie nicht, ob das auf die Person zutrifft, die gerade vor Ihnen steht. Die Frage lässt sich daher am besten pragmatisch lösen. Denn die in Bussen und Bahnen aufgehängte Aufforderung ist sicher kein moralisches Gesetz. Und zudem ist das Vorrecht nicht immer ein Vorteil. Es hat mich beispielsweise nicht wirklich gefreut, als einmal eine junge Frau aufstand, um mir ihren Platz anzubieten. Man kann aber durchaus folgende Regel formulieren: „Den Sitzplatz soll derjenige bekommen, der ihn gerade nötiger braucht.“ Das können mal Sie sein, öfter mal jemand anderer. Denn auch Sie haben sich den Sitzplatz nicht schon dadurch verdient, dass Sie eine Haltestelle früher eingestiegen sind. Deshalb muss man abwägen. Als Mann für eine Frau aufzustehen, ist nicht moralisch geboten, aber charmant. Bei Fahrgästen mit Behinderungen erübrigt sich die Frage. In allen anderen Fällen schauen Sie dem Menschen doch einfach ins Gesicht: Wenn derjenige so aussieht, als bräuchte er den Platz, dann bieten Sie ihn an, egal wie Sie sich fühlen. Wenn nicht, sind Sie kein schlechter Mensch, weil Sie sitzen bleiben, nur wären Sie ein noch besserer, wenn Sie trotzdem aufstünden?

(http://sz-magazin.sueddeutsche.de/index.php?id=gewissensfrage)

3. Fasse die Argumentation Dr. Erlingers mündlich zusammen. Was müsste in der Logik Dr. Erlingers ein gesunder, auf einem Sitzplatz sitzender 60-jähriger Mann tun, wenn ein 6-jähriger Junge mit Gipsbein in den Bus einsteigt?

4. Vergleiche Dr. Erlingers Antwort mit deiner. Wo ähneln sich beide Antworten, wo gibt es Unterschiede?

Die Antwort auf einen Leserbrief untersuchen (2)

Antwort Dr. Erlingers auf den Leserbrief von Sabine W. (München) (S. 105)

[...] Die Verwendung eines Spickzettels ist Betrug und als solcher unmoralisch. Unerheblich ist hier, dass Sie selbst abgeschrieben haben. [...] Auch dass Abschreiben für viele zur Schulzeit gehört wie das Amen in der Kirche, ist keine Entschuldigung. Ebenso wenig die Ansicht, dass intelligentes Spicken höhere Geisteskraft erfordere als stumpfes Lernen [...]. Umgekehrt ist aber auch das Festhalten an Prinzipien problematisch, wenn der Preis zu hoch ist. Mit anderen Worten: Es wäre unmoralisch, Ihren Sohn auf dem Altar der absoluten Moral zu opfern. Das könnte hier der Fall sein, falls sich die weitere Schullaufbahn Ihres Sohnes tatsächlich an dieser einen Klausur entscheidet – und nicht an der Tatsache, dass er insgesamt überfordert ist. Deshalb sollten Sie zuallererst versuchen, ihn redlich zu unterstützen, zum Beispiel durch Nachhilfestunden. Wenn die Klausur allerdings schon morgen geschrieben wird, sollten Sie in den sauren Apfel beißen und die Verwendung des Spickzettels tolerieren. Denn Sie werden Ihren Sohn nicht auf den rechten Pfad führen, indem Sie ihn die Erfahrung machen lassen, dass er mit Moral schlechter fährt als ohne. Wenn Sie Ihrem Sohn richtiges Verhalten zeigen wollen, halten Sie sich lieber an die Höchstgeschwindigkeit, wenn er mit im Auto ist. Das sichert seine moralische Zukunft wahrscheinlich ähnlich effektiv.

(http://www.sz-magazin.sueddeutsche.de/index.php?id=gewissensfrage)

1. Fasse Dr. Erlingers Antwort mündlich zusammen.

2. Für wie überzeugend hältst du sie? Begründe.

Antwort Dr. Erlingers auf den Leserbrief von Werner O. (Münster) (S. 105)

Unabhängig von der Überlegung, was eine rote Ampel juristisch gesehen genau ist, sind wir uns sicher einig, dass Sie ein Gesetz übertreten, wenn Sie bei Rot weiterfahren. So, wie Sie es schildern, besteht dabei weder die Gefahr, andere zu schädigen, noch selbst erwischt zu werden; es geht bei Ihrem recht praktischen Problem also um die abstrakte Frage, ob es per se unmoralisch ist, das Gesetz zu brechen. Diese Frage hat schon die antiken Philosophen beschäftigt. Sokrates ging in den Tod, nur um die Gesetze zu befolgen, denn sonst könnten ihn diese [...] zur Rede stellen: „Sage mir, Sokrates, was lässt du dir einfallen zu tun? Glaubst du an die Möglichkeit, dass ein Staat noch Bestand habe und vor dem Untergang bewahrt sei, in welchem die einmal gefällten gerichtlichen Urteile keine Kraft mehr haben, sondern von Unberufenen wirkungslos gemacht und vernichtet werden?" In jüngerer Zeit formulierte der Mainzer Rechtsphilosoph Norbert Hoerster, dass eine funktionierende Rechtsordnung, als Gegensatz zur Anarchie, im Interesse aller liegt. Von Sonderfällen wie dem gesetzlichen Unrecht unter Hitler abgesehen, ist also eine Handlung falsch, die das Recht verletzt. Was nicht ausschließt, dass sie aus anderen Gründen richtig, vielleicht sogar geboten sein kann – Gründe, die ich bei Ihrem Rotlichtradeln aber nicht erkennen kann. Jetzt könnten Sie freilich entgegnen, dass Sie weder Sokrates sind noch ein Diplom in Rechtsphilosophie erwerben, sondern ganz einfach nur nach Hause radeln wollen. Und dass Sie tief in der Nacht ganz sicher niemanden gefährden und auch kein schlechtes Vorbild für Kinder sind. [...] Und wenn Sie das tun, fällt mir kein zwingendes Argument mehr ein, warum Sie ein schlechtes Gewissen haben müssten.

(http://www.sz-magazin.sueddeutsche.de/index.php?id=gewissensfrage)

3. Versuche, deinem Sitznachbarn die Argumentation Dr. Erlingers zu erläutern.

4. Im Dritten Reich haben einige wenige mutige Menschen gegen Hitlers Regime gekämpft. Dabei haben Sie natürlich gegen die damals gültige Rechtsordnung verstoßen. Wie würde Dr. Erlinger diesen Gesetzesverstoß beurteilen? Wie beurteilst du dies?

Einen Leserbrief untersuchen (1)

Die Gewissensfrage

Unsere kleine Tochter hat ein Pony und wünscht sich sehnlichst ein Foto aus der Zeit, als es noch ein Fohlen war. Nun habe ich den Züchter angerufen. Er will nachschauen und ich habe ihm gesagt, wenn er kein Foto von unserem Pony hat, dann soll er mir einfach eines schicken, das so ähnlich aussieht. Meine Familie findet, das sei Betrug; ich meine, es ist eine harmlose Schwindelei. Niemand wird beleidigt oder verletzt und unsere Tochter hat ihr Foto. Aber so ganz wohl fühle ich mich doch nicht dabei.

(Klaus K., Düsseldorf)

(http://sz-magazin.sueddeutsche.de/index.php?id=gewissensfrage)

1. Wie denkst du über diesen Fall? Darf Herr K. ein falsches Foto verwenden? Verfasse einen kurzen Antwortbrief an Herrn K., in dem du ihm begründet deine Meinung erläuterst.

____

____

____

____

____

Antwort Dr. Erlingers auf den Leserbrief von Klaus K.

[...] Letztlich entscheidet sich für mich alles an einem Wort: Respekt. Manchmal mag es buchstäblich kinderleicht erscheinen, ein Kind zu betrügen, aber gerade deshalb sollte man es nicht tun. Respekt vor anderen zeigt sich vor allem dort, wo es leicht wäre, ihn nicht zu zollen; nicht beim Mächtigen, sondern beim Verwundbaren. Natürlich kann man argumentieren, Ihnen liegen die Gefühle Ihrer Tochter besonders am Herzen, deshalb wollen Sie auf alle Fälle ein Foto organisieren. Ich sehe es jedoch genau umgekehrt: Letztlich ist Ihnen der Wunsch Ihrer Tochter, was seinen Inhalt betrifft, ziemlich egal; Sie wollen ihn nur scheinbar erfüllen, die Kleine nur glücklich sehen. Allein, das ist in erster Linie Ihr Wunsch, nicht der Ihrer Tochter. Ich gebe zu, das ist eine recht theoretische Betrachtung und in der Praxis häufig nur schwer umsetzbar. Hier aber scheint mir das möglich und durchaus geboten, wenn Sie Ihre Tochter als eigenständigen Menschen mit eigenständigen Wünschen respektieren wollen. Wer damit anfängt, seinem Kind falsche Fotos unterzujubeln, um alle glücklich zu machen, schickt es am Ende in die Mini Playback Show, damit sich alle amüsieren.

(Dr. Rainer Erlinger)

(http://sz-magazin.sueddeutsche.de/index.php?id=gewissensfrage)

2. Lies dir die Antwort Dr. Erlingers durch. Markiere unverstandene Wörter oder Aussagen. Versuche, diese mit deinem Sitznachbarn zu klären. Erläutere die Antwort des Philosophen mündlich, beachte vor allem seine Begründungen.

3. Vergleiche deine Antwort mit der Dr. Erlingers. Wo liegen Gemeinsamkeiten, wo die Unterschiede? Hat dich die Antwort des Philosophen überzeugt?

4. Kannst du dich an Vorfälle erinnern, bei denen deine Eltern ganz ähnlich vorgegangen sind? Berichte davon.

Einen Leserbrief untersuchen (2)

Die Gewissensfrage

Es kommt vor, dass ich mich als Lehrer beim Addieren von Punkten verzähle und ein Schüler deshalb eine bessere Note als verdient erhält. Wenn er mich dann auf den Fehler hinweist, stelle ich ihn vor die Wahl, ob er die bessere Note behalten will oder ob ich seine echte Leistung bewerten soll. Ich bin mir aber nicht sicher, ob mein Angebot überhaupt fair ist. Weil nicht selten Schüler dann die verdiente (schlechtere) Note wählen, könnte es sein, dass der moralische Druck für andere zu hoch ist, um sich für die bessere, aber leistungsmäßig unverdiente Note zu entscheiden.

(http://sz-magazin.sueddeutsche.de/index php?id=gewissensfrage)

1. Ist dir in deiner Schulkarriere auch schon einmal so etwas passiert? Erzähle davon. Wie hast du dich verhalten?

2. Wie denkst du über die Frage des Lehrers? Darf er das Angebot – die Schüler wählen sich ihre Note selbst aus – überhaupt stellen? Verfasse einen kurzen Antwortbrief, in dem du begründet deine Meinung erläuterst.

Antwort Dr. Erlingers auf den Leserbrief

Die einfachen Ziffern Eins bis Sechs scheinen zu komplexen Zahlen zu mutieren, wenn sich neben dem Schüler auch der Lehrer verrechnet hat. Nun müssen die Folgen von dessen Fehler analysiert werden, um einen moralischen Notenschlüssel zu erhalten. Dabei sollen Gleichbehandlung und Ehrlichkeit integriert werden. Im Sinne der Gleichbehandlung müsste die Note angepasst werden; die Ehrlichkeit wird dagegen besser gefördert, wenn die Zensur bleibt, weil die Schüler ermutigt werden, nachträglich entdeckte Fehler offenzulegen, statt sie zu verheimlichen. Gebührt einem Vorrang? Dahinter stehen zwei grundlegende ethische Werte: Gerechtigkeit und Wahrheit. Bei Platon [...] findet man einerseits [...], dass die Wahrheit „allen Gütern für die Götter, für die Menschen vorangeht", andererseits lässt er [...] Sokrates über die Gerechtigkeit sagen, sie „gehört zu dem Schönsten, nämlich zu dem, was sowohl um seiner selbst willen wie wegen der daraus entspringenden Folgen von jedem geliebt werden muss, der glücklich werden will." Moralisch geht also weder Wahrheitspunkt vor Gerechtigkeitsstrich noch umgekehrt, die Frage bleibt [...] eine pädagogische; in dieser Hinsicht haben meine Recherchen ergeben, dass erfahrene Lehrer meist die bessere Note belassen, obwohl schulrechtlich auch das Gegenteil möglich wäre. Schließlich die Wahlmöglichkeit. Ich halte sie nicht für unfair, im Gegenteil, mir gefällt die Idee. Trotz allen Drucks von außen lassen Sie den Schülern mehr autonome Entscheidung. Vor allem aber „zwingt" hier eine Rechenaufgabe zur Auseinandersetzung mit Gerechtigkeit und Wahrheit, Gruppendruck und persönlichem Vorteil, letztlich auch mit Freiheit und Eigenverantwortung. Das jedoch kann ich aus ethischer Sicht nur begrüßen.

(Dr. Rainer Erlinger)

(http://sz-magazin.sueddeutsche.de/index.php?id=gewissensfrage)

3. Lies dir die Antwort Dr. Erlingers durch. Markiere unverstandene Wörter oder Aussagen. Versuche, diese mit deinem Sitznachbarn zu klären. Erläutere die Antwort des Philosophen mündlich, beachte vor allem seine Begründungen.

4. Vergleiche deine Antwort mit der Dr. Erlingers. Wo liegen Gemeinsamkeiten, wo die Unterschiede? Hat dich die Antwort des Philosophen überzeugt?

5. Wie sollten sich Schüler in einer solchen Situation generell verhalten? Begründe.

Leistungsüberprüfung – Selbstevaluation – Klassenarbeit

1. **Sacherörterung**
   - Was zeichnet einen guten Sportler oder eine gute Sportlerin aus? Du kannst eine konkrete Sportart auswählen.
2. **Sacherörterung**
   - Welche Möglichkeiten haben Jugendliche eures Alters, ihre Freizeit sinnvoll zu gestalten?
3. **Argumentation**
   - Du möchtest in den großen Ferien mit deinem Freund oder deiner Freundin eine Radtour unternehmen. Überzeuge ihn oder sie in einem Brief davon.
4. **Argumentation**
   - Du bist Mitglied in einem Sportverein. Überzeuge deinen Freund oder deine Freundin in einem Brief, ebenfalls Mitglied zu werden.
5. **Einen Leserbrief verfassen**
   (s. Arbeitsblatt 5, S. 111)
6. **Eine Karikatur analysieren**
   (s. Arbeitsblatt 2, S. 108)
   - Analysiere (beschreibe und deute) die Karikatur in einem zusammenhängenden Text.

Richtig zu schreiben kann man lernen
(S. 106–127)

Vorüberlegungen zur Einheit

Wie in den Bänden zuvor geht es in dieser Einheit vor allem um das Erkennen relevanter Rechtschreibbereiche und um die Vermittlung von Strategien, wie Rechtschreibprobleme (individuell) gelöst werden können.
Die unterschiedlichen Strategien kommen sowohl den unterschiedlichen Lernertypen als auch den unterschiedlichen Kanälen (visuell, akustisch, kognitiv ...) des Lernens entgegen.

Zentrale Kompetenzen, die mit dieser Einheit geschult werden, sind:
- das Erkennen unterschiedlicher Rechtschreibbereiche („Fehlerschwerpunkte")
- das Lösen von Rechtschreibproblemen durch einfache Verfahren
- die semantische Differenzierung gleichklingender Wörter
- die Berücksichtigung der Grammatik als Hilfe beim Lösen von Rechtschreibproblemen
- der rechtschriftliche Umgang mit Wörtern, die keiner klaren Regelhaftigkeit unterliegen
- die richtige Schreibweise gängiger Fremdwörter

Insbesondere die Arbeit mit dem Wörterbuch sollte begleitend vertieft und somit zu einem festen Ritual im Unterricht oder bei der Hausaufgabenerstellung werden.
Die Einheit sollte nicht als Ganzes in einem Zeitkontinuum bearbeitet werden, sondern es sollten Teile immer dann eingesetzt werden, wenn das Schreiben im Vordergrund steht.
Im Einzelfall kann es auch sinnvoll sein, die Schülerinnen und Schüler selbst auswählen zu lassen, welche Teile sie individuell bearbeiten wollen. Die im Folgenden aufgeführten Lösungen können ihnen dann als Kontrollmöglichkeit in Kopie zur Verfügung gestellt werden.

Didaktische Aufbereitung der Unterkapitel

Aufgabe S. 106

Die abgedruckten Beispiele auf der Auftaktseite verdeutlichen unterschiedliche Funktionen von Fremdwörtern. Vor allem geht es um ihren Gebrauch in fachsprachlichen Zusammenhängen, in der Werbung und in jugendsprachlichen Wendungen.
Bei der Kennzeichnung der unterschiedlichen Funktionen können die Schüler auf die fachsprachliche Präzision und auf die Werbewirksamkeit im Hinblick auf bestimmte Zielgruppen verweisen. Innerhalb der Jugendsprache spielen Fremdwörter (vor allem Anglizismen) auch eine auf Kreativität und Innovation ausgerichtete Rolle.

1. Fehlerschwerpunkte erkennen (S. 107–108)

Johannes Diekhans: Die „schwarze Kunst" – gestern und heute (S. 107–108)

Aufgabe 1 S. 108

Folgende Zuordnungen sind möglich:

– Die Schreibweise lang ausgesprochener, betonter Vokale (Dehnung): Ton, mühselig, praktizierte, zunehmend, nämlich, schwere, Rohmaterial
– Die Schreibung nach kurz ausgesprochenen, betonten Vokalen: Lettern, praktizierte, Handpresse, Lumpen, verdreckt, Umweltbewusstseins

- Die Schreibung von z und k nach l, m, n, r: Holz, begrenzten, schwarzen, ganzen, Infektionskrankheiten
- Die Großschreibung von ursprünglichen Adjektiven und Verben: im Wesentlichen, im Folgenden
- Gleich oder ähnlich klingende Laute und Silben (p oder b, äu oder eu, v oder f, ent- oder end- ...): Entwicklung, Versuche, praktizierte, Handpresse, endlich, Lumpen, Staub, häufig, Umweltbewusstseins, aufwändig (aufwendig) ...
- s-Laute: Handpresse, fast, weiße, anschließend, mussten, Maße, lösten, Umweltbewusstseins
- das oder dass: das, dass
- Zusammen- und Getrenntschreibung: Handpresse, zusammengetragen, Papiermühlen, weiterverarbeitet, aufgrund (auf Grund), zusammengesetzt, fertiggestellt, mithilfe (mit Hilfe),
- Fremdwörter: Lettern, explosionsartige, Materialien, praktizierte, relativ, Exemplare, parallel, Infektionskrankheiten, Recyclingverfahren, Computers, Textverarbeitungssystemen, digitalisiert

Aufgabe 2
S. 108

Hier können Regeln genannt werden, die sich auf unmittelbare Normen aus den bekannten Rechtschreibbereichen beziehen, aber auch solche Verfahren, wie sie auf der Seite 109 aufgelistet sind.

Aufgabe 3
S. 108

Die Schülerinnen und Schüler werden vor allem den Bereich der Fremdwörter nennen, aber auch Wörter wie „fast“.

2. Rechtschreibprobleme durch einfache Verfahren lösen (S. 109–110)

Aufgaben 1 bis 3
S. 109 f.

Die Übungen dienen dazu, die zuvor genannten Verfahrensweisen bewusst anzuwenden und damit für das Schreiben prinzipiell verfügbar zu machen. Beispielhaft sind hier einige Wörter aufgelistet:

- die Schreibweise durch Ableiten und Verlängern des Wortes herausfinden: Grundstein – Gründe ...
- die Bedeutung von Wörtern und Silben unterscheiden: Entwicklung (unbetonte Vorsilbe ent-), endlich/Ende ...
- deutlich sprechen und genau hinhören: dann, weiße ...
- Wortarten unterscheiden: im Wesentlichen, Maße ...
- Merksätze anwenden wie:
  „Nach l, m, n, r, das merke ja, steht nie tz und nie ck“: Holz ...
  „Wer nämlich mit h schreibt, ist nicht ..., hat aber einen Fehler gemacht“: nämlich
  „Gar nicht und überhaupt nicht werden gar nicht und überhaupt nicht zusammengeschrieben“: gar nicht
  „Kurz, betont und einfach, macht oft den Konsonanten zweifach“: dann ...
  „Kannst du dieses, welches, jenes einsetzen, wird *das* mit einfachem s geschrieben“: ... ein Buchdruckergewerbe, das in hohem ...

Gutenbergs Erfindung des Buchdrucks mit beweglichen Lettern bildete den **Grundstein** für eine explosionsartige **Entwicklung** im Buchwesen. Zwar gab es bereits vor Gutenberg ein Buchdruckergewerbe, **das** in hohem Ansehen **stand**. Es gab auch schon Versuche, mit beweglichen Lettern aus Ton und **Holz** zu arbeiten. Diese Materialien waren jedoch zu weich und konnten nur für einen **begrenzten** Zeitraum verwendet werden.

Sehr **mühselig** war das ebenfalls vor Gutenberg praktizierte Verfahren, **ganze** Buchseiten zunächst in **Holz** zu schneiden, um sie **dann** einzeln mit der **Handpresse** zu drucken. Gutenbergs Erfindung machte es **endlich möglich**, eine Seite in relativ kurzer Zeit in fast beliebiger Anzahl zu drucken.
Im 16. Jahrhundert erreichten Bücher bereits Auflagen von bis zu 3 000 Exemplaren, während es zuvor höchstens 200 waren.
Parallel zu dieser „**schwarzen** Kunst" des Druckwesens entwickelte sich **zunehmend** eine „**weiße** Kunst", **nämlich** die Papierherstellung.
Bis ins 19. Jahrhundert dienten vor allem Lumpen, die im **ganzen** Land von Lumpensammlern und **-sammlerinnen** zusammengetragen wurden und **anschließend** in Papiermühlen weiterverarbeitet wurden, der Herstellung von Papier. Im **Wesentlichen** waren es Frauen und Kinder, welche die unsortiert und **verdreckt** angelieferten Lumpen waschen und zerkleinern mussten. Diese Arbeit war in höchstem **Maße gesundheitsgefährdend**. **Staub** und Schmutz lösten **häufig** schwere Infektionskrankheiten aus.
Das Holz **löste** die Lumpen als Rohmaterial für die Papierherstellung ab.
Bereits Ende des 18. Jahrhunderts gab es Versuche, im **Recyclingverfahren** aus gebrauchtem Papier **neues** herzustellen. Diese Verfahren zum **Produzieren** von Papier setzten sich im Folgenden jedoch aufgrund (auch: auf Grund) der enorm hohen Kosten und des **viel** später sich **entwickelnden** Umweltbewusstseins zunächst nicht durch.

3. Auf die Bedeutung achten (S. 111–112)

Aufgabe 1
S. 111

Es handelt sich um die Wörter Stil und Stiel.

Aufgabe 2
S. 111

Als Unterstützung kann in schwächeren Lerngruppen auch das Arbeitsblatt 1, S. 129 eingesetzt werden. In jedem Fall sollte ein Wörterbuch zur Verfügung stehen.

Aufgabe 3
S. 111

Seite: seitenneutral, Buchseite ...
Saite: Gitarrensaite, fünfsaitig ...

Rede: reden, Redebeitrag, Vorrede ...
Reede: Reeder, Reederei, Reedereiflagge ...

Lid: Augenlid, Lidstraffung, Schlupflid ...
Lied: Volkslied, Liederbund, Liedtext ...

Mine: Goldmine, Kugelschreibermine, Minensuchboot ...
Miene: Mienenspiel ...

lehren: Lehrerin, Lehrstuhl, gelehrt ...
leeren: Leergut, leer, entleeren ...

malen: Malerkittel, anmalen, Malerin ...
mahlen: gemahlen, Mahlgang, Mahlgut ...

Bote: Botengang, Postbote ...
Boote: ausbooten, Ruderboot, Bootsmaat ...

wider: Widerstand, widerlich, widersprechen ...
wieder: Wiederholung, wiederkommen, Wiederverwendung ...

Jagd: jagen, Jagdschein, Jagdaufsicht ...
Jacht (auch Yacht): Jachthafen, Segeljacht, Jachtclub ...

selig: Seligkeit, seligsprechen, Seligpreisung ...
seelisch: Seele, seelenverwandt, Seelenheil ...

Waage: Obstwaage, Waagebalken, Waagemeisterin ...
Wagen: Kinderwagen, Wagentür, Lastkraftwagen ...

Aufgabe 4
S. 111

- Stäbe, die beim Stabhochsprung benutzt werden, bestehen in der Regel aus Glas**fiber**.
  Bei einer Körpertemperatur von über 38° C spricht man von **Fieber**.
- Es gibt Menschen, die sich nur sehr vorsichtig auf eine **Waage** stellen, weil sie glauben, dann nicht so schwer zu sein.
  Wer im Herbst in der Dunkelheit mit dem **Wagen** unterwegs ist, muss mit Wildwechsel rechnen.
- Im Mittelalter wurden sogenannte Minnelieder, in denen Ritter ihre Liebe zu einer höhergestellten Frau besangen, mit **Saiten**instrumenten begleitet.
  In einer Druckerei wird nicht jede Buch**seite** einzeln gedruckt, sondern es werden nach einem bestimmten System meistens 16 **Seiten** zu einem Bogen zusammengefasst.
- Das **Lid** ist ein Teil des Auges und dient dem Schutz des empfindlichen Augapfels.
  Eine bekannte deutsche **Lieder**sammlung aus dem 19. Jahrhundert trägt den Titel „Des Knaben Wunderhorn".
- Wer Getreide selbst in einer Mühle **mahlt** und für ein leckeres Müsli benutzt, ernährt sich sehr gesund.
  Leonardo da Vinci war nicht nur **Maler**, sondern auch Bildhauer und genialer Erfinder.
- Wer sich in Modefragen nicht um die Meinung anderer kümmert, hat seinen individuellen **Stil** gefunden.
  Wusstest du, dass es Eis am **Stiel** seit dem Jahre 1905 gibt? Durch Zufall entdeckte es ein amerikanischer Junge, der ein Getränk mit einem Rührstab im Winter über Nacht auf der Veranda vergessen hatte. Später ließ er sich diese „Entdeckung" patentieren.
- In Aachen wird jährlich zur Karnevalszeit der „Orden **wider** den tierischen Ernst" verliehen.
  Wahrscheinlich wird in diesem Jahr **wieder** ein Politiker oder eine Politikerin ausgezeichnet.
- Auch in Deutschland gab es früher Gold- und Silber**minen**, die manchmal heute noch besichtigt werden können, aber nicht mehr in Betrieb sind.
  Wer gute **Miene** zum schlechten Spiel macht, wie ein Sprichwort besagt, muss sich gut beherrschen können.
- Vor einer **Wahl** machen die Parteien mit großformatigen Plakaten auf sich aufmerksam.
  Der **Wal** ist kein Fisch, sondern ein Säugetier, das vom Aussterben bedroht ist.
- Völlig erschöpft überbrachte der **Bote** die Nachricht vom Sieg des griechischen Heeres.
  Während **Boote** früher aus Holz gefertigt wurden, verwendet man heute überwiegend Kunststoffe.
- In der katholischen Kirche können Personen, die etwas Besonderes für ihre Mitmenschen geleistet haben, **selig**gesprochen werden.
  Das Fremdwort für das Adjektiv **seelisch** lautet psychisch.

4. Auf die Wortart achten (S. 113–117)

-tum, -heit, -keit … (S. 113)

Aufgabe 1 (oben) S. 113

Es handelt sich um die Wortart Nomen/Substantiv

-tum	-heit	-keit	-nis	-schaft	-ung	-sal	-chen	-el
Reich**tum** Eigen**tum**	Frei**heit** Rein**heit**	Einig**keit** Gerechtig**keit**	Hinder**nis** Verhält**nis**	Mann**schaft** Errungen**schaft**	End**ung** Hand**lung**	Schick**sal** Trüb**sal**	Mäus**chen** Kind**chen**	Ärm**el** Himm**el**

-ig, -lich, -isch, -bar … (S. 113)

Aufgabe 1 (unten) S. 113

Es handelt sich um die Wortart Adjektiv.

Aufgabe 2 S. 113

das Kind – kind**lich**/kind**isch** – eine kindliche Zeichnung, ein kindisches Verhalten
der Himmel – himml**isch** – ein himmlisches Vergnügen
die Dauer – dauer**haft** – eine dauerhafte Reparatur
die Veränderung – veränder**lich** – eine veränderliche Wetterlage
die Sache – säch**lich** – das sächliche grammatische Geschlecht
der Fehler – fehler**haft** – ein fehlerhafter Text
der Mann – männ**lich** – männliche Verhaltensweisen
die Mühe – müh**sam** – eine mühsame Klettertour
das Leben – lebend**ig** – ein lebendiger Gedichtvortrag
die Pracht – prächt**ig** – prächtiges Wetter
der Narr – närr**isch** – närrische Gedanken
die Diebin – dieb**isch** – eine diebische Elster
die Krankheit – krank**haft** – ein krankhaftes Verhalten
das Schweigen – schweig**sam** – schweigsame Schüler
der Riese – ries**ig** – ein riesiger Berg an Arbeit
die Macht – mächt**ig** – ein mächtiger Wirbelsturm
das Weib – weib**lich**/weib**isch** – das weibliche Geschlecht, ein weibisches Verhalten
der Berg – berg**ig** – eine bergige Landschaft
der Regen – regner**isch** – regnerisches Wetter
der Winter – winter**lich** – eine winterliche Landschaft
das Salz – salz**ig** – das salzige Meerwasser
die Eile – eil**ig** – eine eilige Entscheidung
die Trennung – trenn**bar** – trennbare Wortverbindungen
der Traum – traum**haft**/träumer**isch** – ein traumhafter Strand, träumerische Kinder
die Rose – ros**ig** – rosige Aussichten
die Luft – luft**ig** – luftige Kleidung
die Süße – süß**lich** – ein süßlicher Geschmack

Nominalisierungen/Substantivierungen (S. 114)

Aufgabe 1 S. 114

Vor den nominalisierten/substantivierten Formen stehen oder könnten z. B. stehen:
- ein Artikel
- eine Präposition mit eingeschlossenem Artikel

- ein Adjektiv
- eine unbestimmte Mengenangabe wie nichts, viel, alles ...

Aufgabe 2
S. 114

- Er lebt nicht im **H**ier und **J**etzt, sondern im **G**estern.
  Ich habe dich **g**estern vermisst, deshalb müssen wir die Angelegenheit nun **h**ier und **j**etzt klären.
- Er war der **E**inzige, der die Aufgabe lösen konnte.
  Dieses ist die **e**inzige Frage, die ich nicht beantworten kann.
- Die **f**olgende Etappe wird ganz bestimmt sehr schwer.
  Es geht im **F**olgenden um eine Beschreibung der Wegstrecke.
- Beim **B**eschreiben eines Textes muss man sich genau die sprachliche Gestaltung ansehen.
  Der erste Abschnitt der Kurzgeschichte lässt sich folgendermaßen **b**eschreiben.
- In einer gut organisierten Gruppe kommt es auch auf den **E**inzelnen an.
  Die **e**inzelnen Abschnitte unterscheiden sich in der Länge und der Darstellungsweise.
- Der Vorschlag fand **a**llgemeine Zustimmung.
  Im **A**llgemeinen ergeben sich daraus keine Probleme größerer Art.
- Im **G**roßen und **G**anzen bin ich mit der Arbeit zufrieden.
  Mit einer **g**roßen Schaufel kann man keine **g**anzen Berge abtragen.
- Insgesamt **z**wei Wochen habe ich an der Hausarbeit gesessen.
  Die **Z**wei haben sich das Ja-Wort noch nicht gegeben.
- Für mich gibt es kein **O**ben oder **U**nten, es sind alle gleichwertig.
  Wenn du **o**ben bist, lässt du den Korb mit der Seilwinde nach **u**nten.
- Der vorliegende Text muss, **w**enn er geschrieben ist, in jedem Fall **a**ber noch überarbeitet werden.
  Ohne **W**enn und **A**ber stimmte er der Vereinbarung zu.
- Der Schüler kam bei dem Vergleichswettkampf als **A**chter und damit **V**orletzter ins Ziel.
  Beim Wettkampf belegte die Schülerin den **a**chten und damit **v**orletzten Platz.
- Die Pferdezucht war sein **E**in und **A**lles.
  Wenn er **e**in spannendes Buch las, vergaß er **a**lles um sich herum.

Mal und -mal (S. 115–116)

Aufgabe 1
S. 115

- Die Schauspielerin erhielt die Auszeichnung **zum dritten Mal**.
- Hast du schon **einmal** ein Murmeltier gesehen?
- Wer **dreimal/drei Mal** hintereinander eine Sechs würfelt, hat das Spiel gewonnen.
- Werde ich dich **jemals** wiedersehen?
- Er hatte es **etliche Male** versucht, sie telefonisch zu erreichen, jetzt sollte es **das letzte Mal** sein.
- **Viermal/vier Mal** erschien die Annonce in der Zeitung, aber niemand meldete sich darauf.
- Wenn du den Vortrag des Gedichts noch **ein paar Mal** übst, klappt es bestimmt.
- Die Turnhalle ist **ein für alle Mal** geschlossen und wird auch nicht renoviert, sondern abgerissen.
- **Diesmal** werde ich bestimmt an deinen Geburtstag denken.
- Wenn die Läufer den Brunnen **sechsmal/sechs Mal** passiert haben, wird die letzte Runde eingeläutet.

Aufgabe 2
S. 115

Bücher im Mittelalter (S. 115–116)

Im Mittelalter radierte man **manches Mal** ganze Bücher wieder aus. Das geschah aus **Sparsamkeit**. Bücherseiten bestanden im **Allgemeinen** aus sehr teurem Pergament, das aus Tierhäuten gewonnen wurde. Papier kannte man **damals** noch nicht. Wenn man kein frisches Pergament kaufen konnte oder wollte, wurden alte Bücher herangezogen, die man nicht mehr zum **Lesen** und wissenschaftlichen **Arbeiten** brauchte. Die Tinte wurde **sorgsam** von den beschriebenen Seiten abgekratzt, sodass diese wieder von Mönchen beschrieben werden konnten.
Gebildete Mönche waren im Mittelalter beinahe die **Einzigen**, die **lesen** und **schreiben** konnten.

Der „Diktator" (S. 116)

Bücher wurden im Mittelalter, also vor der Zeit Gutenbergs, handschrift**lich** vervielfältigt. In den Klöstern gab es gebildete Mönche, die in **oftmals** ungeheizten Schreibsälen an extra ausgestatteten Plätzen arbeiteten und vorliegende Bücher kopierten.
Es gab jedoch auch die **Möglichkeit**, dass ein Mönch von einer erhöhten Position aus einen lateinischen Text diktierte. Dieser Mönch wurde „Diktator" genannt. Beim **Aufschreiben** wurden natürlich auch Fehler gemacht. Diese und die individuelle Handschrift der Mönche verliehen den Büchern des Mittelalters neben der oft prächtigen Gestaltung etwas **Einzigartiges**.

dass oder das (S. 116–117)

Aufgabe 1
S. 116

- **Dass** Gutenberg zum „Mann des Jahrtausends" gewählt wurde, weiß beinahe jeder. Weniger bekannt ist jedoch, **dass** er eher arm gestorben ist.
- Das Besondere an dem von ihm entwickelten Druckverfahren war, **dass** in kurzer Zeit beliebig viele Seiten gedruckt werden konnten.
- **Das** erste Buch, **das** er mit seiner Technik druckte, war die Bibel.
- Dazu stellte er sechs Gesellen ein. **Das** kostete ihn sehr viel Geld, so**dass** (so **dass**) er kurz vor der Fertigstellung **das** Projekt in die Hände eines anderen geben musste.
- **Das** war Johann Fust, der ihm das Geld geliehen und dann zurückgefordert hatte.
- So wurde **das** fast fertige Werk, **das** nach Gutenbergs Druckverfahren hergestellt worden war, zunächst mit einem anderen Namen in Verbindung gebracht.

Aufgabe 2
S. 117

Woraus besteht Papier? (S. 117)

Der Grundstoff von Papier ist Holz, **das** aus heimischen Wäldern gewonnen wird. Um daraus Papier zu machen, muss man die Holzfasern zerkleinern und dafür sorgen, **dass** sie aneinanderkleben. **Das** geht so:
Man zerkleinert ganze Baumstämme so, **dass** zwei Zentimeter lange Späne entstehen, die mit Wasser und Chemikalien zu einem Brei verrührt werden. Dieser Papierbrei wird gekocht, gebleicht und wieder gewaschen. Dann zerstampft man **das** Ganze, um die verbliebenen Holzschnitzelchen zu zerkleinern.
In der Papiermaschine wird der Brei noch einmal gemixt und immer weiter getrocknet. Walzen pressen das Wasser, **das** verblieben ist, heraus und drücken die Fasern zusammen. **Das** feuchte Papier wird schließlich getrocknet, aufgerollt und zerschnitten.
Früher wurde Papier mithilfe von Chlor gebleicht, **das** sehr umweltschädlich ist. Deshalb hat man in den letzten Jahren ein Verfahren entwickelt, **das** es möglich macht, Papier zunehmend chlorfrei zu bleichen. **Das** schützt die Natur, die schließlich der Lieferant des Rohstoffs ist, aus dem Papier hergestellt wird.

(Aus: Nikolaus Lenz: Das megadicke Buch der cleveren Antworten, Loewe Verlag, Bindlach 2005, S. 297; Text leicht geändert)

5. Nicht für alles gibt es Regeln – Ausnahmen (S. 118–121)

Die i-Laute (S. 118–119)

Aufgabe 1
S. 118

Die meisten Wörter mit einem lang ausgesprochenen i-Laut werden mit ie geschrieben.

Aufgabe 2
S. 118

Waagerecht: Igel, Krise, Ruine, Klima, Stil, Ski, erwidern, wider, Rosine, Maschine, Musik, Sirup, Silbermine, Biber, Apfelsine, stabil, Bikini, Vampir, Zitrone, Termin, Kantine, exklusiv, Lokomotive, Motiv

Senkrecht: Lid, Brise, Vitamine, Mine, Kamin, Fibel, Mandarine, Gardine, Medizin, Krokodil, Primel, Tiger, Familie, Benzin, Margarine, Kaninchen, Lawine, Bibel, Nische, Biber

Aufgabe 3
S. 119

– eine Südfrucht, kleiner als eine Apfelsine: Mandarine
– er sorgt für Wärme, wenn es kalt ist: Kamin
– lebensnotwendige Teile der Nahrung: Vitamine
– eine Maßeinheit: Liter
– kleine Einbuchtung in einer Wand: Nische
– eine schwierige Situation: Krise
– Vater, Mutter, Kinder: Familie
– saure Zitrusfrucht: Zitrone

Aufgabe 5
S. 119

Mögliche Oberbegriffe (z. T. unterschiedlichen Grades) sind: Technik, Natur, Tiere, Frucht, Gebäude, Lebensmittel ...

Schreibweise nach kurzen, betont ausgesprochenen Vokalen (S. 120 – 121)

Aufgabe 1
S. 120

Folgende Regeln können genannt werden:
– Hört man nach einem kurzen, betonten Vokal nur einen Konsonanten, wird dieser meistens verdoppelt.
– Hört man nach einem kurzen, betonten Vokal zwei oder mehr verschiedene Konsonanten, wird keiner verdoppelt.
– Nach einem kurzen, betonten Vokal werden die Laute k und z meistens nicht verdoppelt. Man schreibt ck bzw. tz.

Heinz Erhardt: Stiche (S. 120)

Aufgabe 2
S. 120

Das Wort Insekt wird trotz kurzen Vokals nur mit einfachem k geschrieben. Häufig ist dieses bei Wörtern, die auf die lateinische Sprache zurückgehen, der Fall.

Aufgabe 3
S. 120

Diaproje**k**tor, Do**k**tor, Inspe**k**tor, Fabri**k**, perfe**k**t, Diale**k**t, Infe**k**t, korre**k**t, Proje**k**t, Republi**k**, Ele**k**tri**k**, Arti**k**el, Dire**k**tor, A**k**tiv, Ta**k**t, Archite**k**tin, Inse**k**t, Obje**k**t, Plusquamperfe**k**t, Di**k**tat, Konta**k**t, Intelle**k**t, Taba**k**, Rea**k**tion, defe**k**t, Konre**k**tor, Refle**k**tor, A**k**t

Aufgabe 4
S. 120

– ungesundes Genussmittel: Tabak
– Leiter einer Schule: Direktor
– Form des Verbs: Aktiv
– sie plant Gebäude: Architektin
– anderes Wort für Arzt: Doktor
– Begleiter eines Nomens: Artikel
– ein grippaler ...: Infekt

Aufgabe 5
S. 120

– Wenn man erfolgreich an einem **Projekt** arbeiten will, muss man gut in der Gruppe kooperieren.

- Springt ein Auto nicht an, ist manchmal die **Elektrik defekt**.
- In manchen Regionen Deutschlands wird **Dialekt** gesprochen.
- Während man früher bei einer Präsentation manchmal einen **Projektor** einsetzte, verwendet man heute immer häufiger einen Beamer.
- Ein anderes Wort für richtig ist **korrekt**.
- Manche Menschen suchen mithilfe einer Anzeige **Kontakt**.
- Der Stellvertreter eines Schulleiters oder einer Schulleiterin trägt den Titel **Konrektor**.
- Wer tanzen kann, der besitzt ein gutes Gefühl für den **Takt**.
- Es ist gesetzlich vorgeschrieben, die Räder eines Fahrrads mit **Reflektoren** auszustatten.
- Ein Schauspiel ist sehr häufig in verschiedene **Akte** eingeteilt.
- Das Gegenteil von Aktion ist **Reaktion**.

Aufgabe 6 S. 121 Hier handelt es sich um Wörter aus anderen Sprachen, die zz und kk besitzen.

Aufgabe 7 S. 121 Mokkatasse, Trekkingrad, Polizeirazzia, Akkutaschenlampe, Akkuaufladegerät, Akkusativobjekt, Pizzasoße, Pizzabäcker, Makkaroniauflauf, Skizzenblock

Aufgabe 8 S. 121 Waagerecht: Galerie, man, Hotel, Kapitel, fit, Hit, mit, Kameradin, Literatur, bis, Job, Balance

Senkrecht: am, Bus, Kamera, Palast, Roboter, Ananas, April

Aufgabe 9 S. 121

Balance	Literatur	Galerie
Ananas	April	Roboter
Kamera	Hotel	Kapitel

6. Von Atmosphäre bis Zylinder – Fremdwörter (S. 122–125)

y – Ein typischer Fremdwortvokal (S. 122)

Aufgabe 1 S. 122 Begleitend sollten die Schülerinnen und Schüler ein Rechtschreibwörterbuch einsetzen, weil sie dort zusätzlich Informationen zur Aussprache erhalten (vgl.: z. B. Zylinder).

y – gesprochen als i	y – gesprochen als ü
Zylinder City Handy happy Hobby Story groggy Pony Party Gully	Zylinder (beide Aussprachen sind möglich) System Zyklop Gyros Dynamo Typ Physiker Pyramide Asyl Gymnasium systematisch Tyrann Mythen Pyjama Symbol Zypern

Aufgabe 2
S. 122

- ohne dieses kommt beinahe kein Schüler mehr aus: Handy
- griechisches Gericht: Gyros
- es steht als Zeichen für einen größeren Zusammenhang: Symbol
- an der Gesamtschule und an ihm kann man das Abitur machen: Gymnasium
- Herrenhut, meistens schwarz: Zylinder
- Grabmal ägyptischer Herrscher: Pyramide
- er bringt die Lampe zum Glühen: Dynamo
- sie ist verliebt, sie ist happy
- und er ist ein toller Typ
- im Moment ist er jedoch ganz schön erschöpft: groggy
- „Zu Dionys, dem Tyrannen ..."
- geteilte Mittelmeerinsel: Zypern
- ein Ganzes, bestehend aus zusammenhängenden Teilen: System
- die Erzählung von Dädalus und Ikarus gehört dazu: Mythen

Aufgabe 3
S. 122

City, Handy, happy, Hobby, Story, groggy, Pony, Party, Gully
Im Gegensatz zum Englischen wird im Deutschen bei der Pluralbildung lediglich ein s an die Singularform angehängt.
Hobby – Hobbys Handy – Handys

c und ch in Fremdwörtern (S. 123)

Aufgabe 1 (oben)
S. 123

Bei den vorliegenden Wörtern wird der Anfangslaut k ausgesprochen.

Aufgabe 3
S. 123

- Café: Kaffeehaus
- Camembert: franz. Käsesorte
- Campingplatz: organisierter Platz zum Zelten
- Cannelloni: gefüllte Röllchen aus Nudelteig
- Caravan: kombinierter Personen- und Lastwagen
- Carport: Unterstellplatz für ein Auto
- Casting: Rollenbesetzung
- clever: schlau, klug
- Clique: Freundeskreis junger Leute
- Clown: Spaßmacher, vor allem im Zirkus
- Coach: Betreuer, Trainer
- Cockpit: Pilotenkabine in Flugzeugen, Fahrersitz in einem Rennwagen
- Computer: Rechner
- Container: Behälter
- cool: kühl, gelassen
- Crashkurs: Schnellkurs, z. B. zum Erlernen des Tanzens
- Creme: Salbe, Süßspeise
- Curry: Gewürzpulver

Aufgabe 4
S. 123

Die Gemeinsamkeit besteht in der gleichen Aussprache, der entscheidende Unterschied in der Schreibweise mit ch, die daraus resultiert, dass der k-Laut in den griechischen Wörtern, denen die Wörter entstammen, mit chi (ξ) transkribiert wird.

Aufgabe 5
S. 123

- Chaos: chaotisch, Chaostage, Chaotin, Chaostheorie ...
- Charakterisierung: Charakter, Charakterstudie, Charakterkopf, charakteristisch ...
- Chronik: chronisch, Chronist, Chronometer, Chronograf ...
- Choral: Chor, Choralgesang

Aufgabe 6
S. 123

- **Christina** wohnt in Sachsen, und zwar in **Chemnitz**.
- In ihrem Zimmer herrscht großes **Chaos**, weil sie niemals aufräumt.
- In ihrer Freizeit singt sie in einem gemischten **Chor**, der gerade einen **Choral** einübt.
- Würde man eine **Charakterisierung** über sie schreiben, müsste man von einigen Widersprüchen berichten.
- Ihr Freund **Christian** wohnt ebenfalls in Chemnitz.
- Er hat von seinem Großvater eine uralte **Chronik** geschenkt bekommen, die sehr kostbar ist.
- **Christian** stört das **Chaos**, das in **Christinas** Zimmer herrscht, sehr. Aber Ordnung schaffen muss sie schon allein.

ph – rh – th in Fremdwörtern (S. 123–125)

Aufgabe 1 (unten)
S. 123

Die meisten Begriffe stammen aus dem Griechischen. Ph, rh, th entsprechen den Buchstaben Phi (φ), Rho (ρ) und Theta (θ).

Wörter mit ph	Wörter mit th	Wörter mit rh
Prophet	Katholik	Rheuma
Atmosphäre	Methode	Rhetorik
Alphabet	Apotheke	Rhabarber
Strophe	Labyrinth	Rhodos
Philosophie	Thermosflasche	Rhombus
Physik	Sympathie	Rhinozeros
Triumph	Thema	
Apostroph	Rhythmus	
Paragraph	Bibliothek	
Katastrophe	Thermometer	
Phase	Theater	
	Thermalbad	
	Athlet	
	Theorie	
	Theke	
	Thron	
	Antipathie	
	Kathedrale	
	Diskothek	

Aufgabe 3
S. 124

Methode, Sympathie, Theater, Rhythmus, Athlet, Apotheke, Theorie, Thema, Kathedrale, Diskothek, Thermalbad, Theke, Thron

Aufgabe 4
S. 124

- Atmosphäre
- Strophe
- Alphabet
- Triumph
- Physik
- Philosophie
- Paragraph
- Katastrophe

Aufgabe 5
S. 124

- eine Krankheit, die starke Gelenkschmerzen erzeugt: Rheuma
- eine griechische Insel: Rhodos
- er ist für das Tanzen wichtig (!): Rhythmus

- daraus kann man Kompott machen: Rhabarber
- er sieht aus wie ein Karo: Rhombus
- es ist mit einem mächtigen Horn ausgestattet: Rhinozeros
- ein anderes Wort für Redekunst: Rhetorik

Aufgabe 6
S. 124

mit f geschrieben (neue Form)	**mit ph geschrieben (alte, ebenfalls gültige Form)**
Telefon	Telephon
Geografie	Geographie
Delfin	Delphin
Saxofon	Saxophon
Mikrofon	Mikrophon
Grafik	Graphik
Fotografie	Fotographie
Megafon	Megaphon
Paragraf	Paragraph
Biografie	Biographie
Fantasie	Phantasie

7. Die Silbentrennung (S. 126)

Aufgabe 1
S. 126

Feu-er-lei-ter, An-kunft, Abend-rot, Un-ter-was-ser-ka-me-ra, Atom-ener-gie, Ufer-be-fes-ti-gung, ro-sig, ent-ge-gen-kom-men, fluss-ab-wärts, Ba-de-be-klei-dung, Ro-si-nen-stu-ten, Fei-er-abend

Aufgabe 2
S. 126

Elekt-ro-we-cker (auch: Elek-tro-we-cker), imp-fen, Bun-des-kanz-le-rin, Karp-fen, Baum-gip-fel, hi-naus-lau-fen (auch: hin-aus-lau-fen), da-raus (auch: dar-aus), eif-rig, sechs-ter, Zu-cker-ge-bäck, hi-nauf-ge-hen (auch: hin-auf-ge-hen), be-rück-sich-ti-gen, da-ran (auch: dar-an), Städ-te, wis-pern

Auf die Bedeutung kommt es an

Im Folgenden findest du jeweils zwei Wörter umschrieben, die gleich oder ähnlich klingen. Um welche Wörter geht es? Trage sie ein.

Er ist das größte Säugetier der Weltmeere. ____________________

Sie ist nicht nur für Politiker wichtig. ____________________

Wenn du sie halten willst, benötigst du ein Publikum. ____________________

Das ist der Fachausdruck für einen Ankerplatz vor dem Hafen. ____________________

Wenn der Briefträger sie für dich bereithält, musst du bezahlen. (Zahlungsart per Post) ____________________

Jeder Mensch hat ihn und er steht im Personalausweis. ____________________

Bei den Mädchen hat es manchmal einen Schatten. ____________________

Wo man singt, da lass dich ruhig nieder, böse Menschen haben keine ? (Einzahl) ____________________

Er macht gute ? zum bösen Spiel. ____________________

Darin findet man Gold, Silber, Diamanten und Tinte. ____________________

Eine Medaille hat zwei ____________________

Eine Gitarre hat sechs ____________________

Früher überbrachte er Nachrichten. ____________________

Die Mitglieder des Rudervereins lassen ihre ? zu Wasser. ____________________

Auch sie kommt ohne Wasser nicht aus und auch nicht ohne einen reichen Besitzer. ____________________

Mit grünem Rock, Hund und Gewehr geht er auf die ____________________

So wurde früher ein Brot genannt. ____________________

Und das war einmal eine gängige Bezeichnung für Bauch. ____________________

Den Mülleimer kannst du ____________________

Frau Leonhardt hat es gelernt zu ____________________

„Noch einmal“ oder „zurück“ meint dieses: ____________________

„Entgegen“ oder „gegen“ hingegen jenes: ____________________

Dieser Begriff für einen dunkelhäutigen Afrikaner ist veraltet: ____________________

Es ist auch sehr alt und sehr feucht und manchmal gefährlich: ____________________

Leistungsüberprüfung – Selbstevaluation – Klassenarbeit

Die in dieser Einheit erworbenen Kompetenzen und Kenntnisse sollen für die Schülerinnen und Schüler langfristig und übergreifend einsetzbar sein. Ein Abrufen der Fähigkeiten in Form einer Klassenarbeit wird daher nicht für sinnvoll erachtet.
Zu bedenken ist, dass der Kenntnisstand der Schülerinnen und Schüler letztlich in jeder Klassenarbeit überprüft wird, da mit zunehmendem Alter die richtige Schreibweise ein größeres Gewicht bei der Leistungsbeurteilung findet.
Das erworbene Wissen muss also immer wieder in unterschiedlichen Schreibzusammenhängen angewendet werden.

„Liebste Kitty ...“ – Anne Frank
(S. 128–155)

Vorüberlegungen zur Einheit

Das Tagebuch Anne Franks ist in ca. 55 Sprachen übersetzt worden und hat eine Auflage von mehr als 20 Millionen Exemplaren erreicht. Dadurch ist Anne Frank „[...] in der ganzen Welt zur Symbolgestalt der Leiden des jüdischen Volkes unter dem Terror des nationalsozialistischen Regimes geworden.“[1] Lange Zeit ist Anne Frank ausschließlich als diese Symbolgestalt der Judenverfolgung gesehen worden. Die Forschung hat seit den 80er- und 90er-Jahren einen Schwerpunkt darauf gesetzt, diese Lesart der Tagebücher zu erweitern. Sie bemüht sich, in der Lebensgeschichte und den Tagebüchern Anne Franks nicht nur ein „Fenster zum Holocaust“[2] (van Vree) zu sehen, sondern „sich [...] auf die Person Anne einzulassen“[3] bzw. „dem Mädchen, der jungen Frau und der Schriftstellerin Anne Frank gerecht zu werden“[4]. Ute Hiddemann und Dorothea Waldherr fassen das Anliegen der neueren Rezeption folgendermaßen zusammen: „Wir wollen uns [...] auf die Spur dieses Kindes, dieser jungen Frau begeben und Annes Persönlichkeit im Kontext ihrer Zeit zu erfassen suchen.“[5]

Diesen Zielen wird auch in der vorliegenden Einheit Rechnung zu tragen versucht. In den Teilkapiteln „Das Mädchen Anne Frank“ (S. 130–135) und „Die Tochter Anne Frank“ (S. 145–149) wird das Tagebuch vor allem als authentisch-biografisches Zeugnis, in dem das Mädchen Anne Frank über ihre Person, Entwicklung, Gefühle, Sehnsüchte und Probleme schreibt, vorgestellt. Dabei gewinnen die Schüler sowohl ein Bild von Annes Lebenslauf und der Zeit, in der sie gelebt hat (s. S. 128–129 u. 132) als auch von der Person Anne Franks (s. S. 130–131, 133–135 u. 145–149).
Als exemplarisches Schicksal für die Judenverfolgung während der Zeit des Nationalsozialismus lernen die Schüler das Leben Anne Franks in dem Teilkapitel „Leben unter deutscher Besatzung“ (S. 136–144) kennen. Die historische Situation der Juden während der Zeit des Nationalsozialismus wird hier anhand ausgewählter Tagebucheinträge erarbeitet und das Schicksal Anne Franks vor diesem Hintergrund gedeutet (s. S. 136–139). Ein weiterer Schwerpunkt des Teilkapitels liegt auf den Berichten Annes über das alltägliche Leben der im Hinterhaus Eingeschlossenen. Dabei wird deutlich, welche Ängste und Schwierigkeiten das Leben von Anne und der anderen Untergetauchten prägten.
Im letzten Teilkapitel „Das Anne Frank Haus und die Tagebücher“ (S. 150–154) wird gezeigt, wie das Vermächtnis Anne Franks bis in die Gegenwart gewahrt worden ist. Die Schüler informieren sich über die Arbeit, Geschichte und Ziele des Anne Frank Hauses. Im letzten Teil des Teilkapitels geht es um die Editions-, Veröffentlichungs- und Rezeptionsgeschichte der Tagebücher.

---

[1] Bettina Kümmerling-Meibauer: Anne Frank; in: Jörg Knobloch/Steffen Peltsch (Hg.): Lexikon Deutsch, Kinder- und Jugendliteratur, Autorenportraits und literarische Begriffe, Freising 1988, S. 43
[2] Matthias Heyl: Anne Frank, Hamburg 2002, S. 8
[3] Mirjam Pressler: Ich sehne mich so. Die Lebensgeschichte der Anne Frank, Weinheim/Basel 1992, S. 7
[4] Matthias Heyl, a. a. O., S. 8
[5] Ute Hiddemann und Dorothea Waldherr: Vorwort; in: Johannes Diekhans (Hg.): Anne Frank. Ein Lesebuch, Paderborn 2000, S. 5

Am Ende der Einheit werden zur vertiefenden Weiterarbeit einige Projektideen wie z. B. die Organisation einer Anne Frank Ausstellung vorgestellt. Hier findet sich auch eine Auswahl von Titelbildern verschiedener Jugendbücher über die Zeit des Nationalsozialismus (s. S. 155). Zu Beginn der Einheit könnte an interessierte Schülerinnen und Schüler die Aufgabe verteilt werden, eines dieser Bücher im Laufe der Beschäftigung mit dem Tagebuch Anne Franks vorzustellen. Hilfen für eine Buchvorstellung finden die Schüler im Schülerband P.A.U.L. *D.*7 auf S. 95. Der dort abgebildete Methodenkasten kann den Schülern auch mithilfe von Arbeitsblatt 2, S. 159 zur Verfügung gestellt werden.

Methodisch liegt der Schwerpunkt der Einheit auf der Präsentation der Ergebnisse von Textarbeiten und -untersuchungen mithilfe eines strukturierten Kurzvortrages (s. S. 134). Die Schülerinnen und Schüler erhalten immer wieder in den einzelnen Teilkapiteln den Auftrag, einzelne Tagebucheinträge aspektorientiert zu untersuchen und ihre Ergebnisse in Form eines Kurzvortrages zu präsentieren. Dabei werden die zu untersuchenden Texte und die Analysen im Laufe der Einheit sukzessive umfangreicher. Im Teilkapitel „Die Tochter Anne Frank“ (S. 145–149) wird die Arbeit an den Texten um den Vergleich von Texten erweitert (s. S. 149). Am Ende werden anhand des Sachtextes über die Geschichte der Tagebücher grundsätzliche Methoden des Umgangs mit Sachtexten wiederholt und geübt (s. 154).

Zentrale Kompetenzen, die in dieser Einheit geschult werden, sind:
- Informationen zu kürzeren Redebeiträgen verarbeiten und präsentieren
- Texte untersuchen und/oder vergleichen und die Ergebnisse dieser Textuntersuchungen und -vergleiche angemessen präsentieren
- Textinhalte zusammenfassen
- Fragen zu Texten und deren Gestaltung beantworten
- Strategien und Techniken des Textverstehens (z. B. sinnerfassend lesen, Textaussagen mit eigenem Wissen in Beziehung setzen oder Textaussagen bewerten) anwenden
- längere Sachtexte untersuchen und verstehen
- textimmanente Analyse- und Interpretationsverfahren (z. B. Texte gliedern, wichtige Textstellen sammeln oder Handlungsmotive erklären) anwenden
- den Zusammenhang zwischen Texten, Lebensumständen der Autorin und der Entstehungszeit bzw. des historischen Kontextes untersuchen und verstehen

Zur Vorbereitung des Lehrers bietet der Lexikonartikel von Bettina Kümmerling-Meibauer (s. Arbeitsblatt 1, S. 157–158) in komprimierter Form grundsätzliche Informationen zum Leben Anne Franks, ihrem Werk und dessen Bedeutung.

Als Einstieg in die Beschäftigung mit Anne Frank machen sich die Schülerinnen und Schüler ein erstes Bild vom Leben und Schicksal des Mädchens, indem sie sich mit den Fotos auf der Doppelseite S. 128–129 auseinandersetzen. Die Schüler beschreiben, was auf den einzelnen Fotos zu sehen ist. Dann könnten sie in Partnerarbeit die Fotos chronologisch sortieren, um einen ersten Überblick über Annes Lebenslauf zu gewinnen. Anschließend fassen sie zusammen, was die Fotos über das Leben Annes und die Zeit, in der sie gelebt hat, zeigen. Dabei werden sie vor allem den Gegensatz zwischen der Normalität ihres Lebens bis 1942 und der dann folgenden Zeit der Verfolgung, des Versteckens und der Deportierung herausheben.
Anschließend sammeln die Schüler, was sie über die Zeit des Nationalsozialismus wissen. Erfahrungsgemäß ist es in dieser Phase notwendig, dass der Lehrer einige Begriffe (z. B. Konzentrationslager) erklärt oder Vorstellungen der Schüler (z. B. Hitler verfolgte die Juden, weil sie keine Deutschen waren) richtigstellt.

Alternativ könnte die Lehrperson der Klasse auch den ersten Teil des Tagebucheintrags vom 08. Juli 1942 (Arbeitsblatt 3, S. 160) vor der Beschäftigung mit der Doppelseite vorlesen. Die Schüler klären die beschriebene Situation der Familie Frank (Aufruf der SS/drohende Deportierung/Suche nach einem Versteck ...) und spekulieren über Versteckmöglichkeiten, überprüfen deren Durchführbarkeit und erläutern die damit verbundenen Schwierigkeiten. Danach erfolgt die Beschäftigung mit der Doppelseite S. 128–129.

Didaktische Aufbereitung der Unterkapitel

„... dass ich ein Bündelchen Widerspruch bin" – Das Mädchen Anne Frank (S. 130–133)

Der erste Tagebucheintrag vom 01.08.1944 (S. 130–131), den die Schüler lesen, stellt „das Mädchen Anne Frank" in den Fokus. Die Schülerinnen und Schüler lernen hier Anne als ganz normales fünfzehnjähriges Mädchen kennen. Sie schreibt darüber, wie sie sich wahrnimmt, welche Schwierigkeiten sie im Umgang mit sich selbst und anderen hat und wie schwer es ihr fällt, so zu sein, wie sie selbst gerne sein möchte. Diese typischen Probleme in der Zeit der Pubertät, über die Anne schreibt, werden die meisten Schüler und Schülerinnen aus eigener Erfahrung kennen. Weniger werden sie die Reflektiertheit und Eloquenz, mit der Anne über sich selbst schreibt, nachvollziehen können. Der folgende Sachtext (S. 132) informiert anschließend über den Lebenslauf Annes und über die Zeit, in der sie gelebt hat. Anhand weiterer Tagebuchauszüge (S. 133–135) beschäftigen sich die Schüler dann mit den Gründen Annes für das Führen des Tagebuches und damit, wie sich Annes Einstellung in Bezug auf das Schreiben ihres Tagebuches in den Jahren 1942–1944 entwickelt hat.

Anne über Anne (S. 130–131)

Anne reflektiert in dem Tagebucheintrag vom 01.08.1944 ihr Problem, dass sie sich nach „außen" ganz anders verhält, als sie „von innen" (Z. 69) für sich selbst eigentlich ist. Nach außen ist sie „ein amüsanter Clown" (Z. 28), der alles von der „leichten Seite" (Z. 20) nimmt, „Jungen nachläuft, flirtet" (Z. 79), ausgelassen ist und so tut, als ob ihm „nichts [etwas] ausmacht" (Z. 83). Im Gegensatz dazu fühlt sie sich, wenn sie mit sich – der lieben und stillen Anne – allein ist, ernst, sensibel, verletzlich und nicht oberflächlich. Sie traut sich aber nicht, diese Seite „[in] Gesellschaft" zu zeigen, weil sie Angst hat, dass die anderen sie dann „nicht ernst nehmen" (Z. 55 f.), „lächerlich" (Z. 55) finden oder glauben, sie sei „krank" (Z. 98). Immer wieder verhält sie sich dann so, wie sie es eigentlich nicht sein möchte. Welche „stärkere[n] Mächte" (Z. 87) sie dazu zwingen, kann sie sich selbst nicht richtig erklären. So bleibt sie „‚ein Bündelchen Widerspruch'" (Z. 5) und sucht „nach einem Mittel, um so zu werden, wie [sie] gern sein würde und wie [sie] sein könnte, wenn ... wenn keine anderen Menschen auf der Welt leben würden" (Z. 107–110).

Aufgaben 1 und 2 S. 131 Die Schüler tauschen sich über ihre Eindrücke, die sie aufgrund der ersten Lektüre des Tagebucheintrages über Anne gewonnen haben, aus. Danach untersuchen sie den Text in Bezug auf das, was Anne über sich selbst sagt. Die Textarbeiten zu den in Aufgabe 2 genannten Punkte können arbeitsteilig durchgeführt werden. Die Schüler untersuchen in kleinen Gruppen, wie Anne sich nach außen verhält, wie sie ihrer Meinung nach auf andere Menschen wirkt, wie Anne sich selbst sieht bzw. welche Probleme sie mit sich selbst hat und was sie sich wünscht. Die Ergebnisse der Textuntersuchungen können auf OHP-

Folien oder Plakaten festgehalten werden. Zu folgenden Ergebnissen können die Schüler dabei kommen:

Annes Verhalten nach außen (Tagebucheintrag vom 01.08.1944)

Anne ...
- gibt sich normalerweise „nicht zufrieden mit der Meinung anderer Leute“ (Z. 10–11).
- weiß immer alles „besser“ (Z. 11).
- muss immer „das letzte Wort“ (Z. 11 f.) behalten.
- ist fröhlich, spottet über alles und ist lebenslustig (vgl. Z. 18–19).
- scheint „alles von der leichten Seite zu nehmen“ (Z. 20).
- flirtet unbekümmert und findet auch nichts an einem „Kuss“ (Z. 22) oder einem „unanständigen Witz“ (Z. 22 f.).
- ist ausgelassen wie ein sich „losreißendes Geißlein“ (Z. 75–76).
- „lacht“ (Z. 81), „gibt eine freche Antwort“ (Z. 81–82) und tut so, als ob es ihr „nichts ausmach[e]“ (Z. 83), wenn andere Anstoß an ihrem Verhalten nehmen.
- ist oft „schnippisch“ (Z. 104).
- ...

Wie Anne ihre Wirkung auf andere Menschen sieht (Tagebucheintrag vom 01.08.1944)

Anne glaubt, dass ...
- nur „wenige Menschen [sie] leiden“ (Z. 27) können.
- die anderen sie nur für einen „amüsanten Clown“ (Z. 28) halten, der sie ablenkt und zerstreut.
- dass die anderen sie „nicht ernst nehmen“ (Z. 56–57), sie „lächerlich und sentimental finden“ (Z. 55) oder meinen, sie habe „schlechte Laune“ (Z. 102), wenn sie einmal ernst ist.
- dass sie einen „Ruf eines Mädchen bekommen [habe], das Jungen nachläuft, flirtet, alles besser weiß und Unterhaltungsromane liest“ (Z. 78–80) bzw. oberflächlich ist.
- die anderen eine „schlechte Meinung“ (Z. 90) von ihr haben, von ihr verstört sind, über sie spotten und sie „unsympathisch finden“ (Z. 91–92).
- ...

Wie Anne sich selber sieht und was sie sich wünscht (Tagebucheintrag vom 01.08.1944)

Anne sagt über sich, dass ...
- ihr Verhalten nach außen und ihr inneres Wesen im „Widerspruch“ (Z. 8) stehen.
- sie nach außen nur ihre „leichtere oberflächliche Seite“ (Z. 44) zeigt.
- sie an sich in ihrem Inneren still und ernsthaft sei.
- sie dies aber nur ist, wenn sie mit sich allein ist (vgl. Z. 69–70).
- sie in „Gesellschaft“ (Z. 65) nicht die stille, ernste und nicht oberflächliche Anne sein kann, die sie „gern sein würde“ (Z. 68) und von der sie weiß, dass sie sie auch ist.
- sie darunter leidet, dass sie sich immer wieder „unsagbar viel Mühe gebe, anders zu werden“ (Z. 86), sie es aber nicht schafft.
- sie traurig darüber ist, wie sie auf andere Menschen wirkt (vgl. Z. 90–94).
- sie nach außen nur ihre schlechten Seiten zeigt und ihre guten in sich versteckt (vgl. Z. 105–107).
- ...

⇓

Anne ***wünscht sich***, dass sie einen Weg findet, „um so zu werden, wie [sie) gern sein würde und wie [sie] sein könnte, wenn ... wenn keine anderen Menschen auf der Welt leben würden.“ (Z. 107–110)

Auf der Grundlage dieser Ergebnisse wird die Äußerung Annes, dass sie ein „,Bündelchen Widerspruch'" (Z. 5) sei, gedeutet. Die Schüler erläutern diese Aussage als Klage Annes über ihre innere Zerrissenheit. Die Gegensätze zwischen äußerem Verhalten und innerem Wesen, ihrem jetzigen und ihrem gewünschten Auftreten und dem Wissen, wie sie gern sein würde, und der Unfähigkeit, dies im sozialen Miteinander zu realisieren, lassen Anne sich selbst als ein „Bündelchen Widerspruch" charakterisieren. Zur Zusammenfassung des bisher Erarbeiteten können die Schüler diese Aussage Annes schriftlich erläutern.

Aufgabe 3
S. 131

Im Klassengespräch beurteilen die Schülerinnen und Schüler Annes Aussagen zu sich selbst. Sie tauschen sich darüber aus, was sie positiv oder negativ an Anne wahrnehmen und inwieweit sie sie verstehen können. Anschließend bearbeiten sie einen der beiden Schreibaufträge. Einzelne Arbeiten werden der Klasse vorgestellt. Die Aufgabe, einen Dialog zwischen der „äußeren Anne" und „inneren Anne" zu schreiben, kann auch zur Leistungsüberprüfung gestellt werden.

Frank Radke: Anne Frank und ihre Zeit (S. 132)

Der Sachtext informiert über die wichtigsten Stationen im Leben Anne Franks und über zentrale zeitgeschichtliche Ereignisse, die für Annes Leben bedeutend waren. Am Ende wird kurz die Besonderheit von Annes Tagebuch erläutert.

Aufgabe 1
S. 132

Die Schüler lesen den Text und entnehmen ihm die wichtigsten Informationen zu Annes Lebenslauf und der Zeit, in der sie gelebt hat. Diese halten sie in Form von Stichwortsammlungen, Zeitleisten oder Plakaten fest. Um ihre Ergebnisse strukturiert zu sichern, können die Schüler auch mit Arbeitsblatt 4, S. 161 arbeiten. Folgende Übersicht ist als Ergebnis denkbar:

Anne Frank und ihre Zeit

Jahr/Zeitraum	***Stationen in Annes Leben/Zeitgeschichte***
1929	*Geburt Anne Franks in Frankfurt a. M.*
1933	Machtübernahme Adolf Hitlers u. Judenverfolgungen in Deutschland *Flucht der Familie Frank in die Niederlande nach Amsterdam*
1939	Beginn des Zweiten Weltkrieges: deutsche Truppen überfallen Polen.
1940	Angriff auf die Niederlande und Besetzung durch die deutsche Wehrmacht/Verfolgung und Festnahme von Juden in den Niederlanden/Deportationen von Juden aus den Niederlanden in die Konzentrationslager nach Deutschland
1942	*Drohung der Deportation von Annes Schwester Margot/Familie Frank versteckt sich zwei Jahre zusammen mit einer anderen jüdischen Familie in einem Hinterhaus in Amsterdam.*
1944	*Entdeckung der Versteckten und Verhaftung durch die Polizei/Transport der Familie Frank nach Auschwitz/Anne und Margot werden in das Konzentrationslager Bergen-Belsen überführt.*
März 1945	*Anne und Margot sterben in Bergen-Belsen.*
Mai 1945	Kapitulation der deutschen Armee/Ende des Zweiten Weltkrieges und des nationalsozialistischen Regimes in Deutschland
nach 1945	*Annes Vater, der die Konzentrationslager überlebte, veröffentlicht Annes Tagebuch.*

Aufgabe 2
S. 133

Anhand des Textes tragen die Schüler verschiedene Aspekte zusammen, was Anne Franks Tagebuch auszeichnet, und erläutern sie. Dabei können sie auf Folgendes eingehen:

- Annes Tagebuch zeigt, was den Menschen Anne bewegte: ihre „Ängste und Hoffnungen" (Z. 53), ihre Selbstwahrnehmung, ihre Erfahrungen, ihre Schwierigkeiten mit sich selbst oder „mit ihrer Familie" (Z. 44–45).
- Das Tagebuch ist auch ein Zeitdokument. Es beschreibt das „Leben der Juden [in den Niederlanden] unter der deutschen Besatzung" (Z. 43–44).
- Zugleich ist es ein Erinnerungs- bzw. Gedenkbuch. Es hält die „Erinnerung wach an die Opfer" (Z. 54–55) des Nationalsozialismus. Annes Leben steht „beispielhaft für das von Millionen verfolgter und ermordeter Juden" (Z. 49–51) in dieser Zeit.

Annes Tagebuch (S. 133–135)

In den Tagebuchauszügen berichtet Anne zu verschiedenen Zeiten darüber, aus welchen Gründen sie Tagebuch führt. Es wird deutlich, dass das Tagebuch für sie im Laufe der Zeit immer weitere Funktionen gewinnt. 1942 hat es ausschließlich die Bedeutung eines Ersatzes für die fehlende beste Freundin. Im März 1944 sieht Anne es darüber hinaus als ein Zeitdokument an, das den Menschen nach dem Krieg vermitteln kann, „wie wir Juden hier gelebt" (S. 135, Z. 14) haben. Zwei Monate später, im Mai 1944, spricht Anne außerdem davon, dass das Tagebuch ihr als literarisches Werkbuch diene. Es solle ihr als „Grundlage dienen" (S. 135, Z. 12) für ein Buch mit dem Titel „Das Hinterhaus", das sie nach dem Krieg zu veröffentlichen plane. Weiter benutzt sie das Tagebuch als Vorbereitung und Übung, um später den Beruf der „Journalistin" (S. 135, Z. 4) oder „Schriftstellerin" (S. 135, Z. 5) ergreifen zu können.

Aufgaben 3 und 4
S. 133

Als Annäherung an das Thema erhalten die Schüler Gelegenheit, von eigenen Erfahrungen mit dem Tagebuchschreiben zu berichten. Dann sammeln sie Gründe, warum Menschen ihrer Meinung nach Tagebücher führen. Diese werden nach der ersten Lektüre des Tagebucheintrags vom 20.06.1942 unter der Fragestellung: „Inwieweit ist Anne ein typischer Tagebuchschreiber?" mit den von Anne genannten verglichen.

Aufgaben 1 und 2
S. 134

Nach einem kurzen Austausch über die ersten Eindrücke der Schüler untersuchen sie den Tagebucheintrag vom 20.06.1942 unter den in Aufgabe 2 genannte Punkten. Ihre Ergebnisse sollen sie in Form eines Kurzvortrages präsentieren. Als Hilfestellung dafür werden der Methodenkasten auf S. 134 gemeinsam gelesen und die wichtigsten Informationen, die er enthält, besprochen. Da die Einleitung vielen Schülern oft Schwierigkeiten bereitet, kann der Klasse zur Orientierung ein Beispiel einer Einleitung gegeben werden. Der Lehrer könnte folgende Einleitung vorlesen:

In meinem Kurzvortrag werde ich euch darlegen, aus welchen Gründen Anne Frank im Jahre 1942 mit dem Tagebuchschreiben begonnen hat. Als Grundlage meines Vortrages dient der Tagebucheintrag vom 20. Juni 1942. Anne Frank hat ihn ungefähr sechs Wochen geschrieben, bevor sich ihre Familie mit einer anderen jüdischen Familie zwei Jahre lang im Hinterhaus der Firma ihres Vaters in Amsterdam versteckte. Mein Vortrag besitzt drei thematische Schwerpunkte: Erst gehe ich darauf ein, wie Anne sich in dem Tagebucheintrag selbst darstellt. Im zweiten Teil erläutere ich die Gründe, warum Anne ihr Tagebuch führt. Danach erkläre ich euch als Drittes, weshalb Anne ihr Tagebuch „Kitty" genannt hat, was auch erklärt, weshalb die meisten Tagebucheinträge mit der Anrede „Liebe Kitty!" beginnen. Zum Schluss fasse ich das Wichtigste zu den drei Punkten kurz zusammen.

Nach dieser Einführung zur Methode des Kurzvortrages untersuchen die Schüler den Tagebucheintrag und erhalten den Auftrag, eine stichwortartige „Gedächtnisstütze" für ihren Kurzvortrag anzufertigen. Anschließend werden einige Kurzvorträge der Klasse vorgestellt und beurteilt. Weiter werden verschiedene Stichwortsammlungen vorgestellt und hinsichtlich ihrer Funktionalität beurteilt und verglichen. Als Beispiel könnte auch der Stichwortzettel auf dem Arbeitsblatt 5, S. 162 besprochen werden. Ein den Kurzvortrag vorbereitender und unterstützender Stichwortzettel könnte in reduzierter Form folgendermaßen aussehen:

Kurzvortrag zum Thema:

„Gründe Anne Franks für das Führen ihres Tagebuches – Tagebucheintrag vom 20. Juni 1942"

Einleitung:
- Kurze Vorstellung des **Themas**
- **Situation Annes** im Juni 1942: 6 Wochen vor dem Untertauchen im Hinterhaus
- **Gliederung**: 1. Selbstdarstellung Annes, 2. Gründe für das Tagebuchschreiben, 3. Erklärung des Namens Kitty für das Tagebuch, Schluss: Zusammenfassung

(Thema und Gliederung an die Tafel schreiben!)

Hauptteil:
(Folien zu den einzelnen Punkten auflegen!)

1 Wie stellt sich Anne selbst dar?
- Anne hat „keine Freundin".
- Sie hat nur ihre „lieben Eltern", einige Verehrer und Bekannte.
- Mit ihren Bekannten kann sie nur „Spaß haben" und über „alltägliche Dinge" reden.
- Nie ist sie mit einem davon „intimer" oder vertraulich.

2 Warum führt Anne ihr Tagebuch?
- Anne will das Tagebuch niemanden zu lesen geben/glaubt auch nicht, dass es später sie oder jemanden anderen interessieren könnte.
- Anne will sich nur „alles Mögliche von der Seele reden".
- Das Tagebuch soll die fehlende Freundin ersetzen (= nicht nur „Tatsachen" schreiben).

3 Warum nennt Anne ihr Tagebuch Kitty?
- Anne will sich noch besser vorstellen, dass sie zu „der ersehnten Freundin" spricht.
- Sie nennt das Tagebuch Kitty, damit das Tagebuch für sie die „Freundin selbst" ist.

Schluss/Zusammenfassung:
(Überleitung!)
- Anne fehlt trotz ihrer Beliebtheit und vieler Bekannter eine Freundin, mit der sie sich „alles Mögliche gründlich von der Seele" reden kann.
- Das Tagebuch dient Anne als Ersatzfreundin.
- Der Name Kitty steigert die Vorstellung, dass sie zu jemandem spricht, wenn sie Tagebuch schreibt.

Aufgabe 1
S. 135

Die Schüler lesen die Tagebuchauszüge und arbeiten die Gründe Annes für das Tagebuchschreiben, die 1944 zu der Funktion der Ersatzfreundin hinzukommen, heraus. Folgende Gründe können sie nennen:

– Die Aufforderung des Ministers Bolkestein, Schriftstücke wie Tagebücher während der Zeit der deutschen Besatzung zu sammeln.

- Anne will den Menschen nach dem Krieg davon berichten, wie die Untergetauchten „gelebt, gegessen und gesprochen haben“ (Z. 14–15).
- Das Tagebuchschreiben nutzt Anne, um sich auf den Beruf der „Journalistin“ (Z. 4) oder „Schriftstellerin“ (Z. 5) vorzubereiten.
- Das Tagebuch soll Anne als Grundlage für ein Buch mit dem Titel „Das Hinterhaus“ (Z. 10), das sie nach dem Krieg herausgeben will, dienen.

Anschließend erläutern die Schüler die Entwicklung von Annes Einstellung in Bezug auf das Schreiben ihres Tagebuches zusammenfassend. Dies kann mit folgenden Tafelbild gesichert werden:

Tafelbild

Die Entwicklung von Annes Einstellung zu ihrem Tagebuch

Das Tagebuch ist für Anne …

- *Ersatzfreundin und Kummerkasten (20. Juni 1942).*

  \+
- *Zeitdokument über das Schicksal der Juden und des Lebens im Hinterhaus (29. März 1944).*

  \+
- *literarisches Werkstattbuch und Stoffsammlung für die Tätigkeit als Journalistin und Schriftstellerin nach dem Krieg (11. Mai 1944).*

Das Thema, welche Bedeutung das Schreiben und das Tagebuch für Anne haben, kann mithilfe der Erarbeitung des Tagebucheintrags vom 05.04.1944 (Arbeitsblatt 6, S. 163) vertieft werden. Dieser Tagebucheintrag kann auch zur Leistungsüberprüfung eingesetzt werden.

Aufgabe 2
S. 135

Vertiefend erläutern und deuten die Schülerinnen und Schüler das Zitat des Ministers Bolkestein, dass Geschichte nicht nur aufgrund offizieller Unterlagen geschrieben werden könne. Auf folgende Punkte können sie dabei z. B. eingehen:
- Schriftstücke wie Tagebücher machen die Schicksale Einzelner vorstellbar und fassbar im Gegensatz zu offiziellen Schriftstücken wie Gerichtsakten oder Lagerlisten.
- Sie zeigen, wie die „einfachen“ Menschen ihre Zeit erlebt haben.
- Der Alltag während der Zeit des Nationalsozialismus wird in seiner Fülle kaleidoskopartig nachvollziehbar.
- Die Opfer und ihr Leiden kommen so direkt zu Wort.
- …

Aufgabe 3
S. 135

Die Schülerinnen und Schüler stellen Vermutungen an, welche Auswirkungen die Entscheidung Annes, ihr Tagebuch zu veröffentlichen, auf ihr Schreiben gehabt haben könnte. Dabei werden sie auf Charakteristika verweisen, die das Tagebuch auszeichnen, wie:
- Familiäre Beziehungen und Konflikte werden so dargelegt, dass ein Dritter sie nachvollziehen kann.
- Der Verlauf des Krieges, das Leben der Juden und politische Umstände werden berichtet und von Anne reflektiert.
- Sie wird sich selbst, ihre Situation und das Leben im Hinterhaus objektiver und mit mehr Distanz darstellen.
- Die Tagebucheinträge werden von Anne inhaltlich und stilistisch so gestaltet/überarbeitet, dass sie für einen außenstehenden Leser verständlicher und interessanter werden.
- …

„... das Elend für uns Juden begann.“ – Leben unter deutscher Besatzung (S. 136–144)

Im vorherigen Teilkapitel (S. 130–135) steht das Tagebuch als autobiografisches Dokument im Mittelpunkt. In diesem Kapitel geht es um das Tagebuch als Zeitdokument. Zuerst wird im ersten Teil des Kapitels (S. 136–139) thematisiert, was Anne über das Schicksal der Juden in den Niederlanden zur Zeit der deutschen Besatzung berichtet. Im zweiten Teil des Kapitels (S. 140–144) erhalten die Schüler einen Einblick in Berichte Annes über das problematische und konfliktreiche Leben im Hinterhaus, in dem sich Anne zusammen mit ihrer Familie, der Familie van Pels und dem Zahnarzt Fritz Pfeffer versteckten.

Die Situation der Juden in den Niederlanden (S. 136–139)

Aus Annes Sicht spiegeln die ausgewählten Tagebucheinträge die Diskriminierung und Verfolgung ihrer eigenen Familie und anderer Juden zur Zeit der Judengesetze wider. Sie zeigen, dass das Tagebuch nicht nur eine Darstellung Annes über ihre eigenen Gefühle, Entwicklungen, Hoffnungen, Ängste und Schwierigkeiten ist, sondern auch „ein Dokument der Grausamkeit und des traurigen Elends der Judenverfolgungen“ (Vorwort zur ersten Ausgabe).

Aufgabe 1 (oben) S. 137

Die Schüler beschreiben die Fotos auf S. 136 und erläutern, was diese über die Situation der Juden zur Zeit des Nationalsozialismus zeigen (Kaufboykotte/Razzien und Verhaftungen/Transport in Konzentrationslager/öffentliche Hetze der NSDAP gegen Juden ...). Dann lesen sie den Moderationstext auf S. 136 und beziehen ihn auf die Fotos. Zur Sicherung könnten die Schüler eine Zusammenfassung der Informationen in ihrem Heft anlegen oder folgendes Tafelbild entwickeln:

Tafelbild

Verfolgung der Juden zur Zeit des Nationalsozialismus

1933:	*Machtübernahme Hitlers in Deutschland*
bis 1942:	*Erlass von über 2000 „Judengesetzen“ (Ziel: Ausschluss der Juden vom öffentlichen Leben + Entzug ihrer Lebensgrundlage)* *Einrichtung von Judenghettos*
1942–45:	*Massenverhaftungen, Massendeportierungen und -tötungen der Juden in den Konzentrationslagern wie z. B. Auschwitz*
Niederlande:	*Verfolgung der Juden und Inkrafttreten der deutschen Judengesetze ab 1940 nach der Besetzung durch die Deutschen.*

Anschließend lesen die Schülerinnen und Schüler die Tagebuchauszüge vom 20. Juni 1942 (S. 137). Anne berichtet hier darüber, wie die Familie Frank nach der Machtergreifung Hitlers 1933 in die Niederlande geflohen ist und welche Auswirkungen die Judengesetze der deutschen Besatzer nach 1940 auf ihr Leben gehabt haben. Besonders deutlich wird dabei an den für die Schüler nachvollziehbaren Beispielen aus dem Alltag der Dreizehnjährigen, wie Anne und alle anderen Juden systematisch vom öffentlichen Leben ausgeschlossen und isoliert werden.

Aufgabe 1 (rechts) S. 137

Folgende Auswirkungen der Judenverfolgung auf die Familie Frank tragen die Schüler nach der Lektüre zusammen:

- Der Vater Annes emigriert 1933 aufgrund der prekären Situation für die Juden in Deutschland nach der Machtübernahme Hitlers nach Holland (vgl. Z. 3–4).
- Die Familie wird getrennt: Die Mutter folgt dem Vater nach Amsterdam, die beiden Schwestern, Anne und Margot, bleiben bei der Großmutter in Aachen (vgl. Z. 6–9).

– Margot geht im Dezember 1933 nach Amsterdam zu den Eltern, Anne kommt erst im Februar 1934 nach (Z. 9–10).
– Die anderen Mitglieder der Familie Frank werden in Deutschland verfolgt und fliehen 1938 nach der sog. Reichskristallnacht (Z. 13–18).
– …

Aufgabe 2
S. 137

Um sich nachdrücklich zu vergegenwärtigen, wie einschneidend die Judengesetze gewesen sind, die nach 1940 in den Niederlanden in Kraft traten, sollten die Schüler eine Auflistung der Vorschriften erstellen. Dabei sortieren sie sie nach Ge- und Verboten. Dann erläutern sie, welche Vorschriften sie als besonders einschneidend empfinden. Abschließend beurteilen sie, welche Ziele die Nationalsozialisten mit diesen Vorschriften verfolgten. Um diese ergänzen sie ihre Auflistung. Eine mögliche Übersicht könnte folgendermaßen aussehen:

Vorschriften für die Juden in den Niederlanden nach 1940 – Tagebucheintrag Anne Franks vom 20. Juni 1942

Gebote: Juden müssen …
- „einen Judenstern tragen“ (Z. 24)
- „ihre Fahrräder abgeben“ (Z. 25)
- „zu einem jüdischen Frisör“ (Z. 29) gehen
- „auf jüdische Schulen gehen“ (Z. 40–41)
- zwischen „3–5 Uhr einkaufen“ (Z. 28)

Verbote: Juden dürfen nicht …
- mit „der Straßenbahn“ (Z. 26) oder „einem Auto fahren“ (Z. 27)
- „zwischen 8 Uhr abends und 6 Uhr morgens […] auf die Straße“ (Z. 30–31)
- „in[s] Theater, Kino[.]“ (Z. 31–32) oder sich „an anderen dem Vergnügen dienenden Plätzen aufhalten“ (Z. 32–33)
- „auf Tennis-, Hockey- oder andere Sportplätze“ (Z. 34–35)
- „in der Öffentlichkeit […] Sport treiben“ (Z. 36–37)
- „nach acht Uhr abends […] in ihrem Garten noch bei Bekannten sitzen“ (Z. 37–39)
- „zu Christen ins Haus“ (Z. 39)

Ziele der Vorschriften und Gesetze
- Beschränkung der Freiheit
- Isolierung der Juden von dem Rest der Bevölkerung
- Herausdrängung aus dem öffentlichen Leben
- Verhinderung der Flucht und des Untertauchens
- Angst verbreiten und Einschüchterung
- …

Aufgabe 3
S. 137

Der Ausspruch Jacques', dass sie sich nicht mehr traue, etwas zu machen, weil sie befürchte, dass es verboten sei, wird erst im Klassengespräch erläutert und gedeutet. Dabei werden die Schüler darauf abheben, dass die Vielzahl der Vorschriften dazu dient, die Juden einzuschüchtern und in ständige Angst zu versetzen. Keiner kann sich sicher sein, ob er nicht doch aufgrund seines Verhaltens unwissentlich Anlass gibt, verhaftet zu werden. Niemand konnte noch einen Überblick darüber haben, was den Juden noch erlaubt war. Die Arbeit an dem Tagebucheintrag schließt damit, dass die Schüler aus der Sicht Jacques einen Tagebucheintrag verfassen, in dem sie mit ihren Worten die Lebenssituation Jacques beschreiben und erklären, was sie mit dem von Anne am Ende zitierten Ausspruch meint.

Anschließend beschäftigen sich die Schüler mit dem Tagebucheintrag vom 9. Oktober 1942 (S. 138). Anne und ihre Familie sind zu diesem Zeitpunkt schon drei Monate untergetaucht. Über die Lebensumstände Annes und ihrer Familie informieren sich die Schüler mithilfe des Moderationstextes. Anne erzählt, dass sich die Situation für die Juden in den Niederlanden dramatisch zugespitzt habe. Die Judengesetze, die Anne noch kennengelernt hat, sind nur das Vorspiel gewesen für das, was sie jetzt erzählt. Ihre jüdischen Bekannten werden „gruppenweise festgenommen" (Z. 5). Die von der Gestapo gefangen genommenen Juden werden in das „Judenlager in Drente" (Z. 8 f.), in dem die Juden unter unmenschlichen Bedingungen leben, gebracht. Inzwischen wissen die Untergetauchten im Hinterhaus, dass in den Konzentrationslagern im Osten Massenmorde und „Vergasungen" (Z. 24) vorgenommen werden. In den Niederlanden wagen nur wenige, den verfolgten Juden zu helfen. Zu groß ist die Angst vor den „Deutschen [...] mit ihren Strafen" (Z. 37–38).
Die Tagebucheinträge vom 20. Juni und 9. Oktober 1942 spiegeln die Entwicklung der Lage für die Juden in den Niederlanden wider. Innerhalb eines halben Jahres hat sich die Verfolgung der Juden von drastischen Beschränkungen der Freiheit durch die Judengesetze zu systematischen Massenverhaftungen mit anschließender Lagerhaft und Deportationen in die Konzentrationslager gesteigert.

Aufgaben 1 und 2 S. 138

Die Schüler und Schülerinnen untersuchen am Text, wie Anne die Situation der Juden im Oktober 1942 sieht, und arbeiten die Entwicklung in Bezug auf die Lage der Juden in den Niederlanden zwischen Juni und Oktober 1942 heraus. Die Schüler können mithilfe des Methodenkastens auf S. 134 ihre Ergebnisse in Form von Kurzvorträgen präsentieren. Erfahrungsgemäß ist es günstig, sie bei der Vorbereitung ihrer Kurzvorträge darauf hinzuweisen, dass sie die Einleitung und den Schluss ihrer Kurzvorträge vollständig und genau ausarbeiten. Die Vorstellung der Ergebnisse kann auch im Unterrichtsgespräch erfolgen und in reduzierter Form in folgendem Tafelbild festgehalten werden:

Tafelbild

Anne Franks Tagebucheintrag vom 09. Oktober 1942

Die Situation der Juden im Oktober 1942:

- *Die „jüdischen Bekannten" (Z. 4) von Anne werden „gruppenweise festgenommen" (Z. 5).*
- *Die „Gestapo" (Z. 6) geht brutal mit den Inhaftierten um.*
- *Die gefangen genommenen Juden werden in das Lager „in Drente" (Z. 8–9) gebracht.*
- *Die Haftbedingungen in den Lagern sind unmenschlich (Z. 11–12: „nichts zu essen [und] zu trinken"; vgl. Z. 13–15: katastrophale hygienische Bedingungen; vgl. Z. 15: zu kleine Massenquartiere ...).*
- *Allen werden die „Haare abgeschoren" (Z. 17), eine Flucht aus den Lagern ist deshalb „unmöglich" (Z. 17–18).*
- *In den Konzentrationslagern „in Polen" (Z. 22) werden durch „Vergasungen" (Z. 24) die Juden „ermordet" (Z. 23).*
- *Die meisten Niederländer wagen es aus Angst vor den „Strafen" (Z. 38) der Deutschen nicht, den Juden zu helfen.*
- *...*

Entwicklung der Lage der Juden von Juni bis Oktober 1942:

Von Diskriminierungen und Einschränkungen, ein normales Leben zu führen, zu Massenverhaftungen, -inhaftierungen und -ermordungen

Aufgabe 3
S. 138

„[A]m 7. April definierte ein neu erlassenes Gesetz zum ersten Mal ‚jüdisch' als ‚nicht-deutsch'".[1] Anne nimmt hier indirekt auf diesen Vorgang Bezug. Sie ist Deutsche, da sie in Frankfurt a. M. geboren ist und auch ihre Eltern die deutsche Nationalität besessen haben. Angesichts der zuvor geschilderten Ereignisse ist die Äußerung, dass die Deutschen „ein schönes Volk" (Z. 39) seien, ironisch-zynisch gemeint. Besonders unverständlich – so Anne verwundert – sei an dem Judenhass der Nationalsozialisten, dass diejenigen, die sie verfolgen, selber Deutsche seien. Von den anderen Gruppen von Deutschen unterscheiden Juden sich nur durch ihre Religionszugehörigkeit. Das oben angeführte Gesetz führte dazu, dass Juden die Rechte als Deutsche abgesprochen wurden. Sie besaßen damit in Deutschland keine Bürgerrechte mehr. In diesem Sinne hat „Hitler [die Juden] staatenlos gemacht" (Z. 40–41), wie Anne schreibt. Die Schüler erläutern den Sinn der Aussagen in Z. 39–41. Dabei werden die unterschiedlichen Kategorien wie Nationalität/Volkszugehörigkeit (deutsch) und Religionszugehörigkeit (jüdisch) verdeutlicht. Erfahrungsgemäß bringen Schülerinnen und Schüler in diesem Zusammenhang oft verschiedene Begriffe unreflektiert in die Diskussion ein oder fragen nach deren Bedeutung. Solche Begriffe können z. B. sein:

– *„Rasse" (= Unterteilung einer Art/Gattung, z. B. Mensch, in Gruppen nach erkennbaren Unterschieden in Bezug auf Aussehen und Körperbau. Statt von Rasse spricht man heute oft von Formengruppe.)*
– *„Volk" (= eine durch gemeinsame Herkunft, Geschichte, Kultur und Sprache verbundene Gesamtheit von Menschen, z. B. Deutsche)*
– *„Nation" (= größere Gruppe von Menschen, z. B. Deutsche, die durch das Bewusstsein ihrer politischen und/oder kulturellen Eigenständigkeit zur Gemeinschaft wird. Der Übergang zum Begriff Volk ist fließend. Oft sieht man den Unterschied im Akt des Bewusstseins, durch den aus einem Volk eine Nation wird.)*
– *„Staat" (= Vereinigung vieler Menschen innerhalb eines abgegrenzten geografischen Raums unter einer politischen Herrschaftsgewalt, z. B. BRD; oft nicht nur eine, sondern mehrere Nationen umfassend)*
– …

Die Schüler könnten hier darauf hingewiesen werden, dass Begriffe wie „Deutsche" oder „Nation" Unbestimmtheiten enthalten, die einem demagogischen Sprachgebrauch entgegenkommen und die von Hitler ausgenutzt wurden.

Aufgabe 4
S. 138

Abschließend wird die Bedeutung des Schlusssatzes des Tagebucheintrages erläutert und beurteilt. Angesichts der Verfolgungen der Juden, die Anne erlebt hat, ist ihr Urteil in Bezug auf ihre eigene Zeit apodiktisch: Es gibt „keine größere Feindschaft auf dieser Welt als zwischen Deutschen und Juden" (Z. 42–43). Die Schüler diskutieren darüber, inwieweit sie Annes Einstellung nachvollziehen können, und beurteilen die Relevanz von Annes Aussage für die Gegenwart.

Aufgabe 5
S. 139

Das Schicksal des jüdischen Malers Felix Nussbaums, der 1904 in Osnabrück geboren wurde, ist dem Anne Franks sehr ähnlich. Er feierte in den 20er- und 30er-Jahren große Ausstellungserfolge. Schon 1933 ging er über Italien und Frankreich nach Belgien ins Exil. In Brüssel heiratete er 1937 die Künstlerin Felka Palek. Nach dem Einmarsch der deutschen Truppen 1939 wurde er verhaftet und in dem südfranzösischen Lager Saint Cyprien interniert. Während der Rückführung nach Deutschland gelang ihm bei Bordeaux die Flucht. Er ging nach Brüssel zurück und tauchte 1942 mit seiner Frau in einer Kellerwohnung eines befreundeten Kunsthändlers unter. Im Juni 1944 wird

[1] Mirjam Pressler: Ich sehne mich so. Die Lebensgeschichte der Anne Frank, Weinheim/Basel 1992, S. 57

das Ehepaar verraten und von der deutschen Wehrmacht inhaftiert. Mit dem letzten Deportationszug wurden Felix Nussbaum und seine Frau vom Sammellager Mecheln nach Auschwitz gebracht. Dort wurde das Ehepaar vermutlich am 2. August 1944 ermordet.
Das 1943 entstandene „Selbstbild mit Judenpass" spiegelt sowohl die biographischen Erfahrungen des Künstlers als auch die aller während der Zeit des Nationalsozialismus verfolgten Juden wider. Die Schüler beschreiben das Bild genau und stellen Bezüge zum Schicksal Anne Franks her. Dabei werden sie Punkte nennen wie z. B. die Situation der Flucht, der Verfolgung und des Eingeschlossenseins oder das Gefühl der Angst und Bedrohung. Das Bild kann auch zur Leistungsüberprüfung eingesetzt werden.

Aufgabe 6
S. 139

Die Schüler erhalten hier Vorschläge zur Weiterarbeit. Mithilfe der genannten Materialien können sie zu einem begrenzten Thema, das sie interessiert, eigenständig recherchieren. Ihre Ergebnisse sollten sie wieder entsprechend der Hinweise in dem Methodenkasten auf S. 134 präsentieren.

Das Leben im Hinterhaus (S. 140 – 144)

Im vorherigen Teilkapitel ist der historische Kontext der Judenverfolgung während der Zeit des Nationalsozialismus erarbeitet worden. Die Schüler wissen nun, weshalb die Familie Frank untertauchen musste. In diesem Teilkapitel geht es um das Leben der Untergetauchten. Die ausgewählten Tagebucheinträge vermitteln ihnen eine Vorstellung davon, mit welchen Problemen und Schwierigkeiten die Eingeschlossenen und ihre Helfer zu kämpfen hatten. Anne berichtet in den Tagebuchauszügen von den Streitereien der auf engstem Raum Eingeschlossenen, den Problemen bei der Versorgung der Untergetauchten, den Strapazen der alltäglichen Vorsichtsmaßnahmen, der Angst vor der Entdeckung des Verstecks und den Nöten und Ängsten der Helfer.

Aufgaben 1 bis 3
S. 141

Um sich ein Bild von dem Versteck und den Lebensumständen der Untergetauchten machen zu können, beschreiben die Schüler die Abbildungen auf S. 140. Sie tragen zusammen, welche Schwierigkeiten die Untergetauchten und ihre Helfer ihrer Meinung nach überwinden mussten (z. B. Proviantbeschaffung/niemandem auffallen/keine Privatsphäre/Hygiene).
Ein genaueres Bild von dem Versteck können sich die Schüler mithilfe des Tagebucheintrages vom 09.07.1942 (s. Arbeitsblatt 7, S. 164) machen. In diesem Tagebucheintrag stellt Anne ihrer Freundin Kitty das Versteck bzw. ihr neues Zuhause anschaulich und detailliert vor. Weiteres Bildmaterial und ein virtueller Rundgang können den Schülern über die vom Anne Frank Haus herausgegebene CD-ROM zugänglich gemacht werden. Das Versteck bzw. Annes Zimmer können auch über die offizielle Internetseite des Anne Frank Hauses www.annefrank.org virtuell „besichtigt" werden. Auf der Homepage muss man den Link „Museum" anwählen. Dann muss man folgenden Pfad anklicken: „Geschichte des Hauses" > „Das Versteck" > „Ideales Versteck". Hier können die Schüler mehrere Fotos ansehen und sich mithilfe eines Films genau in Annes Zimmer virtuell umsehen. Sie erhalten auch Informationen über die Hintergründe der Flucht und die Lebensumstände der Versteckten.
Ihre Eindrücke, Gefühle und Gedanken über das Hinterhaus können sie vertiefen, indem sie einen der in Aufgabe 3 vorgeschlagenen Schreibaufträge bearbeiten.

Als Nächstes lesen die Schüler die Tagebucheinträge auf den Seiten 141 – 143, in denen Anne das Leben im Hinterhaus beschreibt.

Aufgabe 1
S. 143

Die Schüler suchen Textstellen heraus, die zeigen, wie Anne das Leben im Hinterhaus empfindet, und erläutern sie. Auf folgende Aspekte und Textstellen können die Schüler eingehen:

- Anne hat vor allem Angst davor, dass die Versteckten entdeckt werden.
  - 11.07.1942: „Ich hatte solche Angst, dass es jemand hören könnte“ (Z. 5–6) und „Auch sonst haben wir große Angst, dass die Nachbarn uns hören und sehen können.“ (Z. 8–10)
  - 28.09.1942: „[...] ich habe große Angst, dass wir entdeckt werden und dann erschossen werden.“ (Z. 3–5)
  - 26.05.1944: „Wir sind ängstlicher geworden nach der Angelegenheit mit dem Gemüsehändler. Von allen Seiten hört man wieder ‚pst‘, alles geschieht leiser.“ (Z. 25–27)
- Sie leidet unter der Langeweile und darunter, dass sie das Versteck nicht verlassen kann.
  - 28.09.1942: „Es beklemmt mich doch mehr, als ich sagen kann, dass wir niemals hinausdürfen [...].“ (Z. 1–2)
  - 17.10.1943: „Das Einzige, was mich ablenkt, ist Lernen, und das tue ich viel.“ (Z. 24–25)
- Die ständige Angst und die Abwechslungslosigkeit führen bei Anne zu einer zermürbenden, inneren Anspannung und Verzweiflung.
  - 26.05.1944: „An einem Tag lachen wir über das Komische an unserer Untertauchsituation, [...] an viel mehr Tagen, haben wir Angst, und man kann die Spannung und Verzweiflung auf unseren Gesichtern lesen“ (Z. 3–7) und „Bei ihnen [den Helfern] weicht die Spannung manchmal, [...] Bei uns weicht sie niemals, zwei Jahre lang nicht. Und wie lange wird sie uns noch drücken?“ (Z. 21–24).
- Die Situation des Eingeschlossenseins führt zu Aggressionen und Konflikten der Untergetauchten, die Anne belasten.
  - 29.09.1943: „Am Samstag spielte sich hier ein Drama ab, das in seiner Heftigkeit noch nicht seinesgleichen hatte.“ (Z. 19–20)
  - 17.10.1943: „Mir ist ganz schwindelig von all den Schimpfworten, die im letzten Monat durch dieses ehrbare Haus geflogen sind“ (Z. 11–13) und „[...] ich bin selbst ganz aus der Fassung. Ehrlich gesagt, ich vergesse ab und zu, mit wem wir Streit haben und mit wem die Versöhnung bereits stattgefunden hat.“ (Z. 20–23)
  - 14.03.1944: „Der Haken ist, dass dieses langweilige Leben anfängt, uns unleidlich zu machen.“ (Z. 25–26)
- Anne beklagt sich über die miserable Ernährung.
  - 14.03.1944: „[...] die ganze Stimmung [ist] trübselig [...] das Essen auch.“ (Z. 8–9) und „Bah, mir wird schon übel allein bei dem Gedanken, dass ich dieses Zeug essen muss!“ (Z. 20–22)
  - ...

Aufgabe 2
S. 143

Als ersten Überblick über die Umstände in dem Hinterhaus fertigen die Schüler eine Personenkonstellation an. Sie lesen dazu den Methodenkasten auf S. 144 und entwickeln mithilfe der dort gegebenen Hinweise eine grafische Übersicht. Einzelne Lösungen werden vorgestellt, verglichen und beurteilt. Eine mögliche Lösung bietet Arbeitsblatt 8, S. 165. Dieses könnte den Schülern als OHP-Folie vorgestellt werden. Die Schüler erläutern und beurteilen die Darstellung. Dann können sie sie mit ihren eigenen Vorschlägen vergleichen und Personenkonstellationen ihrer Klasse begründet vorstellen, die sie für funktionaler und geeigneter halten.

Aufgabe 3
S. 143

In einem nächsten Schritt untersuchen die Schüler die Tagebucheinträge entsprechend den in der Aufgabe vorgegebenen Punkten genauer. Sie legen sich dazu eine stichwortartige Übersicht an und stellen ihre Ergebnisse in Form eines Kurzvortrages vor. Dabei sollten sie wieder mit dem Methodenkasten auf S. 134 arbeiten. Eine von den Schülern erarbeitete Übersicht könnte folgendermaßen aussehen:

Probleme der Menschen im Hinterhaus

1 Probleme des alltäglichen Lebens

- Geräusche vermeiden, um nicht entdeckt zu werden (z. B. Verbot bei Krankheit zu husten)
- von außen nicht gesehen zu werden (z. B. nie die Vorhänge zu öffnen)
- Geldmangel/-not
- Krankheiten (z. B. Margots Erkältung oder Kopfschmerzen)
- Schlaflosigkeit
- Langeweile, Abwechslungs- und Beschäftigungslosigkeit
- einseitige und schlechte Ernährung (z. B. Brei statt Brot oder alter Grünkohleintopf)
- ...

2 Schwierigkeiten der Untergetauchten miteinander und mit der Situation

- „Unleidlichkeit" aufgrund der Enge, der Eintönigkeit des Lebens im Versteck und der Angst, entdeckt zu werden
- Beschwerden von Fritz Pfeffer, dass die anderen ihn ausstoßen und unfreundlich behandeln
- gegenseitiges Misstrauen (z. B. Argwohn Herrn van Pels, wer das Geld gestohlen hat)
- dauernder Streit und gegenseitige Beschimpfungen
- ...

3 Situation und Problem der Helfer

- Überlastung mit den vielen Aufgaben (Lebensmittelorganisation, Arbeit im Büro, Bewältigung des eigenen Alltags ...)
- Probleme bei der Lebensmittelbeschaffung (z. B. fehlende Essensmarken)
- Krankheiten
- seelische Belastung aufgrund der großen Verantwortung für die Versteckten/der Sorgen, wie sie durchgebracht werden können/und der Angst davor, dass sie entdeckt werden
- ...

Aufgabe 4
S. 143

Die Berichte Annes über das Leben im Hinterhaus sind stark von ihrer eigenen Haltung gegenüber den Menschen dort gefärbt. Diesen Subjektivismus erschließen sich die Schüler, indem sie anhand entsprechender Textstellen herausarbeiten, welche Haltung Anne gegenüber einzelnen Personen zeigt und wie sie sie beurteilt. Dabei werden sie folgende Aspekte herausarbeiten:

- **Elisabeth Voskuijl (= Bep)/Jo Kleimann:** Anne zeigt viel Verständnis für Beps Situation angesichts des Ausfalls der anderen Helfer. Vor dem Hintergrund der Probleme Beps mit ihrem Vater und den zahlreichen Forderungen der Hinterhausbewohner stellt Anne mitleidig fest: „[M]an [kann] sich vorstellen, dass sie weder aus noch ein weiß" (29.09.1943/Z. 14–15). Sie ist Bep und Kleimann dankbar, da sie gut für die Versteckten sorgen, „sehr gut sogar" (26.05.1944/Z. 14). Auch nimmt sie anscheinend innerlich Anteil an den Sorgen der beiden. Anne zeigt sich besorgt über Kleimanns

„Gesundheit" (26.05.1944/Z. 17) und Beps „Verlobung, die gar nicht so rosig aussieht" (26.05.1944/Z. 18–19). Im letzten Tagebucheintrag zeigt sie trotz der positiven Haltung gegenüber den beiden eine Spur von Neid über „das Leben von normalen Menschen" (Z. 20–21), das die beiden im Gegensatz zu ihr neben dem Hinterhaus noch haben.

- **Victor Kugler/Miep Gies (= Miep):** Auch für diese beiden Helfer zeigt Anne Verständnis, Sympathie und Mitleid. Sie sieht, welche „Last" (26.05.1944/Z. 8) und „kolossale Verantwortung" (Z. 9–10) die beiden für die Untergetauchten übernommen haben. Während sie die Ängstlichkeit Frau van Pels' verurteilt, zeigt sie angesichts des von Kugler getragenen Risikos und der von ihm zu erfüllenden Aufgaben Verständnis für seine „Nervosität und Aufregung" (Z. 12–13).
- **Fritz Pfeffer (= Dussel):** Schon der Name „Dussel", den Anne Fritz Pfeffer im Tagebuch gibt, zeigt, wie sehr sie ihn ablehnt. Diese Ablehnung wird auch in dem Tagebucheintrag vom 29.09.1943 deutlich. Die Klagen Pfeffers, dass die anderen ihn ausstoßen würden, werden durch den Konjunktiv II als unberechtigt signalisiert. Das Verb „beklagen" und die folgende Kumulation der einzelnen Beschwerden Pfeffers hinterlassen beim Leser den Eindruck, dass Pfeffer sich hier unberechtigterweise selbst bemitleidet. Seine Aussage, er habe „uns doch gar nichts getan" (Z. 25), signalisiert durch die Partikel „doch" und „gar", dass er doch etwas getan habe, das er aber nur nicht für so schlimm hält. Am deutlichsten zeigt sich Annes Ablehnung darin, dass sie die Versuche Pfeffers, bei ihrer Mutter Verständnis für sich zu erlangen, metaphorisch als „eine Reihe süßlicher Schlemmereien" (Z. 26) beurteilt. Anne unterstellt, dass Pfeffer sich z. B. durch falsche Komplimente die Sympathie ihrer Mutter zu seinem eigenen Vorteil erschleichen wolle.
- **Edith Frank (= Mutter):** Auch die Mutter wird von Anne kritisch gesehen. Edith Frank wird als eitel und naiv dargestellt, da sie nur „diesmal zum Glück" (Z. 27) – also zufällig – nicht auf die Anbiederung Pfeffers hereingefallen sei. Im Zusammenhang der Streitereien untereinander wirkt sie etwas hysterisch und überfordert, da sie darauf mit „vor Aufregung rote[n] Flecken auf den Backen" (17.10.1943/Z. 17–18) reagiert.
- **Otto Frank (= Vater):** Für den Vater empfindet Anne deutlich mehr Verständnis als für die Mutter. Seine „zusammengepressten Lippen" (17.10.1943/Z. 13–14) und sein erschrecktes Reagieren auf die Ansprache der anderen werden damit entschuldigt, dass er „Angst" (Z. 15) habe, „wieder eine schwierige Aufgabe lösen" (Z. 16) zu müssen. Der Vater scheint für Anne der Einzige zu sein, der die Konflikte und Schwierigkeiten in dem Hinterhaus bewältigen kann bzw. dem die anderen deren Lösung aufbürden.
- **Hermann van Pels (= Herr van Daan):** Bei der Beschreibung des Verhaltens des Ehepaars van Pels schwingt auch deutlich Annes Antipathie mit. Sie stellt fest, dass „das Geld der van Daans radikal zu Ende ist" (17.10.1943/Z. 1–2). Dies ist für alle „unangenehm" (Z. 1) und bringt auch ihre eigene Familie in „Schwierigkeiten" (Z. 6). Dann unterstellt Anne Herrn van Pels aber, dass er versucht, die eigene Geldnot durch Lügen zu verdecken. Erst behauptet er ihrer Darstellung nach, „die letzten hundert Gulden [...] im Lager verloren" zu haben (Z. 4–5). Dies zweifelt Anne als unmöglich an (vgl. Z. 6–8). Später erklärt Herr van Pels, das Geld sei gestohlen worden. Auch daran zweifelt Anne. Letztlich bietet Herrn van Pels Verhalten ihrer Meinung nach nur „Anlässe für Argwohn" (Z. 8) und Unfrieden im Hinterhaus.
- **Auguste van Pels (= Frau van Daan):** Ähnlich schlecht wie ihr Ehemann kommt Frau van Pels bei Anne weg. Sie wird als wehleidig und überängstlich beschrieben. Laut Anne „jammert [sie] den ganzen Tag" (17.10.1943/Z. 19–20) und glaubt angesichts der schlechten Ernährung, „dass [alle] verhungern" (14.03.1944/Z. 12–13) müssten.

Die Beschäftigung mit Annes Beurteilungen der Menschen im Hinterhaus zeigt, wodurch sich ihr Tagebuch von einem historischen Dokument unterscheidet. Die subjektiven und zugespitzten Urteile der Tagebuchschreiberin geben immer nur die Sichtweise des Mädchens Anne bzw. der Erzählerin des Tagebuches wieder. Bei der abschließenden Beurteilung der Ergebnisse der Textarbeit werden dieser Subjektivismus des Tagebuches und seine Problematik – z. B. das Bild der Nachwelt über die Menschen im Hinterhaus – thematisiert.

„… ich litt (und leide) an Stimmungen" – Die Tochter Anne Frank (S. 145 – 149)

„Die Diskrepanz zwischen Annes Urteil über ihre Mitbewohner und den biographischen Informationen zu den Untergetauchten lässt sich besonders gut an Edith Frank [… zeigen]"[1]. Anne hat das Verhältnis zu ihrer Mutter immer wieder in ihrem Tagebuch aufgearbeitet und reflektiert. In diesen Einträgen wird deutlich, wie sehr die Wahrnehmung der anderen Mitbewohner durch die Sicht der Heranwachsenden, die sich auf dem Weg zum Erwachsenwerden von ihren Eltern absetzt und sie infrage stellt, geprägt ist. Während Anne dazu neigt, ihren Vater eher zu idealisieren, sieht sie ihre Mutter sehr kritisch. Sie beschreibt sie als launisch, überängstlich, „aufdringlich, unsensibel und aggressiv"[2]. Dies steht im Gegensatz zu den anderen Zeugnissen über Edith Frank. Sie wird z. B. von Miep Gies als kultiviert, still, zurückhaltend, freundlich und damenhaft charakterisiert. In den ausgewählten Tagebucheinträgen beschäftigt sich Anne mit ihren ablehnenden Gefühlen gegenüber ihrer Mutter. Im Oktober 1943 verurteilt sie ihre Mutter scharf aufgrund „all ihre[r] Mängel" (S. 146, Z. 66). Immer wieder zeigt Anne ihrer Mutter offen ihre Ablehnung, greift sie an und macht ihr deutlich, dass sie sie nicht liebt. An anderer Stelle hat sie zwar „sehr viel Mitleid" (S. 147, Z. 22 – 23) mit ihrer Mutter, weil diese so unter der Verurteilung der Tochter leidet. Aber sie beharrt darauf, dass es notwendig sei, ihre Mutter mit der „Wahrheit" (S. 147, Z. 53) zu konfrontieren, „weil sie umso schwerer zu ertragen ist, je länger sie verschoben wird" (S. 147, Z. 53 – 54). Zu Beginn des Jahres 1944, am 2. Januar, scheint Anne sich etwas besonnen zu haben. Sie bringt Verständnis für den Kummer der Mutter auf. Zwar sagt sie weiterhin, sie könne ihre Mutter nicht wirklich lieben (vgl.: S. 148, Z. 58 – 60), lenkt aber insofern ein, dass sie jetzt – „klüger geworden" (S. 148, Z. 54) – bereit sei, von offenem Streit und Demütigungen der Mutter abzusehen. Sie nimmt sich vor, ihre Meinung für sich zu behalten und zu schweigen, wenn sie sich ärgert. Sie „beruhige [ihr] Gewissen jetzt einfach mit dem Gedanken, dass Schimpfworte besser auf dem Papier stehen, als dass [die] Mutter sie in ihrem Herzen tragen muss" (S. 148, Z. 61 – 64).
Es wirkt irritierend, dass Anne trotz ihrer scharfen Beobachtungsgabe und Feinfühligkeit in ihren Tagebüchern fast ein Zerrbild des Menschen Edith Frank zeichnet und nur wenig Mitleid für den Kummer ihrer Mutter aufbringt. Mirjam Pressler erklärt diesen Umstand so: „Das lässt sich allerdings mit Annes Alter erklären. Pubertierende Mädchen müssen sich gegen ihre Eltern – und da vor allem und zuerst gegen ihre Mutter – abgrenzen. Hätte sie Verständnis für die Situation und die seelische Verfassung ihrer Mutter zugelassen, hätte sie den entscheidenden Schritt der Abgrenzung nicht tun können, nicht unter solch engen Verhältnissen. […] Sie war einfach noch nicht stark genug, das Leiden von anderen mitzutragen. Es war ihr gutes Recht […], schließlich war sie das Kind, sie musste wachsen und sich entwickeln."[3] Deutlich wird hier, wie sehr die Tagebuchauszüge in diesem Kapitel die Sichtweise einer Pubertierenden wiedergeben. Daran sollte der Leser „bei Annes

[1] Tilmann Siebert: Anne Frank, Tagebuch, München 2001, S. 21
[2] Mirjam Pressler: Ich sehne mich so. Die Lebensgeschichte der Anne Frank, Weinheim/Basel 1992, S. 100
[3] Ebd., S. 100 – 101

Beurteilung der [...] anderen erwachsenen Untergetauchten denken, gerade weil man – trotz aller Sympathie für Anne – zugeben muss, dass sie in der Beurteilung besonders von [ihrer Mutter], Frau van Pels und Herrn Pfeffer ziemlich schonungslos und manchmal ungerecht war."[1]

[1] Mirjam Pressler: Ich sehne mich so. Die Lebensgeschichte der Anne Frank, Weinheim/Basel 1992, S. 101

Anne über ihre Familie (S. 145–149)

In dem Tagebucheintrag vom 30. Oktober 1943 äußert sich Anne kurz nach einer Auseinandersetzung, bei der sie sich ungerecht behandelt gefühlt hat, äußerst einseitig über die einzelnen Familienmitglieder. Deutlich wird, dass sie zu dieser Zeit Edith Frank sowohl als Mutter als auch als Person gänzlich ablehnt. Ihren Vater hingegen sieht sie als ihr „großes Vorbild" (Z. 41) und liebt ihn über alles. Deshalb leidet sie darunter, dass der Vater sie ihrer Meinung nach nicht ernst genug nimmt und sie „nur als sein Kind [und nicht] als Anne-als-sie-selbst" (Z. 57–58) liebt. Das Verhältnis zu ihrer Schwester Margot ist ebenfalls nicht einfach. Anne glaubt, dass ihre Eltern die Schwester vorziehen, weil sie „nun mal die Klügste, die Liebste, die Schönste und die Beste" (Z. 44–45) sei. Weiter behauptet Anne, dass sie nicht auf diese Eigenschaften Margots „neidisch" (Z. 54) sei. Sie beneidet ihre Schwester aber darum, dass dieser im Gegensatz zu ihr des „Vaters echte Liebe" (Z. 56) gehöre und er Margot als Mensch ernst nehme. Beides würde Anne „nur so gerne [...] fühlen" (Z. 56–57).

Aufgabe 1
S. 146

Arbeitsteilig bearbeiten die Schülerinnen und Schüler die in der Aufgabe genannten Aspekte und stellen ihre Ergebnisse in Form eines Kurzvortrages vor. Dabei arbeiten sie wieder mit den Hilfen, die in dem Methodenkasten auf S. 134 gegeben werden. Die Inhalte des Methodenkastens werden noch einmal wiederholt. Zu folgenden Ergebnissen können die einzelnen Gruppen kommen:

Annes Haltung gegenüber ihrer Mutter (Tagebucheintrag vom 30.10.1943)

1 Anne über ihre Mutter

Die Mutter ...
- ist immer auf der Seite ihrer Schwester Margot und setzt sich für diese ein, wie auch Margot immer zu ihrer Mutter hält (vgl. Z. 32–34).
- verhält sich bei Streitereien ungerecht bzw. bevorzugt die Schwester (vgl. Z. 3–16).
- denkt immer, Anne sei „beleidigt [oder] böse" (Z. 23–24).
- besitzt viele „Fehler" (Z. 65) und „Mängel" (Z. 66), u. a. ist sie schlampig, sarkastisch und hartherzig (vgl. Z. 68–71).
- ist nicht „wie eine Mutter und eine Frau sein soll" (Z. 81).
- ...

2 Konsequenzen, die Anne aufgrund ihrer Sicht der Mutter zieht

Anne ...
- sind die „Standpauken" (Z. 34) der Mutter „gleichgültig" (Z. 34).
- liebt Edith Frank nur in ihrer Funktion als Mutter, als Mensch kann sie ihr „gestohlen bleiben" (Z. 37–38).
- schaut „jeden Tag verächtlicher auf [ihre] Mutter hinunter [...]" (Z. 60).
- gibt ausschließlich der Mutter Schuld an ihrem schlechten Verhältnis (vgl. Z. 70–71).
- sondert sich von ihrer Mutter ab und will sich alleine durch das Leben lavieren (vgl. Z. 76–79).

- akzeptiert Edith Frank notgedrungen als Erziehungsberechtigte, nicht aber als Mutter und Persönlichkeit (vgl.: Z. 73–76 und 79–83)
- ...

Annes Verhältnis zu ihrem Vater (Tagebucheintrag vom 30.10.1943)

1 Annes Gefühle gegenüber ihrem Vater

Anne ...
- hält den Vater für ihr Ein und „Alles“ (Z. 41) und für ihr „großes Vorbild“ (Z. 41).
- liebt „niemanden auf der Welt außer [ihren] Vater“ (Z. 42).
- ...

2 Kritik Annes an ihrem Vater

Der Vater ...
- urteilt auch ungerecht und voreilig über Annes Verhalten und bei Streitereien zwischen den beiden Schwestern (vgl. Z. 17–20 und 25–26).
- bevorzugt wie die Mutter Margot. Allerdings ist es bei ihm „was anderes“ (Z. 38), weil er sich „nicht bewusst“ (Z. 43) ist, dass er mit Anne „anders umgeh[e] als mit [Margot]“ (Z. 43–44).
- macht Anne dadurch traurig, dass er Margot „lobt“ (Z. 39) und „zärtlich“ (Z. 40) mit ihr ist.
- sieht in Anne nur den „Clown“ (Z. 47) in der Familie.
- liebt in Anne nur das Kind und nicht die Person Anne (vgl. Z. 51–53).
- versteht nicht, dass Anne sich mit ihm über ihre Mutter „aussprechen muss“ (Z. 63), und er will nicht mit seiner Tochter über die „Fehler“ (Z. 65) seiner Frau reden.
- ...

3 Erwartungen und Wünsche Annes an ihren Vater

Anne ...
- möchte von ihrem Vater „ernst genommen [...] werden“ (Z. 46–47).
- wünscht sich, dass ihr Vater sie nicht nur als sein Kind, sondern als Mensch und „Anne-als-sie-selbst“ (Z. 57–58) liebt.
- ...

Anne und ihre Schwester Margot (Tagebucheintrag vom 30.10.1943)

1 Annes Charakterisierung ihrer Schwester Margot

Margot ...
- beurteilt Annes Verhalten vorschnell und wird schnell „böse“ (Z. 13) auf Anne.
- ist laut Anne im Vergleich mit ihr „nun mal die Klügste, die Liebste, die Schönste und die Beste“ (Z. 44–45 und vgl. Z. 35–36).

2 Die Stellung der beiden Schwestern in der Familie
- Beide Elternteile ziehen Margot vor (vgl. Z. 31–33 und 38–39) und stellen sich bei Konflikten der Schwestern auf die Seite Margots, „ohne die Streitfrage zu kennen“ (Z. 26) oder sachlich zu beurteilen.
- Anne ist im Gegensatz zu Margot „immer der Clown und der Taugenichts der Familie“ (Z. 47–48).
- Margot erhält die Form der Zuwendung und des Ernstgenommenwerdens vom Vater, die Anne auch für sich wünscht (vgl. Z. 38–40, 42–44 und 54–58).
- ...

Aufgabe 2
S. 146

Zu den einzelnen Familienmitgliedern suchen die Schüler die Textstellen heraus, die besonders deutlich die Subjektivität Annes zeigen. Die Wirkung dieser Formulierungen können sie z. B. folgendermaßen bestimmen:

- Abwertung der Mutter
- Abgrenzung gegenüber den Eltern
- Rechtfertigung des eigenen Verhaltens
- Neid gegenüber der Schwester
- Anklage der Eltern
- Bewunderung des Vaters
- Zeigen von innerer Verletzbarkeit und Enttäuschung
- ...

Nach dieser Textarbeit beurteilen die Schüler, inwieweit die Vorwürfe und Sichtweisen Annes ihrer Meinung nach zutreffend sind. Zwei Punkte können in diesem Gespräch herausgestellt werden: Erstens lässt sich anhand der Tagebucheinträge keine zuverlässige Beurteilung der anderen Hausbewohner entwickeln, da der Leser nur Informationen über sie erhält, die durch den „Filter" von Annes Gefühlen, Einstellungen, Wünschen etc. gegangen sind. Zweitens gibt es viele Gründe wie die Enge des Zusammenlebens, die ständige Angst, die Pubertät Annes u. a., die dafür sprechen, dass Anne vielleicht die Menschen um sie herum und ihre Beziehung zu ihnen oft auch sehr verzerrt wahrgenommen hat.

Dann lesen die Schüler den Tagebucheintrag vom 2. April 1943. Hier erzählt Anne von einem besonders drastischen Konflikt zwischen ihrer Mutter und ihr. Statt des Vaters möchte die Mutter Anne „Gutenachtsagen" (Z. 6) und mit ihr „zusammen beten" (Z. 9). Dies lehnt Anne kategorisch ab, worauf die Mutter tief verletzt erkennt, wie wenig die Tochter sie anscheinend liebt. Anne hat zwar „Mitleid" (Z. 23) mit ihrer Mutter und findet ihr eigenes Verhalten auch „gemein" (Z. 17) und „rüde" (Z. 18). Sie rechtfertigt ihr Verhalten aber damit, dass sie der Mutter die Schuld an der Entwicklung ihrer Beziehung gibt. Die „taktlosen Bemerkungen" (Z. 30), „rohen Scherze" (Z. 31–32) über Anne und „harte[n] Worte" (Z. 34) der Mutter hätten dazu geführt, dass in „Wahrheit" (Z. 28) die Mutter zuvor Anne „von sich gestoßen" (Z. 29) habe. Deshalb nimmt sich Anne vor, kompromisslos auch in Zukunft gegenüber der Mutter „vor der Wahrheit nicht zurück[zu]schrecken" (Z. 52–53). In keiner Weise ist sie bereit, die Forderung des Vaters und die Erwartung aller zu erfüllen, sich bei ihrer Mutter für ihr Verhalten zu entschuldigen.

Aufgaben 1 und 2
S. 147

Die Schülerinnen und Schüler untersuchen den Tagebucheintrag wieder aspektorientiert. Um ein selbstständigeres Arbeiten zu ermöglichen, werden ihnen diesmal die Untersuchungsaspekte nicht vorgegeben. Nach dem ersten Lesen des Tagebucheintrages und einem kurzen Austausch über die Ersteindrücke der Schüler werden zunächst alle Untersuchungsaspekte, die die Schüler sehen, an der Tafel gesammelt. In einem zweiten Schritt werden diejenigen Aspekte bestimmt, unter denen der Text am sinnvollsten untersucht werden kann. Folgende Aspekte können bestimmt werden:

- äußerer Anlass des Konfliktes zwischen Anne und ihrer Mutter
- Verhalten, Einstellungen und Reaktionen der Mutter
- Verhalten und Sichtweise Annes
- Verhalten und Erwartungen des Vaters
- ...

Bei schwächeren Lerngruppen können diese Aspekte auch vorgegeben werden. Die Ergebnisse der Textarbeit werden wieder in der Form eines Kurzvortrags präsentiert. Die Textarbeit kann zu folgenden Ergebnissen führen:

Anne Franks Beziehung zu ihrer Mutter – Tagebucheintrag vom 02.04.1943

1 Äußerer Anlass für den Streit zwischen Anne und ihrer Mutter

- Anne wartet auf den Vater „zum Beten und Gutenachtsagen" (Z. 5–6).
- Die Mutter möchte dies übernehmen.
- Anne weigert sich, zusammen mit ihrer Mutter zu beten.

2 Reaktionen und Verhalten der Mutter

Die Mutter ...

- ist tief verletzt, weint und sieht, dass Anne sie ablehnt (vgl. Z. 11–15).
- will „nicht böse" (Z. 14) auf Anne sein, da sie einsieht, dass „Liebe [...] sich nicht erzwingen [lässt]" (Z. 14–15).
- leidet unter der Situation und an der Ablehnung durch ihre Tochter (vgl. Z. 37–38).

3 Reaktionen und Sichtweise Annes

Anne ...

- findet ihr Verhalten einerseits „gemein" (Z. 17) und „rüde" (Z. 18) und hat „sehr viel Mitleid" (Z. 22–23) mit ihrer Mutter.
- erklärt ihr Verhalten aber andererseits damit, dass sie gegenüber der Mutter „nicht so heucheln und nicht gegen [ihren] Willen mit ihr beten" (Z. 20–21) gekonnt hätte.
- meint, dass es zwar „hart [sei], die Wahrheit zu sagen" (Z. 27), aber notwendig, da sie nur etwas gesagt habe, „was wahr ist und was [ihre] Mutter früher oder später doch wissen muss" (Z. 44–46).
- rechtfertigt ihre offene Ablehnung der Mutter damit, dass sie ihr die Schuld an dem Konflikt und ihrem zerrütteten Verhältnis gibt: „[D]och ist es die Wahrheit, dass sie mich selbst von sich gestoßen hat, dass sie mich selbst durch ihre taktlosen Bemerkungen für jede Liebe von ihrer Seite abgestumpft hat." (Z. 28–31)
- glaubt, dass ihrer Mutter gerechterweise der Schmerz widerfährt, den sie Anne vorher mit ihren „harte[n] Worten" (Z. 34) angetan habe (vgl. Z. 33–36).
- sind die Traurigkeit der Mutter, die Vorwürfe des Vaters und die Forderung aller, dass sie sich entschuldigen müsse, „gleichgültig" (Z. 46).
- sagt, dass es das Problem der Mutter und nicht ihres sei, wie ihre Mutter „ihre Haltung wiederfinde[.]" (Z. 50) und mit der Situation umgehe.
- nimmt sich vor, weiter gegenüber ihrer Mutter ihre Meinung offen zu sagen, und will sich nicht entschuldigen.

4 Verhalten und Erwartungen des Vaters

Der Vater ...

- redet nicht mit Anne und macht ihr stillschweigend Vorwürfe.
- versteht nicht, warum Anne derart herzlos gegenüber seiner Frau ist.
- erwartet, dass Anne einlenkt und sich bei seiner Frau entschuldigt.
- ...

Nach der Präsentation der Ergebnisse der Textarbeiten beurteilen die Schüler den Konflikt und bewerten das Verhalten und die Einstellungen Annes.

Aufgabe 3
S. 147

Der Vergleich der Tagebucheinträge vom 30.10.1943 (S. 145–146) und vom 02.04.1943 (S. 146–147) zeigt, dass sich Annes Haltung gegenüber ihrer Mutter in diesem Zeitraum unverändert ablehnend darstellt. Auch das Verhältnis zum Vater ist ähnlich. Er hält zu seiner Frau, spricht aber nicht mit Anne über ihre Probleme mit der Mutter. Die Gemeinsamkeiten können die Schüler erarbeiten, indem sie zentrale Textstellen aus beiden Tagebucheinträgen gegenüberstellen. Wie sie dabei vorgehen können, kann anhand des Methodenkastens auf S. 149 besprochen werden. Bei stärkeren Lerngruppen können die Gemeinsamkeiten und Unterschiede im Unterrichtsgespräch herausgearbeitet und mit folgendem Tafelbild gesichert werden:

Tafelbild

Vergleich der Tagebucheinträge vom 30.10.1943 und vom 02.04.1943

1 Gemeinsamkeiten

1.1 Das Verhältnis Annes zu ihrer Mutter

- *Ablehnung und Verachtung der Mutter durch Anne*
- *Gleichgültigkeit Annes gegenüber den Gefühlen und dem Kummer der Mutter*
- *Schuldzuweisung für die gestörte Tochter-Mutter-Beziehung von Anne an die Mutter*
- *...*

1.2 Das Verhalten des Vaters

- *stillschweigende Solidarität mit seiner Frau*
- *Ablehnung einer Aussprache mit Anne über ihre Probleme mit ihrer Mutter*
- *Nichtverständnis für das barsche Verhalten Annes*
- *...*

2 Unterschiede

2.1 Verhalten Annes

- *offene Konfrontation und Streit mit ihrer Mutter (02.04.1943) ↔ innerliche Wut und Verachtung gegenüber der Mutter (30.10.1943)*
- *...*

2.2 Verhältnis Annes zu ihren Eltern

- *keine Unterscheidung zwischen Vater und Mutter (02.04.1943) ↔ Bevorzugung des Vaters/Sehnsucht nach der Liebe des Vaters (30.10.1943)*
- *...*

Aufgabe 4
S. 147

Die Schülerinnen und Schüler wählen einen Schreibauftrag. Sie können dabei entweder die Perspektive der Personen ausgestalten, die ihnen am wichtigsten ist, oder ihre eigene Bewertung des Streits ausformulieren.

Annes Haltung gegenüber ihrer Mutter hat sich zwischen April und Oktober 1943 nicht verändert. Am Anfang des Jahres 1944 zeigt sich dann aber eine Wendung in der Einstellung Annes. In dem Tagebucheintrag vom 2. Januar 1944 (S. 148) reflektiert Anne erneut über das Thema „Mutter". Sie hat ihre alten Briefe an Kitty dazu gelesen. Im Rückblick versteht sie jetzt aber selbst nicht mehr, warum sie so voller „Hass" (Z. 7) gewesen ist. Ihre damalige Sicht auf ihre Mutter kommt ihr brutal und ungerecht vor. Die Gründe für ihre Wut auf ihre Mutter sieht sie nun in ihren „Stimmungen" (Z. 18), ihrem „aufbrausende[n] Temperament" (Z. 23–24), ihrem Selbstmitleid (vgl. Z. 46), ihrer Egozentrik (vgl. Z. 25–26) und der extremen Lebenssituation im Hinterhaus (vgl. Z. 48–52). Wie in den früheren Einträgen stellt Anne fest, dass sie und ihre Mutter sich gegenseitig nicht verstehen und dass es ihr unmöglich sei, ihre „Mutter so richtig [zu] lieben" (Z. 58–59). Sie sieht jetzt aber ein, dass sie an den Streitereien großen Anteil hat, und versteht die Gereiztheit ihrer Mutter. Am Ende stellt sie fest, dass sie nun „klüger geworden" (Z. 54) sei und die Mutter sich „etwas beruhigt" (Z. 55) habe. Beide gehen offenen Streitereien aus dem Weg und halten „meistens den Mund" (Z. 56), wenn sie sich ärgern. Anne sagt, sie schreibe ihre Gedanken über die Mutter nur noch ins Tagebuch, um sie nicht zu verletzen. Trotz aller Probleme scheinen damit viele Schwierigkeiten gelöst zu sein, und so stellt Anne erleichtert fest: „Deshalb geht es uns augenscheinlich viel besser." (Z. 57–58)

Aufgaben 1 und 2 S. 148

Zur Vorbereitung des Vergleichs der Tagebucheinträge vom 2.4.1943 (S. 146–147) und vom 2.1.1944 (S. 148) lesen die Schüler den Methodenkasten auf S. 149. Gemeinsam werden dann Themen und Aspekte der beiden Tagebucheinträge gesammelt und Kriterien des anschließenden Textvergleichs festgelegt. Dann untersuchen die Schülerinnen und Schüler die Tagebucheinträge vergleichend miteinander und halten ihre Ergebnisse in einer Tabelle (auf Folie) fest. Eine solche Tabelle könnte so aussehen:

Vergleich der Tagebucheinträge vom 2. April 1943 und vom 2. Januar 1944

Vergleichs-gesichts-punkte	**Tagebucheintrag vom 02. April 1943**	**Tagebucheintrag vom 02. Januar 1944**
Charakteri-sierung der Mutter	Die Mutter ... – drängt sich auf (vgl. Z. 8–10). – ist taktlos (vgl. Z. 30), ordinär (vgl. Z. 30–31), unsensibel (vgl. Z. 31). – unberechtigterweise verletzt über Annes Ablehnung (vgl. Z. 47–48). – ist sehr verletzlich, verhält sich aber gegenüber Anne selbst „hart[.]" (Z. 34). – ist larmoyant und besitzt keine „Haltung" (Z. 50) angesichts der Schwierigkeiten. – ...	Die Mutter ... – hat versucht, „zärtlich" (Z. 34) zu sein, weil sie Anne liebt. – verhält sich aufgrund der Streitereien mit der Tochter und der Lebensumstände verständlicherweise oft „nervös und gereizt" (Z. 37–38). – hält sich zurück und schweigt meistens, wenn sie sich über Anne ärgert. – ...
Tochter-Mutter-Beziehung	Anne ... – liebt ihre Mutter nicht (vgl. Z. 14–15). – ist kühl (vgl. Z. 24) und „gleichgültig" (Z. 46) gegenüber ihrer Mutter. – fühlt sich von der Mutter abgestoßen (vgl. Z. 28–29) und stößt sie deshalb auch von sich ab (vgl. Z. 16–17). – ...	Anne ... – kann weiterhin ihre Mutter nicht „so richtig lieben, mit der anhänglichen Liebe eines Kindes" (Z. 58–59). – versteht die gereizten Reaktionen der Mutter gut (vgl. Z. 38–39). – zeigt Verständnis für die Mutter. – denkt, viele Probleme seien „[v]orbei" (Z. 31) und ausgestanden. – ...
Anne über sich selbst und ihr eigenes Verhalten	Anne ... – bezeichnet ihr Verhalten als „gemein" (Z. 17), rechtfertigt es aber als notwendig (vgl. Z. 20 und 43–46). – glaubt, dass sie der Mutter berechtigterweise das an Lieblosigkeit zurückgibt, was ihre Mutter ihr vorher angetan hat (vgl. Z. 27–36). – fühlt sich von den anderen und ihrem Vater zu Unrecht angeklagt und reagiert deshalb kalt und gleichgültig auf sie (vgl. Z. 42 und 46–48). – ...	Anne ... – versteht ihren früheren „Hass" (Z. 7) auf die Mutter nicht mehr und hat Gewissenbisse deshalb (vgl. Z. 4–15). – sieht nun ihre Anteile an den Streitereien mit ihrer Mutter. – erkennt, dass ihre Launenhaftigkeit (vgl. Z. 17–19), ihre Subjektivität (vgl. Z. 19–23), ihre Frechheiten (vgl. Z. 36–38 u. 40), ihr Selbstmitleid (vgl. Z. 46) und ihr „aufbrausende[s] Temperament" (Z. 23–24) die Mutter nervös und aggressiv gemacht haben.

Vergleich der Tagebucheinträge vom 2. April 1943 und vom 2. Januar 1944		
Konsequenzen, die Anne aus ihrer Sicht zieht	Anne ... – will gegenüber der Mutter auf keinen Fall Zuneigung „heucheln“ (Z. 20), sondern ihr die Wahrheit immer offen sagen (vgl. Z. 52–54). – bereut ihr Verhalten nicht und will sich nicht entschuldigen (vgl. Z. 42–46). – glaubt, dass die Vorwürfe ihrer Eltern unberechtigt sind, und verhält sich deshalb trotzig und kalt (vgl. Z. 46–50).	Anne ... – verurteilt die Mutter nicht mehr (vgl. Z. 53–54). – nimmt sich zurück, wenn sie sich über die Mutter ärgert, und sucht keinen offenen Streit mehr, um ihre Mutter nicht zu verletzen (vgl. Z. 53–57). – kann sie weiterhin nicht als Mutter lieben, nimmt jetzt aber Rücksicht auf ihre Gefühle (vgl. Z. 53–60). – vertraut ihre negativen Gedanken über die Mutter nur noch ihrem Tagebuch an, damit die Mutter sie nicht „in ihrem Herzen tragen muss“ (Z. 63–64).

Die Gemeinsamkeiten und Unterschiede werden vorgestellt und besprochen. Vor diesem Hintergrund kann abschließend die Aussage Annes „Ich bin klüger geworden“ (Z. 54) erläutert und gedeutet werden. Es lässt sich feststellen, dass Annes Haltung gegenüber ihrer Mutter durchgehend durch Ablehnung und mangelnde Liebe gekennzeichnet ist. Sie lernt aber im Laufe der Zeit von April 1943 bis Januar 1944, immer besser damit umzugehen. Statt offener Aggression gegenüber der Mutter findet sie einen Weg – das Tagebuchschreiben –, ihre Mutter weniger zu verletzen und Rücksicht auf deren Gefühle zu nehmen. Auch gelingt es ihr, immer deutlicher ihre eigene Rolle in dieser Tochter-Mutter-Beziehung zu hinterfragen.

Aufgabe 3
S. 149

Die Schülerinnen und Schüler suchen wieder Textstellen heraus, die besonders deutlich zeigen, dass Anne hier subjektiv ihre Sicht, Gefühle und Wahrnehmungen darstellt, und erläutern die Wirkung dieser Formulierungen. Dabei können sie z. B. auf folgende Textstellen eingehen:

- Z. 7 ff.: „‚Anne bist du das, [...]? O Anne, wie konntest du das?‘“ → Selbstanklage Annes
- Z. 11: „randvoll mit Wut und wirklich so voller Hass“ → Darstellung der früheren krassen Einstellung Annes gegenüber der Mutter
- Z. 17 ff.: „Ich litt ... an Stimmungen, die mich ... mit dem Kopf unter Wasser hielten und mich die Dinge nur subjektiv sehen ließen“ → Eingeständnis der eigenen egozentrischen Launenhaftigkeit
- Z. 20 ff.: „Ich habe nicht versucht ...“ → Selbstreflexion und -eingeständnis der eigenen Fehler
- Z. 25 ff.: „Ich habe mich in mir selbst versteckt, nur mich selbst betrachtet ...“ → ebenfalls Selbstanklage/Eingeständnis der eigenen Fehler
- Z. 32 ff.: „Sie verstand mich nicht, das ist wahr, aber ich verstand sie auch nicht“ → Selbstreflexion und -analyse des eigenen Verhaltens
- Z. 48 ff.: „Diese zu heftigen Sätze sind lauter Äußerungen von Wut, die ich im normalen Leben ...“ → Entschuldigung/Erklärung des eigenen Verhaltens durch die extreme Lebenssituation
- ...

Aufgabe 4
S. 149

Auch in diesem Tagebucheintrag reflektiert Anne, welche Bedeutung das Tagebuch für sie hat. Die Schüler benennen die entsprechenden Textstellen und erläutern sie. Folgende Aspekte werden in dem Tagebucheintrag über die Bedeutung des Tagebuchschreibens für Anne deutlich:

- Das Tagebuch ist für Anne ein Medium der Selbstklärung geworden. Sie liest es, um zu überprüfen, ob das früher Gesagte auch noch heute gültig ist. Sie vergleicht, wie sie früher gefühlt und gedacht hat, mit ihrem gegenwärtigen Fühlen und Denken. Dabei reflektiert sie ihre eigene Entwicklung (vgl. Z. 1–10 und 31–32). Dies wird besonders deutlich in dem Tagebucheintrag vom 8. März 1944, den der Lehrer in diesem Zusammenhang den Schülern vorlesen könnte.
- Das Tagebuch hat weiter die Funktion eines „Kummerkastens“. Nur beim Tagebuchschreiben ist Anne ganz bei sich und kann all ihre Freude, ihren Spott oder ihre Traurigkeit loswerden und ausdrücken (vgl. Z. 25–28).
- Zugleich ist das Tagebuch aber auch ein „Memoirenbuch geworden“ (Z. 29–30). Mithilfe des Tagebuches kann Anne ihr Leben und das, was es ausmacht, für sich selbst festhalten und dem Vergessen entziehen.

Das Verhältnis zu ihrer Mutter thematisiert Anne auch in dem Tagebucheintrag vom 06.01.1944 (s. Arbeitsblatt 9, S. 166). Auch hier wird deutlich, dass das Verhältnis zu ihrer Mutter grundsätzlich problematisch ist, weil Anne die Mutter als Mensch ablehnt. Dieser Tagebucheintrag kann zur Vertiefung dieser Problematik oder zur Leistungsüberprüfung eingesetzt werden.
Wenn geplant wird, die Unterrichtsreihe an dieser Stelle zu beenden, kann Arbeitsblatt 10, S. 167f. eingesetzt werden. Mithilfe des Arbeitsblattes können die Schüler sich darüber informieren, wie die Menschen im Hinterhaus entdeckt worden sind und welches Schicksal sie nach ihrer Verhaftung erleiden mussten.

„Ich will fortleben auch nach meinem Tod.“ – Das Anne Frank Haus und die Tagebücher (S. 150–154)

In diesem Kapitel wird vorgestellt, wie nach dem Zweiten Weltkrieg die Erinnerung an Anne Frank und ihr Vermächtnis bewahrt worden sind. Die Schüler können sich über die Arbeit des Anne Frank Hauses ein Bild machen (S. 150–151). Im zweiten Teil (S. 151–154) lernen sie die Geschichte des Tagebuches kennen.

Das Anne Frank Haus (S. 150)
Zum Einstieg können die Schüler ein Gedankenexperiment durchführen. Sie werden aufgefordert, sich vorzustellen, dass sie nach dem Zweiten Weltkrieg hätten bestimmen können, was mit dem Hinterhaus in der Prinsengracht 263 geschehen sollte. In Gruppen sammeln sie Vorschläge, wie sie das Haus im Sinne des Vermächtnisses von Anne Frank genutzt hätten, die sie möglichst konkret ausgestalten. Diese werden dann der Klasse vorgestellt. Anschließend lesen sie den Moderationstext auf S. 150 und informieren sich über die tatsächliche Historie des Hinterhauses. Die wichtigsten Informationen können in einem Tafelbild festgehalten werden:

Tafelbild

Das Anne Frank Haus heute
- *seit 1960 ein Museum*
- *internationale Jugendbegegnungsstätte (= Vorderhaus)*
- *Besichtigung des Verstecks im Originalzustand/Ausstellung des Tagebuches (= Hinterhaus)*
- *Anne Frank Haus = weltweit arbeitende Organisation (Zweigstellen: New York, Berlin, London)*

Aufgaben 1 bis 4 S. 150–151 Die Schüler beschreiben den Aufbau der Homepage, die Funktionen der einzelnen Links und die Themen der abgebildeten Internetseite des Anne Frank Hauses. Dann recherchieren sie zur Geschichte, zu den Zielen und Schwerpunkten der Arbeit des Anne Frank Hauses im Internet und stellen ihre Ergebnisse vor. Mithilfe der Internetseite des Anne Frank Hauses können die Schüler zu vielen Themen Kurzreferate entwickeln und der Klasse vorstellen. Ebenfalls mithilfe des Internets können sich die Schüler über das Anne Frank Zentrum in Berlin informieren und darüber referieren.

Dorothea Waldherr/Ute Hiddemann: Die Geschichte der Tagebücher (S. 151 – 153)

Aufgabe 1
S. 153

Mithilfe des Methodenkastens auf S. 154 erschließen sich die Schüler den relativ langen und an einigen Stellen inhaltlich schwierigen Sachtext. Sie lesen den Text einige Minuten überfliegend. Dann tauschen sie sich mit einem Partner oder in kleinen Gruppen darüber aus, worum es darin geht und welche inhaltlichen Einzelheiten sie dem Text beim überfliegenden Lesen entnehmen konnten. Die Ergebnisse dieser ersten Runde können noch einmal in der Klasse zusammengetragen werden. Als Nächstes lesen die Schüler den Text jeder für sich genau durch. In Partnerarbeit gliedern sie den Text und geben den einzelnen Sinnabschnitten Überschriften. Um die Schüler zu entlasten, kann die Gliederung auch gemeinsam entwickelt werden. Möglich wäre es auch, den Schülern die Zeilenangaben für die einzelnen Abschnitte zu geben und sie dazu passende Überschriften finden zu lassen. Die Gliederung kann folgendermaßen aussehen:

Waldherr/Hiddemann: Die Geschichte der Tagebücher – Gliederung des Sachtextes

Z. 1 – 10:	Aufbewahrung der Tagebücher nach der Verhaftung durch Miep (1944)
Z. 11 – 40:	Miep übergibt Otto Frank die Tagebücher (1945)
Z. 41 – 96:	Die Bearbeitung der eigenen Tagebücher durch Anne (Version a + b)
Z. 97 – 111:	Gründe Otto Franks, die Tagebücher zu veröffentlichen
Z. 112 – 126:	Überarbeitung der Tagebücher durch Otto Frank für die Veröffentlichung (Version c)
Z. 127 – 138:	Erstveröffentlichung (1947) und Erfolg der Tagebücher
Z. 139 – 159:	Der Streit um die Echtheit der Tagebücher
Z. 159 – 168:	Veröffentlichung der „Kritischen Ausgabe“ und der neuen Taschenbuchausgabe

Als Nächstes gehen die Schüler den Text abschnittweise durch. Sie erarbeiten sich mithilfe von Markierungen die zentralen Informationen und legen sich evtl. eine stichwortartige Übersicht an. Die Ergebnisse der Textarbeit werden präsentiert, indem jeweils ein Schüler bzw. eine Gruppe einen Sinnabschnitt der Klasse vorstellt.

Aufgabe 2
S. 153

Zur Sicherung der Textinhalte entwickeln die Schülerinnen und Schüler Fragen zum Text. Sie tauschen ihre Fragesammlungen aus und beantworten sie. Dabei kann vorher vereinbart werden, ob sie den Text benutzen dürfen oder ob sie die Fragen ohne Text beantworten sollen. Die Antworten werden schriftlich festgehalten und von denjenigen Schülern, die die Fragen entwickelt haben, ausgewertet. Die Inhaltssicherung bzw. die Überprüfung, inwieweit die Informationen des Textes bekannt sind, kann auch mithilfe von Arbeitsblatt 11, S. 169 erfolgen.

Lexikonartikel über Leben und Werk Anne Franks

Bettina Kümmerling-Meibauer
Anne Frank

geb. 1929 in Frankfurt/M.
gest. 1945 im KZ Bergen-Belsen

Leben

Anne Frank war die Tochter eines jüdischen Fabrikanten. 1933 zog die Familie nach der Machtergreifung durch die Nationalsozialisten nach Amsterdam, wo ihr Vater eine Gewürz- und Konservierungsmittelhandlung eröffnete. 1940 besetzten die Deutschen die Niederlande, ab 1942 begann auch hier der Abtransport der Juden in die Konzentrationslager. Um der Verschleppung zu entgehen, tauchte die Familie *Frank* mit ihren beiden Töchtern in der Amsterdamer Prinsengracht 263 (einem Kontor- und Lagerhaus hinter dem Geschäft) unter. Zusammen mit dem Ehepaar *van Daan*[1], ihrem Sohn Peter und dem Zahnarzt Dr. *Dussel*[2] versteckten sie sich im Dachgeschoss des Lagerhauses und wurden von Angestellten heimlich versorgt. Im August 1944 wurden sie denunziert und das Versteck wurde von der Gestapo gestürmt. Anne Frank kam ins Konzentrationslager nach Bergen-Belsen, wo sie im März 1945 einer Typhusepidemie zum Opfer fiel.

Werk und Bedeutung

Kurz vor ihrem Untertauchen im Versteck hatte *Anne Frank* von ihrem Vater zu ihrem 13. Geburtstag ein Tagebuch geschenkt bekommen und begann sogleich, ihre Eindrücke von der Besatzungszeit darin aufzuzeichnen. Sie schreibt darin Briefe an eine fiktive Freundin Kitty. Über einen Zeitraum von zwei Jahren beschreibt sie die letzten Tage in der Freiheit und das beengte und bedrückende Leben im Hinterhaus. Die Aufzeichnungen handeln von den heimlichen Träumen und Hoffnungen Anne Franks sowie ihrer aufkeimenden sexuellen Neugier, die ihr Verhältnis zum etwas älteren Peter bestimmt. Mit scharfem Blick durchschaut sie das zunehmend nervöser werdende Verhalten ihrer Lebensgefährten und kritisiert es rückhaltslos. Zugleich bleibt sie offen für politische Nachrichten, die zu ihnen durchsickern. Gegen Ende des zweiten Jahres geben die Informationen über die Invasion der Alliierten in der Normandie und der Widerstand der Niederländer gegen die Deutschen den Eingeschlossenen neue trügerische Hoffnung. Am 1. August 1944 schreibt *Anne Frank* ihren letzten Brief an Kitty. – Nach der Erstürmung des Verstecks wurde das Tagebuch bei der Durchsuchung übersehen. Es wurde von Freunden der Familie gefunden und aufbewahrt. Als einziger Überlebender kehrte der Vater aus dem Konzentrationslager zurück. Auf Drängen von Schicksalsgenossen entschloss er sich 1947 (dt. 1949) zur Veröffentlichung des Tagebuchs. *Anne Frank* ist in der ganzen Welt zur Symbolgestalt der Leiden des jüdischen Volkes unter dem Terror des nationalsozialistischen Regimes geworden. Mit ihren Aufzeichnungen verlieh sie stellvertretend Millionen ermordeter Kinder und Jugendlicher eine Stimme. Neben dem Erfahrungsbericht über

[1] van Pels
[2] Pfeffer

das Leiden der jüdischen Bevölkerung unter der deutschen Besatzung erhält man einen Einblick in die komplizierten zwischenmenschlichen Beziehungen zwischen den acht Eingeschlossenen. Hin und her gerissen zwischen Selbstvertrauen und Zweifeln, zwischen melancholischen Träumen und einer albtraumhaft beklemmenden Realität, wird die Erlebnisfähigkeit des Mädchens immer intensiver. Mit den durchlittenen Ängsten wächst ihr schriftstellerisches Talent, nimmt ihre Reife zu. In den philosophischen Exkursen über den Sinn des Lebens und die moralische Stellung des Menschen drückt sich ihr Glaube an das Gute im Menschen und die läuternde Kraft des Schicksals aus. Innerhalb der niederländischen Kinderliteratur gehört es zu den ersten Werken, die an die Verbrechen an Juden erinnern. Um die von antisemitischen und rechtsradikalen Kreisen immer wieder vorgebrachte Behauptung, dass es sich bei dem „Tagebuch" um eine Fälschung handle, zu widerlegen, wurde 1986 eine textkritische Ausgabe veröffentlicht. Die dieser Ausgabe beigefügten Gutachten und Berichte einer kriminaltechnischen Untersuchung der Manuskripte lassen an der Verfasserschaft von *Anne Frank* keinerlei Zweifel zu.

Das Tagebuch wurde in ca. 55 Sprachen übersetzt und ist in einer Auflage von mehr als 20 Millionen Exemplaren verbreitet. Die Bühnenfassung von *Goodrich/Hackett* wurde weltweit an renommierten Bühnen aufgeführt und diente als Vorlage für zwei Verfilmungen. Neben dem „Tagebuch" erschienen 1960 unter dem Titel „Verhalen rondom het Achterhuis" („Geschichten und Ereignisse aus dem Hinterhaus") noch weitere Erzählungen, Märchen und Betrachtungen von *Anne Frank*. 1957 hielt *Eugen Kogon* in der Frankfurter Paulskirche eine viel beachtete Rede über *Anne Frank*. Zahlreiche Ausstellungen haben sich ihrem Leben und Werk gewidmet, ihr Wohnhaus in der Prinsengracht ist heute ein Museum.

Bücher von Anne Frank

(deutschsprachige Übersetzungen)

– Das Tagebuch der Anne Frank. Frankfurt/M.: Fischer (1955)1991 (auch als TB).
– Geschichten und Ereignisse aus dem Hinterhaus. Frankfurt/M.: Fischer 1982 (TB).

(Aus: Bettina Kümmerling-Meibauer: Anne Frank; in: Jörg Knobloch/Steffen Peltsch (Hg.): Lexikon Deutsch. Kinder- und Jugendliteratur, Autorenportraits und literarische Begriffe, Freising 1988, S. 42–43)

Methode – Ein Buch vorstellen

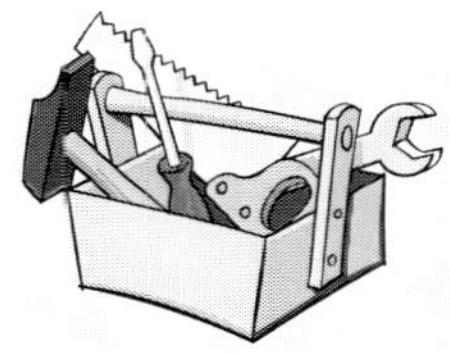

Wenn du ein Buch vorstellst, kannst du folgendermaßen vorgehen:

- Nenne zuerst den Autor, Titel und Verlag.
- Berichte dann, worum es in dem Buch geht. Du solltest auf folgende Punkte eingehen:
  - Gib an, wo und wann die Handlung spielt.
  - Stelle die Hauptfigur bzw. -figuren vor.
  - Fasse die Handlung kurz zusammen. Verrate aber nichts, was deinen Zuhörern die Neugierde auf das Buch nehmen könnte (z. B. um welches Geheimnis es in dem Roman „Das Geheimnis der weißen Mönche“ geht). Achte darauf, dass die Tempusform bei Inhaltsangaben immer das Präsens ist.
- Deine Zuhörer können dir schlecht folgen, wenn du deine Buchvorstellung schriftlich anfertigst und sie dann einfach abliest oder auswendig gelernt vorträgst. Lege dir einen Stichwortzettel an, auf dem du das Wichtigste als Erinnerungsstütze festhältst, und trage frei vor.
- Damit deine Zuhörer dir besser folgen können, solltest du deine Buchvorstellung mit passenden Materialien veranschaulichen (z. B. indem du die Figurenkonstellation grafisch darstellst und mithilfe einer OHP-Folie präsentierst/auf einer Landkarte zeigst, wo die Geschichte spielt, und zu den einzelnen Orten erläuterst, was sich dort ereignet/den Lebensweg der Hauptfigur mit Höhen und Tiefen in Form einer Kurve mit entsprechenden Stichworten auf einem Plakat darstellst/Gegenstände, die in dem Buch vorkommen, mitbringst und den anderen erklärst, welche Rolle sie spielen ...).
- Zwischendurch oder auch am Ende kannst du besonders interessante Stellen aus dem Buch vorlesen. Lies diese Passagen anschaulich und betont. Vergiss nicht, deine Zuhörer kurz in den jeweiligen Textauszug einzuführen, indem du berichtest, was vorher passiert ist.
- Informiere die anderen am Schluss darüber, was du an dem Buch gut findest und was dir eventuell nicht so gut gefallen hat.
- Beziehe deine Zuhörer mit ein. Du kannst z. B. am Ende ein Quiz zu dem vorgestellten Buch veranstalten/einen Lückentext entwickeln, den die anderen während deines Vortrags vervollständigen können/Textstellen von der Klasse vorlesen lassen, indem du sie auf Papierstreifen schreibst und diese an deine Zuhörer verteilst ...
- Deine Buchvorstellung sollte in der Regel nicht länger als 15–20 Minuten dauern. Du solltest deinen Vortrag zu Hause üben und prüfen, wie lange du brauchst.

Tagebucheintrag Anne Franks vom 8. Juli 1942

Mittwoch, 8. Juli 1942

Liebe Kitty!

Zwischen Sonntagmorgen und jetzt scheinen Jahre zu liegen. Es ist so viel geschehen, als hätte sich plötzlich die Welt umgedreht. Aber, Kitty, du merkst, dass ich noch lebe, und das ist die Hauptsache, sagt Vater. Ja, in der Tat, ich lebe noch, aber frage nicht, wo und wie. Ich denke, dass du mich heute überhaupt nicht verstehst, deshalb werde ich einfach anfangen, dir zu erzählen, was am Sonntag geschehen ist.

Um 3 Uhr (Hello war eben weggegangen und wollte später zurückkommen) klingelte jemand an der Tür. Ich hatte es nicht gehört, da ich faul in einem Liegestuhl auf der Veranda in der Sonne lag und las. Kurz darauf erschien Margot ganz aufgeregt an der Küchentür. „Für Vater ist ein Aufruf von der SS gekommen", flüsterte sie. „Mutter ist schon zu Herrn van Daan gegangen." (Van Daan ist ein guter Bekannter und Teilhaber in Vaters Firma.)

Ich erschrak schrecklich. Ein Aufruf! Jeder weiß, was das bedeutet. Konzentrationslager und einsame Zellen sah ich vor mir auftauchen, und dahin sollten wir Vater ziehen lassen müssen? „Er geht natürlich nicht", erklärte Margot, als wir im Zimmer saßen und auf Mutter warteten. „Mutter ist zu van Daan gegangen und fragt, ob wir schon morgen in unser Versteck umziehen können. Van Daans gehen mit. Wir sind dann zu siebt."

Stille. Wir konnten nicht mehr sprechen. Der Gedanke an Vater, der, nichts Böses ahnend, einen Besuch im jüdischen Altersheim machte, das Warten auf Mutter, die Hitze, die Anspannung ... das alles ließ uns schweigen.

Plötzlich klingelte es wieder. „Das ist Hello", sagte ich. Margot hielt mich zurück. „Nicht aufmachen!" Aber das war überflüssig. Wir hörten Mutter und Herrn van Daan unten mit Hello reden. Dann kamen sie herein und schlossen die Tür hinter sich. Bei jedem Klingeln sollten Margot oder ich nun leise hinuntergehen, um zu sehen, ob es Vater war. Andere Leute ließen wir nicht rein. Margot und ich wurden aus dem Zimmer geschickt, van Daan wollte mit Mutter allein sprechen.

Als Margot und ich in unserem Schlafzimmer saßen, erzählte sie, dass der Aufruf nicht Vater betraf, sondern sie. Ich erschrak erneut und begann zu weinen. Margot ist sechzehn. So junge Mädchen wollten sie wegschicken? Aber zum Glück würde sie nicht gehen, Mutter hatte es selbst gesagt. Und vermutlich hatte auch Vater das gemeint, als er mit mir über Verstecken gesprochen hatte.

Verstecken! Wo sollten wir uns verstecken? In der Stadt? Auf dem Land? In einem Haus, in einer Hütte? Wann? Wie? Wo? Das waren Fragen, die ich nicht stellen konnte und die mich doch nicht losließen.

(Aus: Anne Frank: Tagebuch. Fassung von Otto H. Frank und Mirjam Pressler, aus dem Niederländischen von Mirjam Pressler, Fischer Verlag, Frankfurt am Main 1999, S. 32–33)

1. Was erfährst du über die Situation der Familie Frank?

2. Welche Versteckmöglichkeiten hat die Familie? Überlege dir verschiedene Möglichkeiten und beurteile sie hinsichtlich ihrer Durchführbarkeit und den damit verbundenen Schwierigkeiten.

Eine zusammenfassende Übersicht zu einem Sachtext anfertigen

Anne Frank und ihre Zeit	
Jahr/Zeitraum	***Stationen in Annes Leben/Zeitgeschichte***
1929–	
1933–	
1939–	
1940–	
1942–	
1944–	
März 1945–	
Mai 1945–	
nach 1945–	

Entnimm dem Sachtext „Anne Frank und ihre Zeit" die wichtigsten Informationen zu Annes Lebenslauf und der Zeit, in der sie gelebt hat. Halte die Informationen zu beiden Punkten in Stichworten in der Übersicht oben fest. (Tipp: Arbeite mit zwei Farben!)

Den Stichwortzettel zu einem Kurzvortrag untersuchen und beurteilen

Kurzvortrag zum Thema:

„Gründe Anne Franks für das Führen ihres Tagebuches –
Tagebucheintrag vom 20. Juni 1942"

Einleitung:

- Kurze Vorstellung des **Themas**
- **Situation Annes** im Juni 1942: sechs Wochen vor dem Untertauchen im Hinterhaus
- **Gliederung**: 1. Selbstdarstellung Annes, 2. Gründe für das Tagebuchschreiben, 3. Erklärung des Namens Kitty für das Tagebuch, Schluss: Zusammenfassung

(Thema und Gliederung an die Tafel schreiben!)

Hauptteil:

(Folien zu den einzelnen Punkten auflegen!)

1 Wie stellt sich Anne selbst dar?

- Anne hat „keine Freundin".
- Sie hat nur ihre „lieben Eltern", einige Verehrer und Bekannte.
- Mit ihren Bekannten kann sie nur „Spaß haben" und über „alltägliche Dinge" reden.
- Nie ist sie mit einem davon „intimer" oder vertraulich.

2 Warum führt Anne ihr Tagebuch?

- Anne will das Tagebuch niemandem zu lesen geben/glaubt auch nicht, dass es später sie oder jemand anderen interessieren könnte.
- Anne will sich nur „alles Mögliche von der Seele reden".
- Das Tagebuch soll die fehlende Freundin ersetzen (= nicht nur „Tatsachen" schreiben).

3 Warum nennt Anne ihr Tagebuch Kitty?

- Anne will sich noch besser vorstellen, dass sie zu „der ersehnten Freundin" spricht.
- Sie nennt das Tagebuch Kitty, damit es für sie die „Freundin selbst" ist.

Schluss/Zusammenfassung:

(Überleitung!)

→ **Anne fehlt trotz ihrer Beliebtheit und vieler Bekannter eine Freundin, mit der sie sich „alles Mögliche gründlich von der Seele" reden kann.**
→ **Das Tagebuch dient Anne als Ersatzfreundin.**
→ **Der Name Kitty steigert die Vorstellung, dass sie zu jemandem spricht, wenn sie Tagebuch schreibt.**

1. Beschreibe die Inhalte und den Aufbau der „Gedächtnisstütze", die der Schüler für seinen Kurzvortrag angefertigt hat, und sein Vorgehen.

2. Beurteile, was an diesem Stichwortzettel sinnvoll und gelungen ist. Versuche auch, Verbesserungsvorschläge zu entwickeln.

Die Entwicklung von Annes Einstellung in Bezug auf das Tagebuchschreiben

Mittwoch, 5. April 1944

Liebste Kitty!

Eine Zeit lang wusste ich überhaupt nicht mehr, wofür ich noch arbeite. Das Ende des Krieges ist so entsetzlich weit, so unwirklich, märchenhaft und schön. [...]

Ich muss arbeiten, um nicht dumm zu bleiben, um weiterzukommen, um Journalistin zu werden, das will ich! Ich weiß, dass ich schreiben kann. Ein paar Geschichten sind gut, meine Hinterhausbeschreibung humorvoll, vieles in meinem Tagebuch ist lebendig, aber ob ich wirklich Talent habe, das steht noch dahin. [...]

Ich bin selbst meine schärfste und beste Kritikerin hier, ich weiß genau, was gut und was nicht gut geschrieben ist. Keiner, der nicht selbst schreibt, weiß, wie toll Schreiben ist. Früher habe ich immer bedauert, dass ich überhaupt nicht zeichnen kann, aber jetzt bin ich überglücklich, dass ich wenigstens schreiben kann.

Und wenn ich nicht genug Talent habe, um Zeitungsartikel oder Bücher zu schreiben, nun, dann kann ich noch immer für mich selbst schreiben. [...]

O ja, ich will nicht umsonst gelebt haben wie die meisten Menschen. Ich will den Menschen, die um mich herum leben und mich doch nicht kennen, Freude und Nutzen bringen. Ich will fortleben, auch nach meinem Tod. Und darum bin ich Gott so dankbar, dass er mir bei meiner Geburt schon eine Möglichkeit mitgegeben hat, mich zu entwickeln und zu schreiben, also alles auszudrücken, was in mir ist.

Mit Schreiben werde ich alles los. Mein Kummer verschwindet, mein Mut lebt wieder auf. Aber, und das ist die große Frage, werde ich jemals etwas Großes schreiben können, werde ich jemals Journalistin und Schriftstellerin werden?

Ich hoffe es, ich hoffe es so sehr! Mit Schreiben kann ich alles ausdrücken, meine Gedanken, meine Ideale und meine Fantasien.

Also weiter, mit neuem Mut. Es wird schon gelingen, denn schreiben will ich!

Deine Anne M. Frank

(Aus: Anne Frank: Tagebuch. Fassung von Otto H. Frank und Mirjam Pressler, aus dem Niederländischen von Mirjam Pressler, Fischer Verlag, Frankfurt am Main 1999, S. 237–240)

1. Untersuche den Tagebucheintrag unter folgender Fragestellung: Welche Bedeutung hat das Schreiben des Tagebuches für Anne? Lege die Ergebnisse deiner Textuntersuchung schriftlich dar.

2. Vergleiche diesen Tagebucheintrag mit dem ersten Tagebucheintrag vom 20. Juni 1942, in dem Anne erklärt, warum die „ganze Tagebuchidee angefangen hat“. Erläutere, was sich in Bezug auf das Schreiben des Tagebuches zwischen 1942 und 1944 bei Anne verändert und nicht verändert hat.

3. „Mit Schreiben werde ich alles los.“ (Z. 33) Erkläre, was Anne mit dieser Aussage meint, und beurteile, inwiefern sie deiner Meinung nach richtig ist.

Anne Franks Beschreibung des Verstecks im Hinterhaus

Donnerstag, 9. Juli 1942

Liebe Kitty!

Das Versteck war in Vaters Bürogebäude. Für Außenstehende ist das ein bisschen schwer zu begreifen, darum werde ich es näher erklären. Vater hatte nicht viel Personal, Herrn Kugler, Herrn Kleiman und Miep, dann noch Bep Voskuijl, die 23-jährige Stenotypistin, die alle über unser Kommen informiert waren. Im Lager waren Herr Voskuijl, Beps Vater, und zwei Arbeiter, denen hatten wir nichts gesagt.

Das Gebäude sieht so aus: Im Parterre ist ein großes Magazin, das als Lager benutzt wird und wieder unterteilt ist in verschiedene Verschläge, zum Beispiel den Mahlraum, wo Zimt, Nelken und Pfeffersurrogat vermahlen werden, und den Vorratsraum. Neben der Lagertür befindet sich die normale Haustür, die durch eine Zwischentür zu einer Treppe führt. Oben an der Treppe erreicht man eine Tür mit Halbmattglas, auf der einmal mit schwarzen Buchstaben das Wort „Kontor" stand. Das ist das große vordere Büro, sehr groß, sehr hell, sehr voll. Tagsüber arbeiten da Bep, Miep und Herr Kleiman. Durch ein Durchgangszimmer mit Tresor, Garderobe und einem großen Vorratsschrank kommt man zu dem kleinen, ziemlich muffigen, dunklen Direktorenzimmer. Dort saßen früher Herr Kugler und Herr van Daan, nun nur noch Ersterer. Man kann auch vom Flur aus in Kuglers Zimmer gehen, durch eine Glastür, die zwar von innen, aber nicht ohne Weiteres von außen zu öffnen ist. Von Kuglers Büro aus durch den langen, schmalen Flur, vorbei am Kohlenverschlag und vier Stufen hinauf, da ist das Prunkstück des ganzen Gebäudes, das Privatbüro. Vornehme, dunkle Möbel, Linoleum und Teppiche auf dem Boden, Radio, elegante Lampe, alles prima-prima. Daneben ist eine große, geräumige Küche mit Durchlauferhitzer und zwei Gaskochern. Dann noch ein Klo. Das ist der erste Stock. Vom unteren Flur führt eine normale Holztreppe nach oben. Dort ist ein kleiner Vorplatz, der Diele genannt wird. Rechts und links sind Türen, die linke führt zum Vorderhaus mit den Lagerräumen, dem Dachboden und dem Oberboden. Vom Vorderhaus aus führt auf der anderen Seite auch noch eine lange, übersteile, echt holländische Beinbrechtreppe zur zweiten Straßentür.

Die Tür zum Hinterhaus wurde bald durch ein drehbares Bücherregal ersetzt.

Rechts von der Diele liegt das „Hinterhaus". Kein Mensch würde vermuten, dass hinter der einfachen, grau gestrichenen Tür so viele Zimmer versteckt sind. Vor der Tür ist eine Schwelle, und dann ist man drinnen. Direkt gegenüber der Eingangstür ist eine steile Treppe, links ein kleiner Flur und ein Raum, der Wohn- und Schlafzimmer der Familie Frank werden soll. Daneben ist noch ein kleineres Zimmer, das Schlaf- und Arbeitszimmer der beiden jungen Damen Frank. Rechts von der Treppe ist eine Kammer ohne Fenster mit einem Waschbecken und einem abgeschlossenen Klo und einer Tür in Margots und mein Zimmer. Wenn man die Treppe hinaufgeht und oben die Tür öffnet, ist man erstaunt, dass es in einem alten Grachtenhaus so einen hohen, hellen und geräumigen Raum gibt. In diesem Raum stehen ein Herd (das haben wir der Tatsache zu verdanken, dass hier früher Kuglers Laboratorium war) und ein Spülstein. Das ist also die Küche und gleichzeitig auch das Schlafzimmer des Ehepaares van Daan, allgemeines Wohnzimmer, Esszimmer und Arbeitszimmer. Ein sehr kleines Durchgangszimmerchen wird Peters Appartement werden. Dann, genau wie vorn, ein Dachboden und ein Oberboden. Siehst du, so habe ich dir unser ganzes schönes Hinterhaus vorgestellt! *Deine Anne*

(Aus: Anne Frank: Tagebuch. Fassung von Otto H. Frank und Mirjam Pressler, aus dem Niederländischen von Mirjam Pressler, Fischer Verlag, Frankfurt am Main 1999, S. 36–37)

Ordne die einzelnen Informationen und Beschreibungen Annes über das Versteck der Grafik auf S. 140 in deinem Deutschbuch zu.

Personenkonstellation zur Situation im Hinterhaus

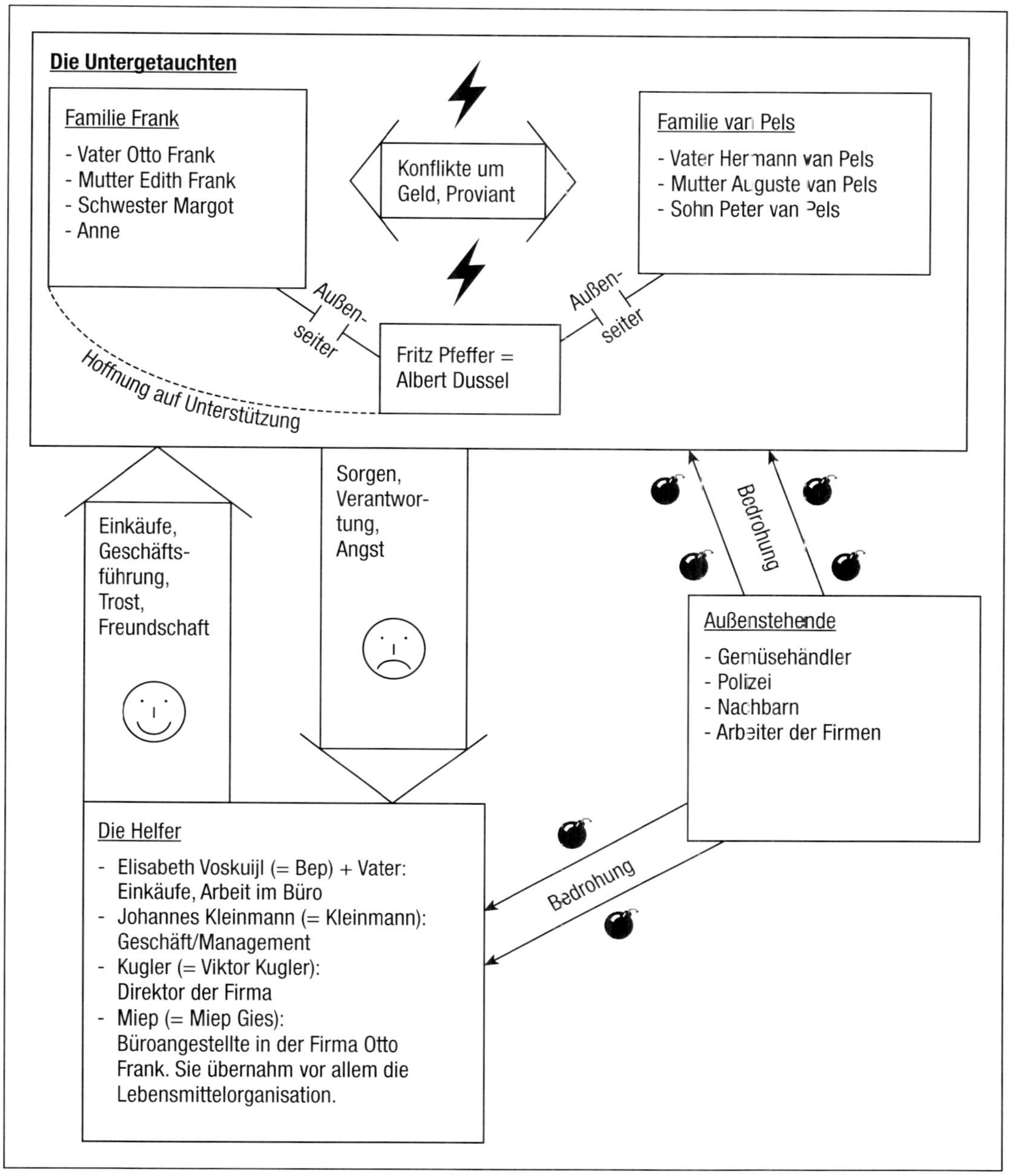

1. Beschreibe und erläutere die Grafik.

2. Beurteile die Grafik. Was erscheint dir gelungen und was sollte man verbessern?

3. Vergleiche diese Darstellung mit Personenkonstellationen, die Schüler deiner Klasse entwickelt haben. Stelle die Darstellungen deiner Mitschüler vor, die du für besonders gelungen hältst, und begründe deine Auswahl.

Die Beziehung zwischen Anne und ihrer Mutter

Donnerstag, 6. Januar 1944

Liebe Kitty!

Heute muss ich dir zwei Dinge bekennen, die ziemlich viel Zeit in Anspruch nehmen werden, die ich aber unbedingt irgendjemandem erzählen muss. Das tue ich natürlich am besten bei dir, denn ich bin sicher, dass du immer und unter allen Umständen schweigen wirst.

Das Erste geht um Mutter. Du weißt, dass ich oft über sie geklagt habe und mir dann doch immer wieder Mühe gab, nett zu ihr zu sein. Plötzlich ist mir klar geworden, was ihr fehlt. Mutter hat uns selbst gesagt, dass sie uns mehr als Freundinnen denn als Töchter betrachtet. Das ist natürlich ganz schön, aber trotzdem kann eine Freundin nicht die Mutter ersetzen. Ich habe das Bedürfnis, mir meine Mutter als Vorbild zu nehmen und sie zu achten. Meistens ist sie auch ein Beispiel für mich, aber eben umgekehrt, wie ich es nicht machen soll. Ich habe das Gefühl, dass Margot über das alles ganz anders denkt und es nie begreifen würde. Und Vater weicht allen Gesprächen aus, bei denen es um Mutter gehen könnte.

Eine Mutter stelle ich mir als eine Frau vor, die vor allem viel Takt an den Tag legt, besonders für Kinder in unserem Alter. Nicht wie Mansa, die mich laut auslacht, wenn ich wegen etwas weine, nicht wegen Schmerzen, sondern wegen anderer Dinge. Eine Sache, sie mag vielleicht unbedeutend erscheinen, habe ich ihr nie vergeben. Es war an einem Tag, als ich zum Zahnarzt musste. Mutter und Margot gingen mit und waren einverstanden, dass ich mein Fahrrad mitnahm. Als wir beim Zahnarzt fertig waren und wieder vor der Tür standen, sagten Margot und Mutter ganz fröhlich, sie gingen nun in die Stadt, um etwas anzuschauen oder zu kaufen, ich weiß es nicht mehr so genau. Ich wollte natürlich mit, aber das durfte ich nicht, weil ich mein Fahrrad dabei hatte. Vor Wut sprangen mir Tränen in die Augen, und Margot und Mutter fingen laut an zu lachen. Da wurde ich so wütend, dass ich ihnen auf der Straße die Zunge rausstreckte, als zufällig gerade ein kleines Frauchen vorbeikam und mich ganz erschrocken anschaute. Ich fuhr mit dem Fahrrad nach Hause und habe noch lange geweint. Seltsam, dass bei den unzähligen Wunden, die Mutter mir zugefügt hat, ausgerechnet diese immer noch anfängt zu brennen, wenn ich daran denke, wie wütend ich damals war.

(Aus: Anne Frank: Tagebuch. Fassung von Otto H. Frank und Mirjam Pressler, aus dem Niederländischen von Mirjam Pressler, Fischer Verlag, Frankfurt am Main 1999, S. 159–160)

1. Erläutere, wie Anne in dem Tagebucheintrag vom 6. Januar 1944 ihre Mutter und die Beziehung zu ihrer Mutter charakterisiert.

2. Vergleiche in Bezug auf die Beurteilung der Mutter und der Tochter-Mutter-Beziehung diesen Tagebucheintrag mit dem vom 30.10.1943.

3. Beurteile abschließend Annes Verhalten gegenüber ihrer Mutter.

Mirjam Pressler: Verhaftung und Deportation

„Hier endet Annes Tagebuch.“ Das war am 1. August 1944, es ist das Datum ihres letzten Eintrags. Am 4. August wurde Anne zusammen mit den anderen sieben Untergetauchten abgeholt. Sie wurden verraten. [...] Wer die acht Menschen verraten hat, weiß man bis heute nicht. [...]

Die Gefangenen wurden zum Hauptquartier des SD (Sicherheitsdienst des Reichsführers-SS) gebracht, von dort einen Tag später in das frühere Internierungslager Westerbork, das nun „Judendurchgangslager“ hieß. Dort blieben sie einen ganzen Monat lang. Eine der Hauptarbeiten in Westerbork war das Batterienspalten, eine Tätigkeit, bei der man sehr schmutzig wurde und husten musste, weil ein die Atemwege reizender Stoff ausgeschieden wurde. Rachel van Amerongen-Frankfoorder, die in Westerbork im Innendienst arbeitete, erzählt, Otto Frank sei zu ihr gekommen und habe sie gebeten, Anne beim Putzen helfen zu lassen, das sei aber leider nicht möglich gewesen. Vermutlich hat Anne, wie die meisten anderen auch, bei den Batterien gearbeitet.

Von Westerbork aus waren bisher jede Woche die Transporte „in den Osten“ gegangen, wie die Deutschen es nannten. Doch nun, im August 1944, einige Wochen nach der Invasion, fühlten sich die Inhaftierten sicher. Sie glaubten nicht mehr daran, dass es den Deutschen gelingen würde, sie nach Polen zu bringen. Als aber die Alliierten Anfang September gerade die Südgrenze der Niederlande erreicht hatten, kam es doch noch zu einem Transport nach Auschwitz, dem letzten von Westerbork aus, am 3. September 1944. Alle acht Juden aus dem Hinterhaus befanden sich in diesem Transport. Er fand in Viehwaggons statt, die Menschen waren, ohne Essen und Trinken, ohne Toiletten, ganz eng zusammengepfercht. Nur wer das Glück hatte, an der Wand zu stehen, konnte sich manchmal hinhocken. Der Transport dauerte drei Tage.

[...]

Mit diesem Transport waren insgesamt 1 109 Menschen nach Auschwitz gekommen. Sofort nach der Ankunft, noch auf der Rampe, fand die Selektion statt. 258 Männer und 212 Frauen wurden ins Lager aufgenommen und bekamen eine Nummer auf den linken Arm tätowiert, die übrigen 549 Personen aus dem Transport, darunter alle Kinder unter fünfzehn Jahren, wurden sofort vergast.

Zwangsdeportation in ein Konzentrationslager

Gleich nach ihrer Ankunft wurden die Familien getrennt, die Frauen kamen in das Frauenlager 29. Es gibt Berichte, dass Herr van Pels zu jenen gehörte, die gleich nach ihrer Ankunft vergast wurden. Fritzi Frank erzählt die Geschichte so: Otto Frank, Herr van Pels, Peter und Dr. Pfeffer blieben in Auschwitz zusammen. Peter kam zur Poststelle, die anderen drei zum „Außendienst“. Nach einiger Zeit verletzte sich Herr van Pels am Daumen und fragte den Kapo, ob er den nächsten Tag Zimmerdienst machen könne statt Außendienst. Dies wurde ihm bewilligt. An jenem Tag wurden in allen Baracken Männer zur Vergasung selektiert, unter ihnen war auch Herr van Pels. Der Zweite, der ermordet wurde, war Fritz Pfeffer, er starb am 20. Dezember 1944 im Konzentrationslager Neuengamme. (Deportationen noch arbeitsfähiger Häftlinge von Auschwitz in andere Lager fanden häufiger statt.) Von Frau van Pels ist das Todesdatum nicht bekannt, man weiß lediglich, dass sie von Auschwitz nach Bergen-Belsen, von dort nach Buchenwald und dann nach Theresienstadt verschleppt wurde. Das Niederländische Rote Kreuz gibt als Zeitpunkt ihres Todes an: zwischen dem 9. April und dem 8. Mai 1945 in Deutschland oder in der Tschechoslowakei. Peter starb am 5. Mai 1945, drei Tage vor der Befreiung des Lagers, in Mauthausen.

Frau Frank, Margot und Anne waren zusammen in Auschwitz-Birkenau. Lenie de Jong-van Naarden berichtet: „Frau Frank hat sich in der Zeit, die wir in Auschwitz waren – ungefähr zwei Monate –, große Mühe gegeben, ihre Kinder am Leben zu erhalten, bei ihnen zu bleiben, sie zu beschützen. Natürlich haben wir miteinander gesprochen, aber man konnte überhaupt nichts tun, nur Ratschläge geben wie: ‚Lass sie nicht allein zur Latrine gehen.' Denn sogar auf dem Weg von der Baracke zur Latrine konnte etwas passieren. Man lief zufällig einem SS-Mann vor die Füße, ganz zufällig, und mit dem Leben war es aus. Sie schlugen Leute einfach tot, das machte ihnen nichts aus, ein Mensch war nichts."

Sie erinnert sich auch, dass Anne und Margot in den Krätzeblock kamen. Frau Frank habe ihre Brotration nicht selbst gegessen, sondern für ihre Kinder gespart. Sie hätten ein Loch unter der Holzwand des Krätzeblocks gegraben, und Margot habe das Stück Brot genommen und mit Anne geteilt. Anne und Margot blieben keine zwei Monate in Auschwitz-Birkenau, dann wurden sie nach Bergen-Belsen „überstellt", das Konzentrationslager in der Lüneburger Heide. (Edith Frank blieb in Auschwitz zurück. Sie starb dort am 6. Januar 1945 an Hunger und Erschöpfung.)

[...] Das Lager war überfüllt, als Anne und Margot ankamen, und die Überbelegung nahm noch zu, hygienische Einrichtungen fehlten. Die SS konnte in dem wachsenden Chaos keine Ordnung mehr halten, sie beschränkte sich allmählich nur noch

Das Frauenlager in Bergen-Belsen kurz nach der Befreiung durch die Briten

auf die Bewachung des Lagers, um Fluchtversuche zu verhindern. Krankheiten brachen aus und konnten, da es fast keine Medikamente gab, nicht geheilt werden. Besonders die Typhusepidemie, die Anfang 1945 ausbrach, bewirkte, dass von den 125 000 Juden, die in Bergen-Belsen waren, ungefähr 50 000 „umkamen", weitaus die meisten von ihnen in den letzten Monaten vor und in den ersten Wochen nach der Befreiung.

[...] Janny erzählt, dass Anne und Margot an Typhus erkrankten. Irgendwann in den letzten Tagen habe Anne, in eine Decke gehüllt, vor ihr gestanden. „Sie hatte keine Träne mehr, ach, die hatten wir längst nicht mehr, und sie erzählte, es hätte ihr so gegraut vor den Tieren in ihren Kleidern, dass sie alle ihre Kleider weggeworfen hätte. Es war ein harter Winter, und sie war in eine einzige Decke gehüllt. Ich habe alles, was ich finden konnte, zusammengerafft, um es ihr zu geben, sodass sie wieder angezogen war. [...]" Als Janny drei Tage später nach Anne und Margot schauen wollte, waren beide tot. Beide hatten Typhus.[1]

(Aus: Mirjam Pressler: Ich sehne mich so. Die Lebensgeschichte der Anne Frank, Beltz & Gelberg in der Verlagsgruppe Beltz, Weinheim & Basel)

[1] Margot und Anne Frank sterben im Februar/März 1945.
Im April 1945 befreien die englischen Truppen das KZ Bergen-Belsen.

Was erfährt der Leser über das Schicksal der einzelnen Mitglieder des Hinterhauses nach dem 01.08.1945?

Fragen zum Inhalt des Sachtextes „Die Geschichte der Tagebücher“ von Dorothea Waldherr und Ute Hiddemann

Beantworte folgende Fragen zum Inhalt des Sachtextes:

1. Was passierte mit den Tagebüchern Anne Franks nach der Verhaftung im August 1944?
2. Wann erhielt Otto Frank die Tagebücher seiner Tochter?
3. Für welchen Zeitraum ist ein Originaltagebuch Anne Franks verloren gegangen?
4. Wie reagierte Anne auf die Rede des Ministers für Unterricht, Künste und Wissenschaften am 28.03.1944?
5. Was versteht man unter Version a) und Version b) der Tagebücher?
6. Aus welchen Gründen entschloss sich Otto Frank zur Veröffentlichung der Tagebücher?
7. Welche Fassung stellt die Version c) der Tagebücher dar?
8. Welche Stellen der Tagebücher hat Otto Frank für die Veröffentlichung überarbeitet oder gestrichen?
9. Wie hoch war die Auflage der Erstveröffentlichung?
10. Was trug maßgeblich zum Erfolg des Tagebuchs bei?
11. Aus welchen Gründen wurde die Echtheit des Tagebuchs bestritten?
12. Was ergab die wissenschaftliche Untersuchung der Originaltagebücher Anne Franks?
13. Was veröffentlichte das Institut für Kriegsdokumente nach der Echtheitsprüfung?
14. Was wurde 1992 veröffentlicht?

Leistungsüberprüfung – Selbstevaluation – Klassenarbeit

1. **„... dass ich ein Bündelchen Widerspruch bin" – Das Mädchen Anne Frank**
   - In ihrem Tagebucheintrag vom 01.08.1944 sagt Anne über sich, dass sie ein „Bündelchen Widerspruch" (Z. 3) sei. Sie erklärt dazu, sie sei „sozusagen zweigeteilt" (Z. 17) in eine innere und äußere Anne.
     Schreibe einen Dialog zwischen der einen und der anderen Anne. Mache in deinem Dialog deutlich, welche Widersprüche für Annes Verhalten und Charakter prägend sind.
   - Untersuche die Bedeutung des Tagebuchschreibens für Anne in dem Eintrag vom 05.04.1944.
     Vergleiche diesen Tagebucheintrag mit dem vom 20.06.1942 und erläutere, wie sich die Einstellung Annes in Bezug auf das Schreiben ihres Tagebuchs entwickelt hat (s. Arbeitsblatt 6, S. 163).
2. **„... das Elend für uns Juden begann." – Leben unter deutscher Besatzung**
   - Erläutere möglichst viele Bezüge zwischen dem Bild „Selbstbildnis mit Judenpass" aus dem Jahr 1943 des Malers Felix Nussbaum und dem Leben Anne Franks. Beziehe dabei dein Wissen über Anne Frank und die Zeit, in der sie gelebt hat, mit ein.
   - Stell dir vor, deine Klasse organisiert eine Anne Frank Ausstellung in eurer Schule. Mithilfe eines Textes wollt ihr eure Besucher über das Leben der Menschen in dem Versteck informieren. Schreibe einen solchen Informationstext.
3. **„... ich litt (und leide) an Stimmungen" – Die Tochter Anne Frank**
   - Erläutere, wie Anne in dem Tagebucheintrag vom 06.01.1944 ihre Mutter charakterisiert und die Beziehung zu ihrer Mutter darstellt.
     Vergleiche in Bezug auf die Beurteilung der Mutter diesen Tagebucheintrag mit dem vom 30.10.1943.
     Beurteile anschließend Annes Verhalten gegenüber der Mutter (s. Arbeitsblatt 9, S. 166).
4. **„Ich will fortleben auch nach meinem Tod." – Das Anne Frank Haus und die Tagebücher**
   - Erläutere, welche Veränderungen Otto Frank an dem Tagebuch seiner Tochter für die Veröffentlichung vorgenommen hat und warum er es in dieser Weise überarbeitet hat.
     Nimm Stellung dazu, ob man sich 1992 bei der Neuausgabe des Tagebuchs richtig entschieden hat, die vom Vater zurückgehaltenen Briefe zu veröffentlichen.

„Wer wagt es …" – Schillers Balladen (S. 156–179)

Vorüberlegungen zur Einheit

Das vorliegende Kapitel verfolgt unterschiedliche Ansätze, die sich gegenseitig ergänzen. So sollen die Schülerinnen und Schüler zum einen auf motivierende Weise an den klassischen Autor Friedrich Schiller und seine Literatur herangeführt werden. Die Unterrichtseinheit beschränkt sich hierbei aus verschiedenen Gründen auf die Gattung Ballade: Im Sinne des Spiralcurriculums können so Lerninhalte der siebten Klasse noch einmal aufgegriffen und vertieft werden. Die didaktische Reduktion eines für Jugendliche in der Sekundarstufe I erfahrungsgemäß schwierigen literarischen Werks soll ferner den Zugang zum klassischen Autor Schiller erleichtern. Dafür bietet sich gerade die Gattung Ballade mit ihren nachvollziehbaren, spannungsgeladenen und auch heute noch modernen Themen an.

Zentrale Kompetenzen, die in dieser Einheit geschult werden, sind:
- die Bestimmung des Themas eines Textes
- das Erstellen von Inhaltsangaben
- das Auswerten von Sachtexten
- die sprachliche Analyse von Sachtexten und literarischen Texten
- die Einübung des Vortrags einer Ballade

Eine Möglichkeit der Einführung in das Thema bietet der Einstieg über die Abbildungen auf den Seiten 156–157. Die Schülerinnen und Schüler erhalten hier die Gelegenheit, die beiden Darstellungen Schillers zu beschreiben und zu vergleichen und sich somit dem Autor anzunähern. Die Darstellung aus dem Jahr 1793 zeigt einen jungen, nachdenklich nach unten blickenden Autor. Das Rüschenhemd sowie der angedeutete Mantel mit einem breiten Kragen wirken auf die Jugendlichen sicherlich altmodisch. Im Zusammenhang mit der Darstellung aus dem Jahr 2005 ist auffällig, dass der Zeichner offensichtlich auf das Bild von 1793 zurückgegriffen hat. Schiller wirkt hier jedoch weniger nachdenklich bzw. leidend und blickt etwas zukunftsorientierter nach vorne. Der Autor trägt dabei ein modernes T-Shirt mit Glockenemblem (als Anspielung auf sein berühmtes Gedicht „Die Glocke"), Jeans und Turnschuhe. Die Körperhaltung wirkt jugendlich-locker, die Beine sind leicht gebeugt, die Hände hinter dem Rücken verschränkt. Der Zeichner wollte somit offensichtlich die Zeitlosigkeit Schillers bzw. die Modernität seiner Werke auch 200 Jahre nach seinem Tod unterstreichen.

Didaktische Aufbereitung der Unterkapitel

„Friedrich Schiller aus der Gruft geholt?!" – Annäherung an einen Autor (S. 158–161)

Aufgaben 1 und 2 S. 159 Der Text soll eine erste, motivierende Annäherung der Schülerinnen und Schüler an den Autor Friedrich Schiller ermöglichen. Im Sinne einer ersten Inhaltssicherung sollen die Schülerinnen und Schüler zunächst primäre Eindrücke formulieren. In Anknüpfung an die

Darstellung des Autors aus dem Jahr 2005 auf Seite 157 kann Schiller hier als durchaus modern, eine Person mit unbändiger Energie, aber auch als gebrochene Künstlerpersönlichkeit charakterisiert werden.
Die ersten Eindrücke der Jugendlichen gilt es in der Bearbeitung der folgenden Aufgabe 2 noch einmal zu vertiefen bzw. zu überprüfen. Dabei sollten die Schülerinnen und Schüler angehalten werden, ihre Ergebnisse in eigenen Worten zu formulieren sowie die zahlreichen im Text genannten Charaktereigenschaften zusammengehörenden Bereichen zuzuordnen.

Folgende Ergebnisse können von der Lehrkraft zusammengefasst und an der Tafel gesichert werden:

Erste Annäherung an Friedrich Schiller – Charaktereigenschaften des Autors

- *Offenheit anderen Menschen gegenüber/Fähigkeit, Gefühle zu zeigen (Z. 7 f.), Talent zur Freundschaft (Z. 15)*
- *Wissensdurst (Z. 11 ff.), Streben nach Selbstvervollkommnung (Z. 55), Glaube an die Möglichkeit der Bildung eines jeden Menschen (Z. 54), Interesse für die wichtigen Fragen des Lebens (Z. 61), Begeisterung für die Wahrheit, Lust am Denken (Z. 45 ff.)*
- *von Selbstzweifeln geplagt/schüchtern (Z. 20 ff.), sensibel (Z. 31)*
- *Streben nach Unsterblichkeit (Z. 22 f.)*
- *Verantwortungsgefühl für die Gesellschaft und nachkommende Generationen (Z. 56 ff.), Begeisterung für die Verbesserung der Welt (Z. 45 ff.)*
- *Disziplin und Ausdauer (Z. 69 ff.), Energie (Z. 11 ff.), Ergeiz (Z. 93 ff.)*
- *Pflichtbewusstsein (Z. 76)*
- *Genussfreudigkeit (Z. 78)*
- *Jugendlichkeit, trotz Krankheit (Z. 86 ff.), Treue gegenüber den Träumen seiner Jugend (Z. 91 f.)*
- *Gerechtigkeitssinn (Z. 90)*
- *Optimismus (Z. 92)*

Aufgaben 3 bis 5
S. 159

Die Schülerinnen und Schüler sollen in dieser Aufgabe im Sinne der Schülerorientierung erkennen, dass die im Text genannten Themen der Werke Friedrich Schillers auch für die heutige Zeit noch aktuell sind und sich zahlreiche Anknüpfungspunkte an die Lebenswelten der Jugendlichen finden lassen.
Das unter Aufgabe 2 erstellte Tafelbild ließe sich so durch die Lehrkraft mit folgenden Aspekten ergänzen:

Themen der Werke Friedrich Schillers

- *Freiheit und Abhängigkeit*
- *Verstrickung von Macht und Ohnmacht*
- *Freundschaft, Liebe, Leidenschaft*
- *Große Visionen und Ideale*
- *Aufbegehren gegen gesellschaftliche Zwänge*
- *Schutz vor dem Verfehlen der eigenen Ziele*

Die Formulierung offener Fragen an den Text dient der Überleitung zu der folgenden sachlicheren Darstellung des Lebens Friedrich Schillers (S. 160 f.). Im Sinne einer Vertiefung lässt sich zusätzlich der Freundschaftsbegriff Schillers mithilfe des Arbeitsblattes 1 auf S. 185 erarbeiten.

Heinrich Pleticha: Friedrich Schiller – Stationen seines Lebens (S. 160–161)

Aufgabe 1
S. 161

Die Darstellung des Lebens Schillers von Christiana Engelmann und Claudia Kaiser auf den Seiten 158–159 ist auf ein jugendliches Publikum zugeschnitten und verfolgt offensichtlich die Absicht, Begeisterung und Neugier für den Autor zu wecken. In dieses Konzept passt so z. B. die häufige Verwendung von alltagssprachlichen Redewendungen (z. B. Z. 18 f. „coole Fassade", Z. 32 „ ... die nächste Sprechstunde verpassen", ...), der wiederholte direkte Bezug auf die Zielgruppe und deren Lebenswelten (z. B. Z. 6, Z. 9 ff., ...), die Schwerpunktsetzung auf positive Charaktereigenschaften Schillers o. Ä.
Der Text von Heinrich Pleticha auf den Seiten 160–161 erscheint dagegen durch seine Fokussierung auf die chronologische Darstellung konkreter Lebensdaten, seinen weitgehenden Verzicht auf alltagssprachliche Wendungen und die Aufzählung der wesentlichen Werke Schillers (Z. 60 ff.) sachlicher und populärwissenschaftlicher. Allein zu Beginn der Darstellung (Z. 1–5) deutet sich an, dass der Text konkret Jugendliche ansprechen und motivieren will, sich mit dem Autor und seinem Leben zu beschäftigen.

Aufgaben 2 und 3
S. 161

Entsprechend des stärker auf Lebensdaten bzw. historischen Fakten ausgelegten Textes bietet es sich hier an, den Inhalt in Form einer aus dem Geschichtsunterricht bekannten Zeitleiste oder alternativ als Zeittafel darstellen zu lassen.
Folgende Ergebnisse können z. B. von einzelnen Schülern oder kleineren Lerngruppen dem Plenum auf Folie oder Plakaten präsentiert oder von der Lehrkraft zusammengefasst und an der Tafel gesichert werden:

Tafelbild

Zeittafel:

10.11.1759	*Geburt Schillers in Marbach am Neckar*
1781	*erstes Drama „Die Räuber"*
1782	*großer Erfolg der Uraufführung des Dramas „Die Räuber" in Mannheim, Flucht Schillers aus Württemberg aus Angst vor einer Bestrafung durch den Herzog*
1782	*Drama „Kabale und Liebe"*
1787	*Drama „Don Carlos", erster Versuch, sich in Weimar in der Nähe seiner Dichterkollegen Goethe, Wieland und Herder niederzulassen, Professur für Geschichte an der Universität Jena, Stipendium ermöglicht ihm die unbeschwertere Arbeit an wissenschaftlichen Studien und der Dichtung, Heirat*
1794	*Freundschaft mit Goethe spornt ihn zu dichterischen Hochleistungen an: Gedichte: „Das Lied von der Glocke", „An die Freude", „Der Spaziergang"; Balladen: „Der Ring des Polykrates", „Die Bürgschaft", „Die Kraniche des Ibykus"*
1799	*Übersiedlung nach Weimar, Dramen: „Wallenstein", „Maria Stuart", „Die Jungfrau von Orleans", „Die Braut von Messina"*
1804	*Drama „Willhelm Tell", lang anhaltende Krankheit*
09.05.1805	*Tod in Weimar*

„Wer wagt es ..."?! – Schillers Balladen (S. 162–179)

Im zweiten Teil der Unterrichtseinheit werden exemplarisch drei Balladen Friedrich Schillers vorgestellt und untersucht. Alle Texte zeigen dabei ihre Hauptfiguren in einer Grenzsituation, in der sie sich darüber klar werden müssen, was in ihrem Leben am wichtigsten ist. Der Einsatz für ein zu bestehendes Wagnis bzw. die Herausforderung der Götter ist dabei das eigene Leben.

Friedrich Schiller: Der Taucher (S. 162–168)

Aufgaben 1 und 2
S. 162

Im Zentrum der Illustration steht ein muskulöser, schöner junger Mann mit langen Haaren, der im Begriff ist, von einer kargen Klippe in angedeutete Fluten zu springen.

Im Hintergrund erkennt man einen auf einer Art Thron sitzenden, an seiner prunkvollen Kleidung erkennbaren Herrscher. Er verfolgt mit grimmigem Gesichtsausdruck und leicht zur Seite gelehnt den Sprung des Jünglings. Ein Bein ist auf dem Felsen abgestellt, als wolle er dem Sprung noch Nachdruck verleihen. Im Gegensatz hierzu wirken die Männer im Hintergrund erschrocken und ängstlich. Z. T. scheinen sie den Jüngling zurückhalten zu wollen. Direkt hinter dem Herrscher steht eine der Kleidung nach ebenfalls adlige Frau, die vor Entsetzen sogar die Hände vor das Gesicht schlägt und sich von dem Treiben abwendet. Sie wird gestützt von einer weiteren Frau. Der Sprung des Knaben erscheint somit als äußerst gefährlich.

Aufgaben 1 bis 3 S. 165

Angesichts der Länge und Komplexität des Textes sowie der Tatsache, dass sich die Schülerinnen und Schüler vermutlich das erste Mal mit einem derartigen klassischen Text auseinandersetzen, scheint es angeraten, das Textverständnis Schritt für Schritt zu erschließen bzw. zu vertiefen.

Im Sinne einer ersten Annäherung an den Balladentext gilt es zunächst, die aus dem Bild auf Seite 162 abgeleiteten Vermutungen mit dem Text abzugleichen. Die zeitgenössische Illustration bezieht sich vermutlich auf den ersten Teil der Ballade (Vers 1–45), in der der Jüngling zum Entsetzen der umherstehenden Adligen die Herausforderung des Königs annimmt, den Becher aus den Fluten zu holen. Die dargestellte Reaktion der Tochter des Königs könnte jedoch auch auf die zweite Herausforderung des Herrschers (Vers 145–156) schließen lassen.

Aufbauend auf Aufgabe 1 geht es dann in einem zweiten Schritt darum, mithilfe der Entwicklung eines Fragenkatalogs das Textverständnis erneut zu überprüfen bzw. zu vertiefen.

In einem dritten Schritt geht es abschließend darum, den Text in einzelne Handlungsschritte zu gliedern und mithilfe einer Spannungskurve darzustellen.

Folgende Ergebnisse können z. B. von einzelnen Schülern oder kleineren Lerngruppen dem Plenum auf Folie oder Plakaten präsentiert oder von der Lehrkraft zusammengefasst und an der Tafel gesichert werden:

Tafelbild

Friedrich Schiller: Der Taucher – Textaufbau

Abschnitt 1: Die erste Herausforderung durch den König (Vers 1–18)
Abschnitt 2: Der Jüngling nimmt die Herausforderung an und springt in die Fluten (Vers 19–48)
Abschnitt 3: Warten auf den Jüngling/Beschreibung der Naturgewalten (Vers 49–72)
Abschnitt 4: Der Jüngling taucht wieder auf (Vers 73–90)
Abschnitt 5: Bericht des Jünglings von seinen Erlebnissen unter Wasser (Vers 91–132)
Abschnitt 6: Die zweite Herausforderung durch den König entgegen der Bitte seiner Tochter (Vers 133–150)
Abschnitt 7: Der Jüngling nimmt die Herausforderung erneut an (Vers 151–156)
Abschnitt 8: Der Jüngling kehrt nicht mehr zurück (Vers 157–162)

Tafelbild

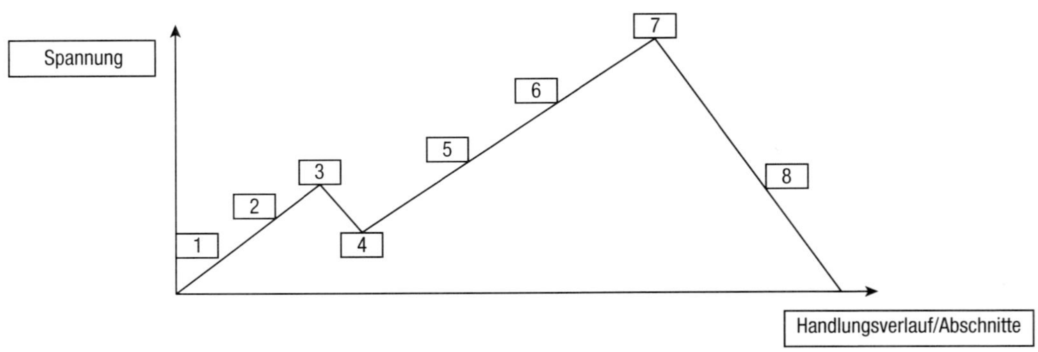

Aufgabe 4
S. 165

Im Zusammenhang mit der Analyse der Darstellung der Naturgewalten gibt es unterschiedliche Möglichkeiten des Zugriffs. Zum einen können die Schülerinnen und Schüler eine sprachliche Analyse durchführen, d. h. rhetorische Mittel suchen, um die Naturgewalten näher zu charakterisieren. Auf der anderen Seite kann man sich auch auf die „visuellen" und „auditiven" Eindrücke der Darstellung konzentrieren. Aus unterrichtsökonomischen Gründen ist es ebenfalls möglich, arbeitsteilig vorzugehen und die verschiedenen Arbeitsschwerpunkte auf mehrere Teams aufzuteilen. Die Charakterisierung des Jünglings ist dagegen weniger komplex, es finden sich insgesamt weniger Textstellen. Zur Vertiefung ist hier ebenfalls ein Rückgriff auf die bildliche Darstellung des Jünglings auf Seite 162 möglich. Folgende Ergebnisse können z. B. von einzelnen Schülern oder kleineren Lerngruppen dem Plenum auf Folie oder Plakaten präsentiert oder von der Lehrkraft zusammengefasst und an der Tafel gesichert werden:

Tafelbild

Die Darstellung der Naturgewalten und des Jünglings im Vergleich

Naturgewalten	***Jüngling***
Farbsymbolik: – *„schwarzer Mund" (V. 4)* – *„finstern Schoße" (V. 30)* – *„purpurner Finsternis" (V. 110)* – *„Schwarz wimmelten da …" (V. 115)* *Personifikationen:* – *„Verschlungen […] hat ihn der schwarze Mund" (V. 4)* – *„Charybde Geheul" (V. 10)* – *„Die Wasser, die sie hinunterschlang …" (V. 27 ff.)* – *„Mich packte des Doppelstroms wütende Macht" (V. 100)* *Metaphern:* – *„Höllenraum" (V. 40)* – *„Wasserschlund" (V. 49)* – *„Wasserhöhle" (V. 83)* *Höreindrücke:* – *„brüllend" (V. 28)* – *„fernen Donners Getose" (V. 29)* – *„brauset und zischt" (V. 31)* – *„und hohler hört man's heulen" (V. 53)* – *„rasendem Toben (V. 131)* *Tierwelt:* – *„von Salamandern, Molchen und Drachen" (V. 113)* – *„stachlichte Roche, der Klippenfisch …" (V. 117 ff.)* – *„[d]er entsetzliche Hai, des Meeres Hyäne" (V. 120)*	*Farbsymbolik:* – *„schwanenweiß" (V. 74)* – *„glänzender Nacken" (V. 75)* *Charakterisierung:* – *sanftmütig (V. 20)* – *mutig (V. 20, V. 47, V. 152)* – *kräftig (V. 76)* – *fleißig, beharrlich (V. 76)* – *„herrliche[r] Jüngling" (V. 24)* – *„[h]ochherziger Jüngling" (V. 52)* – *gottesfürchtig, gläubig (V. 44, V. 103)*
Darstellung der Natur als finsteres, bedrohliches, grauenvolles, alles Menschliche verschlingendes Ungeheuer → ***Funktion:*** *Spannungssteigerung*	*Darstellung des Jünglings als reine, unschuldige und heldenhafte Figur* → ***Funktion::*** *„Glorifizierung"*

Kontrast: – Der Jüngling als Held
– Der Jüngling als „Fremdkörper"

Aufgabe 5
S. 165

Im Folgenden sollen die Schülerinnen und Schüler die Motive des Jünglings, ein zweites Mal das halsbrecherische Wagnis einzugehen, kritisch hinterfragen. Hierbei ist es möglich, im Sinne der Produktionsorientierung einen inneren Monolog zu verfassen oder aber eine sachliche Analyse in Form einer Art Erörterung vorzunehmen. In beiden Fällen sollte deutlich werden, dass sich die Motive des Jünglings beim ersten Sprung von denen des zweiten Wagnisses unterscheiden:

- In den Versen 1–48 erscheint der Sprung auf der einen Seite als eine Art Mutprobe. So fordert der König wiederholt die Tapferkeit der Anwesenden heraus (V. 11 f., V. 18) und der Jüngling wird mehrfach als mutig charakterisiert (V. 20, V. 47). Auf der anderen Seite spielt offensichtlich ein gewisses Gottvertrauen für den Helden eine Rolle (V. 44). Der winkende Lohn in Form des goldenen Bechers (V. 5 f.) scheint dagegen eine untergeordnete Rolle für den Wagemutigen zu spielen.
- In den Versen 133–156 wird die Entscheidung dagegen als eine sehr emotionale charakterisiert. Der Jüngling kann der Verlockung der Heirat mit der Tochter des Königs nicht widerstehen (V. 151 ff.). Der vorher positiv beschriebene Wagemut des jungen Helden schlägt um in eine gewisse Überheblichkeit bzw. ein ungezügeltes Begehren (V. 152 ff.). Gott bittet der Jüngling hier nicht mehr um seine Unterstützung und scheitert.

Aufgabe 6
S. 165

In dem Dialog zwischen der Tochter des Königs und ihrem Vater sollte die Willkür und Grausamkeit des Herrschenden deutlich werden, der aus rein persönlichen Gründen bzw. aus einer Spiellaune heraus das Leben seiner Untertanen und das Glück seiner Tochter bewusst aufs Spiel setzt.

Aufgaben 7 bis 9
S. 165–166

Prinzipiell treffen alle der genannten Aussagen auf die Ballade zu. Im Sinne einer abschließenden Vertiefung sollen die Schülerinnen und Schüler versuchen, die Aussagen zu gewichten, um darüber zu einer abschließenden Wertung und Diskussion der Ballade zu gelangen. Ferner sollen sich die Jugendlichen den Unterschied zwischen einer deutenden, also auf einer eher abstrakten Ebene anzusiedelnden Themennennung und einem knappen Handlungsüberblick klar machen (siehe Methodenkasten S. 166). Auf dieser Grundlage kann man die Lerngruppe zur Wiederholung der wichtigen Aufsatzform eine Inhaltsangabe der Ballade anfertigen lassen.

Aufgaben 10 und 11 Die vorgegebene Tabelle kann von den Schülerinnen und Schülern ergänzt werden:

Großgattungen („Elemente") der Literatur

	Epik *(epische, erzählende, handlungsreiche Texte)*	***Dramatik*** *(dramatische Texte, Theaterstücke)*	***Lyrik*** *(lyrische Texte)*
Sprache:	*ungebundene Sprache, Zeilensprache (Prosa)*	*Monolog und Dialog*	*gebundene Sprache (Verssprache: Reim, Strophe, Metrum)*
Beispiele:	– *Roman* – *Erzählung* – *Novelle* – *Kurzgeschichte* – *Märchen* – *Sage* – *Fabel* – *…*	– *Komödie* – *Hörspiel* – *Tragödie* – *Filmdrehbücher* – *…*	– *Gedicht* – *Lied* – *…*

Bei der Ballade handelt es sich um zumeist längere Gedichte, in denen handlungsreiche Geschichten erzählt werden und dies häufig in dramatisch zugespitzter Form. Typisch ist dabei der unmittelbare Einstieg, dem die Handlung, oft im Monolog oder im Dialog zwischen zwei Figuren, folgt und die häufig mit einer Pointe schließt. Goethe hat die Ballade in diesem Sinne als das „Urei" der Poesie bezeichnet, ein Gedicht also, das lyrische, epische und dramatische Merkmale vereint.
Das bestimmende Merkmal aller *lyrischen Texte* (Gedichte) ist die gebundene Sprache in Versen. Im Gegensatz zur Alltagssprache zeichnen sie sich ferner dadurch aus, dass in den Gedichten meist eine Vielzahl sprachlicher Gestaltungsmittel auf engstem Raum zusammentreffen, was in unserem Beispiel etwa die sprachliche Analyse der Naturdarstellung in Aufgabe 4 auf Seite 165 gezeigt hat. Kennzeichen der *erzählenden Literatur* (Epik) ist es, dass den Leserinnen und Lesern eine Geschichte in der Regel in ungebundener Sprache von einem fiktiven (erfundenen) Erzähler präsentiert wird, der mehr oder weniger deutlich als Figur der Erzählwelt in Erscheinung tritt. In der Ballade „Der Taucher" wird die abgeschlossene Handlung von den Wagnissen eines Jünglings aus der Sicht eines auktorialen Erzählers dargestellt. *Dramentexte* sind in Monolog- oder Dialogform verfasst und meist für die szenische Darstellung auf der Bühne vorgesehen. Auch der Balladentext weist eine Reihe monologischer bzw. dialogischer Passagen auf.

Orlando Duque – The Duke (S. 167–168)

Aufgaben 1 und 2 S. 168

Mit dem Text sowie den Aufgaben auf den Seiten 167f. kann noch einmal die Frage vertieft diskutiert werden, inwiefern Schiller auch heute noch als modern bezeichnet werden kann. Gerade für Schülerinnen und Schüler, die sich mit den literarisch für diesen Jahrgang komplexen Texten etwas schwerer tun, bietet der fakultative Abschnitt eine motivierende und abwechslungsreiche Methode, sich mit der Thematik der Ballade auseinanderzusetzen. Folgende Ergebnisse können an der Tafel gesichert werden:

Tafelbild

Orlando Duque – Cliff-Diving und seine Motivation

Charakterisierung der Extremsportart Klippenspringen:
- *landschaftlich einzigartige Plätze (Z. 6ff.)*
- *sehr hohe Beschleunigung des Körpers in kürzester Zeit (Z. 13ff.)*
- *Sprung aus Höhen zwischen 25–30 Metern (Z. 39ff., Zeile 56 ff.)*
- *extreme Gewalt des Aufpralls (Z. 69)*
- *Notwendigkeit der extremen Konzentration vor dem Sprung (Z. 20) sowie eines perfekten Körpergefühls (Z. 68ff.)*
- *Gefährliche Sportart, die keine Fehler zulässt (Z. 61)*
- *Angst als Voraussetzung für fehlerfreies Springen (Z. 71ff.)*

Motive Orlando Duques:
- *Lohn spielt eine untergeordnete Rolle (Z. 3ff.)*
- *extreme Naturerfahrung (Z. 8ff.)*
- *Suche nach Steigerung seines Sports (Z. 22ff.)*
- *Konfrontation mit den eigenen Ängsten (Z. 50ff.)*
- *Austesten der persönlichen Grenzen (Z. 53f.)*
- *Glücksgefühl nach gelungenem Sprung (Z. 50ff.)*
- *Sportlicher Erfolg (Z. 61ff.)*

Aufgaben 3 und 4 S. 168

Aufgabe 3 erfüllt den Zweck der Anbindung des Themas im Sinne der Schülerorientierung an die Lebenswelt der Jugendlichen. Die Schülerinnen und Schüler können hier von ihren eigenen Risikoerfahrungen, sei es nun Bungee-Jumping, Sprung von einem 10 Meter-Brett im Schwimmbad, Kirmes-Erlebnissen o.Ä. berichten. Als Motivation werden die Jugendlichen Aspekte wie Nervenkitzel, Anerkennung unter Gleichaltrigen, Angstlust o.Ä. an-

führen, sodass sich in einem ersten Schritt sicherlich Übereinstimmungen zwischen dem professionellen Klippenspringer und der Klasse finden lassen. In einem zweiten Schritt erfolgt dann die Rückanbindung der modernen, schülernahen Ergebnisse an den literarischen Ausgangstext. Auch der Jüngling in der Ballade „Der Taucher" empfindet seinen Sprung zunächst als eine Art Mutprobe, die Belohnung für das Wagnis spielt erst einmal eine untergeordnete Rolle. Dagegen spielen die in dem literarischen Text von Schiller genannten Motive des Gottvertrauens sowie der Überheblichkeit bzw. des ungezügelten Begehrens bei Orlando Duque sowie den Schülern eher keine Rolle.
Indirekt kann damit noch einmal die Diskussion der Frage angeregt werden, wie modern Schiller auch heute noch ist.

Aufgabe 5
S. 168

Der Text richtet sich vor allem an Jugendliche. In diesem Zusammenhang ist insbesondere die häufige Verwendung von Anglizismen (z. B. Z. 3 „Job", Z. 9 „Cliff-Diver", Z. 51 „vor dem Dive", Z. 64 „Highlights", ...), anschaulicher Vergleiche (z. B. Z. 59 ff. „das Becken ist nur noch so groß wie ein Stecknadelkopf ...", ...), alltagssprachlicher Wendungen (z. B. Z. 41 ff. „plaudert das kolumbianische Kraftpaket ...", ...) sowie der Einbau lebendig wirkender, direkter Rede (z. B. Z. 8 ff., ...) zu nennen. Die Sportart wird mithilfe der rhetorischen Mittel als spektakulär, Orlando Duque als menschlicher, den Jugendlichen naher Held dargestellt.

Friedrich Schiller: Die Bürgschaft (S. 169–171)

Aufgaben 1 und 2
S. 171

Als „Bürge" wird jemand bezeichnet, der für einen anderen eine Sicherheit leistet bzw. eine Haftung oder Garantie übernimmt. In unserem Fall hinterlässt der verhaftete Damon seinen Freund als „Bürgen", damit er noch seine Schwester verheiraten kann. Der an der Stelle der Hauptfigur festgehaltene Freund übernimmt somit die Sicherheit für die Rückkehr des zum Tode Verurteilten. Kehrt Damon innerhalb von drei Tagen nicht zurück, muss sein Bürge an seiner Stelle sterben.
Im Sinne einer weiteren Annäherung an den Inhalt des Textes sollen die Schülerinnen und Schüler die Überschrift bewerten. Der Titel „Die Bürgschaft" ist für die Ballade sicherlich treffend, ist der Antrieb der Hauptfigur doch allein die Verantwortung gegenüber seinem Freund, der sogar mit seinem Leben für ihn einstehen würde. Die Ballade macht somit deutlich, dass wahre Freundschaft und Treue große Hindernisse überwindet und auch nicht vor dem eignen Leben bzw. Schicksal Halt macht. Für die Jugendlichen ist dabei die Überschrift „Die Bürgschaft" auf der Wortschatzebene auf Anhieb weniger verständlich, sodass sie Alternativen wie „Treue", „Wahre Freundschaft", „Das Versprechen" o. Ä. entwerfen werden.

Aufgabe 3
S. 171

Im Sinne einer vertieften Ergebnissicherung und als Vorbereitung für die eventuell anzufertigende Inhaltsangabe in Aufgabe 7, S. 171 sollen die Schülerinnen und Schüler nun den Text in einzelne Abschnitte gliedern. Die dreimalige Überwindung von Hindernissen sowie die Warnungen der Menschen, denen Damon begegnet, vor der Sinnlosigkeit der Rückkehr, dient dem Spannungsaufbau bzw. der Dramatisierung des inneren Konflikts, in dem sich die Hauptfigur befindet. In diesem Zusammenhang spielt auch die Darstellung der verrinnenden Zeit eine spannungssteigernde Rolle. So wird der Ablauf der Frist von Schiller gleichgesetzt mit dem Vergehen eines Tages bzw. dem Sonnenlauf eines Tages. Der Tod des Freundes wird so mit der zunächst hochstehenden Mittagssonne (V. 53 f.) über das tiefstehende Tageslicht (V. 92 ff.) bis zum Sonnenuntergang (V. 120) immer wahrscheinlicher.
Folgende Ergebnisse können dementsprechend von der Lehrkraft an der Tafel gesichert werden:

Tafelbild

Friedrich Schiller: Die Bürgschaft – Gliederung

- *V. 1–7:* *Mordversuch Damons, Todesurteil*
- *V. 8–21:* *Bitte Damons seine Schwester zu verheiraten, Freund als Bürge, 3 Tage Frist*
- *V. 22–30:* *Bürgschaft des Freundes*
- *V. 31–35:* *Heirat der Schwester*
- *V. 36–63:* *Unwetter und Fluss als 1. Hindernis*
- *V. 64–77:* *Räuber als 2. Hindernis*
- *V. 78–91:* *Durst als 3. Hindernis*
- *V. 92–119:* *Wanderer berichten von der Vollstreckung des Todesurteils; Damon setzt Wanderung fort, obwohl Philostratus ihm geraten hat, nicht weiter zu gehen, um sein eigenes Leben zu retten*
- *V. 120–130:* *Rettung des Freundes*
- *V. 131–140:* *Begnadigung und Bitte des Königs an Freundschaft teilhaben zu dürfen*

Spannung

Aufgabe 4
S. 171

Zu Beginn der Ballade wird der König als „Tyrann" (V. 1) bzw. als finsterer „Wüterich" (V. 5) beschrieben. In der Annahme, dass Damon sein Versprechen, nach der Verheiratung seiner Schwester wieder zurückzukehren, nicht erfüllen kann bzw. wird, stellt er kaltherzig und hinterlistig (V. 15) die Bedingung, dass im Falle einer Verspätung der Bürge sein Leben lassen muss.

Erst am Ende der Ballade erfährt der Gewaltherrscher eine Wandlung ins Menschliche. Die Rettung des Freundes in letzter Sekunde bzw. die bedingungslose Opferung der beiden Freunde füreinander erscheint dem König als eine wundervolle Geschichte (vgl. V. 131), die sein Herz rührt und den Wunsch in ihm weckt, eine derartig wahre Freundschaft und Treue auch erfahren zu dürfen. Er begnadigt Damon und seinen Bürgen und bittet sie um ihre Freundschaft.

Aufgabe 5
S. 171

Die Darstellung des Wassers spielt in der Ballade an zwei Stellen eine besondere Rolle: In den Versen 36–63 wird der durch ein Unwetter anschwellende Fluss als bedrohliches und gewaltiges Hindernis beschrieben, in den Versen 78–91 geht es dagegen um eine Leben verheißende, Rettung bedeutende Quelle. Es bietet sich hier an, die beiden Abschnitte arbeitsteilig in Gruppen untersuchen zu lassen und die Ergebnisse gegenüberzustellen. Ein Rückgriff auf die Analyse der Wasserdarstellung in der Ballade „Der Taucher" (Aufgabe 4, S. 165) ist hier ebenfalls möglich.

Folgende Ergebnisse können gesichert werden:

Tafelbild

Darstellung des Wassers in der Ballade „Die Bürgschaft"

	Darstellung des Flusses (V. 36–63)	**Darstellung der Quelle (V. 78–91)**
sprachliche Mittel	– *Klimax (V. 37 f.)* – *Metapher (V. 85 „silberhell")* – *Personifikation (V. 57 „Stromes Wut")* – *Alliteration (V. 58 ff. „Welle auf Welle …")* – *Adjektivwahl (V. 49 „wilde Strom", V. 61 „brausende Flut")* – *Höreindrücke (V. 41 f.)* – *…*	– *Vergleich (V. 86 „wie rieselndes Rauschen"),* – *Alliteration (V. 86 „rieselndes Rauschen"),* – *Anapher (V. 87 f./V. 90 f./V. 92 f. „Und …"),* – *Personifikation (V. 88 f. „geschwätzig, …, [s]pringt …"/V. 93 f. „malt …")* – *…*
Wirkung	*bedrohliche, todbringende, gewaltige Wassermassen*	*lebendiges, Leben verheißendes, Rettung bedeutendes Wasser*

Kontrast

Aufgabe 6 S. 171

Die in der Ballade angesprochenen Aspekte wie „Gerechtigkeit", „Gottvertrauen", „Treue", „Freundschaft", „Mut", „Durchhaltevermögen" etc. sind auch heute noch Themen, die die Jugendlichen interessieren dürften. Die sich entwickelnde Diskussion dient der abschließenden Bewertung des Textes.

Aufgabe 7 S. 171

Die Schülerinnen und Schüler können hier zum Abschluss im Sinne einer Vertiefung eine schriftliche Inhaltsangabe der Ballade anfertigen. Alternativ kann auch mithilfe des Arbeitsblattes 2, S. 186 eine Textüberarbeitung eines bereits vorgegebenen, jedoch fehlerhaften Schülertextes vorgenommen werden.

Christiana Engelmann/Claudia Kaiser: Schillers Entwicklungs- und Erziehungsballaden (S. 172)

Aufgabe 1 S. 172

„Die Bürgschaft" kann im Sinne Schillers als „Ideenballade" bzw. als „Entwicklungs- und Erziehungsballade" verstanden werden. Damon befindet sich in einer Grenz- und Entscheidungssituation: Er muss sich wiederholt darüber im Klaren werden, ob seine Freundschaft bzw. die Treue zu seinem Bürgen trotz hoffnungsloser Situationen mehr wiegt als sein eigenes Leben bzw. Schicksal. Als Belohnung seiner Beharrlichkeit wird Damon trotz seines klaren Verstoßes gegen Gesetze freigesprochen. Er muss sich nicht mehr wegen seines Mordversuches verantworten, behält sein Leben und steigt sogar durch das Freundschaftsangebot des Königs in der Gesellschaft auf.

Aufgabe 2, S. 172

Tafelbild

Vergleichskriterien	**„Die Bürgschaft"**	**„Der Taucher"**
Themen	*Mut, Treue, Freundschaft, Gerechtigkeit, Verantwortlichkeit vor Gott*	*Grenzen des Menschen, Verantwortlichkeit vor Gott, Herrscherwillkür, Sensationslust, Liebe und ihre Risiken*
Wichtige Figuren	*Damon Freund Tyrann*	*Jüngling, König, Tochter des Königs*
Motive der Figuren	*Damon handelt aus Gerechtigkeitssinn und bedingungsloser Treue zu seinem Freund*	*Die Hauptfigur handelt aus jugendlichem Mut, der letztendlich jedoch in Übermut umschlägt. Weitere Motive des Knappen sind die Verlockungen der Liebe und des materiellen Gewinns sowie Gottvertrauen*
Handlungsverlauf	*Damon muss mehrere Hindernisse/Prüfungen bestehen, ehe er seinen Freund vor dem Tod bewahren kann*	*Zweimalige Wiederholung der Prüfung*
Ausgang der Handlung	*Beharrlichkeit, Treue, Mut und Gottvertrauen Damons führen zur Freiheit/Begnadigung*	*Mut bzw. Überheblichkeit der Hauptfigur führt zum Tod*
...	...	...

Als weitere Vergleichskriterien könnten z. B. die Charakterisierung der Hauptfiguren, die Darstellung des Wassermotivs, die sprachliche Gestaltung usw. herangezogen werden. Zusammenfassend kann man feststellen, dass die Hauptfiguren beider Balladen Mut beweisen, jedoch das Risiko für Leib und Leben aus unterschiedlichen Motiven eingehen. Die Verlockungen der Liebe und materieller Dinge führen in der Ballade „Der Taucher" zu dem Verlust des Gottvertrauens und letztendlich zum Tod, wohingegen Damon in dem Text „Die Bürgschaft“ aus der Motivation heraus, seinen Freund zu retten, auf Gottes Hilfe vertraut, alle Prüfungen besteht und mit der Freiheit belohnt wird. Die Balladen können so als ein Plädoyer für die bedingungslose Freundschaft und Treue und gegen die Überheblichkeit und Herausforderung Gottes gewertet werden.

Ulrich Harbecke: Der dritte Mann (S. 172–173)

Aufgaben 1 bis 3
S. 173

Im Sinne einer ersten Inhaltssicherung sowie als Einstieg in die Textart „Parodie“ sollen die Schülerinnen und Schüler zunächst ihre ersten Eindrücke des Textes wiedergeben. Die Vorlage „Die Bürgschaft“ erkennt man zunächst an der textlichen Übereinstimmung der ersten acht Verse. Darüber hinaus sind weitere indirekte inhaltliche Übereinstimmungen zu verzeichnen: Der König gibt Dämon eine unbestimmte Frist (vgl. V. 15 ff.) und Dämon nennt in Form einer Aufzählung die Hindernisse, die die Hauptfigur in der Ursprungsballade überwinden muss (vgl. V. 25 ff.). Ferner werden auch die Freilassung Damons und die Versöhnung zwischen dem Tyrannen und den Freunden angesprochen (V. 29 ff.).
Ein wesentlicher Unterschied zu dem Ursprungstext besteht darin, dass die Hauptfigur den Herrscher zu überreden versucht, das Todesurteil aufzuheben und den Streit so vorzeitig zu beenden (vgl. V. 9 ff.). Auch im Zusammenhang mit der Frist, die Damon in Schillers Text benötigt, um seine Schwester zu verheiraten, plädiert die Hauptfigur in der Parodie dafür, ihm die mühseligen Gefahren und Aufregungen zu ersparen (vgl. V. 22 ff.) und lieber sofort Freundschaft mit dem König zu schließen. Dämon nimmt dabei direkt Bezug auf die Kenntnis der Schiller'schen Ursprungsballade (vgl. V. 24, V. 35) und begründet sein Ansinnen damit, dass das Ende der Geschichte bereits vorhersehbar ist und damit die Umwege, die zu der Versöhnung führen, vermieden werden könnten (vgl. V. 33 ff.). Der Tyrann entgegnet, dass die „Rallye“ (V. 19) jedoch notwendig sei, damit aus der Geschichte eine spannungsgeladene Ballade würde. Aus dem Helden der Schiller'schen Ballade, der aus bedingungsloser Treue und Gerechtigkeitssinn handelt, wird so ein bequemer, die Mühen einer längeren Auseinandersetzung scheuender Antiheld, der sich „heimlich ja doch in die Hose“ macht (V. 28). Die Motive des Herrschers in der Parodie sind ebenfalls nicht Rachsucht oder Unmenschlichkeit, wie bei Schiller, sondern allein die Besorgnis um die Gattung der Ballade (vgl. V. 20). Unterstrichen wird die Zeichnung der Hauptfiguren in der Parodie zudem durch die Verwendung alltagssprachlicher Wendungen (V. 9, V. 11 ff., V. 19, V. 22, ...).

Aufgabe 4
S. 173

Durch die parodistische Nachahmung kritisiert Ulrich Harbecke somit offensichtlich die Konstruiertheit und Vorhersehbarkeit der Schiller'schen Ballade. Die Dramatik des Ursprungstextes wird durch den modernen Autor demontiert und die Hauptfiguren werden der Lächerlichkeit preisgegeben. In diesem Sinne erfolgt auch eine Distanzierung von einem idealistisch geprägten Weltbild.

Oliver H. Herde: Polykrates, Tyrann von Samos (S. 174–175)

Aufgaben 1 und 2
S. 175

Im Sinne einer ersten Inhaltssicherung formulieren die Schülerinnen und Schüler nach der Lektüre des Sachtextes ihre Eindrücke: Wahrscheinlich werden hier zunächst die negativen Charaktereigenschaften des Tyrannen, sein mangelnder Respekt vor der eigenen Familie und religiösen Bräuchen, seine Brutalität, seine Machtversessenheit o. Ä. im Vordergrund stehen, bevor die Jugendlichen auch auf die Errungenschaften Polykrates' zu sprechen kommen. Alternativ ließe sich eine erste Inhaltssicherung auch mithilfe der Darstellung auf Seite 175 erreichen: eine Bildbeschreibung müsste dann mit den Textkenntnissen abgeglichen werden.
Der anschließend zu erarbeitende Kurzvortrag über das Leben des Herrschers sollte als Kontrolle folgende Aspekte beinhalten:

Abstammung (Z. 1–7):
- Wohlhabende Familie
- Vater mit wichtigem und angesehenem religiösen Amt

Machtergreifung (Z. 8–19):
- Hilfe seiner beiden Brüder Pantagnotos und Syloson
- Ablegen der Waffen durch die Samier während der religiösen Feierlichkeiten des Herafestes im Jahre 538
- Blutbad unter den Opfernden
- Mord an älterem Bruder
- Vertreibung des jüngeren Bruders

Militärische Machtausbreitung (Z. 20–33)
- Aufbau eines großen Söldnerheeres
- Aufbau einer beachtlichen Flotte mit speziellen Schiffen für Raubfahrten
- Ausbreitung der Herrschaft in der Ägäis und auf kleinasiatischem Festland

Nichtmilitärische Aktivitäten (Z. 34–41)
- Förderung der Kunst und Literatur
- Bautätigkeiten
- Wirtschaftlicher Fortschritt (Münzwirtschaft, Fernhandel)

Anekdote Herodots (Z. 42–73)

Ende des Polykrates (Z. 74–92)
- Probleme: Geldnot, aggressive Außenpolitik führt zu Feinden
- Mordplan des Stadthalters von Sardes (Belohnung als Lockmittel, Verhaftung, Hinrichtung, Gefolgschaft – versklavt oder freigelassen)

Aufgabe 3 S. 176

Als Überleitung zur Umsetzung der Polykrates-Geschichte durch Schiller können die Schülerinnen und Schüler hier Vermutungen darüber anstellen, welche der Lebensabschnitte sich für eine Ballade des Autors eignen. Es bietet sich hier u. a. noch einmal die Möglichkeit, an die Kennzeichen der Entwicklungs-/Erziehungsballade anzuknüpfen (siehe Seite 172). Neben der Legende von der blutrünstigen Machtergreifung Polykrates' bietet sich dabei insbesondere die Anekdote Herodots für eine Umsetzung an, befindet sich der Herrscher doch in einer Grenzsituation, in der er sich entscheiden muss, ob er weiter unreflektiert sein Glück herausfordert oder ob er ein Opfer darbringt, um die Götter zu besänftigen und furchtlos weiterleben zu können. Das Wiederauftauchen des Ringes signalisiert das Scheitern des Planes, der Freund des Polykrates wendet sich von ihm ab. Ferner ließen sich auch die allgemeinen Kennzeichen der Ballade als Argumentation für die Geeignetheit der Herodot-Anekdote anführen (dramatisch zugespitze Form der Erzählung, unmittelbarer Einstieg, überraschendes Ende, Möglichkeit, Dialoge und Monologe einzufügen ...).

Friedrich Schiller: Der Ring des Polykrates (S. 176–177)

Aufgabe 1 S. 177

Die Aufgabe ermöglicht zum einen eine erste Inhaltssicherung des Textes von Schiller, zum anderen jedoch auch einen über das Erkennen der Unterschiede zwischen Herodot und der Ballade möglichen ersten interpretatorischen Zugang.
Die Anekdote Herodots konzentriert sich ganz auf das Ereignis der Opferung des kostbaren Ringes und seines Wiederauftauchens. Das Glück des Polykrates wird zwar genannt, jedoch im Gegensatz zu der Ballade nicht konkretisiert. Schiller führt so in seinem Text drei Ereignisse an (Tötung des gefürchteten Feindes (V. 7–24), Rettung bzw. Rückkehr der Flotte des Herrschers (V. 25–36), Sieg über die Kreter (V. 37–48), die die unheimliche Glückssträhne des Herrschers veranschaulichen sollen. Auch zeigt Herodot im Gegensatz zu der Ballade keine religiösen Bezüge. Bei Schiller warnt der König Ägyptens seinen

Freund vor dem Neid und möglichen Vergeltungsaktionen der Götter (S. V. 50 ff.). Die Angst des Gastes hat somit religiöse Gründe und nicht wie bei Herodot eine eher unbestimmte, allein dem „unglaubliche(n) Glück“ (Z. 47) zugesprochene Motivation. Die Ballade Schillers erhält auf diesem Weg eine andere Zielsetzung, die in Aufgabe 4 noch näher zu beleuchten sein wird.

Aufgabe 2, S. 177 Die Ballade kann wie folgt gegliedert werden:

Tafelbild

Friedrich Schiller: Der Ring des Polykrates – Textgliederung

Abschnitt 1: Macht des Polykrates (V. 1–6)
Abschnitt 2: Tötung des gefürchteten Feindes (V. 7–24)
Abschnitt 3: Rettung bzw. Rückkehr der Flotte des Herrschers (V. 25–36)
Abschnitt 4: Sieg über die Kreter (V. 37–48)
Abschnitt 5: Warnung vor dem Neid der Götter (V. 49–66)
Abschnitt 6: Heraufbeschwören des Unglücks durch Opfergabe (V. 67–78)
Abschnitt 7: Rückkehr des Ringes (V. 79–90)
Abschnitt 8: Flucht des Freundes (V. 91–96)

Für die grafische Darstellung bietet sich die den Schülerinnen und Schülern bereits bekannte Darstellung als Spannungskurve an (siehe Aufgabe 3 S. 165). Wesentlich ist hierbei jedoch, dass die Jugendlichen versuchen, die einzelnen Abschnitte zu funktionalisieren.

Der Aufbau der Ballade ließe sich in Anlehnung an den Aufbau eines klassischen Dramas z. B. wie folgt darstellen:

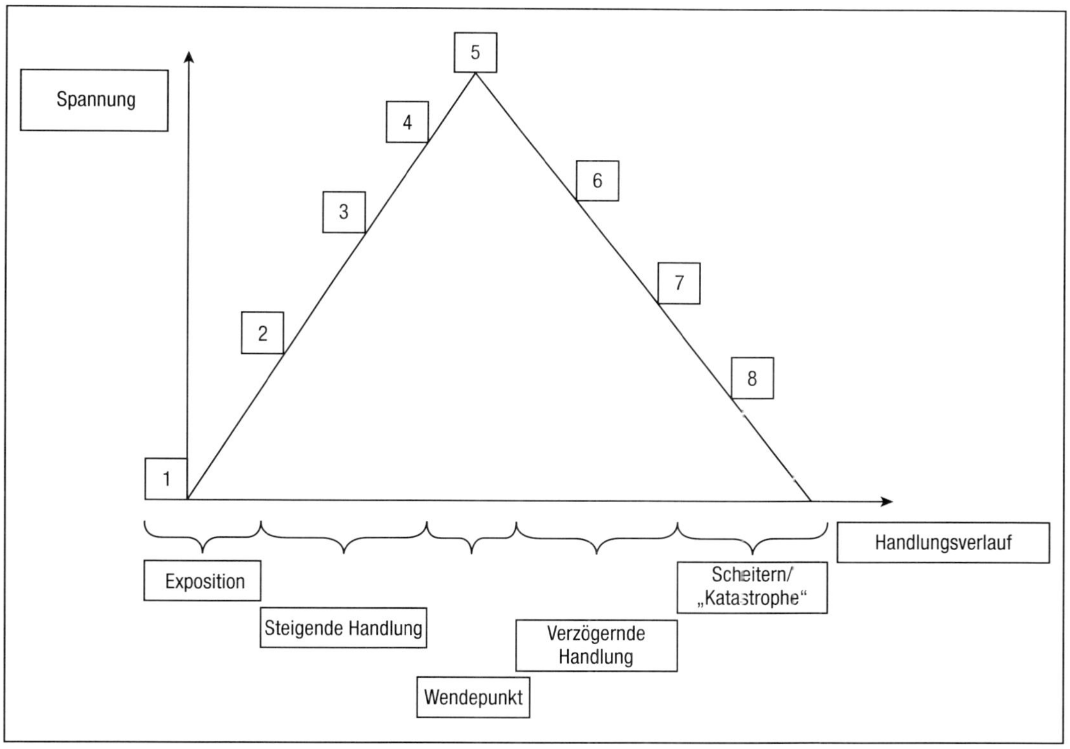

Aufgabe 3 S. 177 Polykrates erscheint gleich zu Beginn der Ballade erst dann als glücklich, wenn sein Gast seine Macht, seinen Erfolg und damit auch sein Glück bestätigt (vgl. V. 1 ff.). Die Schülerinnen und Schüler können aus ihrer eigenen Erfahrung heraus argumentieren, dass ein persönlicher Erfolg erst durch die Anerkennung von Menschen, die einem wichtig sind,

besonders genossen werden kann. Natürlich erfüllt diese Passage auch eine erzählerische Funktion: Schiller führt hier seine Hauptfigur Polykrates als einen Herrscher ein, der mit seinem Reichtum angibt, statt bescheiden zu sein, und den Neid der Götter herausfordert. Von Beginn an erscheint Polykrates so den Lesern wenig sympathisch.

Aufgabe 5
S. 177

Über eine mögliche Darstellung des Todes Polykrates' kann man durchaus unterschiedlicher Meinung sein. Schiller legt auf diese Weise seinen Balladentext offensichtlich als eine Warnung vor der Herausforderung der Götter aus. Die Götter erscheinen hier als aus menschlichen Wesen hervorgegangene (vgl. V. 8) und immer noch menschliche Züge tragende Wesen. Die Angst des Gastes begründet sich in dem Bewusstsein, dass das ungewöhnliche Glück des samischen Herrschers den Neid und die Rachsucht der Götter hervorrufen muss (vgl. V. 50 ff.), denn allein den göttlichen Wesen gebührt „[d]es Lebens ungemischte Freude“ (V. 53). Der Tod des Herrschers würde die mögliche Intention der Ballade, d. h. die Warnung vor der Herausforderung der Götter, noch verstärken. Über die Gründe, warum Schiller das historische Schicksal seiner Hauptfigur den Lesern vorenthält, lässt sich nur spekulieren. Das Ende der Ballade bleibt offen, die Leser können sich womöglich über die Auswirkungen der menschlichen Regung „Neid“ ihr eigenes Urteil bilden. Der Ausgang bleibt vielschichtiger und wirkt so weniger belehrend.

Aufgaben 6 und 7
S. 177

Der abschließende Vergleich der Themen der drei behandelten Balladen macht noch einmal deutlich, dass Schiller in seinen sogenannten „Entwicklungs- und Erziehungsballaden“ Themen wie die Verantwortlichkeit gegenüber einer höheren Instanz variiert. Allen drei Texten gemein ist zudem die Konzentration auf sowohl positive als auch negative menschliche Charaktereigenschaften wie Mut, Übermut, Liebe, Freundschaft, Neid u. a. Die Balladen erscheinen so aufgrund der Zeitlosigkeit ihrer Themen immer noch modern. Folgende Ergebnisse können von der Lehrkraft an der Tafel gesichert werden:

Tafelbild

Themen der Balladen Schillers im Vergleich

„Die Bürgschaft“	*„Der Taucher“*	*„Der Ring des Polykrates“*
Mut, Treue, Freundschaft, Gerechtigkeit, Verantwortlichkeit vor Gott	*Grenzen des Menschen, Verantwortlichkeit vor Gott, Herrscherwillkür, Sensationslust, Liebe und ihre Risiken*	*Neid, Erfolg, Glück, Freundschaft, Angeberei, Verantwortlichkeit vor den Göttern*

Verantwortlichkeit gegenüber Gott und Konzentration auf menschliche Eigenschaften

Eine abschließende Wiederholung der Merkmale der Textart Ballade kann in Anlehnung an Aufgabe 11, S. 167 auch für die Balladen „Die Bürgschaft“ und „Der Ring des Polykrates“ erfolgen. Die Kennzeichen der Ballade sind auf Seite 179 zusammengefasst.
Zur Vertiefung des selbstständigen Umgangs mit Schillers Balladen bietet sich die zusätzliche Erarbeitung des Textes „Die Kraniche des Ibykus“ mithilfe des Arbeitsblattes 3 auf S. 187 ff. an. Zusätzlich kann man im Zusammenhang mit dem Arbeitsblatt 4, S. 190 abschließend noch einmal die Modernität Schillers mit den Schülerinnen und Schülern diskutieren.

Aufgabe 8
S. 178

Mithilfe des Werkzeugkastens sollen die Schülerinnen und Schüler zunächst den Vortrag einer der analysierten Balladen vorbereiten und diese anschließend im Plenum vortragen. Eine Aufnahme des Vortrags erscheint für die anschließende Bewertung sinnvoll.

Einen Sachtext analysieren

Im folgenden Brief an den Meininger Bibliothekar Wilhelm Friedrich Reinwald macht Schiller deutlich, was er unter Freundschaft versteht und was er von einem Freund erwartet.

Bauerbach d. 9. Juny, 83. Montag.

Ich reisse mich aus einer sehr angenehmen Zerstreuung, um mich für Sie, liebster Freund, zu sammeln. Sie sind, wie ich höre, auf einige Tage nach Römhild gereist, wo Sie vielleicht noch sind. Wolte der Himmel daß Ihr Weeg Sie über Bauerbach geführt hätte, so hätte ich Sie doch wenigstens auf eine Viertelstunde genoßen. Tausend Ideen schlafen in mir, und warten auf die Magnetnadel, die sie zieht. – Unsre Seelen scheinen, wie die Körper, nur durch Friction[1] Funken zu geben. Wie sehr wünschte ich mein Herz an dem Ihrigen wieder zu erwärmen!
Sie reisen nun bald ab, und werden über so vielen vortreflichen Köpfen, Ihren armen Bauerbachischen Freund vergeßen. Sie werden mich mit Wieland[2], Göthe und andern meßen, und einen ungeheueren Abstand gewahr werden. Sie werden wieder kommen voll der gesammelten Ideale, geblendet von so viel schimmernden Genies [...]. Sie werden kälter gegen mich seyn – Sehen Sie! So könnte ich mich mit Besorgnißen quälen, wenn ich es Ihnen nicht zutraute, daß ein warmes und redliches Herz weniger glänzende Gaben bei Ihnen entschuldigen werde. Wenigstens bin ich ein guter Mensch – und Ihr Freund. Grose Geister finden Sie immer – aber nicht immer diesen. Was hilft Ihnen auch der Mann, deßen Genie eine Welt umspannt, deßen Herz aber für Ihre Freuden und Leiden zu eng – deßen Auge für Ihre Schiksale troken ist? – Unterwerfen Sie besonders Wielanden *dieser* Probe. Den Dichter kennen wir schon. Studieren Sie den Menschen in ihm.

(Aus: Christiana Engelmann/Claudia Kaiser: Möglichst Schiller. Ein Lesebuch, Deutscher Taschenbuch Verlag, München 2004)

---

[1] Reibung
[2] Christoph Martin Wieland (1733–1813), dt. Dichter

1. Arbeite heraus,
- was Schiller an Freundschaft wesentlich ist und
- mit welchen (sprachlichen) Signalen er arbeitet, um seine Werbungsabsicht zu vermitteln.

2. Vergleicht eure eigenen Vorstellungen von Freundschaft mit denen Schillers.

Eine Inhaltsangabe zu Friedrich Schillers Ballade „Die Bürgschaft“ überarbeiten

Friedrich Schiller: Die Bürgschaft – Inhaltsangabe

Die Ballade „Die Bürgschaft“ von Friedrich Schiller, 1798 verfasst, handelt von einem Mann, der die Stadt von ihrem König befreien will. Er bittet den König, dass er noch seine Schwester verheiraten darf. Der König gewährt ihm dies. Damon schafft es, und seinem Freund und ihm wird die Strafe erlassen. In der Ballade wird gezeigt, wie wichtig Freunde sind.

Ein Mann namens Damon ist auf dem Weg zum Tyrannen und will die Stadt von ihm mit einem Dolch befreien. Jedoch erwischen ihn die Polizisten und verhaften ihn. Er bittet den König um drei Tage Zeit, um die Schwester mit einem Gatten zu verheiraten. Der König willigt ein. Damon will seine Aufgabe lösen. Wenn er es nicht schafft, bekommt sein Freund die Strafe. Schon der Gedanke daran lässt Damon erschaudern. Er bedankt sich, auch wenn er das Leben seines Freundes aufs Spiel setzt. Der Freund wird dem König ausgeliefert.

Damon schafft es, die Schwester zu verheiraten, und ist auf dem Rückweg zum König. Es regnet sehr stark und er ist mitten im Bach. Er schafft es ans Ufer, hat jedoch entsetzliche Angst, es in der Zeit nicht zurückzuschaffen. Es tauchen wilde und gefährliche Räuber auf und versperren ihm den Weg. Er überwältigt sie. Er fleht Gott an, Wasser zu bekommen, und trinkt. Er hat große Angst um seinen Freund und läuft so schnell er kann.

Damon erreicht die Stadt. Er will sich für seinen Freund opfern. Die beiden Freunde sind vereint und umarmen sich. Der König hört die Geschichte und erlässt die Strafe für beide. Er macht sie zu Königen.

(Karen, Klasse 8 e)

Die Inhaltsangabe zu der Ballade „Die Bürgschaft“ von Friedrich Schiller ist noch nicht gelungen. Überarbeite sie, indem du

– die Themennennung im Einleitungsteil verbesserst,
– Spannung erzeugende Formulierungen durch sachlich-informative ersetzt,
– überflüssige Einzelheiten streichst,
– mit geeigneten Satzgefügen arbeitest,
– einzelne Handlungsschritte inhaltlich präzisierst und ergänzt.

Eine Ballade untersuchen

Friedrich Schiller (1759–1805)
Die Kraniche des Ibykus

Zum Kampf der Wagen und Gesänge,
Der auf Korinthus' Landesenge
Der Griechen Stämme froh vereint,
Zog Ibykus, der Götterfreund.
Ihm schenkte des Gesanges Gabe,
Der Lieder süßen Mund Apoll,
So wandert' er, an leichtem Stabe,
Aus Rhegium, des Gottes voll.

Schon winkt auf hohem Bergesrücken
Akrokorinth des Wandrers Blicken,
Und in Poseidons Fichtenhain
Tritt er mit frommem Schauder ein.
Nichts regt sich um ihn her, nur Schwärme
Von Kranichen begleiten ihn,
Die fernhin nach des Südens Wärme
In graulichtem Geschwader ziehn.

„Seid mir gegrüßt, befreundte Scharen!
Die mir zur See Begleiter waren,
Zum guten Zeichen nehm ich euch,
Mein Los, es ist dem euren gleich.
Von fernher kommen wir gezogen
Und flehen um ein wirtlich Dach.
Sei uns der Gastliche gewogen,
Der von dem Fremdling wehrt die Schmach!"

Und munter fördert er die Schritte
Und sieht sich in des Waldes Mitte,
Da sperren, auf gedrangem Steg,
Zwei Mörder plötzlich seinen Weg.
Zum Kampfe muss er sich bereiten,
Doch bald ermattet sinkt die Hand,
Sie hat der Leier zarte Saiten,
Doch nie des Bogens Kraft gespannt.

Er ruft die Menschen an, die Götter,
Sein Flehen dringt zu keinem Retter,
Wie weit er auch die Stimme schickt,
Nicht Lebendes wird hier erblickt.
„So muss ich hier verlassen sterben,
Auf fremdem Boden, unbeweint,
Durch böser Buben Hand verderben,
Wo auch kein Rächer mir erscheint!"

Und schwer getroffen sinkt er nieder,
Da rauscht der Kraniche Gefieder,
Er hört, schon kann er nichts mehr sehn,
Die nahen Stimmen furchtbar krähn.
„Von euch, ihr Kraniche dort oben,
Wenn keine andre Stimme spricht,
Sei meines Mordes Klag erhoben!"
Er ruft es, und sein Auge bricht.

Der nackte Leichnam wird gefunden,
Und bald, obgleich entstellt von Wunden,
Erkennt der Gastfreund in Korinth
Die Züge, die ihm teuer sind.
„Und muss ich dich so wiederfinden,
Und hoffte mit der Fichte Kranz
Des Sängers Schläfe zu umwinden,
Bestrahlt von seines Ruhmes Glanz!"

Und jammernd hören's alle Gäste,
Versammelt bei Poseidons Feste,
Ganz Griechenland ergreift der Schmerz,
Verloren hat ihn jedes Herz.
Und stürmend drängt sich zum Prytanen
Das Volk, es fordert seine Wut,
Zu rächen des Erschlagnen Manen,
Zu sühnen mit des Mörders Blut.

Doch wo die Spur, die aus der Menge,
Der Völker flutendem Gedränge,
Gelocket von der Spiele Fracht,
Den schwarzen Täter kenntlich macht?
Sind's Räuber, die ihn feig erschlagen?
Tat's neidisch ein verborgner Feind?
Nur Helios vermag's zu sagen,
Der alles Irdische bescheint.

Er geht vielleicht mit frechem Schritte
Jetzt eben durch der Griechen Mitte,
Und während ihn die Rache sucht,
Genießt er seines Frevels Frucht.
Auf ihres eignen Tempels Schwelle
Trotzt er vielleicht den Göttern, mengt
Sich dreist in jene Menschenwelle,
Die dort sich zum Theater drängt.

Denn Bank an Bank gedränget sitzen,
Es brechen fast der Bühne Stützen,
Herbeigeströmt von fern und nah,
Der Griechen Völker wartend da,
Dumpfbrausend wie des Meeres Wogen;
Von Menschen wimmelnd, wächst der Bau
In weiter stets geschweiftem Bogen
Hinauf bis in des Himmels Blau.

Wer zählt die Völker, nennt die Namen,
Die gastlich hier zusammenkamen?
Von Theseus' Stadt, von Aulis' Strand,
Von Phokis, vom Spartanerland,
Von Asiens entlegener Küste,
Von allen Inseln kamen sie
Und horchen von dem Schaugerüste
Des Chores grauser Melodie,

Der streng und ernst, nach alter Sitte,
Mit langsam abgemessnem Schritte,
Hervortritt aus dem Hintergrund,
Umwandelnd des Theaters Rund.
So schreiten keine irdschen Weiber,
Die zeugete kein sterblich Haus!
Es steigt das Riesenmaß der Leiber
Hoch über menschliches hinaus.

Ein schwarzer Mantel schlägt die Lenden,
Sie schwingen in entfleischten Händen
Der Fackel düsterrote Glut,
In ihren Wangen fließt kein Blut.
Und wo die Haare lieblich flattern,
Um Menschenstirnen freundlich wehn,
Da sieht man Schlangen hier und Nattern
Die giftgeschwollenen Bäuche blähn.

Und schauerlich gedreht im Kreise
Beginnen sie des Hymnus Weise,
Der durch das Herz zerreißend dringt,
Die Bande um den Sünder schlingt.
Besinnungsraubend, herzbetörend
Schallt der Errinyen Gesang,
Er schallt, des Hörers Mark verzehrend,
Und duldet nicht der Leier Klang:

Wohl dem, der frei von Schuld und Fehle
Bewahrt die kindlich reine Seele!
Ihm dürfen wir nicht rächend nahn,
Er wandelt frei des Lebens Bahn.
Doch wehe, wehe, wer verstohlen
Des Mordes schwere Tat vollbracht,
Wir heften uns an seine Sohlen,
Das furchtbare Geschlecht der Nacht!

Und glaubt er fliehend zu entspringen,
Geflügelt sind wir da, die Schlingen
Ihm werfend um den flüchtgen Fuß,
Dass er zu Boden fallen muss.
So jagen wir ihn, ohn Ermatten,
Versöhnen kann uns keine Reu,
Ihn fort und fort bis zu den Schatten
Und geben ihn auch dort nicht frei.

So singend, tanzen sie den Reigen,
Und Stille wie des Todes Schweigen
Liegt überm ganzen Hause schwer,
Als ob die Gottheit nahe wär.
Und feierlich, nach alter Sitte
Umwandelnd des Theaters Rund
Mit langsam abgemessnem Schritte,
Verschwinden sie im Hintergrund.

Und zwischen Trug und Wahrheit schwebet
Noch zweifelnd jede Brust und bebet
Und huldigt der furchtbarn Macht,
Die richtend im Verborgnen wacht,
Die unerforschlich, unergründet
Des Schicksals dunklen Knäuel flicht,
Dem tiefen Herzen sich verkündet,
Doch fliehet vor dem Sonnenlicht.

Da hört man auf den höchsten Stufen
Auf einmal eine Stimme rufen:
„Sieh da! Sieh da, Timotheus,
Die Kraniche des Ibykus!" –
Und finster plötzlich wird der Himmel,
Und über dem Theater hin
Sieht man in schwärzlichtem Gewimmel
Ein Kranichheer vorüberziehn.

„Des Ibykus!“ – Der teure Name
Rührt jede Brust mit neuem Grame,
Und, wie im Meere Well auf Well,
So läuft's von Mund zu Munde schnell:
„Des Ibykus, den wir beweinen,
Den eine Mörderhand erschlug!
Was ist's mit dem?
Was kann er meinen?
Was ist's mit diesem Kranichzug?“ –

Und lauter immer wird die Frage,
Und ahnend fliegt's mit Blitzesschlage
Durch alle Herzen. „Gebet acht!
Das ist der Eumeniden Macht!
Der fromme Dichter wird gerochen,
Der Mörder bietet selbst sich dar!
Ergreift ihn, der das Wort gesprochen,
Und ihn, an den's gerichtet war.“

Doch dem war kaum das Wort entfahren,
Möcht er's im Busen gern bewahren;
Umsonst, der schreckenbleiche Mund
Macht schnell die Schuldbewussten kund.
Man reißt und schleppt sie vor den Richter,
Die Szene wird zum Tribunal,
Und es gestehn die Bösewichter,
Getroffen von der Rache Strahl.

(1797)

(Aus: Friedrich Schiller: Sämtliche Werke in fünf Bänden, Deutscher Taschenbuch Verlag, München 2004)

1. Versucht, den Aufbau der Ballade mithilfe von grafischen Elementen und Textelementen darzustellen. Welche Funktion hat dieser Aufbau?

2. Warum gibt sich der „Mörder“ des Ibykus in der Ballade letztendlich zu erkennen? Welche Rolle spielen die Kraniche in diesem Zusammenhang?

3. Kann man die Ballade „Die Kraniche des Ibykus“ im Sinne Schillers als „Entwicklungs- und Erziehungsballade“ bezeichnen? Formuliert Themen der Ballade und vergleicht sie mit denen der Texte „Der Taucher“, „Die Bürgschaft“ und „Der Ring des Polykrates“.

Friedrich Schiller charakterisieren

Was ist an dem Autor Friedrich Schiller und seinen Werken heute noch aktuell? Erstellt eine Collage, die an seine Balladen und die bildliche Darstellung anknüpft und wichtige Aspekte mit Text- oder Bildzitaten kommentiert.

Leistungsüberprüfung – Selbstevaluation – Klassenarbeit

1. Einen Sachtext analysieren (Arbeitsblatt 1, S. 185)
- Arbeite heraus,
  - was Schiller an Freundschaft wesentlich ist,
  - mit welchen (sprachlichen) Signalen er arbeitet, um seine Werbungsabsicht zu vermitteln.
- Vergleicht eure eigenen Vorstellungen von Freundschaft mit denen Schillers.

2. Eine Inhaltsangabe überarbeiten (Arbeitsblatt 2, S. 186)
- Die Inhaltsangabe zu der Ballade „Die Bürgschaft" von Friedrich Schiller ist nicht gut gelungen. Überarbeite sie, indem du
  - die Themennennung im Einleitungsteil verbesserst,
  - Spannung erzeugende Formulierungen durch sachlich-informative ersetzt,
  - überflüssige Einzelheiten streichst,
  - mit geeigneten Satzgefügen arbeitest,
  - einzelne Handlungsschritte inhaltlich präzisierst und ergänzt.

3. Eine Inhaltsangabe verfassen (Arbeitsblatt 3, S. 187 ff.)
- Verfasse zu der Ballade „Die Kraniche des Ibykus" eine Inhaltsangabe.

4. Eine Ballade zu einer Erzählung umschreiben
- Schreibe die Ballade „Der Ring des Polykrates" zu einer Erzählung um. Überlege zuvor, ob du aus der Sicht eines allwissenden Erzählers oder aus der Perspektive einer Person in der Ich- oder Er-Form schreiben willst.

Wirklich, möglich, nur gedacht, gewünscht … – Der Modus einer Aussage (S. 180–197)

Vorüberlegungen zur Einheit

Die Einheit greift das Thema Modalität aus dem vorausgehenden Band 7 wieder auf und differenziert es aus. In einem ersten Zugriff geht es zunächst um den Konjunktiv II und damit um den Irrealis, im weiteren Verlauf stehen Modalverben und -adverbien im Mittelpunkt, die Einheit schließt mit zusammenfassenden Übungen zur indirekten Rede und somit zur Funktion des Konjunktiv I. Angebunden sind die Übungen im weiteren Sinne an das Thema „Jungen – Mädchen“.

Folgende Kompetenzen stehen im Mittelpunkt:
- unterschiedliche Ausdrucksweisen und Wirkungsabsichten von sprachlichen Äußerungen vergleichen, unterscheiden und anwenden,
- den Konjunktiv II als Ausdruck der Irrealität erkennen und anwenden,
- die Funktion von Modalverben und -adverbien im Sinne der „Färbung“ einer Aussage erkennen und anwenden,
- die Bedeutung des Konjunktiv I und seiner Ersatzformen für die indirekte Rede verstehen und anwenden.

Der Einstieg in die Erarbeitung kann über die Doppelseite (S. 180–181) erfolgen. Mit Aufgabe 1 wird das Vorwissen der Schülerinnen und Schüler aktiviert. Mit Aufgabe 2 werden sie vor allem zur Untersuchung der Verbformen in den Texten veranlasst und lernen auf diesem Weg bereits die thematischen Schwerpunkte der Unterkapitel kennen. Im Gedicht von Walter Leimeier dominiert der Wechsel von Zweifel, Unverbindlichkeit – ausgedrückt in den konjunktivischen Modalverben und dem Modaladverb „vielleicht“ (Z. 6) – zu einem apodiktischen Appell in den Schlussversen. In der Szene „Selbstverständlich?“ geht es um den Wechsel vom Irrealis zum Realis, in der dritten Gesprächssituation vor allem um die indirekte Rede und die Möglichkeit, mit Modalverben eine Aussage zu nuancieren.

Didaktische Aufbereitung der Unterkapitel

1. Wäre es so, dann … (S. 182–186)

Bettina Wegner: Ach, wenn ich doch als Mann auf diese Welt gekommen wär (S. 182)
Informationen zur Autorin:

Bettina Wegner, geboren am 04.11.1947 in Berlin, erlernte nach der zehnten Klasse den Beruf einer Bibliotheksfacharbeiterin. Sie begann ein Studium an der Schauspielschule Berlin, ihr Protest gegen die Intervention der Warschauer Pakt-Staaten in die damalige ČSSR (1968) führte jedoch zu einer Haftstrafe und zur Exmatrikulation. Die Haftstrafe wurde ausgesetzt, Wegner wurde zur „Bewährung in der Produktion“ als Fabrikarbeiterin verurteilt (1968–1970). Sie holte auf der Abendschule das Abitur nach und studierte im Zentralen Studio für Unterhaltungskunst Gesang bis zum Diplom. Sie war Kandida-

tin im Schriftstellerverband der DDR. 1969 heiratete sie den Schriftsteller Klaus Schlesinger. Seit 1973 arbeitet sie freischaffend als Liedermacherin. Ihre Veranstaltungsreihen „Eintopp“ und „Kramladen“ wurden durch staatliche Organe in der DDR verboten. Im November 1976 protestierte sie gegen die Ausbürgerung Wolf Biermanns, ihre Arbeitsmöglichkeiten wurden zunehmend eingeschränkt. Im Februar 1980 erhielt sie zusammen mit Klaus Schlesinger ein auf drei Jahre befristetes Ausreisevisum. Schlesinger siedelte über, worauf die Scheidung folgte. Wegner ging erst 1983 nach Westberlin, als sie Auftrittsverbot in der DDR erhielt und das Visum nicht verlängert wurde. Nach der Übersiedlung folgten eine lang anhaltende Schaffenskrise und Krankheit. 1992 Unterschrift des Appells zur Gründung von Komitees für Gerechtigkeit, 1993 bis 1997 Initiatorin der Reihe „Lieder der Welt/Konzerte in Flüchtlingslagern“, ab 1998 Organisatorin der Mahnwache gegen die Todesstrafe für Mumia Abu-Jamal.
Preise: Goldene Schallplatte (1982) für „Sind so kleine Hände“; 1. Thüringer Kleinkunstpreis (1996).
Ihre Tournee im Jahre 2007 trägt den Titel „Abschiedstournee“.

(79. Nlg./Kritisches Lexikon zur deutschsprachigen Gegenwartsliteratur – KLG – 3/05, hg. von Heinz Ludwig Arnold)

Bettina Wegners Lied „Ach, wenn ich doch als Mann auf diese Welt gekommen wär“ – in seiner Aussage geprägt vom Feminismus der 70er-Jahre und von ihren Lebensumständen in der DDR – thematisiert die Begrenzungen, die eine Frau in dieser Zeit erfährt. Dieses verdeutlicht die Autorin anhand von Alltagssituationen, die, im Konjunktiv II aus der Perspektive von Männern gesehen, problemlos bewältigt werden können, Frauen jedoch aufgrund von Rollenzuschreibungen in ihrer Handlungs- und Entscheidungsfreiheit einschränken.

Aufgabe 1
S. 182

Da sich die Rollenbilder – auch aufgrund der feministischen Bewegung, über die die Lehrperson kurz informieren sollte – in den letzten Jahrzehnten geändert haben, werden die Schülerinnen und Schüler wahrscheinlich die beschriebenen Situationen aus ihrer Sicht nicht mehr als problembehaftet ansehen. Interessant kann es sein, nach eventuell neu entstandenen Rollenzuweisungen zu fragen, die z. B. die Jungen in ihren Handlungen einschränken (vgl. die erwartete und vielfach festgestellte Zurückhaltung ...).

Aufgabe 2
S. 183

Der Text beginnt mit der Vorstellung bzw. mit dem Wunsch (vgl. die Interjektion „Ach“ und die Partikel „doch“), in einer anderen Geschlechterrolle geboren worden zu sein. Anschließend werden überwiegend Alltagssituationen genannt, die in dieser Rolle leichter zu bewältigen wären. Die Konjunktiv II-Formen verdeutlichen dabei, dass es sich lediglich um Vorstellungen handelt.
Der Text endet mit der Absichtserklärung bzw. dem Resümee, die Rollenzuschreibungen nicht länger zu ertragen, sondern Gleichberechtigung zu fordern. Nicht der zu Beginn geäußerte Wunsch ist die Lösung, sondern die ausgesprochene Willenserklärung („Ich hab genug [...] ich will das Gleiche“ (V. 21 f.). Damit erhält der 1. Vers eine ironische Konnotation. Diese inhaltliche Struktur des Textes kann in folgendem Tafelbild festgehalten werden:

Tafelbild

Bettina Wegner: Ach, wenn ich doch ...

Wunsch, in einer männlichen Geschlechterrolle geboren zu sein
⇓
Konsequenzen für das Denken und Handeln
⇑
Resümee: Kampf um Gleichberechtigung

Aufgabe 3
S. 183

Mit dieser Aufgabe werden die Schülerinnen und Schüler dazu veranlasst, der im Originaltext entwickelten Vorstellungswelt eine mögliche reale, wie sie die Autorin bzw. das lyrische Ich erlebt, gegenüberzustellen. Mithilfe dieses produktionsorientierten Auftrags erschließen sie sich die Funktion der Modusformen.

Weil ich als Frau auf diese Welt gekommen bin
Weil ich als Frau auf diese Welt gekommen bin,
da bin ich schlechter dran und weiß nicht, wie die Männer sind,
und alles, was ich mache, das ist doppelt schwer
und von der Liebe kriege ich das Kind.

Ich habe monatlich mehr als nur finanzielle Sorgen,
beim Tanzen kann ich nicht einfach fragen: Tanzen Sie?
Und werde ich mal wach mit einem Schmerz im Kopf und Magen,
dann heißt es: Deine Migräne, Liebling, das ist Hysterie.

Ich kann mich nicht allein in jede Kneipe setzen,
ein jeder Mensch (Mann) sieht in mir leichte Beute
und hetzt mich mit widerlichen Blicken,
ich kann nicht ungeschoren an jeder Ecke stehn.

Und wenn mir auf der Straße irgendwer gefällt,
kann ich nicht rangehen und ein Gespräch beginnen
und jeder hat da so komische Gefühle,
dass ich ne Frau bin: Mensch, die Olle muss doch spinnen.

Das, was ich denk und sage, wird nicht ernst genommen,
weil jeder denkt, dass ein Weib nicht denken kann,
und bin ich mit dem Auto mal zu Fall gekommen,
dann heißt es gleich: Lasst doch die Weiber nicht ans Steuer ran.

Ich hab genug von diesem kleinen Unterschied,
ich will das Gleiche machen wie ein Mann,
will, dass man einen Menschen in mir sieht
und dass ich wirklich gleichberechtigt walten kann.

Um die Unterschiede zwischen den beiden Texten zu verdeutlichen und hörbar zu machen, können die Strophen laut im Wechsel gesprochen werden. Möglich ist es auch an dieser Stelle, über die Bedeutung des beschriebenen Rollenverhaltens in der heutigen Zeit zu sprechen. Den Schülerinnen und Schülern dürfte vieles, was in dem Gedicht eingefordert wird, als selbstverständlich erscheinen, weil sich in den letzten Jahrzehnten andere Rolleninterpretationen entwickelt haben.

Aufgaben 4 und 5
S. 183

Deutlich werden soll, dass es sich auf der einen Seite um Vorstellungs-/Wunschwelten handelt, auf der anderen Seite um eine konkret erlebte Welt. In diesem Sinne können bereits die Begriffe Irrealis und Realis eingeführt werden.

Wunsch, Vorstellung **Irrealis**	**Wirklichkeit** **Realis**
wenn ich doch als Mann auf diese Welt gekommen wär	weil ich als Frau auf diese Welt gekommen bin
da wär ich besser dran	da bin ich schlechter dran

und alles, was ich machte, wäre halb so schwer	und alles, was ich mache, das ist doppelt schwer
und von der Liebe kriegte dann der andere das Kind	und von der Liebe kriege ich das Kind

Johannes Diekhans: Wenn ich ein Mädchen wär (S. 183)

Aufgaben 6 und 7 S. 183 Auch in diesem Gedicht, dessen 1. Sprecher ein Junge ist und dessen 2. wahrscheinlich ein Mädchen ist, jedoch auch ein Junge sein kann, werden ebenfalls Vorstellung und Realität gegenübergestellt.

Die Pointe besteht darin, dass die konventionalisierte Rollenzuschreibung für ein Mädchen, nämlich zurückhaltend zu sein und zuhören zu können, von dem männlichen Sprecher übernommen und kontakariert wird.

Aufgabe 8 S. 183 Hier geht es um die beiden Möglichkeiten, den Konjunktiv II zu bilden, nämlich durch die einfache Verbform, abgeleitet vom Präteritum bzw. Plusquamperfekt, und die Umschreibung mit würde.

Aufgabe 9 S. 184 s. Informationen zur Aufgabe 8

Konjunktiv II	**Tempusform des Indikativs: Präteritum**	**Tempusform des Indikativs: Plusquamperfekt**
ich wäre	ich war	----
er hätte gegessen	----	er hatte gegessen
er käme	er kam	----
er riefe an	er rief an	----
sie wären gelaufen	----	sie waren gelaufen
er bäte	er bat	----
du wärest gegangen	----	du warst gegangen
sie hätten geforscht	----	sie hatten geforscht
sie ginge	sie ging	----
ihr säßet fest	ihr saßet fest	----

Vom Sprachgefühl her werden die Schülerinnen und Schüler leicht die Bedeutung der zwei Konjunktiv-Formen unterscheiden können. Im einen Fall geht es um eine aktuelle Vorstellung/um einen aktuellen Wunsch, im anderer Fall ist dieser in der Vergangenheit angesiedelt.

Aufgabe 10 S. 184 Es sind vor allem stilistische Gründe, die die Umschreibung mit würde provozieren. Zahlreiche Konjunktiv II-Formen, die vom Präteritum abgeleitet werden, werden als fremd empfunden. Dieses gilt vor allem für starke Verben.

In diesem Zusammenhang wird im Sinne einer didaktischen Reduktion darauf verzichtet, das Problem der Formengleichheit zwischen Präteritum- und Konjunktiv II-Form zu thematisieren. Die entsprechenden Formen sollten zugelassen werden, wie dieses in der öffentlichen Rede immer üblicher wird.

Indikativ	Konjunktiv II – abgeleitet vom Präteritum	Umschreibung mit würde
er läuft (er lief)	er liefe	er würde laufen
ich trinke (ich trank)	ich tränke	ich würde trinken
es regnet (es regnete)	es regnete	es würde regnen
wir gehen (gingen)	wir gingen	wir würden gehen
ihr spielt (ihr spieltet)	ihr spieltet	ihr würdet spielen
du kommst (du kamst)	du kämest	du würdest kommen
wir essen (wir aßen)	wir äßen	wir würden essen
sie singt (sie sang)	sie sänge	sie würde singen
er braucht (er brauchte)	er bräuchte	er würde brauchen
du liebst (du liebtest)	du liebtest	du würdest lieben
ich schwimme (ich schwamm, ich schwomm)	ich schwämme, ich schwömme	ich würde schwimmen
ihr lebt (ihr lebtet)	ihr lebtet	ihr würdet leben

Aufgabe 11
S. 185

- Wenn es gestern nicht geregnet hätte, wäre ich mit meinem Fahrrad gefahren.
- Gäbe es die Schule nicht, lernten wir nichts/würden wir nichts lernen.
- Ich wäre gern gekommen, wenn du Bescheid gegeben hättest.
- Sie würde ihm selbstverständlich helfen, wenn er darum bäte/bitten würde.
- Hätte ich zwei Fahrräder, gäbe ich dir eins ab/würde ich dir eins abgeben.
- Hättest du früher angerufen, hätte ich mich anders entschieden.
- Wenn wir uns rechtzeitig abgesprochen hätten, hätten wir uns nicht verpasst.
- Würdest du intensiver trainieren, turntest du in der Leistungsgruppe/würdest du in der Leistungsgruppe turnen.
- Hättest du dich vor der Sonne geschützt, hättest du jetzt keinen Sonnenbrand/würdest du jetzt keinen Sonnenbrand haben.
- Führe das Taxi schneller/Würde das Taxi schneller fahren, kämen wir noch rechtzeitig am Flughafen an.
- Hättest du dich beeilt, hätten wir den Zug nicht verpasst.

Aufgabe 12
S. 185

Im Gegensatz zu der Verwendung der Konjunktiv II-Formen zuvor geht es hier um die Möglichkeit, damit besonders höflich zu wirken.

2. Vom Dürfen, Sollen, Müssen ... – Modalverben (S. 187–189)

Der Ausdruck einer Vorstellung bzw. eines Wunsches ist nicht die einzigen Möglichkeit, eine Aussage zu „färben" bzw. deren Geltungsgrad zu nuancieren. In diesem Sinne geht es in diesem Unterkapitel um die Verwendung von Modalverben und Modaladverbien.

Aufgaben 2 und 3
S. 187–188

Mithilfe des Textausschnittes können die Schülerinnen und Schüler die Funktionsweise von Modalverben beschreiben. Dabei geht es nicht um eine fachsprachliche Kennzeichnung, sondern um alltagswissenschaftliche Umschreibungen.

Dazu trägt auch die Aufgabe 3 bei, vor allem die Aufforderung, die Einzelaussagen zu kontextuieren.

Aufgabe 4
S. 188

Die verschiedenen Modaladverbien verändern deutlich die Bestimmtheit der Aussage.

Aufgabe 5
S. 188

Folgende fett gedruckte Aussagen aus dem ersten Teil des Gesprächs können z. B. genannt werden:

Anne: Eben hat mich einer aus der 8 a angesprochen. Die machen im Politikunterricht eine Befragung und wollen herausbekommen, ob Mädchen in unserer Schule bevorzugt werden.

Paul: Dazu kann ich etwas sagen. Mädchen werden oft viel netter von den Lehrern behandelt.

Sara: Das kannst du **so allgemein** nicht behaupten. Es hängt immer von der Situation ab.

Kevin: Mädchen können oft viel schöner schreiben und ihre Hefte sehen besser aus. Das wollen die Lehrer doch sehen. **Bestimmt** beeindruckt die so etwas. Und dann achten sie **vielleicht** gar nicht mehr darauf, was im Heft steht.

Paul: Deshalb müssen sich Jungen auch manchmal viel mehr anstrengen als die Mädchen.

Maja: Jungen dürfen sich aber auch manchmal viel mehr herausnehmen. Ich will mich **gar nicht** beschweren, aber im Sportunterricht können die Jungen sich viel besser durchsetzen, wenn es zum Beispiel darum geht, welches Thema wir gerade behandeln wollen.

Anke: Ich mag **irgendwie** gar nicht daran denken, dass wir schon wieder Fußball spielen sollen.

...

Aufgabe 6
S. 188

Lehrer: „Es hat bereits geschellt! Ihr müsst jetzt gehen! Beeilt euch!“
Bei der Aussage des Lehrers „Beeilt euch!“ handelt es sich um eine mit Nachdruck gesprochene Aufforderung, die indirekt auch in den Aufforderungssätzen zuvor enthalten ist, deren Wirkung zum einen durch die Sprechweise und zum anderen durch das Modalverb *müssen* erzeugt wird.

Aufgabe 7
S. 188

Eine mit Nachdruck gesprochene Aufforderung kann auch mithilfe von Modalverben und Modaladverbien akzentuiert werden, wobei die Bestimmtheit abgeschwächt werden kann, aber nicht muss! Eine Rolle spielt dabei auch der Konjunktiv II (du sollst – du solltest ...)

Direkte Aufforderung (Imperativ)	Indirekte Aufforderung mit unterschiedlichem Nachdruck (Modalverben und -adverbien)
Bleib!	Du musst bleiben! Du musst unbedingt bleiben! Du kannst ruhig bleiben. Du sollst bleiben. Du solltest bleiben. ...

Walter Leimeier: Aufforderung (S. 181)

Aufgabe 8
S. 188

Die Wankelmütigkeit und Passivität des ersten Sprechers wird durch Modalverben wie „könnte“, „kann nicht“, „müssten“ und Modaladverbien wie „eigentlich“, „durchaus“,

„vielleicht" zum Ausdruck gebracht. Dem steht die klare Aufforderung „geh" und „Tu was!" des zweiten Sprechers diametral entgegen.

Bettina Wegner: Ach, wenn ich doch als Mann auf diese Welt gekommen wär (S. 182)
Es ist vor allem das Modalverb „könnte", welches die Möglichkeiten, die mit der männlichen Rolleninterpretation aus der Sicht des lyrischen Ichs verbunden sind, verdeutlicht und damit die Ohnmacht der Frau zum Ausdruck bringt.

Aufgabe 9
S. 188

Sprecher A fordert Sprecher B zunächst ohne Nachdruck und in höflicher Absicht mithilfe des Modalverbs „darfst" dazu auf, den Ort zu verlassen. Sprecher B provoziert, indem er die wörtliche Bedeutung der Modalverben zu verstehen meint, und erhält eine immer apodiktischer formulierte Aufforderung bis hin zum Imperativ. Die Schlussaussage von Sprecher B verdeutlicht dessen provokante Absicht.
Um die Wirkung des Gesprächs differenzierter zu erfahren, sollten die Schülerinnen und Schüler die kurze Szene spielen. Sie kann auch vorab in Partnerarbeit in einen größeren Textzusammenhang gestellt werden, der die Ursache für die Aufforderung erhellt.

3. Paul meint, ein Junge habe ... – Die indirekte Rede (S. 190–195)

Mit diesem Unterkapitel wird auf Lernergebnisse aus der Jahrgangsstufe 7 zurückgegriffen. Dabei geht es neben der Arbeit am sprachlichen Detail (vgl. die eingeforderten Verbformen) vor allem um die Anwendung des Konjunktiv I in der indirekten Rede.

Aufgabe 1
S. 190

Inhaltlich wird jeweils von einem Jungen die Einschätzung der Mädchen und von einem Mädchen die Einschätzung der Jungen vorgenommen, einerseits in der indirekten Rede, andererseits in Form der wörtlichen Wiedergabe.

Aufgabe 2
S. 190

Ankes Beitrag: Ein Schüler sagte: „Ich habe das Gefühl, dass ein Mädchen es in der Schule leichter hat, weil es von den Lehrern oft als viel ordentlicher und ehrgeiziger angesehen wird. Ein Junge muss sich viel mehr anstrengen."

Aufgabe 3
S. 190

Jonathans Beitrag:
Ein Mädchen sagte mir, ein Junge gelte bei vielen als durchsetzungsfähiger, weil er stärker auftrete. Aber in Wirklichkeit stimme das oft gar nicht. Dahinter verberge sich manchmal auch Unsicherheit.

Beim Vergleich der beiden Aussagen sollte deutlich werden, dass mit der direkten Rede eine etwas größere Distanz zum Gesagten ausgedrückt werden kann.

Aufgabe 4
S. 191

- Ein Junge äußerte, als Junge werde er vor allem von Lehrerinnen viel schneller kritisiert. Ein Mädchen könne sich viel mehr erlauben.
- Ein Mädchen äußerte die Meinung, es gäbe keine Unterschiede in der Behandlung von Jungen und Mädchen. Zumindest habe sie das noch nie erlebt. Sie könne es sich auch nicht vorstellen.
- Ein Schüler sagte, es könne schon sein, dass ein Junge schlechter dran sei. Vielleicht erwarte man von ihm als Jungen in der Schule etwas, was er gar nicht erfüllen wolle.
- Ein Mädchen erwiderte, sie glaube, dass es immer noch Fächer gebe, in denen ein Junge Vorteile habe, weil er sich zu Hause mit diesem Thema schon beschäftigt habe, während sie als Mädchen dazu gar keine Lust habe und sie sich lieber mit anderen Dingen beschäftige. Das betreffe zum Beispiel technische Dinge. Andererseits sei ihre beste Freundin ein richtiger Technik-Freak und die komme in naturwissenschaftlichen Fächern sehr gut zurecht.

Aufgabe 5
S. 192

Im Unterrichtsgespräch sollte wiederholt darauf hingewiesen werden, dass es für die Vorzeitigkeit nur eine Konjunktivform gibt, unabhängig davon, welche Vergangenheitsform in der direkten Rede steht (s. auch Regelkasten auf Seite 191).

Indikativ	**Konjunktiv I**
sie joggt	sie jogge
er ist gelaufen	er sei gelaufen
du wirst kommen	du werdest kommen
es hatte geregnet	es habe geregnet
er kam	er sei gekommen
sie will	sie wolle
es wird gelingen	es werde gelingen
er hatte angerufen	er habe angerufen
sie rief an	sie habe angerufen
sie sind	sie seien
es war	es sei gewesen
es wird	es werde
er lief	er sei gelaufen
es hatte geschneit	es habe geschneit
du sagst	du sagest
er soll	er solle
sie wollte	sie habe gewollt
du konntest	du habest gekonnt

Aufgabe 7
S. 193

Der Textauszug in der wörtlichen Wiedergabe: „Mädchen und junge Frauen sind einerseits ehrgeiziger geworden, sie nähern sich traditionellen männlichen Bereichen stark an. Macht und Einfluss etwa finden sie fast so wichtig wie die Jungen und die jungen Männer. In den Bereichen ‚Karriere machen', ‚sich selbstständig machen' und ‚Verantwortung übernehmen' gibt es keinerlei Unterschied mehr. Diese Werte sind für sie und ihre Zukunft genauso bedeutend wie für männliche Jugendliche. Gleichzeitig haben sich Mädchen und junge Frauen weibliche Besonderheiten bewahrt: Sie sind nach wie vor emotionaler, toleranter, umweltbewusster und sozial hilfsbereiter als Jungen und junge Männer. Ihr Verhältnis zur Technik ist immer noch zurückhaltender – aber sehr viel selbstverständlicher. Zudem sind ‚Treue', ‚Heiraten' oder ‚Bioläden' für die weiblichen Jugendlichen wichtiger."

Aufgabe 8
S. 193

wortgetreue, aber indirekte Rede	**wörtlicher Text**
sie seien ehrgeiziger	sie sind ehrgeiziger
sie näherten sich an	sie nähern sich an
sie fänden	sie finden
es gebe	es gibt
sie seien	sie sind
sie hätten	sie haben

sie seien	sie sind
es sei	es ist
sie seien	sie sind

Aufgabe 9
S. 193

Die Gegenüberstellung verdeutlich, dass bei Formengleichheit zwischen dem Indikativ Präsens und dem Konjunktiv I der Konjunktiv II als Ersatzform (auch die Umschreibung mit würde) gewählt werden muss.

Aufgabe 10
S. 193

Im Sinne einer didaktischen Reduktion wird bei dieser Übung die Formengleichheit zwischen Konjunktiv II und Präteritum als gültig angesehen.

Indikativ	**Konjunktiv I**	**Konjunktiv II als Ersatzform bzw. Umschreibung mit würde**
ich komme	(ich komme) ⇒	ich käme/würde kommen
er war gerannt	er sei gerannt	----
sie besprechen sich	(sie besprechen sich) ⇒	sie besprächen sich/würden sich besprechen
ihr habt gerufen	ihr habet gerufen	----
wir versöhnen uns	(wir versöhnen uns) ⇒	wir versöhnten uns/würden uns versöhnen
er telefoniert	er telefoniere	----
ich springe	(ich springe) ⇒	ich spränge/würde springen
sie nähern sich an	(sie nähern sich an) ⇒	sie näherten sich an/würden sich annähern
sie ziehen	(sie ziehen) ⇒	sie zögen/würden ziehen
sie sind wichtig	sie seien wichtig	----
ich melde mich	(ich melde mich) ⇒	ich meldete mich/würde mich melden
sie stehen	(sie stehen) ⇒	sie stünden oder ständen/würden stehen
es wird sichtbar	es werde sichtbar	----
sie überholen	(sie überholen) ⇒	sie überholten/würden überholen
er meint	er meine	----
sie bleiben	(sie bleiben) ⇒	sie blieben/würden bleiben
er hat	er habe	----
sie haben	(sie haben) ⇒	sie hätten

Andreas Huber: Mädchen: Leben auf der weiblichen Überholspur (S. 194)

Aufgabe 11
S. 194

Es setzt sich immer mehr durch, dass bei einer indirekten Rede, die mit der Konjunktion dass eingeleitet wird, die Konjunktivform durch eine Form des Indikativs ersetzt werden darf. Dieses kann den Schülerinnen und Schülern mitgeteilt werden, es sollte jedoch, um den Erarbeitungsprozess nicht noch zusätzlich zu erschweren und zu verwirren, nur am Rande thematisiert werden.

Andreas Huber äußert sich folgendermaßen:

Dass die jungen Frauen vorne lägen (liegen würden), werde ganz besonders im Bereich Bildung sichtbar; hier ständen (stünden, würden stehen) nämlich erstmals in der Geschichte der empirischen Jugendforschung die Mädchen an erster Stelle, sie hätten im gesamten Bereich der Schulbildung die Jungen überholt. Da das Bildungsniveau von elementarer Bedeutung für Lebensumstände und die späteren gesellschaftlichen Chancen seien, werde der Vorteil noch offensichtlicher.

Laut der PISA-Koordinatorin Petra Stanat seien es in der PISA-Studie die Jungen gewesen, die Deutschland im Weltmaßstab so tief „runterzögen" („runterziehen" würden). Das Problem sei in diesem Fall eindeutig: Jungs blieben (würden bleiben) hierzulande doppelt so oft sitzen wie Mädchen, flögen (würden fliegen) doppelt so oft vom Gymnasium. [...] Und: Sie stellten (würden stellen) nur noch 46 Prozent der Abiturienten, aber 72 Prozent der Abgänger ohne Hauptschulabschluss. Die Abiturzensuren der Jungen seien obendrein im Schnitt um fast eine Note schlechter als die ihrer Mitschülerinnen, wobei diese bei Lehrern beiderlei Geschlechts besser abschnitten (abschneiden würden). [...]

Seit jeher als sozialer und sozial umgänglicher beurteilt, seien die Mädchen in der Jugend 21 endgültig in traditionelle Jungmänner-Domänen eingebrochen, seien in allen Bereichen der Jugendkultur gleichberechtigt und machten (würden machen) [...] Karriere in Schule und Ausbildung. Sie schafften (würden schaffen) es auch, Karriere und Familie unter einen Hut zu bringen. Gleiches gelte für die Lebensplanung: Karriere und Familie seien zwei zentrale, gleichberechtigte Zielvorstellungen für Mädchen und junge Frauen. Leistung, Sicherheit und Einfluss lägen (würden liegen) stark im Trend, ebenso wie Kreativität, Toleranz und Genuss. Die Verbindung zwischen scheinbar widersprüchlichen traditionellen und modernen Werten gelinge den jungen Frauen also besser als den jungen Männern.

(Nach: Andreas Huber: Die Lebensweisheit der 15-Jährigen, erschienen bei Ariston im Heinrich Hugendubel Verlag Kreuzlingen/München 2003)

4. Texte zum Üben (S. 196–197)

Bettina Wegner: Kinder (S. 196)

Aufgabe 1
S. 196

Bettina Wegners Lied „Kinder" – Bestandteil der LP „Sind so kleine Hände" aus dem Jahr 1979 – überzeugt wegen seiner nur vordergründig sprachlichen und inhaltlichen Schlichtheit. In insgesamt acht vierversigen Strophen mit einem dreihebigen Trochäus und einem unvollständigen Kreuzreim fordert die Liedermacherin zu einem Umgang mit Kindern auf, der jede Gewaltanwendung ausschließt und von Liebe und Respekt geprägt ist.

Mit Ausnahme der letzten ist jede Strophe so aufgebaut, dass zunächst ein Körperteil des Kindes genannt und über das Attribut „klein" als sehr zerbrechlich dargestellt wird. Es folgt wie bei einem Gebot („Darf man nicht ...") die Aufforderung, jegliche Gewalt zu unterlassen, und im vierten Vers wird wie zu Beginn in indikativischer Form die Folge genannt, die eintritt, wenn dieses Gebot missachtet wird.

Während in den Strophen 1–7 jeweils ein Körperteil bzw. in Strophe 6 die Psyche genannt wird, geht es wie bei einem Resümee in der letzten Strophe um den Menschen in seiner Gesamtheit. Die Metapher „Grade, klare Menschen" (V. 29) verdeutlicht das Ziel eines gewaltfreien Umgangs mit Kindern. Dass dieses Ziel nicht nur im historischen Kontext der Entstehung des Lieds, sondern auch heute noch zu wenig im Blick ist, wird durch die Konjunktivform „wärn ein schönes Ziel" (Z. 30) zum Ausdruck gebracht, ergänzt durch die metaphorische Formulierung „Leute ohne Rückgrat hab'n wir schon zu viel."

Insgesamt ist das Lied in einer kindlichen Sprache verfasst (vgl. die Ellipse „Sind so ...", die Inversion „Darf man ...", die Wortverkürzungen wie „könn", Z. 8 oder „son", Z. 25 ...), die den Wirkungsgrad in besonderer Weise bestimmt.

Nach Möglichkeit sollte der Text gesungen präsentiert werden. Liegt diese Version nicht vor, ist es auch möglich, mit der Anmoderation von Bettina Wegner zu beginnen, die ihren Vortrag folgendermaßen einleitete: „Dies Lied ist für meine Kinder, für alle Kinder und erst recht für Erwachsene."

Aufgabe 2
S. 197

Die Form des Kurzprotokolls lässt es sinnvoll erscheinen, aus den Gesamtaussagen bestimmte hervorzuheben. Die Auswahl bleibt den Schülerinnen und Schülern überlassen.

Im Unterricht diskutierten wir darüber, ob die Jungen in der Schule benachteiligt sind. Maike äußerte die Meinung, das könne schon sein. Jungen würden viel schneller kritisiert als Mädchen, wenn sie mal laut seien.
Paul sagte, der Meinung sei er auch. Als Junge müsse man sich manchmal ganz schön anstrengen, um der Lehrerin oder dem Lehrer zu gefallen. Das fange oft schon mit der Handschrift an. Mädchen schrieben (würden schreiben) oft ordentlicher als Jungen und darauf legten (würden legen) viele Lehrer großen Wert. Das heiße natürlich nicht, dass man sofort schlechtere Noten bekomme.
Jan äußerte, er sei da gar nicht so sicher. Ein Deutschaufsatz, der schön geschrieben sei, beeinflusse bestimmt auch die Note. Da könne sich ein Lehrer vielleicht gar nicht gegen wehren, obwohl er das nicht zugeben werde.
Der Lehrer entgegnete, die „schöne" Gestaltung eines Textes sei doch kein Selbstzweck. Er müsse auch daran denken, dass der Leser oder die Leserin verstehe, was er meine. Ein völlig unsauber gestalteter Text könne dabei ein großes Hindernis sein.

Aufgabe 3
S. 197

Andreas Huber äußert in seinem Buch, der Wertewandel der Jugend 21 werde hauptsächlich von den weiblichen Heranwachsenden getragen. Mädchen und junge Frauen seien heute ehrgeiziger, aber auch selbstbewusster. „Karriere machen", „sich selbstständig machen" und „Verantwortung übernehmen" seien für sie ebenso wichtig wie für Jungen und junge Männer. Ihre persönliche Zukunft sähen (würden sehen) die Jugendlichen prinzipiell eher optimistisch, gleichzeitig herrsche eine positive Grundstimmung. Neben „tollem Aussehen", „Markenkleidung tragen" und neuer Technik (Internet, Handy etc.) spielten (würden spielen) für viele ebenso „persönliche Treue", „Sicherheit" sowie „Macht und Einfluss" eine Rolle.

Eine Karikatur und ein Gedicht beschreiben und deuten

„Das MAN-agement"

Helmut Zöpfl (geb. 1937)

Barmherziger Samariter modern

Ich helfe
ich müsste helfen
man müsste helfen
man müsste darüber nachdenken, wie man helfen könnte
man müsste darüber diskutieren, wie man übers Helfen nachdenken könnte
man müsste eine Kommission bilden, in der man darüber diskutiert, wie
man übers Helfen nachdenken könnte
man müsste einen Termin für eine Tagung finden, in der man berät, welche Leute in die
Kommission hineinkommen sollen, in der man diskutiert, wie man übers Helfen nach-
denken könnte

(Aus: Helmut Zöpfl: Sag ja zum Leben. Verlag R. S. Schulz, Starnberg 1990)

1. Beschreibe und deute zunächst die Karikatur. Berücksichtige dabei auch den Titel „Das MAN-agement".

2. Beschreibe und deute ebenso das Gedicht „Barmherziger Samariter modern" von Helmut Zöpfl. Berücksichtige dabei:
- das Thema des Gedichts,
- die Bedeutung der Überschrift,
- den Aufbau und die konkrete Gestaltung der einzelnen Gedichtzeilen,
- die mögliche Aussageabsicht.

3. Setze Karikatur und Gedicht in Beziehung, indem du z. B. das Thema vergleichst und dich auf die Bedeutung der Verbformen beziehst.

Ein Gedicht beschreiben und deuten und in eine moderne Fassung bringen

Das folgende Gedicht hat Bertolt Brecht in einen Gedichtzyklus mit dem Titel „Chinesische Gedichte“ (1933–1938) aufgenommen. Als Quelle nennt er einen unbekannten Dichter aus alter Zeit.

Bertolt Brecht (1898–1956)
Die Freunde

Wenn du in einer Kutsche gefahren kämest
Und ich trüge eines Bauern Rock
Und wir träfen uns eines Tags so auf der Straße
Würdest du aussteigen und dich verbeugen.
Und wenn du Wasser verkauftest
Und ich käme spazieren geritten auf einem Pferd
Und wir träfen uns eines Tags so auf der Straße
Würde ich absteigen vor dir.

(Aus: Bertolt Brecht: Werke. Große kommentierte Berliner und Frankfurter Ausgabe, Bd. 11: Gedichte 1, © Suhrkamp Verlag Frankfurt am Main 1988)

1. Beschreibe und deute das Gedicht, indem du
- das Thema kennzeichnest,
- den Aufbau beschreibst,
- die Bedeutung der Verbformen herausstellst,
- die mögliche Aussageabsicht zusammenfasst.

2. Schreibe ein Parallelgedicht, in dem du dich auf unsere heutige Zeit beziehst. Die Aussage des Textes soll dabei erhalten bleiben, verändern musst du jedoch die sprechenden Personen.

Die Freunde

Modalverben

1. Modalverben kannst du wie andere Verben auch konjugieren. Trage die entsprechenden Formen in die Tabellen ein.

Person	können	dürfen	mögen/möchten
ich	kann (singen)		
du			
er			
sie			
es			
wir			
ihr			
sie			

Person	sollen	müssen	wollen
ich			
du			
er			
sie			
es			
wir			
ihr			
sie			

2. In den folgenden Sätzen fehlen Modalverben. Trage passende ein. Manchmal hast du mehrere Möglichkeiten.

- ______________ Sie noch einen Nachtisch essen oder sind Sie bereits satt?
- Ich ______________ leider nicht mit zum Schwimmen gehen, ich ______________ noch meine Hausaufgaben machen.
- Ich ______________ mich nicht zu lange in die Sonne legen, weil ich sonst eine Allergie bekomme.
- Steffen ______________ sich eigentlich nicht beschweren, seine Klassenarbeit ist doch sehr gut ausgefallen.
- ______________ du mich nicht verstehen oder ______________ du mich nicht verstehen!?
- Ihr ______________ unbedingt konzentrierter mitarbeiten, sonst ______________ die Arbeit nur schlecht ausfallen.

Fehlerhafte Konjunktivformen korrigieren

In den folgenden Zeitungsberichten findest du an mehreren Stellen die indirekte Rede. Nicht alle Konjunktivformen sind richtig verwendet. Unterstreiche die indirekte Rede, streiche die falschen Formen durch und schreibe die richtigen darüber. Achtung: Nicht alle Formen sind falsch!

Brennende Mülltonnen

Zwei brennende Mülltonnen auf einem Schulgelände sorgten am Montagabend in einem Paderborner Stadtteil für Feuerwehreinsätze mit erheblichem Aufwand. Der Hausmeister der Schule teilte mit, er hätte das Feuer gegen 20.00 Uhr auf dem Schulhof bemerkt. Zunächst habe er versucht, die brennenden Müllcontainer mit einem Handfeuerlöscher zu bekämpfen. Das wäre jedoch vergeblich gewesen. Deshalb habe er die Feuerwehr gerufen.

Der gelang es dann auch, die Brände erfolgreich zu bekämpfen.

Etwa zwei Stunden später entdeckte ein Anwohner ein weiteres Feuer auf einem angrenzenden Sportgelände. Auch hier standen Müllcontainer in Flammen, die ebenfalls von der Feuerwehr gelöscht werden konnten. Ein Sprecher teilte mit, die Brandstifter hätten die Container auf die Ballspielfläche gezogen und dann angezündet. Das Feuer hätte erhebliche Schäden an dem Kunststoffbelag angerichtet, sodass ein Spielbetrieb in den nächsten Tagen nicht möglich sei.

Der Sprecher forderte die Anwohner dazu auf, sich bei der Polizei zu melden, wenn ihnen etwas aufgefallen sei.

14-jähriges Mädchen bewies Zivilcourage

Mit ihrem beherzten Eingreifen hat eine 14-Jährige gestern Nachmittag in der Innenstadt von Herford einen 68-jährigen Mann in die Flucht geschlagen. Nach Polizeiangaben hätte dieser zuvor versucht, einer älteren Dame die Handtasche zu entreißen. Diese sei dabei leicht am Arm verletzt worden. Das Mädchen hätte laut um Hilfe gerufen und den Mann mit Tritten attackiert. Der habe sich zwar gewehrt und das Mädchen zurückgestoßen, jedoch auch von der alten Dame abgelassen. Anschließend habe er versucht, sich in einem Kaufhaus zu verstecken, was jedoch misslungen wäre.

Die herbeigerufene Polizei konnte ihn festnehmen. Ein Sprecher der Behörde lobte das besonnene und beherzte Einschreiten der 14-Jährigen. Sie habe Zivilcourage bewiesen und den Dank der Allgemeinheit verdient. Immer wieder käme es vor, dass Passanten in so einer Situation wegschauen würden.

Braunbär erhält Freundin

Braunbär Max aus einem niedersächsischen Zoo erhält endlich wieder eine Freundin. Nachdem im Frühjahr seine Gefährtin an einer rätselhaften Erkrankung gestorben wäre, habe man befürchten müssen, dass der Bär vor Einsamkeit ebenfalls eingehe, teilte der Direktor des Zoos mit. Deshalb habe man sich auf die Suche gemacht und wäre in einem polnischen Zoo fündig geworden. Jule hieße die Braunbärdame, die Max aus seinem emotionalen Loch befreien sollte. Wann sie genau ankomme, stände noch nicht fest, aber es werde bald sein.
Die Frage, ob auch an die Gründung einer Familie gedacht sei, beantwortete der Zoodirektor schmunzelnd: „Da mischen wir uns nicht ein. Das überlassen wir Max und Jule."

Frustrierter Räuber beschimpft Kassiererin

Wie das Bochumer Lokalradio meldete, sei am Samstagabend ein Versuch, eine Tankstelle am Stadtring zu überfallen, gescheitert. Als der maskierte Täter auf die Kassiererin zugekommen wäre, wäre diese aus dem Verkaufsraum zu einem Nachbarn geflüchtet. Dabei hätte sie der Täter lautstark beschimpft. Schließlich sei er ohne Beute abgezogen.

Direkte Rede – indirekte Rede (1)

1. Trage in die folgende Tabelle die fehlenden Formen ein. Wenn Indikativ und Konjunktiv I gleich sind, trage die entsprechende Ersatzform ein und klammere die Form des Konjunktiv I ein.

Indikativ	Konjunktiv I	Konjunktiv II bzw. Umschreibung mit *würde*
er kommt an		
sie haben untersucht		
es wird gehen		
wir haben geforscht		
sie meint		
er fragt		
sie wurden gerufen		
ich werde schreiben		

2. Schreibe die folgenden Aussagen in die indirekte Rede um.

- Maja: „Mädchen haben in keiner Weise Vorteile in der Schule."

Maja ist der Meinung, ______________________________

- Jonathan: „Ich fühle mich als Junge manchmal von einigen Lehrerinnen anders behandelt als die Mädchen."

____

____

- Lehrer: „Jungen machen seltener Abitur, wiederholen häufiger eine Klasse und brechen öfter als Mädchen die Schule ab."

____

____

- Lukas: „Ich habe davon gehört, dass es an vielen Schulen inzwischen spezielle Programme zur Jungenförderung gibt."

____

____

- Lehrerin: „Solche Programme, natürlich mit anderen Inhalten, hat es in den letzten Jahrzehnten an vielen Schulen für Mädchen gegeben."

____

____

- Anne: „Gerade im Sportunterricht macht es meiner Meinung nach Sinn, den Unterricht nicht immer gemeinsam durchzuführen. Jungen und Mädchen haben doch ganz unterschiedliche Interessen."

____

____

Direkte Rede – indirekte Rede (2)

1. Der Münchner Bildungsforscher Prof. Dr. Wassilios Fthenakis äußert sich in einer Zeitschrift zu der Frage, ob Jungen besser lernen könnten, wenn sie unter sich seien. Forme die direkte Rede in die indirekte Rede um.

Fthenakis: „Projekte, die Mädchen und Jungen kurzzeitig trennen, haben ihre Berechtigung. Generell bin ich aber der Ansicht, dass es die Entwicklung besser fördert, wenn Kinder zusammen lernen. Dann ist das Spektrum der Differenzen (Unterschiede) größer, die wir für Lernerfahrungen nutzen können. Jedes Kind hat Stärken und Schwächen. Wenn Jungen und Mädchen in einer Gruppe respektvoll miteinander umgehen, können sie durch das Zusammenlegen ihrer Stärken mehr erreichen."

(Aus: forum schule. Magazin für Lehrerinnen und Lehrer, Oktober 2007, S. 13)

Der Münchner Bildungsforscher Prof. Dr. Wassilios Fthenakis ist der Meinung, es habe seine Berechtigung,

2. Der Bildungsforscher wird außerdem dazu befragt, ob der große Anteil von Frauen im Bildungsbereich ein Problem darstelle. Schreibe auch diesen Auszug in die indirekte Rede um.

Fthenakis: „Ja, denn was für Schüler wichtig ist, gilt auch für Lehrkräfte. Wir brauchen Männer und Frauen in der Erziehung. Männer bieten Kindern ein ganz anderes Verhaltens- und Identifikationsmodell, vom Erscheinungsbild bis zum Spielstil, der bei Männern von vielen Aufregungsmomenten geprägt ist. Im Gegensatz dazu haben Frauen ein monotoneres Spielmuster."

(Aus: forum schule. Magazin für Lehrerinnen und Lehrer, Oktober 2007, S. 13)

Die Frage, ob der große Anteil von Frauen im Bildungsbereich ein Problem darstelle, bejahte der Professor.

Denn was für Schüler

3. Welche Meinung hast du selbst? Verfasse im Heft eine Stellungnahme zu einer der Aussagen nach folgendem Muster: Professor Fthenakis äußert in einem Interview, dass ... Ich bin der Meinung, stimme ihm zu, widerspreche ihm, denn ...

Direkte Rede – indirekte Rede (3)

1. Soll es in der Schule eine Kleiderordnung für Lehrerinnen und Lehrer geben? Diese Frage wurde in der Zeitschrift „forum schule“ diskutiert. Unterschiedliche Personen äußerten sich dazu. Schreibe die Beiträge in die indirekte Rede um.

Eine Schülerin: „Lehrerinnen und Lehrer sollen sich nicht so jugendlich anziehen wie wir, sondern ihrem Alter entsprechend. Das verschafft ihnen mehr Respekt. Sie sollen Miniröcke und ‚Baggy Pants‘ im Schrank lassen, sonst wird gelästert. Ich finde es aber auch nicht gut, wenn Lehrerinnen und Lehrer in altmodischen Klamotten herumlaufen. Sie sollen Kleidung tragen, die im Trend liegt, aber nicht so ausgefallen ist. Lehrer in Anzügen müssen aber auch nicht sein, die wirken zu streng.“

Eine Schülerin meint zu dem Thema, ______________________________

Ein Schulleiter: „In den über 45 Jahren, in denen ich Schule erlebt habe, hat sich die Kleiderordnung der Lehrerschaft sehr gewandelt: von Anzug und Krawatte bzw. Kostüm hin zu kurzen Hosen, T-Shirts und Sandalen bzw. Trägertops und in Extremfällen sogar bauchfreiem Dress. Gleichzeitig vollzog sich in regelmäßigen Umfragen zum Ansehen einzelner Berufe ein Abstieg des Lehrerberufs aus den obersten Kategorien bis fast ans Ende der Skala. Sicherlich ist dafür nicht nur der Kleidungswandel verantwortlich. Doch können Lehrerinnen und Lehrer durch eine Veränderung ihrer Kleiderordnung dazu beitragen, dass sich ihr Ansehen (im wahrsten Sinne des Wortes) und damit auch der Stellenwert von Bildung in der Gesellschaft verbessern.“

Ein Schulleiter äußerte, ______________________________

Eine Lehrerin: „Lehrerinnen und Lehrer kleiden sich in der Regel eher langweilig und nicht besonders modisch: eben konservativ und nicht sehr innovativ. Statt immer nur die übliche Kombination Rock/Bluse oder Hose/Pullover in gedeckten Farben steht etwas mehr Mut zu Farbe und modischen Details der einen oder dem anderen bestimmt gut zu Gesicht. Das kann den Schulalltag aufhellen und kreative Impulse setzen, die allen Beteiligten – auch im Unterricht – zugute kommen.“

Eine Schülerin: „Die Schule braucht keinen Dresscode für Lehrerinnen und Lehrer. Jeder soll seinen Lebensstil verkörpern können. Uns wird ja auch immer beigebracht, dass wir tolerant sein sollen. Außerdem können wir uns mit Lehrerinnen und Lehrern, die sich normal kleiden, besser identifizieren. Dadurch entstehen Vertrauen und eine bessere Lernatmosphäre.“

(Aus: forum schule. Magazin für Lehrerinnen und Lehrer, Oktober 2007, S. 11, leicht geändert)

2. Was hältst du von den Äußerungen? Kommentiere im Heft einen Standpunkt nach folgendem Muster: X äußert in der Zeitschrift „forum schule“ die Meinung, ... Ich teile seine/ihre Meinung, stimme nicht zu, bin der Ansicht ...

Leistungsüberprüfung – Selbstevaluation – Klassenarbeit

1. **Eine Karikatur und ein Gedicht beschreiben und deuten**
   (s. Arbeitsblatt 1, S. 203)
2. **Ein Gedicht beschreiben und deuten und in eine moderne Fassung bringen**
   (s. Arbeitsblatt 2, S. 204)
3. **Fehlerhafte Konjunktivformen korrigieren**
   (s. Arbeitsblatt 4, S. 206–207)
4. **Direkte Rede – indirekte Rede (1)**
   (s. Arbeitsblatt 5, S. 208)
5. **Direkte – indirekte Rede (2)**
   (s. Arbeitsblatt 6, S. 209)
6. **Direkte – indirekte Rede (3)**
   (s. Arbeitsblatt 7, S. 210–211)

Gutenberg und die Folgen (S. 198 – 217)

Vorüberlegungen zur Einheit

In der Einheit wird zum einen die Technik der Vervielfältigung von Texten aller Art mit beweglichen Lettern vorgestellt; das geschieht mit literarischen Texten und Sachtexten, aber auch mit Bildern und schematischen Darstellungen. Zum andern geht es auch um das Schicksal eines genialen Menschen; denn die Erfindung des Buchdrucks prägte und beanspruchte den Menschen Gutenberg in seinem ganzen Leben. Leider gehört dazu auch, wie es manchmal geschieht, dass ihm erst lange nach seinem Tode der gebührende Ruhm zugesprochen wurde. Über Jahrhunderte war er geradezu vergessen. Heute hingegen spricht man von ihm als dem „Mann des Jahrtausends“.
Die Erfindung Gutenbergs und sein Schicksal sind zu sehen im Rahmen einer neuen Zeit, der Zeit der Renaissance und des Humanismus. Die Wissenschaften und Künste, die Anfänge einer neuen Technik wandten sich mit den Vorbildern aus der Antike der Erkundung der empirischen Welt mit dem Menschen als Mittelpunkt zu. Erst in diesem Umkreis konnte das von Gutenberg entwickelte Leitmedium der massenhaft gedruckten Texte seine große Wirkung entfalten, sodass man sogar diese Technologie des Buchdrucks „Gutenberg Galaxis“ nannte. Freilich stellten sich dieser Entwicklung heftige Widerstände entgegen, nämlich in Gestalt der bald nach der Erfindung der Druckkunst gegen sie organisierten kirchlichen und staatlichen Zensur (vgl. Arbeitsblatt 5, S. 230). Texte und Bilder der Einheit sind so ausgewählt, dass das Schaffen eines Menschen, sein Schicksal und seine Bedeutung vom Anfang der Neuzeit bis in die Moderne mit ihrer digitalen Technik der Texterstellung für die Schüler erfassbar sind.
Die zentralen Kompetenzen, die mit der Einheit erworben werden können, sind:

- aus literarischen Texten wesentliche Charakterzüge einer Gestalt entnehmen,
- das Schicksal einer historisch bedeutenden Gestalt exemplarisch erfassen,
- einen literarischen Text selbstständig fortsetzen,
- Sachtexte und literarische Texte nach ihren sprachlichen Eigenschaften unterscheiden,
- die einzelnen Schritte bei einer Erfindung einem Text entnehmen,
- aus einer bildlichen Darstellung die richtige Abfolge eines technischen Vorgangs entwickeln,
- einen technischen Vorgang beschreiben,
- einen fiktiven Dialog und eine Hörspielszene über das Ereignis der Erfindung der Druckkunst anfertigen,
- aus philosophischen und historischen Texten Informationen über die Renaissance entnehmen und damit einen eigenen Text verfassen,
- ein Porträt der historischen Gestalt des Johannes Gutenberg aus vorgegebenen Texten und Bildern verfassen,
- aus Sachtexten und bildlichen Darstellungen die Technik des Druckens in der Zeit vor Gutenberg in einer Zeitleiste zusammenstellen,
- einen zeitgenössischen und einen modernen Aphorismus über die Druckkunst deuten.

Die Auftaktseiten (S. 198 – 199) sollen den Schülern einen Überblick über die Entwicklung des Buchdrucks von Gutenberg bis zur Gegenwart geben und ihr Vorwissen abfragen. In dem einleitenden Text wird auf den engen Zusammenhang der Erfindung Gutenbergs mit seiner Zeit, der Renaissance, hingewiesen.

Didaktische Aufbereitung der Unterkapitel

Gutenbergs Erfindung am Beginn einer neuen Zeit (S. 200–208)

Matthias Geske: Johannes Gutenberg (S. 200–203)

Der Text ist dem 11. Kapitel dieses historischen Jugendromans entnommen. In den vorangehenden Kapiteln schildert Geske den langen und keineswegs geraden Weg Gutenbergs zum „Buchhandwerk". In alchemistischen Versuchen, darin ganz ein Kind seiner Zeit, versucht Gutenberg, wie so viele andere Gold herzustellen. Mehr Erfolg hat er dann in Paris mit der gefährlichen Herstellung von Schießpulver. Als dann sein Haus dort niederbrennt, macht er sich auf den Weg nach Straßburg, das damals eine bedeutende Handelsstadt war, um dort sein Glück zu suchen. Dabei gerät er, so will es der Zufall, in einen Schneesturm, findet aber glücklich Unterkunft in einem Kloster, wo die Mönche in einer Schreibstube mit der Hand Bücher abschreiben. Hier begeistert sich Gutenberg an der „Buchkunst" zum ersten Mal und sie wird ihn nicht mehr loslassen, auch wenn er in Straßburg zuerst sich dem Schleifen von Edelsteinen widmet. Der folgende Text zeigt, wie Gutenberg die alte Idee der Vervielfältigung von Büchern wieder aufnimmt.

Aufgabe 1
S. 203

Der Text kann mit einem entsprechenden Hörauftrag (Aufgabe 1) vorgelesen werden. Die Schüler sollten sich anschließend in Partnerarbeit über ihre Ergebnisse austauschen und diese so aufbereiten (Stichwortkonzept), dass sie in einem mündlichen Vortrag zusammengefasst werden können.

- Gutenberg erweist sich als Geschäftsmann, der schon vergleichsweise moderne Finanzierungsmethoden anwendet.
- Das Geschäft seiner Finanzierungsgesellschaft mit den Heilsspiegeln scheitert durch den Ausbruch der Pest.
- Gutenberg lässt sich von der allgemein herrschenden Angst vor der Pest nicht anstecken.
- Im Gespräch mit seinen unzufriedenen Geschäftspartnern hält er seinen neuen Plan zurück, weil er in zu vielen Details noch nicht ausgereift ist.
- Der Leser erfährt, dass Gutenberg mit beweglichen Buchstaben experimentiert, aber noch keine geeignete Legierung gefunden hat.
- Durch Zufall findet er eine taugliche Druckerfarbe.
- Sein Plan, mit beweglichen Lettern aus Metall zu drucken, steht am Ende der Geschichte so klar vor ihm, dass er erneut die „Finanzierungsgesellschaft" einberufen kann. Man kann hier die Schüler schon Vermutungen anstellen lassen, über was Gutenberg mit seinen Geschäftspartnern sprechen will.

Aufgabe 2
S. 203

Am besten lässt man das Gespräch zuerst mit verteilten Rollen lesen. Die Schüler beschreiben dann die unterschiedlichen Reaktionen, die in einem Tafelbild festgehalten werden:

Tafelbild

Reaktionen Gutenbergs	*Reaktionen seiner Geschäftspartner*
– *achtet nicht auf die Gespräche auf den Gassen (Z. 20)* – *kauft eine Presse und baut sie um (Z. 24 ff.)* – *der Ärger seiner Geschäftspartner überrascht Gutenberg nicht (Z. 40)* – *Gutenberg bittet um Bedenkzeit (Z. 56 ff.)* – *er versucht, seine Partner zu trösten (Z. 83 f.)* – *gibt sich gelassen, ist aber dennoch aufgeschreckt (Z. 91)*	– *verdrossen und bitter, fürchten um ihr Geld (Z. 41 ff.)* – *sie misstrauen ihm, weil er angeblich Geheimnisse verbirgt (Z. 64 f.)* – *sie hoffen, dass er einen Ausweg findet (Z. 62); denn sie selbst wissen keinen Rat (Z. 76)*

Aufgabe 3
S. 203

Die Schüler können die Schritte in selbstständiger Arbeit in einer Tabelle festhalten:

Arbeitsschritte von Gutenbergs Plan	**Gelingen/Misslingen**
– Erwerb einer Weinpresse	– muss umgearbeitet werden
– Gießen der Buchstaben aus Metall in Tonformen	– misslingt
– Schneiden der Buchstaben aus Blei	– nur zum Teil erfolgreich
– Mischen der Druckerfarbe	– gelingt
– Drucken des Worts „opus“	– gelingt

Aufgabe 4
S. 203

Sinnvoll ist es, die Schüler noch einmal die Zeilen 205 ff. lesen zu lassen. Vollständige Bücher kann Gutenberg noch nicht drucken, da sich Buchstaben aus Blei unter dem Druck der Presse als zu weich erwiesen haben, sodass sich die Notwendigkeit ergibt, ein anderes Verfahren zu entwickeln.

Aufgabe 5
S. 203

Dazu kann man die Schüler noch einmal auf die Zeilen 1–35 verweisen. Gutenberg zeigt sich in der allgemeinen Furcht vor der Pest gefasst und furchtlos, er verfolgt seinen neuen Plan weiter. Um seine Erfindung vor Nachahmern zu schützen, hält er sie geheim. Ernst und Gefasstheit seines Charakters sind auch im Porträt (S. 198) erkennbar. In den Händen hält Gutenberg die Zeichen seiner Tätigkeit: Stempel und Buchstaben.

Aufgabe 6
S. 203

Das Gespräch kann von Gruppen als eine gespielte Szene vorbereitet werden. Die Personen verkörpern Gutenberg, Anton Heilmann und seinen Bruder Ulrich, Hans Riffe und Andreas Dritzehn. Die Schüler sollten in einer Planungsphase zunächst Ideen für das Gespräch sammeln:

- Gutenberg wird seinen neuen Plan darlegen
- er wird um neue Darlehen bitten
- Reaktionen: Zweifel am Gelingen, Staunen über die Erfindung usw.
- Berechnen der Gewinnchancen
- Beteiligung am Gewinn
- Kalkulieren der erforderlichen Zeit bis zur Fertigstellung des Drucks
- …

Dimiter Inkiow: Der arme Erfinder (S. 204–206)

Bei dem Text handelt es sich um eine Erzählung, in welcher der Erzähler in dem Kommentar am Anfang und in dem abschließenden Bericht am Ende deutlich hervortritt. Wegen ihres klaren Aufbaus (Kommentar – Dialog der Kontrahenten vor dem Richter – Bericht Gutenbergs über seine Erfindung – Dialog des Richters mit Schöffer – abschließender kurzer Bericht des Erzählers) und ihres spannenden Verlaufs eignet sich die Geschichte für die inhaltliche und formale Analyse mit den Schülern. Vom Inhalt her knüpft sie an den Text von Geske an, geht aber mit der Schilderung des Schicksals Gutenbergs und seiner Erfindung deutlich darüber hinaus.

Aufgabe 1, S. 206 Die Ergebnisse der Lösung dieser Aufgabe sollten in einem Tafelbild festgehalten werden:

Tafelbild

Dimiter Inkiow: Der arme Erfinder – eine Erzählung?

- *Erzählhaltung: allwissender Erzähler, der das Geschehen, vor allem am Anfang, kommentiert*
- *wörtliche Reden – Tempus: Imperfekt*
- *fiktionale Momente: Gestik und Stimmführung der Personen:*
  „schüttelte den Kopf" (Z. 20)
  „sagte Gutenberg leise" (Z. 29f.)
  „rief der Kläger" (Z. 35)
  „der Richter überlegte" (Z. 43)

Aufgabe 2, S. 206 Der Aufbau der Geschichte kann folgendermaßen beschrieben werden:

Tafelbild

Dimiter Inkiow: Der arme Erfinder – Textaufbau

- *Kommentar des Erzählers über die Schicksale großer Erfinder (Z. 1–14)*
- *Gerichtsszene (Z. 15–107)*
  Dialog: Richter – Gutenberg – Fust (Z. 15–52)
  Bericht Gutenbergs über die Geschichte der Druckkunst und seine Erfindung (Z. 53–101)
  Vernehmung Schöffers (Z. 102–107)
- *Kurzer abschließender Bericht des Erzählers: Entscheidung des Richters und Besiegelung von Gutenbergs Schicksal (Z. 108–112)*

Aufgabe 3 S. 206 Gutenberg erläutert zuerst dem Richter genau, wie man in der Zeit vor seiner Erfindung gedruckt hat. Erst dann schildert er alle Schritte seines eigenen neuen Verfahrens. Er geht also kontrastierend vor.

Aufgabe 4 S. 207 Folgende Lösung ergibt sich: 1 – D; 2 – H; 3 – G; 4 – B; 5 – C; 6 – A; 7/8 – E/F; 9 – I

Aufgabe 5 S. 207 Die Aufgabe kann als Hausaufgabe gestellt werden. Mit den Texten von Geske und Inkiow sowie der Übung mit der bildlichen Darstellung des Druckverfahrens (S. 207) können die Schüler die Aufgabe bewältigen. Vor der gemeinsamen Besprechung sollten kurz einige Beurteilungskriterien zusammengetragen werden:

- adressatengerechte Darstellung
- klarer Aufbau
- sachliche Richtigkeit
- sachlich-informierender Darstellungsstil
- ...

Aufgabe 6
S. 207

Ein großer Erfinder wird kurz vor dem Ziel um den Erfolg, für den er sein ganzes Leben gekämpft hat, gebracht und andere – Fust und seine Gehilfen – tragen den Gewinn davon. Kränkend für Gutenberg ist auch, dass sein Gehilfe Peter Schöffer, dem er vertrauensvoll sein ganzes Wissen weitergegeben hat, wider besseren Wissens nicht zu seinen Gunsten vor Gericht aussagt, sondern sich auf die Seite seines Schwiegervaters Fust schlägt und mit ihm zusammen unter Anwendung von Gutenbergs Ideen und der von ihm erfundenen technischen Geräte die Bibeln druckt.

Aufgabe 7
S. 207

Der Druck ist stark den bis dahin üblichen Handschriften nachempfunden.
- handgemalte Verzierungen
- Rubrizierungen: rote oder gerötete Buchstaben. Sie werden von Rubrikatoren erst nach dem Druck mit der Hand gezeichnet.
- Zwei Kolumnen zu je 40 Zeilen.
- Obwohl alle Bibeln gedruckt sind, hat jede das Aussehen eines Unikats.

Mit dem Druck von Bibeln erwarteten Gutenberg/Fust hohe Verkaufszahlen. Die Fertigkeit zu lesen verbreitete sich im Humanismus rasch. Die Reformation bestärkte die Gläubigen darin, selbst die Hauptquelle ihres Glaubens, die Heilige Schrift, zu studieren und nicht nur auf die Vermittlung von der Kirchenkanzel herab zu vertrauen.

Aufgabe 8
S. 208

Die Schreibwerkstatt des Bischofs in Passau ist berühmt, weil hier die ältesten Handschriften des Nibelungenliedes entstanden sind. Man darf daher annehmen, dass man dort der Erfindung Gutenbergs die größte Aufmerksamkeit schenkte. Man sollte zuerst mit den Schülern eine Ideensammlung durchführen, wie sich der Dialog zwischen dem Mainzer und dem Mönch in Passau wohl gestalten könnte. Etwa: prahlerische Begeisterung des Mainzers – Beängstigung oder aber arrogante Demonstration von Überlegenheit des Passauers – Hinweis des Mainzers auf die Erschwinglichkeit von Büchern für alle – Skepsis des Passauers usw.

Gutenberg in der Epoche der Renaissance (S. 209–212)

Manfred Mai: Wiedergeburt
Jostein Gaarder: Sofie und Alberto unterhalten sich über die „Renaissance"
Peter Groenewald/Harry Rours/Hans Würzner: Die Abwendung vom Mittelalter (S. 209–210)

Der erste und der dritte Text sind typische Texte aus Geschichtsbüchern, beim zweiten handelt es sich um einen fiktionalen Text. Alle drei enthalten im Kern vergleichbare Aussagen über die Renaissance und den Humanismus, setzen aber unterschiedliche Akzente. Das Lesen und das Verstehen der drei Texte kann man den Schülern und Schülerinnen erheblich erleichtern durch eine Synopse, die man mit einer Tabelle oder an der Tafel festhält:

Tafelbild

Renaissance	***Mai***	***Gaarder***	***Groenewald/ Rours/Würzner***
Begriff der Renaissance	*Wiedergeburt der Antike (Z. 6)*	*Kulturelle Blütezeit vom Ende des 14. Jahrhunderts an (Z. 1 ff.)*	*Renaissance ist die Wiedergeburt der Schönheit der antiken Kunst und Literatur (Z. 2 ff.)*
Entstehung und Verbreitung	*Ausgang: Italien (Z. 1)*	*Ausgang: Norditalien, Verbreitung nach Norden (Z. 3 f.)*	*Ausgang: Italien (Z. 2)*

Rolle des Menschen	*Hinwendung zum Diesseits; Mensch wird Mittelpunkt der Kunst und Wissenschaft (Z. 11 f.)*	*Mensch steht im Mittelpunkt (Z. 12)*	*Mensch ist unabhängiges und selbstständig urteilendes Individuum (Z. 5 f.)*
Verwirklichung des Menschen in der Kunst	*Mensch ist Mittelpunkt des künstlerischen und wissenschaftlichen Interesses (Z. 12 f.)*	*Mensch wird wiedergeboren durch Kunst und Kultur der Antike (Z. 7 f.)*	*Künstlerisch erscheint der Mensch vor allem im Porträt (Z. 12–13)*
Bedeutung des Humanismus	*– – – –*	*Studium des griechischen Humanismus auch mit pädagogischen Zielen (Z. 20 f.)*	*Humanismus bedeutet eine neue Auffassung von Wissenschaft (Z. 16 f.)*

Aufgabe 1
S. 212

Die Aufgabe kann als Hausaufgabe gestellt werden. Die notwendigen Informationsbereiche (Oberbegriffe) können gefunden werden, indem die Schülerinnen und Schüler zunächst Fragen formulieren, auf die die verschiedenen Texte Antworten geben.

Renaissance: Erschließung von Oberbegriffen durch Leitfragen

- Was besagt der Ausdruck „Renaissance"?
- Wo entstand sie? Wie verbreitete sie sich?
- Auf welche Quellen greift die Renaissance zurück?
- Welche Rolle spielen der Mensch und die wirkliche Welt in dieser Epoche?
- Wie wird die neue Rolle des Menschen künstlerisch verwirklicht?
- Was bedeutet der Humanismus in der Epoche der Renaissance?
- ...

Aufgabe 2
S. 212

Der erste Teil der Aufgabe kann mit der Besprechung der Hausaufgabe (Aufgabe 1) bearbeitet werden.
Die Besprechung des zweiten Teils stellt auch eine Übung zur Bildbetrachtung dar und sollte daher in einem Tafelbild festgehalten werden:

Tafelbild

Das Reiterdenkmal des Colleoni als künstlerischer Ausdruck der neuen Auffassung vom Menschen

- *Zu seinem eigenen Ruhm lässt sich ein erfolgreicher Feldherr in einem Denkmal verewigen.*
- *Er reitet auf einem mächtigen Pferd, hoch über allen anderen auf einem Podest.*
- *Colleoni erscheint in seinem individuellen Aussehen.*
- *Sein Blick richtet sich nicht demütig zu Boden, nicht andächtig zum Himmel, sondern geradeaus, auf eigene, von ihm selbst gesetzte Ziele.*
- *Seine Haltung: aufrecht, fast stehend in den Steigbügeln, auf dem Pferd voran schreitend. Die linke Schulter und den linken Ellenbogen geradezu aggressiv herausstechend.*

Zusammenfassung: *Das Reiterdenkmal ist Ausdruck des neuen menschlichen Selbstbewusstseins und menschlicher Tatkraft, die sich in der Kunst verherrlichen lässt.*

Aufgabe 3
S. 212

In den Texten wird gesagt, dass der Mensch in den Mittelpunkt des Interesses rückt (Mai, S. 209, Z. 12; Gaarder, S. 209, Z .12/13). Er behauptet sich als unabhängiges, selbstständig urteilendes Individuum (Groenewald u. a., S. 210, Z. 6/7). Darauf gründet er sein Selbstbewusstsein (ebd., Z. 8/9). Es geht darum, seine Persönlichkeit auszubilden. Seinen neuen Ausdruck in der Kunst findet der Mensch im Porträt (ebd., Z. 12/13). Mit Cecilia Gallerani erscheint als neues Sujet in der Kunst der Renaissance nicht etwa eine Heilige, sondern die Hofdame und Geliebte des Herzogs Ludovico il Moro. Sie wird in ihren individuellen Zügen vorgestellt, darin ganz ähnlich dem Colleoni. Haartracht mit Stirnband, Kettenschmuck, ausgeschnittenes Kleid mit weiten Ärmeln in prächtigen Farben entsprechen der Mode der Zeit und sollen die Schönheit der Frau unterstreichen. Mit dem (vom Betrachter aus) nach rechts gewandten Blick fängt Leonardo eine anscheinend konkrete Situation der Wirklichkeit bei Hofe ein. Vielleicht schaut Cecilia zu ihrem Geliebten hinüber und spielt dabei mit dem Hermelin in ihren Armen.

Aufgabe 4 S. 212

Diese Aufgabe kann als Hausaufgabe gestellt werden. Wichtig ist, dass in einer Planungsphase zunächst Informationen zu bestimmten Oberbegriffen (vgl. auch die Informationen in dem Methodenkasten, S. 212) stichwortartig zusammengetragen werden.
Daraus kann z. B. auch eine Mindmap resultieren, die hilft, das Schreibprodukt zu strukturieren, oder die Grundlage für einen mündlichen Vortrag ist.

Bücher vom Mittelalter bis heute (S. 213–217)

Ilse Schröer: „Bücher" schon vor Gutenberg? (S. 213–214)
Die Autorin arbeitet als Museumspädagogin am Gutenberg-Museum in Mainz. Den vorliegenden (gekürzten) Text hat sie für den Ausstellungsführer für Kinder und Jugendliche verfasst; entsprechend einfach ist er formuliert und aufgebaut. Ebenfalls leicht ist er als Sachtext erkennbar. Er enthält wichtige Informationen über die Vorformen von Büchern vor der neuen Drucktechnik.

Aufgabe 1 S. 214

Die Aufgabe dient der Texterfassung. Keine der vorgeschlagenen Formulierungen erfasst das Thema vollständig, – am ehesten noch die dritte; aber sie unterschlägt die bereits im Mittelalter bestehende Drucktechnik mit dem Holzschnitt.

Aufgabe 2 S. 214

Die Aufgabe dient ebenfalls der Texterfassung durch die Schüler. Im Wesentlichen geht es darum, dass sich die Bezeichnungen für die abgebildeten Buchformen aus dem Text erschließen.

Aufgabe 3, S. 214 Die Ergebnisse sollten mit einem Tafelbild festgehalten werden:

Tafelbild

Ilse Schröer: „Bücher" schon vor Gutenberg? – Textgliederung

- *Anfertigung von Büchern in den Schreibstuben der Klöster: Z. 1–21*
- *Inhalte und äußere Form der Bücher: Z. 22–30*
- *Lesen und Schreiben im Mittelalter: Z. 31–40*
- *eine mittelalterliche Technik des Druckens: Z. 41–63*

Aufgabe 4 S. 214

Die gemeinsame Ordnung der Informationen gelingt am besten, wenn man sich am Textverlauf orientiert:
- Vor Gutenberg werden Bücher mit der Hand geschrieben (Z. 2).
- Bücher sind selten und teuer (Z. 3).
- Bücher werden in den klösterlichen Schreibstuben geschrieben (Z. 7 f.).
- Sie werden auf Pergament und dann auf Papier geschrieben (Z. 10 f.).
- Man schreibt Bücher für den Gottesdienst und Texte aus der Antike (Z. 23–25).

- Es gibt Beutelbücher und in den Universitäten Kettenbücher (Z. 28 und Z. 36 f.).
- Man kennt im Mittelalter schon das Druckverfahren des Holzschnitts, mit dem man Blockbücher herstellen kann (Z. 50 und Z. 56).

Aufgabe 5, S. 214 Folgende Ergebnisse können an der Tafel festgehalten werden:

Ilse Schröer: „Bücher" schon vor Gutenberg? – Merkmale des Sachtextes

- *es ist kein Erzähler erkennbar*
- *keine erfundenen/fiktiven Situationen – keine fiktiven Personen*
- *keine wörtliche Rede*
- *keine Spannung erzeugenden sprachlichen Mittel*
- *sachlich-informierende Sprache*

Werner Pluta: Die Bi-Galaxis (S. 214–215)

Bei diesem und auch dem folgenden Text von Pluta handelt es sich um Sachtexte aus einer populär-wissenschaftlichen Zeitschrift. In dem Text „Die Bi-Galaxis" findet man eine Fülle von Informationen über die Drucktechnik vor Gutenberg im Fernen Osten.
Die Themenformulierung (Aufgabe 1) und die Erstellung der Zeitleiste (Aufgabe 2) sind wichtig für die Texterfassung durch die Schüler. Der Hinweis des Autors auf die Vielzahl der Zeichen in der chinesischen Schrift als Grund dafür, dass man heute nicht von einer Bi-Galaxis spricht, greift in diesem Text zu kurz.
Gutenbergs Erfindung erwies sich als so folgenreich, weil sie in einer bestimmten Zeit geschah: In der Renaissance/dem Humanismus erlebten die Menschen einen unerhörten Aufschwung im Bereich des Lesens und des Schreibens, der Wissenschaften, der Technik, aber auch der religiösen und der philosophischen Neuorientierung. Erst in diesem Umkreis konnte Gutenberg mit seinem Druckverfahren eine Medienrevolution auslösen. Dies stellt Pluta im zweiten Text dar. Dort gibt er auch einen Ausblick auf die Zukunft des konventionellen Buchs angesichts der massenhaft entstehenden digitalen Informationsträger.

Aufgabe 1 S. 215 Mögliche Themenformulierung: „Die Entwicklung der Drucktechnik und die Herstellung des Papiers vor Gutenberg im Fernen Osten".

Aufgabe 2 S. 215 Die Aufgabe kann in Gruppen erarbeitet werden. Die Ergebnisse können im Heft, aber auch auf großformatigen Plakaten festgehalten werden.

Aufgabe 3 S. 215 Folgende Gründe können genannt werden:
- Die vergleichsweise sehr große Anzahl der Schriftzeichen in der chinesischen Schrift.
- Das andere historische Umfeld in Europa. Die neue Zeit der Renaissance verbindet sich mit humanistischen Zielen und Absichten, die hauptsächlich mit dem neuen Medium des Buchs befördert werden konnten.

Gutenberg – „Mann des Jahrtausends" (S. 215–217)

Werner Pluta: Das Buch als Massenmedium – auch in Zukunft? (S. 215–216)

Aufgabe 1 S. 216 Folgende Gründe werden angegeben:
- Gutenberg löst eine „Medienrevolution" aus (S. 215, Z. 1).
- Wissen wird mit einfachen Mitteln reproduzierbar (S. 215, Z. 2 f.).
- Bücher werden mit Gutenbergs Drucktechnik für breitere Schichten erschwinglich (S. 215, Z. 6 f.).

Aufgabe 2
S. 216

Bei dieser Aufgabe sollten leistungsstarke Lerngruppen zuerst eine geeignete Leitfrage für ihre Diskussion entwickeln, etwa: „Wann und wo sind mithilfe gedruckter Schriften und Bücher große Veränderungen im Leben der Menschheit hervorgerufen worden?“ Beiträge der Schüler könnten sein:

- Druck der Lutherbibel und der Reformationsschriften
- Schriften des Kopernikus oder Galileis über den Kosmos
- Charles Darwin: „Ursprung der Arten“
- Theorien von Karl Marx
- ...

Aufgabe 3
S. 216

Die Druckkunst führte bald zur massenhaften Herstellung von Bibeln zu erschwinglichen Preisen. Die Reformatoren stellten das „Wort Gottes“ in den Mittelpunkt aller Andachten in der Kirche, legten aber auch großen Wert darauf, dass sich die Gläubigen selbst mit den Schriften des Alten und Neuen Testaments befassten.

Aufgabe 4
S. 216

Die Bedeutung des Buchs gegenüber den digitalen Kommunikationstechniken darf nicht unterschätzt werden. Es stellt sich in der Gegenwart mehr und mehr das Problem der Haltbarkeit der digitalen Speicher. Ferner: Die Digitalisierung von Büchern und die fortschreitende Entwicklung von leistungsfähigen Druckern macht es möglich, dass man sich seltene oder nicht mehr greifbare Bücher selbst ausdruckt, vorausgesetzt, sie sind schon gescannt. Die digitalen Kommunikationstechniken nützen daher eher der Fortexistenz des konventionellen Buchs (vgl. dazu den Text auf dem Arbeitsblatt 3, S. 226f.).

Einen Sachtext gegliedert beschreiben

Stephan Füssel
Gutenberg und der Bibeldruck

Wir wissen, dass Gutenberg nur wenige Monate gefehlt haben, um seine Schulden bei seinem Geschäftspartner Fust begleichen zu können. Aus einem höchst wertvollen Briefdokument des Jahres 1455 von Enea Silvio Piccolomini, dem späteren Papst Pius II., damals noch Sekretär Kaiser Friedrichs III., erfahren wir nämlich, dass die Bibeln im Herbst 1454 bereits fertiggestellt waren und schon Käufer gefunden hatten. Piccolomini schrieb an den spanischen Kardinal Juan de Carvajal am 12. März 1455 aus Wiener Neustadt nach Rom und berichtete ihm über ein interessantes Erlebnis aus Frankfurt (wohl auf dem Reichstag im Oktober 1454). Dort habe man einen „bewundernswerten Mann" („vir mirabilis") gesehen, der verschiedene Quinternionen (Lagen mit je fünf einmal gefalteten Bogen) der lateinischen Bibel, in „höchst sauberer und korrekter Schrift ausgeführt", vorgelegt hätte, die mühelos und „ohne Brille" zu lesen gewesen wären. Einige Lagen seien sogar dem Kaiser zugesandt worden. Piccolomini hat in Erfahrung bringen können, dass vor Vollendung der Bände bereits alle verkauft worden seien. Dieses wichtige Dokument berichtet von einer ersten Vorstellung der Bibeln und einem Verkaufsversuch in Frankfurt im Herbst 1454, und Piccolomini spricht auch davon, dass man ihm erzählt habe, es seien 158 oder 180 Exemplare gedruckt worden, die schon alle verkauft worden seien. Dies ließe eigentlich auf einen günstigen Geschäftsverlauf schließen, hätten wir nicht die Hinweise aus dem Helmaspergischen Notariatsinstrument[1]. Wir können nur mutmaßen, dass wegen der üblichen Zahlungsbedingungen, nach denen das Geld erst ein halbes oder ein ganzes Jahr nach Übereignung fällig wurde, oder durch eine weitere Verzögerung bei den Schlussarbeiten Gutenberg im Herbst 1455 nicht in der Lage war, Fust auszubezahlen. Wie es offensichtlich seinen Geschäftsgebaren entsprach, hatte er wahrscheinlich die eingehenden Gelder auch bereits für neue Projekte wieder ausgegeben.

Bis heute sind 49 Exemplare der Bibel Gutenbergs bekannt, von denen einige offensichtlich auf Vermittlung von Fust und Schöffer ausgemalt wurden. Jedes dieser Exemplare ist ein Unikat[2], da sie jeweils individuell rubriziert und illuminiert[3] wurden. Die Tätigkeit der Rubrikatoren bestand in erster Linie darin, durch feine rote Striche „nomina sacra"[4] hervorzuheben oder einzelne Großbuchstaben zu betonen und durch die so erfolgte Kennzeichnung von Satzanfängen eine Leseerleichterung zu bieten. Die Illuminatoren versahen die gedruckten Texte mit Initialschmuck und gegebenenfalls mit weiterem Rankenwerk. Je nach Bedeutung eines Abschnittes wurden für die Initialen Platz über zwei, drei, vier oder gar zehn Zeilen freigehalten. Daher wurde es möglich, dass sich die Käufer je nach persönlichem, zeittypischem oder regionalem Geschmack ihre Exemplare selbst ausgestalten lassen konnten. Wie bei der Buchmalerei des hohen und späten Mittelalters, so lassen sich auch in der noch dreißig bis vierzig Jahre anhaltenden Praxis des Ausmalens gedruckter Bücher Malerschulen mit regionalen und zeitgebundenen Eigentümlichkeiten ermitteln.

(Aus: Stephan Füssel, „Johannes Gutenberg", Copyright © 1999 by Rowohlt Taschenbuch Verlag GmbH, Reinbek bei Hamburg 2003, S. 45 f.)

---

1 Helmaspergisches Notariatsinstrument: Gerichtsprotokoll über den Prozess, in dem Gutenberg zur Herausgabe seiner Werkstatt an Johannes Fust verurteilt wurde
2 Unikat: Einzelstück
3 illuminiert: mit Bildern und Zeichnungen ausgemalt
4 nomina sacra: heilige, religiöse Begriffe

1. Fasse den Text schriftlich zusammen:

- Gib in deiner **Einleitung** an, wer den Text verfasst hat, wo und wann er erschienen ist und welchen Titel er hat. Welches Thema greift der Text auf?
- Gliedere im **Hauptteil** den Text in seine wichtigen Abschnitte und gib dann die Informationen wieder, die in den Abschnitten enthalten sind. Halte dich dabei an die im Text vorgegebene Reihenfolge.
- Vergleiche in deinem **Schlussteil** die Aussagen dieses Textes mit denen von Johannes Fust (S. 204, Z. 31 ff.) und seinem Schwiegersohn Peter Schöffer (S. 206, Z. 104 ff.) während des Prozesses gegen Gutenberg.

2. Beschreibe die sprachlichen Mittel, die den vorliegenden Text als einen Sachtext ausweisen.

Einen Sachtext und einen literarischen Text inhaltlich und sprachlich vergleichen

Matthias Geske
Der Vertrag

Erst rechnete Gutenberg alles durch, bevor er Johann Fust ins Vertrauen zog. Fust musste ihm schwören, kein Wort ihres Gesprächs einem anderen zu erzählen, dann zeigte Gutenberg ihm die Druckerei, die Letternkästen, eine fertig gesetzte Seite, die Presse – zum Schluss führte er vor, wie die Donate[1] entstanden waren.
Anschließend führte er seinen Gast in den Raum, den er sich wohnlich eingerichtet hatte, und bot Fust Wein und Honiggebäck an. Fust hatte die ganze Zeit auf eine ausführliche Erklärung gewartet. Jetzt bekam er sie.
„Ihr wisst schon seit Langem, wie schnell ich liefern kann, Johann Fust. Dass ich Euch nun meine Werkstatt gezeigt habe, hängt mit dem Geschäft zusammen, das ich Euch vorschlagen will.“ Er trank etwas von dem dunkelroten Wein und brachte seine Berechnungen auf den Tisch.
„Ihr wollt weiterhin Donate von mir, nicht wahr? Was aber würdet Ihr dazu sagen, wenn ich Euch die Heilige Schrift bieten könnte? Ebenso schnell gedruckt und sauberer als jede Handschrift?“
„Ein kühner Gedanke“, sagte Fust zustimmend. „Doch Ihr könnt ein so umfangreiches Werk wohl kaum mit Eurem Gehilfen allein bewältigen, Gutenberg. Und was soll ich dabei?“
„Ich könnte Eure Hilfe gebrauchen, gegen ein Viertel des Gewinns. Allerdings muss ich eine ganz neue Werkstatt einrichten, wie Ihr vermutet habt. Dazu brauche ich noch achthundert Gulden, den Rest habe ich selbst.“
„Bevor ich Euch so viel Geld leihe, seid mir nicht böse, muss ich Einsatz und Gewinn kennen. Andere Geschäfte mache ich nie.“ Gutenberg legte ihm seine Berechnungen der Reihe nach vor. Er hatte es nicht zum ersten Mal mit einem Geldverleiher zu tun. Und seine Unterlagen konnte er unbesorgt zeigen. Was er aufgeschrieben hatte, betraf nur die Herstellung der Bibel. Dass er in seiner kleinen Werkstatt nebenbei ein Wahrsagebuch drucken würde und Kalender – nicht eben große Werke, die er jedoch schnell und ohne Hilfe von Fust verkaufen konnte –, das ging nur ihn etwas an. Er brauchte eben mehr Geld als ein Schuster für seine Werkstatt.
„Ein gigantisches Unternehmen, das Ihr euch vorgenommen habt, Gutenberg!“, stellte Fust anerkennend fest. „Dergleichen hat die Welt noch nicht erlebt. Auf einen Schlag zweihundert Bibeln, davon fünfzig auf Pergament. Ich sehe, dass Ihr dafür dreitausendzweihundertundsiebzig Gulden in Anschlag bringt. Das scheint mir zu wenig. Ein Abschreiber braucht schon für eine Bibel zwei bis drei Jahre, und sein Lohn in der Zeit ...“
„Ich drucke die Bibeln, Fust!“, fuhr Gutenberg ärgerlich dazwischen. „Ihr werdet finden, dass ich auch die Kosten für Löhne und die Materialien aufgeführt habe!“ Fust sah es und nickte. Er schob die Papiere beiseite – was er wissen wollte, fand er nicht darin.
„Und was bietet Ihr mir als Sicherheit?“
„Ich könnte Euch mein Haus bieten, wenn wir ein Geschäft vorhätten, wie es üblich ist. Ich denke, der Gewinn ist Sicherheit genug. Die Bibeln dürften achttausend Gulden wert sein. Und vergesst nicht: Wenn die Vorarbeiten einmal vollbracht sind, können wir immer wieder neue Bibeln drucken oder was immer wir wollen. Und wir können so viel dafür fordern, als wären sie mühsam mit der Hand geschrieben!“
Dieser Gedanke gab bei Fust den Ausschlag.
„Ich leihe Euch das Geld, Gutenberg“, beschloss er. Doch der schüttelte den Kopf. „Ich hatte Euch Teilhaberschaft geboten gegen ein Viertel des Gewinns!“
Fust lächelte schlau. Er ließ sich Wein nachgießen und überlegte gründlich. Gutenberg wartete mit Geduld.

[1] Donat: lateinische Grammatik des spätrömischen Grammatikers Aelius Donatus (ca. 310–380 n. Chr.). Sie ist für Schüler, die Latein lernen, ein hervorragendes Buch. Donate wurden von Gutenberg gedruckt und von Fust massenhaft verkauft.

Fust wog das Für und Wider lange, ehe er verkündete:
„Ich nehme an! Doch meine Bedingung ist: Sollte aus dem Geschäft nichts werden, so bekomme ich die Werkstatt und alles, was dazugehört oder in ihr hergestellt wurde, als Pfand.“

„Dagegen ist nichts einzuwenden, Johann Fust. Lasst uns den Vertrag in den nächsten Tagen genau besprechen.“

(Aus: Matthias Geske, Johannes Gutenberg, Der Kinderbuchverlag, Beltz & Gelberg in der Verlagsgruppe Beltz, Weinheim & Basel)

1. Vergleiche den vorliegenden Text inhaltlich mit dem Text von Arbeitsblatt 1:
- Beschreibe und beurteile die Geschäftsinteressen des Johannes Fust, die sich in den Texten andeuten.
- Welche Vorwürfe könnte sich Gutenberg angesichts seiner Zahlungsunfähigkeit nach Aussagen der Texte selbst machen?
- Wie werden in den Texten die Aussichten des Bibelgeschäfts eingeschätzt?

2. Bestimme die Art und die typischen Merkmale des Textes „Der Vertrag“ im Vergleich zum Text „Gutenberg und der Bibeldruck“ von Stephan Füssel (s. Arbeitsblatt 1, S. 222 f.).

Die Argumentation eines Sachtextes untersuchen

Umberto Eco (geb. 1932)

Das Buch, ein technisches Meisterwerk

Ich gehöre zu denen, die nicht glauben, dass das Buch ein obsoleter[1] Gegenstand werden kann. Es bleibt ein technisch vollendetes Meisterwerk [...], das sich, so viel man auch noch erfinden mag, nicht mehr verbessern lässt und seine unersetzliche Funktion erfüllt. In einem Boot auf hoher See oder auf dem Rücken eines Kamels in der Sahara kann ich keinen Computer anschließen, mit dem Buch aber transportiere ich die gesamte Information, die ich haben will, von der „Göttlichen Komödie"[2] zum Lexikon. [...]

Andererseits wäre es überaus praktisch, wenn man vielbändige Enzyklopädien[3] auf CD-ROM hätte. Das sind keine Bücher, die man sich mit ins Bett nimmt oder unter einen Baum, und per CD lassen sich auf einen Blick beispielsweise die Artikel über Platon und über Aristoteles[4] miteinander vergleichen, ohne dass man sich einen Tennisarm holt, indem man zwei dicke Wälzer auf einmal an den Schreibtisch schleppt, der womöglich zu klein dafür ist. Außerdem könnte man sich einen beträchtlichen Platz im Regal frei machen – und man bedenke, dass viele sich auch deshalb keinen Großen Brockhaus oder Meyer leisten können, weil sie nicht wissen, wohin damit. [...]

Nehmen wir also an, alle Bücher aller großen Bibliotheken würden mit einem Scanner aufgenommen (und man könnte mit einer einzigen gut bestückten Bibliothek beginnen). Das würde heißen, ihr ganzer Inhalt, samt Typografie[5] und Seitenumbruch, würde in das Gedächtnis eines zentralen Computers eingespeist. Erstes Ergebnis: Diese Bücher würden vor der fatalen Zersetzung des Papiers bewahrt, das bei manchen heutigen Ausgaben binnen weniger Jahrzehnte zu Staub zerfallen sein wird. Wer ein bestimmtes Buch braucht, geht einfach in die örtliche Stadtbibliothek, es kann auch eine Dorf- oder Schulbibliothek sein, sieht im Katalog nach, findet das gewünschte Buch, der Computer gibt es an einen Hochleistungsdrucker aus [...], und der druckt es in wenigen Minuten exakt so, wie es im Original war, und heftet und bindet es. War das Original in kleiner gotischer Schrift gedruckt und will man es mühelos lesen können, gibt man einen Befehl und die Maschine druckt einem das Buch in jeder gewünschten Schrift. Man zahlt den Preis für den Ausdruck, plus einen Prozentsatz für die Rechte des Autors und des Verlags, der automatisch aufgeschlagen wird [...], und nimmt das Buch mit nach Hause. Bei einem vielbändigen Nachschlagewerk kann man sich auch die gewünschten Seiten oder Abschnitte separat ausdrucken lassen. Hat man nach der Lektüre keinen Platz für das Buch oder betrachtet man es als erledigt, wirft man es weg. Man kann sich ja jederzeit ein neues ausdrucken lassen. Ein einziger Raum wird Säle, Regale, Personal und Kontrollen ersetzen. Wer seltene Bücher und Erstausgaben liebt, wird weiter in Antiquariate, zu Bouquinisten[6] oder in große Bibliotheken gehen. Und wer die neueste Neuerscheinung oder die Taschenbuchausgabe eines Klassikers haben will, begibt sich nach wie vor in die Buchhandlung. Aber wer ein vergriffenes oder schwer auffindbares Werk lesen oder in ihm nachschlagen will, bekommt das Äquivalent[7] eines Faksimile-Drucks[8] ins Haus geliefert, ohne sich in Lesesäle bemühen zu müssen. Mithin werden die Bücher nicht verschwinden, im Gegenteil: Sie werden leichter zugänglich sein.

(Aus: Umberto Eco, Streichholzbriefe
Aus dem Italienischen von Burkhart Kroeber. Mit Illustrationen von Wilfried Blecher © 1990 Carl Hanser Verlag, München)

---

1 obsolet: veraltet
2 „Göttliche Komödie": Epos von Dante Alighieri (1265–1321)
3 Enzyklopädie: Nachschlagewerk
4 antike Philosophen
5 Typografie: Kunst der Gestaltung von Druckerzeugnissen
6 Bouquinist: Straßenbuchhändler
7 Äquivalent: gleichwertiger Ersatz
8 Faksimile: genaue Wiedergabe eines Originals

Untersuche die Argumentationsweise des Textes:

- Was spricht für das herkömmliche Buch?
- Welche Argumente führt Umberto Eco für die Digitalisierung der Bücher an?
- Was ergibt sich daraus für die Zukunft des herkömmlichen Buchs?
- Gib deine Meinung zu der Argumentation Umberto Ecos wieder.

Einen Zeitungstext mit einem anderen Sachtext vergleichen

Mehr als 100 Meter Literatur auf einer DVD

So viel Buch passt auf eine Scheibe: 3 000 Werke mit 600 000 Seiten von 500 Autoren. Die „Deutsche Literatur" von Directmedia setzt neue Maßstäbe bei digitalem Lesestoff.

Die Idee, Bücher auf den Computer zu bringen, ist weder neu noch besonders erfolgreich. Als E-Book werde man künftig die Werke der Klassiker auf den kleinen Displays von Taschencomputern studieren, hieß es früher. Wer das nur einmal ausprobierte, war von diesem Wahn geheilt. Geht es indes um elektronische Bibliotheken zum Nachschlagen, ist vor allem Directmedia Publishing in Berlin seit Jahr und Tag ein großer Name mit spannenden Produkten. Die „Digitale Bibliothek" startete 1997 mit einem Paukenschlag: Auf nur einer CD präsentierte man „Deutsche Literatur von Lessing bis Kafka": 50 000 Buchseiten von 58 deutschen Autoren mit einer exzellenten Suchfunktion, einem Fundstellenregister und der Möglichkeit, eigene Notizen anzulegen. Nicht zum Lesen am Bildschirm war diese CD ein Knüller, sondern vor allem für das Erforschen, Erschließen der Texte und für das Finden von Zusammenhängen. Die Privatbibliothek auf einer Silberscheibe hätte einem Peter Kien[1] gewiss gefallen. Im Laufe der Zeit presste Directmedia weitere Schätze auf CD, nicht nur Goethes Werke, sondern auch die berüchtigten blauen Bände der Marx-Engels-Ausgabe. Es gab ein Bilderlexikon der Erotik, Karl May, Kirchengeschichte und unlängst Herders Conversations- sowie Pierer's Universallexikon, Meisterwerke der Malerei und vieles mehr. Acht Jahre nach der Veröffentlichung des ersten Bandes der Digitalen Bibliothek ist nun die Anthologie[2] „Deutsche Literatur von Luther bis Tucholsky" abermals die umfangreichste digitale Sammlung deutschsprachiger Literatur. Auf mehr als 600 000 Bildschirmseiten präsentiert der Verlag 500 Autoren und fast 3000 Werke, etwa 130 Regalmeter voller Bücher, die zeitlich vom 16. Jahrhundert bis in die Weimarer Republik reichen. Wer jeden Tag acht Stunden liest, benötigt nach den Berechnungen des Verlags mehr als vier Jahre, bis er diese Textfülle bewältigt hat. [...]

(Aus: Michael Spehr; in: Frankfurter Allgemeine Sonntagszeitung, Nr. 42, 23. Oktober 2005, © F.A.Z. GmbH, Frankfurt am Main, gekürzt)

[1] Peter Kien: Hauptfigur aus dem Roman „Die Blendung" von Elias Canetti. Der Wissenschaftler Peter Kien sagt allen weltlichen Interessen ab und verschanzt sich in seiner 25 000 Bände umfassenden Privatbibliothek.

[2] Anthologie: Sammlung

1. Bestimme die sprachlichen Merkmale, die den Text als Zeitungstext charakterisieren.

2. Vergleiche den Text mit dem Text „Das Buch, ein technisches Meisterwerk“ von Umberto Eco (s. Arbeitsblatt 3, S. 226):

- Welche Erwartungen Ecos hinsichtlich der technischen Fortentwicklung des Buchs haben sich nach dem Zeitungstext erfüllt und wo ist der Fortschritt sogar noch darüber hinausgegangen?
- Erkläre den Unterschied in der Argumentation für die Digitalisierung von Büchern in diesem Text und in dem vorangegangenen von Umberto Eco.

3. Erörtere, was ein digital hergestelltes Buch noch mit Gutenbergs Ideen vom Buchdruck zu tun hat.

Einen Sachtext untersuchen

Es gilt das überwachte Wort

Die Erfindung des Druckens mit beweglichen metallischen Einzeltypen um die Mitte des 15. Jahrhunderts ermöglichte es zum ersten Mal in der Geschichte der Menschheit, Ideen und Erfahrungen zu Papier zu bringen und beliebig häufig mechanisch zu vervielfältigen. Dadurch ließ sich ein zahlloses Publikum, auch über große räumliche Distanzen hinweg, erreichen und mit Gedanken konfrontieren[1], die Bestehendes infrage stellten und auf Veränderungen hinwirkten. Dies musste jene Autoritäten auf den Plan rufen, die sich von den Verpflichtungen ihres Amtes her um die Stabilität der weltlichen und geistlichen Ordnung zu sorgen hatten. Noch weniger als das gesprochene Wort durfte die viel weiter reichende und deshalb gefährlichere Schrift unkontrolliert ihre Wirkung entfalten.

Eine Zensur, abgeleitet vom lateinischen „censura", was so viel wie Prüfung eines Menschen und einer sittlichen Handlungsweise heißt, hat die Kirche zur Wahrung der „reinen Lehre" schon vor der Erfindung des Buchdrucks ausgeübt. Angesichts der nun zirkulierenden kirchenkritischen Druckschriften eröffnete sich ihr ein Tätigkeitsfeld, das sich mit dem Entstehen immer neuer Druckereien stetig erweiterte.

Auch die weltlichen Gewalten waren spätestens seit der Reformation und dem Bauernkrieg[2] gehalten, auf die Flugschriften, die offen und mitunter radikal soziale Fragen anschnitten, zu reagieren.

Schon bald nach der Erfindung des Buchdrucks wurde – zunächst ausschließlich von geistlichen Territorialfürsten – die Kontrolle des gedruckten Wortes juristisch institutionalisiert[3]. Im März 1479 verlieh Papst Sixtus IV. der Kölner Universität auf deren Antrag das Recht, gegen Drucker und Käufer verwerflicher Schriften vorzugehen. 1482 erließ der Bischof von Würzburg eine Verordnung zur Einführung der Vorzensur, 1486 folgte der Bischof von Mainz mit einem Edikt[4] über die präventive[5] Überwachung der Druckereien.

Nachdem der Kaiser und die Landesherren in Einzelfällen den Druck von bedenklichen Büchern und Schriften verboten hatten, wurde im Zeitalter der Reformation auch von weltlicher Seite die Einrichtung einer ständigen Zensur verfügt. 1524 wurde durch den Reichstagsabschied von Nürnberg den Reichsständen[6] die Pflicht auferlegt, in ihren Territorien die Druckereien zu beaufsichtigen. Die Einrichtung eigener Ämter mit fachlich befähigtem Personal zur Ausübung einer Vorzensur wurde erstmals mit dem Reichsabschied von Speyer im Jahre 1529 verbindlich im gesamten Reich verfügt. Es durfte keine Schrift gedruckt werden, die nicht zuvor durch eine „von jeder Obrigkeit darzu verordnete verstendige Person besichtiget" und genehmigt worden war.

(Aus: Der Weg zur freien Presse in Deutschland © Stiftung Deutsches Zeitungsmuseum im Gutenberg-Museum, Dr. Martin Welke, S. 4)

---

1 konfrontieren: gegenüberstellen
2 Bauernkrieg: 1524/1525 gegen die Vorrechte der Grundherren wie Leibeigenschaft, Abgabe des Zehnten usw.
3 institutionalisieren: einrichten
4 Edikt: kaiserlicher oder königlicher Erlass
5 präventiv: vorbeugend
6 Reichsstände: Geistliche (geistliche Kurfürsten, Erzbischöfe usw.) und weltliche (Kurfürsten, Herzöge, Grafen usw.) Mitglieder des Reichstages

1. Stelle die Geschichte der Zensur in einer Zeitleiste dar.

2. Beschreibe, was man unter der Zensur versteht, und nenne die Gründe für ihre Einrichtung. Warum griff gerade die Kirche zu dieser Maßnahme?

3. Lies noch einmal die Texte auf S. 209 f. Wie mögen die Menschen, welche die neuen Bestrebungen der Renaissance und des Humanismus begeistert aufgenommen hatten, die durch Fürsten und Geistliche erlassene Zensur empfunden haben?

Leistungsüberprüfung – Selbstevaluation – Klassenarbeit

1. Einen Vorgang beschreiben

- Schau dir die Abfolge der Schritte beim Drucken auf S. 207 und den Werkzeugkasten zur Vorgangsbeschreibung auf S. 208 an und beschreibe, wie Gutenberg eine Textseite gedruckt hat.

2. Einen Sachtext zusammenfassen

(s. Arbeitsblatt 3, S. 226 f.)

3. Ein Porträt verfassen

- Verfasse mithilfe der Texte aus dem Kapitel über Gutenberg und des Werkzeugkastens auf S. 212 ein Porträt mit der Überschrift „Gutenberg – ein technisches Genie".

4. Mit den Kenntnissen über einen historisch bedeutsamen Vorgang einen kurzen Text kommentieren

- Kommentiere das folgende Zitat aus dem Text „Der arme Erfinder" von Dimiter Inkiow (S. 204, Z. 1–7) am Beispiel des Schicksals von Gutenberg.
  „Es gab im Lauf der Weltgeschichte Erfinder, die anfangs sehr arm waren, später aber mit ihren Erfindungen viel Geld verdienten. Es gab aber auch Erfinder, die aus reichen Familien stammten. Die gaben ihr ganzes Vermögen für ihre Arbeit aus und starben am Ende arm. Durch ihre Erfindung wurden andere Menschen reich."

5. Einen fiktiven Dialog verfassen

- Als Gutenberg im Herbst 1454 schon mit dem Druck der ersten Bibeln begonnen hat, wird er plötzlich zu einer Audienz beim Erzbischof von Mainz geladen. Zwischen den beiden kommt es zu einem Gespräch, bei dem Gutenberg die Vorteile, der Erzbischof aber die Gefahren der neuen Druckkunst darstellt und mit der Zensur droht. Benutze für den Dialog die Hinweise in dem Text auf dem Arbeitsblatt 5, S. 230.

6. Einen fiktiven Brief schreiben (1)

- Lies den Text „Gutenberg und der Bibeldruck" (Arbeitsblatt 1, S. 222 f.) und stell dir vor, du hättest im Auftrag deines Landesherrn, des Grafen von Berg, an dem Reichstag im Oktober 1554 in Frankfurt teilgenommen. Bei der Gelegenheit hast du die neuesten Druckerzeugnisse Gutenbergs gesehen und ihn über ihr Zustandekommen befragt.
  Verfasse einen Brief, in dem du deinem Herrn darüber berichtest.

7. Einen fiktiven Brief schreiben (2)

- Verfasse einen Brief an den Abt des Augustinerklosters in Wittenberg, in dem Gutenberg höflich um die Bezahlung zweier vor mehr als einem Jahr gelieferter Bibeln bittet. Zur Begründung beschreibt er seine Mühen bei der Herstellung der Heiligen Schrift und er verweist auch auf seine aktuelle schwierige geschäftliche Situation.

„Dahinter steckt ein kluger Kopf“ – Zeitungsleser wissen mehr (S. 218–239)

Vorüberlegungen zur Einheit

Die Beschäftigung mit dem Medium „Tageszeitung“ stellt ein klassisches Thema für den Deutschunterricht der Jahrgangsstufe 8 dar. Im Mittelpunkt der Einheit stehen die unterschiedlichen Textsorten einer Tageszeitung, deren Spezifika zunächst analytisch erarbeitet und dann in einem textproduktiven Verfahren vertieft werden. Unter diesem Gesichtspunkt verbindet die Einheit also die beiden großen Bereiche des Deutschunterrichts: das Untersuchen von Texten und das Schreiben von Texten.
Die Einheit ist so aufgebaut, dass sich die Schülerinnen und Schüler zunächst mit der Titelseite einer Tageszeitung beschäftigen, dann mit den informierenden Textsorten Nachricht und Bericht. Im Übergang von den informierenden zu den meinungsbildenden Textsorten stehen das Interview und die Reportage. Als meinungsbildende Textsorten werden exemplarisch der Leserbrief, der Kommentar und die Fernsehkritik behandelt.
Die Thematik „Tageszeitung“ bietet sich besonders für einen handlungsorientierten Unterricht an. Viele Tageszeitungen bieten Projekte für Schülerinnen und Schüler an, etwa „Schule macht Zeitung“ (SchmatZ), „Klasse! – Schule macht Zeitung“ oder „ZEUS – Zeitung und Schule“[1]. Im Rahmen dieses Projektes haben die Schüler die Möglichkeit, ihre Artikel in der Tageszeitung zu veröffentlichen. Gerade dieser Aspekt – der Öffentlichkeitscharakter – ist für viele Schülerinnen und Schüler ein Ansporn, besonders gelungene Texte zu verfassen. Sie erleben hier das ansonsten eher ungeliebte Überarbeiten von Texten als sinnvoll – eine Chance, die unbedingt genutzt werden sollte. Nicht fehlen sollte auch ein Besuch einer Redaktion und eines Druckhauses.

Die Einheit bietet weiterhin gute Möglichkeiten eines fächerverbindenden Unterrichts, insbesondere mit dem Politikunterricht.

Die wichtigsten Kompetenzen, die in dieser Einheit vermittelt werden sollen, sind:
- informierende und meinungsbildende Texte hinsichtlich Inhalt und Sprache untersuchen und solche Texte selbst verfassen
- elementare Merkmale einer Tageszeitung kennenlernen
- Textsorten einer Tageszeitung unterscheiden (Nachricht, Bericht, Interview, Reportage, Kommentar, Leserbrief, Fernsehkritik)
- die Wirkung der unterschiedlichen Textsorten auf den Leser erkennen

Aufgabe 1
S. 218

Die Grafik auf der Auftaktseite (S. 218–219) gibt Auskunft darüber, welches Medium als besonders glaubwürdig angesehen wird. Die Grafik beruht auf einer Befragung der Bevölkerung ab 14 Jahren, durchgeführt von dem forsa-Institut/Heidelberger im Jahr 1998. Die Befragung hat ergeben, dass die Tageszeitung von den meisten Befragten (41 %) als das glaubwürdigste Medium angesehen wird, gefolgt von dem öffentlich-rechtlichen Fernsehen mit 31 % und dem öffentlich-rechtlichen Hörfunk mit 11 %. Nur von einer verschwindend kleinen Bevölkerungsgruppe wird das Internet als glaubwürdigstes Medium angesehen.
Im Unterrichtsgespräch sollten die Schüler Gründe für das Ergebnis der Umfrage erörtern.

[1] Informationen zu diesen Projekten finden sich im Internet oder sind bei der jeweiligen Tageszeitung erhältlich. Oft wird auch didaktisches Material zur Verfügung gestellt.

Möglich ist auch, die Umfrage zunächst einmal in der Klasse durchzuführen und die Schüler ihre Antwort begründen zu lassen. Das Klassenergebnis kann dann mit dem Umfrageergebnis des forsa-Institutes verglichen werden.

Aufgabe 2
S. 218

Die Fotos zeigen drei unterschiedliche Situationen, in denen Menschen eine Tageszeitung lesen. An erster Stelle scheint dabei wohl das Informationsbedürfnis zu bestehen. Hier könnte schon in einem ersten Vorgriff auf die gesamte Einheit erörtert werden, welche Informationen überhaupt in einer Tageszeitung vermittelt werden.

Aufgabe 3
S. 218

Diese Aufgabe ermöglicht es der Lehrkraft, sich einen Überblick zu verschaffen, welche Erfahrungen die Schüler mit dem Medium Tageszeitung haben. Die Erfahrung zeigt, dass in manchen Haushalten keine Tageszeitung abonniert ist, einige Schüler also nur wenig über dieses Medium wissen. Umso wichtiger ist es, dass gerade diese Schüler in dieser Einheit die Tageszeitung als wichtige Informationsquelle kennenlernen. Insofern stellt die Einheit auch einen Beitrag zur politischen Mündigkeit im weiteren Sinne dar.
Außerdem wird von Interesse sein, welche Ressorts der Tageszeitung überhaupt von den Schülern gelesen werden. So werden die Jungen in der Mehrheit den Sportteil bevorzugen, während es bei den Mädchen nicht unbedingt eine Präferenz gibt (allenfalls die Seite „Aus aller Welt“, die in der Regel auch Nachrichten über Prominente aus Film und Fernsehen enthält).
Um die Arbeit mit diskursiven Texten zu intensivieren, besteht hier die Möglichkeit, die Grafik „Was in der Tageszeitung interessiert – Vergleich der 16- bis 29-Jährigen mit der Gesamtbevölkerung“, Arbeitsblatt 1, S. 245, einzubeziehen.

Didaktische Aufbereitung der Unterkapitel

1. Der Aufbau einer Tageszeitung (S. 220–221)

Die Gestaltung der Titelseite (S. 220–221)

Aufgabe 1
S. 220

Mit dieser Aufgabe lernen die Schülerinnen und Schüler typische Merkmale des Aufbaus der Titelseite einer Tageszeitung kennen. Dabei kann der Aufbau der Lippischen Landeszeitung durchaus als exemplarisch angesehen werden, da die meisten Tageszeitungen sehr ähnlich aufgebaut sind.[1]
Lösung:
1 = Zeitungskopf
2 = Werbung
3 = Datum
4 = doppelspaltige Anreißer
5 = Inhaltsverzeichnis
6 = einspaltige Meldungen
7 = doppelspaltige Meldung mit Foto
8 = Aufmacher: wichtigste Artikel

[1] Eine Ausnahme stellt z. B. die „Frankfurter Allgemeine Zeitung“ dar, die ihren Leitartikel auf der Titelseite platziert. Allerdings hat sich auch die „FAZ“ dem allgemeinen Schema angepasst, indem sie auf der Titelseite ein Buntfoto abdruckt (Neuerung in 2007; zuvor gab es überhaupt kein Foto auf der Titelseite der „FAZ“).

Aufgabe 2 (oben) S. 221

Bei dieser Untersuchung werden die Schüler zum einen feststellen, dass der Aufbau der Titelseite von Tageszeitungen sehr ähnlich ist. Zum anderen werden sie feststellen, dass der Aufbau recht strikt festgelegt ist und sich nicht etwa von Tag zu Tag ändert.
Die Schüler werden aber möglicherweise erkennen, dass in den verschiedenen Tageszeitungen unterschiedliche Themen auf der Titelseite angesprochen werden.

Aufgabe 3 (oben) S. 221

Bei dieser Aufgabe geht es um die Interpretation der Befunde aus Aufgabe 2. Eine wesentliche Funktion der Titelseite besteht darin, die Wertigkeit von Nachrichten festzulegen. Medienwissenschaftler sprechen dabei von der Funktion der „agenda setting". Gut zu beobachten ist diese Funktion, wenn unterschiedliche Tageszeitungen unterschiedliche Aufmacher präsentieren.
Ein weiteres Prinzip des Aufbaus besteht darin, dass der Aufmacher in der Mitte der Titelseite platziert wird und somit als Blickfang dient. Noch genauer: Die Schlagzeile des Aufmachers befindet sich in der Regel etwas oberhalb der Mitte der Titelseite, sodass sie gut zu lesen ist, auch wenn die Zeitung zu Verkaufszwecken in der Mitte gefaltet ist.
Nicht zuletzt bietet die Titelseite eine schnelle Übersicht über die Ereignisse, die die Redaktion der Zeitung als wichtig ansieht.

Aufgabe 4 S. 221

Mit dieser Aufgabe machen sich die Schüler noch einmal die zentrale Funktion des agenda settings bewusst: Indem sie eine Titelseite neu gestalten, geben sie den Meldungen eine andere Wertigkeit. Sie erfassen somit intuitiv, dass ihre Wahrnehmung dessen, was in der Welt passiert, wesentlich durch die Medien gesteuert ist.

Und das findet ihr noch in der Tageszeitung (S. 221)

Aufgabe 1 S. 221

Auch hier werden die Schüler feststellen, dass der Aufbau der Tageszeitungen insgesamt sehr ähnlich ist. Möglicherweise lauten die Bezeichnungen der Ressorts etwas anders (etwa: statt „Aus aller Welt", „Panorama"); die Ressorts als solche werden sich aber in allen Tageszeitungen finden.

Aufgabe 2 S. 221

Mit dieser Aufgabe bestätigt sich ein Ergebnis, dass auch schon beim Aufbau der Titelseite zu beobachten war: Der Aufbau der Tageszeitung ist sehr konstant. Die wesentliche Funktion des konstanten Aufbaus besteht darin, dass die Leser unterschiedliche Lesegewohnheiten und Leseinteressen haben. So interessiert sich der eine eher für die Sportnachrichten, der andere für Nachrichten aus der unmittelbaren Region. Indem die Ressorts immer an der gleichen Stelle stehen, lassen sie sich leicht auffinden.

Aufgabe 3 S. 221

Im Wesentlichen sind alle Seiten der Tageszeitung (bis auf die Anzeigenseiten) nach dem Prinzip der Titelseite gestaltet. Es gibt in der Regel ein oder zwei Hauptartikel, die in der Mitte der Seite platziert sind (eventuell mit Fotos). Um diese Artikel herum finden sich ein- oder zweispaltige Nachrichten.

Aufgaben 4 und 5 S. 221

Diese beiden Aufgaben dienen dazu, dass sich die Schüler intensiv mit den vielfältigen Inhalten einer Tageszeitung beschäftigen. So erfahren sie, dass den Lesern mit ihren unterschiedlichen Interessen ein entsprechend unterschiedliches Themenspektrum geboten wird.
Zur Zuordnung der Überschriften:
Politische Osterbotschaft des Papstes: Titelseite/Politik
Zwei Punkte verschenkt: Sport
500 neue Bäume für Detmold: Lokalteil
Vorstoß für höhere Steuern: Politik/Wirtschaft
Katze rettet Findelkind: Lokalteil/Aus aller Welt
Die Angst der Türkei vor einem blutigen Sommer: Politik

Mythos vom Arbeitsplatzklau: Wirtschaft
Sandsturm über Peking: Aus aller Welt
Musik voller ernster Schönheit: Kultur
Die Zuordnung ist nicht immer eindeutig, da es durchaus Überschneidungen der Ressorts gibt (z. B. Politik – Wirtschaft).

2. Die Entstehung einer Nachricht im Lokalteil einer Tageszeitung (S. 222–224)

Aktuelle Nachrichten und Berichte (siehe dazu Kapitel 3) nehmen in der Tageszeitung einen breiten Raum ein. „Die Nachrichtensprache ist nüchtern und wertfrei. In einer Nachricht werden W-Fragen beantwortet. Wer macht was, wann, wo, wie, warum, welche Quelle hat dies der Zeitung mitgeteilt? [...] Man unterscheidet zwischen der kurzen Meldung und dem längeren Bericht."[1] Das Verfassen von Berichten haben die Schüler schon in den früheren Jahrgangsstufen geübt, sodass diese Teilsequenz eher eine Wiederholung darstellt.

Aufgabe 1 S. 222

Die Grafik fasst in sehr kurzer und abstrakter Form den Weg einer Nachricht vom Ereignis bis zum Leser zusammen. Die Verschriftlichung der Grafik stellt durchaus höhere Ansprüche an die Schüler, da passende Formulierungen gefunden werden müssen. Sinnvoll ist es, die Bearbeitung zunächst durch ein Unterrichtsgespräch vorzuentlasten. Für schwächere Lerngruppen bietet es sich an, den Weg über das Arbeitsblatt 2, S. 246 f. zu gehen, da hier der Weg der Nachricht konkreter aufgezeigt wird.

Aufgabe 2 S. 223

Ergebnisse des Vergleichs:
- Aufgliederung der Überschrift in Schlagzeile und Unterzeile
- Verkürzung der Überschrift und Präzisierung (aus „junger Mann" wird „19-Jähriger")
- Kein chronologisches Berichten wie im Polizeibericht, sondern Voranstellen des Kerns der Nachricht im ersten Satz
- Überwiegend wörtliche Übernahmen, aber auch Veränderungen: Aus „die beiden Jugendlichen" in Zeile 13 des Polizeiberichts wird „Die Schläger" in Zeile 10 der Zeitungsnachricht; die Täterbeschreibungen sind sprachlich etwas geglättet (Umformung der Aufzählung im Polizeibericht zu ganzen Sätzen in der Zeitungsnachricht).

Insgesamt zeigt sich in der Zeitungsnachricht eine Tendenz zur Dramatisierung des Geschehens, die den Wert der Nachricht erhöhen soll.

Aufgabe 3 S. 223

Wer? Ein 19-Jähriger
Was? Von zwei jungen Männern zusammengeschlagen
Wo? In Höhe der Bruchstraße 55
Wann? Am Samstag gegen 3 Uhr
Warum? Grundlos; nach einer kurzen verbalen Auseinandersetzung
Welche Folgen? Der 19-Jährige musste im Klinikum versorgt werden

Aufgabe 4 S. 223

Wesentliche Aufgaben der Überschriften sind die Kurzinformation über den Inhalt der Nachricht und der Anreiz für den Leser, den Artikel zu lesen. Sprachlich besonders ist die Verkürzung der Sätze (lässt sich gut im Vergleich zu dem Polizeibericht erkennen). Dies hat zum einen technische Gründe (bei einspaltigen Meldungen muss die Überschrift aus Platzgründen möglichst kurz sein), zum anderen dient es auch der schnellen Informationsaufnahme durch den Leser.

---

[1] Die ZEIT für die Schule: Medienkunde. Ein medienkundliches Projekt 2006/2007, S. 36

Aufgabe 5
S. 223

Die beiden Polizeiberichte bieten noch einmal eine gute Gelegenheit, die Schüler in das Verfassen eines sachlichen, aber gleichwohl lesergerechten Berichtes einzuüben.
Umzuändern sind vor allem jeweils die Überschriften und der erste Satz der Polizeiberichte. Insbesondere aber der zweite Bericht über den Einbrecher mit Hund bietet sich für eine gänzliche Überarbeitung an, um als lesenswerte Nachricht in der Zeitung zu erscheinen.
Auf dem Arbeitsblatt 3, S. 248 ist ein weiterer Polizeibericht abgedruckt, der von den Schülern – eventuell auch als Klassenarbeit – in eine Zeitungsnachricht umgeändert werden kann. Hier sollte die Lehrkraft aber auch auf die Notwendigkeit einer stilistischen Überarbeitung hinweisen (in dem Polizeibericht findet sich eine Anhäufung sehr kurzer, einfacher Hauptsätze, die z. T. in Satzgefüge umgewandelt werden sollten).
Weitere aktuelle Presseberichte finden sich im Internet unter der Adresse: http://www.presseportal.de/polizeipresse/ (letzter Zugriff: 29.12.2007). Reizvoll ist es, wenn die Schüler einen Polizeibericht umarbeiten und dann später in ihrer Tageszeitung verfolgen, was die Redaktion aus diesem Bericht gemacht hat.

3. Der Zeitungsbericht (S. 225–226)

Aufgabe 1
S. 225

Die Osterferien sind eine ausgesprochene Reisezeit, in der viele Bürger mit dem Auto unterwegs sind. Sie sind also von der Benzinpreiserhöhung, die regelmäßig vor Ferienzeiten von den Mineralölunternehmen vorgenommen wird, besonders betroffen. Folglich wird der Bericht über die Benzinpreiserhöhungen auf ein besonderes Interesse der Leserschaft treffen.

Aufgabe 2
S. 226

Thema des Berichts ist vor allem die Auseinandersetzung um die Begründung der Benzinpreiserhöhung, die von den Mineralölunternehmen vorgebracht wird. Die Unternehmen begründen die Erhöhung mit den gestiegenen Rohölpreisen, die durch die politischen Verhältnisse im Iran und die gestiegene Nachfrage durch den Osterreiseverkehr bedingt seien. Dieser Auffassung widerspricht der Bundesverkehrsminister, der den Unternehmen unterstellt, die Reisezeit zu nutzen, um die Gewinne der Unternehmen zu erhöhen.
Der letzte Absatz ist als Service für die Leser zu verstehen; ihnen werden Ratschläge erteilt, wie sie durch ihr Verhalten dazu beitragen können, dass die Benzinpreise nicht ständig steigen.

Aufgabe 3
S. 226

Die Überschriften und der fett gedruckte Vorspann bilden den Informationskern des Berichts. Er ist für die Leser gedacht, die sich nur kurz über das Wesentliche des Geschehens informieren wollen.
Die nächsten Absätze liefern nun Zusatzinformationen und Einzelheiten, die für die Leser gedacht sind, die sich genauer informieren wollen. Dabei sind die Zusatzinformationen ihrer Wichtigkeit entsprechend angeordnet. In der Medienliteratur hat es sich eingebürgert, dass diese Form des Aufbaus eines Zeitungsberichts, den man auch „Lead-Stil“ nennt (to lead – führen: die wichtigsten Informationen führen den Bericht an), in Form einer „umgekehrten Pyramide“ dargestellt wird. Diese Darstellungsform ist nicht ganz logisch; zumindest ist denkbar, die Grafik als normale Pyramide darzustellen. Die Form der umgekehrten Pyramide wird einleuchtender, wenn man sie mit dem Aspekt der Leserschaft verbindet.

Als Ergebnissicherung kann folgendes Tafelbild erstellt werden:

Tafelbild

Der Lead-Stil eines Berichts

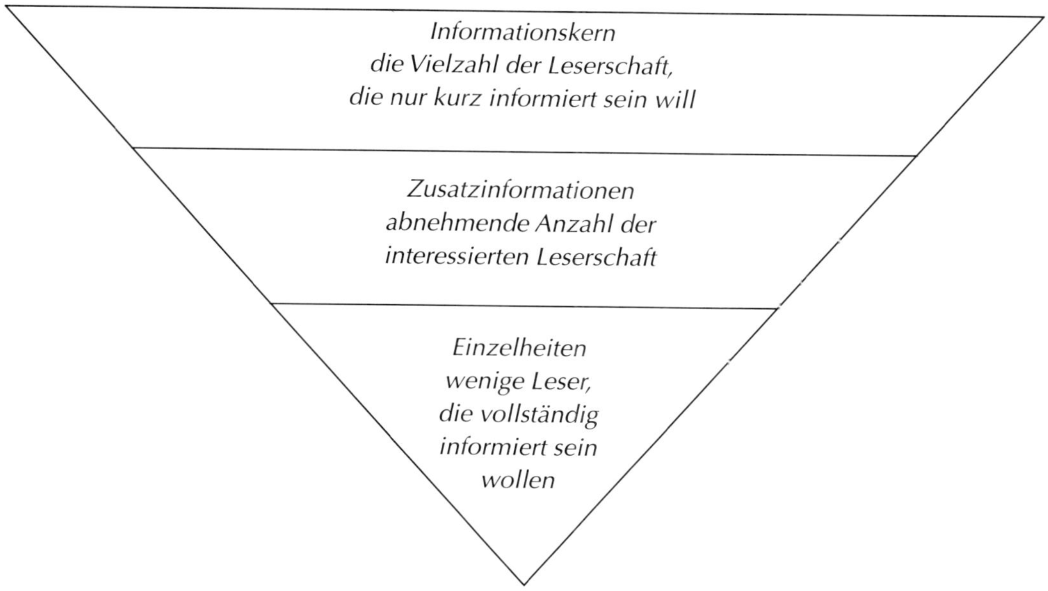

Aufgabe 4
S. 226

Die Lösung dieser Aufgabe ergibt sich aus den Überlegungen zu der vorhergehenden Aufgabe. Der Zeitungsbericht sollte so aufgebaut sein, dass er „von hinten" gekürzt werden kann, d. h., dass der jeweils letzte Absatz problemlos gestrichen werden kann, ohne dass der Nachrichtenwert insgesamt verloren geht.

Aufgabe 5
S. 226

Der letzte Abschnitt könnte durchaus nach dem Vorspann folgen, allerdings würde sich der Grundtenor des Artikels doch ändern: Er bekäme einen sehr viel deutlicheren kritischen Akzent gegen die Mineralölunternehmen.

Aufgabe 6
S. 226

Ein wesentliches Prinzip des Zeitungsberichts besteht darin, dass er – ebenso wie die kurze Zeitungsnachricht – keine persönliche Stellungnahme des Verfassers enthalten sollte. Im Idealfall sollte also nicht zu erkennen sein, welche Auffassung der Verfasser zu der im Bericht angesprochenen Thematik vertritt.
In dem vorliegenden Artikel wird dieses Prinzip weitgehend eingehalten. Die Zitate sollen dabei die Objektivität der Berichterstattung unterstützen: Es geht nicht um die Meinung des Verfassers, sondern dieser führt die Auffassungen anderer an.
Allerdings ist es kaum möglich, dieses Prinzip wirklich vollständig zu erfüllen. So weist z. B. die Schlagzeile „Benzinpreis verdirbt Ferienfreude" schon eine kritische Tendenz auf. Eine sachliche Schlagzeile wie „Mineralölkonzerne erhöhen Benzinpreise" würde allerdings kaum das Leserinteresse wecken und deshalb weniger für einen Aufmacher in einer Tageszeitung taugen. Die Schüler könnten sich im Unterricht diesen Aspekt verdeutlichen, indem sie alternative Schlagzeilen erfinden und deren Wirkung auf den Leser vergleichen.

Aufgabe 7
S. 226

Der Arbeitsauftrag soll noch einmal das Wesentliche zusammenfassen. Gemeinsam ist der Nachricht und dem Bericht, dass sie in möglichst sachlicher Weise den Leser über ein besonderes Ereignis informieren.
Diese Gemeinsamkeit wird besonders deutlich, wenn man den fett gedruckten Vorspann des Zeitungsberichts genauer untersucht: Er beantwortet entsprechend der Zeitungsnachricht die zentralen W-Fragen.
Im Unterschied zur Nachricht aber liefert der Bericht noch weitere Hintergrundinformationen zu dem Geschehen.

Aufgabe 8
S. 226

Die Aufgabe dient der Festigung des bisher Erarbeiteten. Möglich ist auch, den Bericht „Jugend in der Schuldenfalle" zu untersuchen (Arbeitsblatt 4, S. 249), da er zugleich als Vorbereitung für das Verfassen eines eigenen Berichts dienen kann (siehe Aufgabe 9, S. 226).

Aufgabe 9
S. 226

Bevor die Schüler einen eigenen Bericht verfassen, sollten sie auf den Methodenkasten verwiesen werden, in dem die notwendigen Schritte noch einmal verzeichnet sind.
Die Schüler sollten eine angemessene Zeit für das Verfassen des Berichts bekommen, da er einige Recherchen voraussetzt.
Die im Schülerbuch vorgeschlagenen Themen orientieren sich an Schülerinteressen, können natürlich aber noch erweitert werden.

4. Nachrichten aus aller Welt – Nachrichtenagenturen melden (S. 227–229)

Aufgabe 1
S. 227

Die in dem Vorspann angegebenen Nachrichtenagenturen sind alle im Internet vertreten und sehr leicht zu recherchieren:
dpa: www.dpa.de
ap: www.ap-online.de
rtr: http://de.reuters.com
ddp: www.dpd.de
(alle Internetadressen vom 31.12.2007)
Interessant ist es auch, die Entstehung und die Entwicklung der einzelnen Nachrichtenagenturen zu verfolgen.[1]

Aufgabe 2
S. 227

Artikel, die von Nachrichtenagenturen übernommen sind, finden sich in der Regel in den Teilen der Zeitung mit überregionalen Themen (Politik, Wirtschaft, Aus aller Welt ...).

Aufgaben 3 und 4
S. 227

Der Bericht stammt von der Presseagentur AP; diese wiederum stützt sich auf Mitteilungen von Polizei und Feuerwehr (vgl. Z. 3).

Aufgabe 5
S. 227

Der erste Bericht der Nachrichtenagentur bezieht sich hauptsächlich auf den Unfall, bei dem zwei Kranführer ums Leben gekommen sind. Welche weiteren Schäden die Windhose verursacht hat, scheint zu dem Zeitpunkt noch nicht bekannt gewesen zu sein.

Aufgaben 6 und 7
S. 229

Hinzugekommen sind die Angaben über weitere Schäden, die die Windhose verursacht hat. Und es wird über die Lage berichtet, nachdem das Unwetter abgeklungen ist.
Sprachlich unterscheidet sich vor allem der Bericht von AP von der Zeitungsnachricht. Er dramatisiert die Ereignisse wesentlich stärker. Dies drückt sich vor allem in der Wortwahl aus: „Tornado zertrümmert" (Schlagzeile), „Tödliches Wetterchaos" (Z. 1), „der ganze Stadtteil versank nach Stromausfällen in der Dunkelheit" (Z. 4f.), „Der Tornado wirbelte Trümmer durch die Luft auf Stromleitungen" (Z. 14f.) u.a. Auch der Satzbau ist unterschiedlich, in dem AP-Bericht dominieren Satzreihen mit kurzen Hauptsätzen. Demgegenüber berichtet dpa wesentlich nüchterner.
Hierzu kann folgendes Tafelbild erstellt werden:

[1] Bei Abfassung des Kommentars ist die Geschichte der Nachrichtenagentur Reuters nur auf Englisch nachzuverfolgen. Dies sollte allerdings in der 8. Klasse kein Hinderungsgrund sein.

Tafelbild

AP	dpa
– *„tödliches Wetterchaos" (Z. 1)*	– *„ein schweres Unwetter" (Z. 1)*
– *„der ganze Stadtteil versank nach Stromausfällen in der Dunkelheit" (Z. 4 f.); „Der Tornado wirbelte Trümmer durch die Luft auf Stromleitungen, sodass die Elektrizitätsversorgung für 78 000 Haushalte zusammenbrach" (Z. 14 ff.)*	– *„sorgte für einen stundenlangen Stromausfall" (Z. 6 f.)*
– *„Drei Kräne […] hielten dem Winddruck nicht Stand, zwei Kranführer starben in den Trümmern" (Z. 11 ff.)*	– *„Zwei Menschen starben […], als Baukräne umstürzten" (Z. 9 f.)*
– *„Es kam zu einem Verkehrschaos. Die Bahn musste 140 Züge stoppen, der gesamte Zugverkehr südlich von Hamburg brach bis 23 Uhr zusammen." (Z. 17 f.)*	– *„Der komplette Bahnverkehr in Richtung Süden war nach Blitzeinschlägen stundenlang blockiert." (Z. 11 f.)*
→ *dramatisierende Berichterstattung*	→ *nüchterne Berichterstattung*

Eine Auswertung des Befundes erfolgt in Aufgabe 9, Seite 229 (siehe unten).

Aufgabe 8
S. 229

Mit dieser Aufgabe werden die Schüler mit der Tätigkeit der Nachrichtenredakteure einer Zeitung konfrontiert. Diese müssen sich entscheiden, ob sie entweder einen Agenturbericht vollständig übernehmen (die Frage ist dann, für welchen Agenturbericht sie sich entscheiden) oder ob sie auf der Grundlage eines oder mehrerer Agenturberichte einen eigenen Bericht verfassen. In Tageszeitungen erscheinen immer wieder Berichte, die sich auf mehrere Agenturberichte stützen (zu erkennen daran, dass zwei oder mehr Agenturen als Quellen am Anfang des Berichtes angegeben sind). Die Schüler müssen sich entscheiden, ob sie eher einen dramatischen Berichtstil oder eher einen nüchternen wählen.

Aufgabe 9
S. 229

Die Nachrichtenredakteure müssen zwei grundsätzliche Entscheidungen treffen. Die erste Entscheidung betrifft die Auswahl der Nachrichten – welche Nachricht ist so lesenswert, dass sie in der Zeitung erscheinen soll? Die zweite Entscheidung betrifft die Auswahl des Nachrichtendienstes – welcher Berichtstil erscheint angemessen?
Für beide Entscheidungen ist ausschlaggebend, wie die Redakteure die Leserschaft ihrer Zeitung einschätzen.
Die Schüler gewinnen also an dieser Stelle an einem sehr konkreten Fall die Einsicht, dass sowohl Themenauswahl als auch der Berichtstil wesentlich adressatengeprägt sind.

5. Und so berichtet die Boulevardpresse (S. 230)

Aufgabe 1
S. 230

Besonders deutlich wird bei der Aufmachung des Artikels, dass der Schwerpunkt nicht auf einer sachlich-nüchternen Berichterstattung liegt, sondern darin, Emotionen bei den Lesern zu wecken. Dafür steht schon die überdimensional große, in der Signalfarbe Rot gehaltene Schlagzeile „Tornado-ANGST!" Die emotionale Komponente wird noch dadurch unterstrichen, dass das Wort „Angst" in Großbuchstaben geschrieben ist. Das Hintergrundfoto selbst ist relativ undramatisch, es zeigt die Windhose von Weitem. Das Foto selbst würde keine besonderen Emotionen hervorrufen. Auch der kleine, sehr unscheinbare Text ist im Vergleich zum Artikel selbst recht sachlich-nüchtern gehalten.
Weiterhin verstärkt wird die emotionale Komponente durch die Kurzfassung der Ereignisse in den drei Spiegelpunkten. Die Anzahl der Verletzten und Toten wird bewusst nicht genannt, während die hohe Anzahl der Menschen, die ohne Strom auskommen mussten,

konkret benannt wird. Die Frage „Wird es jetzt wie in den USA?“ soll an die Naturkatastrophe erinnern, bei der u. a. die Stadt New Orleans fast vollständig zerstört wurde. Diese Naturkatastrophe hatte ein ganz anderes Ausmaß als der Wirbelsturm über Hamburg.

Aufgabe 2
S. 230

Der Artikel weist deutlich erkennbar die Tendenz zur Dramatisierung des Geschehens auf. So wird aus dem Tornado oder Wirbelsturm der „Todessturm von Hamburg“. In sehr kurzen, z. T. auch elliptischen Sätzen werden die Folgen aufgezählt, die wichtigsten davon sind noch unterstrichen. Der Artikel nimmt noch einmal die Schlagzeile „Tornado-ANGST!“ auf. Das Ausrufezeichen unterstreicht das Dramatische. Weiterhin nimmt der Artikel die Frage auf, ob es nun auch beim Leser „so schlimm“ wird wie in Amerika. Für eine mögliche Antwort wird auf die Fortsetzung des Artikels auf der letzten Seite verwiesen.

Aufgabe 3
S. 230

Das Besondere der Boulevard-Zeitungen besteht darin, dass sie keinen festen Leserstamm wie die Abonnenten-Zeitungen haben. Sie müssen also Tag für Tag ihren Lesern einen Kaufanreiz bieten. Die Dramatisierung des Geschehens in Hamburg steht eindeutig im Zusammenhang mit dem Kaufanreiz. Das Thema ist im Grunde so angelegt, dass es auch noch zumindest für den nächsten Tag als Kaufanreiz dienen kann.
Des Weiteren gilt auch für die Bild-Zeitung das Gestaltungsprinzip, dass die wesentliche Nachricht auf der oberen Hälfte der Titelseite platziert ist wegen der Faltung der Zeitung für den Verkauf.
Auf Arbeitsblatt 5, S. 251 findet sich die Fortsetzung des Artikels. An ihm können die Tendenzen zur Dramatisierung weiter nachgewiesen werden.

6. Nachgefragt – ein Interview führen (S. 231 – 233)

Die Textsorte „Interview“ wird von den Schülern gerne bei Zeitungsprojekten gewählt (z. B. ein Interview mit einem prominenten Sportler aus der Region). Die Ergebnisse sind manchmal aber nicht befriedigend, weil die Interviewer sich nicht gründlich genug auf das Interview vorbereitet haben. Von daher bereitet diese Untereinheit die Methode des Interviews auf.

Aufgabe 1
S. 231

Um eine treffende Schlagzeile formulieren zu können, müssen die Schüler den Zeitungsbericht genau lesen. Das Finden einer Schlagzeile dient somit also der Vertiefung der Fähigkeit, Sachtexte genau zu lesen. Die Originalüberschriften des Artikels lauten:

Deutschland ignoriert das Tabakwerbeverbot
Branche hofft auf günstigen Urteilsspruch des EuGH

Im Unterricht kommt es nicht darauf an, die Originalüberschrift zu treffen. Wichtiger ist, dass die Schüler ihre Wahl mit dem Text begründen können.

Aufgabe 2, S. 231 Freie Aufgabe

Aufgabe 3
S. 231

Das Ergänzen fehlender Fragen zwingt die Schüler zu einer genauen Textlektüre. Von daher ist es oft eine gute methodische Möglichkeit, Schüler zu einem Sachtext Fragen stellen zu lassen, auf die der Text eine Antwort gibt.
Die fehlenden Fragen im Interview lauten:
1. Warum ist es so wichtig, Tabakwerbung zu verbieten oder zu begrenzen? Und wo ist das am dringlichsten?
2. Welche Mitgliedstaaten haben die EU-Vorgaben noch nicht erfüllt?
3. Was erwarten Sie außer dem Werbeverbot?
4. Welche EU-Staaten geben denn ein besseres Beispiel als Deutschland?

Aufgabe 4, S. 233 Zu dieser Aufgabe kann als Ergebnissicherung folgendes Tafelbild erstellt werden:

Tafelbild

Argumente von Gesundheitsminister Kyprianou gegen die Tabakwerbung

- *Werbung für Tabakprodukte erhöht den Verbrauch, weil sie Kinder und Jugendliche zum Rauchen ermutigt (Z. 23 ff.).*
- *Sie bringt Raucher dazu, mehr zu konsumieren, hält sie vom Aufhören ab oder verführt zum erneuten Rauchen (Z. 26 ff.).*
- *Werbung und Sponsoring verherrlichen das Rauchen und untergraben damit die Warnungen vor der Gefährlichkeit des Rauchens (Z. 29 ff.).*
- *Rauchen ist die häufigste vermeidbare Todesursache und verursacht hohe Kosten (Z. 74 ff.).*

→ Das Werbeverbot ist seiner Meinung nach sinnvoll und notwendig.

Aufgabe 5
S. 233

Die Interviewer müssen sich selbst auch gut in die Materie einarbeiten, um sinnvolle Fragen stellen und so möglichst viele Informationen von dem Interviewpartner bekommen zu können.
Zudem müssen sie auch überlegen, mit welchem Ziel sie das Interview führen. In dem vorliegenden Interview wollte der Interviewer dem Gesundheitsminister der EU ganz offensichtlich die Gelegenheit geben, seine Position darzustellen. Er hat daher auf kritische Nachfragen verzichtet.
Denkbar und gängige Praxis ist es natürlich aber auch, dass der Interviewer kritische Nachfragen stellt. Auch das wiederum ist nur bei einer sorgfältigen Vorbereitung auf das Interview möglich.
Auf Arbeitsblatt 6, S. 252 f. findet sich ein weiteres Interview, hier zum Thema jugendliche Gewalttäter, das zu Übungszwecken bearbeitet werden kann. Möglich ist es, einer Schülergruppe den Auftrag zu geben, im Internet nach den sogenannten Erziehungscamps zu recherchieren und bei der örtlichen Polizei nach dem Umgang mit jugendlichen Straftätern nachzuforschen.

Aufgabe 6
S. 233

Hierzu lässt sich an eine Reihe von Experten denken, die sicher Substanzielles zu dem Thema sagen könnten:
Ärzte, Suchtberater, Politiker, aber sicherlich auch Vertreter der Tabakindustrie.

Aufgabe 7
S. 233

Interviews mit Film- oder Musikstars dienen oft der Selbstdarstellung der Personen. Natürlich kommt es auch vor, dass Stars zu umstrittenen Themen befragt werden, in der Regel aber ist das Thema des Interviews der Star selbst.

Aufgabe 8
S. 233

Alternativ kann natürlich auch das Interview zu einem anderen, möglichst aktuellen und umstrittenen Thema durchgeführt werden, das im Interessensbereich der Schüler liegt. Zur Zeit der Abfassung dieses Kommentars waren z. B. folgende Themen aus dem Bereich der Schule umstritten: Vergabe von sogenannten Kopfzensuren (Noten für das Arbeits- und Sozialverhalten) und die Wiedereinführung des Samstagsunterrichts, um den Nachmittag zu entlasten.

7. Als Reporter unterwegs – eine Reportage verfassen (S. 234–236)

Aufgabe 2
S. 235

Kennzeichen der Reportage ist, dass der Reporter ein selbst miterlebtes Ereignis schildert und dabei auch seine persönlichen Eindrücke und Gefühle deutlich werden lässt. Dies steht im Gegensatz zur Zeitungsnachricht, die sachlich, objektiv und nüchtern von einem Ereignis berichtet. Thematisch ist die Reportage nicht an die Tagesaktualität gebunden. Sie stellt in der Regel besondere Menschen vor. Im vorliegenden Fall berichtet die Reportage über weibliche Fußballfans, die immer noch eindeutig in der Minderheit sind.

Der Leser einer Reportage soll das Gefühl haben, das geschilderte Ereignis selbst zu erleben.
Die Unterschiede zwischen einer Zeitungsnachricht und einer Reportage lassen sich in folgendem Tafelbild zusammenfassen:

Tafelbild

	Zeitungsnachricht	***Reportage***
Thema:	*tagesaktuelles Thema, keine spätere Veröffentlichung möglich*	*Thema von allgemeinem Interesse, nicht gebunden an Tagesaktualität; im Mittelpunkt stehen besondere Menschen*
Aufbau:	*strenge Orientierung an den W-Fragen*	*keine strenge Orientierung an W-Fragen; Wechsel von der Schilderung eines selbst miterlebten Ereignisses und allgemeinen Aussagen*
Sprache:	*sachlich nüchtern, ohne Ausschmückung; Tempus: Präteritum*	*anschaulich, abwechslungsreich; Tempus Präsens* *→ Der Leser soll den Eindruck haben, das Ereignis selbst mitzuerleben.*

Aufgabe 2
S. 235

Die Reporterin muss sich vor dem Treffen genau überlegen, welche Fragen sie den Mädchen stellen will.
Solche Fragen können sein:
– Verfolgt ihr jedes Spiel?
– Seit wann geht ihr zu den Fußballspielen?
– Wo ist euer Platz im Stadion?
– Könnt ihr von eurem Platz das Spiel gut verfolgen?
– Interessiert ihr euch allgemein für Fußball?
– Spielt ihr selbst Fußball?
– …

Aufgabe 4
S. 235

Gemeinsamkeiten: Berichtet wird über besondere Menschen oder über ein besonderes Ereignis, und zwar so anschaulich, dass der Leser/Zuschauer den Eindruck hat, das Ereignis selbst mitzuerleben.
Unterschiede: Das Fernsehen hat die Möglichkeit, die Eindrücke des Reporters über die Bilder zu vermitteln; Rundfunk- und Zeitungsreportagen sind noch viel mehr auf die sprachliche Anschaulichkeit angewiesen.

Aufgabe 5
S. 236

Das Verfassen einer eigenen Reportage stellt die Schüler vor große Ansprüche. Sie müssen zum einen ein Thema wählen, das von allgemeinem Interesse ist, zum anderen müssen sie das besondere Merkmal der Reportage beachten: die Anschaulichkeit der Darstellung.
Auf Arbeitsblatt 7, S. 254 f. ist eine weitere Reportage abgedruckt, an der die Schüler noch einmal die besonderen Kennzeichen der Reportage nachweisen können.

Aufgabe 6
S. 236

Eindeutig besser gelungen ist die zweite Einleitung, weil sie den Leser direkt an den Ort des Geschehens führt und ihn seine Atmosphäre spüren lässt. Weiterhin werden auch die subjektiven Eindrücke des Reporters deutlich.
Die erste Einleitung wäre eher angebracht für eine sachlich orientierte Tätigkeitsbeschreibung des Berufsfeldes „Hausmeister an einer Schule“.

8. Meine Meinung – ein Ereignis kommentieren (S. 237–239)

Aufgaben 1 und 2 S. 238

Die folgenden drei Texte gehören zu den sogenannten meinungsbildenden Texten in der Zeitung. Sie unterscheiden sich von der Zeitungsnachricht/dem Zeitungsbericht dadurch, dass der Verfasser offen seine subjektive Meinung zu einem Ereignis kundtut.
Mit dem Leserbrief, dem Kommentar und der Fernsehkritik wurden für diese Einheit drei unterschiedliche Arten meinungsbildender Texte ausgewählt. Bei der Frage, in welchem Teil der Zeitung die Artikel jeweils erschienen sein könnten, können die Schüler auch auf das Inhaltsverzeichnis der Lippischen Landeszeitung zurückgreifen (S. 221 im Schülerbuch).
Der Leserbrief könnte im Lokalteil der Zeitung veröffentlicht sein, da er auf ein lokales Ereignis Bezug nimmt. Möglich ist auch, dass er auf einer eigenen Leserbrief-Seite erschienen ist (das wird von den Tageszeitungen unterschiedlich behandelt).
Der Kommentar ist auf der Seite abgedruckt, die sich mit politischen Ereignissen befasst (in vielen Tageszeitung die „Seite 2"). Die Fernsehkritik ist im Teil „Fernsehen" erschienen, im weiteren Sinne also im Feuilletonteil.

Aufgabe 3 S. 238

Zum Leserbrief:
Anlass des Leserbriefes ist ein Artikel in der Zeitung, der über die Aktion der Stadt „Ferienpass" berichtet. Der Verfasser wendet sich kritisch sowohl gegen die Aktion als auch gegen die positive Berichterstattung der Zeitung. Die Gründe für seine ablehnende Haltung hat der Verfasser nummerisch aufgelistet. Für ihn ist die Aktion überflüssig, da auch schon frühere Generationen ohne den Ferienpass ausgekommen seien, die Überhäufung mit Angeboten die Jugendlichen zur Passivität verleite, die Jugendlichen den Wert des Passes gar nicht zu schätzen wüssten und die Ferien besser genutzt werden sollten für gemeinsame Unternehmungen mit der ganzen Familie.
Sprachlich wird seine ablehnende Haltung vor allem im ersten Teil deutlich: „Mit wachsender Besorgnis" (Z. 1), „Es ist mir unverständlich" (Z. 4), „für meine Ablehnung" (Z. 6).

Zum Kommentar:
Anlass des Kommentars ist die Haltung der EU zum Nichtraucherschutz. Der Kommentator spricht sich für einen verschärften Schutz der Nichtraucher vor den Rauchern aus.
Als wesentlichen Grund für seine Haltung führt der Verfasser die Gesundheitsgefährdung der Nichtraucher durch die Raucher an. Diese Gesundheitsgefährdung wiege stärker als die Freiheitsrechte der Raucher. Die ablehnende Haltung gegenüber den Rauchern macht der Verfasser gleich schon im ersten Satz deutlich, indem er das Rauchen als „extrem gesundheitsschädlich" (Z. 1) bezeichnet. Diese Aussage bekräftigt er noch mit einer eher umgangssprachlichen Wendung: „Dem kann nur widersprechen, wer nicht ganz bei Trost ist" (Z. 1 f.). Sehr deutlich ist auch die Formulierung „Nicht zu verschmerzen ist es allerdings" (Z. 10 f.), wenn Raucher ihre Mitbürger gefährden. Der Autor verweist dann darauf, dass der Besuch eines Restaurants zwar freiwillig geschehe, bezeichnet aber die dort eingeführten Raucherecken als „Augenwischerei" (Z. 19). Der letzte Satz macht die ablehnende Haltung noch einmal besonders deutlich: „Wer die Gesundheit anderer schädigt, greift in deren Freiheitsrechte ein und darf nicht auf Toleranz hoffen." (Z. 28 ff.)

Zur Fernsehkritik:
In der Fernsehkritik „Lustvolle Parodie" bewertet die Verfasserin eine Märchenparodie, die von dem Sender Pro 7 gesendet wurde, sehr positiv, da sie sowohl einfallsreich gewesen sei als auch mit guten Schauspielern besetzt. Deutlich wird der positive Eindruck der Verfasserin an den Formulierungen „freche, aufwendig produzierte und vor Einfällen

strotzende Parodie“ (Z. 6ff.), „Lustvoll spielte ...“ (Z. 9) und vor allem an der Schlussformulierung „Ein mit einer Stunde angemessenes kurzes und recht unterhaltsames Spiel mit TV-Genres“ (Z. 15ff.).

Aufgabe 4
S. 238

Die Machart bestimmter Texte lernen Schüler dann am besten, wenn sie selbst solche Texte verfassen. Der Methodenkasten gibt ihnen dabei wichtige Hilfen zum Verfassen eines Leserbriefes. Man kann aber auch in der Klasse 8 schon den Arbeitsauftrag erweitern und die Schüler einen Kommentar oder eine Fernsehkritik verfassen lassen.
Die Arbeitsblätter 8 und 9, S. 256ff. zeigen weitere Beispiele für die drei Arten der meinungsbildenden Texte auf.

Eine Grafik untersuchen

Was in der Tageszeitung interessiert –
Vergleich der 16- bis 29-Jährigen mit der Gesamtbevölkerung

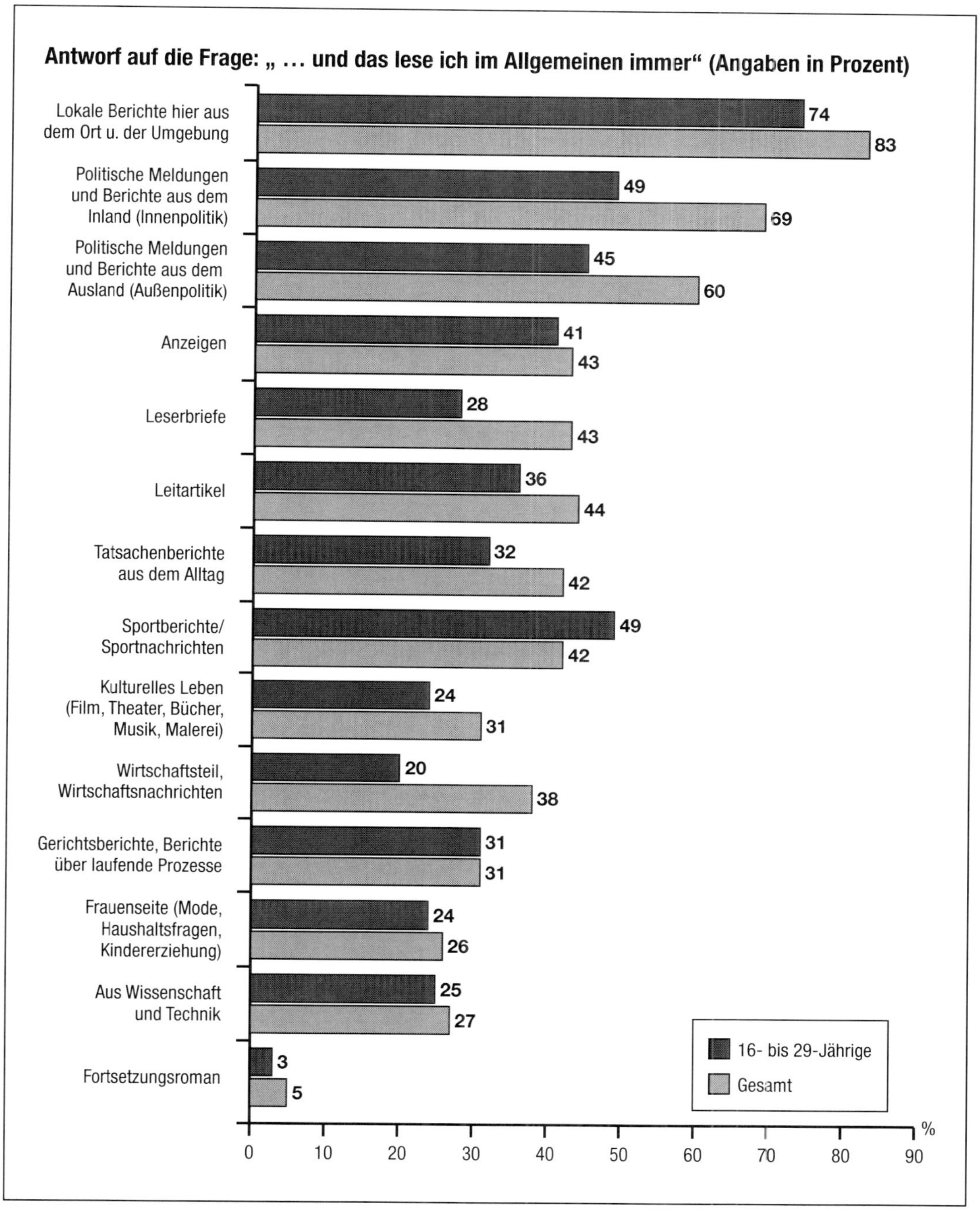

(Quelle: Institut für Demoskopie Allensbach, IfD Archiv 7040)

Beschreibe das Schaubild und formuliere seine wesentlichen Aussagen.

Vom Ereignis zur Nachricht

Ausschneidebogen

(Zeichnungen: Thomas Plaßmann; aus: ZeusKids, „Meine Reporterschule“, © ZEUS, Zeitung und Schule, Essen 2007, S. 4)

1. Auf der vorigen Seite findest du Bilder zum Entstehungsweg einer Zeitungsmeldung. Schneide sie aus und klebe sie in der richtigen Reihenfolge in die Felder oben. Orientiere dich ggf. an den folgenden Bildunterschriften: • Zeitungsauslieferung • Reporter schreibt Artikel • Reporter befragt Zeugen • Zeitungsverkauf • Polizei informiert Zeitung • Seite wird gedruckt • Redakteurin legt Textlänge fest und sucht das passende Foto aus • Hilfsdienst Polizei/Feuerwehr rollt an • Notfall

2. Verfasse einen kurzen Informationstext über den Weg vom Ereignis zur Nachricht.

Einen Polizei-Pressebericht in eine Zeitungsnachricht umformen

26.12.2007 | 12:29 Uhr

Extertal. Auf eisglatter Straße ereignete sich ein Unfall, bei dem sich sechs Personen verletzten. Am 23.12.07, gegen 12.00 Uhr, befuhr ein 21-jähriger Mann mit seinem BMW die L 758 (Extertalstraße) aus Richtung Bösingfeld in Richtung Rinteln. Mit im Fahrzeug saßen noch weitere drei Personen. Ausgangs einer lang gezogenen Linkskurve verlor der Fahrer aufgrund von Eisglätte die Kontrolle über das Fahrzeug und rutschte quer in den Gegenverkehr. Auf der Gegenfahrbahn fuhr ein 26-jähriger Polofahrer. Er und sein Beifahrer fuhren dem BMW direkt in die Beifahrerseite. Nach dem Zusammenprall rutschten beide Fahrzeuge in den Straßengraben. Bei dem Unfall wurden alle Fahrzeuginsassen verletzt. Eine Person war mit ihrem Fuß im Fahrzeug eingeklemmt. Sie konnte sich nach kurzer Zeit jedoch selbstständig befreien. Die Personen wurden vor Ort durch einen Notarzt versorgt und anschließend durch Rettungswagen in das Klinikum nach Rinteln gebracht. Zwei Personen waren so stark verletzt, dass sie stationär dort verblieben. Die Straße war für die Dauer der Unfallaufnahme bis ca. 14.00 Uhr voll gesperrt. Die Fahrzeuge waren nicht mehr fahrbereit und wurden abgeschleppt. Es entstand ein Sachschaden von ca. 25 000 Euro.

(POL-Lip: Pressebericht vom 26.12.2007; aus: www.presseportal.de)

Schreibe zu dem Pressebericht der Polizei eine Zeitungsnachricht. Achte dabei auf den Aufbau und den Schreibstil. Ergänze eine Schlagzeile.

Einen Zeitungsbericht untersuchen

Jugend in der Schuldenfalle

Diakonie fordert Schulunterricht über den Umgang mit Geld

Von Dietmar Kemper

Bielefeld (WB). In Deutschland machen junge Leute immer häufiger Schulden. Fast jeder Dritte im Alter zwischen 13 und 26 steht mit bis zu 4 000 Euro in der Kreide.

Das geht aus dem „Schuldenreport" hervor, den das Diakonische Werk der Evangelischen Kirche, die Caritas, das Deutsche Rote Kreuz und der Bundesverband Verbraucherzentralen erstellt haben. Demnach unterschätzen Auszubildende oft die Kosten für Strom und Benzin und überschätzen gleichzeitig die Möglichkeiten, die ihr Gehalt eröffnet. Jugendliche besäßen „zu wenig Allgemeinbildung, wenn es um Finanzen geht", sagte Gerda Marx-Manske gestern dieser Zeitung. Sie ist beim Diakonischen Werk der Evangelischen Kirche von Westfalen in Münster für die Schuldnerberatung zuständig.

Die Zahl der verschuldeten jungen Leute nehme zu, und deshalb müsse der Umgang mit Geld bereits in der Grundschule und dann speziell in der Mittelstufe verstärkt zum Thema im Unterricht gemacht werden. „Schon jetzt fordern viele Schulen Mitarbeiter unserer Schuldnerberatungsstellen für den Sachkundeunterricht an", berichtete Marx-Manske.

Die Diakonie betreibt 44 Beratungsstellen in Westfalen. Für weitere gebe es Bedarf, denn die Wartelisten würden immer länger, sagte die Referentin. Wenn Jugendliche mit 18 volljährig werden, schlössen sie oft Verträge ab, ohne deren Folgekosten richtig abzuschätzen. Wenn es ums Handy gehe, summierten sich Klingeltöne und SMS-Kurzmitteilungen zu beträchtlichen Kosten.

Auch der Soziologe der Universität Bielefeld, Elmar Lange, forderte gestern mehr Schulunterricht zum Thema Geld. Beauftragt von der Finanzauskunft Schufa[1] stellte er in Berlin seine Studie über Schulden bei Jugendlichen vor.

Sechs Prozent der Jugendlichen unter 18 Jahren seien verschuldet. Dieses Phänomen ziehe sich durch alle sozialen Schichten, erläuterte Lange. Deshalb tue systematischer Unterricht in Finanzfragen not. Wer sich als Teenager verschulde, müsse aber nicht zwangsläufig auf der abschüssigen Bahn bleiben, relativierte Lange: „Man muss Verschuldung als normales Stadium in der Entwicklung hin zu einem marktkonformen Konsumenten akzeptieren – der fällt ja nicht vom Himmel."

Dennoch droht mit der Volljährigkeit die Kostenfalle. „Der Nachwuchs geht bis zum Alter von 18 Jahren sehr verantwortungsvoll mit Geld um", sagte Schufa-Chef Rainer Neumann. Danach stehe jungen Leuten plötzlich alles offen, auch die Möglichkeit, Kredite aufzunehmen. Zu diesem Zeitpunkt werde die Lage vielfach kritisch, betonte Neumann.

Bundesfamilienministerin Ursula von der Leyen (CDU) sprach von einem alarmierenden Ausmaß der Verschuldung und kritisierte die Gleichgültigkeit von Müttern und Vätern: „Eltern bekunden zwar Interesse daran, dass ihre Kinder Finanzkompetenz erwerben, tun selbst aber zu wenig dafür." Laut Schufa-Studie, für die 1 000 Teenager von zehn bis 17 Jahren sowie jeweils ein Elternteil befragt wurden, gibt mehr als die Hälfte der Jugendlichen für Handys durchschnittlich 18 Euro im Monat aus. Eltern müssten für mehr Kostenbewusstsein sorgen, mahnt die Diakonie.

(Aus: Westfalen-Blatt, 23.02.2006)

[1] Schufa: „Schutzgemeinschaft für allgemeine Kreditsicherungen", ein Unternehmen, das Auskunft über die Kreditwürdigkeit eines Bürgers gibt

1. Kreuze an, welche der folgenden Aussagen dem Zeitungsbericht zu entnehmen sind.

- ☐ Die Zahl der verschuldeten jungen Leute nimmt zu.
- ☐ Auszubildende unterschätzen oft die Kosten für Strom und Benzin.
- ☐ Das Problem der Verschuldung betrifft nur Jugendliche, die aus den unteren Schichten stammen.
- ☐ Sowohl das Diakonische Werk als auch der Soziologe Elmar Lange fordern mehr Schulunterricht zum Thema Geld.
- ☐ Bundesfamilienministerin Ursula von der Leyen bescheinigt den Eltern, genug dafür zu tun, dass die Kinder den Umgang mit Geld erlernen.
- ☐ Jugendliche schließen oft Handyverträge ab, ohne deren Folgekosten zu bedenken.
- ☐ Die finanzielle Lage Jugendlicher wird oft dann kritisch, wenn sie mit 18 Jahren Kreditverträge abschließen dürfen.
- ☐ Aktueller Anlass des Artikels ist eine Äußerung der Bundesfamilienministerin Ursula von der Leyen.
- ☐ Mehr als die Hälfte der Jugendlichen gaben für ihr Handy mehr als 18 Euro im Monat aus.

2. Schreibe eine wesentlich kürzere Fassung des Zeitungsberichts, der sich ausschließlich auf den aktuellen Anlass zu dem Bericht bezieht. Erläutere dann, welchen Zweck die zusätzlichen Aussagen in dem Zeitungsbericht erfüllen.

Einen Bericht einer Boulevardzeitung untersuchen

Klimaforscher in Sorge nach der furchtbaren Sturmkatastrophe von Hamburg

TODES-TORNADO

Es war, als hätte der Himmel plötzlich die Schleusen zur Hölle geöffnet! Der Monster-Tornado – er traf die Millionenstadt Hamburg ohne jede Vorwarnung.
18.58 Uhr, Dunkelheit fällt plötzlich über die Stadt, ein Gewitter bricht los. Nur eine Minute später rast der Tornado mit 200 km/h durch den Stadtteil Harburg! Drei Baukräne knicken wie Streichhölzer ein, zwei Kranführer (41 und 45 Jahre) können sich nicht mehr retten. Sie stürzen in die Tiefe, sind sofort tot. Fast zeitgleich fallen Hunderte Ampeln aus, am Hamburger Hauptbahnhof bleiben die Züge stehen, Chaos im Berufsverkehr.
Im ganzen Viertel gehen die Lichter aus. Bis zum frühen Morgen bleiben 300 000 Menschen in 80 000 Haushalten ohne Strom.
Es sind Bilder, wie wir sie eigentlich nur aus Amerika kennen. Wird es jetzt auch bei uns so schlimm?
Klimaforscher Prof. Mojib Latif (51) von der Uni Kiel: „Ja. Langfristig müssen wir damit rechnen. Durch die globale Erwärmung nimmt die Wahrscheinlichkeit extremer Wetterphänomene ganz klar zu."
Ist der Tornado eine Folge des Extrem-Winters?
Meteorologe Dr. Stefan Formayer (46) von der Uni Wien: „Durch den langen Winter sind die Temperaturunterschiede zwischen dem Ozean und dem Land viel stärker als sonst um diese Jahreszeit. Das hat wahrscheinlich zur Entstehung des Tornados beigetragen."
Gibt es besonders gefährdete Regionen in Deutschland?
Nein! Tornados (span. das sich drehende Gewitter) können überall entstehen! Voraussetzung: extreme Temperaturunterschiede in der Luft wie jetzt in Hamburg: minus 20 Grad in der Höhe und plus 19 Grad am Boden. In den Gewitterwolken bilden sich starke Aufwinde, die Luft rotiert Folge: Eine Art Rüssel beschleunigt die Luft mit gigantischer Geschwindigkeit.
Kann ich mich schützen?
Kaum. Tornados sind selbst für Wetter-Experten nicht vorhersehbar! 15 bis 20 suchen bisher jährlich Deutschland heim. Doch keiner richtete bis jetzt solche Millionen-Schäden an wie der in Hamburg.

(Aus: BILD, 29.03.2006)

Ein Bild der Verwüstung! Ein Baukran ist umgekippt und in mehrere Autos gekracht. Die Straße ist überfüllt mit Trümmern. Der Tornado tötete zwei Kranführer (41 und 45 Jahre). Beide waren verheiratet, der eine hinterlässt zwei Kinder.

1. Beschreibe den Aufbau des Berichts.

2. Schreibe Formulierungen heraus, die der Dramatisierung des Geschehens dienen.

3. Verfasse einen Zeitungsbericht, der auf sachlichere Weise über den Tornado in Hamburg berichtet und dabei auf die Aussagen der Klimaforscher eingeht.

Ein Interview untersuchen

„Achtung vor den Mitmenschen fehlt“

Das Interview zum Intensivtäterkonzept mit Kurt-Peter Wolter und Lars Loges von der Kripo

Lage. Seit einem Jahr arbeiten Kurt-Peter Wolter, Jugendsachbearbeiter beim Kriminalkommissariat Bad Salzuflen/Lage, und die Jugendkontaktbeamten Sonja Bartelt, Lars Loges und Christian Dubbert nach dem Intensivtäterkonzept. LZ-Redakteurin Micaela Breder sprach mit Wolter und Loges über Inhalte dieser Präventivarbeit, eine erste Bilanz und Verbesserungsmöglichkeiten beim Jugendstrafrecht.

? ...

Kurt-Peter Wolter: Jugendliche, die bereits mehrfach auffällig geworden sind, aufzuklären und von weiteren Straftaten abzubringen. Dazu halten wir mit unseren Kandidaten regelmäßig Kontakt – auch auf der Straße – und bieten uns als Gesprächspartner an.

Lars Loges: Wir versuchen, ein Vertrauensverhältnis zu den Jugendlichen aufzubauen und möchten ihnen klar machen, dass wir ihnen hilfreich zur Seite stehen. Wir vermeiden Druck von oben, lassen sie aber wissen, dass wir ein Auge auf sie haben – zum Beispiel, indem wir zu unterschiedlichsten Zeiten bei ihren Treffpunkten auftauchen.

Wolter: Dabei arbeiten wir eng mit den Bezirksbeamten zusammen, die Präventionsarbeit in den Schulen machen, und mit dem Jugendamt.

? ...

Wolter: Die Statistik für die Stadt Lage weist für den Zeitraum Januar bis November 2006 185 Tatverdächtige im Alter unter 24 Jahren auf. Im gleichen Zeitraum des vergangenen Jahres waren es 145, wobei der Rückgang schwerpunktmäßig die 14- bis 17-Jährigen betraf, also das klassische Jugendalter. Auch wenn sich diese Reduzierung nicht mit Sicherheit auf die Einführung des Intensivtäterkonzeptes zurückführen lässt, können wir von positiven Erfahrungen berichten. So hat uns beispielsweise ein Jugendlicher, den wir frühzeitig wegen eines Gewaltdeliktes ins Programm genommen haben, kürzlich voller Stolz sein Zeugnis gezeigt. Er will jetzt etwas aus seinem Leben machen.

Loges: Wenn er weiter so Gas gibt, wird er locker den Realschulabschluss schaffen.

? ...

Wolter: Wir orientieren uns an den Delikten, das heißt an der Schwere der Straftaten. Wer schon einen Raub oder eine gefährliche Körperverletzung auf dem Kerbholz hat oder mehrfach aufgefallen ist, kommt eher ins Programm als ein Jugendlicher mit einer eher geringfügigen Straftat.

? Der hessische Ministerpräsident Roland Koch fordert Erziehungscamps für straffällig gewordene Jugendliche und eine Verschärfung des Jugendstrafrechtes. Wäre das der richtige Weg?

Wolter: Meiner persönlichen Meinung nach reichen die bestehende Rechtsprechung und Gesetzgebung aus.

Loges: ... wobei geprüft werden sollte, wie man sie besser ausschöpfen und erfolgreicher anwenden könnte. Bootcamps wie in den USA lehne ich persönlich ab.

Wolter: Viel sinnvoller und effektiver wären tatzeitnahe Verfahren, wenn von der Vernehmung bis zum Richterspruch also möglichst wenig Zeit vergeht. Gerade habe ich von der Aktion „Gelbe Karte“ in Remscheid gehört, bei der so verfahren wird und noch am Tag der Vernehmung der Urteilsspruch erfolgt. Die Rückfallquote soll bei nur acht Prozent liegen.

Loges: ... weil die Jugendlichen die Strafe mit ihrer Straftat direkt in Verbindung bringen können und sofort erfahren, welche Konsequenzen ihr unrechtmäßiges Verhalten hat.

? Und was sagen Sie zu der Idee mit den Erziehungscamps, Herr Wolter?

Wolter: Ob sie der Weisheit letzter Schluss sind, wage ich zu bezweifeln, wobei das meine ganz private Meinung ist und man viel genauer wissen müsste, wie diese Camps aussehen sollen – ist da eher ein Straflager oder ein pädagogisch begleitetes Resozialisierungsprojekt gemeint? Eine Bestrafung ohne Begleitung, und ohne den Jugendlichen Perspektiven aufzuzeigen, reicht auf jeden Fall nicht aus.

? Hat die Gewaltbereitschaft unter Jugendlichen zugenommen?

Wolter: Ja, bedauerlicherweise. Vielen fehlt der gesunde Respekt und die Achtung vor dem Mitmenschen. Heute wird oft nachgetreten. Über die Gründe kann ich nur spekulieren, da müssten Sie einen Sozialwissenschaftler fragen. Frust auf der einen Seite und zu großer Leistungsdruck auf der anderen könnten Beweggründe sein.

(Aus: Lippische Zeitung, 11.01.2008)

1. In dem Interview sind die ersten drei Fragen ausgelassen. Schreibe auf, welche Fragen die Interviewerin gestellt haben könnte.

2. Schreibe einen kurzen Informationstext über das Intensivtäterkonzept.

3. Fasse zusammen, welche Auffassung die Interviewten zu der Forderung vertreten, Erziehungscamps für straffällig gewordene Jugendliche einzurichten und das Jugendrecht zu verschärfen.

Die drei ersten Fragen lauten im Originaltext:

- Welche Zielsetzung verfolgt das Konzept?
- Können Sie nach einem Jahr Intensivtäterkonzept bereits Erfolge verbuchen?
- Nach welchen Kriterien suchen Sie die Jugendlichen für das Intensivtäterkonzept aus?

Eine Reportage untersuchen

Unfallopfer schildert vor Ort: Sebastian Pordom (l.) erzählt vor dem Mikrofon von Ulrich Krawinkel seine Leidensgeschichte. Im Hintergrund lauschen Schüler der Klassen 8 und 9 aufmerksam seinen Ausführungen.

„Lasst das Tunen sein“

Schwerbehinderter junger Mofa-Fahrer erzählt Hauptschülern sein Unfall-Schicksal

Von Andreas Götte

Wünnenberg-Fürstenberg. Eigentlich war es ein schöner Tag, als der 17-jährige Sebastian Pordom sich auf das Mofa eines Kumpels setzte, um sich mit Freunden zu treffen. Doch die Fahrt endet anders als erwartet: an einem Betonpfeiler eines Geschäftes.

Mucksmäuschenstill war es in der Aula der Hauptschule in Fürstenberg, als der heute 20-Jährige aus Bad Driburg seine Krankengeschichte erzählte.
Weil Sebastian keinen Helm trug, erlitt er schwere Kopfverletzungen, musste bereits vor Ort drei Mal reanimiert werden und ist bis heute schwerbehindert.
Das Mofa seines Kumpels war getunt, Sebastian wusste davon nichts, raste nach einem Fahrfehler mit 70 Stundenkilometern in das Geschäft. Später sahen sich beide sogar vor Gericht wieder. Drei bis vier Monate lag er unter anderem auch in der Aatalklinik im Koma, wurde dann in ein künstliches Koma versetzt. Als er nach einem halben Jahr erwachte, musste er das Gehen und Sprechen wieder mühsam erlernen. „Eigentlich wollte ich Fußball-Profi werden“, sagt er.
Heute verbringt er seine freie Zeit am Rechner und möchte im Oktober seinen Auto-Führerschein machen, den Hauptschulabschluss nachholen, um dann ein Berufsfortbildungsjahr in Angriff zu nehmen.
Neben den finanziellen Kosten, den gesundheit-

lichen Schäden zog der Unfall auch persönliche Folgen nach sich. „Meine damaligen Freunde und selbst meine Freundin wollten nichts mehr mit mir zu tun haben."
Sein Appell an die 120 aufmerksamen Acht- und Neuntklässler: „Bitte lasst das Tunen sein. Ihr sollt so etwas nicht durchmachen müssen."
Für den Veranstalter, die Kreispolizeibehörde Paderborn, ist der Appell genau das Ziel. „Wir möchten damit die jungen Leute abschrecken, ihre Zweiräder zu frisieren", sagt Polizeisprecher Ulrich Krawinkel. Gerade auf dem Land wird sehr viel mit Mofas gefahren, durch die fehlenden Überwachungen nicht selten schneller als die Polizei erlaubt. Diese schätzt die manipulierten Mofas auf über 75 Prozent.
Die Beamten klären die Schüler auch über den Anhalte- und Bremsweg auf. Diese staunen nicht schlecht, was eine doppelte Geschwindigkeit so alles auslösen kann. „Der Helm ist euer einziger Schutz", machte Verkehrssicherheitsberater Michael Eickhoff deutlich, „bitte haltet deshalb auch bei schönem Wetter den Helmriemen geschlossen."
Was passiert, wenn ein junger Fahrer mit seinem getunten Mofa erwischt wird, zählte Rainer Brockmann vom Verkehrskommissariat auf. Einzug der Betriebserlaubnis, Mängelkarte, Vorstellung beim TÜV und dem Straßenverkehrsamt, Bußgeld und beim Fahren ohne Schein sogar Sozialstunden sind die Folge. Dazu fordert die Unfall-Versicherung ihr Geld vom Fahrer zurück. Fünfstellige Summen sind keine Seltenheit. „Auch euer Kfz-Führerschein auf Probe kann von zwei auf vier Jahre verlängert werden", mahnt der Beamte.
Nachdenklich zeigt sich nach 90 Minuten Tino Heinemeier (14) aus Bad Wünnenberg. „Ich will bald Mofa fahren und wollte dann auch tunen, aber das lass ich jetzt lieber." Die Veranstaltung sei gut gewesen, findet Ferhat Tasceviren. Der 16-jährige Haarener macht gerade seinen Mofa-Schein, will aber trotzdem gerne tunen, „in Sachen Optik".

(Aus: Neue Westfälische, 06./07.05.2006)

1. Untersuche die Reportage „Lasst das Tunen sein". Gehe dabei auf folgende Aspekte ein:
- Was ist der Anlass der Reportage und womit beginnt sie? Worin besteht die Funktion des Beginns?
- Wodurch wird deutlich, dass der Reporter bei der Veranstaltung selbst anwesend war?
- Welche Aspekte der Veranstaltung erscheinen dem Reporter besonders erwähnenswert?

2. Schreibe eine kurze Zeitungsnachricht über die Veranstaltung der Kreispolizeibehörde Paderborn.

Meinungsbildende Texte untersuchen (1)

LOGBUCH

Im Dunst

von Thorsten Engelhardt

Das Feuerwerk in der Neujahrsnacht durfte noch ungestraft Rauch und Pulverdampf verbreiten. Das wars dann aber auch. Seitdem gilt Rauchverbot – gesetzlich geregelt und damit per se schon mal nicht einfach. So stellt man sich selbst bei der Landesregierung die Frage, ob bei Karnevalfeiern in angemieteten Räumen geraucht werden darf, auch wenn es sich bei dem Raum um eine Schulaula oder Turnhalle handelt? Knifflig. Dürfen die kalledonischen, Voßheider oder Lagenser Narren noch quarzen zum Narhallamarsch? Ja, sie dürfen, es sei denn, der Veranstalter verbietet es. Wenn er es erlaubt, ist das gesetzliche Qualmverbot schon in Rauch aufgegangen. Natürlich ist der blaue Dunst schädlich für Raucher und Mitraucher. Aber weder Politiker noch Exekutive scheinen ihrem Volk zuzutrauen, das selbst erkennen zu können und auf die schlichte Bitte „Können Sie auf das Rauchen verzichten" ebenso schlicht und einfach mit „Selbstverständlich" zu reagieren. Stattdessen wird debattiert, dekretiert[1] und reguliert – nicht nur beim Rauchen. Selbstverantwortung ist ein Wort für Sonntagsreden, die Allzuständigkeit des Staates bildet der Alltag. Wie sagt der Lipper: „Das kannste doch noch nicht mal in der Pfeife rauchen."

(Aus: Lippische Zeitung, 05./06.01.2008)

[1] dekretiert: verordnet

Untersuche den Kommentar „Im Dunst". Gehe dabei auf folgende Aspekte ein:

- Zu welchem Ereignis nimmt der Kommentator Stellung?
- Welche Auffassung vertritt er?
- Welche Argumente führt er für seine Auffassung an?
- Nimm selbst Stellung zu der Auffassung des Kommentators.

Meinungsbildende Texte untersuchen (2)

Auf einer Insel

„Logbuch: Im Dunst“,
LZ vom 5./6. Januar

Herr Engelhardt kritisiert in seinem Beitrag das gesetzliche Rauchverbot, das ist sein gutes Recht. Wenn er auf die schwammigen Ausnahmeregelungen abhebt, kann ich ihm da auch nur beipflichten. Aber offensichtlich befindet er sich auf einer Insel der Glückseligen, wo es anscheinend funktioniert, dass ein Raucher „auf die schlichte Bitte: ‚Könnten Sie auf das Rauchen verzichten‘ ebenso schlicht und einfach mit ‚Selbstverständlich‘ reagiert und die Zigarette wieder wegsteckt oder die Kippe ausdrückt. Genau ein solcher Dialog hat zu der mittlerweile zu einer unsäglichen innenpolitischen Debatte verkommenen Schlägerattacke aus der Münchener U-Bahn geführt: Rentner fordert junge Männer auf, das Rauchen zu unterlassen. Wie „selbstverständlich“ dem nachgekommen wurde, haben die Überwachungskameras aufgezeichnet.[1] Der Vorfall ist in seiner Brutalität sicherlich ein Ausnahmefall, verbale und tätliche Angriffe in der Folge einer solchen Bitte oder Aufforderung sind jedoch eher alltäglich. Von selbstverantwortlichem Verhalten, das eine Regulierung überflüssig machte, sind wir in diesem Thema und anderen Bereichen noch weit entfernt!

Dr. Matthias Witt-Brummermann

(Aus: Lippische Zeitung, 12./13.01.2008)

[1] Der Verfasser nimmt hier Bezug auf ein Vorkommnis Anfang 2008 in München, bei dem ein Rentner von zwei Männern schwer verletzt wurde, nachdem er sie auf das Rauchverbot in der U-Bahn hingewiesen hatte.

Auf welche Aussage des Kommentars bezieht sich der Verfasser des Leserbriefs? Welche Auffassung vertritt er dazu?

Eine Fernsehkritik untersuchen

TV-KRITIK

Superseicht

„Das Traumhotel: Karibik“, Freitag, ARD

Träume, wo man hinschaut: Wieder einmal lud die ARD ins „Traumhotel“ – ein Ort, an dem das Wetter immer schön, die Zimmer immer perfekt, das Personal freundlich, das Frühstücksbüffet immer frisch ist. Wie gewohnt fanden auch in der neuen Folge, die in der Karibik spielte, vor katalogreifer Ferienparadies-Kulisse und in entspannter Urlaubsstimmung Menschen zueinander, die sich im kalten Deutschland niemals füreinander erwärmt hätten: Der ältliche Schwerenöter Ferry (Fritz Wepper) beispielsweise, der mit der knackig jungen Daniela (Nina Bott) angereist war und dann sein Herz an Danielas attraktives Mütterlein Gabriele (Uschi Glas) verlor. Wie Kasperlefiguren ließ Kitsch-Profi Otto W. Retzer seine Darsteller auftreten: Eine x-beliebige seichte TV-Schmonzette[1], wie sie die ARD ihrem Publikum viel zu oft zumutet.

Martin Weber

(Aus: Lippische Zeitung, 12./13.01.2008)

[1] Schmonzette: albernes Machwerk

Untersuche die Kritik zur Fernsehsendung „Das Traumhotel: Karibik“. Gehe dabei auf folgende Aspekte ein:

- Wie hat dem Kritiker die Sendung gefallen?
- Wodurch wird sein Urteil in dem Text deutlich?

Leistungsüberprüfung – Selbstevaluation – Klassenarbeit

Als Klassenarbeiten eignen sich die Arbeitsblätter 3, 7 und 8.

Weitere Möglichkeiten:

1. **Schreibe eine Reportage zum Thema „Klassenarbeiten".**
   Gehe dabei von deiner momentanen Situation aus. Denk daran, was du über den Aufbau und die Sprache einer Reportage gelernt hast. Vergiss die Schlagzeile nicht.

2. **Schreibe eine Reportage über das Thema „Schulpause".**
   Denk daran, was du über den Aufbau und die Sprache einer Reportage gelernt hast. Vergiss die Schlagzeile nicht.

3. **Einen Polizei-Pressebericht in eine Zeitungsnachricht umformen**
   (s. Arbeitsblatt 3, S. 248)

4. **Eine Reportage untersuchen**
   (s. Arbeitsblatt 7, S. 254 f.)

5. **Meinungsbildende Texte untersuchen**
   (s. Arbeitsblatt 8, S. 256)

Das Lernen lernen – Sachtexte zusammenfassen (S. 240–253)

Vorüberlegungen zur Einheit

Bereits im Band 7 dieses Lehrwerks haben sich die Schülerinnen und Schüler mit Sachtexten befasst. In diesem Kapitel geht es vorrangig darum zu lernen, die Informationen eines Sachtextes angemessen zusammenzufassen. Dabei können die Lernenden auf Methoden zurückgreifen, die sie bereits kennengelernt haben, und so ihre Selbstständigkeit im Umgang mit Texten weiter schulen.
Inhaltlich orientiert sich die Einheit an dem Thema „Jobben neben der Schule", das der Altersgruppe entspricht und die Schülerinnen und Schüler zu einer persönlichen Auseinandersetzung animiert.

Folgende Kompetenzen werden in dieser Einheit geschult:
- Die gezielte Informationsentnahme aus Sachtexten mithilfe geeigneter Methoden
- Das Erkennen und Markieren zentraler Informationen
- Das Gliedern eines Textes als Verständnishilfe
- Die sprachliche Reduktion der Kernaussagen eines Abschnitts durch Setzen von Überschriften
- Die Funktionalisierung einzelner Textabschnitte im Gesamtkontext (Einführung der Analyseebene)
- Die schriftliche Zusammenfassung von Sachtexten

Als Einführung in die Einheit ist es naheliegend, die Erfahrungen der Schülerinnen und Schüler mit Nebenjobtätigkeiten einzuholen. Bei offenen Lernsituationen ist es sicher möglich, diese im Unterrichtsgespräch zu ermitteln. Sollten sich aber Hemmungen bei den Jugendlichen zeigen, ist es auch sinnvoll, die Lerngruppe zu teilen und die Schülerinnen und Schüler in Kleingruppen ihren Austausch leisten zu lassen. Vorgestellt würde dann ein Gruppenresümee, das die hauptsächlichen Tätigkeiten neben der Schule, die Motivation zu einem Nebenjob, die Erfahrungen mit Nebenjobs und die Frage nach der Vereinbarkeit von Schule und Job aufgreifen sollte. Denkbar ist es auch, den Schülern zum Einstieg die Statistik auf S. 243 zu präsentieren und daran die Frage anzuknüpfen, wie ein Jugendlicher zu dem notwendigen Geld kommt, das er für seine Ausgaben benötigt.

Didaktische Aufbereitung der Unterkapitel

1. Die inhaltliche Zusammenfassung eines Sachtextes (S. 241–245)

Jugendliche suchen zunehmend Nebenjobs (S. 241–242)

Aufgabe 1
S. 242

Bei dieser Aufgabe soll zunächst das grundsätzliche Verstehen des Artikels sichergestellt werden; außerdem werden die Schüler schnell merken, dass der Text verschiedene Themenaspekte bündelt. Es geht um
– die Zunahme von Nebenjobs bei Jugendlichen,
– die Begründung für die Nebenjobs: Selbstständigkeit,
– die Einschätzung der Nebenjobs als identitätsstiftend,

– gute Vereinbarkeit von Schule und Nebenjob.

Aufgabe 2
S. 242

Hier wird das Vorwissen der Lernenden aktiviert; mögliche Antworten sind:
- Das Markieren von Kernaussagen durch Unterstreichen
- Einkreisen zentraler Begriffe
- Nummerierung der aufeinanderfolgenden Kernaspekte
- Randnotizen zu zentralen Aussagen – Überschriftencharakter

Aufgabe 3
S. 242

In diesem Fall wird eine Methode vorgegeben, die den Schülerinnen und Schülern vertraut ist. So ist eine nachfolgende Besprechung problemlos möglich. Die zentralen Aussagen des Berichts sind:
Z. 3–5: Nachfrage nach Nebenjobs ist erheblich gestiegen, um 20 bzw. 25 %
Z. 14 f.: Arbeitszeit der Jugendlichen liegt wöchentlich bei 6–8 Stunden
Z. 24 f.: Jugendliche jobben, weil sie selbstständig sein wollen, nicht um ihr Taschengeld aufzubessern
Z. 29 f.: Arbeit Jugendlicher ist identitätsstiftend
Z. 33 f.: Jugendliche mit Nebenjobs sind schulisch nicht schwächer als Mitschüler ohne Nebenjobs
Z. 39 f.: Eigenverantwortung ist für Jugendliche sehr wichtig

Aufgabe 4
S. 242

Bei dieser Aufgabe sollen die Schülerinnen und Schüler lernen, das Wesentliche eines Textabschnitts zu erfassen. Dabei ist es wichtig, dass der gesamte Inhalt bedacht wird und dass die gewählten Überschriften angemessen präzise sind. Deshalb ist der Überschrift „Art und Umfang der Nebenjobtätigkeit" der Vorzug zu geben, da die übrigen Überschriften nur Teilaspekte des Abschnitts berücksichtigen.

Aufgabe 5
S. 242

Die weiteren Abschnitte könnten mit folgenden Überschriften versehen werden:
Z. 14 f.: durchschnittliche wöchentliche Arbeitszeit der Jugendlichen
Z. 16–30: Einschätzung der Nebenjobtätigkeit durch Prof. Mansel
Z. 30–40: Einfluss der Nebenjobtätigkeit auf die schulische und persönliche Entwicklung

Aufgabe 7
S. 242

Durch die Setzung von Überschriften und die Zuordnung von Einzelinformationen hat der Leser den Artikel für sich präsent und kann die Überschriften schnell mit Inhalt füllen. So kann es dann im Weiteren gelingen, den Text in konzentrierter Form wiederzugeben. Alternativ zu diesem Vorgehen ist es auch sehr sinnvoll, Fragen an den Text zu stellen, auf die dieser eine Antwort gibt. Im Unterricht könnten die Sitznachbarn so ihre Textkenntnis testen und gegebenenfalls über einzelne Aspekte intensiver sprechen.

Aufgabe 8
S. 242

Diese Aufgabe erfordert von den Schülerinnen und Schülern einen abstrahierenden Blick, da es nicht darum geht, die einzelnen Aspekte zu addieren, sondern dem Text ein Grundthema zuzuordnen. Denkbar wäre es, das Thema des Textes folgendermaßen zu benennen:
- Die Nebenjobtätigkeiten als identitätsstiftende Aktionen oder
- immer mehr Jugendliche suchen den Weg der Eigenverantwortung durch Nebenjobtätigkeiten

Aufgabe 9
S. 242

Die Aufgabe der Textzusammenfassung dient dazu, dass die Schülerinnen und Schüler schon früh eine genaue Wiedergabe der zentralen Inhalte leisten, ohne den Text abzuschreiben. Die eigene Wortwahl für die Zusammenfassung sowie die Kausalverknüpfung der Einzelabschnitte ist hier ein zentrales Erfordernis. Durch diesen ersten Schritt werden die Schülerinnen und Schüler an die nachfolgende, eher textanalytische Arbeit (vgl. S. 246 ff.) herangeführt. Sinnvoll ist es, wenn die Schülerinnen und Schüler nach der Formulierung der Zusammenfassung in eine Partnerkorrektur gehen: Jeder ist sich des Inhalts des Artikels bewusst, sodass es auch jedem möglich sein dürfte, die Zusammenfassung seines Nachbarn auf Vollständigkeit, Logik und die eigene Wortwahl hin zu überprüfen.

Aufgaben 1 und 2 S. 243 Mit diesen Aufgaben haben die Schülerinnen und Schüler die Gelegenheit, zum einen ihre eigenen Ausgaben mit den in der Statistik aufgeführten zu vergleichen, zum anderen werden sie aufgefordert, die einzelnen Angaben genau zu untersuchen: Sie ermitteln, worüber die Statistik informiert, sie bedenken, dass in der Statistik die Gesamtausgaben der Jugendlichen aufgeführt sind, und sie zeigen, dass z. B. die Ausgaben für Kleidung mehr als zehnmal so hoch sind wie die Ausgaben für Körper- und Haarpflege. Dabei ist auch zu bedenken, dass Bekleidungsartikel um ein Vielfaches teurer sind als Haarpflegeprodukte, wodurch sich die unterschiedlichen Ausgabenhöhen zusätzlich erklären lassen.

Aufgabe 3 S. 243 Beim Verfassen eines Kurzvortrags bzw. eines schriftlichen Textes werden die Schülerinnen und Schüler dazu angehalten, die Statistik in systematisierter Form auszuwerten. Dabei sollten sie das Thema der Statistik erfassen, die Quelle der Informationen angeben, die Extremzahlen benennen, einzelne Informationen in Relation zueinander stellen und auch zeigen, dass die Ausgaben für Kleidung in einem großen Abstand zu den anderen Ausgaben liegen (doppelt so hoch wie die Ausgaben für Schuhe). Auch fällt auf, dass die Ausgaben für Kino und Konzerte etwa gleich sind zu denen für Kassetten oder Musik-CDs, dass für Zeitschriften nahezu gleich viel Geld ausgegeben wird wie für Körper- und Haarpflege und dass für Handys siebenmal so viel Geld ausgegeben wird wie für Bücher und Videos. Durch die genaue Darstellung der Statistikinformationen gelingt es, das eigene Ausgabeverhalten abschließend noch einmal mit den Angaben der Statistik zu vergleichen und Auffälliges oder Überraschendes aus der Statistik zu artikulieren.
Alternativ zu der unmittelbaren Beschäftigung mit der Statistik kann es auch reizvoll sein, den Schülerinnen und Schülern zunächst nur die Ausgabenbereiche (Kleidung, Süßigkeiten etc.) in unsortierter Form zu geben und sie selbst eine Rangfolge erstellen zu lassen. Der Arbeitsauftrag hieße dann:

- Erstellt eine Reihenfolge: Wofür geben Jugendliche zwischen 12 und 18 Jahren am meisten Geld aus, wofür am wenigsten? Bringt die einzelnen Bereiche in eine Reihenfolge.

Anschließend bietet sich ein Vergleich der eigenen Angaben mit denen der Statistik an.

Generation Job (S. 243–245)

Aufgabe 1 S. 245 Da der Artikel von Marcel Gluschak die gleiche Thematik aufweist wie der vorangegangene Text, bietet sich ein Vergleich der beiden Texte an. Anders als der erste Text (S. 241 f.) listet der Artikel aus dem Kölner Stadtanzeiger nicht nur Informationen auf, sondern er enthält auch Kommentierungen Jugendlicher und Erwachsener zum Stellenwert von Nebenjobs sowie Fakten aus statistischen Erhebungen. Dadurch wird es schwieriger, die einzelnen Informationen des Artikels zu ermitteln. Zudem ist der Text länger und sprachlich komplexer, was zusätzlich die Informationsentnahme „auf einen Blick“ erschwert. Schließlich zeigt der Text eine ambivalente Beurteilung von Nebenjobtätigkeiten Jugendlicher, sodass eine Strukturierung des Artikels größere Konzentration erfordert.

Aufgabe 2 S. 245 Diese Aufgabe ermöglicht es dem Lehrer oder der Lehrerin zu ermitteln, inwieweit der Artikel grundsätzlich verstanden wurde und welche Informationen der Schüler bzw. die Schülerin behalten hat. Die mündliche Wiedergabe des Textes sichert so das Erstverständnis des Textes.

Aufgabe 3 S. 245 Die Besprechung der Aufgabe kann in einem Tafel- bzw. Folienbild gebündelt werden. Dazu wird das Gerüst an der Tafel vorgegeben und die Schülerinnen und Schüler füllen es in einer Kreidestaffel aus, d. h., jeweils zwei Schüler gehen gleichzeitig nach vorne und notieren, was ihnen im Gedächtnis geblieben ist, danach reichen sie die Kreide an ihre Mitschüler weiter und diese schreiben weitere Punkte auf usw. Dabei könnte folgendes Bild entstehen:

Tafelbild

„Generation Job" – Kölner Stadtanzeiger vom 7.7.03

Überschrift/Zeilen:	*Erfahrungen eines Lehrers mit dem Konsumverhalten Jugendlicher (Z. 1–16)*
Informationen:	*Geldbedarf pro Monat: 250 Euro/Ausgaben für Handy, Kleidung, Sonnenbank, Essen*
Überschrift/Zeilen:	*Geändertes Konsumverhalten Jugendlicher macht Nebenjobtätigkeit erforderlich (Z. 17–32)*
Informationen:	*Handy, Markenkleidung, Ausgehen innerhalb der Woche – die Schüler müssen jobben, um ein ausgeglichenes Konto zu haben*
Überschrift/Zeilen:	*Fakten zu Nebenjobtätigkeiten Jugendlicher (Z. 33–40)*
Informationen:	*1/3 der 15–19-Jährigen arbeitet regelmäßig; 42 % arbeiten gelegentlich oder in den Ferien*
Überschrift/Zeilen:	*Bewertung der Nebenjobtätigkeit aus Lehrerperspektive (Z. 41–55)*
Informationen:	*Gefahr, Schule als Nebensache zu begreifen; Schüler sind motivationslos und müde; Verbindung zur Schule geht verloren; Verplanung durch Nebenjobs führt zu Stress*
Überschrift/Zeilen:	*Bewertung der Nebenjobtätigkeit aus Schülerperspektive (Z. 56–80)*
Informationen:	*Mit Disziplin und Organisation lassen sich Schule und Nebenjobs gut vereinbaren; Nebenjobtätigkeit fördert die Selbstständigkeit und erhöht den verantwortlichen Umgang mit Geld*
Überschrift/Zeilen:	*Studienergebnisse zu der Frage nach dem Stellenwert von Nebenjobs (Z. 81–87)*
Informationen:	*Jugendliche können sicherer mit Geld umgehen; neigen eher zum Sparen*
Überschrift/Zeilen:	*Reaktion einer Schule auf das Phänomen Nebenjob (Z. 88–103)*
Informationen:	*Verbindung von Schulwissen mit der Möglichkeit, Geld zu verdienen als Form, sich den Realitäten zu stellen; wichtig muss aber die Erkenntnis bleiben, dass die eigene Zukunft vorrangig zum Geldverdienen ist*

Aufgabe 4
S. 245

Nach der intensiven Besprechung der Schülerarbeiten zu Aufgabe 3 wird es der Lerngruppe leichtfallen, die Notizen von Maja auf ihre Vollständigkeit hin zu überprüfen. Bei der Frage, ob einige Informationen wegfallen können, sollte gezeigt werden, dass es sinnvoll sein kann, zentrale Zitate schon in die Stichwortsammlung aufzunehmen, dass darin aber auch die Gefahr liegt, einen Text abzuschreiben.

Aufgaben 5 und 6
S. 245

Die Themenformulierung stellt für Schülerinnen und Schüler erfahrungsgemäß eine Schwierigkeit dar, weil sie auf einer abstrakteren Ebene den Kern eines Textes erfassen müssen. Deshalb wurde sie hier hinter die Erfassung der Einzelinformationen gesetzt. Bei der Beurteilung der im Buch vorgegebenen Themenvorschläge sollte deutlich werden, dass nur der zweite Themenvorschlag Majas geeignet ist. Der erste Vorschlag bleibt ungenau, da zum einen die Quellenangabe fehlt und zum anderen die unterschiedliche Beurteilung von Nebenjobs, wie sie im Artikel aufgezeigt wird, unberücksichtigt bleibt. Der dritte Vorschlag ist nicht geeignet, weil dem uninformierten Leser einer solchen Themenformulierung die W-Fragen nicht beantwortet werden. Zudem wird durch eine solche Themenformulierung der Eindruck erweckt, es gehe im Artikel um Einzelbeispiele und nicht um eine generelle Thematisierung von Nebenjobtätigkeiten Jugendlicher.

2. Die Aufgaben von Textabschnitten erfassen (S. 246–248)

In diesem Unterkapitel sollen die Schülerinnen und Schüler lernen, Textaussagen auf einer metasprachlichen Ebene zu qualifizieren, um der Machart eines Textes näherzukommen. Die Funktionalisierung von Textaussagen stellt eine wichtige Aufgabe dar, um im Weiteren zu einer Textanalyse gelangen zu können.

Aufgabe 1
S. 247

Die Einzelsätze können folgendermaßen zugeordnet werden: Manfred Huschner [...] kann nicht fassen, was ihm die Schüler manchmal erzählen: **die Meinung einer Einzelperson anführen**

Jugendliche haben ihr Konsumverhalten geändert [...] Nebenjob zum selbstverständlichen Bestandteil des Alltags geworden: **Fakten nennen**

Rund ein Drittel der 15–19-Jährigen arbeitet regelmäßig, [...]. Das sind die vorläufigen Ergebnisse der Studie „Jugendliche in neuen Lernwelten" des Deutschen Jugendinstituts in München, die diesen Sommer veröffentlicht wird: **die Ergebnisse einer Studie einbringen**

Zu Wochenbeginn hängen die Schüler motivationslos über den Tischen, noch ganz müde vom Job am Wochenende: **die Meinung einer Einzelperson anführen**

Für Becker steht außer Frage, dass sich lukrativer Nebenverdienst und ertragreiche Bildung nicht vereinbaren lassen: **sich auf eine Autorität berufen, z. B. auf einen Experten**

Auch Natascha (18) [...] verantwortlicher mit Geld umgehen: **ein Einzelbeispiel nennen**

Nataschas Ansicht deckt sich mit dem Ergebnis einer aktuellen Studie [...] auch eher zum Sparen neigen: **die Ergebnisse einer Studie einbringen**

Aufgabe 2
S. 247

Je nach Abschnittsgliederung fallen die Ergebnisse möglicherweise leicht variierend aus. Die Tabelle lässt sich z. B. folgendermaßen vervollständigen:

Zeilen	Inhalt – was wird gesagt?	Welche Aufgabe hat die Aussage?
33–40	Ein Drittel der 15–19-Jährigen arbeitet regelmäßig, 42 % arbeiten gelegentlich	Ergebnisse einer Studie
41–55	Schüler sind für die Schule nicht mehr motiviert, Nebenjob ist wichtiger, ertragreiche Bildung und lukrativer Nebenjob passen nicht zusammen	Sich auf eine Autorität berufen, z. B. auf einen Experten
56–80	Mit Disziplin und Organisation sind Schule und Nebenjob zu vereinbaren/Nebenjob führt zu größerer Verantwortung im Umgang mit Geld	Aufgreifen der Schülerperspektive durch Anführen zweier Einzelmeinungen
81–87	Jugendliche mit Nebenjobs zeigen verantwortlichen Umgang mit Geld und neigen eher zum Sparen	Ergebnisse einer Studie

88–103	Schule sucht Verbindung von Nebenjob mit schulischem Wissen; Schüler sollen eigene Zukunft als wichtiger bewerten als die Möglichkeit, Geld zu verdienen durch Nebenjob	Einzelbeispiel geben Meinung einer Einzelperson

Aufgabe 3 S. 247 Nach der Bearbeitung der Aufgaben der einzelnen Textabschnitte wird es den Schülerinnen und Schülern leichter fallen, die angefangene Zusammenfassung zu dem Zeitungsartikel fortzusetzen. Bei der Ausformulierung der Tabellenangaben (Aufgabe 2) ist es hilfreich, wenn vor der Verschriftlichung noch einmal auf mögliche Kausalverknüpfungen der Textabschnitte hingewiesen wird. Dann wird es möglich zu zeigen, ob z. B. eine Aussage im **Kontrast** zu einer anderen steht oder ob z. B. eine Studie als **Legitimierung** für ein Einzelbeispiel angeführt wird etc.

Aufgabe 4 S. 247 Nach gemeinsam festgelegten Kriterien in der Gesamtgruppe (Vollständigkeit, Herstellen von Kausalverknüpfungen, Formulierung im Präsens, angemessene Zitierung von Textaussagen, sachgerechte Wiedergabe ...) können die Schüler in Kleingruppen in einer Art Redaktion ihre Texte besprechen und überarbeiten. Dabei werden ggf. Schwierigkeiten in der Ausformulierung sichtbar, die dann gemeinsam behoben werden können. Dadurch arbeiten die Schüler selbstständig und eigenverantwortlich und sind nicht sofort der Kritik der Gesamtgruppe ausgesetzt. Besonders gelungene Zusammenfassungen erhalten abschließend im Plenum ihre Würdigung.

3. Hier kannst du üben (S. 249–253)

Jetzt wird wieder in die Händchen gespuckt (S. 249–252)

Der hier zugrundegelegte Text ist sehr umfangreich, spiegelt aber die Realität von Zeitungstexten durchaus wider. Damit die Arbeit mit diesem Text nicht allzu viel Zeit in Anspruch nimmt, ist eine arbeitsteilige Erschließung des Artikels als Methode gewählt worden.

Aufgabe 1 S. 249 Anhand der Überschriften wird dem Leser eine erste inhaltliche Orientierung für die Erfassung des Artikels angeboten, die für das genauere Bearbeiten des Textes hilfreich sein kann. Aufgrund der Überschriften lässt sich vermuten, dass der Verfasser Kinderarbeit im dargestellten Rahmen befürworten wird, zumal er sich der rechtlichen Grenzen für Kinderarbeit bewusst ist.

Aufgabe 2 S. 252 Hier sollen die Schüler den Kerngehalt des Textes ermitteln und so ihr Erstverständnis artikulieren.

Als Thema des Textes könnte festgehalten werden:

Es geht in dem Artikel von Daniel Schnettler um eine positive Bewertung von Kinderarbeit bei gleichzeitigem Aufzeigen der Gesetzeslage.

Aufgaben 3 und 4 S. 252 Die Inhalte einzelner Abschnitte verantwortlich für die Gesamtgruppe vorzutragen zeigt die Bedeutung der einzelnen Arbeiten und dient der Kooperationsfähigkeit der Schüler. Analog zu der Bearbeitung des vorangegangenen Textes sollen die Aufgaben der einzelnen Textabschnitte ermittelt werden. Dabei müsste darauf hingewiesen werden, dass in einer jeweils bearbeiteten Passage mehrere Aufgaben/Funktionen enthalten sind. Diese Arbeit ist zwar etwas mühselig, stellt aber für die nachfolgende schriftliche Zusammenfassung eine hilfreiche Vorarbeit dar.

Stichworte für die einzelnen Abschnitte sowie Aufgabenbenennungen der Aussagen könnten sein:

Zeilen	Inhalt – was wird gesagt?	Welche Aufgabe hat die Aussage?
8–30	**„Jetzt wird wieder in die Händchen gespuckt“:** 40 % der 12–16-Jährigen jobben	Anführung von Fakten
	Daniel Radcliffe, Harry-Potter-Darsteller, sieht seine Arbeit beim Film nicht als Arbeit, er hat großen Spaß	Nennung eines Einzelbeispiels
	Forschungsprojekt „Kinder und Arbeit“ untersucht die Erfahrung 9–15-Jähriger mit der Arbeitswelt – Ergebnis: Zustimmung zu Radcliffes Position	Berufung auf eine Autorität, hier: Beatrice Hungerland, Sozialwissenschaftlerin und Leiterin des Forschungsprojekts „Kinder und Arbeit“
31–54	**„Arbeit und Schule passen unter einen Hut“**: Jobs als Möglichkeit der Anerkennung – positive Wirkung von Jobs	Berufung auf eine Autorität/Expertenmeinung
	DIW: arbeitende Schüler erreichen ähnlich gute Noten wie nicht arbeitende – je höher die Bildungsabschlüsse in einer Familie, desto häufiger jobben die Kinder	Fakten des Deutschen Instituts für Wirtschaftsforschung (DIW)/Berufung auf eine Autorität
55–80	**„Das Vorurteil von der ‚faulen Jugend‘“**: Schüler wollen gerne arbeiten	Erfahrung einer Autorität
	89 % würden gerne jobben; Zahl der zur Verfügung stehenden Ferienjobs sinkt stetig und deckt die Nachfrage bei Weitem nicht ab	Befragungsergebnisse einfügen Fakten des Arbeitsamtes
81–92	**„Die Gesetzeslage“:** Jugendarbeitsschutzgesetz bestimmt: Wer noch zur Schule geht, darf nicht jobben; Aufweichung des Gesetzes für Kinder ab 13 Jahren: kleinere Tätigkeiten wie Einkauf für den Nachbarn oder Nachhilfe für Verwandte sind erlaubt	Faktenangaben zur Gesetzesbestimmung
93–121	**„Enge rechtliche Grenzen“:** Kinder dürfen nur von montags bis freitags jobben; maximal zwei Stunden am Tag (in der Zeit zwischen 8 und 18 Uhr); Ferienjobs werden erst an Jugendliche ab 15 Jahren vergeben	Beispielhaft angeführte Fakten zur Gesetzesbestimmung
	Selbst Mitglieder des Kinderschutzbundes halten eine solch starre Gesetzesregelung für falsch: Solange Kinder freiwillig arbeiten und die Schule nicht darunter leidet, sei eine kleine Tätigkeit zu befürworten (z. B. gelegentliches Rasenmähen für den Nachbarn) – grundsätzlich sei aber gesetzliche Regelung von Kinderarbeit wichtig zum Schutz vor Ausbeutung – Maßstab sei jedoch fragwürdig	Meinung von Experten/Berufung auf eine Autorität

122–154	**„Rechte statt Verbote“:** Eltern befürworten das Jobben ihrer Kinder; sie sind sich der Gesetzeswidrigkeit der Nebenjobtätigkeit ihrer Kinder oft gar nicht bewusst; wenden sich gegen Reglementierungen staatlicherseits	Berufung auf Autorität (Bericht der Bundesregierung zur Kinderarbeit)
	Forderung der Sozialwissenschaftlerin Beatrice Hungerland: Umkehrung der Gesetzeslage: Rechte sollten an die Stelle von Verboten treten, um Kinder wirklich schützen zu können	Berufung auf Autorität/Meinung einer Expertin
	Ausbeutung von Kindern sei in Deutschland sehr selten, werde dann aber hart bestraft	Berufung auf Autorität: Berliner Amt für Arbeitsschutz
155–195	**„Nachwuchs-Stars sind auch nur Kinder“:** Besonderes Augenmerk liegt auf der Filmindustrie; Auflagen werden weitestgehend eingehalten; bei Verstoß gegen sie gibt es deutliche Geldstrafen	Als leicht überprüfbare Fakten formulierte Angaben
	David Kötter, 13-Jähriger Gymnasiast aus Wuppertal, empfindet seine Tätigkeit als Spaß – seine Mutter bestätigt, dass die Schule nicht darunter leide	Anfügen eines Einzelbeispiels Meinung einer Einzelperson Angaben einer Expertin (Mutter)
	der Verdienst des Jungen kann aber nicht mit dem von Daniel Radcliffe verglichen werden	Meinung einer Einzelperson/Abrundung des Artikelbeginns

Aufgabe 6
S. 252

Die Ausführungen des Beispieltextes sind nur zum Teil gelungen:
- Um zu zeigen, dass der Anteil der arbeitswilligen Jugendlichen sehr hoch ist, wäre es an dieser Stelle sinnvoll, die Prozentzahl (89 %) einzufügen.
- Die Gesetzeslage wird in dem genannten Abschnitt noch nicht dargestellt; der Abschnitt konzentriert sich auf das Missverhältnis von Nachfrage und Angebot bezüglich Nebenjobs.

Aufgabe 7
S. 252

In der Einleitung sollten folgende Punkte enthalten sein:
- Verfasser des Artikels
- Titel des Textes
- Erscheinungsort und -datum des Artikels
- Thema des Artikels

„Immer mehr Jobsuchende, immer weniger Stellen“

Schülerjobs: Im Netz hart umkämpft

Schülerjobs gibt es im Internet. Online können rund um die Uhr Jobs abgerufen werden.

Viele tausend Schüler suchen in den Sommerferien noch schnell im Internet nach einem lukrativen Nebenjob für die freie Zeit. Doch auch bei den Schülerjobs herrscht Flaute. Nur mit ein paar Tricks hat man noch Chancen auf einen guten Nebenjob. Das Stellenangebot klingt verheißungsvoll: „Urlaub in Disneyland – Ein Job der anderen Art, denn unter den Kollegen finden sich Berühmtheiten wie Mickey Mouse, Goofy & Co.“ Wenn das kein Traum-Nebenjob für Schüler ist. Umso praktischer, dass in einer Woche die Sommerferien beginnen. So kann man ein bisschen Geld dazuverdienen und die Zeit im Ausland verbringen. Es gibt nur einen Haken bei der Sache: Die Chancen, diese freie Stelle wirklich zu bekommen, sind unendlich klein. Schülern geht es im Augenblick nämlich nicht besser als anderen Arbeitssuchenden in Deutschland: Viele Bewerber stürzen sich auf wenige Stellenangebote.

Die Arbeit in Freizeitparks ist sehr beliebt – aber ein Knochenjob.

Ein Drittel weniger Schülerjobs

„Wir verzeichnen ein Drittel weniger angebotene Schülerjobs als im Vorjahr.“ Sascha Ropertz muss es wissen. Er ist Redakteur der Düsseldorfer Webseite „schuelerjobs.de“. Rund um die Uhr können Firmen oder Privatleute offene Nebenjobs auf seiner Homepage veröffentlichen – kostenfrei. Trotzdem wird das Angebot immer kleiner. Ganz im Gegensatz zur Zahl der jobsuchenden Schüler. „Deren Anfragen sind wiederum überproportional gestiegen. Täglich suchen 4 000 bis 5 000 Schüler allein bei uns nach einem Nebenjob“, erklärt Ropertz.
Nicht anders sieht es bei den vielen anderen Online-Stellenbörsen aus. Stellenweise findet man auf den Webseiten gerade einmal 30 offene Jobs – bundesweit. Und richtige Traumjobs sind eher selten im Angebot. Häufig werden Schüler für das Verteilen von Zeitungen oder Prospekten gesucht. Bei sechs bis sieben Euro pro Stunde ist das kein leicht verdientes Geld. „Die Zeitungen müssen außerdem frühmorgens ausgetragen werden“, sagt Sascha Ropertz, „die wenigsten wollen das in den Ferien“.

„Katastrophale Bewerbungen“

Um sich die wenigen guten Jobs trotzdem zu angeln, müssen Schüler aber nicht grundsätzlich auf ein Wunder hoffen. Gerade die Online-Jobvermittlung bei Jugendlichen läuft nämlich sehr ungezwungen ab. Meist reicht eine kurze Mail, um den gewünschten Nebenjob zu bekommen. Arbeit suchende Schüler sollten deshalb einfach am frühen Mittag und am späten Nachmittag die Online-Jobbörsen checken. Das ist die Zeit, in der Firmen häufig ihre Angebote ins Netz stellen. Nach dem Motto „Wer zuerst kommt, mahlt zuerst“, kann so schnell ein Ferienjob dabei herausspringen. „Wichtig ist, dass man sich bei Mails einen kurzen

In der Gastronomie sind am leichtesten Jobs zu finden.

15-Zeiler über die eigene Person und die Hobbys überlegt – ohne Rechtschreibfehler", empfiehlt Sascha Ropertz.
Erfahrungsgemäß sei ein Großteil der Bewerbungen „fürchterlich" und „katastrophal". Ein bisschen Mühe vergrößert die Jobchancen beträchtlich.

Strenge Auflagen für Schülerjobs

Natürlich darf sich nicht jeder Schüler für einen Ferienjob bewerben. Das legen verschiedene rechtliche Bestimmungen fest.
Wer unter 13 Jahre alt ist, darf offiziell überhaupt keinen Nebenjob annehmen. Hundesitting oder leichte Botengänge dürfen von Jugendlichen bis 15 Jahre erledigt werden. Erst ab dem 15. Lebensjahr darf ein Schüler vier Wochen am Stück jobben – mehr aber auch nicht. Die Arbeitszeit des Ferienjobs darf dabei acht Stunden pro Tag nicht überschreiten. Zwischen 20 und 6 Uhr darf überhaupt nicht gearbeitet werden. Ausführliche Ratgeber dazu finden sich im Internet, unter anderem auf den Webseiten von „nebenjob.de".

(Archivseite des WDR; http://www.wdr.de; 24.07.2003)

1. Markiere zentrale Aussagen zu den einzelnen Abschnitten und schreibe die Einzelinformationen stichwortartig heraus.

2. Formuliere dann das Thema des Textes.

3. Fasse den Inhalt des Artikels mit eigenen Worten zusammen und achte darauf, welche Funktionen einzelne Aussagen/Abschnitte innerhalb des Textes haben.

Leistungsüberprüfung – Selbstevaluation – Klassenarbeit

1. Den Inhalt eines Sachtextes zusammenfassen
(s. Arbeitsblatt 1, S. 268 f.)

Was will ich werden? – Auf der Suche nach einem Praktikumsplatz (S. 254–263)

Vorüberlegungen zur Einheit

In vielen Schulen ist im Zuge der Schulzeitverkürzung das Betriebspraktikum von der zehnten auf die neunte Klasse vorverlegt worden. Das heißt, dass die Vorbereitung zu diesem Praktikum bereits in der achten Klasse stattfinden sollte.
Hilfe bei der Suche nach einem Praktikumsplatz und beim Verfassen der Bewerbung: Die Einheit nimmt beide Aspekte auf, indem sie auf der einen Seite Möglichkeiten vorstellt, die eigenen Interessen und Fähigkeiten zu erkunden und einen entsprechenden Beruf für das Praktikum auszuwählen, und auf der anderen Seite auf das Bewerbungsschreiben und das Vorstellungsgespräch vorbereitet.
Die Einheit ist so konzipiert, dass die Schüler sie weitgehend selbstständig bearbeiten können. Dafür muss ein Zeitraum von etwa vierzehn Tagen eingerechnet werden. Weitergehende Informationen zur Berufswahl stellt folgende Internetseite der Bundesagentur für Arbeit zur Verfügung:
http://machs-richtig.de/Berufswahlmagazin_1_2008/index.html (letzter Zugriff: 22.01.2008)
Für die Thematik bietet sich ein fächerübergreifendes Arbeiten mit dem Fach Politik bzw. Gesellschaftslehre an.
Falls die Möglichkeit besteht, sollte auch der Besuch des BIZ (Berufsinformationszentrums), das den Arbeitsagenturen angegliedert ist, organisiert werden. Die Schüler lernen hier weitere Möglichkeiten kennen, ihre Fähigkeiten und Interessen einzuschätzen und entsprechende Berufsbilder zu ermitteln.

Schwerpunktmäßig geht es um folgende Kompetenzen:
- eigene Interessen und Fähigkeiten erkunden,
- Texten Informationen entnehmen,
- standardisierte Texte (Bewerbungsschreiben, Lebenslauf) verfassen.

Die Auftaktseite führt unmittelbar in die Thematik ein.

Aufgabe 1
S. 254
Das linke Foto zeigt ein Dentallabor, das rechte Bild eine Tischlerei. Über die Tätigkeiten, die die Schüler in den beiden Betrieben ausüben könnten, kann natürlich nur spekuliert werden. Konzentrieren werden sie sich auf das Schulen handwerklicher Fähigkeiten. In der Regel arbeiten die Schüler in der Zeit des Praktikums an einem Übungsstück. Natürlich werden sie auch zu Hilfsarbeiten herangezogen.

Aufgabe 2
S. 254
Freie Aufgabe. Die Schüler überlegen aber schon an dieser Stelle, ob sie sich vorstellen können, in einem handwerklichen Beruf ihr Praktikum durchzuführen.

Didaktische Aufbereitung der Unterkapitel

1. Was interessiert mich? – Was kann ich? (S. 255–258)

Aufgabe 1 S. 255 Das Gespräch der Schüler dreht sich um zwei Aspekte: Welcher Betrieb soll für das Praktikum ausgewählt werden und worin besteht eigentlich der Sinn dieses Praktikums?

Aufgabe 2 S. 255 Diese Aufgabe knüpft an den zweiten Aspekt an: Die Schüler sollen sich Gedanken machen, welchen Zwecken das Praktikum dient. Genannt werden könnte hier:
- Einblick in die Arbeitswelt
- Erprobung von Fähigkeiten und Interessen
- Übung einer Bewerbung

Aufgabe 3 S. 255 Einerseits müssen sich die Schüler bewusst machen, über welche Fähigkeiten sie verfügen und welche Interessen sie haben; andererseits müssen sie überlegen, welche Berufe ihren Fähigkeiten und Interessen entsprechen.

Eigene Interessen und Fähigkeiten erkunden (S. 255–258)

Aufgabe 1 S. 256 Laura verfügt über ein gutes Vermögen, sich die Ausstattung eines Raumes, der im Moment noch zu ganz anderen Zwecken genutzt wird, vorzustellen. Sie sieht quasi vor ihrem geistigen Auge den zukünftigen Raum.
Mehmet hat handwerkliches Geschick; insbesondere besitzt er die Fähigkeit, mit sehr kleinen Teilen zu arbeiten, was viel Fingerspitzengefühl erfordert.

Aufgabe 2 S. 256 Freie Aufgabe. Wichtig ist es, hier in der Gruppe zu agieren, weil diese auf der einen Seite als Kontrollinstanz dient, auf der anderen Seite aber auch diejenigen stärken kann, die nicht ganz von ihren eigenen Fähigkeiten überzeugt sind.

Aufgabe 3 S. 256 Mit diesem Gedankenexperiment können sich die Schüler noch einmal gegenseitig ihre Fähigkeiten vorstellen und sie erhalten in der Gruppe dazu auch Rückmeldung.

Aufgabe 4 S. 256 Die Schüler werden überwiegend sehr konkrete Fähigkeiten angeführt haben (gut mit Kindern umgehen, handwerkliches Geschick etc.). Die Liste der Bundesagentur für Arbeit fasst dagegen die Fähigkeiten abstrakter zusammen.

Aufgabe 5 S. 256 Mit dieser Aufgabe soll den Schülern deutlich werden, dass bestimmte Tätigkeiten mehrere dieser Fähigkeiten verlangen. So muss jemand, der z. B. eine Jugendgruppe betreut, über Kontaktfähigkeit, Teamfähigkeit und Gewissenhaftigkeit verfügen.

Aufgabe 6, S. 256 Zu nennen wären hier etwa: räumliches Vorstellungsvermögen, Teamfähigkeit, Hand- und Fingergeschick.

Aufgabe 7, S. 257 Freie Aufgabe

Raumausstatter/Raumausstatterinnen – Aufgaben und Tätigkeiten (S. 257–258)

Aufgabe 8 S. 258 Lauras gutes Vorstellungsvermögen, was die zukünftige Ausstattung von Räumen betrifft, ist eine wichtige Voraussetzung für den Beruf einer Raumausstatterin.
Daneben sind aber körperliche Leistungsfähigkeit, Konzentrationsfähigkeit und vor allem auch – wegen der Kundenberatung – Kontaktfähigkeit gefragt. Zudem wird eine gewisse Flexibilität bei der Arbeitszeit vorausgesetzt (nicht immer geregelte Arbeitszeiten), da sich die Raumausstatterin bei der Kundenberatung nach den Terminwünschen der Kunden richten muss.

Aufgabe 9, S. 258 Freie Aufgabe

2. Werbung in eigener Sache – Bewerbungsschreiben, Lebenslauf und Vorstellungsgespräch (S. 259–263)

Aufgabe 1
S. 259

Den Schülern sollte klar sein, dass auch für die Bewerbung um einen Praktikumsplatz das Bewerbungsschreiben den üblichen Normen gemäß sein muss.
Die Person, die über die Vergabe des Platzes zu entscheiden hat, erkennt zunächst durch die äußere Form, wie viel Mühe sich der Bewerber mit der Bewerbung gemacht hat, wie groß folglich das Interesse des Bewerber an dem Platz ist. Weiterhin will diese Person wissen, warum sich der Bewerber gerade für dieses Berufsfeld interessiert und welche Fähigkeiten er dafür mitbringt. Nicht zuletzt möchte sich die Person ein allgemeines Bild von dem Bewerber machen, auch von seinem Werdegang und seinen persönlichen Neigungen und Interessen.

Aufgabe 2
S. 260

Beschreibung von oben nach unten:
- Absender mit Telefonnummer und – falls vorhanden – mit E-Mail-Adresse. Das Datum wird in der letzten Zeile der Absenderangabe nach rechts eingerückt (rechtsbündig abschließend).
- Adresse der Firma
- Betreff (Heute ist es nicht mehr üblich, die Abkürzung „Betr.:“ zu benutzen.)
- Ist die Kontaktperson namentlich bekannt, wird sie auch direkt angesprochen; ansonsten: „Sehr geehrte Damen und Herren,“
- Einleitungssatz mit dem Zweck des Schreibens
- Angabe über den momentanen beruflichen bzw. schulischen Status
- Begründung, warum die Bewerbung für das Berufsfeld erfolgt, gegebenenfalls auch bei dem konkret angesprochenen Unternehmen
- Bitte um ein Vorstellungsgespräch
- Abschlussgruß
- eigenhändige Unterschrift
- Verzeichnis der Anlagen

Die Punkte bedeuten Leerzeilen; die angegebenen Abstände entsprechen den üblichen Normen.

Aufgabe 3
S. 260

Das Bewerbungsschreiben ist voll und ganz gelungen, da es sowohl den üblichen Normen entspricht als auch hinreichend das Interesse der Bewerberin an dem Berufsfeld deutlich macht. Insbesondere einer Achtklässlerin wird man zugute halten, dass sie von einer sehr persönlichen Erfahrung ausgeht, um ihr Interesse deutlich zu machen.

Aufgabe 4
S. 260

Freie Aufgabe. Zu beachten ist, ob die Normen des Bewerbungsschreibens eingehalten worden sind.

Aufgabe 5
S. 261

Der Lebenslauf gibt in kurz gefasster Form wesentliche Hinweise auf den persönlichen schulischen und beruflichen Werdegang des Bewerbers. Auch hier gilt es wieder, die äußere Form ansprechend zu gestalten: bündige Spalten, gleichmäßige Verteilung der Angaben auf der Seite, übersichtliche Gliederung.

Aufgabe 6
S. 261

Wichtig ist der Hinweis auf die übersichtliche Gliederung des Lebenslaufs. Unterschiedlich gehandhabt wird die Frage, ob Angaben über die Eltern gemacht werden müssen, da dies eventuell zu Benachteiligungen führen könnte. Die übrigen Angaben ermöglichen dem Leser des Lebenslaufs, sich ein Bild von der Bewerberin zu machen. So hat z. B. die Betreuung einer Kindergruppe im engeren Sinne keinen Bezug zu dem Beruf der Raumausstatterin, zeigt aber, dass die Bewerberin bereit ist, Verantwortung zu übernehmen und eine gewisse Übung im Umgang mit Menschen hat.

Handgeschriebene Lebensläufe sind heute nicht mehr oder nur noch selten üblich. Gerade bei der Bewerbung um einen Praktikumsplatz kommt es viel mehr darauf an zu zeigen, dass der Bewerber oder die Bewerberin Erfahrung im Umgang mit Textverarbeitung hat.

Aufgabe 8
S. 262

Geeignet ist vor allem das zweite Foto von rechts, da auf diesem Foto die Bewerberin eine positive Ausstrahlung hat. Das erste Foto von links hat zu privaten Charakter; die anderen beiden Fotos sind von der Ausleuchtung weniger gelungen und auch der unruhige Hintergrund wirkt störend.

Aufgabe 9
S. 262

Freie Aufgabe

Aufgaben 10 und 11
S. 263

Nach der schriftlichen Bewerbung ist das Vorstellungsgespräch der erste persönliche Eindruck, den die einstellende Person von dem Bewerber bekommt. Die entscheidende Frage für das Unternehmen ist, ob es dem Bewerber die Aufgaben, die zu erledigen sind, zutrauen kann. Sollte z. B. Laura auch mit Kunden in Kontakt kommen, so ist ihr persönliches Auftreten ganz entscheidend.
Dies betrifft auch die Kleidung. Die allgemeine Regel lautet, dass die Kleidung weder exzentrisch noch nachlässig sein sollte. Zu beachten sind auf jeden Fall berufsspezifische Gepflogenheiten der Kleidung. So wird bei einer Bank häufig das Tragen eines Anzuges mit Krawatte bzw. eines Kleides oder Rockes mit Bluse erwartet.
Für einen handwerklichen Beruf wird man eher eine zweckmäßige Kleidung wählen. Die Kleidung, die Laura auf dem Foto trägt, ist durchaus angemessen. Einstellen sollte der Bewerber sich darauf, dass sich das Unternehmen auf jeden Fall dafür interessieren wird, warum die Bewerbung gerade in dem Berufsfeld und gerade bei dem Unternehmen erfolgt.

Aufgabe 12
S. 263

Bei den Fragen, die Frau Zeidler zu Beginn des Gesprächs stellt, handelt es sich um so genannte „Türöffner-Fragen". Sie ermöglichen eine Kontaktaufnahme der Gesprächspartner, ohne dass gleich das zentrale Thema zur Sprache kommt. Laura nimmt allerdings das Gesprächsangebot von Frau Zeidler kaum an. Eine Alternative wäre gewesen, dass Laura erzählt, welchen Weg sie zu dem Unternehmen genommen hat oder dass sie sich vorher genau nach dem Weg erkundigt hat.

Aufgabe 13
S. 263

Die oberen beiden Fotos zeigen Laura in einer Haltung des konzentrierten Zuhörens. Sie ist bereit, sich wichtige Informationen zu notieren. Die unteren beiden Fotos zeigen Laura dagegen in einer viel zu lässigen Haltung, die nicht genügend Interesse für den Gesprächspartner signalisiert. Insbesondere das rechte untere Foto zeigt eine sehr ungünstige Haltung, die geradezu Desinteresse signalisiert (zu beachten z. B. der Zeigefinger, der Langeweile signalisiert).

Sich um eine Ausbildungsstelle bewerben

GILDE

Ihre Ausbildung 2008!

Im Rahmen des Programms JOBSTARTER des Bundesministeriums für Bildung und Forschung (BMBF) führt die GILDE-Wirtschaftsförderung das Projekt „Zukunft. Erfolg. Ausbilden." zur Entwicklung und Schaffung zusätzlicher Ausbildungsplätze in Lippe durch.

Für unsere Partnerunternehmen in **Lippe** suchen wir zum **1. August 2008**

Auszubildende zum/zur

- **Bürokaufmann/-frau**
- **Kaufmann/-frau für Bürokommunikation**
- **Kaufmann/-frau im Groß- und Außenhandel**
- **Sportfachmann/-frau**
- **Sport- und Fitnesskaufmann/-frau**
- **Kaufmann/-frau für Tourismus und Freizeit**
- **Verkäufer/in (Modebranche)**
- **Fachkraft für Lebensmitteltechnik**
- **Kraftfahrzeugservicemechaniker/in**
- **Modellbaumechaniker/in**
- **Zerspanungsmechaniker/in**
- **Servicefahrer/in**
- **Tischler/in**

Mitbringen sollten Sie eine solide Schul- und Allgemeinbildung, für die kaufmännischen Berufe ist die Fachoberschulreife notwendig. Wir freuen uns auf Ihre vollständige Bewerbung, in der Sie auch Ihr Interesse an dem gewünschten Ausbildungsberuf darstellen.

GILDE GmbH – Zukunft. Erfolg. Ausbilden. –
Werner Günzel, Bad Meinberger Straße 1, 32760 Detmold
Weitere Informationen unter www.zukunft-erfolg-ausbilden.de

jobstarter – Für die Zukunft ausbilden | Bundesministerium für Bildung und Forschung | EUROPÄISCHE UNION Europäischer Sozialfonds | Bundesinstitut für Berufsbildung BIBB

Gefördert als JOBSTARTER-Projekt aus Mitteln des Bundesministeriums für Bildung und Forschung und der Europäischen Union – Europäischer Sozialfonds

Schreibt eine vollständige Bewerbung zu einem der angeführten Ausbildungsberufe. Ihr dürft bei eurer Bewerbung davon ausgehen, dass ihr die erforderlichen Schulabschlüsse mit Abschluss des Schuljahres erreichen werdet.

Ein Bewerbungsschreiben überarbeiten

markus Müller
35765 Kleinstadt
im Garten 7
05555/56565656
derkleinemüller@gtv.it
12.12.2007

An Herrn
Meier
35756 Kleinstadt
Marktplatz 5

Betr.: Praktikum

Lieber Herr Müller,

ich möchte bei Ihnen ein Praktikum machen.

Ich weiß von einem Bekannten meines Vaters, dass Sie Praktikanten einstellen.

Ich kann mir gut vorstellen, mit Holz zu arbeiten. Schon als Kind habe ich am liebsten mit Holzspielzeug gespielt.

In meiner Freizeit spiele ich am liebsten Fußball. Ich möchte einmal Fußballprofi werden.

Ich fände es total super, bei Ihnen mein Praktikum machen zu können.

Mfg

P.S. Ich hab vergessen zu schreiben: Das Praktikum findet vom 2.2 – 14.2.2008 statt und ich gehe zurzeit in die achte Klasse des städtischen Gymnasiums.

Dieses Bewerbungsschreiben ist nicht gelungen. Überarbeite es.

Einen Lebenslauf überarbeiten

Persönliche Daten:

Name: Markus Müller
geburtsdatum: 13.5.1994
Geburtsort: Kleinstadt
Anschrift:
35765 Kleinstadt
im Garten 7

Eltern: Horst und Gabriele
keine Geschwister

Ich war von 2000–2004 auf der Grundschule am Markt, danach bin ich zum Gymnasium gegangen, auf dem es mir gut gefällt. Bald habe ich den mittleren Schulabschluss erreicht, aber ich will Abitur machen.

Sprachkenntnisse: Englisch und Französisch

Mein persönliches Interesse ist vor allem das Fußballspielen.

12.12.2007

Der Lebenslauf ist Markus noch nicht gut gelungen. Überarbeite ihn.

Leistungsüberprüfung – Selbstevaluation – Klassenarbeit

1. **Sich um eine Ausbildungsstelle bewerben**
   (s. Arbeitsblatt 1, S. 275)
2. **Ein Bewerbungsschreiben überarbeiten**
   (s. Arbeitsblatt 2, S. 276)
3. **Einen Lebenslauf überarbeiten**
   (s. Arbeitsblatt 3, S. 277)

Der Sturz des Ikarus – Ein literarisches Motiv (S. 264–279)

Vorüberlegungen zur Einheit

Dieses Kapitel greift mit der Sage „Dädalus und Ikarus“ (in diesem Kapitel kommen auch die griechischen Namensformen Daidalos/Ikaros vor) einen der bekanntesten griechischen Stoffe auf, konzentriert sich dabei aber auf das Motiv vom Sturz des Ikarus, dessen unterschiedliche Ausformungen in Literatur und bildender Kunst mithilfe der Materialien dieses Kapitels verfolgt werden können. Am Rande spielt dabei auch das Thema „Der Menschheitstraum vom Fliegen“ eine Rolle, in das die antike Sage sonst oft eingebettet wird. Die Projektvorschläge am Ende des Kapitels bieten die Möglichkeit, dieses Thema zu vertiefen. So ergeben sich zwei Möglichkeiten, mit diesem Kapitel zu arbeiten; die Bearbeitung der Materialien, konzentriert auf die Frage nach den unterschiedlichen Ausformungen des Motivs vom Sturz des Ikarus, ist ebenso möglich wie eine breiter angelegte Arbeit zu dem Thema „Der Menschheitstraum vom Fliegen“.

Zentrale Kompetenzen, die in dieser Einheit geschult werden, sind:
- die Ausgestaltung eines literarischen Motivs und seine Neugestaltung in erzählenden und lyrischen Texten unterschiedlicher Zeitepochen untersuchen und vergleichen,
- Einleitung, Hauptteil und Schluss einer Bildbeschreibung verfassen,
- unterschiedliche Bilder zu einem Motiv vergleichen.

Die Schülerinnen und Schüler können mithilfe der Auftaktdoppelseite (S. 264/265) in das Thema eingeführt werden.

Aufgabe 1
S. 265

Die Aufgabe knüpft an das mögliche Vorwissen der Schülerinnen und Schüler an. Die Sage sollte noch nicht im Einzelnen nacherzählt werden, es ist aber wahrscheinlich, dass zumindest einzelne Schülerinnen und Schüler die Sage in Grundzügen kennen. Sollte dies nicht der Fall sein, können die Schülerinnen und Schüler, ausgehend von den Bildern, Vermutungen zum Inhalt der Sage und zur Figur Ikarus anstellen.

Aufgabe 2
S. 265

Diese Aufgabe bietet die Möglichkeit, das Kapitelthema von Beginn an in einen größeren thematischen Rahmen zu stellen; dieser Rahmen wird am Ende in den Projektvorschlägen wieder aufgegriffen.

Aufgabe 3
S. 265

Je nach Zusammensetzung der Lerngruppe werden die Ergebnisse sehr unterschiedlich sein. Die Ergebnisse des Erfahrungsaustausches im Unterrichtsgespräch können im Tafelbild gesichert werden, was zum Beispiel in dem Fall sinnvoll erscheint, da man sich für die thematisch breiter angelegte Bearbeitung des Kapitels entschieden hat. Die Ergebnisse können in folgendem Tafelbild gesichert werden:

Tafelbild

Fliegen: Unsere Erfahrungen und Vorstellungen

	positiv	***negativ***
Erfahrungen	*– aufregend*	…
	…	
Vorstellungen	*– Freiheit*	…
	…	

Aufgabe 4
S. 265

Beschreibung und Vergleich der beiden Bilder sollten von der Fragestellung, die die Aufgabenstellung abschließt, ausgehen; dabei sollten die folgenden Fragestellungen berücksichtigt werden: Welcher Teil der Handlung wird dargestellt? Wie wird Ikarus (im Vergleich zu Dädalus) dargestellt? Welchen Eindruck hinterlassen die Bilder beim Betrachter? Die Ergebnisse können in dem folgenden Tafelbild gesichert werden:

Tafelbild

Zwei Bilder von Dädalus und Ikarus

	Marmorrelief 2 Jh. n Chr.	***Kupferstich 1731***
Handlung	– *Dädalus stellt Flügel her* – *Vorbereitung des Fluges* – *Ikarus hilft dem Vater*	– *Ikarus kurz vor Absturz* – *Dädalus fliegt weiter* – *Menschen im Boot beobachten*
Vergleich	– *Ikarus: Knabe* – *beide im Vordergrund* – *Vater mit Bart: Alter, Weisheit* – *Vater handelnd*	– *Ikarus: junger Mann* – *Ikarus im Bildvordergrund* – *Dädalus im Hintergrund*
Wirkung	– *Vater überlegen, beide Figuren wichtig*	– *Ikarus wichtiger* – *dramatische Szene*

Die beiden Bilder können, nachdem die Seiten 272–276 behandelt worden sind, auch als Übungsmaterial eingesetzt werden.

Didaktische Aufbereitung der Unterkapitel

Ikarus – ein Held? (S. 266–271)

Richard Carstensen: Daidalos und Ikaros (S. 266–267)

Die Nacherzählung von Richard Carstensen folgt den antiken Quellen, vor allem der Darstellung bei Ovid in den Metamorphosen.
Der Text kann den Schülerinnen und Schülern von der Lehrkraft laut vorgetragen werden (bei geschlossenen Büchern), die Schülerinnen und Schüler können sich den Text aber auch still lesend erarbeiten.

Aufgabe 1
S. 267

Die folgende Einteilung kann von den Schülerinnen und Schülern im Heft erstellt und/oder im Tafelbild festgehalten werden:

Tafelbild

Die Sage von Daidalos und Ikaros: Übersicht über die Handlung

Abschnitt	***Zeilen***	***Handlungsort***	***Handlung***
1	*1–11*	*Athen*	*Vorgeschichte, Flucht aus Athen*
2	*11–18*	*Kreta*	*Asyl bei König Minos, Daidalos baut Labyrinth für Minotaurus*
3	*19–28*	*Kreta*	*Heimweh, Verbot, die Insel zu verlassen*
4	*28–59*	*Kreta*	*Vorbereitung der Flucht, Bau und Test der Flügel, Warnung an Ikarus*
5	*60–99*	*Mittelmeer*	*Flucht über das Meer, Ikarus stürzt ab*
6	*100–112*	*Ikaria*	*Daidalos begräbt seinen Sohn, Trauer und Schuldgefühle*

Aufgabe 2
S. 267

Dädalus: Eitelkeit und Neid führen zur Ermordung seines Schülers; aus Angst vor Bestrafung muss Dädalus nach Kreta fliehen. Dort wird er von Heimweh gequält und ersinnt, weil er die Insel nicht anders verlassen kann/darf, den Plan von der Flucht durch die Luft. Er sorgt sich um seinen Sohn Ikarus, deshalb ermahnt er ihn vor dem Flug. Die Sorge um den Sohn zeigt, wie viel der Sohn Dädalus bedeutet.
Ikarus: Er beobachtet und bewundert den Vater, während dieser die Flügel baut. Ikarus vertraut seinem Vater und befolgt zunächst dessen Anweisungen. Doch dann wird der Sohn übermütig; durch den erfolgreichen Verlauf des Fluges hat er zu großes Vertrauen in die eigenen Fähigkeiten gewonnen und setzt sich nun über die Anweisungen des Vaters hinweg, was zu seinem Absturz führt.

Aufgabe 3
S. 267

Der Ratschlag des Vaters bezieht sich zunächst konkret auf die Gefahren, die der Flügelkonstruktion durch Sonne/Hitze auf der einen und Wellen/Wasser auf der anderen Seite drohen. Die übertragene Deutung des väterlichen Ratschlages kann mit ganz unterschiedlicher Bewertung erfolgen. So kann der Vater positiv als derjenige gesehen werden, der den Sohn vor Hochmut und Übermut warnt und ihm ein sicheres Leben „in der Mitte" empfiehlt. Hier kann aber auch eine kritische Bewertung ansetzen, die dem Vater vorwirft, er wolle dem Sohn die Möglichkeit zu einer eigenständigen Entwicklung und zum Streben nach Höherem verwehren.

Aufgabe 4
S. 267

Die Schülerinnen und Schüler sollten zunächst durch eine sachliche Erklärung ihr Textverständnis überprüfen bzw. unter Beweis stellen, um anschließend die in Aufgabe 3 angedeutete Ambivalenz durch unterschiedliche Beurteilungen deutlich zu machen.

Aufgabe 5
S. 267

Der Autor legt eine Verbindung zwischen der Schuld, die der Vater durch die Ermordung seines Schülers Perdix auf sich geladen hat, und dem Tod Ikarus' nahe. Hier folgt er Ovid, dessen Darstellung Achim Aurnhammer und Dieter Martin im Nachwort zu ihrer Anthologie „Mythos Ikarus" so zusammenfassen: „Da Dädalus den zwölfjährigen Perdix um dessen Erfindungsgabe beneidete – dieser soll Säge und Zirkel erfunden haben –, stürzte er den Jungen von der Akropolis hinab. Wegen Totschlags verurteilt, musste Dädalus seine Heimat gegen das Exil auf Kreta tauschen. Indem er Perdix (in Gestalt eines Rebhuhns, Anm. des Verf.) die Bestattung des Ikarus verlachen lässt, stiftet Ovid eine Beziehung zwischen den beiden Todesfällen. Der Tod des Ikarus wird zur Sühne der Schuld, die Dädalus mit der Ermordung des Perdix auf sich geladen hat.
Der vordergründig harmonischen Vater-Sohn-Beziehung von Dädalus und Ikarus liegt als latenter Inhalt somit ein Konflikt zugrunde, dessen tragisches Ende sich gegensätzlich bewerten lässt: entweder als gerechte Strafe für den Sohn wegen Auflehnung gegen die väterliche Autorität oder als schuldhaftes Versagen des Vaters, der eigensüchtig den Sohn überfordert; eine Verurteilung des Dädalus legt die nachgeholte Vorgeschichte nahe. Denn die Schuld, die Dädalus durch den Totschlag eines verwandten Kindes auf sich geladen hat, lässt den Sturz des Ikarus als Wiederholungstat aus Strafbedürfnis oder als Sühne erscheinen."
(Achim Aurnhammer/Dieter Martin (Hg.): Mythos Ikarus, Reclam, Leipzig 1998, S. 247–248)

Aufgabe 6
S. 267

Die Schülerinnen und Schüler sollten ihre Einschätzungen, die die in den vorangegangenen Aufgaben deutlich gewordene Ambivalenz erkennen lassen, schriftlich fixieren (dies kann auch in einem Tafelbild geschehen), damit diese Einschätzungen für die weitere Arbeit zur Verfügung stehen.

Ernst Schnabel: Ich und die Könige (S. 268–269)

Der deutsche Schriftsteller Ernst Schnabel (1913–1986) schilderte in seinen Romanen eigene Erfahrungen, die er auf See gemacht hatte, versuchte sich aber auch, wie im vorliegenden Text, an der Neugestaltung antiker Mythen. Er arbeitete außerdem als Autor von Drehbüchern und Rundfunk-Features sowie als Übersetzer und Librettist.
Die Besprechung des Textes kann von der Abbildung auf S. 268 ausgehen, die dann in Aufgabe 5 auf S. 269 wieder aufgenommen wird.

Aufgabe 1
S. 269

Eine grundlegende Veränderung besteht darin, dass der Text von Dädalus als Ich-Erzähler erzählt wird. So verschiebt sich das Schwergewicht auf die Sichtweise und Wahrnehmung der Ereignisse durch den Vater sowie auf seine Empfindungen. Außerdem erzählt der Ich-Erzähler rückblickend und an seinen toten Sohn gerichtet. Ebenso wird das Verhältnis zwischen Vater und Sohn besonders beleuchtet.

Aufgabe 2
S. 269

Der Ich-Erzähler hebt besonders auf die Bedeutung der Sonne/des Sonnenaufgangs ab. Dieser wird als sehr bedrohlich beschrieben (vgl. Z. 77–81). Dabei betont der Ich-Erzähler durch zwei Vergleiche (vgl. Z. 83–85) den Aspekt des Gefangenseins, welches Ikarus nicht ertragen habe (vgl. Z. 87). Durch die Personifikation „Die Sonne fraß den Punkt" (Z. 90) macht der Ich-Erzähler noch einmal deutlich, dass die Sonne für Ikarus' Unglück verantwortlich sei. Die eigentlichen Abläufe werden nicht genau beschrieben, die Frage nach der Schuld Dädalus' oder Ikarus' wird nicht gestellt.

Aufgabe 3
S. 269

Die Rede an den toten Sohn könnte zunächst als ein Zeichen von Trauer und als ein Versuch, den Tod des Sohnes zu verarbeiten, gedeutet werden. Der Vater legt sich selbst Rechenschaft darüber ab, wie es zum Tode seines Sohnes kommen konnte. Dabei spielt auch die Frage nach der eigenen Schuld an dem Unglück eine Rolle; dieser Aspekt erscheint besonders wichtig, wenn man an die antike Überlieferung (zumindest bei Ovid in den Metamorphosen) denkt, die einen Zusammenhang zwischen Dädalus' Schuld (Ermordung Perdix') und Ikarus' Tod herstellt.

Aufgabe 4
S. 269

Dädalus erscheint zunächst als der Überlegene, der die Flucht vorbereitet hat und Ikarus auch während des Fluges Anweisungen gibt. Diese Überlegenheit wird auch darin deutlich, dass Ikarus sich mit Fragen an den Vater wendet. Zugleich wird deutlich, dass Ikarus unvorsichtiger und unbedachter handelt als sein Vater und sogar zu Überheblichkeit neigt (vgl. z. B. Z. 22–23). Das Verhältnis zwischen Vater und Sohn wandelt sich im Laufe der Handlung (ab Z. 38, deutlicher ab Z. 50). Der Vater weicht der Frage des Sohnes nach seiner Identität aus und ist sich seiner selbst unsicher (vgl. Z. 65); in der Folge entfernt sich der Sohn auch räumlich stärker vom Vater (vgl. Z. 66–67) und hält sich nicht mehr so streng an die Gebote des Vaters. Er kehrt zwar noch einmal an seine Seite zurück (vgl. Z. 69–70), löst sich aber dann von ihm, indem er mehr feststellt als fragt: „Und wer du bist – das weißt du selber nicht?" (Z. 74).

Aufgabe 5
S. 269

Der Vater erscheint hier als überlegen, da er größer, kräftiger und älter dargestellt wird. Zudem ist er gerade dabei, seinem Sohn die Flügel anzulegen, und hat dazu den rechten Arm um ihn gelegt. Ikarus dagegen ist deutlich kleiner, nicht mehr als ein Knabe, der seinen linken Arm um den Vater gelegt hat bzw. sich am Vater festhält. Zugleich hat er den Kopf vom Vater abgewandt, vermutlich, um zu sehen, wie der Vater die Flügel befestigt.
Im Gegensatz zu Schnabels Roman ist hier der Vater deutlich überlegen, die Rollenverteilung zwischen Vater und Sohn ist eindeutig.

Aufgabe 6
S. 269

Die Menschen reagieren zunächst mit Erstaunen (vgl. Z. 12–18 und Z. 23–28), aber auch bald mit Aggression, was daran deutlich wird, dass die Hirten und Bauern laut schimpfen und Dädalus und Ikarus mit Steinen bewerfen (vgl. Z. 20–22, Z. 31–34, Z. 44–47). Der Ich-Erzähler gibt als Erklärung an, dass die anderen Menschen Dädalus und Ikarus „für große Vögel oder für Gespenster" (Z. 38) hielten.

Aufgabe 7
S. 269

Die Schülerinnen und Schüler sollten in ihren Texten den Ablauf der Ereignisse aus der Sicht Ikarus' schildern und die Frage nach den Ursachen bzw. der Schuld für seinen Absturz aufwerfen und ggf. beantworten. Dabei könnte der Sohn das Verhältnis zum Vater ansprechen und auf die Antwort, die der Vater ihm noch schuldig ist, zurückkommen.

Ernst Jandl: Ikarus (S. 270)

Der österreichische Schriftsteller Ernst Jandl (1925–2000) wurde vor allem durch seine Lyrik bekannt, in der er mit akustischen und visuellen Mitteln experimentierte.

Aufgabe 1
S. 270

Ernst Jandl wählt nur einen Ausschnitt aus der antiken Sage aus, nämlich den Flug (und Absturz) des Ikarus. Die Vorgeschichte fällt weg, ebenso wird auf die Ereignisse nach dem Tod des Ikarus verzichtet. Sein Vater taucht nur in einem Vergleich auf und tritt nicht als Handelnder in Erscheinung. Die Unterschiede zwischen Ikarus und den anderen Menschen werden besonders hervorgehoben.

Aufgabe 2
S. 270

Ernst Jandls Gedicht besteht aus 13 Versen, die nicht in Strophen unterteilt sind und auch nicht durch ein Reimschema verbunden werden. Die Länge der Verse ist sehr unterschiedlich, der siebte Vers besteht nur aus einem Wort. Es gibt mehrere Zeilensprünge, aber auch Zeilenstil. Ein regelmäßiges Versmaß ist nicht zu erkennen. Hinsichtlich der sprachlichen Gestaltung fallen z. B. die Stilmittel Anapher und Inversion wie auch die Bildhaftigkeit (vgl. z. B. die Metapher in V. 9) auf.

Aufgabe 3
S. 270

Die Wiederholungen strukturieren das Gedicht (vgl. z. B. die Anapher V. 10–12) und machen seine Aussage deutlich. Sie drücken zum Teil eine Steigerung aus („Er flog hoch" – „Er flog höher", V. 1 und V. 5), machen aber auch Gegensätze deutlich („Ikarus flog. Ikarus ging unter.", V. 10–11). Vor allem wird der Gegensatz zwischen Ikarus und „den anderen" (V. 2) deutlich gemacht (vgl. auch V. 12–13), zu denen auch Ikarus' Vater gehört, den der Sohn wie die anderen Menschen übertrifft (vgl. V. 5–7). Die Wiederholung „aus seinen Flügeln" (V. 8–9) könnte innerhalb der inhaltlichen Entwicklung des Gedichts als eine Spannungssteigerung gedeutet werden, da der Sprecher im Gedicht auf den Sturz des Ikarus hinarbeitet, aber auch als retardierendes Moment, da der Ausgang der Ereignisse, der dem Leser vermutlich bekannt ist, hinausgezögert wird.

Aufgabe 4
S. 270

Ikarus erscheint zunächst als Scheiternder, denn er „ging unter" (V. 12); dieser Eindruck wird jedoch bereits durch das erste Wort des letzten Verses wieder aufgehoben (Gegensatz: „unter" – „über"). Trotz seines Sturzes steht er immer noch „über allen anderen" (V. 13, fast wörtliche Wiederholung von V. 2, durch das Indefinitpronomen „allen" noch gesteigert). Der Sprecher im Gedicht beurteilt Ikarus also nicht als Gescheiterten, sondern als überlegen und vielleicht sogar heldenhaft, weil er sich eben nicht auf den „Mittelweg" beschränkt hat (vgl. Aufgabe 3, S. 267).

Puhdys: Ikarus (S. 270–271)

Die Rockband Puhdys wurde 1969 gegründet und bis 1989 zwölfmal zur beliebtesten Rockband der DDR gewählt, war aber auch in der (alten) Bundesrepublik bekannt. Nach der Wiedervereinigung feierte die Gruppe 1992 ein Comeback. Weitere Informationen zu der Band findet man unter www.puhdys.com (Stand: Januar 2008).

Aufgabe 1
S. 271

Das Lied stellt Ikarus in den Vordergrund und verändert die Sage an einigen Stellen bzw. deutet sie um. Die Ergebnisse des kriteriengeleiteten Vergleichs können in dem folgenden Tafelbild festgehalten werden:

Tafelbild

Vergleichsgesichtspunkt	***Sage***	***Lied der Puhdys***
Motive für den Flug	*Heimweh, Flucht*	*jugendliche Ungeduld* *Fernweh*
Darstellung des Vaters	*initiiert den Fluchtversuch* *baut die Flügel* *warnt Ikarus*	*warnt Ikarus* *tritt nicht weiter in Erscheinung*
Darstellung Ikarus'	*folgt seinem Vater* *entwickelt erst im Laufe der Handlung zu großes Vertrauen in sich*	*ergreift die Initiative* *baut die Flügel* *lacht über die Warnungen seines Vaters*

Aufgabe 2
S. 271

Das Lied zeigt Ikarus als Held, der als Erster den gefährlichen Flugversuch gewagt habe und, obwohl er damit scheiterte, durch seine Vorbildfunktion für spätere Generationen erfolgreich gewesen sei. Der Flugversuch Ikarus' lässt sich hier auch symbolisch mit einer politischen Implikation deuten, d. h., dass er es wagte, trotz der Risiken, sein gewohntes Lebensumfeld zu verlassen und seinem Fernweh nachzugeben.

Aufgabe 3
S. 271

Der Tempuswechsel vom Präteritum zum Präsens soll die zeitlose Bedeutung und Botschaft der Handlungen Ikarus' ausdrücken. Seine Ungeduld, seine Neugier und sein Fernweh erscheinen als jugendtypische Einstellungen, denen man folgen soll; Ikarus' Vorbild wird hier besonders betont, auch durch die Imperative im Refrain des Liedes. Eine politische Deutung des Liedes (vor dem Hintergrund der Verhältnisse in der damaligen DDR) ist möglich, aus dem Text selbst aber nicht unmittelbar abzuleiten.

Aufgabe 4
S. 271

Die Musik unterstützt das Gefühl der Ungeduld (schnelles Tempo) und wirkt etwas aggressiv. Sie soll das hier als typisch jugendliches Lebensgefühl gezeigte Beispiel Ikarus' deutlicher machen.

Aufgabe 5
S. 271

Der Vergleich kann sich an den folgenden Vergleichsgesichtspunkten orientieren:
- Elemente (der Handlung), die besonders hervorgehoben werden
- Darstellung des Vaters Dädalus
- Darstellung des Sohnes Ikarus
- Verhältnis zwischen Vater und Sohn
- Frage nach den Ursachen von Ikarus' Sturz/Frage der Schuld am Tode Ikarus'
- Beurteilung der Figuren
- Botschaft/Lehre des Textes

Hinweise zur inhaltlichen Füllung des Vergleichs finden sich bei den Aufgaben zu den einzelnen Texten.

Der Sturz des Ikarus im Bild (S. 272–279)

Carlo Saraceni: Dädalus und Ikarus (S. 272)

Aufgabe 1
S. 272

Die Schülerinnen und Schüler sollten in ihren Stellungnahmen auf die vorher erarbeiteten Ergebnisse Bezug nehmen und deutlich machen, welches Bild sie von den Figuren der Sage gewonnen haben. Ihr Vergleich könnte sich dabei auch auf die Vergleichsgesichtspunkte beziehen, die zu Aufgabe 5, S. 271 genannt werden.

Aufgabe 2 S. 272 Die beiden Männer werden in ihrem Dialog vermutlich schildern, was sie sehen, und ihrem Erstaunen Ausdruck geben, evtl. äußern sie Furcht oder Besorgnis.

Aufgabe 3 S. 272 Verschiedene Erklärungsansätze sind denkbar. Möglicherweise wollte der Maler das Publikum seiner Zeit ansprechen und keine historisierende Darstellung schaffen, sondern evtl. auf die aus seiner Sicht aktuelle Bedeutung der Sage von Dädalus und Ikarus hinweisen. Vielleicht wollte er durch die Verlegung eines antiken Stoffes in seine Zeit die Bedeutung der antiken Kultur für seine Gegenwart deutlich machen.

Aufgabe 4 S. 272 An der Tafel kann während des mündlichen Beschreibens eine Stichwortsammlung angelegt werden, die als Grundlage für die Weiterarbeit (schriftliche Bildbeschreibung) dient. Die Schülerinnen und Schüler können auch ihre eigene mündliche Beschreibung mithilfe eines „Notizzettels" vorbereiten und ihre Stichpunkte dann während der Vorträge ergänzen. So haben sie ebenfalls eine Grundlage für die Weiterarbeit.

Aufgabe 5 S. 273 Mithilfe des Werkzeugkastens können die Schülerinnen und Schüler kriteriengeleitet die beiden Einleitungen überprüfen und beurteilen und entsprechende Verbesserungsvorschläge machen.

Aufgabe 6 S. 273 Es sind unterschiedliche Anordnungen denkbar. Wichtig ist z. B., dass deutlich wird, dass die Beschreibung an vielen Stellen noch zu wenig detailliert ist. Auch in den umfangreicheren Teilen a) und b) lassen sich Ergänzungen vornehmen. Da Teil c) den Bildhintergrund und eher Nebensächliches beschreibt, sollte er gegen Ende des Hauptteils stehen.

Aufgabe 7 S. 274 Der Schlussteil sollte sich an den Vorgaben des Werkzeugkastens orientieren; diese Vorgaben können dann auch als Kriterien für die Besprechung der Schülertexte dienen.

Pieter Brueghel d. Ä.: Landschaft mit Sturz des Ikarus (S. 275)

Aufgabe 1 S. 275 Ikarus ist fast nicht mehr zu sehen, nur noch seine Beine ragen aus dem Wasser. Ohne den Titel des Gemäldes wüsste der Betrachter nicht, dass dieses Gemälde das Motiv vom Sturz des Ikarus verarbeitet; der größte Teil des Gemäldes widmet sich der Landschaft und den Menschen, die in ihr arbeiten.

Aufgabe 2 S. 275 Saraceni stellt Dädalus und Ikarus und dessen Sturz in den Mittelpunkt seines Gemäldes. Bei Brueghel werden Ikarus und sein Schicksal zur Nebensächlichkeit, die den Lauf der Welt nicht beeinflusst.

Aufgabe 3 S. 275 Das Ziel der Textproduktion und des Vergleichs sollte sein, dass die unterschiedlichen Schwerpunktsetzungen bei der Bearbeitung des Motivs deutlich werden. Die Männer in Saracenis Gemälde blicken zum Himmel, die Vorgänge dort beschäftigen sie. Die Menschen in Brueghels Gemälde gehen weiter ihrer Arbeit nach und kümmern sich nicht um Ikarus.

Aufgabe 4 S. 276 Während bei Saraceni Ikarus noch im Vordergrund steht, setzt Brueghel andere Schwerpunkte: „Als Helden sieht Brueghel nicht Icarus oder etwa Daedalus; der flugtüchtige Vater passt ihm gar nicht ins Konzept, wird deshalb einfach ausgespart. Die positiven Helden sind der Bauer und der Schäfer. Beide haben einen Vorzugsplatz. Der Bauer beherrscht als größte Figur den Vordergrund, der kleine Kopf des Schäfers befindet sich fast genau im Mittelpunkt des Bildes. Für Brueghel sind diese Gestalten positiv, weil sie im Rahmen ihrer Möglichkeiten etwas Nützliches tun. [...] Diese Alltags-Figuren repräsentieren ‚vita activa', ein pflichtbewusstes, arbeitserfülltes Leben unter Verzicht auf alle ‚großen Sprünge'."
(Aus: Ein Held geht baden. Pieter Brueghel der Ältere: Der Sturz des Icarus, 1558; in: Rose-Marie und Reiner Hagen: Meisterwerke im Detail, Band 1. Taschen, Köln 2005, S. 260–265, hier S. 265)

Aufgabe 5
S. 276

Zu denken wäre hier z. B. an die folgenden Bereiche, die den Schülerinnen und Schülern zum Teil aus dem Geschichtsunterricht bekannt sein könnten: Die Niederlande als Handelsmacht, frühkapitalistische Strukturen in den Handelsstädten, Reformation und Glaubenskriege, Zeitalter der Entdeckungen, verändertes Weltbild.

Aufgabe 6
S. 376

Die Werkzeugkästen sollten auch für die Besprechung der Schülertexte genutzt werden. Die Schülerinnen und Schüler können sich mithilfe der Werkzeugkästen auch gegenseitig Rückmeldung zu ihren Bildbeschreibungen geben.

Aufgabe 7
S. 276

In der zu den Projektvorschlägen genannten Literatur findet man weitere bildliche Darstellungen. Auch die Suche im Internet führt zu einer Vielzahl von Ergebnissen.

Jaroslaw Iwaszkiewicz: Ikaros (S. 276–279)

Aufgabe 1
S. 279

Das Gemälde ist für ihn verbunden mit der Erinnerung an ein Ereignis aus der Zeit des Zweiten Weltkriegs. Immer wenn er an das Ereignis, das Gegenstand seines Textes ist, denkt, muss er auch an Brueghels Gemälde denken. Der Autor beschreibt in seinem Text zunächst das Gemälde und seine Deutung desselben. Anschließend stellt er ausführlicher das Ereignis aus der Zeit um 1942/43 dar und nimmt im Verlauf des Textes noch zweimal Bezug auf das Gemälde.

Aufgabe 2
S. 279

In Brueghels Gemälde scheint niemand zu bemerken, dass Ikarus abgestürzt und schon fast ganz im Meer versunken ist. Ebenso scheint auch hier niemand außer dem Erzähler das Schicksal des Jungen wahrzunehmen, obwohl der Junge vermutlich seinem Tod entgegengeht.

Aufgabe 3
S. 279

Der Junge ist von seinem Buch so gefesselt, dass er unaufmerksam auf die Straße tritt, sodass ein herannahender Wagen der Gestapo seinetwegen bremsen muss und ins Schleudern gerät. Sein „Verbrechen“ besteht einzig darin, dass er Vertreter der Besatzungsmacht zum Anhalten gezwungen hat und ihnen nicht aus dem Weg gegangen ist. Im weiteren Sinne besteht sein Verbrechen darin, dass er sich auf ein Buch – als Zeichen von Bildung – konzentriert hat. Zu den Zielen der deutschen Besatzungspolitik in Polen gehörte es, dass den Polen der Zugang zu höherer Bildung verwehrt bleiben sollte, da sie der rassistischen Ideologie der Nationalsozialisten zufolge nur als Arbeitskräfte für die angeblich überlegenen Deutschen vorgesehen waren.

Aufgabe 4
S. 279

Der Junge ist erst „verlegen“ (Z. 141) und „beschämt“ (Z. 142) wegen seiner Unaufmerksamkeit und glaubt noch, sich verteidigen und die Situation zum Guten wenden zu können. Als er erkennt, dass seine Verteidigung nicht hilft, wehrt er sich dagegen einzusteigen, da er vermutlich weiß, dass die Verhaftung durch die Gestapo seinen Tod bedeuten kann.

Aufgabe 5
S. 279

Der Erzähler beobachtet den Jungen zunächst mit Neugier und Interesse. Als er bemerkt, dass es sich um einen Wagen der Gestapo handelt, ist er entsetzt, da er von dem rücksichtslosen Vorgehen der Besatzungsmacht weiß. Der Erzähler sucht in der Menge nach anderen Menschen, die das Ereignis ebenfalls beobachtet haben, doch er stellt erstaunt fest, dass niemand den Vorgang bemerkt zu haben scheint. Die Welt erscheint ihm unverändert, obwohl der Junge gerade – und vermutlich für immer – verschwunden ist. Mit seinem Mitgefühl steht der Erzähler allein. Er gibt dem Jungen in seinen Gedanken sogar einen Namen und stellt sich dessen Eltern vor. Es erschüttert den Erzähler besonders, dass die Eltern womöglich nie erfahren werden, was mit ihrem Sohn passiert sein könnte. Die Verhaftung des Jungen, die der Erzähler als „Entführung“ (Z. 197) bezeichnet und damit als verbrecherisch kennzeichnet, und ihre Umstände erschüttern ihn dauerhaft, sodass er sie nicht vergessen kann. Der Tod des Jungen erscheint dem Erzähler als vollkommen sinnlos und grausam. Er braucht lange, bis er sich von seinem Standort lösen und nach Hause gehen kann.

Aufgabe 6
S. 279

Hier könnten die Schülerinnen und Schüler z. B. an folgende Erklärungen denken:
- Der Dädalus-Ikarus-Mythos ist vielseitig deutbar und ermöglicht ganz unterschiedliche Formen der Identifikation und Instrumentalisierung.
- Der Traum vom Fliegen beschäftigt die Menschen schon seit Jahrtausenden und scheint für Menschen zu unterschiedlichen Zeiten und aus unterschiedlichen Kulturen immer wieder aktuell (gewesen) zu sein.

Projektideen (S. 279)

Zu den Projektthemen liegt umfangreiche Literatur vor. Hilfreich für die Bearbeitung der Projektaufgaben könnten z. B. die folgenden Titel sein:
- Almond, Peter: Fliegen. Geschichte der Luftfahrt in Bildern, DuMont monte Verlag, Köln 2003
- Alte Fluggeschichten und Bilder, zusammengestellt von Norbert A. Werner, Verlag C. J. Bucher, Luzern/Frankfurt/Main 1978
- Aurnhammer, Achim/Martin, Dieter (Hg.): Mythos Ikarus. Reclam, Leipzig 1998
- Ott, Constance (Hg.): Märchen vom Fliegen, Verlag Christian Brandstätter, München/Wien 1988
- Ott-Koptschalijski, Constance/Behringer, Wolfgang (Hg.): Märchen und Mythen vom Fliegen, Fischer, Frankfurt/Main 1989
- Venzke, Andreas: Pioniere des Himmels. Die Brüder Wright, Patmos/Artemis & Winkler, Köln 2002

Ein Gedicht zum Motiv „Der Sturz des Ikarus" untersuchen

Theodor Fontane (1819–1898)
Ikarus

Immer wieder dieselbe Geschichte:
Siege, Triumphe, Gottesgerichte.

Wem jeder Sprung, auch der kühnste, geglückt,
Der fühlt sich dem Gesetz entrückt,
Er ist heraus aus dem Alltagstrott,
Fliegen will er, er ist ein Gott;
Er fällt dem Sonnengespann in die Zügel –
Da schmelzen dem Ikarus die Flügel,
Er flog zu hoch, er stürzt, er fällt,
Ein neu Spektakelstück hat die Welt:
Eben noch zum Himmel getragen ...
Apollo, zürnend, hat ihn erschlagen.

(um 1891)

(Aus: Theodor Fontane: Gesammelte Werke. Eine Auswahl in fünf Bänden, Band 1, S. Fischer Verlag, Berlin 1920, S. 159)

1. Wie beschreibt und beurteilt der Sprecher im Gedicht Ikarus?

2. Beschreibe den formalen Aufbau des Gedichts.

3. Zeige auf und beurteile, welche Aussage der Sprecher im Gedicht vermitteln will.

4. Vergleiche dieses Gedicht mit anderen dir bekannten Gedichten zum „Sturz des Ikarus".

Einen Liedtext zum Motiv „Der Sturz des Ikarus" untersuchen

Bettina Wegner (geb. 1947)
Ikarus

Die Liedermacherin Bettina Wegner schrieb mehrere Lieder für den DEFA-Film „Ikarus" (DEFA = Deutsche Film-AG, Filmgesellschaft der damaligen DDR), der 1974 gedreht wurde. In dem Film geht es um den Jungen Matthias, dessen Eltern geschieden sind. Matthias lebt bei der Mutter, sieht seinen Vater aber regelmäßig. Der Vater hat ihm auch die Geschichte von Ikarus erzählt und versprochen, an seinem Geburtstag mit ihm einen Rundflug über die Stadt zu machen – denn Matthias will Pilot werden. Doch der Vater vergisst sein Versprechen und Matthias läuft enttäuscht von zu Hause fort.

War voll von Liebe und war voll Vertraun
und Wärme war um ihn und war viel Zeit.
So konnte er sich große Flügel baun
und alles in ihm war unendlich weit.

Da war es schließlich möglich, dass er flog
die Erde ließ er unter sich zurück.
Bis man die Wärme von ihm nahm und ihn belog
da blieb vom Ganzen in ihm nur ein Stück

So fiel er nieder, stürzte und zerbrach.
Wer sagt, er wäre nie geflogen, lügt.
Man trug ihm die zerbrochnen Flügel nach
und jeder weiß, dass er nie wieder fliegt.

(1974)

(Aus: Bettina Wegner: Wenn meine Lieder nicht mehr stimmen, Rowohlt, Reinbek bei Hamburg 1979, S. 52)

1. Untersuche die in dem Liedtext angelegte Entwicklung von Strophe zu Strophe.

2. Wie verändert Bettina Wegner in ihrem Lied die Geschichte von Ikarus?

3. Was will sie mit diesem Lied möglicherweise ausdrücken?

Einen Sachtext bearbeiten

Stephan Bernhard

Ikarus in eisigen Höhen

Angelo D'Arrigo will mit einem Drachensegler über den 8 848 Meter hohen Mount Everest fliegen. Bereits kleine Fehler könnten ihn das Leben kosten.

Es ist der Berg der Berge – der Mount Everest, mit 8 848 Metern der höchste Punkt der Erde. Bewunderer haben ihn voller Respekt den „dritten Pol" getauft.
An diesem Wochenende bahnt sich ein Rekordversuch der besonderen Art an: Als erster Mensch will der 41 Jahre alte Italiener Angelo D'Arrigo mit einem Drachen den Gipfel überfliegen.

Auf perfektes Wetter warten

Das Basislager auf dem Syangboche Flugfeld in Nepal steht bereits, jetzt läuft der Countdown: „Wir müssen auf einen Tag mit blauem Himmel und schwachem Wind warten. Bedingungen, die am Everest nur selten vorkommen. Rein statistisch sollte es im Mai drei oder vier Tage mit perfektem Wetter geben", hofft D'Arrigo, dessen bisheriger offizieller Höhenrekord bei 7801 Meter liegt.
Monatelange Vorbereitungen liegen hinter dem Drachenflieger und seinem Team. Denn: D'Arrigo muss sich von einem motorisierten Drachen – einem sogenannten Microlight –, der von Richard Meredith-Hardy gesteuert wird, auf Gipfelhöhe ziehen lassen.
Allein das ist schon ein riskantes Manöver, das die beiden auf dem Guidonia Militärflughafen nahe Rom geübt haben. Und immer wieder mit unvorhergesehenen Problemen konfrontiert wurden.

Eisklumpen in der Atemmaske

„Beladen mit Benzin- und Sauerstofftanks dauerte es lange, bis der Microlight abhob, dann stiegen wir schnell auf", erinnert sich Richard Meredith-Hardy an die Übungsflüge. „In 4500 Meter Höhe fiel die Temperatur auf minus 20 Grad, eine dünne Eisschicht überzog alle Metallteile und unsere Brillen." In 6600 Meter, bei minus 30 Grad, fror die Batterie des Funkgerätes ein und machte jegliche Kommunikation unmöglich. Bei 7814 Metern war es dann vorbei. „An den Ventilen meiner Atemmaske bildeten sich Eisklumpen, mir blieb nur der schnelle Rückflug", erzählt Angelo D'Arrigo. Eine lebensgefährliche Situation: Wenn in dieser Höhe die Luftversorgung ausfällt, bleiben nur wenige Minuten bis zur Ohnmacht.

„Das Benzin könnte zu einem Problem werden." (Drachenflieger D'Arrigo)

Am Mount Everest erwarten die Piloten äußerst widrige Bedingungen. Die Temperatur am Gipfel kann auf minus 40 Grad und tiefer fallen. „Gegen die Kälte tragen wir elektrisch beheizbare Anzüge", erklärt Meredith-Hardy.
„Im Windkanal haben wir schon Temperaturen von minus 42 Grad ertragen. Die Kälte, die dünne Luft, das Wetter und alles andere haben wir hoffentlich unter Kontrolle. Viel eher könnte der Flug an einer Kleinigkeit scheitern."

Benzin aus Indien

Immerhin liegt das Basislager zehn Tagesmärsche von der nächsten Straße entfernt. „Sogar das Benzin könnte zu einem Problem werden", fürchtet Meredith-Hardy. Denn: „Benzin wird in Nepal oft mit Kerosin gemischt, das würde mein Motor nicht überleben. Vielleicht müssen wir noch Benzin aus Indien importieren."
Der Start ist eine der Schlüsselstellen. Die Startbahn liegt auf 3 800 Meter Höhe; die Luft ist so dünn, dass die Startgeschwindigkeit sehr hoch sein muss. D'Arrigo: „Leider ist die Bahn nur 400 Meter lang, direkt dahinter liegt eine tiefe Schlucht. Motorprobleme wären fatal."

9 000 Meter Flughöhe

Gelingt der für die nächsten Tage geplante Start, wird Richard Meredith-Hardy mit seinem Microlight Angelo D'Arrigo Richtung Mount Everest ziehen. In Gipfelnähe will sich der Drachenflieger dann ausklinken, aufsteigende Luftströmungen nutzen und den Gipfel des Mount Everest überfliegen – maximale Flughöhe: fast 9 000 Meter.

Richard Meredith-Hardys Microlight ist zu schwer, um den Gipfel zu überfliegen. Alleine wird Angelo D'Arrigo aber dennoch nicht sein: Zwei Steppenadler werden den Drachenflieger begleiten; die Vögel kennen D'Arrigo seit ihrer Geburt und akzeptieren den Drachenflieger als Leittier.

Den Vögeln den Weg zeigen

Die Adler sollen in Tibet ausgesetzt werden, um dort das Aussterben der Steppenadler zu verhindern. Ihre jährliche Zugroute führt im Herbst von den Brutplätzen über den Himalaja nach Süden und im Frühjahr wieder nach Norden. „Normalerweise lernen die Vögel die Wanderrouten von ihren Eltern, diesen Part muss ich jetzt übernehmen", erklärt Angelo D'Arrigo seine Aufgabe. Bereits 2002 machte der Italiener mit einem ähnlichen Projekt weltweit Schlagzeilen: Er leitete einen Schwarm Kraniche von Sibirien über 5500 Kilometer bis in den Iran.

(Aus: Süddeutsche Zeitung vom 30.04.2004; hier zitiert nach: www.sueddeutsche.de)

1. Kreuze an, welche Antwort jeweils richtig ist.

a) Wie heißt der Autor des Zeitungsartikels?
- ☐ Angelo D'Arrigo
- ☐ Stephan Bernhard
- ☐ Richard Meredith-Hardy

b) Aus welchem Anlass wurde der Zeitungsartikel geschrieben?
- ☐ Angelo D'Arrigo will als erster Mensch den Mount Everest mit einem Drachen überfliegen.
- ☐ Angelo D'Arrigo will als erster Mensch den Mount Everest besteigen.
- ☐ Angelo D'Arrigo wirbt für das Drachenfliegen im Himalaya.

c) In welchem Land befindet sich Angelo D'Arrigo zurzeit?
- ☐ Indien
- ☐ Iran
- ☐ Nepal

d) Welche Höhe will er mit seinem Drachen erreichen?
- ☐ 3800 Meter
- ☐ 8848 Meter
- ☐ fast 9000 Meter

e) Warum ist das Drachenfliegen in so großen Höhen gefährlich?
- ☐ Raubvögel könnten den Drachenflieger angreifen.
- ☐ Durch Vereisung könnte die Luftversorgung ausfallen.
- ☐ Der Motor des Drachenfliegers könnte ausfallen.

2. Warum nennt der Autor den Namen Ikarus in der Überschrift seines Zeitungsartikels?

3. Welchen Bezug stellt er im Text zu Ikarus her, obwohl er dessen Namen außer in der Überschrift nicht mehr nennt?

4. Fasse den Inhalt des Artikels schriftlich zusammen.

Einen Text zu einem Gemälde bearbeiten

Wolf Biermann (geb. 1936)
Der Sturz des Dädalus

Der deutsche Schriftsteller Wolf Biermann schildert in einem 1987 geschriebenen Text seine Eindrücke von Brueghels Gemälde „Landschaft mit Sturz des Ikarus“ (Schülerbuch S. 275):

Pieter Brueghel der Ältere, genannt Bauern-Brueghel. Er lebte in der Lutherzeit. Von ihm gibt es ein Bild: „Landschaft mit Sturz des Ikarus“. Wir sehen eine vielgemalte Szene aus dem vorantiken Griechenland. Und der Maler, wie es Mode war, zerrt den Mythos ungeniert ins moderne Flandern jener Tage.
Eine renaissanceweite Welt ist zu sehn. Überschwängliche Perspektive. Der See. Die See. Im Hintergrund eine unwirklich geweißte Felsenlandschaft, die ins offene Meer übergeht. Auf großer Fahrt, schwerfällige Eleganz, ein Segelschiff, bauchig, eine niederländische Kogge. Und vorn, auf einer Anhöhe, großfarbig hingemalt ein Bauer. Der Mann pflügt brav seine ebenmäßigen Furchen in den Acker. Als ob der Maler den Pflüger mit dem Pinsel nachäfft: Die Erdschollenwülste sind hingehandwerkelt mit manierierter Makellosigkeit – genau wie seines Rockes Falten. Dann noch breitärschig ein Angler, wie er seine Rute übers Wasser hält. Alles treu, wie Ovid es im VIII. Buch seiner Metamorphosen schildert. Im hinteren Vordergrund ein Hirte, steht da auf seinen Stock gestützt im Gewimmel der Schafherde – eine Idylle friedlicher Arbeit. Die katastrophale Hauptsache aber – die Attraktion! – der stürzende Ikarus, avanciert beim älteren Brueghel zur nichtigsten Nebensache. Und eben diese Frechheit des Malers entzückt uns und macht uns das Bild so berühmt. Kein Mensch beachtet hier den Sturz des Ikarus. Auch der Betrachter des Bildes entdeckt erst beim zweiten Hinsehn die nackten Beine ... ja, das isser! Ikarus, grad wie er versinkt. So was nenn ich Realismus in der Kunst. Und das nenne ich nobel und wirkliche Fantasie des Künstlers, er zeigt die fantastische Wirklichkeit: Kein Aas kümmert sich groß.
Kein Pflug beibt stehn
einem Sterbenden zulieb
Das war um 1600 in Deutschland ein populäres Sprichwort. Alles übertrumpfend der gewaltige Alltag. Und kleinklein die große Nummer des mythischen Helden. (1987)

(Aus: „Wolf Biermann – Klartexte im Getümmel. 13 Jahre im Westen.“, Hrsg. von Hannes Stein

1. Beschreibe, wie der Autor seinen Text zu dem Gemälde aufgebaut hat.

2. Untersuche die sprachliche Gestaltung des Textes.

3. Wie beurteilt der Autor das Gemälde? Belege deine Aussagen am Text.

4. Vergleiche den Text Biermanns mit dem Gemälde und mit deiner eigenen Bildbeschreibung. Wie beurteilst du Biermanns Darstellung und Wertung?

Ein Bild beschreiben

Hendrick Goltzius (1558–1617)
Ikarus (Kupferstich 1588)

1. Verfasse eine schriftliche Bildbeschreibung zu dem Kupferstich. Nutze dazu die Werkzeugkästen auf den Seiten 273 und 274 im Schülerbuch.

2. Auch in diesem Bild wird das Motiv vom Sturz des Ikarus verarbeitet. Vergleiche das Bild mit den Gemälden von Saraceni und Brueghel im Schülerbuch (S. 272 bzw. S. 275).

Die Kommentierung eines Gemäldes untersuchen

Marie Luise Kaschnitz (1901 – 1974)
Wohin denn ich. Aufzeichnungen

Die deutsche Schriftstellerin Marie Luise Kaschnitz schildert in ihren autobiografischen Aufzeichnungen, aus denen der folgende Text stammt, ihre Eindrücke von Brueghels Gemälde „Landschaft mit Sturz des Ikarus".

Zum Drama gehört der Nebenmensch, gehört das Entsetzen des anderen, seine Teilnahme oder sein Triumph, da darf nicht ganz nebensächlich einer ins Wasser fallen, während der Bauer ruhig hinter seinem Pflug hergeht, der Schäfer mit frommen Blicken den Morgenhimmel betrachtet und der Fischer nichts anderes im Sinn hat, als ob ihm der Fisch an die Angel geht oder nicht. Was auf dem Bild dargestellt werden sollte, war Sprichwortweisheit, also Binsenweisheit, in der nicht Wahrheit, nur Lebenserfahrung steckt. Kein Pflug steht still um eines Menschen willen, der stirbt, und wer hätte das nicht schon erlebt, wie unerbittlich das Leben darauf besteht, weitergeführt zu werden, den Trauernden zum Hohn. Das aber kann ich nicht ertragen, dass so wie sonst die Sonne lacht, auf dem Bild, das ich im Sinn habe, lacht sie tatsächlich, Morgenglanz in jedem Winkel, ein Sieg des Lebens, der über alle Sprichwortweisheit hinausgeht und gerade damit die nicht einmal besonders schmerzliche Nebensächlichkeit dieses Todes enthüllt. Der Titel des Bildes ist dann verwirrend, Ikarus heißen die zappelnden Beine, kein Unbekannter ist da zufällig ins Wasser gefallen, sondern der geflügelte Jüngling, der der Sonne zu nahe kam und durch den ganzen riesigen Himmel stürzte und starb. Von dem Himmelssturz hat der gelehrte und vernünftige Brueghel nur den allerletzten Augenblick festgehalten, eben diese Beine, die lächerlich strampeln – so als habe er sich lustig machen wollen über das jämmerliche Ende eines Traums.

(1965)

(Aus: Marie Luise Kaschnitz: Überall nie

1. Fasse zusammen und beurteile, welche Aussage die Autorin in Brueghels Gemälde sieht und wie sie zu dieser steht.

2. Vergleiche die Darstellung der Autorin mit anderen dir bekannten Texten und Bildern zum Motiv vom „Sturz des Ikarus".

Einen Holzschnitt zum Motiv „Der Sturz des Ikarus“ beschreiben

Der Sturz des Ikarus (Holzschnitt 1493)

Fertige eine schriftliche Bildbeschreibung an, indem du

- eine Einleitung verfasst, welche die hierfür notwendigen Angaben enthält,
- in einem Hauptteil das Bild möglichst genau beschreibst und dabei besonders darauf achtest, wie das Motiv vom Sturz des Ikarus umgesetzt wird,
- in einem Schlussteil deine Ergebnisse zusammenfasst und das Bild mit anderen dir bekannten Darstellungen des Motivs vergleichst.

Leistungsüberprüfung – Selbstevaluation – Klassenarbeit

1. **Ein Gedicht zum Motiv „Der Sturz des Ikarus“ untersuchen**
   (s. Arbeitsblatt 1, S. 288)

2. **Einen Liedtext zum Motiv „Der Sturz des Ikarus“ untersuchen**
   (s. Arbeitsblatt 2, S. 289)

3. **Einen Sachtext bearbeiten**
   (s. Arbeitsblatt 3, S. 290 f.)

4. **Einen Text zu einem Gemälde bearbeiten**
   (s. Arbeitsblatt 4, S. 292)

5. **Ein Bild beschreiben**
   (s. Arbeitsblatt 5, S. 293)

6. **Die Kommentierung eines Gemäldes untersuchen**
   (s. Arbeitsblatt 6, S. 294)

7. **Einen Holzschnitt zum Motiv „Der Sturz des Ikarus“ beschreiben**
   (s. Arbeitsblatt 7, S. 295)

8. **Pieter Brueghel d. Ä.: Landschaft mit Sturz des Ikarus**
   - Begib dich in das Bild und schildere in der Ich-Form möglichst anschaulich, was du siehst, hörst, fühlst ... In deiner Darstellung sollte auch zum Ausdruck kommen, welche Bedeutung Ikarus in dem gesamten Geschehen zukommt.

Die deutsche Sprache und ihre europäischen Verwandten – Aus Sprachvergleichen lernen (S. 280–299)

Vorüberlegungen zur Einheit

Reflektierte Sprachkompetenz ist ein zentrales Ziel des Deutschunterrichts. In der Jahrgangsstufe 8 fokussieren die Lehrpläne u. a. die Sicherung und Vertiefung des grammatischen Wissens in Auseinandersetzung mit Sprachvarianten und sprachgeschichtlich erklärbaren Zusammenhängen zwischen dem Deutschen und anderen Sprachen, darunter vornehmlich die Sprachen, die den Schülerinnen und Schülern aus dem Fremdsprachunterricht (allen voran das Englische) zumindest in Grundzügen vertraut sind. Das so ermöglichte Lernen in Bezügen muss als besondere Gelegenheit für die Lernenden begriffen werden, fachübergreifende Kompetenzen zu erwerben und so dem oft Ausdruck verliehenen Unmut über das beziehungslose Nebeneinander der (sprachlichen) Fächer entgegenzuwirken.
Die Varianz des sprachlichen Ausdrucks im Deutschen spiegelt sich u. a. in seinem Wortschatz, der sich zusammensetzt aus dem sog. Erbwortschatz und den Wörtern, die aus anderen Sprachen in die deutsche Sprache übernommen wurden (Fremd- und Lehnwörter, Fachsprachen). Die Lexik des Deutschen ist aus diesem Grund bereits ein Phänomen des Sprachkontakts und der Sprachgeschichte, die sich auch auf der Ebene der niederdeutschen Dialekte noch deutlich sicht- und hörbar widerspiegelt. Durch den exemplarischen Vergleich des Wortschatzes indoeuropäischer Sprachen wird somit auch Wesentliches über die deutsche Sprachentwicklung bis auf den heutigen Tag gelernt. Dabei ist der Blick auf das Deutsche aus der Perspektive der verwandten Fremdsprache ein Mittel der Verfremdung, das hilft, die ursprünglich intuitiv aufgenommenen Regeln der Muttersprache in einem neuen Lichte zu sehen und zu bewerten. Grammatische Strukturen und Wortbedeutungen lassen sich so besser nachvollziehen und für die Arbeit am eigenen Stil nutzen. Außerdem können die auf diese Weise erworbenen Kenntnisse in der weiteren Schullaufbahn fruchtbar gemacht werden für das reflektierte Erlernen fremder Sprachen (z. B. durch die Berücksichtigung unterschiedlicher Satzbaumuster und ihrer Funktion in der jeweiligen Sprache). Dies kann später die Grundlage sein für die theoretische Auseinandersetzung mit dem Problem der literarischen Übersetzung, die im vorliegenden Kapitel nur in notwendiger Reduktion thematisiert werden kann.
Die Einheit gliedert sich in vier Teile. Im ersten Abschnitt steht die Stellung des Deutschen und seines Erbwortschatzes im Kontext der indoeuropäischen Sprachfamilie im Vordergrund. Die Erarbeitung dieses Unterkapitels zielt auf die Vermittlung grundlegender Einsichten in die (deutsche) Sprachgeschichte, mit deren Hilfe sowohl Wortgeschichtliches (zweites Unterkapitel mit besonderer Berücksichtigung der Wortentlehnung) als auch die Vielfalt der deutschen Sprache am Beispiel der Mundarten (drittes Unterkapitel) erschlossen werden kann. Der letzte Abschnitt widmet sich dem grammatischen Vergleich des Deutschen mit dem Englischen vorrangig am Beispiel der Syntax, in dessen Anschluss die Übersetzungsthematik über einen Wort-Wort-Vergleich und das Phänomen der „falschen Freunde“ schülernah eingeholt werden soll.

Zur Vertiefung und für die Hand des Lehrers eignen sich besonders Jürgen Folz' „Wortgeschichte" (Schülerduden Wortgeschichte. Herkunft und Entwicklung des deutschen Wortschatzes. Mannheim u. a. 2002) und (für grammatische Spezialfragen) Hans Glinz' Studienbuch „Grammatiken im Vergleich" (Tübingen 1994).

Die wichtigsten Kompetenzen, die mit diesem Kapitel vermittelt werden sollen, sind:

- an Textbeispielen Unterschiede und Gemeinsamkeiten im Wortschatz europäischer Sprachen entdecken,
- die Geschichte der indoeuropäischen Sprachfamilie kennen,
- Erb- und Lehnwörter in der deutschen Sprache unterscheiden,
- ein wortgeschichtliches Lexikon benutzen,
- diskontinuierliche Texte wie z. B. sprachgeographische Karten verstehen,
- den Einfluss des Lateinischen auf das Deutsche bestimmen,
- Phasen der Entlehnung im Deutschen rekonstruieren,
- aktuelle Tendenzen des Sprachaustausches reflektieren,
- die Bedeutung von Anglizismen einschätzen,
- am Beispiel des Niederdeutschen den Unterschied zwischen Dialekt und Standardsprache kennenlernen,
- einen Überblick über die Mundarten des Deutschen gewinnen,
- das Niederdeutsche als Beleg der Verwandtschaft mit dem Englischen verstehen,
- die wichtigsten Satzbaumuster des Deutschen mit denen des Englischen und Französischen vergleichend bestimmen,
- die Schwierigkeiten der Übersetzung aus fremden Sprachen am Phänomen der „falschen Freunde" nachvollziehen,
- unter Berücksichtigung grammatischer und stilistischer Kriterien selbst aus dem Englischen übersetzen.

Mit Blick auf eine mögliche Leistungsüberprüfung ist es darüber hinaus denkbar, die Lerninhalte mit der Einübung der Kompetenz „Sachtexte zusammenfassen" zu verknüpfen. Hinweise dazu gibt das Kapitel „Das Lernen lernen – Sachtexte zusammenzufassen" (im Schülerbuch, S. 240–253).
Der Moderationstext auf der Auftaktseite (Seite 280–281) verwendet Mark Twains humoristischen Essay „Die schreckliche deutsche Sprache" (1880) als Aufhänger, um möglichen Vorbehalten der Schülerinnen und Schüler gegen ein sprachgeschichtliches Thema zu begegnen.

Aufgabe 1
S. 281

Nach der deutschen Übersetzung des original in Griechisch überlieferten Gebets folgen von oben nach unten Niederländisch („Onze Vader"), Italienisch („Padre nostro"), Französisch („Notre Père"), Englisch („Our Father") und schließlich Lateinisch („Pater noster").
Die ersten fünf Verse des „Vater unser" wurden als Einstiegstext gewählt, weil das christliche Gebet zu den meistübersetzten der Welt gehört und bereits in den frühesten deutschen Sprachgeschichten bezeugt ist. Als Illustrationsbeispiel für die Verwandtschaft der indoeuropäischen Sprachen fungiert das Gebet auch in der wissenschaftlichen Literatur (vgl. z. B. David Crystal: Die Cambridge Enzyklopädie der Sprache. Frankfurt a. M. 1993, S. 298). Als Bestandteil der christlichen Messe war der lateinische Text in allen christlichen Ländern Europas maßgeblich. Gerade in multireligiösen Lerngruppen wird dieser kulturgeschichtliche Hinweis zur Begründung der Textauswahl besonders wichtig sein, zumal die Bedeutung des Christentums als Kulturträger in Europa auch für Nicht-Christen nicht uninteressant sein mag.

Durch die laute Lektüre der Sprachversionen und den Vergleich mit der jeweiligen Druckversion werden Unterschiede in Sprech- und Schreibweise offensichtlich, die sich vor allem bei der niederländischen oder italienischen Übersetzung in einer für deutsche Leser erheblichen Differenz von Graphem und Phonem ausdrücken. Für unkundige Leser könnten hier Einhilfen sinnvoll sein.

Aufgabe 2
S. 281

Die Übersetzung des englischen und französischen Textes sollte den Schülerinnen und Schülern kaum Probleme bereiten, auch die Bedeutung vereinzelter italienischer („Padre"), lateinischer („Pater", „nomen") und niederländischer Wörter (z. B. „hemelen", „naam") sollte durch Vergleich mit dem deutschen Pendant relativ einfach zu bestimmen sein. Die so möglichen allmählichen Entdeckungen von Parallelen dienen der Vorbereitung von Aufgabe 3.

Aufgabe 3
S. 281

Hier können die Schülerinnen und Schüler zunächst durch Schreib- oder Lautähnlichkeit besonders hervorstechende Wortverwandte zusammenstellen (es ist sinnvoll, an dieser Stelle noch auf eine systematische Zusammenstellung zu verzichten), z. B.:
- *Vater, Vader, Father*
- *Padre, Père, Pater*
- *unser, onze, our*
- *nostro, notre, noster*
- *Reich, rijk*
- *regno, règne, regnum*
- *Wille, wil, will*
- *fatta, volontà, voluntas*

Deutlich werden sollte, dass alle Sprachen aufgrund ihrer gemeinsamen indoeuropäischen Wurzel auffallende Ähnlichkeiten aufweisen, doch sich auch einzeln oder in Gruppierungen voneinander unterscheiden (z. B. wegen der Wandel von p zu f während der sog. Ersten oder Germanischen Lautverschiebung). Beispielhaft zu nennen wäre hier die Herausbildung des romanischen Sprachzweigs (Lateinisch, Italienisch, Französisch) gegenüber dem germanischen (Deutsch, Niederländisch, Englisch), die darüber hinaus von Sonderentwicklungen (z. B. die im Vergleich singuläre Variante „kingdom" (‚Königtum, -reich‘) im englischen Text) ergänzt wird.
Ergebnis der Untersuchung könnte sein, dass die europäischen Sprachen vielfältig miteinander verwandt sind und eine Vielzahl von Beziehungen untereinander aufweisen, die historisch gewachsen sind und denen komplexe Entstehungsbedingungen zugrunde liegen.

Didaktische Aufbereitung der Unterkapitel

1. Die indoeuropäische Sprachfamilie und die deutsche Sprache (S. 282–284)

Die indoeuropäische (auch: indogermanische) Sprachfamilie umfasst eine Vielzahl von Sprachen, die in einem Gebiet vom Westen Europas bis über das heutige Indien hinaus verbreitet sind und die aufgrund ihrer gemeinsamen Geschichte eine Vielzahl von Parallelen aufweisen. Als Folge der Kolonisation des amerikanischen, afrikanischen und australischen Kontinents werden heute auch dort indoeuropäische Sprachen gesprochen, was die mit der Bezeichnung intendierte Ortsbestimmung überholt erscheinen lässt.

Indiz der indoeuropäischen Wurzel des Deutschen ist der sog. Erbwortschatz, der durch Vergleich mit anderen verwandten Sprachen und vor allem mit dem Gotischen als der ältesten germanischen Sprache ermittelt worden ist. Bei diesen Wörtern handelt es sich vor allem um Nomen, aufgrund deren Existenz bereits eine indoeuropäische Gemeinsprache vorausgesetzt werden kann. Direkte Zeugnisse für eine solche Gemeinsprache fehlen, sie kann nur im Rückschlussverfahren rekonstruiert werden.
Die Entdeckung des Indoeuropäischen um 1800 führte früh zur Annahme eines hypothetischen vorgeschichtlichen Volks. Die vor allem in Deutschland verwendete Bezeichnung „indogermanisch" hat einer ethnischen oder gar rassischen Lesart Vorschub geleistet, die heute von den meisten Forschem abgelehnt wird. Aufgrund fehlender historischer Nachweise könne nicht mehr von einem ‚Ur-Volk' gesprochen werden. Vielmehr sei der sprachliche Zusammenhang durch Prozesse der Sprachübertragung (z. B. nach kriegerischen Auseinandersetzungen/Eroberungen) oder räumliche Nachbarschaft zu erklären.

Hans Reichardt: Die Ursprache Europas (S. 282–283)
Der Sachtext wurde einem populärwissenschaftlichen Buch über die Germanen entnommen und behandelt das Indoeuropäische vornehmlich unter volkskundlicher Perspektive. Im ersten Teil (Z. 1–26) werden die sprachwissenschaftlichen Entdeckungen Franz Bopps (1791–1867) und William Jones' (1746–1794) am Beispiel der Wörter „Vater" und „Bruder" und seiner indoeuropäischen Verwandten vorgestellt. Im zweiten Abschnitt (Z. 27–60) rücken die volkskundlichen Überlegungen in den Mittelpunkt, da die Forscher davon ausgingen, dass die „Ursprache" Europas (auch: „Proto-Indoeuropäisch") von einem „Ur-Volk" gesprochen worden sein müsse, dessen Geschichte und Lebensweise mithilfe der über alle indoeuropäischen Sprachen verstreuten Relikte ermittelt werden könnten. Tatsächlich ist der proto-indoeuropäische Wortschatz geprägt von Begriffen patriarchaler Familienbeziehungen und des Ackerbaus (für Beispiele siehe die Tabelle im Schülerbuch, Seite 284), woraus sich Schlüsse über Sozialstruktur und Lebensraum eines möglichen „Ur-Volkes" halbnomadischen Ursprungs ziehen lassen, die heute allerdings sehr umstritten sind. Anschaulich ist im Text der Vergleich mit den Archäologen, die aus „Scherben" eine untergegangene Kultur zu rekonstruieren versuchen (vgl. Z. 43–48).

Aufgabe 1
S. 283

Die Antwort auf die Frage muss sich auf den Passus in den Zeilen 9 bis 26 beziehen. Die Entdeckung systematischer Ähnlichkeiten zwischen dem Sanskrit und europäischen Sprachen führte zur Vermutung, dass es eine gemeinsame Ursprache gegeben haben müsse.

Aufgabe 2
S. 283

Der Rückbezug der Skizze auf das Gelesene kann zur Überprüfung des Textverständnisses dienen: Das vermutete Ursprungsgebiet des Indoeuropäischen befindet sich zwischen Schwarzem und Kaspischem Meer, den „Steppen Südosteuropas und Vorderasiens" (Z. 59 f.), wie es im Text heißt. Von hier aus wanderten die indoeuropäischen Dialekte über den Balkan in Richtung Zentraleuropa sowie nach Iran und Indien, was erklärt, dass sowohl das Altpersische und Altindische als auch die europäischen Sprachen miteinander verwandt sind.

Aufgabe 3
S. 284

Ein ausführlicher Stammbaum der indoeuropäischen Sprachen wäre zu unübersichtlich, sodass nur die wichtigsten, den Schülerinnen und Schülern mehr oder weniger bekannten Sprachen aufgenommen werden sollten. Hinweise dazu finden sich sowohl im Internet als auch in einschlägigen sprachwissenschaftlichen Lexika, die u. U. in der Schulbibliothek zur Verfügung stehen. Der folgende Lösungsvorschlag lehnt sich an das Stemma von David Crystal (Die Cambridge Enzyklopädie der Sprache, Frankfurt/M. 1993, S. 298) an:

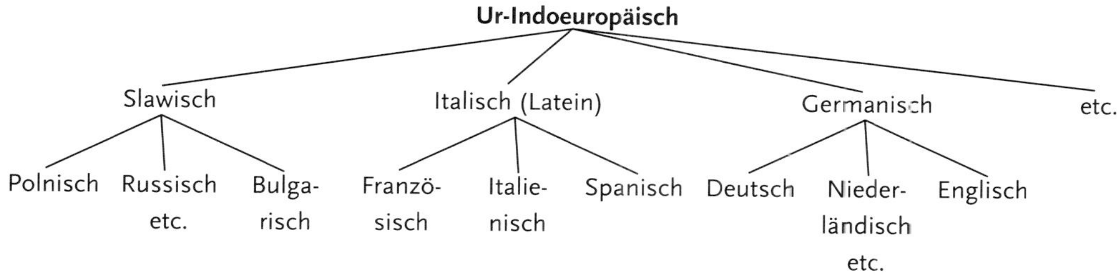

Zu dem slawischen Sprachzweig sind auch zu rechnen: Lettisch, Litauisch, Tschechisch, Slawisch, Sorbisch, Makedonisch, Serbo-Kroatisch, Slowenisch, Ukrainisch.
Als germanisch sind außerdem folgende Sprachen zu bezeichnen: Isländisch, Norwegisch, Schwedisch, Dänisch, Friesisch, Flämisch, Afrikaans, Jiddisch.
Zum italischen (romanischen) Sprachzweig gehören über die aufgeführten Sprachen hinaus: Katalanisch, Portugiesisch, Rumänisch u. a.
Die übrigen Sprachzweige des Indoeuropäischen umfassen Keltisch (Gälisch, Walisisch u. a.), Griechisch, Indo-Iranisch (z. B. Kurdisch, Iranisch) und Indo-Arisch (u. a. Hindi).

Aufgabe 4
S. 284

Mit den geforderten Ergänzungen sieht die Tabelle folgendermaßen aus:

Lateinisch	**Französisch**	**Englisch**	**Deutsch**
sal	sel	salt	***Salz***
decem	***dix***	ten	zehn
pes	pied	foot	***Fuß***
nox	***noit***	night	Nacht
mensis	mois	***month***	Monat
novus	nouveau	new	***neu***
piscis	poisson	***fish***	Fisch
agri cultio	***agriculture***	agriculture	Ackerbau
betula	bouleau	***birch***	Birke

Bei sämtlichen Beispielen handelt es sich um indoeuropäische Erbwörter. Der Vergleich der Schreib- und Sprechweisen kann zur Vertiefung der bereits durch die Doppelauftaktseite vermittelten ersten Einsichten in Gemeinsamkeiten und Unterschiede der genannten Sprachen dienen. Auffällig ist insbesondere der Lautwandel im konsonantischen Bereich (z. B. d – t – z, p – f, k – ch), der auf komplexe, zu unterschiedlichen Zeiten und in verschiedenen geografischen Räumen geschehene Lautverschiebungen zurückzuführen ist.

2. Wörter haben eine Geschichte: Wortverwandtschaften und Bedeutungsunterschiede erklären (S. 285 – 289)

Die Etymologie ist die Wissenschaft von der Herkunft der Wörter (Wortforschung).
Nach dem Erbwortschatz im ersten werden in diesem Unterkapitel Lehn- und Fremdwörter des Deutschen mit besonderem Augenmerk auf den Einfluss des Lateinischen behandelt. Dabei wird zunächst ein einfaches Verständnis der Begriffe „Lehnwort" und „Fremdwort" vermittelt. Der deutsche Wortschatz besteht insgesamt aus Erb-, Lehn- und Fremdwörtern; damit ist fast ausschließlich jedes Wort, das nicht aus dem Erbwortschatz stammt, einer anderen Sprache entnommen. Das Lehnwort, das ganz dem Deutschen in

Aussprache und Grammatik angeglichen („eingedeutscht") wird, ist vom Fremdwort zu unterscheiden, das grammatisch oder phonetisch zumindest ein dem Deutschen fremdes Merkmal aufweist (z. B. „Antibiotika" als Pluralform von „Antibiotikum").
Sonderformen der Entlehnung (Lehnübersetzung, Lehnübertragung, Lehnschöpfung) werden mit der kleinen Ausnahme des (Pseudo-)Anglizismus („Handy"; vgl. Seite 289 im Schülerbuch) aus Gründen der besseren Übersicht nicht behandelt.

Aufgabe 1
S. 285

Entscheidend ist in dieser Aufgabe nicht die sprachliche Wurzel des Wortes („Preis" geht z. B. auf lat. „premium" zurück), sondern aus welcher Sprache der Begriff letztlich ins Deutsche übernommen wurde („Preis" etwa kommt von altfrz. „pris"). Die aufgelisteten Lehnwörter stammen demnach aus folgenden Sprachen:

- aus dem Lateinischen: Fenster (*fenestra*), Mauer (*murus*), Kamin (*caminus*), Kaiser (*Caesar*), Linie (*linea*), Schule (*schola*), studieren (*studere*), Kandidat (*candidatus*), Kelch (*calix*), Keller (*cellarium*), Wein (*vinum*), Kammer (*camera*)
- aus dem Englischen: Parlament (*parliament*), Keks (*cakes*), Detektiv (*detective*), Rekord (*record*), Reporter (*reporter*), Sprint (*sprint*)
- aus dem (Alt-)Französischen: falsch (*fals*), fein (*fin*), Manieren (*manière*), Preis (*pris*), Tanz (*danse*),
- aus dem Italienischen: Kredit (*credito*), Kasse (*cassa*), Post (*posta*, z. T. unter Einfluss von frz. *poste*).

Die Zusammenstellung verdeutlicht bereits den hohen Anteil von Wörtern, die direkt aus dem Lateinischen ins Deutsche übernommen wurden. Viele der genannten Begriffe werden im Folgenden wiederaufgenommen (vgl. Schülerbuch, Seite 287 f.).

Aufgabe 2
S. 285

Es handelt sich um die Wörter „Kamin", „Kammer" und „Kandidatur", sämtlich Lehnwörter aus dem Lateinischen. Am Beispiel dieser Lexikoneinträge (entnommen aus: Schülerduden Wortgeschichte. Herkunft und Entwicklung des deutschen Wortschatzes, bearb. von Jürgen Folz, Mannheim u. a. 2002, S. 260) kann sowohl allgemein der Umgang mit einem Wörterbuch wiederholt als auch im Speziellen der Unterschied zwischen sprachlichem Ursprung und Lehnwortherkunft thematisiert werden. Das Wort „Kammer" z. B. wurde zwar aus dem Lateinischen entlehnt, ist aufs Ganze gesehen jedoch altgriechischen Ursprungs (kamára), von wo es von den Römern übernommen wurde.
Die auf der abgedruckten Lexikonseite verwendete Raute (◇) steht vor Ableitungen und Zusammensetzungen mit dem entsprechenden Lemma. Der Pfeil (↑) verweist auf verwandte Einträge.

Aufgabe 3
S. 285

Ein Beispiel für Bedeutungsveränderung ist das Wort „Kammer". Das lateinische Wort „camera" bedeutet „Zimmer mit gewölbter Decke", während das Lehnwort im Deutschen einen sehr kleinen und u. U. fensterlosen Raum meint. Man spricht in einem solchen Fall von Bedeutungsverengung. Es ist lohnenswert, die Schülerinnen und Schüler darauf hinzuweisen, dass das Wort „Kamera" (z. B. in „Fotokamera") denselben Ursprung besitzt, jedoch von dem neulateinischen Wort „camera obscura" abgeleitet wurde, das einen Vorläufer des modernen Fotoapparats bezeichnet, in dem sich eine lichtdichte Kammer hinter dem Objektiv befindet.
Weitere Beispiele für Lehnwörter, die ihre Bedeutung verändert haben, sind: „Kammerjäger", „Kanal", „Kandidat". Weitere Wörter auf der abgedruckten Lexikonseite besitzen zwar heute auch eine veränderte Bedeutung im Vergleich zu ihrem etymologischen Ursprung, allerdings handelt es sich hierbei nicht um Lehnwörter.

Aufgabe 4
S. 285

Die Schülerinnen und Schüler sollten die einzelnen Wörter je nach Herkunft gruppieren und die wichtigsten Informationen aus etymologischen Lexika herausschreiben, vor allem

das Ausgangswort und dessen Bedeutung. Für Näheres zu allen Wörtern siehe die Hinweise zu Aufgabe 1 auf derselben Seite.
Es bietet sich an, die Begriffe auch nach Wortfeldern zu ordnen, z. B. Haus (Fenster, Mauer, Kamin, Keller, Kammer), Schule und Lernen (Schule, studieren, falsch), Politik (Kaiser, Parlament, Kandidat), Finanzen (Preis, Kredit, Kasse) oder Lebensmittel (Tomate, Wein). Hier kann bereits die Frage, aus welchen Bereichen und welchen Sprachen jeweils entlehnt wurde, fruchtbar sein. Aufgabe 3 auf Seite 288 im Schülerbuch vertieft diese Fragestellung.

Aufgabe 5
S. 286

Es handelt sich hier um eine Mischung bereits bekannter und neuer lateinischer Wörter, die in das Deutsche übernommen wurden. Die unbekannten Begriffe können auch mithilfe des folgenden Textes von Jürgen Folz (Schülerbuch, S. 287 f.) ergründet werden (vgl. Aufgabe 1, S. 288): *murus*: Mauer; *fenestra*: Fenster; *tegula*: Ziegel; *porta*: Pforte; *camera*: Kammer; *pila*: Pfeiler.

Jürgen Folz: Der lateinische Einfluss auf das Germanische (S. 287–288)

Der Text ist ein Auszug aus dem sprachgeschichtlichen Teil des Schülerdudens „Wortgeschichte" (Mannheim u. a. 2002), der auch ein Herkunftswörterbuch enthält, aus dem die Beispielseite (vgl. Schülerbuch, S. 286) stammt.
Folz illustriert den Sprachkontakt zwischen Latein und Deutsch anhand eines fiktiven Beispiels (die Geschichte der Germanenjungen Einhard und Dietmar). Das Konstruierte wird dabei vom Verfasser mit auktorialem Gestus zugegeben (vgl. Z. 35 f.), wodurch die lehrhafte Ausrichtung des Textes auch für Schülerinnen und Schüler akzeptabel erscheint. Für den Einfluss des Lateinischen auf das Deutsche lassen sich laut Folz zwei Phasen unterscheiden, die „[i]n den ersten nachchristlichen Jahrhunderten" (Z. 1; vgl. die Einleitung in Z. 1–6) zu verorten sind.
Bei der ersten Phase (vgl. Z. 7–24) handelt es sich um die konkreten Auswirkungen der römischen Eroberung Germaniens, die am klassischen Beispiel des Lehnwortes „Kaiser" vorgestellt werden. Die kulturellen Einwirkungen „römische[r] Lebensart" (Z. 23 f.) gelangen in der zweiten Phase des Sprachkontakts zwischen dem 6. und 9. Jh. n. Chr. (Zeit der Christianisierung) auf ihren Höhepunkt (vgl. Z. 25–34), der in Form einer Erzählung anschaulich vorgestellt wird (vgl. Z. 35–73): Der Autor begleitet die beiden Jungen bei ihrer Entdeckungsreise in ein benachbartes Römerlager. Hier erfahren sie vor allem einiges Wissenswertes über die römische Bautätigkeit (vgl. Z. 53–73), die der germanischen Bauweise gegenübergestellt wird (vgl. Z. 41–52). Fast beiläufig werden so die aus diesem Bereich stammenden Lehnwörter (u. a. die bereits bekannten „Mauer", „Fenster", aber auch neue wie „Meister" oder „Schindel") aufgeführt.
Einen weiteren Auszug aus Folz' Text mit weiteren Beispielen aus anderen Lebensbereichen (v. a. Handel und Lebensart) bietet Arbeitsblatt 1, S. 315 f., das zur Vertiefung oder Leistungsüberprüfung genutzt werden kann.

Aufgabe 1
S. 288

Der Text bietet vor allem Hilfen, die Lehnwörter zu den lateinischen Wörtern „tegula" (vgl. Z. 68) und „pila" (vgl. Z. 59–63) zu finden.

Aufgabe 2
S. 288

Die Wortentlehnung aus dem Lateinischen wurde vor allem von politischen, wirtschaftlichen und technischen Faktoren begünstigt. Durch die militärische Eroberung Germaniens fanden zunächst politische Begriffe Eingang in das Deutsche (vgl. das Beispiel „Kaiser" in den Zeilen 14–20). Der Kulturaustausch machte die Germanen auch mit handwerklichen Neuerungen wie der römischen Steinbauweise bekannt, mit deren Übernahme auch die dazugehörigen Bezeichnungen in das Germanische bzw. Althochdeutsche entlehnt wurden (vgl. Z. 53–73). Wichtig ist es hier, die Schülerinnen und Schüler entdecken zu lassen, dass erst die Sachen, dann die Wörter aus Mangel eigener Bezeichnungen übernommen wurden. Schließlich bescherten Handlungsbeziehungen mit den Römern den Germanen eine Vielzahl von Lehnwörtern (vgl. dazu Arbeitsblatt 1, S. 315 f.).

Aufgabe 3
S. 288

Um den Schülerinnen und Schülern den grundlegenden Prozess von Sprachkontakten nachvollziehbar vor Augen zu führen, wird im Folgenden nicht trennscharf zwischen Lehn- und Fremdwort unterschieden. Dies sollte jedoch unter Bezugnahme auf den Infokasten (im Schülerbuch, S. 289), spätestens bei Aufgabe 4 nachgeholt werden.
Die einzelnen Wortgruppen sind bereits chronologisch geordnet. Es bietet sich an, die Schülerinnen und Schüler arbeitsteilig in Gruppen vorgehen zu lassen und die Ergebnisse dann tabellarisch zusammenzutragen (z. B. als Wandplakat oder auf Folie), damit die einzelnen Gruppenmitglieder sich gegenseitig ergänzen und ihr Wissen teilen können. Etymologische Wörterbücher sollten zum Nachschlagen bereitgehalten werden. Bei der Ergebnispräsentation können die Vermutungen über die Gründe der Übernahme vorgestellt und diskutiert werden. Die Tabelle könnte dann folgendermaßen aussehen:

Wichtige Perioden der Wortentlehnung im Deutschen

Zeit	**Herkunftssprache**	**Gründe für die Übernahme**	**Wortbeispiele**
Mittelalter (12.–14. Jh.)	Französisch	französischer Einfluss auf die höfische (Ritter-)Kultur	*Turnier, Lanze, Panzer, Preis, Visier, Manieren*
15./16. Jahrhundert	Italienisch	Fernhandel mit dem Orient über Italien	*Dattel, Marzipan, Melone, Muskat, Olive, Zitrone*
15./16. Jahrhundert	Lateinisch	Einführung des römischen Rechts im Dt. Reich (Latein war Fachsprache der Juristen)	*Akte, Advokat, Arrest, Jurist, Polizei, Konferenz*
17. Jahrhundert	Französisch	Auswirkungen des Dreißigjährigen Krieges (französische Militärsprache)	*Armee, Bande, Bataillon, Chef, Deserteur, Infanterie*
17. Jahrhundert	Französisch	Frankreich als kulturelles und gesellschaftliches Vorbild (sog. Alamodezeit)	*Garderobe, elegant, Parfum, Teint, Toilette*
19./20. Jahrhundert	Englisch	in Großbritannien einsetzendes Zeitalter der Industrialisierung	*Tunnel, Schranke, Tender, Lore*
19./20. Jahrhundert	Englisch, Amerikanisch	wachsender Kultureinfluss Großbritanniens und der USA	*Gentleman, Klosett, konservativ, Streik, Tennis, Trick*
Zweite Hälfte des 20. Jahrhunderts	Englisch, Amerikanisch	Einfluss der amerikanischen Unterhaltungsindustrie	*Show, Hit, live, Trailer, Spot, Video*
Seit dem Ende des 20. Jahrhunderts	Englisch, Amerikanisch	Beginn des Computerzeitalters	*chatten, E-Mail, Computer, Router, Internet*

Alternativ kann das Arbeitsblatt 2, S. 317 bearbeitet werden.

Aufgabe 4
S. 289

Diese und die folgende Aufgabe dienen der Thematisierung aktueller Tendenzen der Sprachentwicklung und des Sprachaustausches.
Bei „Handy“ (Plural: „Handys“) handelt es sich trotz gegenteiligem Anschein weder um ein Lehnwort noch um ein Fremdwort. Eine gängige These lautet, dass das Wort höchstwahrscheinlich eine Scheinentlehnung (auch: Pseudo-Anglizismus) ist, also ein Kunstwort, das sich in Schreibung und Klang an das Englische anlehnt.
Zwar kennt das Englische das Adjektiv „handy“ (‚geschickt, praktisch, handlich‘), doch wird es dort nicht als Bezeichnung für Mobiltelefone verwendet. Im englischen Sprachraum wird das „Handy“ vielmehr „cell(ular) phone“ (USA, Südafrika) oder „mobile (phone)“ (Großbritannien) genannt.
Das Wort „Handy“ taucht in der deutschen Alltagssprache zum ersten Mal zu Beginn der 90er-Jahre des letzten Jahrhunderts auf und ist wahrscheinlich eine Erfindung von deutschen Werbe- und Medienfachleuten, die ihr Produkt auf diese Weise als modernes Konsumgut präsentieren wollten. Der Journalist Bastian Sick hingegen behauptet im ersten Band seiner Reihe ‚Der Dativ ist dem Genitiv sein Tod‘ (Köln 2004, S. 214), dass das Wort einen englischen Ursprung habe, da die amerikanische Firma Motorola während des Zweiten Weltkriegs tragbare Funkgeräte namens „Handie Talkies“ entwickelt habe, deren Namen an „Walkie Talkies“ angelehnt ist. Es bleibt dann allerdings zu fragen, warum eine Bezeichnung, die sich um 1940 nicht durchsetzen konnte, dies fünfzig Jahre später tun sollte.
Ob eine kreative Anlehnung an das Englische, die sich für englische Muttersprachler wunderlich ausnehmen muss, eine Bedrohung oder Bereicherung der deutschen Sprache darstellt, kann im Rahmen dieser oder der folgenden Aufgabe mit den Schülerinnen und Schülern diskutiert werden.
Für die weitere Auseinandersetzung mit dem Phänomen von Scheinanglizismen und den Ergebnissen der Wortforschung zu „Handy“ eignet sich das Arbeitsblatt 3, S. 318 f. Darüber hinaus bietet das Internet (z. B. über die Internet-Enzyklopädie Wikipedia) eine Fülle von Wortlisten.

Aufgabe 5
S. 289

Diese Aufgabe sollte in Verbindung mit der Abbildung des Graffitis an der Berliner Mauer (1990) bearbeitet werden, das die jugendsprachliche Seite des Phänomens illustriert. In den Medien lassen sich leicht weitere Belege und Beispiele finden. Zuvor sollte die Lehrperson in aller Kürze den Begriff „Anglizismus“ erläutern: Man kann eine enge und weite Lesart unterscheiden. Im engeren Sinne handelt es sich bei einem Anglizismus um die Übernahme einer englischen Spracheigentümlichkeit in die deutsche Sprache (so die Definition des Dudens). Dabei ist z. B. an eigentlich falsche Pluralbildungen (z. B. „Parties“ anstelle von „Partys“) oder an dem Englischen nachgebildete Phrasen wie „einen Sinn machen“ (statt „einen Sinn ergeben“) zu denken. Im weiten Sinne sind mit Anglizismen alle Phänomene des Einflusses der englischen Sprache auf das Deutsche gemeint. In diesem Verständnis sind Lehnwörter, Lehnübertragungen, Lehnübersetzungen und Fremdwörter allesamt Anglizismen. Für die intendierte Diskussion empfiehlt es sich, von diesem weiten Begriff des Wortes auszugehen.
Ohne die Aspekte der Fach- oder Szenesprachen an dieser Stelle vertiefen zu können, ist zur Vorbereitung der argumentativen Auseinandersetzung eine Gruppenarbeit denkbar, in der die Schülerinnen und Schüler mögliche Pro- und Kontra-Argumente sammeln. Bei der anschließenden Vorstellung (z. B. in Form einer Podiumsdiskussion oder Debatte; vgl. dazu S. 105 im Schülerbuch) sollten sowohl kritische als auch zustimmende Positionen möglichst gleichberechtigt diskutiert werden, um eine einseitige Verdammung oder Glorifizierung einer sprachgeschichtlich durchaus nicht einzigartigen Entwicklung zu vermei-

den. Eine Erkenntnis eines Gesprächs könnte daher sein, dass vor allem Auswüchse im Gebrauch von Anglizismen skeptisch zu betrachten sind.
Als Alternative bietet sich auch ein Text des Amerikaners David Bergmann aus dem Jahr 2007 an (vgl. Arbeitsblatt 5, S. 321 f.), der aus der Sicht des Nicht-Muttersprachlers das Phänomen der Anglizismen humoristisch beschreibt.

3. Die Sprachen in der Sprache – Dialekte des Deutschen (S. 290–291)

Die Dialekte des Deutschen sind direkte Zeugen der deutschen Sprachentwicklung. In ihnen manifestiert sich die Vielfalt der *gesprochenen* Sprache. An ihnen ist außerdem die Sprachverwandtschaft zwischen dem Deutschen und anderen indoeuropäischen Sprachen gut ablesbar. So können z. B. die Beziehungen zwischen Englisch und Deutsch besonders am Beispiel des Niederdeutschen, das ähnliche Formen und Lautungen aufweist wie das Englische, anschaulich aufgezeigt werden.
Im Unterkapitel werden erste Einsichten in die regionalen Varianten des Deutschen (Nieder, Mittel- und Oberdeutsch) vermittelt. Dazu wird von einem fiktiven Beispiel ausgegangen und in Form einer Übersetzungsübung zugleich der ähnliche Zugriff auf das Englische vorbereitet (vgl. Schülerbuch, S. 296–298). Schließlich werden die Schülerinnen und Schüler auf mundartliche Phänomene ihrer Umwelt aufmerksam gemacht und auf die grundsätzliche Unterscheidung zwischen Dialekt und Standardsprache hingewiesen.

Wegen dumm Tüüg harr de Polizei veel to dohn (S. 290)

Aufgabe 1 S. 290

Es handelt sich hier um eine fiktive Zeitungsnachricht, die in Niederdeutsch („Plattdeutsch") verfasst ist. Der Bericht informiert über weitreichende Vorkehrungen zum Schutz vor einem möglichen Giftgasaustritt im niedersächsischen Weyhe (südwestlich von Bremen), der sich schließlich als Fehlalarm herausstellt, weil drei Jungen unsachgemäß mit einem Pfefferspray hantiert haben.

Aufgabe 2 S. 290

Die an einigen Stellen notwendigerweise freie Übersetzung könnte so lauten:

Wegen Dummheiten hatte die Polizei viel zu tun
Weyhe. Drei junge Burschen sorgten dafür, dass die Polizei viel zu tun hatte. Die Jungen jammerten in der Nähe des Bahnhofs in Weyhe, sie hätten irgendetwas in die Augen bekommen. Ein Doktor vermutete, dass dies wohl von Gas herrühren könnte. Die Polizisten haben gleich einige Straßen abgesperrt. Und auch die Züge durften für eine Zeit nicht in Weyhe halten (wörtlich: keinen Haltestopp machen). Später hat sich dann herausgestellt (wörtlich: gewiesen), dass die Burschen, vierzehn und fünfzehn Jahre alt, mit etwas herumhantiert haben, was sie Pfefferspray nannten.

Bei der Übertragung in das Hochdeutsche können folgende Wortverwandtschaften zwischen dem Englischen und Niederdeutschen hilfreich sein:
„för" (Z. 1): for; „dat" (Z. 2): that; „de" (Z. 2): the, „to" (Z. 2): to; „weer" (Z. 5): were; „Neegde" (Z. 3): near; „kamen" (Z. 6): come; „Straten" (Z. 7): streets; „maken" (Z. 8f.): make; „Laterhen" (Z. 9): later; „hett" (Z. 9): had; „veerteihn" (Z. 10): fourteen; „foffteihn" (Z. 10): fifteen; „oolt" (Z. 10): old; „wat": what (Z. 11).
Außerdem werden in dem Text die nicht-standardsprachlichen Vergangenheitsformen „weern ... an't Jammern" (Z. 3 f.) und „weer vemoden" (Z. 5) verwendet, die den englischen Past-Progressive-/Continuous-Formen entsprechen.

Aufgabe 3 S. 290

Der niederdeutsche Sprachraum umfasst West- und Ostfalen, das Münsterland, Niedersachsen, Schleswig-Holstein, das Mecklenburgische und die Nord- sowie Mittelmark. Bei diesen

Gebieten (grün markiert) handelt es sich grob gesprochen um den Norden Deutschlands. Außerdem zählt das Niederfränkische (Niederlande, Belgien) dazu, das sich allerdings zu jeweils selbständigen Sprachen (Niederländisch, Flämisch) weiterentwickelt hat.
Neben dem Niederdeutschen sind auf der Karte die (staatsgrenzenüberschreitenden) Sprachräume des Mitteldeutschen und Oberdeutschen deutlich voneinander zu unterscheiden. Diese durch aufwändige Verfahren ermittelte Dialektgeografie (v. a. im Rahmen der Erstellung des Deutschen Sprachatlas in den Jahren 1926–1956) ist im Wesentlichen das Ergebnis der sog. Zweiten Lautverschiebung (oder: Hochdeutsche Lautverschiebung in der Phase des Übergangs vom Germanischen zum Althochdeutschen im 8./9. Jh. n. Chr.), die sich oberhalb der sog. Benrather Linie (also im Niederdeutschen) überhaupt nicht und südlich davon nur im Oberdeutschen vollständig durchgesetzt hat.
Das in der Karte rautiert hervorgehobene Friesische stellt einen Sonderfall dar und ist eine eigenständige Sprache westgermanischen Ursprungs (nicht zu verwechseln mit dem deutschen Dialekt des Ostfriesischen).

Aufgabe 4
S. 291

Am Wort „auf" lassen sich beispielhaft u. a. Veränderungen durch die Zweite Lautverschiebung nachweisen. Charakteristisch für die Zweite Lautverschiebung ist die Verschiebung von germ. *p, t,* k nach Vokal zu ahd. *ff, zz, hh* (im Auslaut zu *f, z, h* vereinfacht). Genau dieses Phänomen zeigt der Vergleich von niederdt. „op/up" mit mitteldt. „of"/„uf", der so die nicht erfolgte Durchführung dieses Lautwandels im Niederdeutschen einmal mehr belegt. Bei dem Wechsel des Vokals handelt es sich um komplementäre Varianten des ursprünglichen indoeuropäischen Vokals, wobei die südlichen Formen Vokaldehnung aufweisen. So wurde die oberdeutsche Variante „auf" in die Standardsprache übernommen.

Aufgabe 5
S. 291

Diese Rechercheaufgabe kann der Vorbereitung auf die folgende Aufgabe dienen. Empfehlenswert ist bei vorhandenem Zeitfenster ein projektorientiertes Vorgehen, dessen Ergebnisse (etwa in Form von Interviews, Textzeugnissen, Büchern, Tonbandaufnahmen etc.) in der Klasse oder auch als Ausstellung der Schulöffentlichkeit vorgestellt werden können. Die Projektarbeit sollte dann die folgenden Aufgaben als weitere Anregungen aufnehmen.

Aufgabe 6
S. 291

Mundarten spielen in der Kommunikation deutschsprachiger Menschen aufgrund einer Vielzahl von Faktoren keine so große Rolle mehr wie z. B. noch in der ersten Hälfte des letzten Jahrhunderts. Als ein Grund ist hier der Prozess der Modernisierung zu nennen, der die Menschen ortsungebundener gemacht und sie so aus ihrem traditionellen sprachlichen Kontext herausgehoben hat. Der sprachlich-kulturelle Unterschied wird zum anderen durch die allumfassende Einwirkung der Medien (allen voran das Fernsehen), in denen bis auf wenige Ausnahmen das Hochdeutsche/allgemeine Alltagssprache vorherrscht, immer mehr eingeebnet, sodass in vielen Regionen nur noch alte Menschen den heimischen Dialekt wirklich beherrschen. Oft werden Mundarten gegenüber der Hochsprache als minderwertig angesehen. Ein weiterer Faktor ist der Schulunterricht, der als hochdeutsche Veranstaltung eine nicht zu unterschätzende Komponente in der Sprachentwicklung junger Menschen darstellt.
Dem zunehmenden Bedeutungsverlust der Mundarten stellen sich viele Menschen und Organisationen entgegen, weil sie befürchten, dass dialektales Wissen heute immer mehr verloren geht (vgl. Aufgabe 7, Seite 291).

Aufgabe 7
S. 291

Wie andere Sprachvarianten auch (z. B. Jugend- und Szenesprache) sind Dialekte ein Garant für die Lebendigkeit und Vielfalt der deutschen Sprache. Die Standardsprache zielt auf regionenübergreifende Verständlichkeit des Sprechers, während die Mundart die Ortsverbundenheit und Identität des Einzelnen sowie die Identität seiner Heimatregion verbürgt. Gerade auch im Austausch von Dialekt und Standardsprache ist eine Bereicherung des Hochdeutschen zu erwarten anstelle einer normierenden Vereinheitlichung, die schlussendlich zur sprachlichen Verarmung führen muss.

Aufgabe 8
S. 291

Es ist ratsam, die Schülerinnen und Schüler zuvor über geeignete Suchbegriffe diskutieren zu lassen, um die Internetrecherche zum Erfolg zu führen. Vielversprechend ist z. B. eine Kombination von Begriffen wie „Mundart", „Pflege" und auch „Verein", um entsprechende Treffer zu erhalten. In der Tat sind es neben Forschungsinstituten vor allem Vereine, die sich die Förderung einer Mundart auf die Fahne geschrieben haben. Ein Beispiel ist der u. a. von Künstlern und Forschern getragene Verein „Schwäbische mund.art" (http://www.mund-art.de; 07.10.2007), der u. a. Pate steht für ein Projekt zur stärkeren Berücksichtigung des Schwäbischen in baden-württembergischen Schulen (vgl. http://www.alemannisch.de/muinschule/index.htm; 07.10.2007). Weitere Vereine und Institutionen sind in jedem Bundesland zu finden. Allen gemein ist das Ziel, die jeweilige Mundart zu pflegen, ihre Geschichte und Eigenart zu erforschen und durch vielfältige Aktivitäten Sprechernachwuchs zu fördern.

4. Andere Sprachen, andere Satzbaumuster – Unterschiede kennen und berücksichtigen (S. 292–299)

Dieses Unterkapitel stellt eine Rückkehr zur vergleichenden Sprachbetrachtung dar. Unter spezifisch grammatischem Blickwinkel werden die Satzbaumuster der drei wichtigsten Schulsprachen (Deutsch, Englisch, Französisch) vorgestellt, wobei Deutsch und Englisch als wichtigste Beispiele naturgemäß den größten Raum einnehmen. Daran schließen sich die Betrachtung weiterer grammatischer Phänomene, die zur intensiveren Reflexion der eigenen Sprache führen soll, und die Vorstellung der komplexen Thematik des Übersetzens an einem Beispiel der Jugendbuchreihe „Harry Potter" an. Zum Abschluss können die Schülerinnen und Schüler anhand eines Rocksongs selbst den Versuch des Übersetzens aus dem Englischen ins Deutsche unternehmen.

Bastian Sick: Weil das ist ein Nebensatz (S. 292–293)
Der Text stammt aus dem zweiten Band der dreiteiligen Reihe „Der Dativ ist dem Genitiv sein Tod" (Köln 2005 ff.), dessen Buchcover auf Seite 292 im Schülerbuch abgebildet ist. Der Autor Bastian Sick (geb. 1965) arbeitet als Kolumnist für ‚Spiegel Online': Aus seiner sprachkritischen „Zwiebelfisch"-Kolumne, die seit Mai 2003 erscheint, stammen die im Durchschnitt zwei bis drei Seiten langen Kapitel, in denen sich der Verfasser mehr oder weniger humorvoll Stilblüten, Sprachfehlern und grammatischen Fallstricken des Deutschen widmet. Der „Zwiebelfisch" und die folgenden Buchpublikationen sind ein großer Erfolg geworden. Dabei ist der Ton Sicks durchaus elitär und stellenweise sogar arrogant. Doch hat gerade dies mithilfe des Internets dazu geführt, dass seine Bücher im Unterschied zu seinen zahlreichen Vorgängern zu Bestsellern werden konnten. Neben den inhaltlichen Anregungen bietet also auch der Stil des Autors Gelegenheit zur Auseinandersetzung mit Strategien der Sprachkritik.
Der mit nur wenigen Auslassungen abgedruckte Kolumnenbeitrag „Weil das ist ein Nebensatz" bettet die Auseinandersetzung mit der möglichen Übernahme englischer Satzbaumuster ins Deutsche in einen recht ausschweifenden erzählerischen Rahmen ein, der konstruiert wirkt und ein kaum realistisches Gespräch wiedergibt: Ausgangssituation ist ein gemeinsames Abendessen eines Ich-Erzählers ohne Namen (die Leser sollen davon ausgehen, dass es sich um Sick selbst handelt) und seiner drei Freunde an einem Freitagabend (vgl. Z. 1–4). Eine besondere Rolle spielt die Figur des Henry. Er kommt später als

die anderen und bringt nach der Begrüßung gleich das Gespräch auf das grammatische Problem, das im Folgenden im Mittelpunkt stehen soll (vgl. Z. 8–10).
Es schließt sich ein Vortrag Henrys an, in dem die Freunde Maren und Philipp fast ausschließlich als Stichwortgeber für die Ausführungen ihres Freundes fungieren (vgl. Z. 11–70). Der Ich-Erzähler selbst spielt in diesem Gesprächsabschnitt noch keine Rolle: Geschickt legt Sick die zunehmend oberlehrerhaft wirkenden Ausführungen einem fiktiven Dritten (Henry) in den Mund. Dieser grenzt den (durchaus nicht allgemein üblichen) Begriff der „Inversion" (Z. 9) zunächst von dem naiv eingeworfenen Wort „Invasion" (Z. 12) ab, um wortreich und mit umso klügerem Anschein die Wortstellung des finiten Verbs in deutschen Frage- und Nebensätzen zu erläutern (vgl. Z. 14–46).
Nach der grundsätzlichen Klärung des grammatischen Phänomens wendet sich das Gespräch der allgemeineren Frage zu, wie die Entwicklung, die „Inversion" im Nebensatz zugunsten der Wortstellung wie im Hauptsatz fallenzulassen, zu beurteilen sei (vgl. Z. 47–70). Als Wortführer gibt Henry zu bedenken, dass nur durch die penible Berücksichtigung der korrekten Syntax der seiner Meinung nach falsche Trend, der allein mit Bequemlichkeit zu erklären sei, aufgehalten werden könne, bevor ihn die Sprachforscher in ihre Regelwerke aufnähmen (vgl. besonders Z. 55–59). Hier wird der elitär-arrogante Grundton der Aufsätze Sicks – wenn auch nur über eine fiktive Figur vermittelt – sehr deutlich vernehmlich.
Im darauf folgenden Abschnitt (vgl. Z. 71–99) diskutieren Henry und Philipp, dem die Rolle des advocatus diaboli zufällt und der die Diskussion durch eine Äußerung in Gang gesetzt hat (vgl. Z. 5–8), Möglichkeiten und Grenzen des Sprachwandels. Dies nutzt der Ich-Erzähler, um sich zum ersten Mal in das Gespräch einzuschalten. Wie ein deus ex machina greift er zugunsten von Henrys Position ein (vgl. Z. 81) und preist den angeblichen syntaktischen Reichtum der deutschen Sprache, der im Vergleich zur starren SPO-Regelung des Englischen eine Vielzahl von stilistischen Möglichkeiten eröffne (vgl. Z. 81–96).
Im vorletzten Teil (vgl. Z. 100–121) wirft die sonst auf den Part der Naiven festgelegte Figur Maren das wichtige Stichwort „Anglizismus" ein. Am Beispiel eines englischen Songtitels wird dieser Befund verifiziert, eine strukturgleiche Übersetzung nach dem Muster SPO wird jedoch aus sprachrhythmischen und euphonischen Gründen abgelehnt (vgl. Z. 106–117).
Der Schluss (vgl. Z. 122–127) spiegelt die Ermüdung durch die Diskussion sowohl bei den Figuren als auch bei den realen Lesern. Insgeheim sollen sie dankbar dafür sein, dass die Intervention des Ich-Erzählers (also Sicks) dazu geführt hat, dass Langeweile vermieden wird und endlich das Thema gewechselt werden kann (vgl. Z. 122).
Sicks Text ist in sich informativ und eignet sich wegen seiner narrativen Form durchaus als eine etwas andere Einführung in die komplizierte Thematik der Syntax. Zugleich offenbart der Beitrag auf den zweiten Blick seine recht einfach gestrickte Strategie, die die naturgemäß trockenen Belehrungen einer fiktiven Figur zuweist und trotzdem die eigene Autorität als Kolumnist nicht untergräbt. So versucht Sick weniger genaue Leser glauben zu machen, er sei mehr Unterhalter als Belehrender. Bei leistungsstarken Lerngruppen sollten diese Implikationen bei einer abschließenden Bewertung des Textes thematisiert werden.

Aufgabe 1
S. 293

Wahrscheinlich werden die meisten Schülerinnen und Schüler diese Frage bejahen. Ein mögliches Ergebnis der sich daran anschließenden Besprechung könnte sein, dass das von Sick gegeißelte Phänomen vorrangig eine Auffälligkeit der Sprechsprache darstellt und als solches wegen der Medien (etwa in Politikerinterviews) vielleicht größere Aufmerksamkeit erfährt, als es ihm in Wirklichkeit zukommt.

Aufgabe 2
S. 294

Diese Aufgabe intendiert die begründete Bewertung des Textes auf Basis der in Aufgabe 1 gewonnenen Ergebnisse. Es ist möglich, dass die Schülerinnen und Schüler vom elitären Ton des Textes abgestoßen werden (immerhin sind sie als Lernende täglich mit der Korrektur ihres Sprechens und Schreibens konfrontiert und reagieren empfindlich auf jegliches Überlegenheitsgebaren). In diesem Fall kann die genaue Untersuchung der Textstrategie (vgl. die einführenden Erläuterungen zu Sicks Beitrag) fruchtbar sein, um den grammatischen Befund von der Form seiner Vermittlung getrennt sehen zu können.

Aufgabe 3
S. 294

Der Text beschreibt die deutschen Satzbaumuster des Fragesatzes (Entscheidungsfrage nach dem Muster „finites Verb – Subjekt – [weitere] Ergänzung[en]"), des Aussagesatzes (Muster „Vorfeld – finites Verb – [weitere] Ergänzung[en]") und des Neben-/Gliedsatzes (Muster „Konjunktion – Subjekt – [weitere] Ergänzung[en] – finites Verb an Schlussposition"). Für das Englische wird allein die „immer gültige [...] Formel SPO" (Z. 85), also das Muster „Subjekt – Prädikat – Objekt" genannt, ungeachtet der Tatsache, dass es auch Ausnahmen (u. a. die englische Entscheidungsfrage) von dieser Regel gibt. Einen Überblick über die Satzbaumuster des Deutschen im Vergleich mit dem Englischen und Französischen bietet der Infokasten auf Seite 295 im Schülerbuch.

Aufgabe 4
S. 294

Diese Aufgabe ist vor allem für eine multikulturelle Lerngruppe eine hervorragende Gelegenheit, die jeweilige Sprachkompetenz in einer nicht-deutschen Sprache unter Beweis zu stellen. In (fortgeschrittenen) Lateinklassen können darüber hinaus die aufgrund der Flexionsvielfalt eher freien Möglichkeiten des lateinischen Satzbaus thematisiert werden. Für das Englische und Französische können bisherige Ergebnisse bestätigt oder differenziert werden (vgl. Aufgabe 3). Wie beim Lateinischen sollte die Lehrperson für das Spanische und Italienische über genügend eigene Kompetenz verfügen, um die entsprechenden Beobachtungen sachgerecht moderieren zu können.

Aufgabe 5
S. 294

Die Beispiele aus dem Deutschen, Englischen und Französischen machen auf weitere grammatische Parallelen und Unterschiede zwischen den Sprachen aufmerksam: Die erste Zusammenstellung demonstriert den jeweiligen Stellenwert des grammatischen Genus, wie er in der unterschiedlichen Formvielfalt des Artikels aufscheint; der zweite Aspekt kontrastiert die Flexionsvielfalt des Deutschen mit der Flexionsarmut der beiden anderen Sprachen, die ein Grund für die relativ festen Satzbaumuster des Englischen und Französischen sind; die abschließenden Beispiele illustrieren die im Unterschied zum Deutschen schematische Markierung des Adjektivs in attributivem und adverbialem Gebrauch. Durch Hinzufügung des Suffix -ly erhalten die Ableitungen im Englischen den Status der Wortart Adverb.

Aufgabe 6
S. 294

Diese Aufgabe kann Anstoß zur Öffnung des Deutschunterrichts auf die Fremdsprachen hin sein und erfordert die intensive Zusammenarbeit mit den jeweiligen Fachkollegen.

Rückwärts nach Hause (S. 294)
Es handelt sich hier um die Transformation eines Zeitungsartikels. Dabei wurde der Satzbau strikt nach dem starren SPO-Schema gestaltet, mit der Folge, dass Stil und Verständlichkeit des Artikels massiv leiden. Die Beschäftigung mit der Texttransformation soll die verständnisleitende und stilbestimmende Funktion einer abwechslungsreichen Syntax im Deutschen vor Augen führen.

Aufgabe 7
S. 294

Die Rückübersetzung des Textes erfordert die Berücksichtigung vor allem der Stellungsregeln b) und c) der Zusammenfassung (auf Seite 295 im Schülerbuch): Nur so kann der Leser und Hörer genau zwischen Haupt- und Nebensatz unterscheiden. Bei der Überarbeitung sollte beachtet werden, dass die Prädikatsklammer entweder wiederhergestellt oder aufgelöst werden muss. Korrekt lautet der Text:

Perth. Weil die Gangschaltung seines Wagens auf dem Weg nach Hause *streikte*, *wollte* ein junger Australier 500 Kilometer im Rückwärtsgang *fahren*. Nach 50 Kilometern *musste* er

seine Fahrt *beenden*, da die Polizei ihn *stoppte* und ihm einen Strafzettel wegen rücksichtslosen Fahrens *aufbrummte*.
Auf dem Weg nach Perth *war der 23-Jährige*, als die Patrouille ihn in der Nähe von Kalgoorlie auf einem Highway durch das australische Hinterland *aufspürte*. Er erklärte den Polizisten, dass seine Gangschaltung kaputt sei und dass er nur noch den Rückwärtsgang *habe* einlegen können. Mit Nachdruck versicherte er, dass er nach Hause nach Perth *wollte*, welches etwa 450 Kilometer entfernt *liegt*.

Joanne K. Rowling: Harry Potter and the Order of the Phoenix (S. 296–298)
Joanne K. Rowling: Harry Potter und der Orden des Phönix (S. 296–298)
Die siebenteilige Jugendbuchreihe „Harry Potter“ (1997–2007) der englischen Autorin Joanne K. Rowling (geb. 1965) gilt als einer der größten internationalen Bucherfolge der letzten Jahrzehnte. Die mehr oder weniger originell aus bekannten Versatzstücken (Krimi, Internatsroman, Märchen, Fantasyliteratur) zusammengesetzten Romane um den Zauberlehrling Harry Potter, der während seiner Schuljahre im Internat Hogwarts viele Abenteuer gegen den bösen Zauberer Lord Voldemort und dessen Verbündete zu bestehen hat, wurden in etwa 65 Sprachen übersetzt. Weltweit wurden mehr als 350 Millionen Exemplare verkauft. Auch in Deutschland gehören die Bücher zu den beliebtesten und meistgekauften Jugendbüchern, die ihre Leser auch unter Erwachsenen finden. Die pompös ausgestatteten Hollywood-Verfilmungen (die von Band 5, aus dem der Auszug stammt, kam 2007 in die Kinos) tun ein Übriges, die Zaubergeschichte von Gut und Böse auch in Zukunft im Gedächtnis Heranwachsender zu verankern.
Obwohl die literarische Qualität der Romane spätestens seit Erscheinen des dritten Bandes (1999) unter Kritikern eher umstritten ist, eignet sich der Auszug aus drei Gründen für sprachvergleichende Zwecke im Deutschunterricht. Zunächst ist davon auszugehen, dass Schülerinnen und Schüler der achten Klasse – auch wenn sie die Bücher Rowlings nicht mehr lesen sollten – durch die Medien (bes. durch die Filme) sehr gut über den Inhalt der Geschichte und die Bedeutung ihrer Spezialbegriffe informiert sind. Weiterhin ist das englische Sprachniveau der Zielgruppe entsprechend nicht allzu hoch, um von deutschen Jugendlichen gerade auch in der Gegenüberstellung mit der von Klaus Fritz (geb. 1958) verantworteten deutschen Übersetzung verstanden werden zu können. Zuletzt ist die Parallelwelt der Harry Potter-Romane fast ein getreues Abbild des englischen Schulsystems mit Schuluniformen, Internatskultur und Kurssystem. So lädt die Fiktion ein, Unterschiede und Parallelen zum eigenen Schulalltag festzustellen.
Der fünfte Roman „Harry Potter und der Orden des Phönix“ spielt während des fünften Schuljahrs Harry Potters in Hogwarts. Der Schulleiter des Internats, Professor Dumbledore, Harrys Mentor, wird vom Zaubereiministerium seines Amts enthoben und muss fliehen, da er glaubt, dass von Lord Voldemort neue Gefahr ausgeht. An seiner Stelle führt Frau Professor Dolores Umbridge die Schule. Um die Schüler vor allem Gefährlichen abzuschotten, verzichtet sie als Lehrerin für „Verteidigung gegen die dunklen Künste“ völlig auf praktische Anwendungen des Lernstoffs und steht so prototypisch für verkopftes, nichtanwenderorientiertes Schulwissen. Ihr autoritäres und ignorantes Verhalten führt dazu, dass Harry und seine Freunde Ron Weasley und Hermine Granger zunächst ohne Unterstützung der Erwachsenen dafür sorgen müssen, das drohende Unheil in Gestalt Voldemorts abzuwenden. Am Ende des Romans kommen ihnen jedoch Dumbledore und der „Orden des Phönix“ zu Hilfe, sodass zumindest zeitweilig die Gefahr gebannt zu sein scheint.
Der Auszug enthält die Beschreibung der ersten Unterrichtsstunde mit Frau Professor Umbridge im Fach „Verteidigung gegen die dunklen Künste“ und illustriert schön ihren fragwürdigen Erziehungsstil, der hier vor allem auf das Unverständnis der Klassenbesten Hermine trifft.

Aufgabe 1
S. 296

Der Text ist trotz vieler schwieriger Vokabeln (z. B. „wand" ‚Zauberstab' und „quill" ‚Schreibfeder', Z. 1; „torpor" ‚Trägheit', Z. 25; „spell" ‚Zauber(spruch)', Z. 56) in seinen Grundzügen als Unterrichtsszene verständlich. Als Lesestrategie empfiehlt es sich, die Bedeutung von Unbekanntem aus Bekanntem zu erschließen und dabei den Kontext zu berücksichtigen. Bei leistungsschwächeren Klassen können ersatzweise die ersten Zeilen (Z. 1–28) in Kleingruppen- oder Partnerarbeit präpariert und dann im gemeinsamen Unterrichtsgespräch detailliert geklärt werden. Im Anschluss daran sollte in beiden Fällen der deutsche Text zum Vergleich hinzugezogen werden.

Aufgabe 2
S. 298

Das zur Identifikation einladende Beispiel der kritischen Hermine (vgl. Z. 29 – Ende des englischen Texts) und die unzweideutig negative Darstellung der Lehrerin (vgl. u. a. Z. 14: „those pouchy toad's eyes" und Z. 42: „small pointed teeth") weckt bewusst Vorbehalte gegen die Figur Umbridge und ihr Verhalten. Ihr Erziehungsstil ist geprägt von Instruktionen, die weder Praxisbezug noch eigenständiges Denken zulassen. In einer Diskussion könnten die unzeitgemäßen Züge dieses Unterrichts thematisiert und eigene Schulerfahrungen (die hoffentlich nicht das von Rowling entworfene Lehrerbild bestätigen) verbalisiert werden.

Aufgabe 3
S. 298

Die Beispiele bestätigen die in der Zusammenfassung erläuterten Grundregeln der deutschen und englischen Syntax. Das Ergebnis der Untersuchung kann in einem Tafelbild zusammengefasst werden (S = Subjekt, P = Prädikat, O = Objekt):

Tafelbild

Beispiele für englische und deutsche Satzstrukturen in „Harry Potter und der Orden des Phönix"

1. Aussagesatz

ENGLISCH: *[words] [appeared] [on the board] once*
S P O

DEUTSCH: *sofort [erschienen] [Wörter] [darauf]*
P S O (finites Verb an zweiter Position im Satz)

ENGLISCH: *[It] [was] [desperately dull], [quite as bad as listening to Professor Binns].*
S P Prädikativum ing-Konstruktion (Gerund)

DEUTSCH: *[Es] [war] [furchtbar langweilig], [genauso schlimm wie Professor Binns zuzuhören].*
S P Prädikativum Infinitivgruppe

2. Nebensatz

ENGLISCH: *Professor Umbridge, [who] [was looking] just as resolutely in another direction.*
S P

DEUTSCH: *Professor Umbridge […], [die] nicht minder entschlossen in die andere Richtung [blickte].*
S P

(finites Verb am Ende des Satzes)

3. Fragesatz, Redeeinleitungssatz

ENGLISCH: *'[Did] [you] [want to ask] [something about the chapter], dear?' [she] [asked] [Hermione].*
P_1 S P_2 O | S P O

DEUTSCH: *„[Wollten] [Sie] [eine Frage zu dem Kapitel] [stellen], meine Liebe?", [fragte] [sie] [Hermine].*
P_1 S O P_2 | P S O

(finites Verb an zweiter Position nach wörtlicher Rede)

Falls gewünscht, kann zur Vertiefung ein Auszug aus Twains Text „Die schreckliche deutsche Sprache" (1880) (vgl. Arbeitsblatt 4, S. 320) gelesen werden, der sich mit dem Phänomen der Prädikatsklammer im Deutschen beschäftigt. Dabei sollte allerdings berücksichtigt werden, dass die vom Autor verwendeten grammatischen Begriffe nicht mehr den gängigen der deutschen Schulgrammatik entsprechen.

Aufgabe 4
S. 298

Die unterstrichenen Wörter sind Beispiele für sog. „falsche Freunde" (vgl. Infokasten auf Seite 299 oben im Schülerbuch): Trotz großer formaler oder lautlicher Ähnlichkeit sind diese Wörter nicht gleichbedeutend mit ihren deutschen „Freunden" (z. B. „who", das „wer" und eben nicht „wo" bedeutet). Anhand der deutschen Fassung werden die Schülerinnen und Schüler schnell merken, dass der Übersetzer diese Wörter nie so übersetzt, wie sie es vielleicht erwarten. Der Blick in ein Wörterbuch kann darüber Auskunft geben, dass seine Entscheidungen lexikalisch korrekt sind.

Aufgabe 5
S. 299

Bekannte englische „falsche Freunde" sind u. a. „actually" (korrekte Übersetzung: „wirklich", „tatsächlich"), „also" („auch"), „boot" („Stiefel"), „chips" („Pommes Frites"), „eye" („Auge"), „fast" („schnell"), „hardly" („kaum"), „hell" („Hölle"), „kind" („Art und Weise"; „freundlich"), „rat" („Ratte"), „rest" („Pause"), „sin" („Sünde"), „taste" („Geschmack"), „turn" („wenden") und „wall" („Mauer", „Wand"). Für weitere Beispiele, auch aus anderen Sprachen, stehen im Internet ausführliche Listen zur Verfügung, die man mithilfe einer Suchmaschine und dem Stichwort „falsche Freunde" schnell finden kann.

David Bowie/Brian Eno: Heroes (S. 299)

„Heroes" (1977) ist einer der bekanntesten Songs des britischen Rockmusikers David Bowie (geb. 1947), den er gemeinsam mit dem Musiker und Produzenten Brian Eno verfasst und eingespielt hat. Bowie hatte stilprägenden Einfluss auf die Popmusikgeschichte und gehört auch heute noch zu den erfolgreichsten Künstlern in diesem Bereich. Sein Werk umfasst solch unterschiedliche Stilrichtungen wie Beat und Folk (1960er-Jahre), Glamrock (1970er-Jahre), Hardrock sowie Disco und Elektronikmusik.

„Heroes" stammt von dem gleichnamigen Album (1977), das Bowie in West-Berlin, dem zeitweiligen Wohnsitz des Musikers, in einem Studio unweit der Berliner Mauer aufnahm. Der Titel ist ursprünglich in Anführungszeichen gesetzt, um den Begriff „Helden" ironisch zu relativieren. Musikalisch handelt es sich um ein typisches Beispiel für Bowies Stil zu der damaligen Zeit (experimentelle Verbindung von Rockmusik und Synthesizer unter Verwendung innovativer Aufnahmetechniken im Studio). Es existieren mehrere offizielle Versionen des Songs, darunter auch eine mit deutschem Text, die auch auf Bowies Soundtrack des Films „Christiane F. – Wir Kinder vom Bahnhof Zoo" (1982) enthalten ist. Von den beiden englischen Fassungen ist vor allem die kürzere Single-Version auf vielen Werkschau-CDs des Künstlers zu finden.

Obwohl Bowie kaum zu den bevorzugten Popmusikern der heutigen Jugend gehören wird, rechtfertigen der in der Liebesthematik ausgedrückte pubertäre Trotz und die zweisprachige Überlieferung des Songs die Verwendung im Unterricht. Zusätzlich mag das Stück aufgrund der in den letzten Jahren recht häufigen Verwendung in Werbespots selbst unter Jugendlichen des 21. Jahrhunderts einen gewissen Wiedererkennungswert besitzen.

Aufgabe 6
S. 299

Die Übersetzungsübung erfordert die Berücksichtigung der behandelten syntaktischen und lexikalischen Besonderheiten beider Sprachen. Gleichzeitig schult es stilistische Fertigkeiten: Neben einer Wort-für-Wort-Übersetzung sollten auch freiere, für deutsche Ohren schönere Varianten erprobt werden, ohne den ursprünglichen Sinn zu verfälschen. Ein Übersetzungsbeispiel stammt von David Bowie selbst (vgl. Aufgabe 7). Eine neuere deutsche Version hat die Sängerin Nena auf ihrem Album „Cover Me" (2007) veröffentlicht.

Aufgabe 7
S. 299

Die deutsche Version des Songs zeigt deutlich die Problematik, den originalen Text in eine andere Sprache zu übertragen, da der Singbarkeit bei ungefährer Sinnentsprechung Rechnung getragen werden muss. Beispiele für mehr oder weniger gravierende Veränderungen sind z. B. die Zeilen „Niemand gibt uns eine Chance“ für „Though nothing, nothing will keep us together“ (‚Doch nichts, nichts wird uns zusammenhalten‘; Z. 16) oder „Die Mauer im Rücken war kalt“ für „Standing by the wall“ (‚an der Mauer stehend‘; Z. 21). Nuancierungen enthalten Verse wie „Doch können wir siegen ...“ für „We can beat them ...“ (‚Wir können sie besiegen ...‘; Z. 4). Die Textzeile „Though nothing will drive them away“ (Z. 3) wird frei mit „Obwohl sie unschlagbar erscheinen“ übersetzt, Satzkonstruktionen werden vereinfacht (etwa „Du, könntest du schwimmen“ für „I, I wish you could swim“; Z. 14). Zugleich wurde der charakteristische Widerspruch von „for ever and ever“ und „just for one day“ im Deutschen bewahrt.

Ein Vergleich mit den eigenen Arbeiten kann zeigen, dass es eine einzig *richtige* Übertragung nicht geben kann, da Übersetzer stets zwischen wortwörtlicher und freier Übersetzung zu wählen haben, Wortalternativen berücksichtigen und Satzstrukturen variieren müssen. Wahrscheinlich wird die Entscheidung für eine Übersetzung nur aufgrund des persönlichen Geschmacks fallen, wenn denn diese Übertragung die Kriterien der Sinnentsprechung und der stilistischen Güte erfüllt. Für die Übersetzung Bowies spricht allerdings, dass sie vom Musiker selbst stammt und die o. g. Veränderungen somit autorisiert sind.

Die hier abgedruckte deutsche Fassung entspricht der gesungenen, weicht jedoch in der Reihenfolge und Summe der Strophen ein wenig von der im Schülerbuch abgedruckten englischen Version ab:

David Bowie/Brian Eno
Helden

Du, könntest du schwimmen
Wie Delphine, Delphine es tun
Niemand gibt uns eine Chance
Doch können wir siegen für immer und immer
Und wir sind dann Helden für einen Tag

Ich, ich bin dann König
Und du, du Königin
Obwohl sie unschlagbar scheinen
Werden wir Helden für einen Tag
Wir sind dann wir an diesem Tag

Ich, ich glaub das zu träumen
Die Mauer im Rücken war kalt
Die Schüsse reißen die Luft
Doch wir küssen, als ob nichts geschieht
Und die Scham fiel auf ihre Seite
Oh, wir können sie schlagen für alle Zeiten
Dann sind wir Helden nur diesen Tag

(http://www.seeklyrics.com/lyrics/David-Bowie/Helden.html; 14.10.2007)

Der Einfluss des Lateinischen auf die deutsche Sprache

Jürgen Folz
Einhard und Dietmar im römischen Soldatenlager

Die beiden Germanenjungen [...] trieben einige Kälber von ihrem Dorf zum nahe befestigten Römerlager.

Endlich kamen sie aus dem Wald heraus. Vor ihnen zog sich jetzt über die baumlose Hochfläche die Grenzbefestigung, die die Römer hier errichtet hatten. Sie hatten zu Hause schon viel gehört vom mächtigen Limes. Das lateinische Wort bedeutet „Grenze, Grenzbefestigung". Staunend betrachteten die beiden Jungen die gewaltige hölzerne Mauer, die dadurch gebildet worden war, dass man einen schweren, dicken Pfahl (lateinisch *palum*) in den Boden gerammt hatte, und den hohen Wall (lateinisch *vallum*) aus gestapftem Lehm dahinter. Der Grenzwall war an einer Stelle durchbrochen. Eine *Straße* (lateinisch *via strata* „gepflasterter Weg", althochdeutsch *strazza*) führte von hier zum befestigten Lager. Die Römer nannten diese Befestigung *castellum* „kleine Burg, kleines Fort". Das ist eine Verkleinerung von lateinisch *castrum* „Lager, Festung". Dieses lateinische Wort findet man heute noch in den Ortsnamen Bern*kastel*, Mainz-*Kastel*, *Kassel*. Wir sehen daran, dass hier einmal römische Militärlager waren.

Am Lagertor wurden sie von einem bedrohlich aussehenden *Legionär* (lateinisch *legionarus* „Angehöriger einer *legio*" [das ist die größte römische Heeresabteilung]) angehalten. Wir haben heute diese Wörter noch, z. B. in der Zusammensetzung Fremden*legion*, dem Namen einer französischen Söldnertruppe. Fußballstars, die bei ausländischen Vereinen spielen, werden heute ebenfalls scherzhaft *Legionäre* genannt, wenn sie wieder in den Reihen ihrer Nationalmannschaft stehen.

Bevor aber Dietmar und Einhard ihre Kälber zum Verkauf ins Lager treiben durften, mussten sie der Wache am Tor *Zoll* zahlen, das heißt eine Abgabe im Voraus für den Preis, den sie später für die Tiere bekommen würden. Über lateinisch *tolonium, telonium* wurde das Wort mit verändertem Anfangslaut in unsere Sprache entlehnt (althochdeutsch *zol*). [...]

Im Lager wurden die beiden Jungen bereits vom

Rekonstruktionszeichnung des Limes

römischen Händler Pecunius erwartet. In seinem Auftrag hatten sie die Tiere hierher getrieben. Bei den römischen Soldaten wurde der Händler als *caupo* bezeichnet. Im späteren Althochdeutschen wurde daraus *koufo* und schließlich über die verdeutlichende Zusammensetzung *koufman* unser *Kaufmann.*

Pecunius begrüßte sie und ließ sie die Kälber zu seinem Stall treiben. Da der Römer im Laufe der Zeit eine ganze Reihe von Wörtern aus der Sprache der in der Nähe wohnenden Germanen gelernt hatte, klappte die Verständigung ganz gut. Dann konnten die beiden sich im Lager einmal umsehen. Denn hier gab es schließlich eine ganze Menge Sachen, die ihnen in ihrem Dorf noch niemals begegnet waren. [...]

Pecunius hatte inzwischen die Kälber in seinem Stall untergebracht und rief die beiden Jungen zu seinem Haus. Hier zeigte er den beiden seinen großen Lagerraum. Alles, womit er handelte, war hier untergebracht. So viele verschiedene Waren und überhaupt so einen riesigen Lagerraum hatten die beiden noch nicht gesehen. Da stand ein *Sack* (lateinisch *saccus*) neben dem anderen, gefüllt mit getrockneten *Früchten* (lateinisch *fructus*) oder mit Gewürzen wie *Kümmel* (lateinisch *cuminum*) und *Fenchel* (lateinisch *feniculum*). [...]

Sie gingen dann alle drei in das Haus des Römers. Die beiden Germanen sollten bei Pecunius zu Abend essen und auch übernachten.

Flava, die Frau des Kaufmanns, war in der *Küche* (lateinisch *coquina, cocina*) mit der Zubereitung der Mahlzeit beschäftigt. Sie stand an einem gemauerten Herd und war dabei, in einem kupfernen Kessel (lateinisch *catillus*) ein dampfendes Gemüse zu *kochen* (lateinisch *coquere, cocere*). Es war *Kohl* (lateinisch *caulis*). Die meisten unserer Kohlarten stammen nämlich aus dem Mittelmeergebiet. Die Germanen lernten dieses Gemüse von den Römern kennen und übernahmen mit der Pflanze auch das Wort.

(Aus: Jürgen Folz: Der lateinische Einfluss auf das Germanische; in: Schülerduden Wortgeschichte. Herkunft und Entwicklung des deutschen Wortschatzes, Bibliographisches Institut & F. A. Brockhaus, Mannheim 1987, S. 40 f., 43 f..; orthografisch modernisiert)

1. Gliedere den Text in Sinnabschnitte und formuliere Zwischenüberschriften.

2. Notiere stichpunktartig, wie der Autor den Inhalt der Abschnitte aufbereitet und welche Wirkung damit erreicht wird.

3. Verfasse nun eine Zusammenfassung des Sachtextes, indem du die einzelnen Abschnitte mit eigenen Worten wiedergibst und ihre Funktion darlegst.

4. Erläutere abschließend, in welchen Bereichen die lateinische Sprache die germanische und damit auch die deutsche Sprache besonders beeinflusst hat. Nenne Wortbeispiele und gehe dabei über den Text hinaus.

Wichtige Perioden der Wortentlehnung im Deutschen

Zeit	Herkunftssprache	Gründe für die Übernahme	Wortbeispiele
Mittelalter (12.–14. Jh.)		französischer Einfluss auf die höfische (Ritter-)Kultur	
15./16. Jahrhundert	Italienisch	Fernhandel mit dem Orient über Italien	
15./16. Jahrhundert	Lateinisch	Einführung des römischen Rechts im Dt. Reich (Latein war Fachsprache der Juristen)	
17. Jahrhundert	Französisch	Auswirkungen des Dreißigjährigen Krieges (französische Militärsprache)	
17. Jahrhundert		Frankreich als kulturelles und gesellschaftliches Vorbild (sog. Alamodezeit)	
19./20. Jahrhundert	Englisch	in Großbritannien einsetzendes Zeitalter der Industrialisierung	
19./20. Jahrhundert		wachsender Kultureinfluss Großbritanniens und der USA	
zweite Hälfte des 20. Jahrhunderts	Englisch, Amerikanisch	Einfluss der amerikanischen Unterhaltungsindustrie	
seit dem Ende des 20. Jahrhunderts		Beginn des Computerzeitalters	

Vervollständige die Spalte „Herkunftssprache"; trage die Wortbeispiele passend ein:

- chatten, E-Mail, Computer, Router, Internet
- Armee, Bande, Bataillon, Chef, Deserteur, Infanterie
- Dattel, Marzipan, Melone, Muskat, Olive, Zitrone
- Tunnel, Schranke, Tender, Lore
- Gentleman, Klosett, konservativ, Streik, Tennis, Trick
- Show, Hit, live, Trailer, Spot, Video
- Akte, Advokat, Arrest, Jurist, Polizei, Konferenz
- Turnier, Lanze, Panzer, Preis, Visier, Manieren
- Garderobe, elegant, Parfum, Teint, Toilette

„Handy" – ein Anglizismus?

Dietmar Pieper

Ein Wort und seine Geschichte: Woher kommt das Handy?

Wer hat's erfunden? Nach dem Beginn des digitalen Mobilfunks vor 15 Jahren eroberte ein eigentümliches Wort die deutsche Sprache: Handy. Sowohl Motorola als auch Telekom beanspruchen die Urheberschaft, aber dennoch bleibt der Ursprung des Begriffs im Dunkeln.

Was hat fünf Buchstaben und nervt? Natürlich das Handy. Und wer hat's erfunden (nein, nicht das Gerät, das Wort)? Um es gleich zu sagen: Niemand weiß es genau. Kein Sprachwissenschaftler, Firmenarchivar oder Telefonfetischist hat es bisher geschafft, die Mutter oder den Vater des Wörtchens „Handy" zweifelsfrei ausfindig zu machen.

Das ist sehr erstaunlich. Denn erst 15 Jahre ist es her, dass der digitale Mobilfunk in Deutschland den Betrieb aufnahm. Aus ein paar tausend belächelten, verfluchten (und heimlich auch beneideten) Typen, die ihre teuren und klobigen Elektronik-Knochen immer zur falschen Zeit klingeln ließen, ist in dieser kurzen Zeit ein gewaltiges Millionenheer geworden.

Mittlerweile gibt es mehr Handys als Menschen im Lande. So ist das Handy jünger und aufregender als der PC, die CD oder der Punk-Rock. Aber wer um alles in der Welt hatte zuerst die Idee, ein mehrere hundert Gramm schweres Gerät als „Handy" zu bezeichnen, was englisch klingt und also irgendwie international, obwohl es so deutsch ist wie „Bratwurst" oder „Blitzkrieg"? In der englischsprachigen Welt heißen die kleinen Dinger bekanntlich „cell phone" oder „mobile".

Die heißeste Spur führt zur Telekom, die einmal ein Teil der Deutschen Bundespost war. Wir schreiben das Jahr 1988. Es ist eine fremde, kommunikationsfeindliche Welt, in der Funktelefone gewöhnlich in Autos eingebaut werden, weil sie zu schwer sind, als dass ein vernünftiger Mensch sie mit sich herumschleppen würde. [...]

Und hier beginnt die Geschichte von Josef Kedaj, einem leitenden Postbeamten, der heute 72 Jahre alt ist und in St. Augustin bei Bonn lebt. 1988 fällt

in der Generaldirektion Telekom der Entschluss, 10 000 Stück des Telefongeräts „Alcatel Poctel C3/SEM 340" anzuschaffen und zu Preisen von rund 10 000 D-Mark an die werte Kundschaft zu bringen. Für Deutschland ist das etwas völlig Neues, denn man kann das „Alcatel Poctel", das ein gutes Pfund wiegt, überall mit sich herumtragen und notfalls in die Jackentasche stecken – im Unterschied zu Autotelefonen oder kiloschweren „Portables". In einigen anderen Ländern, zum Beispiel in England, sind die neuen „Handheld"-Telefone schon etwas länger auf dem Markt.

„Handheld", das ist das Stichwort. „In einer internen Brainstorming-Runde", so erinnert sich Josef Kedaj, sucht man in der Generaldirektion Telekom nach einem griffigen Namen für das neue Mobilfunk-Gerät. Irgendwer, vielleicht eine Sekretärin, murmelt das Wörtchen „Handy". Und damit, sagt Kedaj, wäre also der Name gefunden, der in der deutschen Sprache bald eine enorme Karriere machen wird.

Jedenfalls habe er „in internen Rundschreiben an den Vertrieb" die neue Wortschöpfung offiziell verwenden lassen. „Ich hatte die Möglichkeit, das anzuordnen." Es gibt auch einen früheren Kollegen Kedajs, der diese Geschichte bestätigt.

Wie kam das „Handy" in die Umgangssprache?

Trotzdem hat die Sache zwei Schönheitsfehler. Erstens: Die Post schreibt nicht „Handy" auf ihr schönes neues Gerät, sondern „Pocky". Zweitens: Niemand, weder Josef Kedaj, noch die alten Kollegen, noch die freundliche Pressestelle von T-Mobile, kann irgendein Schriftstück aus der damaligen Zeit auftreiben, in dem ein Funktelefon als „Handy" bezeichnet wird.

Wie also kam das „Handy" in die Umgangssprache? Es gibt noch ein paar andere Vermutungen, die bis auf eine völlig vage bleiben. Diese eine geht so: 1940 stellt die US-Firma Motorola ein neues Funkgerät vor, das vor allem im Krieg zum Einsatz kommt. Weil es relativ leicht ist und an einem Schultergurt getragen werden kann, wird der neue Sendeempfänger als „Handie-Talkie" bezeichnet, im Unterschied zum schwereren „Walkie-Talkie", das für den Rucksack gebaut ist. In der PR-Abteilung von Motorola ist man überzeugt, dass so ein halbes Jahrhundert später auch das deutsche Wörtchen „Handy" in die Welt kommt: „Da ein Handy vom Grundprinzip nicht anderes ist als ein Funkgerät, ist uns der Name erhalten geblieben."

Wirklich? Die Experten des Instituts für Deutsche Sprache in Mannheim haben die Motorola-Geschichte vom „Handie-Talkie" geprüft – und verworfen. „Wir haben nicht geglaubt, dass dieser Zusammenhang Anfang der Neunzigerjahre noch bekannt war und demzufolge eine Rolle gespielt haben kann", sagt Doris Steffens vom „Projekt Neologismen" des Sprachinstituts.

Eine bessere Erklärung können die Mannheimer Linguisten aber auch nicht anbieten. Sie mutmaßen nur ganz allgemein, „Handy" sei entweder von dem englischen Adjektiv „handy" abgeleitet, das „praktisch" oder „handlich" bedeutet, oder von englisch „hand" wie „Hand". Schlauer wird man dadurch eigentlich nicht.

Bleibt leider nur noch die schwäbische Theorie. „Handy" kommt danach von der Frage: „Hen die koi Schnur?"

(Dietmar Pieper, SPIEGEL ONLINE – Datum: 29.06.2007
http://www.spiegel.de/kultur/gesellschaft/0,1518,491413,00.html)

1. Welche möglichen Erklärungen für die Herkunft des Wortes „Handy" nennt der Text? Notiere sie in Stichworten.

2. Wie beurteilt der Autor die Behauptungen der erwähnten Unternehmen, das Wort „Handy" erfunden zu haben? Stelle direkte und indirekte Hinweise zusammen.

3. Erörtere ausgehend von dem Text die Frage, ob es sich bei „Handy" um einen Anglizismus handelt.

Deutsche Sprache, schwerer Satzbau?

Mark Twain (1835–1910)
Die schreckliche deutsche Sprache (Auszug)

Ein durchschnittlicher Satz in einer deutschen Zeitung ist eine unübertrefflich eindrucksvolle Kuriosität; er nimmt ein Viertel einer Spalte ein [...]; er ist hauptsächlich aus zusammengesetzten Wörtern aufgebaut, die der Schreiber an Ort und Stelle hergestellt hat, sodass sie in keinem Wörterbuch zu finden sind – sechs oder sieben Wörter zu einem zusammengepackt, und zwar ohne Gelenk und Naht, will sagen: ohne Bindestriche; er handelt von vierzehn bis fünfzehn verschiedenen Themen, die alle in ihre eigene Parenthese[1] eingesperrt sind, und jeweils drei oder vier dieser Parenthesen werden hier und dort durch eine zusätzliche Parenthese abermals eingeschlossen, sodass Pferche innerhalb von Pferchen entstehen; schließlich und endlich werden alle diese Parenthesen und Überparenthesen in einer Hauptparenthese zusammengefasst, die in der ersten Zeile des majestätischen Satzes anfängt und in der Mitte seiner letzten aufhört – *und danach kommt das* V*ERB*, und man erfährt zum ersten Mal, wovon die ganze Zeit die Rede war; und nach dem Verb hängt der Schreiber noch „haben sind gewesen gehabt worden sein" oder etwas dergleichen an – rein zur Verzierung, soweit ich das ergründen konnte – und das Monument ist fertig. Dieses abschließende Hurra entspricht wohl dem Schnörkel an einer Unterschrift – nicht notwendig, aber hübsch. Deutsche Bücher sind recht einfach zu lesen, wenn man sie vor einen Spiegel hält oder sich auf den Kopf stellt, um die Konstruktion herumzudrehen, aber eine deutsche Zeitung zu lesen und zu verstehen wird für den Ausländer wohl immer eine Unmöglichkeit bleiben. [...]

Die Deutschen kennen noch eine weitere Form der Parenthese[2], die sie herstellen, indem sie ein Verb spalten und die eine Hälfte an den Anfang eines spannenden Kapitels setzen und die andere Hälfte an den Schluss. Kann man sich etwas Verwirrenderes vorstellen? Diese Dinger heißen „trennbare Verben": Die deutsche Grammatik strotzt von trennbaren Verben, und je weiter die beiden Teile auseinandergerissen werden, desto zufriedener ist der Urheber des Verbrechens mit seiner Leistung. Eines der beliebten trennbaren Verben ist „abreisen".

Hier ist ein Beispiel, das ich in einem Roman auflas: „Die Koffer waren gepackt, und er REISTE, nachdem er seine Mutter und seine Schwester geküsst und noch ein letztes Mal sein angebetetes Gretchen an sich gedrückt hatte, das in einfachem weißen Musselin und mit einer einzigen Tuberose[3] im wallenden braunen Haar kraftlos die Treppe herabgetaumelt war, immer noch blass von dem Entsetzen und der Aufregung des voraufgegangenen Abends, aber voller Sehnsucht, ihren armen schmerzenden Kopf noch einmal dem Mann an die Brust zu legen, den sie mehr als ihr eignes Leben liebt, AB."

[1] hier: Satzeinschub
[2] hier: Bezeichnung für die Prädikatsklammer
[3] Zierpflanze

1. Lies den Text. Wie wirkt er auf dich? Nenne sprachliche Einzelheiten, an denen du diese Wirkung festmachen kannst.

2. Was ist eine Prädikatsklammer (bei Mark Twain „Parenthese")? Erläutere dieses grammatische Phänomen der deutschen Sprache an Twains Beispielen.

3. Welche Nachteile erkennt der amerikanische Schriftsteller bei der „typisch deutschen" Prädikatsklammer? Sind demgegenüber auch Vorteile denkbar?

Deutsch-englische Sprachbeziehungen

David Bergmann (geb. 1971)
Doinglish

Der Amerikaner David Bergmann, Sohn einer deutschstämmigen Familie in den USA, schildert in seinem Buch „Der, die, was? Ein Amerikaner im Sprachlabyrinth" (2007) auf humorvolle Weise und voller Begeisterung seine Erfahrungen mit der deutschen Sprache. Bergmann war 1996 nach Deutschland gereist, um die Sprache seiner deutschen Vorfahren zu lernen. Er lebt heute in Hamburg und arbeitet dort als Wirtschaftsprüfer. In dem Auszug hält er deutschen Sprechern den Spiegel vor, indem er aus der Sicht des Muttersprachlers seine Verwunderung über die Vielzahl von Anglizismen im Deutschen („Doinglish") äußert.

Eine der unvergesslichsten Fernsehwerbungen der Achtzigerjahre in den USA war diejenige von Volkswagen, die das Wort Fahrvergnügen dem amerikanischen Volk beibrachte. Das Wort Fahrvergnügen machte einen großen Eindruck auf uns. In der Werbung flitzte ein schnittiger, kleiner Volkswagen durch die amerikanische Landschaft. Dazu erklang im Hintergrund ein fröhliches deutsches Lied. Ein deutsches Lied im amerikanischen Fernsehen war schon etwas Exotisches, aber der Klang des Wortes Fahrvergnügen wirkte noch exotischer.
Fahrvergnügen ist nur eins von vielen tollen deutschen Wörtern, die ihren Weg über die Jahrhunderte in den englischen Sprachschatz gefunden haben. Andere sind „Realpolitik", „Hintergrund", „Poltergeist", „Schadenfreude", „Kindergarten", „Zeitgeist", „Angst", „Wanderlust", „kaputt" und „Meister". Wie der Redakteur einer großen amerikanischen Zeitung einmal schrieb: „Die Deutschen scheinen ein Wort für alles zu haben!"
Amerikanern ist die Herkunft dieser Wörter häufig gar nicht bewusst. Meine Mutter fragte mich beispielsweise, nachdem ich geniest hatte: „David, how do you say ‚Gesundheit' in German?"
[...]
Wenn sich Menschen zusammensetzen, um etwas zu besprechen, wieso heißt das dann nicht mehr Besprechung, sondern *Meeting*? Wer braucht denn schon ein Meeting, wenn die folgenden Wörter zu Diensten stehen: Konferenz, Diskussion, Treffen, Tagung, Sitzung und Besprechung. Fehlt nur noch, dass man sich auch nach Feierabend mit Freunden zum Speaking statt zum Klatsch und Tratsch, Klönschnack, Plaudern oder Schwatzen trifft. [...]
Inzwischen habe ich aus Neugier einige Bücher über dieses Thema gelesen: Manche finden die Entwicklung des Doinglishen faszinierend, manche irritierend, manche entsetzlich und manche witzig. Ich finde sie all dies. [...]
Aber nicht nur Anglizismen kommen immer häufiger vor, sondern auch deutsche Wörter im „englischen Stil", die sich über die Synchronisation englischer Filme und Fernsehsendungen wie *Dallas* eingeschlichen haben. Daher wird diese Ausdrucksweise auch als *Dallasdeutsch* bezeichnet. Formulierungen wie „nicht wirklich", „ich habe keine Idee", „das ist ein guter Punkt" oder „wenn ich du wäre" hätten vor einigen Jahren in deutschen Ohren noch komisch geklungen, aber werden heute nicht mehr belächelt. Meistens werden sie nicht einmal als etwas Besonderes wahrgenommen. Für mich persönlich ist dies natürlich von Vorteil, denn so bin ich nicht der Einzige, der beim Deutschsprechen versehentlich manche Sachen direkt aus dem Englischen übersetzt.
Teilweise bringt aber auch mich die Entwicklung des Doinglishen durcheinander. Schließlich bekommen zahlreiche englische Wörter so eine ganz neue Bedeutung: In den USA ist ein *Beamer* der Spitzname für einen BMW, *Handy* heißt eigentlich nur „handlich" und *Mobbing* „sich auf etwas stürzen", wie zum Beispiel bei einem Sommerschlussverkauf. Streng genommen ist ein *Freak* eine „Miss-

geburt". Am irritierendsten aber finde ich den Gebrauch von *checken* wie in „Nee, lass mal, die neue Bedeutung checke ich eh nicht." Diese neue Bedeutung würde niemand außerhalb des deutschsprachigen Raumes „checken". (Im Englischen heißt es schließlich „kontrollieren, „nachprüfen", „abhaken" oder „aufhalten".)

[...]

Manchmal finde ich die Entwicklung des Doinglishen richtig entsetzlich, beispielsweise wenn die deutsche Sprache dadurch so vernachlässigt wird, dass man praktische Wörter vergisst. Wenn ich mich bei neuen Mandanten erkundige, wo die einzelnen Abteilungen sind, wird dies oft durch das Doinglish erschwert.

„Wo ist hier die EDV-Abteilung?"

„So was haben wir hier nicht."

„Haben Sie denn einen IT-Support?"

„Erste Etage." [...]

Zum Glück finde ich die Entwicklung des Doinglishen ab und zu auch sehr witzig. Fremdwörter haben oft etwas Exotisches, das so mancher unwiderstehlich findet. Und zugegebenermaßen klingt es in einigen Fällen schnittiger, wie zum Beispiel bei den *Hamburg Freezers* (eine Eishockeymannschaft). Die *Hamburger Gefrierschränke* hätten bestimmt nicht dieselbe Wirkung. [...]

Am schlimmsten finde ich die Werbung von Coca-Cola: „It's your Heimspiel." Mit diesem inkonsequenten Satz zeigt man lediglich, dass man nicht weiß, wie man „Heimspiel" ins Englische übersetzen soll. [...]

Einige Deutsche kämpfen mit mir gegen die Entwicklung des Doinglishen an: zum Beispiel eine Freundin von mir namens Petra, die sogar einem Verein zum Schutz der deutschen Sprache beigetreten ist. Dabei merkt sie oft gar nicht, dass sie selbst fließend Doinglish spricht. So blieb ihr auch die Ironie ihrer Antwort auf meine Frage verborgen, wie es bei dem Verein läuft: „Es ist nicht so easy, immer bei den Meetings dabei zu sein, da die mir vom Timing her oft nicht passen." Ich bin inzwischen fast überzeugt, dass nur noch Englischmuttersprachler „reines" Deutsch sprechen können. Auf den ersten Blick mag diese Behauptung vielleicht keinen Sinn „machen", aber dies ist leicht zu erklären: Wenn wir in unseren Deutschkursen willkürlich englische Begriffe in deutsche Sätze einbauen, wird unsere Note unweigerlich mit jedem Mal schlechter. Diese sehr effektive Lehrmethode sollte man eigentlich auch bei Deutschen einführen.

Mir ist bekannt, dass es diese Entwicklung nicht nur in Deutschland gibt. Eigentlich wird Englisch in jedem Land der Welt zunehmend wichtiger – ironischerweise abgesehen von den USA, denn dort gewinnt das Spanische immer mehr an Bedeutung.

(Aus: David Bergmann, „Der, die, was? Ein Amerikaner im Sprachlabyrinth", Copyright © 2007 by Rowohlt Verlag GmbH, Reinbek bei Hamburg)

1. Bergmann stellt Beispiele für Germanismen im Amerikanischen vor. Vergleiche diese mit den darauf folgenden Ausführungen über das „Doinglishe". Welche Beobachtungen sind möglich?

2. „Manche finden die Entwicklung des Doinglishen faszinierend, manche irritierend, manche entsetzlich und manche witzig. Ich finde sie all dies." (Z. 35–38)
Gib die wichtigsten Gedanken des zweiten Textabschnitts (Z. 25–118) ausgehend von diesem Satz mit eigenen Worten wieder.

3. Bergmann schlägt vor, sinnverwandte deutsche Wörter anstatt Anglizismen zu verwenden (vgl. Z. 25 ff.). Besorgt euch ein Wörterbuch für sinn- und sachverwandte Wörter des Deutschen und prüft seinen Vorschlag an ausgewählten Beispielen.

4. Wie beurteilst du die vom Autor kritisierte Entwicklung? Nimm begründet Stellung.

Standardsprache und Dialekt

Bezeichnungen für „Mädchen" in den Mundarten des ehemaligen deutschen Sprachgebiets

1. • Erläutere die oben abgedruckte Sprachkarte: Welche Informationen lassen sich ihr entnehmen?

• Nieder-, Mittel- oder Oberdeutsch – welchem deutschen Sprachgebiet ist der Dialekt deines Wohnortes zuzuordnen? Wie unterscheidet er sich von den anderen Mundarten des deutschen Sprachgebiets? Erläutere dies mithilfe der Karte.

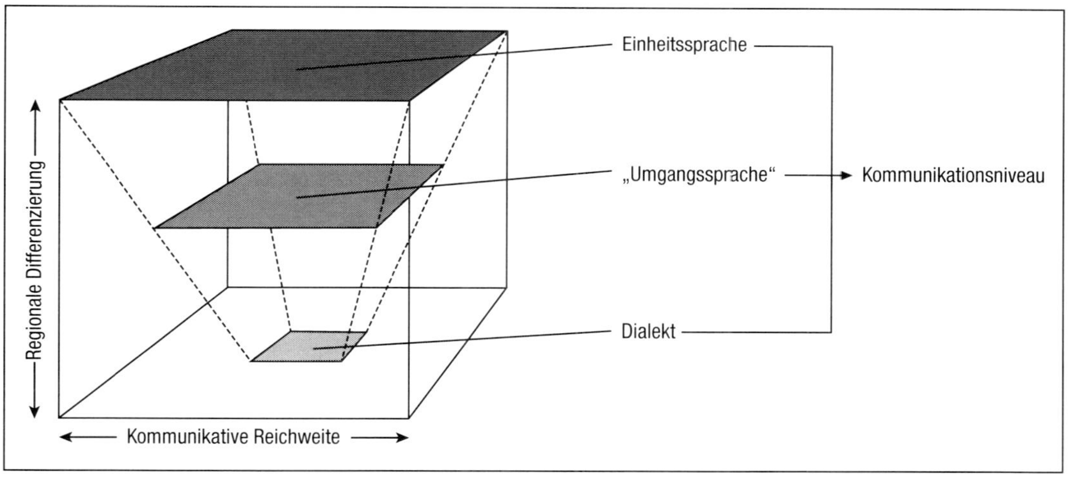

(Nach: Hermann Bausinger: Deutsch für Deutsche: Dialekte, Sprachbarrieren, Sondersprachen, Frankfurt/M. 1972, S. 35)

2. Das Modell stellt eine Möglichkeit dar, die deutsche Sprache zu gliedern. Gib mit eigenen Worten wieder, wie es die einzelnen Ebenen des Deutschen mit Blick auf regionale Verbreitung (lokale Alltagssprache – überregionales Hochdeutsch) und mit Blick auf die kommunikative Reichweite (wie viele Menschen sich mit einer der genannten Sprachvarianten verständigen können) anordnet.

3. Überprüfe mithilfe der Sprachkarte oben, inwieweit das Modell zutrifft.

Leistungsüberprüfung – Selbstevaluation – Klassenarbeit

1. **Der Einfluss des Lateinischen auf die deutsche Sprache**
   (s. Arbeitsblatt 1, S. 319 f.)

2. **Standardsprache und Dialekt**
   (s. Arbeitsblatt 6 , S. 323)

„Kopfkino" – Hörspiele untersuchen, verstehen, produzieren (S. 300–313)

Vorüberlegungen zur Einheit

Vor dem Hintergrund des schwindenden Interesses der Öffentlichkeit an dem (literarischen) Hörspiel nimmt diese Gattung auch in der Deutschdidaktik eher eine Randnische ein, besonders wenn man ihren Stellenwert mit der Berücksichtigung der Neuen Medien (Film, Internet) im Deutschunterricht vergleicht. In der Mehrzahl der Schulbücher spielt das Hörspiel wenn überhaupt nur eine untergeordnete Rolle. Doch seine fortwährende Popularität als Unterhaltungsmedium von Kindern und Jugendlichen auf der einen und die wachsende Bedeutung des Hörbuchs auf der anderen Seite zeigen die ungebrochene medienpädagogische Relevanz der Gattung, die in der achten Klasse zu ersten medienkritischen Reflexionen Anlass geben kann.
Das „Hörspiel"-Kapitel von „P.A.U.L. *D.* 8" reiht sich in die Folge der bisherigen Theatereinheiten der Klassen 5–7 ein, wohlwissend, dass das Hörspiel eine Literaturform sui generis ist, die zwar einige (wichtige) Merkmale mit dem Drama gemein hat, doch letztendlich davon zu unterscheiden ist. Es ist eine „Aussageform, die ihre eigenen Gesetze hat" (H. Pleticha, vgl. Schülerbuch, S. 306, Z. 86). Diese „Gesetze" (v. a. der intensive Einsatz von Sprache und Geräuschen) werden gerade im Vergleich mit dem Drama besonders augenfällig. Umgekehrt werden zentrale Aspekte des Theaters, wie sie in den bisherigen Bänden von „P.A.U.L. *D.*" vermittelt wurden, auf neue Weise ins Bewusstsein gerückt.
Die Einheit gliedert sich in drei Teile. Im ersten Abschnitt (S. 302–307) werden die Schülerinnen und Schüler mithilfe des Beispiels „Krieg der Welten" (1938) an das Phänomen der Gattung Hörspiel und ihrer Wirkmächtigkeit herangeführt. Orson Welles' Hörspielfassung des Fantasyromans (1898) von H. G. Wells gilt als epochemachend. An einem Ausschnitt aus diesem Stück können die Schülerinnen und Schüler sowohl die historischen Rezeptionsbedingungen von Hörspielen als auch ihre besonderen Gattungsmerkmale kennenlernen, die im Anschluss daran anhand eines Sachtextes systematisch erarbeitet werden.
Im zweiten Unterkapitel (S. 308–310) steht das Verfahren einer Hörspielproduktion unter besonderer Berücksichtigung des Herstellens von Geräuschen im Vordergrund. Ein plastischer Erfahrungsbericht soll die Schülerinnen und Schüler vor dem Hintergrund ihrer eigenen Bekanntschaft mit Hörspielen in dieses Feld einführen. Gleichzeitig werden sie auf die Bedeutung kooperativer Arbeitsformen für die Hörspielproduktion hingewiesen.
Im letzten Teil der Einheit (S. 311–313) geht es dann vorrangig um die selbstständige Erarbeitung und Aufnahme einer Hörspielfassung von Friedrich Schillers Ballade „Die Bürgschaft", die in dem Kapitel „‚Wer wagt es ...' – Schillers Balladen" von „P.A.U.L. *D.* 8" aufbereitet wird (vgl. Schülerbuch, S. 169–171). Wenn dieses Kapitel nicht zuvor mit den Schülerinnen und Schülern behandelt wurde, empfiehlt sich zunächst die Bearbeitung der Textaufgaben auf der Seite 171 im Schülerbuch. Die Arbeitsblätter 2 und 3, S. 338–342 bieten alternativ die Ballade „Die Füße im Feuer" vom C. F. Meyer an, deren Umarbeitung zu einem Hörspiel aufgrund ihrer Komplexität jedoch nur einer besonders leistungsstarken Lerngruppe vorbehalten sein sollte.

Für die Vorbereitung des Lehrenden stehen auf der Internetplattform „mediaculture-online. Das Portal für Medienpädagogik und Medienkultur" (http://www.mediaculture-online.de; Stand: November 2007) die wichtigsten wissenschaftlichen Publikationen, die zum deutschen Hörspiel im 20. Jahrhundert veröffentlicht wurden, in digitalisierter Form zur Verfügung. Dieses Portal bietet darüber hinaus eine Fülle von Links zu Originalaufnahmen und Features der Hörspielgeschichte.
Eine Möglichkeit der Lernerfolgsüberprüfung, die auf die Kompetenz abzielt, aus diskontinuierlichen Texten Informationen zu entnehmen, stellt Arbeitsblatt 5, S. 344 vor.
Falls im Anschluss an die Bearbeitung des Kapitels die Beschäftigung mit einem klassischen literarischen Hörspiel der jungen Bundesrepublik Deutschland gewünscht wird, sei das Stück „Das Schiff Esperanza" (1953) von Fred von Hoerschelmann empfohlen, zu dem im Schöningh-Verlag Unterrichtsmaterialien erhältlich sind.

Die wichtigsten Kompetenzen, die mit diesem Kapitel vermittelt werden sollen, sind:
- die Formenvielfalt der Hörmedien (vor allem Hörspiele und Hörbücher) kennenlernen,
- einen Hörspieltext als solchen erkennen,
- einen Hörspieltext angemessen und in verschiedenen Rollen vortragen,
- einen Sachtext zusammenfassen,
- die Geschichte des Hörspiels in Grundzügen verstehen,
- Merkmale der Textsorte „Hörspiel" im Unterschied zu anderen Textformen bestimmen,
- einem Sachtext systematisch Informationen entnehmen,
- Geräusche mit einfachen Mitteln herstellen,
- einen Hörspielvortrag mit Geräuschen unterlegen,
- eine literarische Vorlage in ein Hörspiel umwandeln,
- ein Hörspielmanuskript verfassen und
- ein Hörspiel produzieren.

Die Doppelauftaktseite bietet in ihrer Zweiteilung zum einen Einblick in die Produktion eines Hörspiels (Bilder aus einem Hörspielstudio mit bekannten Sprechern, einem Geräuschemacher und einem Schüler) und zum anderen Beispiele für produzierte Hörliteratur: das klassische Radio-Hörspiel „The War of the Worlds" (1938) von Orson Welles, das literarische Hörspiel „Träume" (1951) von Günter Eich, das Kinderhörspiel „Die drei ??? und der Super-Papagei" sowie das Hörbuch „Tintenherz" zu dem Roman von Cornelia Funke. Während die linke Hälfte der Auftaktseite den *Prozess* der Hörspielerstellung vorstellt, macht die zweite Hälfte mit verschiedenen *Erzeugnissen* der Hörliteratur bekannt, von denen u. a. die deutsche Version von „Krieg der Welten" im ersten Unterkapitel im Ausschnitt vorgestellt wird.

Aufgabe 1
S. 301

Die Bilder zeigen sowohl Bekanntes als auch Fremdes: Den Schülerinnen und Schülern werden vor allem Kinderhörspiele und Hörbücher bekannt sein, klassische literarische Hörspiele dahingegen wohl weniger. Die technischen und personellen Bedingungen der Hörspielaufnahme bergen gänzlich den Reiz des Neuen in sich und können Anlass für erste Vermutungen sein, wie ein Hörspiel entsteht und – am Beispiel des Geräuschemachers – welche Wirkung es besitzen kann. Diese Vermutungen lassen sich im Unterrichtsgespräch mit den sicherlich vorhandenen Erfahrungen auf dem Feld der Kinderhörspiele verknüpfen.

Aufgabe 2
S. 301

Es ist zu erwarten, dass die Schülerinnen und Schüler in erster Linie die Unterhaltungsmedien Kinderhörspiel und Hörbuch nennen werden. An dieser Stelle kann bereits der Unterschied zwischen diesen beiden Arten ‚hörbarer Literatur' diskutiert werden (vgl. dazu den Infokasten auf S. 307 im Schülerbuch). Weitere Formen sind das genuin literarische Hörspiel, die Klang- und Wortcollage (experimentelle Geräuschhörspiele), das Hördrama (für Radio oder Tonträger aufbereitetes Theaterstück), hörspielähnliche Werbespots, Hörspiele bestimmter Genres (Kriminal- oder Science-Fiction-Hörspiel) u. v. m. Eine normative Systematisierung von Hörspielen ist kaum möglich.

Aufgabe 3
S. 301

Diese Aufgabe kann in schriftlicher Form bearbeitet werden oder als Blitzlicht (jede Schülerin/jeder Schüler äußert kurz und ohne weiteren Kommentar ihre/seine Erfahrungen) in das Unterrichtsgespräch eingebunden werden. Auch eine Gruppenarbeit ist denkbar: In ihr werden die zuvor schriftlich festgehaltenen Erfahrungen verglichen und für eine abschließende Präsentation auf mögliche Schlussfolgerungen untersucht. Folgende Aspekte können hier von Interesse sein:

- Welche Art von Hörspielen wurden (werden) gehört?
- Wie wurde der Zugang zu diesen Hörspielen eröffnet?
- Was wurde (wird) an ihnen geschätzt?
- Welche Nebenbeschäftigungen begleiteten das Hören?
- Welchen Zweck verfolgte das Hören (Unterhaltung, Hörspiele zum besseren Einschlafen ...)?
- Welche Wirkung hatten die Hörspiele? (Spannung, Gruseleffekte, träumen, fantasieren ...)

Das Festhalten der Ergebnisse ermöglicht die spätere Aufnahme bei der Besprechung von Julia Stärks Text (vgl. S. 308, Z. 1–8 im Schülerbuch), die von den eigenen Hörspielerfahrungen in Kindertagen ausgeht.

Didaktische Aufbereitung der Unterkapitel

1. Was ein Hörspiel alles bewirken kann: das Beispiel „Krieg der Welten“ (1938) nach H. G. Wells (S. 302–307)

Das Phänomen Hörspiel erschließt sich vornehmlich durch das Hören, das Lesen eines Hörspielmanuskripts kann dies nur unvollkommen ersetzen. Doch im Unterschied zu einer bloß theoretischen Einführung in die Gattung erlaubt der abgedruckte Hörspieltext eine zumindest erfahrungsnahe Rezeption, die die Schülerinnen und Schüler über ein konkretes Beispiel mit dieser Literaturform bekannt machen will. Vermutungen über den weiteren Inhalt und die hörspieltechnische Umsetzung des Textes können sich motivierend auf die Erarbeitung von zentralen Merkmalen der Gattung auswirken, da die Schülerinnen und Schüler bereits gedanklich den kreativen Prozess antizipieren sollen. Das Beispiel „Krieg der Welten“ (1938) nach H. G. Wells bietet darüber hinaus Gelegenheit, das Manipulationspotenzial von Medien an einem historischen Fall einschätzen zu lernen.

Howard Koch: Krieg der Welten (S. 302–304)

Howard Kochs Adaption des berühmten Science-Fiction-Romans „The War of the Worlds“ von H. G. Wells (1898) ist heute fast ebenso legendär wie seine gesellschaftskritische Vorlage. Die spektakuläre Hörspielproduktion des Mercury Theatres in New York machte den damals 23-jährigen Regisseur und Schauspieler Orson Welles (1915–1985) gleichsam über Nacht berühmt. Neben dem Hörspiel gibt es eine Verfilmung aus dem Jahre 1953 (Regie: Byron Haskin), deren visuelle Effekte als wegweisend für den modernen Science-Fiction-Film gelten. Das Remake „War of the Worlds“ (Regie: Steven Spielberg) mit Tom Cruise in der Hauptrolle (2005) konnte dahingegen die Erwartungen nur bedingt erfüllen. Der Hollywood-Erfolg „Independence Day“ von Roland Emmerich (1996) baut auf Motiven von „The War of the Worlds“ auf.

Die deutsche Übersetzung des Ausschnitts, der die erste Szene der Handlung nach täuschend echten Unterbrechungen einer Musiksendung durch Nachrichtenmeldungen darstellt, wurde bezeichnenderweise in einer medienkritischen Publikation der 1970er-Jahre („Kritik des Fernsehens. Handbuch gegen Manipulation", Darmstadt 1973) abgedruckt und stammt von B. Kirchhoff. Die gerne zitierten Berichte über eine Massenpanik in New York und New Jersey während und nach der Erstausstrahlung des Stücks am 30.10.1938 sind nicht unumstritten, allerdings ist die grundsätzliche manipulative Wirkung des Hörspiels nicht von der Hand zu weisen. Es existiert eine deutsche Fassung des Hörspiels (WDR 1977) von Klaus Schöning, die über die englische Originalaufnahme Übersetzungen durch bekannte Radionachrichtensprecher legt. Auch diese Radiosendung soll zu besorgten Reaktionen unter Zuhörern geführt haben.
Der Textauszug belegt die täuschend echte Fiktion einer Radio-Reportage, in deren Verlauf die Situation außer Kontrolle gerät. Während Wells' Roman die Invasion Großbritanniens durch Marsmenschen beschreibt, die nach erfolglosen militärischen Bemühungen nur durch Bakterien der Erde aufgehalten werden, verlegt Koch die Handlung nach New Jersey (USA): Der angebliche Meteoriteneinschlag bei einer Farm in New Jersey entpuppt sich als Beginn der Invasion von Marsmenschen, die sich ihren Weg gewaltsam und ohne Rücksicht auf die Erdbevölkerung bahnen. Hörspieltechnisch ist das Kippen der Situation vor allem an der Sprecherrolle des Reporters Phillips und der zunehmenden Bedeutung der Geräuscheffekte (die in Form von Regieanweisungen wiedergegeben werden) ablesbar. Die anschauliche und detaillierte Schilderung des Geschehens in Monolog und Dialog spiegelt sowohl die grundlegende Beschaffenheit einer Radiosendung als auch die spezifische Ausrichtung der Hörspielgattung auf allein durch Sprache und Geräusch hervorgerufene Imagination.

Aufgabe 1
S. 304

Es sollte deutlich werden, dass die stille Lektüre die Wirkung des Sprechtextes nur annähernd vermitteln kann, wenngleich Regieanweisungen (Z. 87 f., 99, 115 f., 124, 126 und 131) wesentliche Informationen zur Geräuschkulisse geben. Dennoch erlaubt auch der Dialogtext einen ersten Eindruck von dem dramatischen Geschehen, so z. B. die Unterbrechungen und unvollendeten Sätze (vgl. Z. 5, 24 f., 95 ff., 127 f.), der groteske Kontrast von Komik (Mr. Wilmuths unbeholfene Schilderung des angeblichen Meteoriteneinschlags; vgl. Z. 43 – 72) und Panik angesichts der sich überstürzenden Ereignisse mit dem immer hektischeren Augenzeugenbericht des Reporters, der mit dem Krachen des Mikrofons abrupt abbricht (vgl. Z. 79 – Ende).

Aufgabe 2
S. 304

Diese Aufgabe führt hin zum Vortrag des Auszug (vgl. Aufgabe 3, S. 304): Der Sprechtext simuliert täuschend echt eine Radio-Live-Reportage, wie sie auch heute noch in Informationssendungen des Radiorundfunks üblich ist. Durch den Dialog und die Geräusche erhalten die Zuhörer das Gefühl, ganz nah am realen Geschehen zu sein. Die im letzten Drittel immer stärker werdende Panik des Reporters muss sich daher zwangsläufig auch auf die Rezipienten des Hörspiels übertragen, da jedes Anzeichen einer Relativierung der Darstellung als Fiktion fehlt. Die Reaktionen auf die Erstausstrahlung des Stücks in den USA schildert Pleticha in seinem Text „Hörspiel" (vgl. S. 305, Z. 1 – 7 im Schülerbuch): Die Menschen alarmierten zu Tausenden die Polizei, sodass die Notrufleitungen zusammenbrachen. Viele ergriffen Hals über Kopf die Flucht, was zu Unfällen und Verkehrchaos geführt haben soll.

Aufgabe 3
S. 304

Hier liegt der Hauptaugenmerk auf dem Vortrag des Auszugs, der mit einigen Geräuschbeispielen ergänzt werden kann. Sollte eine gründlich vorbereitete Aufnahme der Hörspielszene gewünscht sein, sollte diese Aufgabe jedoch übersprungen werden, um zunächst das Unterkapitel „Wie ein Hörspiel entsteht – ein Blick hinter die Kulissen" zu erarbeiten, an dessen Ende die Möglichkeit besteht, das erworbene Wissen an der Hörspielfassung von „Krieg der Welten" zu erproben (vgl. Aufgabe 6 auf S. 310 im Schülerbuch). Zur Vorbereitung des Vortrags können in Gruppen die jeweiligen Sprechweisen der einzelnen Figuren (z. B. Sprechweise eines professionellen und souveränen Radioreporters, der Schritt für Schritt seine Fassung verliert und dessen Stimme sich schließlich geradezu überschlägt) erarbeitet und eingeübt werden. Die besten Sprecher aus diesen Gruppen können in einer weiteren Gruppenphase den Text gemeinsam proben, während sich die übrigen Schülerinnen und Schüler um die Geräusche beim Vortrag kümmern. Für erste Schritte im Geräuschemachen eignen sich folgende Passagen: Z. 87 f. („Geräusch eines großen Stücks fallenden Metalls"; die Regieanweisung ist hier gleichzeitig die Anleitung, wie man dieses Geräusch herstellen kann), Z. 99, 115 und 124 (die menschliche Stimme als Geräuschquelle). Bei Aufnahmen im Klassenraum sollten Halleffekte und die Stellung zum Aufnahmegerät (z. B. größere Entfernung vom Mikrofon bei hoher Lautstärke) bedacht werden.

Aufgabe 4
S. 304

Diese Übung eignet sich vor allem für Lerngruppen, die den Inhalt von Roman und Hörspiel noch nicht kennen und insbesondere die Spielberg-Verfilmung (2005) nicht gesehen haben. Erwünscht ist jedoch nicht die exakte Vorhersage des kommenden Geschehens, sondern die besondere Beachtung von textimmanenten Hinweisen, aus denen sich die zukünftige Handlung schlussfolgern lässt. Dies betrifft zum einen die Mimikry des Hörspiels als Radiosendung: Es darf davon ausgegangen werden, dass die Berichterstattung über die furchteinflößenden Ereignisse auf der Farm weitergehen wird. Zum anderen macht der Auftakt bereits deutlich, dass die auf der Erde gelandeten Marsianer den Menschen nicht friedlich gesinnt sind und Todesgefahr von ihnen ausgeht, die apokalyptisches Ausmaß annehmen könnte. Beide Elemente sollten in den von den Schülerinnen und Schülern angefertigten Arbeiten enthalten sein und in der gegenseitigen Vorstellung von allen erkannt werden.

Aufgabe 5
S. 304

Über den Roman von H. G. Wells und die Hörspielfassung gibt es einige brauchbare deutsche Webseiten, die über Suchmaschinen oder Internetenzyklopädien angesteuert werden können. Der Vergleich der Schülerarbeiten mit dem Inhalt des gesamten Hörspiels wird zeigen, dass sich der Verlauf der Handlung aus dem Auftakt des Stücks organisch entwickelt, sodass von einer Vielzahl von Parallelen und Übereinstimmungen auszugehen ist. Zum weiteren Inhalt des Hörspiels: Philipps wird von den Waffen der Marsmenschen getroffen, die Übertragung bricht ab. Im Staat New Jersey wird der Ausnahmezustand ausgerufen, während man im Studio fortfährt, hektisch über das Geschehen zu berichten. Wiederum gibt es real wirkende Telefoninterviews mit Armee, Polizei und Politikern, zwischendurch werden immer wieder aktuelle Meldungen verlesen. Zunächst spricht man von 40 Toten. Als es der Armee auch mit Kampfflugzeugen nicht gelingt, die Außerirdischen aufzuhalten, rücken die unheimlichen Eindringlinge weiter in Richtung New York vor. Zur gleichen Zeit geht vom Mars eine riesige Gaswolke auf die Erde nieder, die Tausende Menschen das Leben kostet. Schließlich erreichen die Marsmenschen das Zentrum New Yorks, als letzter Zeuge berichtet ein Reporter vom Dach des Funkhauses vom massenhaften Sterben in der Stadt. An dieser Stelle bricht das Hörspiel ab, ausdrücklich betont ein Studiosprecher, dass es sich bei der Sendung um die Hörspielfassung des Romans „Krieg der Welten" von H. G. Wells handelt.
Im Anschluss an den Vergleich empfiehlt es sich, noch einmal die historische Wirkung des Hörspiels zu erörtern, die vor dem Hintergrund des Gesamtinhalts noch plausibler wird.

Auch eine Parallele zu den Terroranschlägen vom 11.09.2001 könnte von Schülerinnen und Schülern gezogen werden.

Aufgabe 6
S. 304

Die englische Originalfassung des Hörspiels ist in Deutschland auf CD erhältlich (Dhv – der Hörverlag 2005) oder in Internetarchiven verfügbar. Es handelt sich hier um die alte Audio-Aufnahme in nur mäßiger Qualität. Abgesehen von den ein wenig antiquierten Soundeffekten ist die Simulation einer Radiosendung recht authentisch. Die Reporterstimme zeigt die erwartete Veränderung vom sachlich berichtenden Ton hin zur panischen Steigerung in sich überschlagender Syntax. Der nur schwer verständliche englische Originalton ermöglicht das genaue Hinhören auf die Geräusche und die Stimmmodulation.

Aufgabe 7
S. 304

Folgende Stellen zeigen, dass es sich bei dem Text um das Manuskript eines Hörspiels handelt und nicht um die Textfassung eines Theaterstücks:

Zeile(n)	**Hinweise dafür, dass es sich um ein Hörspiel handelt**
2f.	Ort der Handlung wird von Figur benannt
5–9	Reporter weiß nicht, wie er den Ort beschreiben soll
11–22	sehr genaue Beschreibung des angeblichen Meteors
26–30	Erwähnung der neugierigen Zuschauer, die den Reporter die Sicht nehmen
34f.	Einführung von Mr. Wilmuth
75–78	sehr genaue Beschreibung des „Dings“ das sich zu bewegen beginnt
79–90	„Stimmen“ kommentieren, was sie sehen
87f.	Regieanweisung beschreibt Geräusch
91–98	sehr genaue Beschreibung der weiteren Vorgänge
99	Regieanweisung beschreibt „Schreckensrufe“
100–114	sehr genaue und anschauliche (Adjektive, Vergleiche) Beschreibung eines „Monsters“
115f.	Regieanweisung beschreibt Zisch- und Summgeräusch
117–130	Fortsetzung der Beschreibung der „bucklige[n] Gestalt“, unterbrochen von Regieanweisungen, zunehmend zusammenhangslosere Sätze

Resümee: Als verkleidete Radio-Reportage wird in diesem Hörspiel all das, was man bei einer Theateraufführung sehen könnte, durch Worte und Geräusche „sichtbar“ gemacht, d. h. umgekehrt, dass durch die Zunahme zusammenhangsloser Äußerungen des Reporters auch der Zuhörer nur noch bruchstückhaft erfährt, was wirklich geschieht (Spannungsmoment). Auf die Bedeutung von Geräusch, Wort und Klang für das Hörspiel weist auch Pleticha im folgenden Text hin.

Heinrich Pleticha: Hörspiel (S. 305–306)
Es handelt sich hier um einen Auszug aus dem von Pleticha herausgegebenen „dtv junior Literatur-Lexikon“ ([16]2004, [1]1986). Der Aufgabe eines Schülerlexikons gemäß wird die Geschichte des Hörspiels in verständlicher und systematisch klarer Weise beschrieben.

Der Rekurs auf die Ereignisse während der Erstausstrahlung von „War of the Worlds“ (1938), die der Autor als Aufhänger verwendet, eignet sich als Bindeglied zwischen dem historischen Beispiel und der fachwissenschaftlich fundierten Gattungsgeschichte. Der Text erlaubt außerdem eine erste Differenzierung der Form in die Zweige „Unterhaltungsmedium“ und „ernste Literaturform“, zu der das Radiohörspiel angesichts der starken Konkurrenz des Fernsehens immer mehr wurde. Von hier aus erhalten auch die detailliert aufgeführten technischen Weiterentwicklungen ihre besondere Bedeutung, da sie zugleich auf diesem Feld versierten Schülerinnen und Schülern ein interessantes Betätigungsfeld eröffnen können (vgl. dazu die folgenden Unterkapitel). Das völlige Verschweigen der immensen Masse von Kinderhörspielen kann zur Diskussion der Bewertung von einzelnen Hörspielformen führen.

Aufgabe 1
S. 307

Eine mögliche Gliederung des Sachtextes, die an der Tafel festgehalten werden kann, ist die folgende:

Tafelbild

Zeilen	Überschrift für den Abschnitt
1–17	Die Wirkkraft eines Hörspiels in den ersten Jahrzehnten der Gattungsgeschichte am Beispiel von „Krieg der Welten“ (1938)
18–30	In der Anfangszeit des Rundfunks nur beschränkt geeignete Hörspielfassungen dramatischer Werke
30–44	Entwicklung des Hörspiels im eigentlichen Sinne als bedeutende Geräusch- und Wortkunstform
45–52	Erfolg des klassischen Hörspiels nach dem Zweiten Weltkrieg als Unterhaltungsmedium
52–56	Durch Aufkommen des Fernsehens Entwicklung anspruchsvollerer Hörspielformen
57–83	Auswirkungen technischer Errungenschaften auf die Produktion von experimentellen Hörspielen
84–92	Bleibende Bedeutung des Hörspiels als faszinierende und fantasiefördernde Aussageform

Aufgabe 2
S. 307

Es ist ungeklärt, ob Welles und seine Mitarbeiter bewusst eine Manipulation der Zuhörer beabsichtigten. Offensichtlich ist jedoch die manipulative Wirkung des Stücks, die aus heutiger Sicht vielleicht lächerlich, aber bei genauerem Hinsehen durchaus selbstverständlich erscheint. Aktuelle Beispiele für Manipulation durch Medien (vor allem visueller Art) gibt es genug, z. B. die Macht der Bilder im Rahmen der Kriegsberichterstattung, die Möglichkeiten der Veränderung von Bildmedien durch digitale Werkzeuge, die Bewusstseinslenkung durch Werbung oder die stillenkende Funktion von Daily Soaps. Dass Medien wesentlich mithelfen, ‚Wirklichkeit‘ zu konstruieren, ist inzwischen selbst von Film und Fernsehen thematisiert worden (vgl. z. B. den Film „Die Truman Show“ von 1998).

Aufgabe 3
S. 307

Die Aufgabe bezieht sich auf die Zeilen 18–44 des Textes. Eine Systematisierung der Ergebnisse kann in dieser Weise an der Tafel erfolgen:

Tafelbild

Theaterstück		***Hörspiel***
Zuschauer, Leser	← *Adressaten* →	*Zuhörer*
Worte, Bühnenbild, (Regieanweisungen), Gestik und Mimik der Schauspieler u. a.	← *vermittelt durch* →	*Worte (Stimmen der Sprecher), Geräusche → besondere Bedeutung des Sprechtextes*
alle Sinne, besonders aber Seh- und Hörsinn	← *angesprochene Sinne* →	*Hörsinn muss alle übrigen Sinne, besonders den Sehsinn, ersetzen*
begrenzte Möglichkeiten bei der Theateraufführung	← *Stellenwert der Technik* →	*Geräusch- und Klangeffekte, Aufnahmetechnik → Vervielfachung der Ausdrucksmöglichkeiten*

Wenn in der Lernerfolgsüberprüfung die Transformation von einem diskontinuierlichen Text in einen ausformulierten Sachtext im Mittelpunkt stehen soll (vgl. Arbeitsblatt 5, S. 344), kann das Ergebnis auch in Form von zwei Mindmaps visualisiert werden.
Die besondere Bedeutung des Sprechtextes und der Geräusche im Hörspiel kann an sämtlichen unter Aufgabe 7 (S. 304 im Schülerbuch) aufgeführten Belegstellen nachgewiesen werden.

Aufgabe 4
S. 307

Die aktuellen technischen Neuerungen (digitale Aufnahme- und Bearbeitungsverfahren mit dem PC, die drastische Reduktion des Speichervolumens von Audiodateien, die einfache Transformation von diesen Dateien, die für Geübte relativ unproblematische Herstellung von CDs oder DVDs) macht es möglich, dass Hörspiele auch mit relativ bescheidener Ausrüstung ansprechend produziert werden können, z. B. in der Schule. Für die professionellen Hörspielmacher hingegen bedeutet diese Entwicklung ein erhöhtes Maß an Experimentiermöglichkeiten.

2. Wie ein Hörspiel entsteht – ein Blick hinter die Kulissen (S. 308–310)

Der Faszination, als Zeuge in einem (Radio-)Studio der Produktion eines Hörspiels beizuwohnen, wird sich kaum ein Jugendlicher entziehen können. Der Text, der in diesem Unterkapitel im Zentrum steht, wurde ausgewählt, weil er sich gerade diese Perspektive zu eigen macht und die Schülerinnen und Schüler auf eigenes kreatives Tun (vgl. das folgende Unterkapitel) vorzubereiten vermag. Gleichzeitig wird die Arbeit mit einem Sachtext geübt, dessen Informationen auf unterschiedliche Art und Weise extrahiert werden können. Zur Kontrolle der Lernleistung können die Schülerinnen und Schüler in Partnerarbeit auch zur Rückübersetzung ihrer tabellarisch oder anders festgehaltenen Ergebnisse angehalten werden, die ähnlich der Kugellagerübung wiederum von Dritten auf ihre Aussagekraft überprüft werden können.

Julia Stärk: Kopfkino (S. 308–309)
Die Diplom-Sprecherin und Sprecherzieherin Julia Stärk hat diesen Erfahrungsbericht 2004 verfasst und auf der Internetplattform ‚mediaculture online' veröffentlicht. Der Text entstand im Rahmen eines Seminars für Kreatives Schreiben an der Staatlichen Hochschule für Musik und Darstellende Kunst in Stuttgart, für das die damalige Studentin Stärk das Hörspiel „Das Gurkenfass" verfasste und gemeinsam mit Kommilitonen auf-

nahm. Auf „mediaculture online" (http://www.mediaculture-online.de) sind sowohl das Manuskript als auch die Originalaufnahme des Stücks einfach über die Stichwortsuche aufzufinden (Stand: November 2007).

Anders als das etwas bemüht pädagogische Hörspiel selbst ist Stärks Erfahrungsbericht aus zwei Gründen für die Verwendung im Deutschunterricht geeignet: Er geht zum einen von der persönlichen Vorliebe der Autorin für diese Gattung aus (vgl. Z. 1–11), in der sich die Schülerinnen und Schüler u. U. wiederfinden können, und entfaltet recht lebendig und anschaulich den Arbeitsprozess der Hörspielproduktion von der ersten Idee bis zur Aufnahme von Sprechtexten und Geräuschen (vgl. Z. 20–91). Zum anderen enthält der Text wichtige Hinweise zur Bedeutung der Teamarbeit und des Feedbacks (vgl. Z. 35–66), die zum Nutzen kooperativer Lernformen im Deutschunterricht aufgenommen werden können.

Alternativ oder zum Vergleich bietet Arbeitsblatt 1, S. 336 f. einen kürzeren Sachtext zur Einführung in die Hörspielproduktion.

Aufgabe 1
S. 309

Viele Schülerinnen und Schüler werden vor allem in Kindergarten- und Grundschulzeit intensive Hörspielerfahrungen gesammelt haben, über die sie mithilfe der Aufgabe 1 ins Gespräch kommen sollen. Vielleicht ist die Vorliebe sogar bis heute erhalten geblieben, sodass auch aktuelle Hörerlebnisse in das Gespräch einfließen können. Stärks anschauliche Schilderungen des „Kopfkinos", das Hörspiele bei ihr ausgelöst haben (vgl. Z. 3–8), bieten dabei einmal mehr Gelegenheit, sowohl die besonderen Merkmale der Gattung (Wort und Geräusch als Assoziationswerkzeuge) als auch ihre Auswirkungen auf die menschliche Fantasie zu thematisieren.

Aufgabe 2
S. 309

Folgende Aufgabenbereiche und technische Mittel (in chronologischer Folge der Produktion) stellt der Text vor (Punkt 6 ergibt sich aus dem Text heraus):

Tafelbild

	Aufgabenbereich	*benötigte technische Ausrüstung*
1	*Verfassen des Hörspielmanuskripts (vgl. Z. 13 f.)*	–
2	*Auswahl geeigneter Sprecher (vgl. Z. 21–25)*	–
3	*Organisation (Termine, Räumlichkeiten etc.) (vgl. Z. 26–30)*	–
4	*Sprechaufnahmen unter Regieanleitung (vgl. Z. 31–78)*	*Aufnahmegeräte, Studioausrüstung: Computer, Mikrofone*
5	*Geräuschaufnahmen (vgl. Z. 79–91)*	*CDs, Haushaltsgegenstände, Mikrofone, Aufnahmegeräte*
6	*Abschlussbearbeitung: Verknüpfung von Sprechtext und Geräuschen*	*Computer*

Aufgabe 3
S. 310

Diese Aufgabe zielt sowohl auf die Sicherung des Inhaltsverständnisses eines wichtigen Textabschnittes (vgl. Z. 35–66) als auch auf die Vorbereitung kooperativer Arbeitsformen im dritten Unterkapitel. Die Richtlinien für erfolgreiche Teamarbeit und konstruktives Feedback lassen sich direkt dem Text entnehmen oder davon ableiten:

- Gruppenleiter bestimmen
- Aufgaben mit klarer Aufgabenstellung verteilen

- Rückmeldung geben, was verbessert werden kann und was gelungen ist
- eigene Vorstellungen und Wünsche anschaulich und verständlich vermitteln
- offen sein für Vorschläge anderer
- Kritik aushalten können
- gutes Arbeitsklima schaffen

Wichtig ist das abschließende Resümee der Autorin: „Wir haben uns durch unsere individuellen Fähigkeiten im Team wunderbar ergänzt und sind durch die gemeinsame Arbeit richtig zusammengewachsen." (Z. 96–Ende)

Aufgabe 4
S. 310

Im Text werden zwei Möglichkeiten genannt, Geräusche für ein Hörspiel zu gewinnen: das Selberherstellen mit einfachen Mitteln (vgl. Z. 79–89) oder der Rückgriff auf eine CD mit Geräuschbeispielen (vgl. Z. 89–91).

Aufgabe 5
S. 310

Die Schülerinnen und Schüler können die Ergebnisse ihrer Überlegungen ausprobieren und dann in ähnlicher Form wie im Werkzeugkasten auf S. 310 festhalten, z. B.:

...	...
Regen	– Knete eine volle Bonbontüte. – Knister mit Zellophan. – Lasse getrocknete Erbsen auf einem Sieb herumrollen.
...	...

Bei Bedarf und Möglichkeit kann zur Wiederholung oder Vertiefung das Unterkapitel „Eine Welt ohne Geräusche? – Von Hörenden und Nichthörenden" der Film-Einheit „Wenn ihr nicht hören könntet" aus „P.A.U.L. *D.* 7" (s. dort S. 296–297) hinzugezogen werden.

Aufgabe 6
S. 310

Hier können die Schülerinnen und Schüler das neu erworbene Wissen praktisch anwenden und ihre ersten Versuche, den Hörspieltext umzusetzen (vgl. Aufgabe 3 auf S. 304), vertiefen.

3. Eine Ballade in ein Hörspiel verwandeln: „Die Bürgschaft" von Friedrich Schiller (S. 311–313)

In Ergänzung der theoretischen Beschäftigung mit der Gattung stellt die kreative Aneignung dieser Literaturform eine sehr gute Möglichkeit für Schülerinnen und Schüler dar, die vielfältigen Anforderungen und Besonderheiten des Hörspiels zu begreifen. Der Rückgriff auf Schillers Ballade ist mit dem hohen Dialog- und Spannungsanteil dieses Gedichts begründet. Außerdem lassen sich so vertiefend verschiedene Bereiche des Deutschunterrichts mithilfe von „P.A.U.L. *D.*" miteinander verschränken. Der hohe, aber bei entsprechender schulischer Ausstattung jedoch durchaus zu bewältigende Aufwand wird gerechtfertigt durch die Motivation, die dieses Projekt bei den Schülerinnen und Schülern hervorrufen wird, und durch die damit ebenfalls intendierte Förderung kooperativen Lernens. Als Alternativen bieten sich die Umarbeitung der Ballade „Die Füße im Feuer" von C. F. Meyer oder (bei geringerem Zeitbudget) die Option für einen der im Schülerbuch auf S. 313 vorgestellten Projektvorschläge an.

Aufgabe 1
S. 311

Didaktische Hinweise zu diesem Aufgabenbündel finden sich in diesem Lehrerhandbuch im Kapitel „‚Wer wagt es ...' – Schillers Balladen", S. 178 f.

Aufgabe 2
S. 311

Erste Anhaltspunkte, wie die Ballade bearbeitet werden könnte, erhält das Bild auf Seite 312, das vier diskutierende Schüler zeigt. Folgende Hinweise können außerdem hilfreich sein:

- Szenen- und Ortswechsel sollten deckungsgleich sein, die einzelnen Stationen auf dem Weg nach Syrakus konstituieren ebenfalls Szenen
- Sprechrollen: Damon, Dionys, Polizisten („Häscher"), Damons Freund, Räuber, zwei Wanderer, Philostratus, Menschenmenge, Bote, u. U. Schwester Damons und ihr zukünftiger Mann sowie Erzähler (Funktionen: zeitraffende Übergänge, Beschreibung stummer/geräuschloser Geschehnisse)
- Sprechweise der Personen: die Figuren sollten modernes gehobenes Deutsch sprechen (nur partielle Übernahme des Balladentextes); Charakter und Sprechweise sollten aufeinander abgestimmt sein
- Zusätzliche Inhalte: u. U. Vorgeschichte, Trauung der Schwester Damons
- Geräusche: Schritte, Kampfgeräusche (Überwältigung Damons, Überfall der Räuber), Regen, Wasserfluten, einstürzende Brücke, Sprudeln einer Quelle, lärmende Menschenmenge, Vorbereitungen der Kreuzigung etc.
- (Instrumental-)Musik als Mittel zur Überbrückung von Szenen oder zur Herstellung einer bestimmten Atmosphäre

Aufgabe 3
S. 312

Für die Ergebnissicherung kann die Kopiervorlage für das Hörspielmanuskript auf Arbeitsblatt 4, S. 343 f. verwendet werden. Bei der arbeitsteiligen Erstellung sollte eine Gruppe die Gesamtredaktion der einzelnen Szenen koordinieren.

Aufgabe 4
S. 312

Die Richtlinien für gute Teamarbeit und konstruktives Feedback (vgl. Aufgabe 3, S. 310) sollten spätestens hier umgesetzt werden, um ein entspanntes und produktives Arbeiten zu ermöglichen.

Die Produktion eines Hörspiels

Folgende Schritte sind bei der Planung einer Hörspiel-Produktion zu berücksichtigen:

1. Auswahl des Drehbuchs/Manuskripts

Entweder eine Geschichte wird von den Schülern selbst erfunden und in ein Manuskript überführt oder ein bestehendes Manuskript wird verwendet. Die Aufgabe des Hörspielautors ist es, aus einer Romanvorlage ein Manuskript zu entwickeln. Dies ist nicht einfach, daher sollte man sich für die Schulpraxis mit kleinen Geschichten zunächst begnügen. Einfache Handlungsstränge und nicht zu viele Sinnebenen sowie Zeit- und Raumwechsel sind zu bevorzugen.

2. Lektorat

Der Lektor prüft die Manuskripte nach ihrer Verwendbarkeit für eine Hörspiel-Produktion. Ist die Story wirklich spannend, lohnt sich also der Aufwand, ist die Geschichte als Hörspiel umsetzbar?

3. Dramaturgie

Der Dramaturg feilt gemeinsam mit dem Autor an dem Manuskript, um so Spannungsbögen evtl. zu intensivieren und das Drehbuch produktionsgerecht zu verändern. Die Dramaturgie trägt zudem die Verantwortung für das Gesamtprogramm der entsprechenden Hörspielabteilung und setzt die Schwerpunkte in der Programmarbeit.

4. Regiearbeit

Die Regiearbeit besteht darin, das Manuskript zu interpretieren und die Regieanweisungen nach eigenen Vorstellungen umzusetzen, gegebenenfalls in enger Absprache mit dem Autor. Charaktere eines Stücks können unterschiedliche akustische Insignien bekommen. Sie nehmen z. B. immer einen bestimmten akustischen Raum ein, indem sie einem spezifischen Ortungspunkt im Stereobild zugeordnet sind. Oder sie werden verfremdet oder anderweitig klanglich bearbeitet (Equalizer, Kompressor, Hall- oder Echobearbeitung). Figuren und deren Handlungen sind mitunter an bestimmte andere typisierende oder hinweisende Schallereignisse gekoppelt (Geräusche, Musik, Tierstimmen, Klänge). Darüber hinaus entscheidet sich die Regie,

Regisseur Hartmut Kirste im SWR-Studio

wie Räumlichkeit im Hörspiel erzeugt werden soll, mit Effektgeräten oder durch den Kontext. Dies alles kann der Regisseur in die Planung einbringen. Die verschiedenen Rollen müssen auf die Sprecherinnen und Sprecher verteilt werden. Der Regisseur sollte die Fähigkeiten und Möglichkeiten der Schauspieler gut einschätzen können. Das Manuskript sollte im Detail verstanden sein, sodass Handlungsstränge, Spannungen und Betonungen sinngemäß richtig umgesetzt werden. Welche Technik (Effekte, Mikrofonierung) eingesetzt wird, spricht der Regisseur mit dem Toningenieur ab.

5. Regieassistenz

Alle Zulieferarbeiten wie Zeitplanung, Beschaffung von Geräuschen, O-Tönen, Musik und Requisiten für die Spielhandlung (Telefonapparat, Schreibmaschine und dergleichen benötigte Geräusche-Quellen) erledigt die Regieassistenz. Sie ist sozusagen die rechte Hand des Regisseurs, schreibt Regieanweisungen, die den späteren Schnitt und Mischung betreffen, mit und sorgt im Allgemeinen für einen reibungslosen Ablauf der Produktion. Nach der Produktion wird das Band beschriftet und sendefertig gemacht.

6. Toningenieur

Die Mikrofonierung, die Arbeit am Mischpult erledigt der Toningenieur. Er steuert das Lautstärkeverhältnis der einzelnen Mikrofone und Zuspieler, setzt Effekte ein und macht die Endmischung.

7. Tontechniker

Der Tontechniker ist für die Überwachung der Aufnahme- und Zuspielgeräte verantwortlich. Er bedient direkt die Maschinen, ist also so etwas wie der verlängerte Arm des Toningenieurs.

Ist die Aufnahme fertig, dann schneidet er nach den Anweisungen des Toningenieurs und des Regisseurs in Zusammenarbeit mit der Regieassistenz das Band oder die Bänder oder das digital vorgefertigte Material. Die verschiedenen Aufgaben innerhalb einer Hörspiel-Produktion lassen sich auf verschiedene Schüler oder Schüler-Gruppen verteilen.

Die Auswahl der Vorlage oder des Manuskripts sowie die dramaturgische Arbeit am Manuskript lassen sich gut in der Gemeinschaft realisieren. Für die Regiearbeit bei der Aufnahme, also Regisseur und Regieassistenz sowie Toningenieur und Tontechniker, sind wenige Personen sinnvoller, da lassen sich besser einzelne Schüler oder kleine Gruppen einsetzen.

Tontechniker im Hörspiel-Studio des SWR

(Copyright mediaculture-online, ht:p://www.mediaculture-online.de/Produktion-eines-Hoerspiels.315.0.html; 7.11.07)

1. Lest den Text, der einer Internet-Einführung in die Gattung des Hörspiels für Schülerinnen und Schüler entnommen wurde. Fasst seinen Inhalt in Form einer Mindmap o.Ä. zusammen.

2. Vergleicht eure Ergebnisse und versucht gemeinsam, unbekannte Begriffe zu klären und eure Mindmaps zu verbessern.

3. Welche Hinweise aus der Einführung könnt ihr für eine eigene Hörspielproduktion nutzen, welche eher nicht?

Eine Ballade in ein Hörspiel verwandeln (1) – Textarbeit

Im Hintergrund der folgenden Ballade „Die Füße im Feuer" von Conrad Ferdinand Meyer steht die Verfolgung der Hugenotten (so wurden die calvinistischen Protestanten in Frankreich genannt). Diese wurden besonders unter Ludwig XIV. wegen ihrer religiösen Überzeugungen unterdrückt. Den Höhepunkt der Verfolgungen bildet die sogenannte Bartholomäusnacht (23./24. August 1572), in der etwa 30 000 Hugenotten ermordet wurden. Viele flohen daraufhin in das Ausland, u. a. auch nach Holland und Deutschland.

Conrad Ferdinand Meyer (1825–1898)
Die Füße im Feuer

Wild zuckt der Blitz. In fahlem Lichte steht ein Turm.
Der Donner rollt. Ein Reiter kämpft mit seinem Ross,
Springt ab und pocht ans Tor und lärmt. Sein Mantel saust
Im Wind. Er hält den scheuen Fuchs[1] am Zügel fest.
Ein schmales Gitterfenster schimmert goldenhell
Und knarrend öffnet jetzt das Tor ein Edelmann …

– „Ich bin ein Knecht des Königs, als Kurier geschickt
Nach Nîmes. Herbergt mich! Ihr kennt des Königs Rock!"
– „Es stürmt. Mein Gast bist du. Dein Kleid, was kümmert's mich?
Tritt ein und wärme dich! Ich sorge für dein Tier!"
Der Reiter tritt in einen dunkeln Ahnensaal,

[1] Fuchs: Pferd mit bräunlichem, rötlichem oder gelbem Fell

Verfolgung der Hugenotten in Frankreich 1621 (Kupferstich)

Von eines weiten Herdes Feuer schwach erhellt,
Und je nach seines Flackerns launenhaftem Licht
Droht hier ein Hugenott im Harnisch[2], dort ein Weib,
Ein stolzes Edelweib aus braunem Ahnenbild ...
Der Reiter wirft sich in den Sessel vor dem Herd
Und starrt in den lebendgen Brand. Er brütet, gafft ...
Leis sträubt sich ihm das Haar. Er kennt den Herd, den Saal ...
Die Flamme zischt. Zwei Füße zucken in der Glut.

Den Abendtisch bestellt die greise Schaffnerin[3]
Mit Linnen blendend weiß. Das Edelmägdlein hilft.
Ein Knabe trug den Krug mit Wein. Der Kinder Blick
Hangt schreckensstarr am Gast und hangt am Herd entsetzt ...
Die Flamme zischt. Zwei Füße zucken in der Glut.
– „Verdammt! Dasselbe Wappen! Dieser selbe Saal!
Drei Jahre sind's ... Auf einer Hugenottenjagd
Ein fein, halsstarrig Weib ... ‚Wo steckt der Junker? Sprich!'
Sie schweigt. ‚Bekenn!' Sie schweigt. ‚Gib ihn heraus!' Sie schweigt.
Ich werde wild. *Der* Stolz! Ich zerre das Geschöpf ...
Die nackten Füße pack ich ihr und strecke sie
Tief mitten in die Glut ... ‚Gib ihn heraus!' ... Sie schweigt ...
Sie windet sich ... Sahst du das Wappen nicht am Tor?
Wer hieß dich hier zu Gaste gehen, dummer Narr?
Hat er nur einen Tropfen Bluts, erwürgt er dich.'
Eintritt der Edelmann. „Du träumst! Zu Tische, Gast ..."

Da sitzen sie. Die drei in ihrer schwarzen Tracht
Und er. Doch keins der Kinder spricht das Tischgebet.
Ihn starren sie mit aufgerissnen Augen an –
Den Becher füllt und übergießt er, stürzt den Trunk,
Springt auf: „Herr, gebet jetzt mir meine Lagerstatt!
Müd bin ich wie ein Hund!" Ein Diener leuchtet ihm,
Doch auf der Schwelle wirft er einen Blick zurück
Und sieht den Knaben flüstern in des Vaters Ohr ...
Dem Diener folgt er taumelnd in das Turmgemach.

Fest riegelt er die Tür. Er prüft Pistol und Schwert.
Gell pfeift der Sturm. Die Diele bebt. Die Decke stöhnt.
Die Treppe kracht ... Dröhnt hier ein Tritt? ... Schleicht dort ein Schritt? ...
Ihn täuscht das Ohr. Vorüberwandelt Mitternacht.
Auf seinen Lidern lastet Blei, und schlummernd sinkt
Er auf das Lager. Draußen plätschert Regenflut.

---

[2] Harnisch: Rüstung
[3] Schaffnerin: Bedienstete

Er träumt. „Gesteh!" Sie schweigt. „Gib ihn heraus!" Sie schweigt.
Er zerrt das Weib. Zwei Füße zucken in der Glut.
Aufsprüht und zischt ein Feuermeer, das ihn verschlingt ...
– „Erwach! Du solltest längst von hinnen sein! Es tagt!"
Durch die Tapetentür[4] in das Gemach gelangt,
Vor seinem Lager steht des Schlosses Herr – ergraut,
Dem gestern dunkelbraun sich noch gekraust das Haar.

Sie reiten durch den Wald. Kein Lüftchen regt sich heut.
Zersplittert liegen Ästetrümmer quer im Pfad.
Die frühsten Vöglein zwitschern, halb im Traume noch.
Friedsel'ge Wolken schwimmen durch die klare Luft,
Als kehrten Engel heim von einer nächt'gen Wacht.
Die dunkeln Schollen atmen kräft'gen Erdgeruch.
Die Ebne öffnet sich. Im Felde geht ein Pflug.
Der Reiter lauert aus den Augenwinkeln: „Herr,
Ihr seid ein kluger Mann und voll Besonnenheit
Und wisst, dass ich dem größten König eigen bin.
Lebt wohl. Auf Nimmerwiedersehn!" Der andre spricht:
„Du sagst's! Dem größten König eigen! Heute ward
Sein Dienst mir schwer ... Gemordet hast du teuflisch mir
Mein Weib! Und lebst! ... Mein ist die Rache, redet Gott."[5]

(Aus: Conrad Ferdinand Meyer: Die Füße im Feuer; in: Ders.: Sämtliche Werke. Historisch-kritische Ausgabe. Besorgt von Hans Zeller und Alfred Zäch, Bd. 1: Gedichte, Benteli Verlag, Bern 1963, S. 382f.; orthografisch modernisiert)

---

[4] Eine hinter Tapete verborgene Tür
[5] „Mein ist die Rache" (5. Mose 32,35 in der Übersetzung Martin Luthers)

1. Lest den Text. Gebt in Form eines Blitzlichts wieder, wie das Gedicht auf euch wirkt.

2. Fasst den Inhalt des Gedichts abschnittweise zusammen.

3. Die Ballade erzählt die Geschichte aus der Sicht des Reiters. In ihr sind Rückblenden (Erinnerung an vergangenes Geschehen) und Gedanken des Reiters eingestreut. Entwerft gemeinsam eine Grafik, die den Aufbau der Ballade verdeutlicht.

4. Was haben die im Gedicht beschriebenen Ereignisse mit der oben skizzierten Hugenottenverfolgung zu tun?

5. Klärt mithilfe der Anmerkungen zur Ballade, wer mit „Dem größten König" (V. 69) gemeint ist? Wie beurteilt ihr das Verhalten des Edelmannes?

6. Wie beurteilt ihr das Verhalten des Edelmannes?

Eine Ballade in ein Hörspiel verwandeln (2) – Umsetzung

1. Überlegt, wie man Conrad Ferdinand Meyers Ballade als Hörspiel umsetzen könnte. Berücksichtigt dabei auch die Aussage der Ballade und folgende Aspekte:
- In wie viele Szenen kann man den Text einteilen?
- Welche Rollen sind zu verteilen?
- Wie müssen die Personen sprechen?
- Kann man noch zusätzliche Stimmen einbauen und inhaltliche Einzelheiten dazuerfinden?
- Wo kann der Balladentext übernommen, wo muss er verändert oder ergänzt werden?
- Welche Geräusche sind notwendig?
- Sind Musikeinspielungen sinnvoll?
- Sollte es einen Erzähler geben?

Conrad Ferdinand Meyer (1825–1898)

Bildet Gruppen, die einzelne Szenen des Hörspiels schreiben. Hilfestellung dazu gibt euch der Werkzeugkasten „Ein Hörspiel verfassen und produzieren" auf S. 313 im Schülerbuch. Ihr könnt so beginnen:

Szene	Rolle/Stimme	Sprechtext	Sprechanweisung	Geräusch, Musik, Blenden
1				Unwetter (Blitz, Donner); zunächst kaum vernehmbares, dann deutlicheres Pferdegetrappel
	Der Reiter	*Teufel, ein Wetter wie zum Jüngsten Gericht! Ich muss schnell ein Dach über dem Kopf finden, sonst ist es aus!*	raue, vom Sturm fast erstickte Stimme, verzweifelt	zu den o. g. Geräuschen tritt düstere Musik hinzu
	…	…	…	

2. Fasst eure Ideen in einem Hörspielmanuskript für alle Szenen zusammen.

3. Nehmt das Hörspiel nun im Team auf. Verteilt zuvor die Aufgabenbereiche (Regisseur, Verantwortliche für die Technik, wie Aufnahmegerät PC und CDs, die Stimmen sowie eine Gruppe, die für die Geräusche zuständig ist) und sucht euch einen ruhigen Raum, der eine gute Akustik (z. B. ohne Rückhalleffekte) bietet.

Aufbau der Ballade (Muster-Lösung zum Arbeitsblatt 2):

Gegenwartshandlung

V. 1–16: Ein Reiter findet bei einem Sturm Unterschlupf in einem Schloss.

V. 20–23: Am Abendtisch I

V. 35–50: Am Abendtisch II, Angst des Reiters in der Nacht

V. 54–71: Übereilter Aufbruch am Morgen; der Verzicht des Edelmanns auf Rache

V. 18–19: Wiedererkennen des Schlosses und Andeutung der Folterszene

V. 24–34: Erinnerung an die Folter der Ehefrau eines Hugenotten (des Edelmanns)

V. 51–53: Albtraum über die Geschehnisse im Schloss während der Hugenottenverfolgung

Rückblenden/Gedanken

Ein Theaterstück zu einem Hörspieltext umarbeiten (Kopiervorlage)

Szene	Rolle/Stimme	Sprechtext	Sprechanweisung	Geräusch, Musik, Blenden

Aus einer Mindmap einen Sachtext erstellen

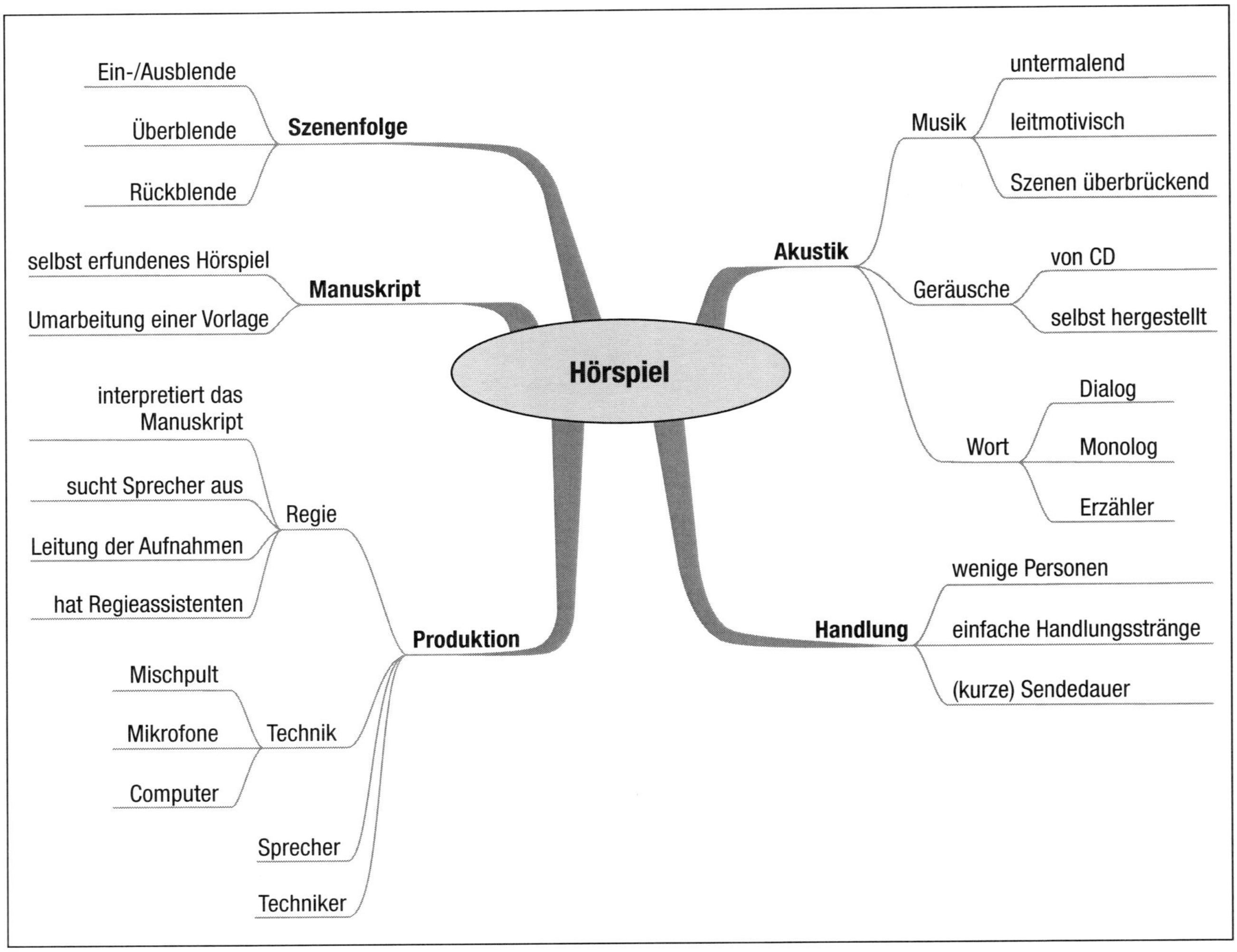

1. Schau dir die Mindmap und ihre Struktur genau an. Markiere ggf. besonders wichtige Zweige der Gedankenlandkarte.

2. Schreibe einen informativen Sachtext über die Gattung des Hörspiels, dem die Mindmap zugrunde liegt.

3. Erkläre abschließend, was das Hörspiel von einem Theaterstück unterscheidet.

Leistungsüberprüfung – Selbstevaluation – Klassenarbeit

1. **Aus einer Mindmap einen Sachtext erstellen**
   (s. Arbeitsblatt 5, S. 344)

Üben, wiederholen und mehr ...
(S. 314–374)

Vorüberlegungen zur Einheit

Wie in den Schülerbänden zuvor greift auch dieses Schlusskapitel Themen aus dem vorliegenden und vor allem aus den vorhergehenden Bänden auf, differenziert und vertieft sie und bietet auf diesem Weg die Möglichkeit, z. B. im Rahmen individueller Fördermaßnahmen Defizite zu kompensieren und Lernergebnisse dauerhaft zu sichern.
Im Einzelnen geht es um folgende Bereiche:

1. Zuhören und Informationen verarbeiten (S. 316–321)
2. Wortarten (S. 322–326)
3. Aktiv und Passiv (S. 327–330)
4. Satzglieder (S. 331–333)
5. Keine Nebensache – Nebensätze (S. 334–344)
6. s-Laute (S. 345–347)
7. Lang ausgesprochene Vokale (S. 348–351)
8. Nominalisierungen/Substantivierungen (S. 352–354)
9. Zusammen- und Getrenntschreibung (S. 355–363)
10. Das Komma (S. 364–374)

Die einzelnen Übungen können im Unterricht besprochen werden oder aber je nach Bedarf von den Schülerinnen und Schülern selbstständig und unterrichtsbegleitend zu Hause ausgeführt und anschließend in Partnerarbeit abgeglichen werden.
Im Bedarfsfall können die in diesem Lehrerkommentar abgedruckten Lösungen den Lernenden als Kopie oder auf Folie zur Verfügung gestellt werden.

Didaktische Aufbereitung der Unterkapitel

1. Zuhören und Informationen verarbeiten (S. 316–321)

Das Kapitel vermittelt den Schülerinnen Kompetenzen im Aufgabenbereich „Zuhören und Informationen verarbeiten“. Dabei geht es zunächst darum, gehörten Texten mit einem bestimmten Informationsinteresse zu begegnen, wesentliche Informationen mithilfe von Stichwortkonzepten herauszuschreiben und diese zu ordnen. Im weiteren Verlauf werden unterschiedliche Protokollarten erarbeitet.
Die erworbenen Kompetenzen sollten immer wieder im Verlauf unterschiedlicher Unterrichtsreihen und auch in anderen Fächern gefestigt werden.

Informationen gezielt heraushören (S. 316–317)

Aufgabe 1
S. 316

Aufgabe der Schülerinnen und Schüler ist es, Informationen zu einem klar umrissenen Bereich herauszuhören und diese tabellarisch anzuordnen. Die Tatsache, dass es ausschließlich um Daten aus Schillers Leben geht, erleichtert den Auftrag im Sinne einer didaktischen Reduktion und ermöglicht die Konzentration auf das stichwortartige Herausschreiben. Folgende Daten sollten herausgehört und mit den entsprechenden Ereignissen verknüpft werden:

- 10.11.1759 in Marbach geboren
- 09.05.1805 in Weimar gestorben
- 1781 „Die Räuber“
- 1782 „Kabale und Liebe“
- 1787 „Don Carlos“
- 1787 gescheiterter Versuch, sich in Weimar niederzulassen
- 1794 Beginn der Freundschaft mit Goethe
- 1823 Vertonung des Gedichts „Das Lied von der Glocke“ durch Beethoven
- 1799 Übersiedlung von Jena nach Weimar
- 1799 „Wallenstein“
- 1804 „Wilhelm Tell“

Die Daten können nun chronologisch in eine Tabelle eingeordnet werden.
Im weiteren Verlauf geht es um einen Sachtext (S. 158 f.), der stärker als der zuvor gehörte die Charaktereigenschaften des Autors in schülergerechter Sprache in den Mittelpunkt rückt. An diesem Schwerpunkt orientiert sich auch der Hörauftrag.
Folgende Eigenschaften können die Schülerinnen und Schüler während des Vorleseprozesses – der Textchronologie folgend – zunächst stichwortartig herausschreiben:

Friedrich Schiller – Charaktermerkmale
- ein sehr emotionaler Mensch
- „offene und überschäumende Art“
- zweifelt als junger Mensch an sich
- strenge Erziehung
- fühlt sich dadurch benachteiligt
- sensibel
- kann als Dozent seine Studenten begeistern
- glaubt an die „Bildbarkeit“ und „Vervollkommung“ des Menschen
- Dichtung im „gewählten Ton“, Trennung von Ernstem und Unterhaltsamem
- von Beginn an überzeugt, zum Dichter geboren zu sein
- Disziplin und Ausdauer, aber auch Genussmensch
- Feinschmecker
- von Krankheiten geplagt
- Kampf gegen Ungerechtigkeit
- findet sich nicht mit „Mittelmaß“ ab
- Themen seiner Werke: Freiheit, Freundschaft, Liebe, Visionen …

In Partnerarbeit sollten die Schüler die Stichworte bestimmten Informationsbereichen zuordnen, um anschließend in einem mündlichen Kurzvortrag die gesammelten Informationen der Klasse zur Verfügung zu stellen. Folgende Oberbegriffe könnten festgelegt werden: Lebensdaten, Aussagen zur Jugend, Schillers „Lebensphilosophie“, Schiller als Dichter, besondere Wesensmerkmale …

Aufgabe 2
S. 317

Die Fernsehprogramme bieten zahlreiche Sendereihen, die Sachthemen schülergerecht aufbereiten. Ziel des Auftrags ist es, dass die Schülerinnen und Schüler diese Sendungen nicht nur konsumieren, sondern den Informationsgehalt für sich und andere verfügbar machen.

Einen Stichwortzettel anlegen und die Informationen ordnen (S. 318)

Im Folgenden geht es darum, stärker als zuvor mit einem Stichwortkonzept zu arbeiten, eine Kompetenz, die den Schülerinnen und Schülern in fast allen Schulfächern und darüber hinaus abverlangt wird.

Aufgabe 1
S. 318

Das Schülerbeispiel enthält einige generell sinnvolle Merkmale einer stichwortartigen Mitschrift:
- die Verwendung von Spiegelstrichen
- Markierungstechniken wie unterstreichen, umrahmen ...
- Pfeile, um Abläufe oder Ursache-Folge-Beziehungen zu verdeutlichen
- Hervorhebung besonders wichtiger Informationen durch Ausrufezeichen
- Hervorhebung unklarer Detailinformationen durch Fragezeichen
- Verwendung von Klammerausdrücken für Zusatzinformationen
- ...

Aufgaben 2 und 3
S. 318

Hier geht es darum, die Detailinformationen zu systematisieren, indem Unergiebiges gestrichen wird und Informationsbereiche (Oberbegriffe) festgelegt werden. Im Einzelnen könnten dieses sein: Zentrale Lebensdaten, Borcherts Kindheit und Jugend, Borchert als Schriftsteller, Reaktionen auf sein Schreiben, Borcherts Leidensgeschichte und Tod ...

Aufgaben 4 und 5
S. 318

Um die Funktionsfähigkeit der Systematisierungen zu testen, sollten die erstellten Übersichten unbedingt für einen mündlichen Vortrag (auch in Partnerarbeit) verwendet werden. Das Gleiche gilt für die Aufbereitung einer weiteren Fernsehsendung.

Ein Protokoll anfertigen (S. 319–320)

In diesem Erarbeitungsteil geht es um die häufig verwendeten Protokollarten Ergebnis- und Verlaufsprotokoll. Dabei werden konkrete Normen (Kopf, äußerer Aufbau, Unterschrift ...) vorgestellt, die jedoch zunehmend variabel angewandt werden. So gibt es auch Verlaufsprotokolle, die im Präteritum verfasst sind. Es überwiegt jedoch die Norm, im Präsens zu schreiben.

Aufgabe 1
S. 319

Identisch sind vor allem der Kopf und die Unterschrift. Die Protokolle unterscheiden sich in der Ausführlichkeit. Protokoll 1 hält im Wesentlichen die Ergebnisse einzelner Phasen fest, Protokoll 2 beschreibt differenziert den Verlauf mit der Hervorhebung namentlich gekennzeichneter Redebeiträge.

Aufgabe 2
S. 320

Protokoll 1: Ergebnisprotokoll
Protokoll 2: Verlaufsprotokoll

Aufgabe 3
S. 320

Eine Verkürzung könnte vor allem mithilfe nominalisierter Verbformen erfolgen, z. B.:
1. Vorlesen des Textes und Abrufen erster Schülereindrücke ...

Aufgabe 4
S. 320

Die Erörterung der Aufgabe setzt die Frage nach dem Zweck des jeweiligen Protokolls voraus. Für die Wiedergabe einer Unterrichtsstunde oder einer Konferenz dürfte die Konzentration auf die zentralen Ergebnisse reichen, eine Zeugenvernehmung muss detaillierter protokolliert werden, weil der Urheber/die Urheberin einzelner Aussagen von Bedeutung ist. Das Verlaufsprotokoll als Stundenprotokoll hat den Nachteil, dass der Verfasser/die Verfasserin am Unterrichtsgeschehen nicht mehr teilnehmen kann.

Aufgabe 5
S. 320

Sinnvoll ist es, wenn die Lehrperson der protokollierenden Schülerin/dem protokollierenden Schüler als Hilfe zunächst eine kurze Übersicht zur geplanten Stunde im Sinne einer „Tagesordnung" gibt (Thema, geplante Phasen).

2. Wortarten (S. 322–326)

Wortarten im Überblick (S. 322–324)

Mithilfe des Kapitels können die Schülerinnen und Schüler noch einmal die zentralen Wortarten wiederholen. Das Reflexivpronomen und das Adjektiv mit seinen unterschiedlichen Aufgaben im Satzzusammenhang werden dabei besonders unter die Lupe genommen.

Wie Tarzan im Urwald (S. 323)

Aufgabe 1
S. 323

Bei dem Zeitungstext handelt es sich aufgrund der lebendigen Darstellungsweise um eine Reportage, die den Leser unmittelbar an den Ort des Geschehens führt.

Aufgabe 2
S. 324

In dieser Reihenfolge werden die Wortarten erfragt:
- Possessivpronomen
- Verb
- Adverb
- Adjektiv
- Demonstrativpronomen
- Relativpronomen
- Numerale
- Personalpronomen
- unterordnende Konjunktion
- nebenordnende Konjunktion
- Artikel
- Präposition
- Interjektion

Aufgabe 3
S. 324

Nomen	**Verb**	**Adjektiv**	**Adverb**
Stephanie Höhenmeter Profis im Freien Parcours Clou Könner Inbetriebnahme Euro	entsteht sein geht führt unterstreichen wollen öffnen	hölzerne verschiedenen grünen wackelige extragroßen besonderer lange erneuter höher reiner viel wetterabhängigen	endlich immer wieder teilweise einmal allerdings immer ebenfalls freitags samstags sonntags werktags

Präposition	**Personal-pronomen**	**Possessiv-pronomen**	**Demonstrativ-pronomen**
auf an mit über vom per während von für	es wir wir	ihren ihre	diesen das

Relativpronomen	**nebenordnende Konj.**	**unterordnende Konj.**	**Numerale**
die der die die das	oder und sowohl – als auch sowie	dass	zwölf sechs sieben

Unter die Lupe genommen – das Reflexivpronomen (S. 324–325)

Im Sinne einer didaktischen Reduktion wird in diesem Unterkapitel auf die Unterscheidung von echten (nicht austauschbaren) und unechten (austauschbaren) Reflexivpronomen verzichtet.

Aufgabe 1 (oben) S. 325

- Die Klasse 8c freut sich diesmal besonders auf den Wandertag.
- Habt ihr euch schon einmal überlegt, wie anstrengend so ein Kletterparcours ist?
- Wir können uns aber auch gut vorstellen, wie interessant das Unternehmen wird.
- Erinnert ihr euch noch an die letzte Wanderung durch den Habichtswald?
- Daran erinnere ich mich nicht besonders gern, weil es so langweilig war!
- Vier Parcours schlängeln sich durch den grünen Stadtwald.
- Die Schülerinnen und Schüler verhalten sich auf dem Gelände äußerst diszipliniert und bedanken sich anschließend bei den Organisatoren.

Aufgabe 2 S. 325

Es handelt sich um folgende Sätze:

- Paderborn. Stephanie Reker legt ihren Kopf in den Nacken und zeigt auf eine hölzerne Plattform, die sich an einen dicken Baumstamm schmiegt.
- Vier Parcours unterschiedlicher Schwierigkeitsgrade, die sich immer wieder auf verschiedenen Höhen queren, schlängeln sich durch den grünen Stadtwald [...].
- Über wackelige Brücken mit teilweise (gewollt) schiefen Brettern und extragroßen Lücken, über baumelnde Reifen oder auch einmal ganz Tarzan-like per Tau – allerdings mit Gurt statt mit Lendenschurz – bewegen sich die Kletterer von Plattform zu Plattform.

Unter die Lupe genommen – die unterschiedlichen Aufgaben eines Adjektivs (S. 325–326)

Aufgabe 1 (unten) S. 325

- Der Eintrittspreis für den Erlebnispark ist durchaus angemessen. (Prädikativum)
- Immerhin erhält jeder einen individuellen Begleiter. (Attribut)
- Die Trainerin legt den Kopf in den Nacken und zeigt auf eine hölzerne Ebene. (Attribut)
- Vorsichtig klettern die Schüler von Plattform zu Plattform. (Adverbiale Bestimmung)
- Der Parcours, der gerade erst eröffnet worden ist, gilt als sicher. (Prädikativum)
- Die Betreiber wollen den wetterabhängigen Saisonbetrieb auch im Winter zugänglich machen. (Attribut, adverbiale Bestimmung)
- Wenn es jedoch zu kalt wird, bleibt der Parcour geschlossen. (Prädikativum, Prädikativum)
- Heute ist es angenehm warm und die Klasse 8c wandert vergnüglich durch den grünen Stadtwald zu dem Parcours. (Prädikativum, adverbiale Bestimmung, Attribut)
- Weil dieses Ziel so attraktiv ist, entscheiden sich die Schülerinnen und Schüler dafür, auch den kommenden Wandertag dort zu verbringen. (Prädikativum, Attribut)

Die ideale Mutter (S. 326)

Aufgabe 2 S. 326

Bei diesem Text handelt es sich aufgrund der sachlich-informierenden Darstellungsweise um einen Bericht.

Aufgabe 3
S. 326

Attribut	adverbiale Bestimmung	Prädikativum
ideale	gut	streng
repräsentative	gut	verständnisvoll
ideale	richtig	
ideale		
ideale		
ideale		
befragten		
gute		

Aufgabe 5
S. 326

- hölzerne: Attribut
- verschiedenen: Attribut
- grünen: Attribut
- wackelige: Attribut
- extragroßen: Attribut
- besonderer: Attribut
- lange: Attribut
- erneuter: Attribut
- höher: Attribut (nachgestelltes Adjektivattribut zum Nomen Plattform)
- reiner: Attribut
- viel: Attribut
- wetterabhängigen: Attribut

3. Aktiv und Passiv (S. 327–330)

Aufgabe 1
S. 327

Aktiv	Passiv
– müssen sich einigen (Z. 3/4)	– wird gefeiert (Z. 1/2)
– gibt (Z. 4)	– abgelehnt werden (Z. 7/8)
– einigen sich (Z. 8)	– akzeptiert wird (Z. 10)
– geht (Z. 11)	– berücksichtigt werden müssen (Z. 12)
– überschneidet (Z. 15/16)	– wird gesucht (Z. 13)
– zustande kommen können (Z. 18)	– wird abgesprochen (Z. 16/17)
– überlegen soll (Z. 21)	– wird beschlossen (Z. 18/19)
– übernehmen (Z. 22)	– soll organisiert werden (Z. 22–24)
– entstehen (Z. 24)	– werden ausgeglichen (Z. 24/25)
– beginnen (Z. 27)	– wird angesprochen (Z. 26)
	– werden erwartet (Z. 29)

Aufgabe 2
S. 328

Bei der Umformung vom Aktiv ins Passiv wird das Akkusativobjekt des Aktivsatzes zum Subjekt des Passivsatzes. Das ursprüngliche Subjekt kann im Passivsatz entweder weggelassen oder durch eine Präpositionalgruppe mit „von" wiedergegeben werden.

Aufgabe 3
S. 328

Die einzelnen Akkusativobjekte lauten: „ein Schulfest", „einige eher sinnlose Themenvorschläge", „Das Thema ‚Leben im Mittelalter'", „einen passenden Termin", „Überschneidungen mit anderen wichtigen Ereignissen", „ein besonderes Angebot", „die Kosten", „kleinere Eintrittsgelder" und „Spenden".

Aufgaben 4 und 5
S. 328

1. Ein Schulfest wird von der Helen-Keller-Gesamtschule gefeiert.
2. Von den Schülern werden einige eher sinnlose Themenvorschläge gemacht.
3. Schließlich wird von allen das Thema „Leben im Mittelalter" akzeptiert.
4. Von Schülern und Lehrern wird ein passender Termin gesucht.

5. Überschneidungen mit anderen wichtigen Ereignissen werden von ihnen dabei vermieden.
6. Von jeder Klasse wird ein besonderes Angebot vorbereitet.
7. Die Kosten können teilweise auch vom Förderverein übernommen werden.
8. Ansonsten müssen von den Schülern kleinere Eintrittsgelder verlangt oder Spenden erbeten werden.

Naheliegend ist die Umformung ins Passiv beim dritten, vierten und fünften Satz, da hier die Angaben der handelnden Personen („von allen", „von Schülern und Lehrern", „von ihnen") unnötig sind und daher auch gut wegfallen können. Beim zweiten, sechsten und siebten Satz ist die Umformung möglich, bringt aber keine wesentliche Verbesserung. Der erste Satz klingt im Passiv eher ungelenk, der achte Satz wird sogar doppeldeutig (als müssten die Schüler selbst Eintrittsgelder zahlen oder Spenden geben).

Aufgabe 6
S. 329

wurde erwartet (Präteritum), ist gemunkelt worden (Perfekt), gemacht worden waren (Plusquamperfekt), ist geredet worden (Perfekt), kritisiert wurde (Präteritum), abgelehnt worden waren (Plusquamperfekt), wurden gelöst (Präteritum), werden umworben (Präsens), (werden) angefleht (Präsens), (werden) bedroht (Präsens), werden vorgeführt (Präsens), werden aufgeführt (Präsens), werden präsentiert (Präsens), wurden angesteckt (Präteritum), werden angenommen werden (Futur I)

Aufgabe 7
S. 330

- Von manchen Schülern waren eigene, teilweise sehr originelle Vorschläge eingebracht worden. (Plusquamperfekt)
- Von einigen Lehrern waren die Themenvorschläge der Schüler als unpassend kritisiert worden. (Plusquamperfekt)
- Von einem Herold wurden die Namen derjenigen Lehrer ausgerufen, die vom König zu Rittern geschlagen worden waren. (Präteritum/Plusquamperfekt)
- Während die Besucher in den Gängen von Händlern umworben wurden, wurden die Gäste auf dem Schulhof von Gauklern unterhalten. (Präteritum/Präteritum)
- Obwohl die Hexen vom Lehrer vorher ermahnt worden waren, wurden einige Kleinkinder von ihnen erschreckt. (Plusquamperfekt/Präteritum)
- Weil aber von vielen Klassen auch Süßigkeiten und Getränke angeboten wurden, konnten die weinenden Kinder von ihren Eltern wieder getröstet werden. (Präteritum/Präteritum)
- Vor allem von älteren Besuchern sind die bunten Kostüme der Schüler gelobt worden. (Perfekt)
- Das Engagement der Schüler ist von fast allen gewürdigt worden. (Perfekt)
- Von der 10. Klasse wird auf dem Schulhof ein atemberaubendes Turnier durchgeführt, bei dem vom Klassenlehrer als erfolgreichstem Ritter einige Schüler vom Pferd geworfen werden. (Präsens/Präsens)
- Im nächsten Jahr wird von der Klasse 8a das Thema „Leben im Jahr 2222" vorgeschlagen werden. (Futur I)

Aufgabe 8
S. 330

Eine erfolgreich überarbeitete Fassung des Textes könnte etwa so lauten:
Schüler und Lehrer der Helen-Keller-Gesamtschule bereiten gerade das für nächsten Juli geplante Schulfest vor. Im letzten Monat ist das Thema „Leben im Jahr 2222" festgelegt worden. Dafür bereiten wieder alle Klassen eigene Beiträge vor, wobei der Fantasie der Teilnehmer fast keine Grenzen gesetzt sind. Geplant werden z. B. eine „Weltraum-Disco", eine Aufführung mit dem Thema „Eine Schulstunde im Jahr 2222" und ein „Jugendzimmer 2222". Die Lehrer beurteilen das diesjährige Motto recht unterschiedlich: Während einige den Vorschlag „Leben im Jahr 2222" gleich begeistert aufgenommen haben, kritisieren manche Kollegen die Themenwahl als ungeeignet. Trotzdem bereiten sich inzwischen alle gemeinsam auf das große Ereignis vor, damit den Gästen wieder ein unvergessliches Erlebnis geboten wird.

Bei den ins Passiv umgeformten Sätzen ist die Angabe der handelnden Personen unnötig und kann daher weggelassen werden.

4. Satzglieder (S. 331–333)

Satzglieder im Überblick (S. 331–332)

Wird das Kapitel im Klassenverband erarbeitet, sollte noch einmal auf die Umstellprobe hingewiesen werden, die neben der Fragemethode relativ einfach ermitteln lässt, welche Wörter jeweils ein Satzglied bilden.

Aufgabe 1
S. 332

Kabeljau mit dritten Zähnen (S. 332)
Ein Holländer hatte sich während einer Angeltour auf der Nordsee **(Temporaladverbiale)** übergeben müssen und hatte dabei sein künstliches Gebiss **(Akkusativobjekt)** verloren. In den Nachrichten hörte er von einem Angler aus Amsterdam **(präpositionales Objekt)**, der hatte einen Kabeljau **(Akkusativobjekt)** gefangen, in dessen Magen sich ein Gebiss **(Subjekt)** befand. Der Holländer nahm mit dem Sender **(präpositionales Objekt)** Kontakt auf und besuchte schließlich **(Temporaladverbiale)** den Angler. Die Zähne **(Subjekt)** passten ihm **(Dativobjekt)** tadellos **(Modaladverbiale)**.

Neun Tage im Schnee überlebt (S. 332)
Ein in der Türkei verschollener amerikanischer Offizier und sein zehnjähriger Sohn **(Subjekt)** haben tagelang Schnee und Eis **(Dativobjekt)** trotzen können, weil der 37-jährige Oberstleutnant bei der US-Luftwaffe ein Überlebenstraining **(Akkusativobjekt)** erfolgreich **(Modaladverbiale)** absolviert hatte **(Prädikat)**.
Wegen dichten Schneetreibens **(Kausaladverbiale)** verloren er und sein Sohn Matthew die Orientierung **(Akkusativobjekt)**. Als es dunkel wurde, baute der Offizier ein schützendes Iglu **(Akkusativobjekt)**. Am nächsten Tag **(Temporaladverbiale)** suchten sie **(Subjekt)** Zuflucht **(Akkusativobjekt)** in einer Höhle in der Nähe. Feste Nahrung **(Akkusativobjekt)** gab es nicht. Ihren Durst **(Akkusativobjekt)** (stillten sie mit Schnee, den sie im Mund auftauten **(Modaladverbiale/Instrumentaladverbiale)**.
In etwa zwei Kilometer Entfernung von der Höhle **(Lokaladverbiale)** stieß der Vater dann auf eine Waldhöhle **(präpositionales Objekt)**. Dort **(Lokaladverbiale)** fanden ihn schließlich Bergbauern **(Subjekt)**.

(Aus: Hannoversche Allgemeine, 01.02.1995)

Schneeriese (S. 332)
Das nordjapanische Dorf Okura ist Heimat des größten Schneemanns der Welt **(Prädikativum)**. Der eisige Geselle, den die Dorfbewohner **(Subjekt)** in zehntägiger Arbeit bauten, ist 29,43 Meter hoch **(Prädikativum)**. 30000 Tonnen Schnee **(Subjekt)** waren notwendig, um die riesige Figur **(Akkusativobjekt)** zu errichten.

(Aus: Neue Osnabrücker Zeitung, 13.03.1995)

Junge reiste um die halbe Welt (S. 332)
Peter Kerry, 14-jähriger Brite **(Subjekt)**, hat sich mithilfe der Kreditkarte seiner Eltern **(Instrumentaladverbiale)** kurzentschlossen nach Malaysia **(Lokaladverbiale)** abgesetzt. Nach einem Streit mit seinem Vater kaufte er heimlich **(Modaladverbiale)** ein Ticket **(Akkusativobjekt)** und flog nach Kuala Lumpur **(Lokaladverbiale)**. Dann **(Temporaladverbiale)** reiste **(Prädikat)** er **(Subjekt)** fast 500 Kilometer weiter bis an die Grenze zu Singapur. Von einem Hotel aus **(Lokaladverbiale)** rief er schließlich seine Mutter **(Akkusativobjekt)** an, um ihr **(Dativobjekt)** zu sagen, dass er **(Subjekt)** kein Geld mehr **(Akkusativobjekt)** habe.

(Aus: Süddeutsche Zeitung, 27.02.1995)

Was alles vom Himmel fällt ...

Ein Eisblock, der offenbar aus einer Flugzeugtoilette stammte, hat das Dach einer Schule **(Akkusativobjekt)** in Kalifornien durchschlagen und beinahe einen Lehrer **(Akkusativobjekt)** getroffen. Der Eisblock landete genau auf dem Pult **(Lokaladverbiale)**, doch stand der Lehrer zufällig gerade etwas weiter weg **(Lokaladverbiale)**.

(Aus: Neue Osnabrücker Zeitung, 23.03.1995)

Unter die Lupe genommen – das Attribut (S. 333)

Rauchen ist ungesund

Aufgabe 1
S. 333

Ein **24-jähriger** Kölner bekam einen **gehörigen** Schrecken, als er sich aus einem Automaten Zigaretten holen wollte. Nachdem er Geld hineingeworfen und in den Schacht gefasst hatte, wurde er nämlich gebissen. Übeltäter war eine Vogelspinne, **bei der es sich um eine weniger giftige Art handelte**. Der **verletzte** Raucher konnte nach **wenigen** Stunden aus dem Krankenhaus entlassen werden. Wie das Tier in den Automaten gelangen konnte, ist unklar. Bewiesen wurde jedoch erneut, dass Rauchen ungesund ist.

400 Jahre alte Münzen

Aufgabe 2
S. 233

Den größten **(Adjektivattribut)** Münzschatz Mecklenburg-Vorpommerns **(Genitivattribut)** entdeckten im Jahre 1995 Archäologen in Anklam. Bei Ausschachtungsarbeiten bargen sie insgesamt 2200 Silbermünzen, die aus dem 16. und 17. Jahrhundert stammten **(Attributsatz/Relativsatz)**. Der wertvolle **(Adjektivattribut)** Schatz war in der Nische einer alten Kellermauer **(Genitivattribut)** verborgen.

Geisterschiff auf dem Ozean

Ein australischer **(Adjektivattribut)** Langustenfischer kann eine Geschichte erzählen, die jeder als Seemannsgarn abtun würde **(Attributsatz/Relativsatz)**. Diese kuriose **(Adjektivattribut)** Geschichte ist jedoch wahr. Im Jahre 1994 machte sich sein Boot, ein 25000 Euro teurer Kutter **(Apposition)**, im Hafen von Perth **(präpositionales Attribut)** selbstständig, nachdem sich die Festmacherleine gelöst hatte. Ohne dass es jemand bemerkte, trieb das herrenlose **(Adjektivattribut)** Boot aus dem Hafen. Sieben Monate später tauchte der Kutter vor der Küste Mosambiks **(Genitivattribut)** auf, die 8000 Kilometer von Perth entfernt ist **(Attributsatz/Relativsatz)**. Das Boot des Australiers **(Genitivattribut)** war völlig unbeschädigt. Eine Strömung hatte es dorthin getrieben.

5. Keine Nebensache – Nebensätze (S. 334–344)

Mit diesem Kapitel können die Schülerinnen und Schüler noch einmal systematisch die unterschiedlichen Nebensätze/Gliedsätze und deren inhaltliche und stilistische Funktion im Textzusammenhang erarbeiten bzw. wiederholen.

Aufgabe 1 (oben)
S. 334

Das Vorwissen der Schüler soll mit dieser Aufgabe einbezogen werden, im Einzelnen geht es um:

- Erkennungsmerkmale: Einleitungswörter, Endstellung des finiten Verbs, grammatische Abhängigkeit vom Hauptsatz
- unterschiedliche Arten: Relativ-/Attributsatz, Adverbialsatz, Subjektsatz, Objektsatz
- Einleitungswörter: Relativpronomen, unterordnende Konjunktion, W-Fragewort
- Begriff des Gliedsatzes: Übernahme der Funktion eines Satzgliedes
- Verbindung aus Hauptsatz und Nebensatz: Satzgefüge
- Zeichensetzung: Komma zwischen Haupt- und Nebensatz, Komma in komplexen Satzgefügen

Kurioses aus der Welt der Tiere – Attributsätze/Relativsätze (S. 334–336)

Aufgabe 1 (unten) S. 334

Relativsätze übernehmen häufig die Aufgabe eines Attributs und erklären ein Nomen näher. In diesen Fällen sind sie Attributsätze.

Aufgabe 2 S. 334

Geckos, die ein feuchtes Klima lieben, haben muskuläre Saugnäpfe an den Füßen.

Aufgabe 3 S. 334

Geckos haben muskuläre Saugnäpfe an den Füßen, sie lieben ein feuchtes Klima.
Geckos haben muskuläre Saugnäpfe an den Füßen und sie lieben ein warmes Klima.
…

Aufgabe 4 S. 335

Die Schülerinnen sollten nicht nur mit Satzgefügen arbeiten, sondern auch mit der Ersatzprobe und die Einzelaussagen zusätzlich z. B. durch nebenordnende Konjunktionen stärker aufeinander beziehen. Um die attributive Funktion zu verdeutlichen, kann das Bezugsnomen zusätzlich farbig markiert werden.

Freeclimber – die Geckos (S. 335)

Geckos sind tropische Echsen, die auf der Jagd nach Insekten oft auch in Wohnungen kommen. Sie sind echte „Freikletterer" und können **Wände** erklimmen, die allerdings ein wenig uneben sein müssen. Geckos können auch kopfüber an der Decke hängen. Denn sie haben kräftige **Saugnäpfe** an den Füßen, die ihnen Halt geben. Sie besitzen außerdem winzige **Borsten**, mit denen sie sich in jede Unregelmäßigkeit der Oberfläche einkrallen können. **Geckos**, die vor allem in Südostasien vorkommen, sind gern gesehene Besucher in den Wohnungen der Einheimischen. Mancher Tourist dürfte sich jedoch auch angesichts der **Tiere**, die sich in feuchten Badezimmern wohlfühlen, erschrocken haben. Sie sind interessant anzusehen und halten lästige Insekten wie Moskitos in Schach. Etwas lästig ist der laute **„Gecko"-Ruf**, dem die Tiere ihren Namen verdanken. Auch andere **Echsen**, mit denen der Gecko verwandt ist, geben zischende Laute von sich. Jedoch nur Geckos haben eine richtige „Stimme".

Welches Tier kann in zwei Richtungen gleichzeitig sehen? (S. 335)

Aufgabe 5 S. 335

Das Chamäleon ist eine seltsame, bedächtige Tierart, **die vorwiegend auf Bäumen nach Insekten jagt**. Seine Augen befinden sich an der Spitze kleiner Türmchen, **die die Form von Kegeln haben**; sie können unabhängig voneinander in jede Richtung bewegt werden. Ein Auge mag gerade nach oben gerichtet sein und Ausschau nach Nahrung halten, während das andere die Geschehnisse am Boden beobachtet.
Das Chamäleon besitzt noch eine andere Eigentümlichkeit. Die Zehen haben sich zu leistungsfähigen Klammern entwickelt, **die Äste und Zweige fest im Griff halten**. Zudem kann das Chamäleon seine Farbe ändern. Haut und Körperzeichnung passen sich seiner Umgebung an; beim Klettern in den Bäumen ist es nur schwer zu entdecken.

Wenn das Chamäleon Beute erspäht, schießt es seine Zunge, **die lang und klebrig ist**, auf das Opfer ab. Die Beute haftet an der Zunge und wird rasch ins Maul gezogen. Der Vorgang dauert nur einen Sekundenbruchteil.

(Nach: Klaus Jansen: Allgemeinwissen für Schüler © 2005 Arena Verlag GmbH, Würzburg, leicht geändert)

Aufgabe 6
S. 336

Bei dieser Übung geht es u. a. darum, Attributsätze zu einfachen Attributen umzuformen, um den Text stilistisch zu entlasten. Dies ist ein Vorschlag:

Der Trick der Eidechsen (S. 336)
Eidechsen leben z. B. im Mittelmeerraum, der über ein trockenes, warmes Klima verfügt. Sie beherrschen eine kuriose Methode, um Raubtieren zu entwischen. Zunächst verstecken sie sich im oft dornigen Gestrüpp und schützen sich auf diese Weise. Doch wenn sie am Schwanz gepackt werden, verbleibt ihnen noch eine weitere Möglichkeit, um zu entfliehen.
Ein bestimmter, besonders schwacher Schwanzknochen bricht sehr leicht ab, und das Tier, das die dem Tod geweihte Eidechse packen wollte, steht ohne Beute da. Mit der Zeit wächst der Eidechsenschwanz nach.

Die Meinungsecke – Adverbialsätze (S. 336–339)

Aufgaben 1 und 3
S. 336

Der Adverbialsatz übernimmt die Funktion der adverbialen Bestimmung und umgekehrt. In beiden Fällen wird für die zentrale Aussage eine Begründung gegeben.

Aufgabe 2
S. 336

Adverbialsatz: unterordnende Konjunktion
adverbiale Bestimmung: Präposition

Aufgabe 4
S. 336

In schwächeren Lerngruppen kann auch konkret erfragt werden, in welchen Adverbialsätzen es um eine Begründung, eine Zeitangabe, eine Folge, einen Zweck ... geht.

Aufgabe 5
S. 338

Wichtig ist bei dieser Übung, dass die Schülerinnen und Schüler die Kennzeichnung mit der inhaltlichen Leistung in Zusammenhang bringen und nicht rein formal nach der Konjunktion vorgehen.

Meine Meinung (S. 337)

– Wandertage sind unbedingt notwendig, weil dadurch die Klassengemeinschaft gestärkt wird. Das kann z. B. geschehen, indem man gemeinsam entscheidet und dann alles plant. (Jonas K.)
  Kausalsatz, Modalsatz

– Wandertage machen nur Sinn, wenn die Schülerinnen und Schüler über das Ziel selbst bestimmen können. Während unsere Nachbarklasse in einem Vergnügungspark war, mussten wir fünf (!) Stunden durch den Sander Forst wandern. Das war natürlich nicht unsere Idee! (Anna D.)
  Konditionalsatz, Adversativsatz

– Obwohl ich persönlich gern in einen Vergnügungspark fahre, halte ich dieses nicht für ein sinnvolles Ziel. Wir machen ja nicht wirklich etwas gemeinsam. Außerdem steht man an manchen „Attraktionen" so lange an, dass kaum noch Zeit für anderes zur Verfügung steht. (Martha B.)
  Konzessivsatz, Konsekutivsatz

– Falls ein Schulhalbjahr sehr kurz ist, sollte man den Wandertag ausfallen lassen. Manche tun allerdings so, als ob davon eine gute Klassengemeinschaft abhinge. Von einem Tag?!? Das kann doch nicht sein. (Sylvie M.)
  Konditionalsatz, Komparativsatz

– Während des letzen Wandertags haben wir ein Technikmuseum besucht. Das fand ich so interessant, dass ich eine Woche später noch einmal mit meinem Freund und meiner Familie da war. Es kommt also auf das Ziel an. (Lukas D.)
  Konsekutivsatz

– Ich laufe lieber durch die Prärie, als dass ich sechs Stunden Unterricht über mich ergehen lasse! Wandertage sollte es viel häufiger geben, am liebsten täglich!!! (Tom A.)
  Adversativsatz

– Von Wandertagen halte ich nichts. Sie finden doch meistens nur statt, damit Lehrer ihre Wanderwut austoben können. Anstatt dass wir mal in eine schöne Stadt fahren, steht bei denen immer nur „Natur erleben" auf dem Programm. Natur habe ich jeden Morgen, bevor ich in die Klasse komme. Ich fahre nämlich immer mit dem Fahrrad. (Judith L.)
  Finalsatz, Adversativsatz, Temporalsatz

– Wandertage sollten nicht für die ganze Schule zu einem Termin stattfinden, weil einige Ziele oft völlig überfüllt sind. Als wir im letzten Winter unseren Schneewandertag hatten, war die Schlittschuhhalle völlig ausgebucht. Es müsste für jede Klasse ein individueller Termin möglich sein. Wenn z. B. gerade keine Klassenarbeiten geschrieben werden oder das Wetter gut ist, kann sich dann eine Klasse spontan für einen Wandertag entscheiden. (Sinem T.)
  Kausalsatz, Temporalsatz, Temporalsatz/Konditionalsatz

– Dorthin, wo wir am letzten Wandertag waren, würde ich jederzeit wieder fahren, nämlich zu den Lippeseen. Dort kann man unter Anleitung Wasserski laufen. Davon waren alle begeistert. Wenn also das Ziel gut ist, ist auch der Wandertag gut. (Gunnar R.)
  Lokalsatz, Konditionalsatz

Aufgabe 6
S. 338

Die Schülerinnen und Schüler sollen in jedem Einzelfall die stilistische Leistung des Satzgefüges bzw. des Hauptsatzes mit einfacher adverbialer Bestimmung beurteilen und auf diesem Weg ihre Schreib- bzw. Sprechkompetenz schulen: Beispiele:

– Wandertage sollten nicht für die ganze Schule zu einem Termin stattfinden, weil einige Ziele oft völlig überfüllt sind. Wegen der oft überfüllten Ziele sollten Wandertage nicht für die ganze Schule zu einem Termin stattfinden.
– Wenn also das Ziel gut ist, ist auch der Wandertag gut. Im Falle eines guten Ziels ist auch der Wandertag gut.
– ...

Aufgabe 7
S. 338

Die Texte können ausgetauscht und anschließend von den Banknachbarn beurteilt werden. Dabei sollten die funktionale Verwendung der Adverbialsätze und deren fachsprachliche Kennzeichnung im Mittelpunkt stehen.

Aufgabe 8
S. 339

Konjunktionen, die einen Adverbialsatz mit dem Hauptsatz verbinden	Präpositionen, mit denen eine adverbiale Bestimmung beginnen kann
als	bei
bevor	vor
obgleich, obwohl	trotz
weil	wegen
damit; dass; auf dass	zum Zwecke
während	während
indem; dadurch, dass	durch
nachdem	nach

Die Abteilung Vermischtes – Subjekt-, Objekt-, indirekter Fragesatz, … (S. 339 – 341)

Subjekt- und Objektsatz (S. 339)

Aus Gründen der didaktischen Reduktion werden hier nur die „dass-Sätze" thematisiert. Der Lehrperson bleibt es überlassen, den Zusammenhang von Objektsatz und indirektem Fragesatz im folgenden Unterkapitel zu thematisieren.

Aufgabe 1
S. 339

- Mich freut, dass du so ausgeglichen bist.
  (Wer) oder was freut mich? – dass du so ausgeglichen bist = Subjektsatz
- Die Lehrerin erwartet, dass sich alle beteiligen.
  (Wen) oder was erwartet die Lehrerin? – dass sich alle beteiligen = Objektsatz

Aufgabe 2
S. 339

Wie bei den Umformungen der Adverbialsätze gibt es auch hier keine falschen oder richtigen Lösungen. Die Bewertung ist im Wesentlichen dem Sprachgefühl anheim gestellt.

- Mich freut deine Ausgeglichenheit.
- Die Lehrerin erwartet die Beteiligung aller.

Aufgabe 3
S. 339

- Die Klasse 8 d setzt sich dafür ein, dass der Wandertag stattfindet. **(Objektsatz)**
  Die Klasse setzt sich für das Stattfinden des Wandertags ein.
- Dass es regnet, stört niemanden. **(Subjektsatz)**
  Der Regen stört niemanden.
- Schließlich hat jeder dafür gesorgt, dass er wetterfeste Kleidung dabeihat. **(Objektsatz)**
  Schließlich hat jeder für wetterfeste Kleidung gesorgt.
- Auch dass die Klasse sich im Wald verlaufen hat, findet keiner schlimm. **(Objektsatz)**
  Auch das Verlaufen der Klasse im Wald findet keiner schlimm.
- Lediglich der Klassenlehrer befürchtet, dass es zu früh dunkel wird. **(Objektsatz)**
  Lediglich der Klassenlehrer fürchtet die frühe Dunkelheit/das frühe Dunkelwerden.
- Am Schluss sind alle froh darüber, dass sie den Zug noch rechtzeitig erreichen. **(Objektsatz)**
  Am Schluss sind alle froh über das rechtzeitige Erreichen des Zugs.
- Dass der nächste Wandertag eventuell ausfallen soll, führt zu Protesten. **(Subjektsatz)**
  Der eventuelle Ausfall des nächsten Wandertags führt zu Protesten.

Der indirekte Fragesatz (S. 340)

Aufgaben 1 und 2 S. 340

Da die Schülerinnen und Schüler den Begriff der direkten (wörtlichen) Rede kennen, dürften sie den Begriff „indirekter Fragsatz“ ableiten können.

- Der Klassensprecher stellte die Frage, ob der nächste Wandertag nicht in einem Vergnügungspark stattfinden könne.
  Der Klassensprecher stellte die Frage: „Kann der nächste Wandertag nicht in einem Vergnügungspark stattfinden?“

Bei der umgeformten Entscheidungsfrage beginnt der indirekte Fragesatz mit der Partikel „ob“.

- Anne wollte wissen, wie teuer so eine Fahrt sei.
  Anne wollte wissen: „Wie teuer ist die Fahrt?“

Bei der umgeformten Ergänzungsfrage beginnt der indirekte Fragesatz mit einem W-Fragewort.

Der Konjunktiv ist in den aufgelisteten Fällen erforderlich, weil es sich um die indirekte Rede handelt.

Aufgabe 3 S. 340

- Lukas stellte die Frage: „Wann beginnt eigentlich der Wandertag?“
  Lukas stellte die Frage, wann eigentlich der Wandertag beginne.
- Anna erwiderte: „Hast du dir das gestern nicht notiert?“
  Anna erwiderte, ob er sich das gestern nicht notiert habe.
- Lukas antwortete mit der Frage: „Hast du noch nie etwas vergessen?“
  Lukas antwortete mit der Frage, ob sie noch nie etwas vergessen habe.
- Anna fragte: „Warum bist du eigentlich immer so empfindlich?“
  Anna fragte, warum er eigentlich so empfindlich sei.

Aufgabe 4 S. 340

Eine staatstragende Rolle (S. 340)

Ein Lehrer fragt seinen Kollegen: „Wie geht es denn bei dir zu Hause zu?“ Der antwortet: „Meine Familie ist straff organisiert wie ein Staat. Meine Frau ist Finanzministerin, unsere Oma ist die Präsidentin und meine Tochter ist Außenministerin.“ Der Lehrer will nun wissen: „Hast du auch eine staatstragende Rolle inne?“ Der antwortet: „Ich bin das Volk!“

Aufgabe 5 S. 340

Auf den Versuch kommt es an (S. 340)

Ein sehr reicher Mann fragt am Ende seines Lebens einen Pastor, ob er das ewige Leben erhalte, wenn er der Kirche 1 Million Euro spende. Der Geistliche antwortet: „Ich weiß es nicht, aber ich würde es einmal ausprobieren!“

Komplexe Satzgefüge (S. 341)

Aufgabe 1 (links) S. 341

- Nachdem das Ziel, über das sich die Klasse zunächst nicht einigen konnte, festgelegt war, begann die konkrete Planung der Fahrt.

Aufgabe 2 (links) S. 341

Grafik 2 ist korrekt.

Aufgabe 3 S. 341

- Der Besuch im Technik- und Handwerksmuseum lohnte sich vor allem auch deshalb, weil die Führung, die die Klassenlehrerin vorab gebucht hatte, die Schülerinnen und Schüler zu begeistern wusste.

Hauptsatz

Gliedsatz 1 Gliedsatz 1

Gliedsatz 2

– Dass sie jedoch anschließend ein Handwerk, das sie frei wählen konnten, in einem kurzen Text beschreiben sollten, fanden die meisten nicht gut.

Hauptsatz

Gliedsatz 1 Gliedsatz 1

Gliedsatz 2

– Sie waren nämlich der Meinung, dass eine Klassenfahrt, die natürlich keine Vergnügungsreise sein solle, nicht mit einer solchen Hausarbeit verbunden sein dürfe.

Hauptsatz

Gliedsatz 1 Gliedsatz 1

Gliedsatz 2

Verkürzte Nebensätze/Gliedsätze (S. 341)

Aufgabe 1 (rechts) S. 341

Auch hier geht es wieder um eine stilistische, nicht um eine inhaltliche Variante. Der Gliedsatz wird zu einer Infinitivgruppe verkürzt, was vielfach eleganter klingt. (Zur Zeichensetzung vgl. im Schülerbuch S. 369 f.)

Aufgabe 2 (rechts) S. 341

- Im Technikmuseum trafen sich zunächst alle am Eingang, um den konkreten Ablauf besprechen zu können/zu besprechen.
- Die Schülerinnen und Schüler versprachen(,) sich in Ruhe die Führung anhören zu wollen.
- Die Museumsführerin hielt ihren Vortrag, ohne auch nur einmal unterbrochen zu werden.
- In der Seilerei wurden einige dazu aufgefordert, selbst ein Seil zu drehen.
- Der pensionierte Handwerksmeister bat die Schüler darum, für die gedrehten Seile einen geringen Geldbetrag zu zahlen.
- Am Schluss äußerten viele die Meinung, noch nie ein so interessantes Museum besucht zu haben.

Übungen (S. 342–344)

Wolfgang Borchert: Nachts schlafen die Ratten doch – Eine Inhaltsangabe (S. 342)

Aufgabe 1 S. 342

Die Kurzgeschichte „Nachts schlafen die Ratten doch“, die unmittelbar nach dem Zweiten Weltkrieg von Wolfgang Borchert geschrieben wurde, handelt von einem kleinen Jungen, der in den Trümmern einer zerstörten Stadt seinen verschütteten Bruder bewacht, und einem alten Mann, der ihm neue Hoffnung geben möchte, was ihm gelingt.

...

Gerade in einer Zeit größter Not sind die Menschen auf gegenseitige Hilfe angewiesen, weil sie neuen Mut erhalten müssen und eine Perspektive benötigen (damit sie neuen Lebensmut und eine Perspektive erhalten). Das verdeutlicht diese Kurzgeschichte.

Aufgabe 2 S. 342

[...] **Weil** er in der Schule gelernt hat, **dass** sich Ratten auch von Toten ernähren, sitzt Jürgen – so heißt der Junge in der Kurzgeschichte – in den Trümmern seines Elternhauses, **das** durch eine Bombe zerstört wurde. **Als** ein ärmlich gekleideter Mann erscheint, reagiert der Junge zunächst verängstigt. Dem Erwachsenen gelingt es jedoch im Verlauf eines Gesprächs, **dass** Jürgen langsam seine Zurückhaltung aufgibt. Dem Mann geht es vor allem darum, zu erfahren, **warum** der Junge in den Trümmern sitzt.
Zunächst stellt er einige Fragen, **auf die** dieser eher abweisend antwortet. Schließlich erfährt der Mann jedoch, **dass** der Junge auf seinen toten Bruder aufpasst, **damit** dieser

nicht von Ratten gefressen wird. **Da** er das Kind aus dieser deprimierenden Lage befreien will, erfindet der Mann eine Notlüge. Er sagt ihm, **dass** Ratten nachts schliefen und er ruhig nach Hause gehen könne. [...]

Myron Levoy: Der gelbe Vogel – Eine Inhaltsangabe (S. 343)

Aufgabe 4
S. 342

Naomi Kirschenbaum ist die Tochter eines französischen Widerstandskämpfers, der während des Zweiten Weltkriegs im von den Deutschen besetzten Frankreich von den Nationalsozialisten vor ihren Augen erschlagen worden ist. Die beiden haben noch erfolglos versucht, belastende Pläne vor dem Eindringen der Gestapo (Geheime Staatspolizei) zu vernichten. Das seelisch völlig verstörte Mädchen lebt nun, etwa vier Jahre später, mit ihrer Mutter in New York. Alan, ein jüdischer Nachbarjunge, übernimmt die Aufgabe, sich um sie zu kümmern und ihr zu helfen, weil seine Eltern ihn darum gebeten haben. Das gelingt ihm zunächst auch. Er gewinnt Vertrauen zu ihr und befreit sie mithilfe seiner Bauchrednerpuppe Charlie aus ihrer Isolation, sodass sich die beiden schließlich sogar anfreunden. Seinen Kameraden gegenüber verschweigt er diese Freundschaft, weil er um seine Anerkennung fürchtet. Sie sollen nicht erfahren, dass er sich mit einem „verrückten Mädchen" abgibt.
Da Naomis Heilungsprozess gut voranschreitet, kann sie sogar wieder die Schule besuchen. Es kommt jedoch zu einer dramatischen Situation, als ein Mitschüler aggressiv und rassistisch auf Naomi reagiert, sodass sich Alan deshalb sogar mit ihm prügelt. Naomi verfällt im Angesicht der Gewalt erneut in einen Schockzustand und flüchtet in einen Kohlenkeller. Anschließend wird sie in eine psychiatrische Klinik eingeliefert.

„Der mit dem Wolf tanzt" – Eine Filmbeschreibung (S. 343)

Aufgabe 5
S. 343

Der Film „Der mit dem Wolf tanzt", in dem Kevin Costner die Hauptrolle spielt **(Relativsatz/Attributsatz)**, erzählt die Geschichte eines amerikanischen Mannes, der seine Heimat und seine Liebe in einem fremden Land findet **(Relativsatz/Attributsatz)**.
Da er seinen außerordentlichen Mut im amerikanischen Bürgerkrieg bewiesen hat **(Kausalsatz)**, darf sich Lieutenant John J. Dunbar einen Traum erfüllen, den er sein Leben lang gehegt hat **(Relativsatz/Attributsatz)**. Er möchte nämlich Dienst an der Grenze zum Indianerland leisten, obwohl damit zahlreiche Gefahren verbunden sind **(Konzessivsatz)**, von denen er sich jedoch nicht abhalten lässt **(Relativsatz/Attributsatz)**.
Durch eine schicksalhafte Kette von Ereignissen gelangt er in ein abgelegenes Fort in der Prärie Dakotas. Sein Pferd und ein neugieriger Wolf sind dabei seine einzigen Gefährten, bis ihn die benachbarten Sioux (Indianerstamm) entdecken **(Temporalsatz)**.
Dass die Indianer zunächst sehr misstrauisch sind **(Objektsatz)**, versteht Dunbar. Als er ihnen jedoch seinen Mut und seine Menschlichkeit beweist **(Temporalsatz)**, wird er im Stamm akzeptiert, sodass es schließlich sogar zu einer innigen Freundschaft mit den Indianern kommt **(Konsekutivsatz)**.
Am Ende fällt er eine Entscheidung, die ihn fast verzweifeln lässt **(Relativsatz/Attributsatz)**, weil er sich wieder von den Indianern trennen muss **(Kausalsatz)**. Gelernt hat er jedoch, dass das Bild der Weißen von den Indianern völlig falsch ist **(Objektsatz)**.

6. s-Laute (S. 345–347)

Aufgabe 1
S. 345

Wissen; Z. 1: dass; Z. 3: dass; Z. 8: Sichtweise; Z. 10: wissen, dass; Z. 17: dass; Z. 19: Wissenschaftler; Z. 20: beeinflusste, Wissen; Z. 24: Schlussfolgerungen, unser; Z. 26: großes, Interesse; Z. 29: Interessen; Z. 31: intensiv; Z. 32: Besonders, interessante; Z. 33: diesen; Z. 34: Forschungsreise, Galapagos-Inseln; Z. 35: dass; Z. 36: dieselbe; Z. 37: Inseln; Z. 38: besaß; Z. 39: schlussfolgerte, dass; Z. 41: Insel, angepasst; Z. 42: Erkenntnisse; Z. 45: Aussagen, lösten; Z. 46: Kontroversen; Z. 50: Wissen; Z. 51: diese, Gotteslästerung

Aufgabe 2
S. 346

s-Laute aus dem Text „Das Wissen um die Entwicklung des Menschen“:

stimmhafter s-Laut	**stimmloser s-Laut s**	**stimmloser s-Laut ss**	**stimmloser s-Laut ß**
Sichtweise	lösten	Wissen	Großes
unser	Gotteslästerung	dass	Floß
intensiv	Raster	wissen	heiß
Besonders	Fenster	Wissenschaftler	Spaß
diesen	flüstern	beeinflusste	außen
Forschungsreise	Pflaster	Schlussfolge-rungen	Fußpilz
Galapagos-Inseln	Maske	Interesse	
dieselbe		Interessen	
Inseln		interessante	
Kontroversen		schlussfolgerte	
diese		angepasst	
Lösungen		Erkenntnisse	
Glasur		Aussagen	
Pose		Passagier	
Pausieren		nussig	
Faser		hassen	
		messen	
		Massage	

Aufgabe 3
S. 346

Wortverwandte:
– die Laus – Läuse, verlaust, lausig, Entlausung, Lausbefall ...
– sie hausten – hausen, Behausung, Hausbesetzer, Hausierer ...
– er bremste – bremsen, Vollbremsung, Bremsverhalten, Bremsklötze ...
– der Eistaucher – Eis, eisig, Eisbrecher, eiskalt ...

Aufgabe 4
S. 346

1. Person Singular Präteritum:
– verreisen – er verreiste
– fräsen – sie fräste
– brausen – sie brauste
– speisen – es verspeiste
– blasen – er blies

Aufgabe 5
S. 346

Wortverwandte:
– Muße – müßig, Müßiggang, Müßiggänger, müßiggehen ...
– Floß – Floßfahrt, Flößer, flößen, Flößerei ...
– mäßig – Maß, maßvoll, maßlos, Mittelmaß ...
– Süße – Süßigkeit, süß, süßlich, Süßholz, Süßholzraspler, Süßkartoffel ...
– fließen – Fließgeschwindigkeit, Fließband, Fließarbeit, Fließheck ...

Aufgabe 6
S. 346

Infinitiv	**3. Person Singular Präsens**	**3. Person Singular Präteritum**
gießen	es gießt	es goss
messen	sie misst	sie maß
sprießen	es sprießt	es spross
reißen	es reißt	es riss
lassen	er lässt	er ließ

Aufgabe 7
S. 347

Merkwörter:

- Sie hatte bereits einen Ausbildungsplatz, noch bevor andere sich bewarben.
- Aufgrund des erarbeiteten Vorsprungs kam der Läufer ohne Hast ins Ziel.
- Der Knoten saß sehr fest und ließ sich kaum lösen.
- Es dauert lange, bis misshandelte Tiere wieder Vertrauen fassen können.
- Der Bus hält direkt vor dem Stadion.
- Er hätte den Zug fast verpasst.
- Meistens finden die Spiele draußen statt.
- Die Eltern müssen für ihr Kind zum neuen Schuljahr einen Atlas anschaffen.
- Der Zirkus macht in drei Wochen für einige Tage bei uns Halt.
- Ein Kaktus benötigt nur sehr wenig Wasser.

Aufgaben 8 und 9
S. 347

Silbe -nis

- erlauben – Erlaubnis, Erlaubnisse
- sparen – Ersparnis, Ersparnisse
- sich ereignen – Ereignis, Ereignisse
- ergeben – Ergebnis, Ergebnisse

→ Verdopplung des s-Lautes bei Pluralbildung

Aufgabe 10
S. 347

Buchstabenquadrat:
senkrecht:
Ass, sie, Sause, Eis, Pasteten, Dose
waagerecht:
Delikatesse, losen, Moos, Glas, Muskatnuss, Passagier, Atlas, Fassade, Massage, Raffinesse, interessant

Aufgabe 11
S. 347

Die Diktate dienen der Selbstkontrolle. Die Schülerinnen und Schüler diktieren sich die kurzen Texte und kontrollieren sie anschließend. Bei Unsicherheiten sollten die Regeln kurz wiederholt und angewendet werden.

7. Lang ausgesprochene Vokale (S. 348–351)

Aufgabe 1
S. 348

„Warum ist die Schule doof?" (S. 348)

einfacher langer Vokal ohne Dehnungszeichen	h nach langem Vokal (Dehnungs-h)	verdoppelter Vokal	ie
Schule	Mehrzahl	doof	viel
Frage	ohne	Doofheit	die
Schule	ihr	beseelt	wie
gehören	sehr	leer	sie
grüne	Lehrer	Aal	diese
Tafel	ihrem	Paar	Charakterisierung
Einmaleins	wählen	leer	lieber
Alphabet	zunehmend	Moos	spielt
Hausaufgaben	Wahrscheinlich-		vielen
Schulzeit	keit		reagieren
später	Mehl		wieder
große	Pfahl		Tier
Naturgesetz	Hehl		Riegel
späten	verfehlen		besiegeln
Frage	gähnen		kontrollieren
Benotung			Miene

einfacher langer Vokal ohne Dehnungszeichen	h nach langem Vokal (Dehnungs-h)	verdoppelter Vokal	ie
so spontan Aussage befragt geben Großteil befragten Beruf spüren späteren Leben Tag Losverfahren Name Spaß langsam			

Wörter mit lang ausgesprochenem Vokal ohne Dehnungszeichen (S. 349)

Aufgabe 1 (links) S. 349

i-Laut in Wörtern, die einer anderen Sprache entlehnt sind; Beispielsätze, die auch diktiert werden können:

- Unter Devisen versteht man ausländische Zahlungsmittel, als Devise bezeichnet man dagegen einen Leitspruch.
- Ich habe heute einen Zahnarzttermin.
- Das Kinoprogramm ist in der Ferienzeit besonders gut, da viele Filme wiederholt werden.
- Die Benzinpreise sind in den vergangenen Wochen stark angestiegen.
- Die Turbinen wurden per Schiff an ihren Bestimmungsort gebracht.
- Die Tarifverhandlungen mussten vorerst unterbrochen werden.
- Die Regierung steckt in einer tiefen Krise.
- Zur Konfirmation bekam Sina eine besonders schön gestaltete Bibel geschenkt.
- Die Klimaveränderungen haben schon heute direkten Einfluss auf unser Leben.
- Der Fotograf arbeitete ohne Stativ, um verschiedene Perspektiven ausprobieren zu können.
- Auf Anraten des Musikschullehrers entschied sich Lasse für die Violine.
- Der Friseur hatte große Bedenken das Haar zu blondieren.
- Die Bibliothek schließt heute um 17.00 Uhr.
- Die Suche nach heimtückischen Landminen erweist sich in den Krisengebieten als äußerst schwierig.
- In dem Campingurlaub verwenden wir zum Kochen einen Spirituskocher.
- Einige Schauspieler werden aufgrund ihres Kleidungsstils als Stilikonen bezeichnet.
- Aufgrund eines Maschinenschadens musste der Flug um einige Stunden verschoben werden.

Aufgabe 2 (links) S. 349

Verwürfelte Wörter:

- Elite
- Risiko
- Ventil

- Appetit
- Bikini
- Minus

Aufgabe 3 (links) S. 349

Reimwörter:
geboren – verloren ...
hören – zerstören ...
Nation – Ration ...
Qual – Wal ...
Schnur – Flur ...
Spur – nur ...
stur – Kur ...
Ton – Megaphon/Megafon ...
Tran – Kran ...
Tüte – Hüte ...
Zone – Krone ...

Aufgabe 4 S. 349

wider und wieder; Beispielwörter und -sätze, die auch diktiert werden können:

wieder:

Wiedersehen, Wiederholung, wiederholen, Wiederkäuer, Wiedergeburt, Wiedergabe, Wiederkehr, Wiederbeginn, Wiederbelebung, wiederentdecken

- Alle freuten sich auf das Wiedersehen.
- Im Sommer senden viele Sender Wiederholungen.
- Um sich Vokabeln zu merken, muss man sie oft wiederholen.
- Kühe zählt man zu den Wiederkäuern.
- In einigen Religionen glaubt man an die Wiedergeburt.
- Die Wiedergabe des Films mithilfe des Rekorders funktionierte nicht auf Anhieb.
- Die Wiederkehr der Zugvögel deutet sich durch lautes Geschrei an.
- Wiederbeginn des Unterrichts nach den Ferien ist um 8.00 Uhr.
- In einem Erste-Hilfe-Kurs erlernt man auch wichtige Kenntnisse zur Wiederbelebung.
- Viele Urlauber haben das Wandern wiederentdeckt.

wider:

Widersacher, widerlich, Widerstand, widerstehen, widerspiegeln, Widerspruch, widernatürlich, Widerruf, widerrechtlich, angewidert

- Er schaffte es nicht, seinen Widersacher abzuhängen.
- Viele Menschen finden allein den Gedanken, Heuschrecken zu verzehren, widerlich.
- Tills Urgroßvater arbeitete früher in einer Widerstandsorganisation.
- Ich kann Süßigkeiten nur sehr schwer widerstehen.
- Im Wasser spiegelte sich die Sonne wider.
- Der Rechtsanwalt legte gegen das Urteil Widerspruch ein.
- Für Fische ist der Aufenthalt an Land widernatürlich.
- Die Zeitung druckte nach der Falschmeldung einen Widerruf.
- Das widerrechtliche Betreten des Geländes wird strafrechtlich verfolgt.
- Die Mutter blickte angewidert auf ihre völlig verdreckten Kinder.

Der Buchstabe h als Dehnungszeichen (S. 349)

Aufgabe 1 S. 349

Reimwörter:
Kran – Zahn

Flur – Ru**h**r
spülen – fü**h**len
stören – Mö**h**ren
bequem – ze**h**n
Schwan – Ha**h**n

Aufgabe 2 (rechts) S. 349

Beispielwörter, die auch diktiert werden können:
Le**h**ne, Fö**h**n, Lo**h**n, Ma**h**nung, ma**h**len, Mä**h**ne, So**h**le, Se**h**ne, zä**h**len, ra**h**men

Aufgabe 3 (rechts) S. 349

Infinitiv	3. Person Plural Präsens	3. Person Plural Präteritum
stehen	sie stehen	sie standen
flehen	sie flehen	sie flehten
sehen	sie sehen	sie sahen
gehen	sie gehen	sie gingen
fliehen	sie fliehen	sie flohen
ruhen	sie ruhen	sie ruhten

Wörter mit doppeltem Vokal (S. 350)

Aufgabe 1 (oben) S. 350

Reimwörter und Sätze, die auch diktiert werden können:

- Aal – Saal
  Der Aal kam als Delikatesse in den Saal.
- Meer – Teer
  Leider finden sich immer wieder Reste von Teer im Meer.
- Idee – Klee
  Der Gärtner hat eine Idee, wie man den Klee im Rasen eindämmen kann.
- Fee – See
  Der See sieht aus, als gehörte er einer Fee aus einem Märchen.
- Speer – Heer
  Heere verwendeten früher auch Speere als Waffen.
- Haare – Paare
  Es gibt Paare, die haben sehr ähnliche Haare.
- Tournee – Allee
  Auf der diesjährigen Tournee findet ein Konzert auch in einer großen Allee statt.
- Püree – Schnee
  Um zu erreichen, dass das Püree cremig wird, schlägt es der Koch mit einem Schneebesen.

Aufgabe 2 (links) S. 350

Beispielsätze, die auch diktiert werden können:

Paar:
- Die Schauspielerin behauptete, sie besitze über fünfhundert Paar Schuhe.
- Beim Training mussten für einige Übungen Paare gebildet werden.
- Partnerarbeit kann in der Schule sehr effektiv sein.
- Für die Projektarbeit müssen sich Paare bilden, die über mehrere Wochen gemeinsam arbeiten.
- Ich brauche dringend ein Paar neue Turnschuhe.

paar:
- Vor dem Wettkampf übten sie ein paarmal (paar Mal) zusammen.
- Ein paar Schüler kamen verspätet zum Unterricht.

– Ich verpasste den Bus um ein paar Minuten.
– Ben hat sich vorgenommen, in den Ferien ein paar Freunde zu besuchen.
– Bei dem schlechten Wetter reicht es aus, wenn du die Blumen ein paar mal gießt.

Wörter mit ie (S. 350)

Aufgabe 1 (unten) S. 350

Buchstabenquadrat:

senkrecht:

Fliegen, Hieb, fiebrig, Niere, Friede, Diele, kriechen, wiederholen, Phantasie, schmieren, Giebel

waagerecht:

hier, Liebe, frieren, Diebe, viel, Melodie, erziehen, dienen, Tier, Liege, ziemlich, Zierde, vier

Aufgabe 2 (rechts) S. 350

– Addition – addieren
– Export – exportieren
– Telefon – telefonieren
– Kontrolle – kontrollieren
– Spaziergang – spazieren
– Marsch – marschieren
– Rasur – rasieren
– Regierung – regieren
– Ruine – ruinieren
– Frisur – frisieren
– Import – importieren
– Probe – probieren
– Diskussion – diskutieren
– Dirigent – dirigieren
– Radiergummi – radieren
– Studium – studieren
– Buchstabe – buchstabieren
– Subtraktion – subtrahieren
– Diktat – diktieren

→ Die entsprechenden Verben enden alle auf -ieren.

Aufgabe 3 S. 350

1. Person Singular Präteritum:

– vermeiden – ich vermied
– laufen – ich lief
– blasen – ich blies
– heißen – ich hieß
– stoßen – ich stieß
– preisen – ich pries
– schreiben – ich schrieb
– schlafen – ich schlief
– fallen – ich fiel
– treiben – ich trieb
– schweigen – ich schwieg
– steigen – ich stieg

Texte zum Üben (S. 351)

Die Texte dienen der Selbstkontrolle. Die Schülerinnen und Schüler können sich Abschnitte gegenseitig diktieren oder in Einzelarbeit Teile selbstständig abschreiben. Bei Unsicherheiten sollten die Regeln kurz wiederholt und angewendet werden.

Die Entstehung der Schule (S. 351)

Z. 1: Früher, Mädchen; Z. 2: Vater, sehr; Z. 3: übernahmen; Z. 4: taten, Sohn; Z. 5: Schmied(s); Z. 6: dagegen, Fähigkeiten; Z. 7: späteres; Z. 7 f.: benötigte, nähen, hüten; Z. 9: Ähnliches, gaben; Z. 10: direkt; Z. 9 f.: Familienberuf; Z. 13: tätig; Z. 14: Zudem; Z. 15: Geburt; Z. 16 f.: hineingeboren, blieb; Z. 18: Jahren; Z. 19: unterschied; Z. 21: Tag, Schule; Z. 22: diesem; Z. 23: früheren, Jahrhunderten; Z. 25: Frage; Z. 27: zunehmend, anstiegen; Z. 29 f.: Zusammenleben; Z. 31: Buchdruck; Z. 32: Webstuhl, Eisenbahn; Z. 33 f.: Berufe, Handwerksbetrieben, Fabriken; Z. 35: große; Z. 36: Zudem, Bücher, mehr; Z. 37: mehr; Z. 39: nehmen; Z. 40: mehr; Z. 44: mehr, Obwohl; Z. 45: Schule, vielen; Z. 46 f.: Jahren, Schulen, staatliche, ungefähr; Z. 48: größeren; Z. 49: anschließend; Z. 50: Jahren, Besuch, Schule; Z. 51: Einführung, Schulpflicht; Z. 52: Obwohl; Z. 53: wehrten; Z. 54: Einführung, Schulen; Z. 56: Schwere; Z. 57: Schule, ohne

8. Nominalisierungen/Substantivierungen (S. 352–354)

Auch in dieser Sequenz können die Texte „Faszination Feuer“ und „Vulkane“ und die differenzierenden Übungen von den Schülerinnen und Schülern allein oder zu zweit in Eigenregie bearbeitet werden. Durch das Diktieren oder Abschreiben festigen sich die Kenntnisse. Bei Schwierigkeiten können die Regeln besprochen und angewendet werden.

Faszination Feuer (S. 352–353)

Aufgabe 1
S. 352

Z. 2: Aufregendes, Besonderes; Z. 8: Lodern, Züngeln; Z. 11: Reizvolles; Z. 15: Geheimnisvolles; Z. 33 f.: Beeindruckendes; Z. 56: Ausbrechen; Z. 67: Erstaunliches; Z. 68: Auftauchen; Z. 75 f.: Griechischen; Z. 83: Abkühlen

Aufgabe 2
S. 353

Bestimmung der ursprünglichen Wortarten der Nominalisierungen aus dem Text „Faszination Feuer“:

- etwas Aufregendes und Besonderes – ursprüngliche Wortarten Adjektive
- dem Lodern und Züngeln – ursprüngliche Wortarten Verben
- nichts Reizvolles – ursprüngliche Wortart Adjektiv
- etwas Geheimnisvolles – ursprüngliche Wortart Adjektiv
- etwas besonders Beeindruckendes – ursprüngliche Wortart Adjektiv
- ein Ausbrechen – ursprüngliche Wortart Verb
- etwas besonders Erstaunliches – ursprüngliche Wortart Adjektiv
- das Auftauchen – ursprüngliche Wortart Verb
- aus dem Griechischen – ursprüngliche Wortart Adjektiv
- durch Abkühlen – ursprüngliche Wortart Verb

Aufgabe 3
S. 353

Verben und Adjektive in ihrer ursprünglichen Form und nominalisiert; Beispielsätze, die auch diktiert werden können:

- kalt
  - Dieser Sommer erweist sich leider als ausgesprochen kalt und nass.
  - Bei empfindlichen Zähnen wird Kaltes und Heißes als sehr unangenehm oder schmerzhaft empfunden.

- stehen
  - Während des Gottesdienstes mussten wir stehen, da wir aufgrund unserer Verspätung keinen Platz mehr bekommen konnten.
  - Das dauernde Stehen während der Rede fiel besonders den Kindern schwer.
- besonders
  - Während des Sommerfestes waren die Kinderattraktionen besonders beliebt.
  - Die Klassenfahrt wurde von allen als etwas Besonderes empfunden.
- schwimmen
  - Mein Vater geht jeden Morgen schwimmen.
  - Das Schwimmen im Freibad macht den meisten nur Spaß, wenn das Wetter schön ist.
- dunkel
  - Ab September merkt man deutlich, dass es immer früher dunkel wird.
  - Das Dunkle in Piets Zimmer machte seiner Schwester Angst.
- speziell
  - Für den Wandertag hatte sich der Erdkundelehrer etwas Spezielles ausgedacht.
  - Für die Arbeit in dem Labor benötigen die Arbeiter spezielle Schutzanzüge.
- extrem
  - In den Bergen herrschen zur Zeit extreme Witterungsbedingungen.
  - Zwei Teilnehmer der Wandergruppe waren dem Extremen der Tour nicht gewachsen und mussten frühzeitig abbrechen.
- tauchen
  - Beim Spielen im Pool hat Jana ihre Kette verloren. Jonah hilft ihr suchen und taucht immer wieder auf den Grund.
  - In der Südsee kann man beim Tauchen beeindruckende Tiere und Pflanzen entdecken.

Aufgabe 4
S. 353

Beispielsätze, die auch diktiert werden können:

nominalisierte Verben

- Das häufige Essen von sauren Süßigkeiten kann zu gravierenden Schäden an den Zähnen führen.
- Aufgrund der langen Arbeit kamen die Schüler gar nicht mehr zum Essen.
- Der Schüler fiel durch wiederholtes Fehlen und zahlreiche Verspätungen auf.
- Das Baden in unbekannten Gewässern ist gefährlich.
- Aufgrund seines kontinuierlichen Arbeitens im Training konnte Philipp in die höhere Gruppe aufsteigen.

nominalisierte Adjektive

- Die Organisatoren der Jugendreise versuchten, den Teilnehmern immer etwas Besonderes zu bieten.
- Im Wesentlichen besteht die Suppe aus Kartoffeln und unterschiedlichen Gemüsesorten.
- Zu Weihnachten bekomme ich von meiner Tante zu meinem Leidwesen immer etwas Nützliches.
- Bei großer Hitze wünschen sich alle etwas Kaltes zu trinken.
- Der Freizeitpark bietet viel Neues und Spannendes.

Vulkane (S. 354)

Aufgabe 5
S. 354

Z. 1: direkte; Z. 2: Innere; Z. 3: ein Eindringen; Z. 5: massive, im Wesentlichen; Z. 6: erkalteter, steinharter; Z. 7: aktiven; Z. 11: harte; Z. 16: grauschwarz; Z. 21: Interessantes, Aufschlussreiches; Z. 27: innen; Z. 28: weicherer; Z. 33: etwas Normales; Z. 34: flüssigem; Z. 37: im Wesentlichen; Z. 39: flüssig, fest; Z. 40 f.: des Bestehens

9. Zusammen- und Getrenntschreibung (S. 355 – 363)

Die einzelnen Unterkapitel sollten in keinem Fall in einem zeitlichen Kontinuum bearbeitet werden, da die Vielzahl an Einzelregelungen für diesen Rechtschreibbereich, aus dem nur die wichtigsten ausgewählt wurden, eher zu einer Verwirrung der Schülerinnen und Schüler führen würde.
Bewusst stehen zunächst einfache Verfahren im Mittelpunkt – die Berücksichtigung von „Betonung und Bedeutung" –, die in vielen Fällen (leider nicht in allen) helfen können, Probleme in diesem Bereich zu lösen.

Auf die Betonung und die Bedeutung kommt es an (S. 355 – 357)

Aufgabe 1
S. 355 – 356

Mit der Übung sollen die Schülerinnen und Schüler erfahren, dass der semantische Wert einer getrennt geschriebenen Wortgruppe sich auch daraus erschließt, dass die einzelnen Wörter jeweils für sich betont werden, während bei einer Zusammensetzung häufig nur ein Wortbestandteil (oft, aber nicht immer der erste) betont ist. Daher sollten die Satzpaare laut gesprochen werden.

- Ich möchte dich unbedingt **wiedersehen**.
  Nach der Operation konnte er sehr schnell **wieder sehen**.
- Der Schnee lag **meterhoch** auf dem Dach.
  Der Schnee lag bestimmt **einen Meter hoch** auf dem Dach.
- Der Staub lag **einen Finger dick** auf dem Regal.
  Er strich die Butter **fingerdick** aufs Brot.
- Nach der Fahrt möchte ich mich erst einmal **richtig ausruhen**.
  Das solltest du unbedingt **richtigstellen**, damit kein falscher Eindruck entsteht.
- Der Redner trat sehr **selbstbewusst** auf.
  Den Jogurt habe ich **selbst hergestellt**.
- Der Schüler hat bei dem Referat **frei gesprochen**.
  Die Richterin hat den Angeklagten **freigesprochen**.
- Bei **nasskaltem** Wetter sollte man lieber im Haus bleiben.
  Ist es draußen **nass und kalt**, geht keiner gern aus dem Haus.
- Über den Witz hätte er sich **kranklachen** können.
  Du darfst nicht **krank fahren**, erhole dich lieber erst noch ein paar Tage.
- Wenn du so **groß schreibst**, passt kaum etwas auf die Seite.
  Nominalisierte Adjektive musst du **großschreiben**.
- Wir müssen uns wieder **zusammenraufen**, um erfolgreich zu sein.
  Müsst ihr immer **zusammen raufen**, könnt ihr nicht mal **zusammen spielen**?
- Kurz vor dem Ziel ist der Marathonläufer **schwer gestürzt**.
  Die Deutscharbeit ist ihr nicht **schwergefallen**.
- Maja jubelt: „Die Arbeit ist mir **super gelungen**!"
  Vincenz bemerkt: „Du bist ja auch **superschlau**!"
- Vor der letzten Mathearbeit haben Anne und Paul **zusammen gelernt**.
  Am Detmolder Tor sind zwei Autos **zusammengestoßen**.

- **Von Angst erfüllt** stand er allein im dunklen Tunnel.
  Sie rief **angsterfüllt** die Polizei an.

- Er ist noch einmal **davongekommen**.
  Die Erkältung ist **davon gekommen**, dass ich mir nicht die Haare geföhnt habe.

- Hast du das **bewusst gemacht** oder ist es dir einfach so passiert?
  Ihr solltet euch **bewusstmachen**, welche Konsequenzen euer Verhalten nach sich ziehen kann.

Aufgabe 2
S. 356

abhandenkommen, abwärtslaufen, anreißen, auflegen ...
Die von den Schülerinnen und Schülern formulierten Sätze können auch als Partnerdiktat verwendet werden.

Aufgabe 3
S. 356

In den folgenden Satzpaaren werden Verbindungen mit den aufgelisteten Bestandteilen einmal zu einer Zusammensetzung und zum anderen zu einer Wortgruppe. Die Betonung liegt bei den Wortgruppen deutlich auf allen Wörtern:

- Wir müssen uns wieder **zusammenraufen**, um erfolgreich zu sein.
  Müsst ihr immer **zusammen raufen**, könnt ihr nicht mal **zusammen spielen**?
- Er ist noch einmal **davongekommen**.
  Die Erkältung ist **davon gekommen**, dass ich mir nicht die Haare geföhnt habe.
- Vor der letzten Mathearbeit haben Anne und Paul **zusammen gelernt**.
  Am Detmolder Tor sind zwei Autos **zusammengestoßen**.

Aufgabe 4
S. 357

Bei der Erststellung im Satz erfolgt Getrenntschreibung, die Betonung liegt auf beiden Bestandteilen.

Vieles ist geregelt (S. 357–362)

Verbindungen aus einem Nomen und einem Verb (S. 357–358)

Aufgabe 1
S. 357

Rad fahren, Auto fahren, Hunger leiden, Ski laufen ...

Aufgabe 2
S. 357

- Wenn du **Rad/Motorrad fahren** willst, solltest du unbedingt einen Helm tragen.
- Im nächsten Winterurlaub werde ich nicht nur **Ski/Schlittschuh laufen**, sondern auch eine Eishöhle besichtigen.
- Wenn du **Bus/Fahrrad fährst**, anstatt das Auto zu benutzen, schützt du die Umwelt.
- Ich helfe dir ganz bestimmt, wenn du **Not leidest**.
- Willst du eine **Pizza essen**, rufe „Pizza-Toni“ an.

Aufgabe 3
S. 357

Bei der Nominalisierung wird groß- und zusammengeschrieben.

Aufgabe 4
S. 358

eislaufen – Sie läuft in den Wintermonaten gern eis.
kopfstehen – Er steht kopf.
standhalten – Obwohl es schwer ist, halten sie stand.
...

Aufgabe 5
S. 358

Die Option, bei adjektivischem Gebrauch getrennt oder zusammenzuschreiben gilt nicht nur für die Verbindung aus Nomen und Verb (vgl. allein erziehende/alleinerziehende Väter ...), wird hier jedoch ausschließlich auf diesen Fall bezogen.

- Einige Schülerinnen und Schüler wollten am Wandertag Ski laufen.
  Es sind Ski laufende/skilaufende Schülerinnen und Schüler.

- In vielen Ländern leiden Menschen Not.
  Es sind Not leidende/notleidende Menschen.
- Zahlreiche Umweltgifte können Krebs erzeugen.
  Es sind Krebs erzeugende/krebserzeugende Umweltgifte.
- Es gibt einige Pflanzen, die Fleisch fressen.
  Es sind Fleisch fressende/fleischfressende Pflanzen.
- Im Zirkus treten manchmal Artisten auf, die Feuer schlucken.
  Es sind Feuer schluckende/feuerschluckende Artisten.
- Viele Berufstätige fahren mit dem Auto zur Arbeit.
  Es sind Auto fahrende/autofahrende Berufstätige.

Verbindungen mit dem Hilfsverb sein (S. 358–359)

Aufgabe 1 (oben)
S. 359

Wenn du fort bist

Wenn du fort bist,
ist nichts, wie es ist.
Wenn du fort bist,
ist alles nichts.

Seit du wieder da bist,
Seit du wieder hier bist,
Seit du nicht mehr fort bist,
Seit du zurück bist,

Ist nichts,
wie es ist.
Ist alles!

Verbindungen aus zwei Verben (S. 359)

Aufgabe 1 (unten)
S. 359

spielen dürfen, spazieren gehen, schreiben können, laufen lernen, singen üben, sprechen können, tanzen gehen ...

Aufgabe 2
S. 359

- Pauline würde morgens lieber noch im Bett **liegen bleiben**.
  Die Arbeit ist mehrere Wochen **liegen geblieben/liegengeblieben**. (Übertragene Bedeutung: unerledigt geblieben)

- Du kannst mich doch nicht wie einen Gegenstand einfach **stehen lassen/stehenlassen**! (Übertragene Bedeutung: schlecht behandeln, im Stich lassen)
  Seine Tasche hat er an der Bushaltestelle **stehen gelassen**.

- Viele bekannte Männer und Frauen sind einmal in der Schule **sitzen geblieben/sitzengeblieben**. (Übertragene Bedeutung: nicht versetzt worden)
  Möchtest du noch etwas **sitzen bleiben** oder sollen wir schon gehen.

Verbindungen aus einem vorangestellten Adjektiv und einem Verb (S. 360)

Aufgabe 1
S. 360

Der im Regelkasten (S. 360) genannte Fall 3 wurde bewusst auf die „Betonungsregel" reduziert. Wenn die Schüler – davon ausgehend – zusammenschreiben, liegen sie in jedem Fall richtig. Die genaue Regel ist in Klammern hinter den Beispielsätzen vermerkt.
Die Unterscheidung zwischen ursprünglicher Bedeutung der Wörter innerhalb einer Wortgruppe und der neuen bzw. übertragenen Bedeutung bei einer Zusammensetzung (vgl.

die Fälle 1 und 2 im Regelkasten) muss jedoch geleistet werden, weil es hier keine optionale Schreibweise gibt.

- Über den Witz hätte er sich **kaputtlachen** können. (Neue, übertragene Bedeutung)
- Ihr ist es nicht **schwergefallen**, die Prüfung zu bestehen. (Neue, übertragene Bedeutung)
- Unmittelbar nach seinem Tod wurde vorgeschlagen, den verstorbenen Papst **heiligzusprechen**. (Neue, übertragene Bedeutung)
- Wenn du Bratkartoffeln machst, musst du sie zunächst **kleinschneiden/klein schneiden**. (Entsprechend dem Regelwerk kann getrennt oder zusammengeschrieben werden, wenn das Adjektiv ein Ergebnis des im Verb ausgedrückten Geschehens verdeutlicht.)
- Er war stolz darauf, sein Fahrrad **blankgeputzt/blank geputzt** zu haben. (S. Anmerkung zuvor.)
- Wer **schnell fährt**, kommt nicht immer als Erster ans Ziel. (Wortgruppe)

Verbindungen mit einem Adjektiv oder Partizip als zweitem Bestandteil (S. 361–362)

Aufgabe 1 S. 361

- Die Party war **superlangweilig** und deshalb trafen sich die meisten Jugendlichen danach noch in einem **uralten** Lokschuppen. (3)
- Zur Abschlussfeier wollte er natürlich ein **frisch gebügeltes/frischgebügeltes** Hemd tragen. (4)
- Wegen der vielen niveaulosen Shows am Nachmittag sind viele Zuschauer **fernsehmüde**. (1)
- **Allein erziehende/alleinerziehende** Elternteile haben es in unserer Gesellschaft nicht leicht. (4)
- Leguane bevorzugen eine **feuchtwarme** Umgebung. (2)
- Unser Deutschlehrer verfügt über eine **leicht verständliche/leichtverständliche** Ausdrucksweise. (4)
- Die Erklärungen unseres Mathelehrers sind manchmal sehr **schwer verständlich**. (5)
- Die Wärmeplatte besteht aus **hitzebeständigem** Material. (1)
- Die CD, die mir Jule zum Geburtstag geschenkt hat, ist **brandaktuell**. (3)
- Die Brosche besitzt ein **fein geschliffenes/feingeschliffenes** Ornament. (4)

Übungen – Wissenswertes und Kurioses aus der Natur (S. 362–363)

Aufgabe 1 S. 362

Verstehen Papageien, was sie sagen? (S. 362)

Graupapageie sind die sprachbegabtesten Tiere überhaupt. Jedoch ist man allgemein der Meinung, dass sie nur einfach so **daherplappern** oder Kommandos **ausführen**. Neue Forschungen zeigen aber, dass man Papageie auch **dazu bringen kann**, Gegenstände **richtig zu benennen**. Wenn das so stimmt, dann kann ein Papagei also doch eine geistige Verbindung zwischen einem Ding und einem Wort **herstellen**; er „weiß", was er sagt. Auf jeden Fall ist das Sprachgedächtnis von Papageien **verblüffend genug**. Sie können bis zu 300 Wörter in ihren Sprachschatz **aufnehmen** und auf Geheiß **wiedergeben**.

(Aus: Nikolaus Lenz: Das megadicke Buch des Wissens. Loewe Verlag, Bindlach 2005, S. 179)

Was hat ein Holzfeuer mit Sonnenenergie zu tun? (S. 362–363)

Energie geht niemals verloren; sie kann aber ihre Form und ihre „Verpackung" ändern und sie kann gespeichert werden. Pflanzen brauchen Licht, um **wachsen zu können**. Sie verwandeln Sonnenenergie und speichern sie. Als Nahrungsquelle sind sie dann eine Energiequelle für die Menschen und Tiere, die diese Pflanzen verzehren – und die **darin**

steckende Energie **wieder verwandeln** (auch: wiederverwandeln, wenn der erste Bestandteil wie bei wiederverwerten betont werden soll), zum Beispiel in Muskelkraft.
Aber auch wenn wir einen Holzstoß entzünden, wird beim Verbrennen Energie **freigesetzt**, die zunächst einmal von der Sonne stammt.
So gesehen sind auch Kohle, Erdöl und Erdgas gespeicherte Sonnenenergie. All diese **energiegeladenen** Brennstoffe bestehen aus den Überresten von Tieren und Pflanzen, die vor **urlanger** Zeit gelebt haben und sich durch den **übermäßigen** Druck und die Hitze im **Erdinnern** in eben diese Brennstoffe verwandelt haben.

(Aus: Nikolaus Lenz: Das megadicke Buch des Wissens, Loewe Verlag, Bindlach 2005, S. 185 f.; leicht geändert)

Lebenslange Tiergemeinschaft (S. 363)

Im Tierreich ist es eher die Ausnahme, dass Männchen und Weibchen **ein Leben lang zusammenbleiben**. Häufig kommt es vor, dass die Tiere bereits nach der ersten Paarung **wieder auseinandergehen**.
Treue Ehepaare gibt es zum Beispiel bei den Pinguinen. Bei den Kaiserpinguinen ist es sogar so, dass die Männchen **monatelang** auf das Ei **aufpassen** und dabei an einem Ort **stehen bleiben**, während die Weibchen **fort sind** und nach Nahrung **Ausschau halten**. Erst kurz vor dem Schlüpfen der Jungen kehren die Weibchen zurück und ernähren nun ihr Junges mit **frisch herausgewürgtem** Futter. Nun dürfen die abgemagerten Väter mit letzter Kraft zum Meer watscheln, um **schwimmen zu gehen** und dabei für ihr eigenes leibliches Wohl zu sorgen. Wenn sie danach ihr **liebgewonnenes** Weibchen **wiedertreffen**, geht das Ganze **von vorne** los. Beim **Zurückkommen** erkennen sie nämlich ihren „Lebenspartner" problemlos wieder.

(Aus: Nikolaus Lenz: Das megadicke Buch des Wissens, Loewe Verlag, Bindlach 2005)

Sind Fledermausvampire Vorbilder für Dracula? (S. 363)

Die Sage von **Blut saugenden/blutsaugenden**, fledermausartigen Gestalten gab es in Europa bereits **zu einer Zeit**, als Amerika noch nicht entdeckt war und man von dortigen „echten" Vampiren noch nichts wissen konnte.

(Aus: Nikolaus Lenz: Das megadicke Buch des Wissens, Loewe Verlag, Bindlach 2005, S. 158 f.)

Erkennen sich Tiere im Spiegel? (S. 363)

Bei Schimpansen und Gorillas haben Forscher folgenden **Erkenntnis gewinnenden/erkenntnisgewinnenden** Versuch gemacht: Man hat schlafenden Tieren einen weißen Fleck auf die Stirn gemalt. Später ließ man die Affen in einen Spiegel blicken. Schimpansen und Gorillas, auch **nicht trainierte/nichttrainierte** Tiere, griffen sich verwundert an den Kopf. Man kann **daraus schließen**: Die Tiere wussten, dass sie selbst es waren, die sie da im Spiegel sahen. Sie haben also im Gegensatz zu anderen Tieren ein Bewusstsein von sich selbst. Sie wissen, dass es sie gibt. Hunde hingegen wissen mit ihrem Spiegelbild überhaupt nichts **anzufangen**, aber auch nicht mit den Bildern anderer Hunde, wenn sie mit diesen **zusammen sind**. Sie müssen ihre Artgenossen schon **beschnüffeln können**.
Viele Forscher halten Delfine und Wale für jene Tiere, deren geistige Fähigkeiten der menschlichen Intelligenz am nächsten kommen. Allerdings ist es weitaus schwieriger, mit Delfinen zu „sprechen" als mit den uns verwandtschaftlich **viel näher stehenden** Menschenaffen.

(Aus: Nikolaus Lenz: Das megadicke Buch des Wissens, Loewe Verlag, Bindlach 2005, S. 177 f.; leicht geändert)

10. Das Komma (S. 364–374)

Dieses Unterkapitel dient der Festigung und im Rahmen der „P.A.U.L. D."-Reihe der ersten systematischen Zusammenschau sämtlicher Kommaregeln des Deutschen (vgl. Übersicht im Schülerbuch, S. 374). Von einem humoristischen lyrischen Text ausgehend soll zunächst der pragmatische Rahmen der Kommasetzung plausibel gemacht werden, um dann die wichtigsten Regeln darzubieten und Übungsmaterial zur Verfügung zu stellen.

Zeichensetzung hilft, Texte zu verstehen (S. 364–373)

Manfred Sestendrup: das komma (reminiszenz an 1978) (S. 364)
Sestendrups Gedicht ist eine humoristische Reflexion der sinnbeeinflussenden Funktion des Kommas im Satz. Der Text ist konsequent kleingeschrieben und bis auf die letzte Verszeile ohne Interpunktion, sodass die Funktion des Kommas im letzten Vers umso deutlicher hervortritt. Hierbei wird in der ersten Strophe (V. 1–5) die vergleichbare Wirkung von „zeichen“ sowohl beim (Recht)-Schreiben als auch in der Liebe hervorgehoben. Diese Parallele erhebt die Frage der Zeichen-Setzung zu einem auch lebensweltlich interessanten Thema. Dass es wie „aus dem Leben gegriffen“ zu sein scheint, legt auch der Untertitel des Gedichts, „reminiszenz an 1978“, nahe.
Die zweiten Strophe (V. 6–11) illustriert die nicht zu unterschätzende Bedeutung der Zeichensetzung für das Schreiben *und* Lieben am Beispiel des Satzes „er will sie nicht“ (V. 7). Ohne Komma ist dies zunächst eine offenbar eindeutige Aussage in Liebesdingen: „paul“ (V. 3) interessiert sich nicht für sein weibliches Gegenüber, lässt sie u. U. abblitzen. Diese Aussage wird durch Hinzufügen des fast unscheinbaren Kommahäkchens in ihr völliges Gegenteil verkehrt: „er will, sie nicht“ (V. 11), sodass deutlich wird, dass die „schlicht[e]“ Bemerkung des genauen Hinsehens bedarf, will man sie völlig verstehen und sich nicht blamieren. Für die Ohren freilich ist die Bedeutung klar, da sich die Intonationsmuster der beiden Sätze eben wegen des Kommas (als Pausenzeichen) deutlich unterscheiden (vgl. V. 8).

Aufgabe 1
S. 364

Das Komma verkehrt die Bedeutung des ursprünglichen Satzes in sein genaues Gegenteil. In einem kurzen Unterrichtsgespräch sollte ausgehend von V. 8 der Gegensatz von Schreiben und Sprechen diskutiert werden, da die unscheinbare Interpunktion für das Sprechen eine große Bedeutung besitzt – im vorliegenden Beispiel wird die Stimme vor dem Komma gehoben und eine kleine Pause wird eingelegt. Dies sind die vorrangigen Lautsignale für das Verständnis von V. 11 als Abfuhr, die eine „sie“ ihrem Verehrer „paul“ erteilt.

Aufgabe 2
S. 364

- Paul versprach seiner Freundin, bald zu schreiben. (Der Adressat des Briefs bleibt offen.)
- Paul versprach, seiner Freundin bald zu schreiben. (Wem Paul das verspricht, wird nicht gesagt.)
- Sabine hofft, zusammen mit den anderen Kindern einen Ausflug machen zu können. (Dies hofft nur Sabine.)
- Sabine hofft zusammen mit den anderen Kindern, einen Ausflug machen zu können. (Sabine teilt ihre Hoffnung mit den anderen Kindern.)
- Die Klasse fasste den Entschluss, im Jahr 2006 am Schüleraustausch teilzunehmen. (Der Schüleraustausch fand 2006 statt.)
- Die Klasse fasste den Entschluss im Jahr 2006, am Schüleraustausch teilzunehmen. (Der Entschluss wurde 2006 gefasst.)
- Es gelang dem Kommissar, nicht über den aktuellen Fall zu plaudern. (Der Kommissar verrät nichts.)
- Es gelang dem Kommissar nicht, über den aktuellen Fall zu plaudern. (Der Kommissar kann kein Stillschweigen bewahren.)
- Ich riet, ihm die Wahrheit zu sagen. (Der Angesprochene soll „ihm“ die Wahrheit sagen.)

- Ich riet ihm, die Wahrheit zu sagen. („Er“ soll generell die Wahrheit sagen, wem bleibt offen.)
- Die Frau bat, mich sofort anzurufen. (Mit „mich“ ist der Anzurufende gemeint.)
- Die Frau bat mich, sofort anzurufen. (Der Sprecher soll jemanden anrufen.)

Aufgabe 3
S. 365

- Ich mag Eis, Schokolade, Zuckerwatte und Kekse. (Das Komma trennt Wörter in einer unverbundenen Aufzählung.)
- Julian, kannst du mir bitte helfen? (Das Komma trennt Anreden und Ausrufe vom übrigen Satz ab.)
- Unser Urlaub war so schön, weil wir viel erleben konnten. (Das Komma trennt Haupt- und Gliedsatz.)
- Felix kann Italienisch sprechen, und zwar fließend. (Das Komma steht vor nachgestellten Erläuterungen.)
- Ich freue mich darauf, euch in zwei Wochen wiederzusehen. (Mit Hinweis angekündigte Infinitivgruppen werden mit Komma vom übergeordneten Satz abgetrennt.)

Das Komma bei Aufzählungen (S. 365–366)

Aufgabe 1
S. 365

- Caesar kam, sah und siegte.
- Er liest gerne Werke von Goethe, Schiller, Fontane und Storm.
- Sie kaufen vier Äpfel, ein Päckchen Butter, drei Eier, zwei Bananen, drei Flaschen Milch und einen Kasten Wasser.
- Der Hausmeister ärgert sich über den Müll, die Schmierereien und die eingeworfene Fensterscheibe.
- Ob stürmisch oder windstill, warm oder kalt, bei Regen oder Sonne – wir genießen immer unseren Urlaub am Meer.
- Obwohl Felix im letzten Jahr bereits in München war, obwohl Jana dort arbeitet und obwohl wir diese Stadt schon immer besuchen wollten, konnten wir bis heute keinen gemeinsamen Ausflug organisieren.
- Vor einer Klassenarbeit sollte man üben, üben und nochmals üben.
- Sie verreist immer mit der Bahn, weil sie keine Staus mag, entspannt reisen will und die Umwelt schonen möchte.
- Mit den Buchstaben a, b, c beginnt das Alphabet.
- Punkt, Punkt, Komma, Strich – fertig ist das Mondgesicht!

Aufgabe 2
S. 366

- Aufzählung einzelner Wörter:
  - Caesar kam, sah und siegte.
  - Er liest gerne Werke von Goethe, Schiller, Fontane und Storm.
  - Vor einer Klassenarbeit sollte man üben, üben und nochmals üben.
  - Mit den Buchstaben a, b, c beginnt das Alphabet.
  - Punkt, Punkt, Komma, Strich – fertig ist das Mondgesicht!
- Aufzählung von Wortgruppen:
  - Sie kaufen vier Äpfel, ein Päckchen Butter, drei Eier, zwei Bananen, drei Flaschen Milch und einen Kasten Wasser.
  - Der Hausmeister ärgert sich über den Müll, die Schmierereien und die eingeworfene Fensterscheibe.
  - Ob stürmisch oder windstill, warm oder kalt, bei Regen oder Sonne – wir genießen immer unseren Urlaub am Meer.

- Aufzählung von Neben-/Gliedsätzen:
  - Obwohl Felix im letzten Jahr bereits in München war, obwohl Jana dort arbeitet und obwohl wir diese Stadt schon immer besuchen wollten, konnten wir bis heute keinen gemeinsamen Ausflug organisieren.
  - Sie verreist immer mit der Bahn, weil sie keine Staus mag, entspannt reisen will und die Umwelt schonen möchte.

Aufgabe 3
S. 366

Der folgende Regelkasten (S. 366) enthält die Lösung für die Aufgabe. Bei den Sätzen ohne Komma bilden das zweite Adjektiv und das Bezugsnomen jeweils eine begriffliche Einheit (z. B. „gelungene gemeinsame Leistung" – die gemeinsame Leistung ist gelungen), während das Komma den gleichrangigen Bezug der Adjektive auf das Nomen signalisiert.

Aufgabe 4
S. 366

Fälle, in denen ein Komma möglich, aber nicht notwendig ist, sind durch eckige Klammern markiert. Die durch das Satzzeichen hervorgerufene Bedeutungsverschiebung kann besonders an solchen Beispielen erläutert werden.

Jagd nach dem Riesenkaninchen (S. 366)
Aufgeregte englische Schrebergärtner in der Grafschaft Northumberland haben die Jagd auf ein angebliches, furchteinflößendes „Kaninchenmonster" eröffnet, das die berühmten[,] üppigen Gemüsegärten der Gegend leer zu räumen droht. In der kleinen ländlichen Gemeinde Felton bei Newcastle wurden zwei Jäger angestellt, die das seltene, kaum gesehene Nagetier mit „diabolisch geformten Ohren" und unersättlichem Appetit zur Strecke bringen sollen. Wie die „Times" am Freitag berichtete, räubert das schwarzbraune, große Kaninchen nachts hemmungslos und in großen Mengen Lauch, Karotten, Steckrüben und Kohlkopfe aus den Gärten.
Das geheimnisvolle[,] gefräßige Kaninchen soll so groß wie ein Hund sein, nach anderen, abweichenden Angaben sogar so groß wie ein Reh.
(Nach einer Meldung der dpa vom 7.4.2006)

Das Komma in Satzreihen (S. 367)

Aufgabe 1 (oben)
S. 367

- Wir warten auf euch, und die anderen nehmen den Bus.
- Ich finde den einen Vorschlag nicht gut, und ich kann mich mit dem anderen nicht anfreunden.
- Sie traf sich mit seinem Bruder, und dessen Freundin war eifersüchtig.
- Entweder ihr passt jetzt auf, oder wir fangen von vorne an.
- Franziska sprach mit ihrer Trainerin, und deren Mann musste lange auf sie warten.

Das Komma vor entgegensetzenden Konjunktionen (S. 367)

Aufgabe 1 (unten)
S. 367

- Elisa und Bernd kommen nicht nur aus derselben Stadt, sondern auch aus derselben Straße.
- Leonhard trinkt einen eklig grünen, jedoch leckeren Milchshake.
- In den Ferien werden wir sowohl tauchen als auch schwimmen gehen. (**kein** Komma)
- Heute ist Essen eine große Stadt, doch war das nicht immer so.
- Wir gehen schwimmen oder lesen ein Buch am Strand. (**kein** Komma)
- Sie kennen sich zwar seit der frühesten Kindheit, aber sie mochten sich anfangs gar nicht.
- Weder der Arzt noch die Krankenschwester konnten sich die plötzliche Genesung der Patientin erklären. (**kein** Komma)

Das Komma bei Anreden und Ausrufen (S. 368)

Aufgabe 1 (oben)
S. 368

- Du, stell dir das mal vor! (Anrede)
- Danke, ich möchte keinen Kuchen. (Stellungnahme)
- Du hast das Tor nicht getroffen, schade. (Stellungnahme)
- Oh, das habe ich ganz vergessen! (Ausruf)
- He, was machen Sie denn da? (Ausruf)
- Jan, gibst du das bitte deiner Mutter? (Anrede)
- Ich möchte nicht mitmachen, nein. (Stellungnahme)

Das Komma bei Einschüben und nachgestellten Erläuterungen (S. 368–369)

Aufgabe 1 (unten)
S. 368

- Dieses Haus, es ist sehr alt, steht unter Denkmalschutz.
- Rex, unser Schäferhund, ist sehr kinderlieb.
- Peter und Gabi treiben gerne Wintersport, besonders Langlauf.
- Am Donnerstag, und zwar um 14 Uhr, geht es los.
- So, mit einem Stapel Bücher beladen, kam sie aus der Bibliothek.
- Wir beide, du und ich, kennen die Regeln.
- Dies, eine Band zu gründen, ist der größte Wunsch vieler junger Musiker.
- Sie schwimmt leidenschaftlich gern, vor allem im Meer.

Aufgabe 2
S. 368

Betrug statt Fluch (S. 369)

Auf eine Betrügerin ist eine 25-jährige Verkäuferin, angestellt in einem Modegeschäft in Soest, hereingefallen. Eine Frau, etwa 40 Jahre alt und von mittlerer Größe, so lauten die Polizeiangaben, war am Freitag, und zwar gegen 9 Uhr, in dem Geschäft erschienen und hatte von einem Fluch gesprochen, der über dem Geschäft liege. Bereitwillig ging die Verkäuferin auf das Angebot der Frau ein, die mit 150 Euro dreimal um das Geschäft laufen und damit den Fluch vom Laden nehmen wollte. Zurück kam die Unbekannte mit dem Geld aber nicht.

(Nach einer Meldung der dpa vom 02.04.2006)

Das Komma bei Infinitivgruppen (S. 369–371)

Aufgabe 1
S. 369

- Meine Eltern fanden die Idee, mit allen Kindern in den Urlaub zu fahren, großartig.
- Ich habe den Versuch, meinen Langlaufrekord zu überbieten, aufgeben müssen.
- Es ist gar nicht leicht, Slalom zu fahren.
- Den Wunsch, alt zu werden und gesund zu bleiben, haben viele Menschen.
- Seinen Freund vom Bahnhof abzuholen, daran hatte er gar nicht mehr gedacht.
- Die Behörden rechnen damit, den Übeltäter bald gefasst zu haben.
- Mit der Ankündigung, den Wettbewerb zu gewinnen, erregte Maximilian großes Aufsehen.

Aufgabe 2
S. 370

- Ich bin nicht viele tausend Kilometer weit gereist, um dies zu erfahren.
- Außer in den Louvre zu gehen, haben wir auch noch die Gelegenheit, den Eiffelturm zu besteigen.
- Du findest immer Ausreden, anstatt deine Aufgaben zu erledigen.
- Ohne den Fall richtig zu kennen, fällen sie ein Urteil.
- Lisa geht in das Hallenbad, um zu schwimmen.
- Es gibt nichts Unterhaltsameres, als gemeinsam ein gutes Brettspiel zu spielen.
- Statt untätig zu sein, engagierte er sich für den Umweltschutz.

- Leider hat er das Auto gekauft, ohne es gesehen zu haben.
- Anstatt in die Berge zu fahren, möchte ich in diesem Jahr am Strand spazieren gehen.
- Um ganz sicherzugehen, schließe ich die Tür lieber zweimal ab.

Aufgabe 3
S. 370

Kommas, die gesetzt werden *können*, stehen in eckigen Klammern:
- Der Fernsehstar lehnte es ab, fotografiert zu werden.
- Ich habe die Absicht, mich wieder zu verheiraten.
- Sie plant[,] in Heidelberg zu studieren.
- Ich glaube daran, es schaffen zu können.
- Es ist verboten, den Rasen zu betreten.
- Es ist meine Pflicht, darauf hinzuweisen.
- Die beiden Passanten behaupten[,] den Hund angeleint zu haben[,] und leugnen[,] ihn jemals aus den Augen gelassen zu haben.
- Den Dingen ihren Lauf zu lassen, das ist auch keine Lösung.
- Im Unterricht sprechen wir Englisch, um die Sprache besser zu beherrschen.
- Ich fühle mich verpflichtet[,] dir beizustehen.

Aufgabe 4
S. 371

Deutsche sind Bewegungsmuffel (S. 371)

Die Deutschen gehören zu den schlimmsten „Bewegungsmuffeln" in Europa. Sie zeichnen sich dadurch aus, besonders träge zu sein. Das haben neue Studien erwiesen. In diesen Umfragen gaben nur 21 Prozent der Deutschen an[,] regelmäßig Sport zu treiben. In anderen europäischen Ländern liegt dieser Wert dagegen bei 42 Prozent. Nur wenige versuchen[,] durch körperliche Betätigung fit zu bleiben. Anstatt zu laufen oder Fahrrad zu fahren, sehen die Deutschen lieber fern. Sie verbringen ihre Freizeit eher in den eigenen vier Wänden, als auf ausgedehnten Spaziergängen frische Luft zu tanken. Deshalb sind die Deutschen auch bei der Fettleibigkeit führend: 22 Prozent räumen ein[,] großes Übergewicht zu haben. Damit liegen sie vier Prozentpunkte vor dem europäischen Durchschnitt. Viele der deutschen Befragten haben jedoch den Wunsch, wieder ihr Idealgewicht zu erreichen. Um dieses Ziel erreichen zu können, müssten sie sich jedoch weitaus mehr bewegen als sonst.

(Nach einer Meldung der dpa vom 23.10.2007)

Kommasetzung in einfachen und komplexen Satzgefügen (S. 371–373)

Aufgabe 1
S. 371

- Das Fahrrad, das gestern entwendet wurde, ist eben gefunden worden.
- Ich frage mich, wie oft du diesen Witz noch erzählen willst.
- Dass wir uns im nächsten Jahr wiedersehen, ist so gut wie sicher.
- Der Wecker klingelt um sechs Uhr, damit wir den Zug noch rechtzeitig erreichen.
- Als Großvater achtzig wurde, haben wir ein großes Fest gefeiert.
- Ich bin ein guter Volleyballspieler, obwohl ich so klein bin.
- Wenn ihr euch anstrengt, bekommt ihr eine Belohnung.
- Er rannte so schnell, dass er als Zweitbester ins Ziel kam.
- Michaela sah aus, als ob sie laut loslachen wollte.

Aufgabe 2
S. 372

- Nachdem wir uns einige Male verlaufen hatten, sodass wir befürchten mussten nicht mehr pünktlich anzukommen, fand Jan einen Wegweiser.

Satzbauschema:

fand Jan einen Wegweiser.
HS

Nachdem wir uns einige Male verlaufen hatten,
NS 1

sodass wir befürchten mussten nicht mehr pünktlich anzukommen,
NS 2

- Die Fahrgäste legten die Schwimmwesten an, die sie erhalten hatten, bevor sie auf das Schiff gegangen waren.

Satzbauschema:

Die Fahrgäste legten die Schwimmwesten an,
HS

die sie erhalten hatten,
NS 1

bevor sie auf das Schiff gegangen waren.
NS 2

- Das Gesetz schreibt vor, dass man sich im Auto anschnallen muss, wenn man losfährt.
- In der Jugendherberge empfing sie der Herbergsvater, der ihnen, nachdem sie über die Hausordnung aufgeklärt worden waren, ihre Zimmer zeigte.
- Erdbeeren, die, obwohl sie noch nicht reif sind, verzehrt werden, schmecken nicht so gut wie reife.
- Lina bedauert, dass sie Anna, mit der sie seit Jahren sehr gut befreundet ist, nur noch einmal in der Woche treffen kann.
- Der Zaun ist so hoch, dass man Hilfe braucht, wenn man über ihn klettern will.

Aufgabe 3
S. 373

- Der Direktor lobte, dass Miriam sich für das Projekt einsetzte und sie die anderen für die Sache begeistern konnte.
- Die Kerze brannte, obwohl das elektrische Licht eingeschaltet war, und niemand bemerkte es.
- Weil das Radio immer mehr vom Fernsehen verdrängt und das Internet immer populärer wird, müssen sich die Radiomacher etwas Neues einfallen lassen.
- In seinem Film erzählt der Regisseur die Geschichte eines Mannes, der das Lachen verlernt hat, und er zeigt dessen Schicksal in ergreifenden Bildern.

Aufgabe 4
S. 373

„Der Narr, der in den Himmel wollte" (S. 373)

Das Märchen „Der Narr, der in den Himmel wollte" stammt aus Indien. Es handelt von dem vergeblichen Versuch einer Gruppe einfältiger Klosterbrüder, mithilfe eines Stiers in den Himmel zu fliegen.

Das Oberhaupt eines Klosters, in dem ausschließlich dumme Männer wohnen, hat in einem Buch gelesen, dass derjenige, der zu Lebzeiten einen Teich anlegt, nach dem Tod dafür belohnt wird. Deshalb beschließt er[,] dieses zu tun.

Weil der fertiggestellte Teich in der Folgezeit mehrfach von einem unbekannten Wesen zerstört wird, legt sich der Mann in einer Nacht auf die Lauer, um die genaue Ursache hierfür herauszufinden. Tatsächlich sieht er einen Stier, der aus der Luft herabfliegt und das Ufer des Teichs aufwühlt. Er hält den Stier für ein himmlisches Geschöpf, ergreift

seinen Schwanz und fliegt mit ihm zu einem paradiesischen Ort. Weil er sich jedoch nach seinen Klosterbrüdern sehnt, begibt er sich einige Tage später mithilfe des Stiers zur Erde zurück und berichtet von seinem Erlebnis.
Die Klosterbrüder sind von seiner Erzählung so angetan, dass sie beschließen[,] in der folgenden Nacht ebenfalls mitzufliegen. Als der Stier kommt, hängen sie sich an einer langen Kette an seinen Schwanz und werden auf diese Weise in die Luft getragen. Kurz bevor sie den paradiesischen Ort erreichen, fragt einer aus der Kette den Ersten, wie groß die Pfannenkuchen gewesen seien, die er dort gegessen habe. Dieser will mit den Händen die Größe andeuten und lässt dabei den Stier los; mit dem Ergebnis, dass die gesamte Gruppe abstürzt.

Aesop: Der törichte Bock (S. 373)

Ein Fuchs fiel in einen tiefen Brunnen und wusste nicht, wie er wieder herauskommen sollte. Da kam ein durstiger Ziegenbock zum Brunnen, sah den Fuchs und fragte ihn, ob das Wasser gut sei. Der aber verhehlte sein Missgeschick und sagte: „Oh, das Wasser ist ausgezeichnet, klar und wohlschmeckend, komm nur auch herunter!“ Da sprang der Bock, ohne sich zu besinnen, hinab. Als er nun seinen Durst gelöscht hatte, fragte er den Fuchs: „Wie wollen wir aber wieder herauskommen?“ Da sagte der Fuchs: „Oh, das werde ich schon machen. Stelle dich auf deine Hinterbeine, stemme die Vorderbeine gegen die Wand und mache deinen Hals lang. Dann werde ich über deinen Rücken und deine Hörner auf den Rand des Brunnens klettern und auch dir heraushelfen.“ Der Bock tat, wie ihm befohlen war, streckte sich aus und der Fuchs kletterte auf seine Hörner und sprang von dort mit einem gewaltigen Satz auf den Brunnenrand. Dort blieb er, tanzte vor Freude und verhöhnte den Bock. Der aber machte ihm Vorwürfe, dass er den Vertrag nicht eingehalten hätte. Da sagte der Fuchs: „O Bock, wenn du so viele Gedanken im Kopfe hättest wie Haare im Bart, so wärst du nicht hinuntergestiegen, ohne vorher zu untersuchen, wie du wieder herauskönntest.

(Nach: Aesop: Aesopische Fabeln. Zusammengestellt und ins Deutsche übertragen von August Hausrath, München 1940)